譯註

# 退溪全書

6

**특수고전협동번역사업 2차 연도 사업 연구진**

연 구 책 임 : 송재소(宋載邵)

책 임 교 열 : 이상하(李相夏)

연  구  원 : 이관성(李灌成), 강지희(姜志喜), 김성훈(金成勳)
　　　　　　　서사봉(徐士奉), 조창록(曺蒼錄), 오보라(吳寶羅)

연구보조원 : 장연수(張硯洙)

이 책은 2021년도 정부(교육부)의 재원으로 한국고전번역원의 지원을 받아
수행된 특수고전협동번역사업(난해서) 2차 연도 사업의 결과물임.

This work was supported by Institute for the Translation of Korean Classics - Grant funded
by the Korean Government.

譯註

# 退溪全書

6

李滉 著

書
卷9 ～ 卷15上

보고사
BOGOSA

## 발간사

《정본 퇴계전서(定本 退溪全書)》를 한글로 번역하는 국역 사업(國譯事業) 35책 중 2차 연도분 8책이 이번에 발간됩니다.

《정본 퇴계전서》 사업은 1600년에 최초로 간행된《퇴계선생문집(退溪先生文集)》경자본(庚子本)을 포함하여, 그동안 세 차례 발간되어 온 것을 2015년에 국비 12억 원을 지원받아 이를 보완·재정비한 통합본 발간 사업에 착수하여 2022년에 문집 15책이 발간되었고, 전저류(專著類) 등 13책은 2025년도에 완간됩니다.

《정본 퇴계전서》 국역 사업은 한문세대에서 한글세대로 바뀐 시대적 추세를 반영하여 2021년부터 5년간 총 25억 원의 국비를 지원받아 역주《퇴계전서》, 교감·표점《퇴계전서》 총 35책을 발간하는 사업입니다.

퇴계학연구원(退溪學研究院)은《퇴계전서》의 정본 사업과 이를 한글로 번역하는 국역 사업에 더하여《퇴계학사전(退溪學事典)》발간 사업도 2023년부터 2027년까지 5년간 총 25억 원의 국비를 지원받는 계획으로 진행하고 있습니다.

이와 같이 퇴계학연구원의 정본·국역·사전 3대 사업이 완성되면 퇴계 선생의 학문과 사상, 정치와 경제, 생활과 언행 등을 망라한 퇴계학 연구의 기반이 갖추어지게 될 것입니다.

끝으로,《정본 퇴계전서》 국역 사업의 연구 책임을 맡아주신 송재소 퇴계학연구원 원장님, 교열을 맡아주신 이상하 교수님, 번역을 담당해 주신 연구원 제위 및 연구보조원, 그리고 퇴계학연구원 사무국장 이하 직원분들께 깊이 감사드립니다. 또한 국비를 지원해 주신 기획재정부 와 교육부, 한국고전번역원에도 깊이 감사드립니다.


2025년 6월 30일
사단법인 퇴계학연구원
이사장 박 병 원

# 일러두기

1. 본서는 사단법인 퇴계학연구원에서 2022년에 간행한 《定本 退溪全書》 총 15책을 대본으로 삼았다.
2. 번역문은 원의(原義)에 충실하게 하되, 이해를 돕기 위해 의역(意譯) 또는 보충역(補充譯)을 한 부분도 있다. 또한, 한국학중앙연구원(구 한국정신문화연구원)에서 간행한 《국역 퇴계시》(신호열 역주) 총 2책과 퇴계학연구원에서 간행한 《退溪全書》(이가원 외 역주) 총 29책, 영남대학교 출판부에서 간행한 《퇴계시 풀이》(이장우, 장세후 역주) 총 9책을 참고하였다.
3. 본서의 주석은 각주로 처리하였다. 각주에서는, 한국문집총간 제31집에 수록된 유도원(柳道源, 1721~1791)의 《退溪先生文集攷證》은 완역하되 필요에 따라 출전 및 원문을 보충하고 【攷證】으로 표시하였다. 계명대학교에서 간행한 퇴계학문헌전집 권22 이야순(李野淳, 1755~1830)의 《要存錄》은 필요에 따라 번역하되 【要存錄】으로 표시하였다. 【攷證】으로 미흡한 부분은 역자 주로 보충하되 【譯注】로 표시하였다. 【攷證】의 오류를 수정하거나 보충할 사항이 있는 경우 해당 내용을 적고 【校解】로 표시하였다.
4. 작품의 저작 연대는 퇴계학연구원에서 간행한 《退溪先生年表月日條錄》(정석태 편저) 총 4책을 참고하였다.
5. 주석의 표제어에서 필요한 경우 본문에 없는 한자를 병기하였다.
6. 운문은 원문을 병기하였다.
7. 맞춤법과 띄어쓰기는 한글 맞춤법과 표준어 규정을 따랐다.
8. 작품에 부여된 고유번호는 사단법인 퇴계학연구원에서 간행한 《定本 退溪全書》에 의거하였다.
9. 본서에서 사용한 부호는 다음과 같다.
   - 【 】 : 각주의 유형을 구분하거나, 제목에서 작품의 창작 시기, 장소를 표기한다.
   - ( ) : 번역문과 음이 같은 한자를 묶는다.
   - 〔 〕 : 번역문과 뜻이 같으나 음이 다른 한자를 묶는다.
   - " " : 대화 등의 인용문을 묶는다.
   - ' ' : " " 안의 재인용 또는 강조 문구를 묶는다.
   - 《 》 : 책명 및 각주의 전거(典據)를 묶는다.
   - 〈 〉 : 책의 편명 및 운문·산문의 제목을 묶는다.
   - 《《 》》 : 계묘교정본과 속집에서 산절된 것을 번남본에 의거해 복원한 경우에 쓴다.
   - － － : 본문에서 소자(小字) 원문 주(註)의 처음과 끝에 사용한다.

# 차례

# 퇴계선생문집 권10

## 퇴계선생문집 권11

## 퇴계선생문집 권12

# 퇴계선생문집 권13

## 퇴계선생문집 권14

# 퇴계선생문집 권15상

# 해제

이상하 | 전 한국고전번역원 교수

## 1. 개요

이 글은 《정본 퇴계전서》 1단계 사업에서 편성한 퇴계선생문집(退溪先生文集) 중에서 번역본으로 간행되는 서(書 서간문) 부분에 대한 해제이다. 《정본 퇴계전서》 제5권~제13권에 서간문이 실려 있는데, 도합 3,117편이며 대체로 작성 연대 순서로 배열되어 있다. 권별, 인물별로 분류하여 도표로 정리하면 다음과 같다.

| | | |
|---|---|---|
| 권5 | 1~260번<br>260통<br>45人 | 李賢輔(2), 沈通源(1), 李浚慶(3), 權轍(5), 洪暹(11), 閔箕(1), 任虎臣(2), 宋麒壽(42), 朴淳(1), 沈義謙(1), 曹植(3), 盧守愼(4), 李湛(34), 林亨秀(1), 盧慶麟(3), 李文樌(1), 柳希春(4), 朴承任(14), 白仁傑(2), 朴雲(12), 李源(13), 周博(1), 安瑢(1), 金慶言(1), 成渾(2), 崔應龍(8), 鄭之雲(1), 金德鵬(1), 洪仁祐(12), 金克一(2), 權大器(4), 李全仁(6), 李達·李天機(1), 金希禹(1), 宋言愼(1), 李憲(5), 金箕報(5), 金泰廷(1), 黃遂良(3), 李淳(1), 南彦經(10), 南彦紀(1), 李珥(7), 許曄(11), 柳仲郢(14) |
| 권6 | 261~632번<br>372통<br>15人 | 李文樑(145), 李仲樑(61), 安東府官(1), 金鸞祥(16), 趙容(1), 朴漸(1), 金宇宏·金宇顒(4), 吳彦毅(8), 南彦文(1), 李文奎(1), 尹復(25), 金彦琚(3), 禹彦謙(19), 朴光前·尹欽仲(1), 奇大升(85) |
| 권7 | 633~871번<br>239통<br>4人 | 黃俊良(87), 李楨(138), 安承宗(7), 安瀚(7) |

| | | | | |
|---|---|---|---|---|
| 권8 | 872~1207번 | 336통 | 2人 | 趙穆(158), 鄭惟一(178) |
| 권9 | 1208~1474번 | 267통 | 8人 | 李叔樑(6), 金富弼(60), 金富儀(21), 金富仁(5), 琴應夾·琴應壎(40), 金富信(1), 金富倫(47), 金就礪(87) |
| 권10 | 1475~1793번 | 319통 | 26人 | 禹性傳(39), 具鳳齡(60), 丁胤禧(3), 曹俊龍(4), 金命元(12), 吳健(1), 許篈(1), 鄭崐壽(4), 金守一(1), 金明一(3), 金誠一(29), 金圻(3), 鄭琢(16), 金八元(9), 白雲書院諸生(4), 川谷書院諸君(1), 易東書院諸君(1), 書堂執綱(1), 鄭士誠(11), 裵三益(18), 南致利(2), 柳雲龍(38), 柳成龍(4), 李德弘(46), 具贊祿(7), 尹根壽(1) |
| 권11 | 1794~2228번 | 435통 | 61人 | 琴蘭秀(41), 柳仲淹(33), 權好文(30), 鄭以淸(10), 李咸亨(10), 趙振(10), 金隆(3), 韓脩(9), 申沃(6), 鄭逑(6), 韓綰(3), 金士元(14), 金仲文(9), 郭瀚(1), 或人1(1), 李國弼(15), 洪胖(7), 金澤龍(1), 李養中(1), 崔德秀(21), 申暹(31), 金戣(3), 權應挺(1), 朴英俊(1), 監司(1), 慶州府尹(1), 崔弘僩(1), 金綏(4), 魚叔義(22), 孫英濟(18), 地主(1), 榮川守(1), 安玹(1), 黃孝恭(3), 琴軸(8), 朴令(1), 朴大齡(5), 權紹(7), 金添慶(1), 李亨慶(1), 許士廉(1), 蔡承先(2), 朴允諴(1), 尹暘(1), 安克誠(1), 裵天錫(1), 權景義(1), 宋遺慶(5), 琴應石(4), 朴演(1), 閔蓍元(46), 李鯤變(1), 李玠(1), 黃士傑(1), 李侃(1), 張壽禧(1), 李元承(17), 隴雲諸生(1), 閔應祺(2), 金功(2), 琴書房(1) |
| 권12 | 2229~2679번 | 451통 | 30人 | 吳守盈(1), 尹剛中·尹欽中·尹端中(5), 琴義筍·琴悌筍(8), 洪仁祉(1), 朴欐(10), 李季樑(3), 權景龍(1), 宋汝能(4), 朴承侃(18), 朴愼(1), 或人2(1), 辛弘祚(3), 趙完璧(1), 琴輔(2), 鄭參奉(1), 金生員(疑金允明)(1), 李正字(1), 疑宋福基·李閱道(1), 或人3(疑金綏)(1), 或人4(疑琴訓導)(1), 或人5(疑李習讀)(1), 或人6(1), 李庭檜(2), 李瀣(22), 李澄(6), 李完(36), 李宰(2), 李寗(23), 李寯(18), 李寯(275) |
| 권13 | 2680~3117번 | 438통 | 10人 | 李寯(255), 李憑(32), 李潔(5), 李冲(5), 李阿(1), 李宗道(7), 李善道(3), 李閱道(2), 李安道(125), 溫溪洞內(3) |

-《정본 퇴계전서》 해제 〈《定本 退溪全書》 退溪先生文集 수록 내용 일람표〉에서 인용함.-

원래 목판본《퇴계선생문집》을 간행할 때 서간문의 수신자와 퇴계의 관계로써 분류하여 시현(時賢), 지구(知舊), 문인(門人), 가서(家書)의 네 범주를 설정한 다음 개별 수신자에게 보내는 편지를 각 범주 안에서 작성 연대에 따라 순차적으로 편집하였는데,《정본 퇴계전서》에서도 그 체제를 따랐다. 다만《퇴계선생문집》은 원집(元集), 속집(續集), 유집(遺集) 3편(編)으로 나누고 수신자 1인에게 보내는 서간문들을 각 편에 분속(分屬)시켜 놓았기 때문에 각 서간문의 중요도를 식별하기는 용이했으나 작성 연대 순서로 일목요연하게 배열되어 있지는 못하였다.《정본 퇴계전서》에서는 문집의 원집, 속집, 유집 3편에 각각 나뉘어 있던 서간문들을 통합하고 작성 연대 순서에 따라 한 줄로 배열하는 한편 문집을 간행할 때 산삭한 부분들을 재생시켜 원래의 편지 전모를 복원하였다.

《정본 퇴계전서》중 서(書) 부분에 해당하는 권5~권13의 원문 글자 수는 총 855,364자이다. 이 중 이미 번역 간행된 원문 글자 수는 452,885자이며, 아직 번역되지 않은 원문 글자 수는 402,479자이다. 이를 토대로 권5~권13의 기번역 비율을 평균내면 51.24%이다. 각 권별로 기번역 원문 글자 수와 미번역 글자 수를 도표로 정리하면 다음과 같다.

| 권차 | 전체 글자 수 | 기번역 글자 수 | 미번역 글자 수 | 기번역 비율(%) |
|---|---|---|---|---|
| 권5 | 107,170 | 86,479 | 20,691 | 80.69 |
| 권6 | 107,532 | 57,233 | 50,299 | 53.22 |
| 권7 | 92,250 | 62,623 | 29,627 | 67.88 |
| 권8 | 102,638 | 64,555 | 38,083 | 62.9 |
| 권9 | 89,648 | 51,630 | 38,018 | 57.59 |
| 권10 | 106,130 | 76,030 | 30,100 | 71.64 |
| 권11 | 78,475 | 42,015 | 36,460 | 53.54 |

| | | | |
|---|---|---|---|
| 권12 | 94,352 | 9,411 | 84,941 | 9.97 |
| 권13 | 77,169 | 2,909 | 74,260 | 3.77 |
| 합계 | 855,364 | 452,885 | 402,479 | 51.24 |

## 2. 퇴계 서간문의 학술적 의의

조선에서《주자대전(朱子大全)》을 최초로 완독하고 연구한 학자는 퇴계이다. 퇴계 이전에는《성리군서구해(性理群書句解)》,《성리대전》,《근사록》등이 간행되어 성리학을 이해한 학자들도 있었지만, 주자의 저술을 읽고 주자학을 깊이 연구한 학자는 없었다. 퇴계가《주자대전》을 처음 읽은 것도 당시로는 매우 늦은 나이인 43세 때였다.《주자대전》완질은 중종 18년(1523), 교서관(校書館)에서 처음 간행되었고, 그 20년 후인 1543년에 퇴계가 처음 그 책을 입수하였다. 퇴계는《주자대전》을 읽고 연구한 지 13년 만인 56세 때 편저《주자서절요(朱子書節要)》를 완성하였다.

학문 토론에 서간문을 가장 많이 활용한 학자가 주자이다. 그리고 주자의 서간문의 중요성을 인지하고 연구에 적극 활용한 학자는 중국과 한국을 통틀어 퇴계가 거의 처음이다. 퇴계의 〈주자서절요서(朱子書節要序)〉에 의하면, 남송 때 학자 황백(王柏, 1197~1274)이 주자의 서간문을 선집(選集)했다는 기록을 명나라 때 학자 송렴(宋濂)이 남겼으나 송렴 자신도 그 책을 보지 못했다고 했으니[1], 황백이 선집한 책은

---

**1** 《정본 퇴계전서》퇴계선생문집 권15, KNW121 〈朱子書節要序〉"甞見宋學士集, 有記魯齋王先生以其所選朱子書, 求訂於北山何先生云, 則古人曾已作此事矣. 其選其訂, 宜精密而可傳. 然當時宋公猶嘆其不得見, 況今生於海東數百載之後, 又安可斬見於彼,

세상에 전해지지 않았음을 알 수 있다.

퇴계 이전의 문집들에서는 시(詩)·사부(辭賦)·기(記)·서(序)·발(跋) 등 문학성이 있는 장르들을 주로 수록하였고, 서간문은 조금 수록하거나 아예 수록하지 않기도 하였다. 퇴계는 자신이 주자와 마찬가지로 서간문을 학문 활동의 중요한 수단으로 삼았거니와, 퇴계의 문집은《주자대전》의 체제에 따라 편성되었으므로 문집 안에서 서간문이 차지하는 분량이 다른 장르에 비해 압도적으로 많다. 분량이 많을 뿐만 아니라, 퇴계의 학설과 삶이 모두 서간문에 들어 있으므로 퇴계의 학문과 생애를 연구함에 있어 서간문이 가장 중요한 자료가 됨은 말할 나위 없다.

퇴계의 문집이 나온 이후로 조선에서 간행되는 문집은 서간문의 비중이 현저히 커져서 그 이전과 뚜렷이 구분되는 양상을 보인다. 또한 퇴계의 중요한 학설들이 모두 서간문에 들어 있었으므로 영남은 물론 근기(近畿) 지역의 퇴계학파 학자 및 전국의 주자학을 연구하는 학자들에게 퇴계의 서간문은《주자서절요》에 버금가는 필독서가 되어 조선의 주자학 발전에 지대한 역할을 하였다.

서간문이란 글이 대개 그렇듯이 퇴계의 서간문에도 학문 논변 외에 관직 생활, 교유 관계, 향촌과 도산서원에서의 생활 모습, 문인(門人)들의 성격 등 다양한 애기들이 들어 있으며, 당대의 명사들을 거의 다 망라하여 분량도 매우 많다.[2] 아들 이준(李寯)을 빼면 퇴계와 가장 많은 편지를 주고받은 사람은 정유일(鄭惟一), 조목(趙穆), 이문량(李文

---

而不爲之稍加損約, 以爲用工之地也哉?"

**2** 16책으로 간행된《역주 퇴계전서》(1991, 퇴계학연구원)에 각 책마다 자세한 해제를 달았다. 이 중 4책~9책에 서(書)가 실려 있는데, 또한 해제에서 수록된 편지들을 일일이 요약해 소개해 놓았다.

樑)이다. 이들에게 보낸 편지에는 환로(宦路)에서의 우여곡절과 향촌에서의 생활 모습 등이 기록되어 있다.

학문 논변이 실린 서간문 중 특히 중요한 것은 소재(穌齋) 노수신(盧守愼)·고봉(高峯) 기대승(奇大升)과 왕복한 편지들이다.

소재가 지은 〈숙흥야매잠해(夙興夜寐箴解)〉의 자구 해석을 놓고 퇴계와 소재·하서(河西) 김인후(金麟厚) 3인이 질의 문답하는 방식으로 벌인 논변이 고스란히 기록되어 있는 이 편지는 당시 학계의 학문 성향 및 선학(禪學) 내지 양명학을 비판하는 퇴계의 견해를 볼 수 있는 중요한 자료이다.[3] 이 과정을 통해 완성된 〈숙흥야매잠해〉는 후일 왕명으로 교서관(校書館)에서 간행되었다.

퇴계의 학문 중 핵심은 성리설이며, 성리설 중에서도 사단칠정설(四端七情說)이다. 퇴계의 사단칠정설은 고봉 기대승과 주고받은 편지인 소위 사칠왕복서(四七往復書)에 집약되어 있는데, 이를 사칠논변(四七論辨)이라 한다. 여기서는 사칠왕복서를 통해서 전개된 논변의 시말(始末)과 의의 및 이 책에서 대다수 새로 번역하는 척독류 편지들 중에서 특기할 만한 자료들을 소개하고자 한다. 척독류 편지에는 퇴계의 향촌 생활과 가정사 등이 많이 기록되어 있다.


## 3. 사칠논변(四七論辨)

### 1) 논변의 발단과 전개

퇴계와 고봉이 사단·칠정의 관계와 개념에 대해 왕복 편지로 토론한

---

**3** 상동서 권5, BNL0074 〈答盧伊齋〉의 별지에 3인의 논변이 자세히 기록되어 있다.

소위 사칠논변은 퇴계의 서간문 중에서 학술적으로 가장 중요하며 또한 향후 학자들에게 큰 화두를 던져준 조선 사상사에서 가장 큰 사건이었다. 먼저 이 논변의 시말을 정리해 보자.

계축년(1553) 가을에 정지운(鄭之雲, 1509~1561)이 자신이 만든 〈천명도설(天命圖說)〉을 가지고 퇴계를 찾아왔다. 퇴계는 〈천명도설〉의 '사단은 리(理)에서 발하고 칠정(七情)은 기에서 발한다.〔四端發於理, 七情發於氣.〕'라고 한 대목을 '사단은 리의 발이요 칠정은 기의 발이다.〔四端理之發, 七情氣之發.〕'로 고쳤다. 그 후 정지운은 퇴계의 이 견해를 받아들여 개정한 도설을 가지고 와서 퇴계에게 보여주었다. 이 해 12월에 퇴계는 〈천명도설후서(天命圖說後敍)〉를 지어 정지운에게 주었고, 이듬해 정월에 정지운은 〈천명도설서(天命圖說序)〉를 지었다. 그리고 무오년(1558) 가을에 정지운이 〈천명도설〉을 가지고 고봉 기대승을 찾아가서 토론하니, 고봉이 〈천명도설〉을 보고 위 퇴계의 설에 이견을 제시했다. 두 사람의 토론을 전해 들은 퇴계가 "사단이 발함은 순수한 리이므로 선하지 않음이 없고, 칠정이 발함은 기를 겸하므로 선악이 있다.〔四端之發純理, 故無不善, 七情之發兼氣, 故有善惡.〕"로 자구를 수정하여 고봉에게 편지로 보냈다. 이것이 사칠논변의 시작이다.

퇴계의 편지를 받고 고봉은 편지로 반론을 폈다. 그 요지는 '사단과 칠정은 모두 본체인 성(性)이 발한 것으로 양자가 정(情)이란 점에서 같고 사단은 칠정 중 선한 측면〔善一邊〕이므로 사단과 칠정을 대거(對擧)하여 각각 리(理)·기(氣)에 분배해서는 안 된다. 칠정의 개념을 기를 겸한 것으로 정의하면 '사단은 리의 발이요 칠정은 기의 발이다.'라고 한 것보다는 다소 나은 듯하지만, 그래도 사단은 칠정을 벗어난 것이 아니라 역시 정(情)이니, 이 둘의 개념을 상대적인 것으로 보아서는 안 된다.'는 것이다. 그는 사단과 칠정은 '나아가 말한 바가 다르기〔所就

而言之者不同〕' 때문에 구별이 있을 뿐이지 칠정 밖에 따로 사단이 있는 것은 아니라고 하였다. 즉 하나의 정(情)을 관점을 달리하여 표현했을 뿐이지 그 내용은 두 가지 뜻이 있는 것이 아니라 실상 같다는 것이다. 다시 말하면 사단은 칠정의 한 측면 또는 부분집합이라 할 수 있으므로 이 양자를 리와 기로 나누어 상대적인 개념으로 사용해서는 안 된다는 것이다.

이에 대해 퇴계는 사단과 칠정은 비록 내용이 같은 하나의 정이지만 고봉이 말한 바대로 '나아가 말한 바가 다르기' 때문에 그 개념을 다르게 정의해야 한다고 주장하였다. 퇴계의 생각은 '사단과 칠정 모두 리와 기가 합한 것이지만 사단은 그중에서 리 쪽만 가리켜 정의했듯이 칠정은 기의 작용이 크므로 기 쪽에 소속시켜 개념을 정의할 수 있다. 그렇지 않다면 옛 성현들이 무엇하러 굳이 명칭을 달리했겠는가.'라는 것이다. 그리고 퇴계는 '마음의 체(體)인 성(性)을 리의 측면인 본연지성(本然之性)과 기의 측면인 기질지성(氣質之性)으로 나누었으니, 마음의 용(用)인 정(情)도 리와 기로 구분하지 못할 것이 없다'라고 하고, 《주자어류(朱子語類)》에서 발견한 "사단은 리의 발함이요 칠정은 기의 발함이다.〔四端理之發, 七情氣之發.〕"라는 대목을 자신의 논거로 제시하였다.

이에 고봉은 다시 편지를 보내 반박하였는데, 그 요지는 '사단은 칠정 속에서 리만을 가리켜 말한 것이므로 칠정에 속하는 것이거늘 사단과 칠정을 각각 리와 기로 나누어 상대적인 개념으로 사용하면 마치 마음속에 두 가지 정(情)이 있어 하나는 리가 발하고 하나는 기가 발하는 것으로 오인될 수 있다.'라는 것이다. 즉 퇴계의 설에 의하면, 마음에 리와 기 두 가지 근본이 있고 이 근본이 두 가지 정으로 각각 발출한다고 오인될 수 있다는 것이다. 고봉의 이러한 지적은 훗날 퇴계의 학설이 '이기이원론(理氣二元論)'으로 잘못 규정되는 데 하나의 원인이 되었다.

　고봉의 이 반론에 대해 퇴계는 '이치를 볼 때는 같음에 나아가 다름이 있음을 알고 다름에 나아가 같음이 있음을 알아서, 나누어 둘로 만들어도 본래 분리된 적이 없고 합하여 하나로 만들어도 실상은 서로 섞이지 않을 수 있어야 한다'고 하면서 '다름은 같음을 전제한 다름이고 같음은 다름을 포함한 같음이므로 근본이 둘이 될 우려가 없다'고 답변한다. 그리고 퇴계는 '마음을 심합리기(心合理氣)로 정의하니, 마음의 본체는 리와 기의 합일이다. 따라서 마음의 작용인 정(情)도 리와 기가 합일한 것이다. 따라서 정의 일반적인 개념을 말할 때는 칠정이 사단을 포함하여 둘을 나눌 수 없지만 칠정과 사단을 상대하여 말할 경우에는 개념의 주안점이 어디 있느냐에 따라 리와 기에 각각 분속(分屬)시키는 것이 불가할 게 없다.'라고 하였다. 여기서 퇴계는 '사단은 리가 발하여 기가 이를 따르고 칠정은 기가 발하여 리가 이를 탄다.〔四端理發而氣隨之, 七情氣發而理乘之.〕'라고 하는 소위 호발설(互發說)을 제시하였다. 그러나 고봉은 여전히 사단도 정이요 정은 리와 기를 겸한 것이므로 기만으로 정의해서는 안 된다고 주장하였다.

　이상의 논변을 정리해 보면, 퇴계와 고봉 양자가 모두 '나아가 말한 바가 다르기' 때문이란 말을 자신의 입론 근거로 삼되 이 말을 사용하는 취지는 서로 다르다는 것을 알 수 있다. 고봉은 사단과 칠정은 명칭만 다를 뿐 내용은 같은 정(情)이라고 주장하고, 퇴계는 내용은 같은 정이지만 개념은 다르다고 주장하는 것이다. 고봉은 '사단은 칠정에 속하는 것이므로 전체인 칠정과 그 부분인 사단을 상대적인 개념으로 나누어 설정할 수 없다.'라고 하였으며, 퇴계는 '마음의 작용인 정의 일반적인 개념을 말할 때에는 칠정이 정 전체를 포괄하는 것이므로 리와 기가 합한 것으로 말할 수 있지만 사단과 상대하여 말할 경우에는 칠정을 기 쪽에 분속시킬 수 있다.'라고 하였다.

## 2) 주요 쟁점과 결말

고봉은 칠정을 기(氣)에 분속시켜서는 안 되는 이유로, 칠정은 리(理)와 기를 겸하니 칠정을 사단과 대거(對擧)하여 사단을 리발(理發), 칠정을 기발(氣發)이라 하면 칠정 중 '리의 측면(理一邊)'이 사단에게 점유되어 칠정의 선악(善惡)은 다 기에서 나오는 것이 되고 만다고 지적하는 한편 《중용》의 희(喜)·노(怒)·애(哀)·락(樂)이 절도에 맞는 상태인 달도(達道)와 순(舜)임금의 노(怒), 공자(孔子)의 애(哀)·락(樂), 맹자의 희(喜) 같은 것은 칠정에 속하지만 사단과 다르지 않거늘 이를 기발이라 할 수 있겠느냐고 반문하였다. 퇴계의 설 중에서 고봉이 문제점이 있다고 지적한 것들을 발췌하면 다음과 같다.

① 사단과 칠정, 둘을 상대해 놓고 그 향상(向上)의 근원을 미루어 본다면 실로 리와 기의 다름이 있으니, 어찌 서로 다른 뜻이 있지 않다고 할 수 있으리오.

사단과 칠정이 비록 동일한 정이지만 소종래(所從來)의 다름이 없지 않다. 만약 소종래가 둘이 아니라면 사단과 칠정은 무엇을 근거로 다르게 말했겠는가.

사단의 소종래가 이미 리이고 보면 칠정의 소종래가 과연 기가 아니고 무엇이겠는가.[4]

② 맹자의 희(喜)와 순(舜)임금의 노(怒)와 공자의 애(哀)·락(樂)은 기가 리에 순종하여 발하여 터럭만큼도 장애 받는 것이 없었기 때문에 리의 본체가

---

**4** 《정본 퇴계전서》 퇴계선생문집 권6, KNL0554A 〈答奇明彦〉〔論四端七情第二書〕
"二者對擧而推其向上根源, 則實有理氣之分, 安得爲非有異義耶?"
"雖同是情而不無所從來之異. 若所從來本無二, 則言之者何取而有不同耶?"
"四之所從來, 旣是理; 七之所從來, 果非氣而何?"

고스란히 드러난 것이다. 일반 사람이 어버이를 보고 기뻐하고 상(喪)을 만났을 때에 슬퍼하는 것 역시 기가 리에 순종하여 발하는 것이다.[5]

①은 사단과 칠정을 마음속 근본에서부터 다르다고 구분한 것이고, ②는 칠정은 아무리 절도에 맞는 것일지라도 어디까지나 기발(氣發)로 정의될 수밖에 없다고 주장한 것이다.

논변을 마치면서 고봉은 자신의 견해를 정리한 〈사단칠정후설(四端七情後說)〉과 〈사단칠정총론(四端七情總論)〉 두 편의 글을 보낸다. 여기서 그는 퇴계가 논거로 제시한 '성(性)에 본연지성과 기질지성의 구분이 있듯이 정(情)에도 리와 기의 구분이 있을 수 있다'는 것과 정이(程頤)의 〈호학론(好學論)〉에서 말한 정(情)의 개념을 보면 칠정을 기발로 정의할 수 있다는 것을 수긍하여, 퇴계의 호발설(互發說)을 받아들였다. 그러나 퇴계가 사단과 칠정은 마음속에서 소종래가 각각 다르다는 것과 맹자의 희(喜), 순(舜)임금의 노(怒), 공자의 애(哀)·락(樂)과 같이 성현의 절도에 맞는 정을 기발로 정의한 것은 부정하였다. 아래 ①은 수긍한 것이고 ②는 반박한 것이다.

① 이전에는 칠정이 발하여 절도에 맞는 것은 사단과 다름없다고 여겼습니다. 그래서 사단과 칠정을 리와 기로 나누는 것에 대해 의심하여 '정이 발함은 리와 기를 겸하고 선과 악이 있는데 사단은 리에서 발하여 선하지 않음이 없는 것만 오로지 가리켜 말하였고 칠정은 진실로 리와 기를 겸하고 선과 악이 있는 것을 가리켜 말한 것이다. 만약 사단을 리에 분속(分屬)시키고 칠정

---

**5** 상동, "舜之怒·孔子之哀與樂, 氣之順理而發, 無一毫有碍, 故理之本體渾全. 常人之見親而喜, 臨喪而哀 亦是氣順理之發."

을 기에 분속시킨다면 이는 칠정의 리의 측면[理一邊]이 도리어 사단에 점유되어 선과 악이 있다고 한 것이 단지 기에서만 나오는 것처럼 될 터이니, 이는 어의(語意)에 의심스러운 점이 없을 수 없는 것이다.'라 생각했습니다. 그러나 주자가 말한 '사단은 리가 발한 것이고 칠정은 기가 발한 것이다.'라는 것을 반복해 참구해 보니, 아무래도 제 견해가 맞지 않는 점이 있었습니다. 그래서 반복해 생각해 보고서야 비로소 전일에 제가 주장한 설은 고찰이 부족했음을 알았습니다. 맹자가 사단을 논하면서 확충(擴充)하게 하고자 했으니, 사단이 리가 발한 것임은 진실로 당연합니다. 정자[伊川]의 〈호학론〉에서 칠정을 논하면서 '정이 치성(熾盛)하여 더욱 동탕(動蕩)하면 성(性)을 해치게 된다. 그러므로 각자(覺者)는 정을 단속하여 중(中)에 맞게 한다.'라고 했습니다. 대저 칠정이 치성해 더욱 동탕하므로 단속하여 중에 맞게 하고자 했으니, 칠정이 기가 발한 것임이 사실이 아니겠습니까. 이로써 보건대 사단·칠정을 리·기에 분속함은 의심할 필요가 없으며 사단과 칠정의 개념은 진실로 소이연이 있으니 살피지 않아서는 안 됩니다.[6]

② 보내온 서찰에서 '맹자의 희(喜), 순(舜)임금의 노(怒), 공자의 애(哀)·락(樂)은 기가 리에 순응하여 발하여 터럭만한 장애를 받는 것도 없다.', '사단

---

**6** 상동서, KNL0569B, 〈附奇明彦四端七情後說〉, "四端七情之說, 前此認得七情之發而中節者, 與四端不異, 故有疑於理氣之分屬, 以爲'情之發也, 兼理氣有善惡, 而四端則專指其發於理而無不善者言之. 七情則固指其兼理氣有善惡者言之焉. 若以四端屬之理, 七情屬之氣, 則是七情理一邊, 反爲四端所占, 而有善惡云者, 似但出於氣, 此於語意之間, 不能無可疑者也.' 然以朱子所謂四端是理之發, 七情是氣之發者, 參究反覆, 終覺有未合者, 因復思之, 乃知前日之說, 考之有未詳, 而察之有未盡也. 孟子論四端, 以爲'凡有四端於我者, 知皆擴而充之.' 夫有是四端, 而欲其擴而充之, 則四端是理之發者, 是固然矣. 程子論七情, 以爲'情旣熾而益蕩, 其性鑿矣. 故覺者約其情, 使合於中.' 夫以七情之熾而益蕩而欲其約之以合於中, 則七情是氣之發者, 不亦然乎? 以是而觀之, 四端七情之分屬理氣, 自不須疑, 而四端七情之名義, 固各有所以然, 不可不察也."

과 칠정이 각각 소종래(所從來)가 있다.'라고 한 말들은 모두 온당치 못하다고 생각합니다. 대저 발하여 모두 절도에 맞는 것을 화(和)라고 하니, 화는 바로 이른바 《중용》의 달도(達道)입니다. 만약 보내온 서찰의 말씀대로라면 달도를 '기가 발한 것'이라 할 수 있겠습니까?[7]

이상은 고봉의 〈사단칠정후설〉에서 발췌한 것이다. 이에 대한 답서에서 퇴계는,

〈사단칠정총설〉과 〈사단칠정후설〉 두 편은 의론이 극히 명쾌하고 안목이 참으로 정당하여 홀로 넓게 트인 경지를 보고 터럭만한 미세한 차이에서 구견(舊見)의 차오(差誤)를 가려내어 단박에 고쳐서 신의(新意)를 따랐으니, 이는 더욱 사람들이 하기 어려운 것입니다. 매우 훌륭합니다. 논한 나의 설 중에서 성현의 희노애락에 대한 견해 및 사단과 칠정에 각각 소종래가 있다는 설은 과연 온당치 못한 점이 있는 듯하니, 감히 반복해 생각해 보지 않을 수 있겠습니까.[8]

라 하였으며, 김취려(金就礪)에게 보낸 편지에서도 이와 같은 취지로 말하였다.[9]

---

**7** 상동, "來書謂孟子之喜, 舜之怒, 孔子之愛與樂, 是氣之順理而發, 無一毫有碍, 及各有所從來等語, 皆覺未安. 夫發皆中節, 謂之和, 和卽所謂達道也. 若果如來說, 則達道亦可謂是氣之發乎?"

**8** 《정본 퇴계전서》 권9, KNL0568 〈答奇明彦〉, "四端七情總說後說兩篇, 議論極明快, 無惹纏紛挐之病, 眼目儘正當, 能獨觀昭曠之原, 亦能辨舊見之差於毫忽之微, 頓改以從新意, 此尤人所難者, 甚善甚善. 所論鄙說中聖賢之喜怒哀樂及各有所從來等說, 果似有未安, 敢不三復致思於其間乎?"

**9** 상동서, KNL1427 〈答金而精〉, "明彦舊亦疑其說之誤, 力加排擯. 近在湖南寄書來,

이상에서 검토한 바를 종합해 보면, 사칠논변의 결말에서 고봉은 핵심 쟁점인 사단은 리발(理發)이요 칠정은 기발(氣發)이라 한 퇴계의 호발설을 수긍하였고, 퇴계도 성현의 절도에 맞는 정은 기발로 볼 수 없고 사단과 칠정의 근원이 둘이 아니라고 한 고봉의 설을 수긍했음을 알 수 있다. 후일에 퇴계가 자신의 정설을 집약하여 작성한 《성학십도(聖學十圖)》의 〈심통성정중도(心統性情中圖)〉에서 고봉의 지적을 일정 부분 수용하여 사단을 칠정의 권역(圈域) 안에 넣었다는 것을 확인할 수 있다.

## 3) 혼륜(渾淪)과 분개(分開)

사단과 칠정의 관계에 대해 퇴계는 이렇게 설명한다.

옛사람은 사람이 말을 타고 출입하는 것으로 리가 기를 타고 행하는 것을 비유했는데 이것이 매우 좋다. 사람은 말이 아니면 출입하지 못하고 말은 사람이 아니면 궤도를 잃으니, 사람과 말이 서로 붙어 분리되지 않지만 사람이 이를 가리켜 말하는 자가 혹 범연히 가는 것을 범연히 가리켜 말할 경우에는 사람과 말이 모두 그 가운데 있으니, 사단·칠정을 혼륜하여 말하는 것이 이것이다. 혹 사람이 가는 것만 가리켜 말할 경우에는 굳이 말까지 아울러 말하지 않더라도 말이 가는 것은 그 가운데 있으니, 사단이 이것이다. 혹 말이 가는 것만 가리켜 말할 경우에는 굳이 사람까지 아울러 말하지 않더라도 사람이 가는 것은 그 가운데 있으니, 칠정이 이것이다.

공은 내가 사단과 칠정을 분별(分別)하여 말하는 것을 보면 매양 혼륜(渾

自言子細參究, 始知其非誤, 因著摠說後說二篇來, 其言粹然一出於正, 乃知人眼目旣高, 不以先入爲主, 而能超然獨得於昭曠之原如此. 又其間指說出溪辨語有病處亦中理, 皆可尙也."

淪)하여 말한 것을 인용하여 공격하니, 이는 남이 '사람이 간다', '말이 간다'고 말하는 것을 보고 '사람과 말이 하나이니 나누어 말해서는 안 된다.'라고 주장하는 셈이며, 내가 기발(氣發)로써 칠정을 말하는 것을 보면 리발(理發)이라고 힘써 말하니, 이는 남이 '말이 간다'고 말하는 것을 보고 굳이 '사람이 간다'고 주장하는 셈이며, 내가 리발로써 사단을 말하는 것을 보면 또 기발이라고 힘써 말하니, 이는 남이 '사람이 간다'고 말하는 것을 보고 굳이 '말이 간다'고 주장하는 셈이다.[10]

고봉에게 보낸 편지이다. 여기서 퇴계는 혼륜과 분별[11]이란 용어를 사용하였다. 분별은 분개(分開)와 같은 말이다. 즉 리와 기는 상수적(相須的)인 관계에 있으므로 각각 떨어져 따로 존재할 수는 없지만 주안점에 따라 나누어 말하고 개념을 정의할 수 있다는 것이다. 즉 퇴계는 자신의 논리는 혼륜을 전제한 분개요 분개를 포함한 혼륜인데 고봉이 이를 이해하지 못하고 한쪽 논리만 가지고 자신을 공격한다고 하였다.

리와 기의 관계를 주자학에서는 '하나이면서 둘[一而二]'이요 '둘이면서 하나[二而一]'이며 '서로 분리할 수도 없고[不相離]' '서로 섞일 수도

---

**10** 《정본 퇴계전서》 권6, KNL0554 〈答奇明彦〉〔論四端七情第二書〕, "古人以人乘馬出入, 比理乘氣而行, 正好. 蓋人非馬不出入, 馬非人失軌途, 人馬相須不相離. 人有指說此者, 或泛指而言其行, 則人馬皆在其中, 四七渾淪而言者, 是也. 或指言人行, 則不須幷言馬, 而馬行在其中, 四端是也. 或指言馬行, 則不須幷言人, 而人行在其中, 七情是也. 公見滉分別而言四七, 則每引渾淪言者以攻之, 是見人說人行馬行, 而力言 '人馬一也, 不可分說也.' 見滉以氣發言七情, 則力言理發, 是見人說馬行而必曰人行也. 見滉以理發言四端, 則又力言氣發, 是見人說人行而必曰馬行也."

**11** 분별은 분개(分開)와 같은 말로 하나의 사물에서 두 가지 이상의 속성을 나누어 본다는 뜻이다. 혼륜(渾淪)은 《열자(列子)》 〈천서(天瑞)〉의 "혼륜이란 만물이 서로 혼합하여 서로 분리되지 않는 것을 말한다.〔渾淪者, 言萬物相渾淪而未嘗離也.〕라고 한 데서 어원을 찾을 수 있다.

없는(不相雜)' 것으로 정의한다. 하나이므로 서로 분리할 수 없다는 점을 말하면 혼륜이 되고 둘이므로 서로 섞일 수 없다는 점을 말하면 분개가 된다. 이러한 혼륜과 분개의 개념을 종전의 성리학에서는 리와 기의 관계를 설명하는 데에만 사용하였다. 혼륜과 분개의 개념을 사단과 칠정의 관계를 설명하는 데 사용한 것은 퇴계가 처음이다. 퇴계가 사용한 이 혼륜과 분개의 논리는 향후 조선 성리설의 발전에 지대한 영향을 끼쳤다.


## 4. 척독류 편지의 자료적 가치

《정본 퇴계전서》에는 당초 문집을 간행할 때 산삭(刪削)한 자료들을 복원하였는데, 그중에서도 척독류 편지가 가장 많다. 척독류 편지는 대개 안부를 묻거나 일상적인 일들을 언급하는 정도에 그치는 것이기 때문에 목판본 문집에는 통상 수록되지 않는다. 그런데 이러한 편지들에서 오히려 지금 사람들로서는 알기 어려운 사실을 기록한 뜻밖의 중요한 자료들을 발견할 수 있다.

　척독류 중에서 가장 많은 분량을 차지하는 것은 가서(家書)이다. 아들, 손자 등 가족에게 보낸 편지인 가서에는 퇴계의 인품, 성격, 생활 모습, 가정사 및 당시에 일어난 일상의 소소한 일들이 기록되어 있으며, 荇叱山(늦산), 訥叱孫(늦손), 莫失(막실), 內尸石(논석), 夫叱實(북실), 已里音夫(기림부), 順孫(순손), 金孫(금손), 漢必(한필), 哲孫(철손), 孫伊(손이), 頓伊(돈이), 億弼(억필), 黃石(황석) 등과 같은 이름의 하층민들도 등장한다.

　이러한 편지들은 당시로서는 문집에 수록될 만큼 중요하지 않았겠지만, 오늘날 연구자로서 보면 퇴계의 개인사 및 조선 시대 생활사를 고찰하는 데 매우 중요한 자료적 가치가 있다.

> 이제 《대혜사서(大慧師書)》를 보내니, 수선(樹禪)에게 전달하거라.[12]

1565년 퇴계 65세 때 쓴 것으로, 청량산에서 독서하고 있는 손자에게 보낸 편지에서 한 말이다. 《대혜사서》를 청량산의 수선이란 승려에게 빌려보고 돌려준 것이다.[13] 퇴계가 불서(佛書)을 읽었다는 기록은 이것이 유일하다.

《대혜사서》는 《대혜보각선사서(大慧普覺禪師書)》이고, 약칭하여 대개 《대혜서장(大慧書狀)》이라 한다. 이 책은 송나라 때 간화선(看話禪)의 이론을 완성한 선승으로 평가받는 대혜 종고(大慧宗杲)의 서간문을 모은 것으로 주자의 《주자서절요(朱子書節要)》에 비견될 만한 중요한 편저이다. 우리나라에서는 고려 때 보조 지눌(普照知訥, 1158~1210) 이래 선문(禪門)의 가장 중요한 저술이요 강원의 사집(四集) 중에서 가장 중요한 과목이 되어왔다. 대혜 종고는 주자와 매우 관련이 깊은 인물로 사상적으로는 주자와 대척점에 서 있는 인물이라 할 수 있다. 따라서 《대혜서장》은 주자학을 이해, 연구하는 데 필요한 책이라 할 수 있다.

> 말할 것은 접때 소백산에서 종수(宗粹) 상인을 통해 보조선사(普照禪師)의 시권(詩卷)을 군이 빌려갔다는 말을 들었다. 내가 한 번 보고 싶으니, 지금

---

**12** 《정본 퇴계전서》 권13, SNL3023 〈寄安道孫〉, "今送大慧師書, 樹禪處傳付爲可."

**13** 《정본 퇴계전서》 권8, KNL1114 〈答鄭子中〉에 "'일도양단'은 《대혜서(大慧書)》 중에서 이 말을 본 적이 있다.〔一刀兩段, 亦嘗於大慧書中見此語.〕"라고 하였다.

가는 사람에게 부쳐주기 바란다.[14]

고려 시대 대표적인 선승(禪僧)인 보조 지눌의 시권은 현전(現傳)하지 않으며, 보조 지눌의 시집이 있었다는 기록은 이것이 유일하다.

할 말은, 지금 가는 말암(末巖)의 중 삼보(三寶)가 승군(僧軍)으로 잡혀가게 되었다고 와서 호소하니, 몹시 걱정이 되는구나. 내가 지난번에 도선(道善)과 덕연(德衍) 두 중의 일로 원님에게 서찰을 보내 이미 허락을 받았으니, 지금 또 이 중의 일로 부탁하지 못하겠구나. 어떻게 하면 좋겠느냐? 임필신(任弼臣)은 여기 오지 않느냐? 오면 네가 해결해 보아라. 그렇지 않으면 숙재(叔材)도 아전에게 말해 해결할 수 있지 않겠느냐? 나도 뾰족한 수가 없기에 우선 네게 알려준다.[15]

승려들이 승군으로 끌려가는 것을 퇴계가 손을 써서 구해주었다는 기록이다. 사상적으로 불교를 단호히 비판한 것과는 다른 퇴계의 면모를 볼 수 있다.

나는 늘 추위를 많이 타서 털옷이 없으면 안 되는데, 양가죽옷 하나를 20년 동안 입어 이제 다 낡아 해졌으니, 큰 일이다. 그러나 살 돈이 없으니 걱정이구

---

**14** 《정본 퇴계전서》 권11, BYL1974〈與金仲文〉, "就中頃於小白, 因宗粹上人, 聞普照禪師詩卷, 君曾借覽云. 吾欲一見, 須付進人, 望望."

**15** 《정본 퇴계전서》 권13, BYL2898〈答寯〉, "就中今去末巖三寶僧, 以僧軍推捉來告, 悶奈何? 予昨以道善·德衍兩僧事, 通簡于城主, 旣蒙諾矣. 今不可又以此僧事叩之, 何以爲之? 任弼臣不來此耶? 來則汝可圖之, 不然叔材亦可圖之於色吏處否? 計無所出, 姑今就汝知之."

나. 그러나 그 값이 무명 몇 필인지 알고서 차츰 살 방도를 강구하려 하니, 막동이를 불러 양피 철릭[16] 값은 무명 몇 필이며, 중치막[17] 값은 무명 몇 필인지 분명한 숫자를 보고하도록 하라. 예전에 듣기로는 철릭 값은 25필이라 하니, 이는 필시 시중에 유통되는 무명 값이 이와 같을 것이다. 호목(好木 좋은 무명)이라면 어찌 이렇게까지 많이 들겠느냐. 중치막은 값이 헐하니, 중치막을 살까도 생각하고 있다.[18]

62세 때 안동 예안에 살 때 쓴 편지이다. 퇴계의 검소한 생활과 함께 당시의 물가를 알 수 있다.

나는 어저께부터 설사하였는데 변이 조금 붉은 색으로 변하니, 몹시 괴롭구나. 우슬탕(牛膝湯)을 달여 먹은 뒤에야 어젯밤부터 비로소 차도가 있다. 그러나 여독이 다 가시지 않아 냉기만 쐬면 발작한다. 오늘 모임은 만약 길을 둘러가서 큰 물을 건너고 밤중을 무릅쓰고 갔다 오면 필시 냉기를 쐬어 병세가 발작할 것이요 강 가 정자는 냉습(冷濕)할까 두렵다. 그래서 모임에 가지 못했다. 내가 약속해 놓고 내가 어기니, 몹시 부끄럽고 서운하다.[19]

---

**16** 철릭(貼裏) : 조선 시대 때 문무의 관리들이 먼 길을 갈 때 입던 옷으로, 소매가 넓고 의(衣)와 상(裳)이 연결되어 있으며, 허리에는 주름이 잡혀 있다. 오른쪽 소매에는 단추를 달아 붙였다 떼었다 할 수가 있어 유사시에는 융복(戎服)으로 입을 수 있게 하였다.

**17** 중치막 : 벼슬하지 않는 선비가 소창옷 위에 덧입던 두루마기 비슷한 웃옷이다.

**18** 상동서, BIL3007 〈答安道孫〉, "吾常畏寒, 毛衣不可無, 而一羊裘二十年, 今盡穿破, 不是小事. 而無可買之資爲悶. 然欲知其價當用幾匹, 而稍欲圖之. 招問莫同以羊皮貼裏價幾匹, 中赤莫價幾匹, 的數書報爲可. 舊聞貼裏價二十五匹云, 此必市裏行用木如此耳. 若正好木, 則何至如是之多耶? 中赤莫價歇, 則欲買中赤莫亦計."

**19** 상동서, BYL2920 〈寄寯〉, "予自昨昨得下痢, 稍變爲赤, 甚苦. 煎服牛膝湯, 然後自

퇴계의 병증을 추정할 수 있는 자료가 된다.

편지가 와서 읽어보고 종기가 아직도 낫지 않은 줄 알았으니, 몹시 염려가 된다. 영천(榮川)에 있을 때 침을 다시 맞지 않은 것이 아쉽구나. 속히 낫지 않거든 시간을 내어 영천 의원에게 가보는 게 좋지 않겠느냐. 도회(都會)에는 가지 않아도 된다. 지은 글들은 잘 지었든 못 지었든 간에 짓는 대로 추후(追後)하여 모두 보내도록 해라.

그리고 근자에 네 숙부가 글 제목을 달라고 하기에 '안시성부(安市城賦)'를 보내주었다. 이 제목은 우리나라 사람들이 지은 것이 없다면 지어도 무방하다. 우리나라 일에 대해 전혀 제술(製述)하지 않는 것은 온당치 못하기 때문이다.[20]

종기를 앓는 아들의 건강을 염려하는 한편 과거 공부를 독려하였다. 도회는 공도회(公都會)의 약칭으로, 조선 시대 때 각 도의 감사(監司)와 각 부(府)의 유수(留守)들이 매년 그 지방에 사는 유생들을 모아서 보였던 과거 시험이다. 여기에서 합격하면 식년시(式年試)의 복시(覆試)에 응시할 수 있었다.

'안시성부'란 제목을 보내준 것은 고구려 장수 양만춘(楊萬春)이 안시성에서 당나라 대군을 물리친 역사로 과부(科賦)를 지으라는 뜻이다. 과거 공부의 시제(試題)로 우리나라 고사, 그것도 안시성 고사를 낸 것이 특이하다. 퇴계가 우리나라 역사에 관심을 가졌음을 알 수 있다.

---

昨夕始得差歇, 而餘毒未盡, 觸冷卽發. 今日之會, 若枉道涉大水, 冒夜往還, 必至觸冷加發, 江亭亦畏冷濕, 玆未赴會. 自我成約, 自我負之, 愧恨不淺."

**20** 상동서, BYL2884 〈答寯〉, "書來到, 腫處尙然, 慮慮. 在榮川時, 恨不再針也. 若不速差, 委往何憚? 都會則不往可也. 所製雖善惡間, 隨後皆送來爲可. 且近者汝叔求題, 出安市城賦. 此若東人無之, 則製之不妨, 於東國事, 專不製述, 爲未便故也. 藥方當傳送矣."

네가 전에 앓던 병은 아주 나았느냐? 옛말에 "병은 조금 나았을 때 덧난다."
라 하였으니, 이 말을 특히 유념하거라. 병이 아주 나았거든 절에 올라가 독서
하는 것을 늦춰서는 안 된다. 목화 파종은 빗물이 불어나 밭에 거름 주는 일을
마치지 못했으니, 내일 모레쯤 씨를 뿌릴 것이다.[21]

신해년(명종6, 1551년, 51세) 3월 14일에 아들 이준(李寯)에게 보낸
편지로, 병을 앓은 아들을 걱정하는 한편 집안의 농사도 세심히 살피는
퇴계의 모습을 볼 수 있다. 아들에게 보낸 다른 편지에도 농사에 대한
얘기가 여러 차례 나온다.

늦산[芿叱山]이가 목화 파종 일로 갔으니, 나도 미안한 마음이 든다. 이
종은 일찍이 행자(行者) 일을 했던 사람이다. 대저 행자를 했던 종을 방역(放
役)하는 것은 국법이 다 그러하다. 지금 이 종이 비록 지나친 일을 했더라도
이 때문에 온 나라에 통용되는 법을 어겨서는 안 된다. 너는 이 종에게 모든
일을 다 맡기고 있으니, 작개(作介)를 받아 고된 노역을 하는 종과 다를 바가
없다. 미안하지 않느냐? 게다가 목화밭에 잡초를 제거하는 것은 가볍지 않은
일이고 올해 세 밭에 모두 파종해야 하니, 공역(工力)이 매우 많이 든다. 이
종이 일을 견디지 못해 원망하지 않겠느냐? 들자하니 너의 이곳 전답들은
이 종이 절반을 받았다고 하더구나. 그렇다면 이 종이 이득을 보는 바가 없지
않을 터이니, 그래서 네 일을 맡아 하는 것을 싫어하지 않는 것이냐? 그렇다면
그나마 괜찮다. 만약 원망하는 마음을 품고 있는데 네가 억지로 일을 시킨다면
매우 옳지 않다. 너는 모름지기 이 뜻을 알아서 범사를 넉넉하게 조처하여

---

21 상동서, BYL2887 〈寄寯〉, "汝前證永瘳耶? 古云 '病加於少愈.' 此言尤當戒也. 若永
差則上寺不可緩也. 木花種, 以水漲未畢糞田, 明明間當落種矣."

원망하는 마음이 생기지 않도록 해야 한다. 대저 내 생각에는 순손이를 속히 이곳으로 이주시켜 일을 맡도록 하고 목화밭 작개(作介)도 이 종을 시키는 것이 좋겠다. 그런데 올해도 이와 같이 하니, 내 마음에 미안하구나. 그래서 늦산이가 가는 차제에 이런 말을 하는 것이다. 이 편지는 보고 즉시 없애 다른 사람의 눈에 띄지 않도록 해야 한다.[22]

행자(行者)는 주인이 거상(居喪)할 때 시중을 드는 종이다. 작개(作介)는 지주가 자기 사유지의 전답을 노비들에게 지급하여 경작하게 해서 수확의 일부를 노비가 갖도록 하는 15~6세기의 경작 방식이다. 행자를 한 늦산이란 종을 세심하게 배려하는 마음을 읽을 수 있다.

막동이란 자가 박현(朴玄)의 밭을 파는 일로 여기 왔기에 매를 때려 징치(懲治)하고 싶었으나 마침 형님이 오셨기에 그만두고 말았으니, 유감이다. 연동이와 백시가 가니, 만나 보거라. 내가 연동이에게 부쳐 보낸 패자(牌字)에서 절대로 밭을 팔지 말라고 분부하였으니, 너는 이 분부대로 해야 한다. 만약 부득이 팔아야 하면 내년을 기다려 네가 사는 것이 좋겠다. 지금은 형편상 그럴 수 없으니, 어찌하리오![23]

---

**22** 상동서, BYL2892 〈寄寯〉, "芿叱山以木花種事進去, 此間亦有未安之意. 此奴乃曾經行者者, 大抵行者奴放役, 通國皆然. 今此奴雖有過甚之事, 然不可以此遂違通國之例也. 汝於此奴, 凡事專委, 無異受作介苦役之奴, 無奈未安乎? 且綿花田除草非輕, 今年三田皆種, 則工力多重, 此奴無奈不勝支當而生怨乎? 聞汝此處田畓, 此奴皆受半分云, 是則此奴不無所利, 故不以任汝事爲憚乎? 如是則稍可矣. 若內懷怨憚, 而汝强使之, 則尤不可. 汝須知此意, 凡事優爲之, 勿令生怨, 至可至可. 大抵吾意順孫速移居于此, 使之幹事, 綿花作介亦使此奴則可也. 而今年又如此, 於吾意未安, 故因其去而云云. 此紙卽去之, 勿犯人眼."

**23** 상동서, BYL2921 〈寄寯〉, "莫同者以朴玄田賣事來此, 欲打而懲之, 適兄主來臨, 故

퇴계가 다른 편지 여러 곳에서도 막동을 못된 사람이라 말하였다. 저간의 사정은 자세히 알 수 없으나 막동이 빚을 많이 진 박현의 밭을 팔게 하여 자신이 교묘하게 이득을 보려고 했던 것으로 추측된다.

의령 여종의 일은 네 생각이 과연 주밀하니, 네 생각대로 처리하는 것이 옳을 듯하다. 그렇지만 결박해서 추문(推問)하기만 해서는 필시 이실직고하지 않을 듯하고, 매를 때리면 굶주리고 지친 사람이 죽을까 염려되니 더욱이 안 될 일이다. 사정이 이와 같고 보면, 도망쳤는지 여부를 알 수 없으니, 우선 영천으로 보내거라. 오음동이가 있으면 원님에게 고하여 감옥에 가둬두고 공간(公簡) 등을 시켜 잘 보살펴 주어 데려갈 사람을 기다리도록 하는 것이 좋겠다. 만약 오음동이가 김천으로 돌아가 그저 영천(榮川)의 가노(家奴)들에게만 맡겨두면 도망칠 우려가 있지만 어찌할 수 없다. 이러한 곡절은 처리하기가 실로 어렵다. 어떻게 생각하느냐? 모쪼록 다시 마땅하게 잘 처리하고, 함부로 의심하여 때리지 말라.[24]

아들 이준(李寯)에게 보낸 편지로, 도망쳤다가 붙잡힌 의령(宜寧) 처가의 여종을 잘 보살피고 처리하라고 당부한 것이다.

未果, 可恨. 連同·白是送去, 見之. 吾付連同牌字內, 千萬勿爲放賣事敎之矣, 汝亦當依此敎之爲可. 若不得已放賣, 則待來年汝可買之, 今則勢不可爲, 奈何?"

**24** 《정본 퇴계전서》 권12, TDL2483 〈復【卽日. 魚呑寺】〉, "宜寧婢子事, 果爲綢繆, 如爾計爲之, 似當. 且慮只結縛推問, 必不直告, 欲加苔捶, 則飢困者恐殞斃, 尤不可也. 如是則不審其逃來與否, 且送于榮川. 吾音同若在則告于城主, 拘留獄中, 而令公簡等奴, 善爲養獄, 以待捉去之便, 可也. 若吾音同歸金遷, 空付榮川家奴等, 則亡失之弊, 亦無可奈何. 此等曲折, 處之實難, 如何? 須更從宜善處, 勿妄疑打爲可."

안도 녀석이 과거에 급제했고 게다가 혹 높은 등수를 차지할 수도 있다고 하니, 쑥대 그물에 범이 잡혔고, 장님이 문지기를 선 셈이로군. 마음이 기쁘면서도 괴이쩍다.[25]

퇴계의 해학과 함께 손자에 대한 은근한 사랑을 느낄 수 있다.

예중(詣仲)이 나를 찾아와 말하기를, 네가 우거하는 집 방구들이 습하고 차서 거처할 수 없다고 하는구나. 이것이 내가 병을 얻은 까닭이니 너는 조심하지 않아서는 안 된다. 그 방 뒷담 아래에 수로(水路)가 막혀 이 때문에 물기가 방안으로 스며들게 된 것이니, 지금 모름지기 그 담을 허물어 수로가 통하도록 하여 물기가 고여 방안으로 스며들지 못하게 하고 난 뒤 이어 방구들을 고쳐야 걱정이 없을 것이다. 만약 담을 허물지 않으면 수로가 통하지 못할 테니, 비록 방구들을 고치더라도 소용없을 것이다.[26]

아들 이준이 1555년 3월에 제용감 참봉(濟用監參奉)에 제수되어 서울에 있을 때 보낸 편지이다. 퇴계가 서울에서 거주하던 집은 서소문(西小門) 안에 있었는데, 아들도 이 집에 거주했다. 아들을 배려하는 아버지의 세심한 마음을 읽을 수 있다.

---

**25** 《정본 퇴계전서》 권9, BNL1308 〈答琴夾之【辛酉】〉, "安道得中或可, 又占高等, 可謂蒿網捉虎, 盲人直門, 喜且爲怪."

**26** 《정본 퇴계전서》 권12, BYL2577 〈寄寯〉, "詣仲來見云: ‘汝寓家房堗濕冷, 不可居處.’ 此予所得病之處, 汝不可不愼. 其房後墙底水道堙塞, 因致水氣滲潤於房內, 今須壞去其墙, 修通水道, 令不留蓄滲入, 仍改修其堗, 乃可無患. 若不壞其墙, 水道難通, 雖修堗無益也."

할 말은 다름이 아니라 순(淳)은, 치(寘)의 처가 간절히 젖먹이를 데려다 기르고 싶어 하여 늘 큰댁의 말이라 하면서 와서 순을 안고 가려 한다. 이 일은 정의가 비록 간절하지만 월차(越次)하는 일이라 또 가볍지 않은 일이므로, 쉽게 허락하고 싶지 않아 아직 허락하지 않고 있다. 네 생각은 어떠냐?[27]

순(淳)은 퇴계의 손자로 이준의 둘째 아들이다. 치(寘)는 퇴계의 형 이해(李瀣)의 넷째 아들인데, 요절하였다. 조카인 젖먹이 순을 자식이 없는 치의 아내가 데려다 기르고자 하는데, 퇴계가 순의 아버지인 이준에게 의견을 물은 것이다.

법련(法蓮)이 죽었으므로 도산정사(陶山精舍)를 짓는 계획이 이루어지지 못할 듯하니 한탄스럽구나. 대성(大成)이 다른 승려를 구해 이 일을 맡기고자 하는데, 맡길 자가 있을지 알 수 없구나. 비록 있더라도 누가 그 일을 스스로 도맡아 한 법련처럼 할 수 있겠느냐. 엿 한 봉지를 보내니, 이것으로 우는 아이를 달래거라.[28]

59세 때 서울에서 보낸 편지이다. 도산서원을 짓는 공사를 맡은 승려 법련이 죽어서 걱정하고, 어린 손자에게 엿 봉지를 보내는 할아버지의 사랑을 읽을 수 있다.

---

**27** 상동서, SNL2558 〈答子寯〉, "就中阿淳, 寘妻切欲乳哺, 每以大宅之言來欲抱去, 此事情義雖切, 越次之事, 事又非輕, 不欲輕許, 時不許矣. 汝意如何?"

**28** 상동서, BYL2607 〈答寯〉, "法蓮死矣, 精舍之計, 似不諧, 可歎. 大成欲求他僧付其事, 未知有之否. 雖有, 孰能如蓮之自當其事耶?飴餳小封送去, 可止兒啼."

퇴계선생문집

권 9

# 농암 이 상국[1] 현보 께 답하다[2] 기유년(1549, 명종4, 49세) 【8월 초순 추정. 풍기(豐基)】

答聾巖李相國  賢輔○己酉


삼가 상공(相公)의 사랑을 입어 편지를 보내 가르쳐 주시고, 아울러 사장 초(辭狀草)와 〈어부사(漁父辭)〉[3] 등을 보여주심에 대감의 체후[4]가 만복 하심을 알았으니, 몹시 감사하고 경하하는 마음 가눌 길 없습니다. 삼가 사장초를 살펴보니 말씀은 간략하되 뜻은 분명하며, 예(禮)는 공손하되 정(情)은 간절합니다. 위로는 충성과 애모의 정성을 극진히 하였으며 아래로는 물러나 한가롭게 지내려는 소원을 이루셨으니, 비록 때늦은 아쉬움은 있으나 나쁠 것이 없습니다. 참으로 사람들로 하여금 덕을 사 모하여 공경하는 마음을 일으키고 풍교(風敎)를 듣고 나약함을 격려하 기에 충분하니, 이것으로도 국은에 보답함이 또한 이미 많습니다. 어찌 꼭 예의를 헤아리지 않고 왕명을 받으면 급히 달려간 다음에라야 임금을

---

**1** 이 상국 : 【譯注】 이현보(李賢輔, 1467~1555)로, 본관은 영천(永川), 자는 비중(棐 仲), 호는 농암(聾巖)·설빈옹(雪鬢翁)이다. 지중추부사를 역임하였으며, 시호는 효절 (孝節)이다.

**2** 농암……답하다 : 【攷證 卷4 答聾巖李相國】 이때 선생은 풍기의 임소에 있었다.

**3** 어부사 : 【攷證 卷4 漁父辭】 농암이 지은 것으로, 《정본 퇴계전서》 권15에 〈서어부가 후(漁父歌後)〉가 있다.

**4** 대감의 체후 : 【攷證 卷4 台】 《한서(漢書)》 천문지(天文志)》에서 "삼태(三台)의 여섯 별이 양쪽으로 두 개씩 있으니, 사람에 있어서는 삼공(三公)이 되고 하늘에 있어서 는 삼태(三台)가 된다."라고 하였다. 【校解】 '삼태(三台)의 여섯 별'이란 삼정승을 의미 하는데, 서쪽으로 문창성(文昌星)과 가까운 두 개의 별을 상태(上台)라 하여 사명(司 命)으로 수명을 주관하고, 가운데 두 개를 중태(中台)라 하여 사중(司中)으로 종실을 주관하고, 동쪽으로 있는 두 개를 하태(下台)라 하여 사록(司祿)으로 군대를 주관한다.

섬기는 도리를 다했다고 하겠습니까?

황(滉)의 요즈음 형편은 과연 벼슬을 그만둘 계획을 하였습니다만, 멋대로 떠날 수가 없으므로 머물러 남아서 날을 보내며 감사(監司)의 처분만 기다리고 있습니다. 이제 수고롭게도 미혹됨을 일깨워 주시는 글을 받고 나니, 두려운 마음으로 계획을 고치고 생각을 바꿀 뜻이 있습니다. 그러나 떠나거나 머무르거나 둘 다 진퇴양난이라 적절한 방도가 없으니, 어찌해야 좋을지 모르겠습니다. 관아에 사람이 없어서 비록 적적하게 보이지만 우연히 그러하였을 뿐이니, 제가 가거나 머무르는 것은 실상 이 일과는 관계가 없습니다. 또 이 고을은 큰 길가처럼 수레와 말들이 몰려드는 데가 아니며 송사도 그다지 번잡하지 않으니 병을 요양할 수 있는 곳이라 하여도 되겠습니다. 다만 저의 야위고 초췌해지는 병이 날마다 더하고 해마다 더하니 이 어찌 스스로 고민하고 말 일이겠습니까? 남들도 제가 감히 관리의 일을 해내지 못할 줄 알고 있습니다. 기운이 줄고 정신도 어지러워 일을 만나면 아득하여서 어제 한 일을 오늘 잊어버리고, 아침에 하라고 한 것을 저녁에 살피지 못합니다. 본령(本領)이 이와 같은데 정사가 날로 어지러워지는 것이야 무엇이 이상하겠습니까?

조정의 뜻은 백성을 다친 사람처럼 불쌍히 여기는데도 그 은혜가 능히 아래에 닿지 못하고, 민간에서는 떠돌아다니느라 흩어져서 비통해하는 데도 그 원통함이 위로 전달되지 못하니, 이는 모두 수령이 제 직분을 다하지 못한 죄입니다. 호령이 시행되지 않고 세금 독촉도 되지 않아서 장부에는 빠진 것이 많아 질책이 빈번하게 이르니, 위로는 윗사람을 잘 섬기지 못하고 아래로는 아랫사람을 잘 부리지 못하며 중간으로는 제 몸도 보호하지 못하며 곁으로는 친척과 벗들의 위급함을 구제하지 못합니다. 그러면서도 오히려 염치없이 자리만 지키면서 그 녹을 탐내니, 이것이 제가 하루도 마음에 편치 않아 속히 떠나고자 하는 까닭입니다.

어찌 과격한 행동으로 명성을 얻기를 희구하여 인정에 가깝지 않은 행동을 하려는 것이겠습니까?

편지의 끝에서 경계해 주신 말씀에 이르러서는 더욱 사랑을 두텁게 내려 주셨으니, 어리석고 보잘 것 없는 제가 그 끝을 온전하게 할 수 있도록 하시려는 큰 뜻을 볼 수 있었습니다. 저의 모자란 계책으로도 또한 생각이 여기에 미쳤습니다. 그러나 조정에서는 걸핏하면 병으로 사직하다가 외직에서는 병을 참고 오래 있는다면, 이 때문에 도리어 남의 의심과 노여움을 불러올까 걱정스러웠습니다. 그러므로 저를 위한 계책은 조정에 있거나 외직에 있거나 집에 있을 때를 불문하고, 진실로 병이 깊으면 사직하고 병이 조금 나으면 벼슬에 종사할 것입니다. 이렇게 해야 자기도 바르고 남들의 의심도 풀어질 듯한데 어떻게 생각하십니까?

대개 제가 벼슬을 하느냐 하지 않느냐는 감히 예(禮)가 어떠하거나 일이 어떠함을 논하지 않고, 신병(身病)의 경중을 보아 가며 거취를 정하려는 것입니다. 그래서 그 자취가 혹 고집스러운 것 같기도 하고 혹 이유 없이 그러는 것 같기도 하며, 어떤 이는 상정(常情)을 벗어난 것이라고 하고 어떤 이는 너무 지체(遲滯)하는 것이라고도 합니다. 한 가지 병이 한평생의 근심임을 남들도 모를 리 없으련만, 의심과 비방을 면하지 못하니 저의 처신함이 또한 어렵습니다.

근래 미천한 식구[5]를 보낸 것은 참으로 갑작스러운 일이니, 실은 병이 심하여 어쩔 수 없이 돌아갈 계책을 세웠기 때문입니다. 감사(監司)가 멀리 있어서 회보(回報)가 늦어지는 동안에 공사(公私)의 일이 서로 얽

---

**5**  미천한 식구 :【攷證 卷4 賤累】'가권(家眷)'을 말한다. 《소학》〈선행(善行)〉에 "도연명(陶淵明)이 식구[家累]들을 별도로 따르게 하지 않고"라고 하였다.【要存錄 卷9】《소학》의 주석에 "루(累)는 처자식이다."라고 하였다. 이때 선생이 다만 측실이 있었으므로 '미천한 식구[賤累]'라고 한 것이다.

혀서 풀리지 않고 있습니다. 고을 사람 가운데 군자는 설이 분분하여
'의리상 가는 것이 마땅하지 않다'라고 책망하고, 백성들은 모두 '우리
농사일은 걱정하지 않고 우리 빚 갚는 일은 생각하지 않으며 우리에게
송영(送迎)하는 폐해만 더한다.'라고 원망하니, 저로서는 참으로 마음이
유쾌하지 않습니다.

또 가형(家兄)[6]이 다음 달 열흘 즈음에 호서(湖西)로부터 성묘하러 오
겠다고 이미 조정에 청하고 편지로 저에게 알려왔습니다. 수십 일만 지
나면 만날 터인데, 제가 먼저 군(郡)을 떠나는 것이 개인적으로 미안하기
가 바로 지난해 단산(丹山)의 일[7]과 같습니다. 그런데 뜻밖에도 대인(大
人)께서 기억하고 염려해주셔서 또 이렇게 친절히 타일러 주셨습니다.
제가 비록 고루하기는 하지만 어찌 감동하고 주선하여 말씀하신 뜻을
받들려고 생각하지 않겠습니까? 사장(辭狀)을 올린 데 대한 회보가 곧
이를 것이니, 청을 허락받으면 마땅히 떠날 것이고 허락받지 못하면 병
세를 보아 처신하려 합니다. 만약 이렇게 되면 장차 오지도 가지도 못하
고 지체하게 되어 바람을 맞고 추위에 떨면서 어렵게 겨울을 나게 될까
또한 우려스럽습니다. 이것이 말하자면 진퇴양난이라 한 것이니, 어찌해
야 좋을지 모르는 사정입니다.

지난봄에 임 성주(任城主 임내신(任鼐臣))[8]와 함께 〈어부사〉를 논한 것

---

**6** 가형 : 【攷證 卷4 家兄】 대헌공(大憲公) 이해(李瀣)가 이때 충청감사로 있었다.

**7** 지난해 단산의 일 : 【攷證 卷4 去年丹山之事】 살펴보건대, 무신년(1548) 정월에
선생이 단양(丹陽) 군수에 제수되었고 10월에 대헌공이 충청감사가 되었는데, 단양이
그 휘하에 있었기 때문에 풍기 군수로 바꾸어 제수받았다.

**8** 임 성주 : 【譯注】 1512~1588. 호는 어은(漁隱)·퇴휴(退休)이며 이때 예안(禮安)
현감으로 있었기 때문에 성주(城主)라고 한 것이다. 【攷證 卷4 任城主】 이름은 내신(鼐
臣), 자는 조원(調元), 본관은 풍천(豐川)이며 벼슬이 감사(監司)에 이르렀다.

은 참으로 온당하지 않아서 주제넘은 짓을 한 것입니다. 그 뒤에 용수사(龍壽寺)에서 부치신 편지 한 통을 삼가 받들어 보고, 다만 전날에 망령되게 고친 것을 뉘우쳤기에 감히 바로 회답을 올리지 못했습니다. 지금 보내신 편지에서 장(章)의 순서를 정하신 것과 새로 지으신 단가(短歌) 한 수는 모두 전날 보여주신 것보다 나아서 노래 부를 만하고 전할 만한 것입니다. 이로 인하여 또한 강호의 경치, 풍월의 맑음, 고기 낚는 즐거움은 고고히 물러난 경지에 계신 분께 하늘이 선사한 것임을 알게 되었습니다. 세속에 얽매인 자가 볼 때는 하늘을 날아다니는 고니와 땅을 기어다니는 벌레의 차이일 뿐이 아니어서, 진실로 그 끝도 엿보지 못하겠습니다. 발어(跋語)를 어찌 감히 경솔하게 짓겠습니까. 오직 또박또박 써서 올리오며, 그 나머지 아뢰어 보고자 하는 조목은 훗날 뵙고 깨우침을 받은 뒤에 하겠습니다.

산은 붉고 물은 푸르니 바야흐로 모시고 구경하기 좋은 계절이고 또 영손씨(令孫氏)의 초청도 받았으니 감히 가볍지 않을 수 있겠습니까. 사직이 허락된다면 진실로 갈 수 있겠으나 그렇지 못해 머물게 되더라도 가형이 오기를 기다려 함께 가도록 하겠습니다. 그전에는 다시 갔다가 올 겨를이 없을 것 같습니다. 황공하여 이만 줄입니다. 《삼가 선생의 태좌(台座) 아래에 올립니다.》

# 농암 상공께 답하다 【갑인년(1554, 명종9, 54세) 10월 26일. 서울】
答聾巖相公

오늘 선전관(宣傳官)의 행차에 편지를 써서 부쳐 올린 뒤 구간(具幹) 등이 와서 삼가 보내주신 간찰(簡札)을 받고, 신명이 도와 기거에 만복과 경사가 함께 하신 줄 알고서 손뼉 치며 하례를 드리지 않을 수 없습니다. 저는 세상일에 얽매여 남의 말을 겁내면서 봄이면 가을을 기다리고 가을이면 봄을 기다리며 어느덧 3년이 지났습니다. 그 탐하고 연연해하는 비루한 꼴을 이미 말로 다 할 수 없습니다. 올가을에도 아직 고향으로 돌아가지 못하였으니, 더욱이 사람들의 마음에 차지 않을 것입니다.

이에 가르침을 입고 아울러 구간이 전한 말씀을 통해 임강사(臨江寺)[9]의 국화가 한창이고, 게다가 저를 기다리시는 뜻이 있어서 저 대신 구간을 불러보고 싶어하기까지 하셨다고 들었습니다. 이에 굽어살펴 주시는 정성스런 생각에 우러러 감사드리며, 세상일에 바쁜 못난 사람이 모시고 꽃 구경하지 못하는 것이 한스럽습니다. 내년 봄 복사꽃 피는 시절에는 늦지 않으려 합니다만, 다만 다시 전날처럼 될까 두려워 감히 확언하지 못합니다. 삼가 살펴 주시기 바랍니다. 불비(不備). 삼가 절하고 답장을 올립니다.

---

**9** 임강사 :【譯注】경상북도 안동시 도산면 의촌리(宜村里) 시사단(試士壇)에서 분천(汾川) 쪽으로 조금 내려간 곳에 있던 절로, 농암 이현보가 거처하기도 했던 곳이다. 《退溪先生年表月日條錄》10월 2일 조.

# 심 방백[10] 통원 께 올리다 기유년(1549, 명종4, 49세) 【12월 1~15일 추정. 풍기(豐基)】

上沈方伯 通源○己酉

풍기 군수(豐基郡守) 이황은 삼가 목욕재계하고 백번 절하며 관찰사 상공 합하(相公閤下)께 글을 올립니다. 저는 몸에 병이 있고 미련하여 맡은 바 직무도 제대로 다 하지 못하오나, 그럼에도 어리석은 정성이 있어 감히 보잘것없는 소견을 올립니다. 삼가 이 고을에 백운동서원(白雲洞書院)이 있는데 전 군수 주세붕(周世鵬)이 창건한 곳입니다. 죽계(竹溪)의 물이 소백산(小白山) 아래에서 발원하여 옛 순흥부(順興府) 가운데로 지나니, 실로 사문(斯文)의 선정(先正) 문성공(文成公) 안유(安裕)가 옛날에 살던 곳입니다. 마을은 그윽하고 깊으며 구름에 덮인 골짜기가 아늑하여, 주후(周侯, 주세붕)가 고을을 다스림에 특히 학문을 일으키고 인재를 육성하는 것을 급선무로 삼아 향교(鄕校)에 정성을 쏟았습니다. 또 죽계가 선현(先賢)의 유적이 있는 곳이므로 그곳에다 터를 잡고 서원을 지으니, 모두 30여 칸인데 사묘(祠廟)를 두어서 문성공을 봉향(奉享)하고 문정공(文貞公) 안축(安軸)[11]과 문경공(文敬公) 안보(安輔)[12]를 배향

---

10 심 방백 :【譯注】심통원(沈通源, 1499~1572)으로, 호는 욱재(勗齋)이며 이때 경상도 관찰사로 있었다.【攷證 卷4 沈方伯】자는 자용(子容), 본관은 청송(靑松)이다. 심연원(沈連源)의 동생으로 벼슬이 좌의정에 이르렀다.

11 문정공 안축 :【譯注】1282~1348. 본관은 순흥(順興), 시호는 문정(文貞)이다. 【攷證 卷4 文貞公軸】자는 당지(當之), 호는 근재(謹齋)이다. 급제한 안석(安碩)의 아들로 과거에 등제하였고, 또 원나라 과거에 합격하였다. 벼슬은 찬성(贊成)에 이르렀으며 흥녕군(興寧君)에 봉해졌다.

12 문경공 안보 :【攷證 卷4 文敬公輔】자가 원지(元之)이며, 안축(安軸)의 동생으로

(配享)하였습니다. 그 곁에는 당재(堂齋)와 정우(亭宇)를 건립하여 유생들이 노닐고 강독하는 장소로 삼았습니다. 땅을 파다가 묻혀 있던 동(銅) 몇 근을 얻어 경사자집(經史子集) 수백 권을 사서 소장해 두었으며, 식미(息米)[13]를 주고 섬학전(贍學田)[14]을 두어 고을의 여러 생원(生員)들로 하여금 그 일을 주관하게 하였습니다. 선비 김중문(金仲文)[15]에게 그 사무를 관장하도록 하여 학도를 불러 모으니 사방에서 모여들었는데 권장하고 교도함에 여력이 없었습니다. 얼마 있다가 주후가 군을 떠나자 문성공의 후예인 지금의 판서공(判書公) 안현(安玹)[16]이 마침 도(道)에 관찰사로 부임하여 묘당에 배알하고 선비들을 예우하며, 무릇 서원을 더욱 발전시키고 육성하는 방안을 극진히 생각하여 노비를 충원하고 어염(魚鹽)을 제공하는[17] 등 조처하지 아니함이 없어 길이 힘입도록 하였습니다. 이후로 감사로 오는 이마다 모두 여기에 뜻을 두어 장려하고 감히 소홀함이 없었습니다.

대개 '서원'이란 명칭은 옛날에는 없었습니다. 일찍이 남당(南唐) 시대에 이발(李渤)의 옛 은거지인 여산(廬山)의 백록동(白鹿洞)에 학궁(學

---

19세에 등제하였고, 또 원나라 과거에 합격하였다. 벼슬은 정당문학(政堂文學)에 이르렀다.

**13** 식미 : 【譯注】 빌려주었다가 돌려받을 때 이자를 붙여 받던 쌀을 말한다.

**14** 섬학전 : 【譯注】 교육 기관의 경비에 쓰도록 마련한 토지를 말한다.

**15** 김중문 : 【攷證 卷4 金仲文】 자가 언빈(彦彬)이다.

**16** 판서공 안현 : 【攷證 卷4 判書公玹】 자는 중진(仲珍), 시호는 문희(文僖)이고, 벼슬은 좌의정에 이르렀다.

**17** 어염을 제공하는 : 【攷證 卷4 魚鹽之供】 박승임(朴承任)의 《소고집(嘯皐集)》 권3 〈소수서원의 유사를 대신하여 호조에 올리는 글〔代紹修書院有司上戶曹書〕〉에서 "상국(相國) 안현(安玹)이 이 도를 다스렸는데, 웅천(熊川)·어기(魚基)·삼소(三所)·영해(寧海)·영덕(盈德) 관염분(官鹽盆)을 영문(營門)으로부터 본 서원으로 이속(移屬)시켜 영원한 규정으로 삼게 하였다."라고 하였다.

宮)을 창립하고, 스승과 생도를 두어 가르치며 이를 일러 '국상(國庠)'이라 하였으니, 이것이 서원의 유래입니다. 송나라도 이것을 그대로 따랐으나 중엽까지도 성행하지 않아 천하에 다만 네 곳의 서원이 있었을 뿐[18]입니다. 송나라가 강을 건너 남하[19]한 이후에는 비록 치열한 전쟁으로 어수선한 나날이었는데도 민월(閩越)·절강(浙江)·호북(湖北)·상남(湘南) 지역에 사문이 무성하게 일어나 선비들의 학문이 날로 번성하여 서로 이어서 사모하고 본받아 곳곳에 증설되었습니다. 비록 오랑캐인 원(元)나라가 중국을 점령하였을 때도 오히려 먼저 태극서원(太極書院)[20]을 건립하여 천하를 창도할 줄 알았습니다. 명나라가 천명을 받게 되자 문화가 크게 떨쳐져서 학교의 행정이 더욱 정돈되었습니다. 이제《일통

---

**18** 천하에……뿐 : 【攷證 卷4 天下四書院】 살펴보건대, 응천부(應天府)의 백성 조성(曹誠)이 척동문(戚同文)의 옛집에 백오십 칸 넓은 집을 마련하고 천 여권의 책을 모아놓고 학자들을 초빙하니 진종(眞宗)이 가상히 여겨 '응천부서원(應天府書院)'이라는 이름을 하사하였다. 개보(開寶) 연간에 중담수(中潭守) 주동수(朱洞首)가 악록(嶽麓)에서 서원을 창건하여 학자들을 우대하였으니 조칙으로 서원의 이름을 내렸다. 당(唐)나라 원화(元和) 연간에 형주(衡州)의 이관(李寬)이 석고(石鼓)에서 서원을 창건하여 송나라 초기에 칙령으로 편액을 하사하였으니, 백록동(白鹿洞)과 함께 '천하의 4대 서원'으로 불리었다. ○ 또 살펴보건대, 여동래(呂東萊)의 〈백록동서원기(白鹿洞院記)〉에서 "숭양(嵩陽)·악록(嶽麓)·휴양(睢陽), 그리고 백록동이 천하의 4대 서원이다."라고 하였다.

**19** 강을 건너 남하 : 【攷證 卷4 渡江】 송나라 초기 변경(汴京)에 도읍하였는데 정강(靖康) 2년에 금(金)이 경성을 함락시키자 이제(二帝 휘종(徽宗)과 흠종(欽宗))는 북쪽으로 갔고 고종(高宗)은 강을 건너 응천부(應天府)에서 즉위하니, 바로 남송(南宋)이다.

**20** 태극서원 : 【攷證 卷4 太極書院云云】 살펴보건대 원(元)나라 중서행성(中書行省) 양유중(楊惟中)이 하삭(河朔 하북) 지방은 염락(濂洛)의 학문을 알지 못하였기에 경성(京城 북경)의 성안에 태극서원과 주돈이(周敦頤)의 사당을 세워서 정호(程顥)·정이(程頤)·장재(張載)·양시(楊時)·유초(游酢)·주희(朱熹)를 배향하였다. 또 사당의 벽에 〈태극도(太極圖)〉·《통서(通書)》·〈서명(西銘)〉을 새기고 강남(江南)의 명사인 조복(趙復)·왕수(王粹) 등을 예로써 초빙하여 스승으로 삼아서 준수한 자제들을 선발하여 그 사이에서 학문을 강의하고 전수하니 이로부터 하삭 지방에서 처음으로 도학(道學)을 알게 되었다고들 한다.

지(一統志)》[21]에 기재된 바를 참고하면, 천하에 서원이 모두 3백여 군데나 되며 거기에 기재되지 않은 곳도 많을 것입니다. 대개 왕궁과 수도로부터 지방의 고을에 이르기까지 서원이 없는 곳이 없었으니, 서원에서 취할 이로움이 무엇이길래 중국에서 저토록 숭상한 것입니까? 은거하여 뜻을 구하는 선비와 도학을 강명하고 학업을 익히는 사람들이 흔히 세상에서 시끄럽게 다투는 것을 싫어하여 서책을 싸 짊어지고[22] 넓고 한적한 들판이나 고요한 물가로 도피하여 선왕의 도를 노래하고, 조용히 천하의 의리를 두루 살펴서 덕을 쌓고 인(仁)을 익혀 이것으로 즐거움을 삼을 생각으로 기꺼이 서원에 나아가는 것입니다. 저 국학이나 향교가 사람이 많이 모이는 성곽 안에 있어서 한편으로 학령(學令)[23]에 구애되고 한편으로 과거(科擧) 등의 일[24]로 생각이 바뀌고 정신을 빼앗기는 것과 비교할 때, 그 공효를 어찌 동일선상에 놓고 말할 수 있겠습니까? 이런 관점에서 말하자면 선비의 학문이 서원에서 힘을 얻게 될 뿐만 아니라 나라에서 인재를 얻는 데도 틀림없이 국학이나 향교보다 나을 것입니다. 옛날의 밝은 군주는 이런 점을 알았습니다. 그래서 송나라 태종은 백록동 서원에 대하여 강주 지사(江州知事) 주술(周述)의 건의[25]에 따라 구경(九經)

---

**21** 일통지 : 【攷證 卷4 一統志】 곧 《대명일통지(大明一統志)》로 영종(英宗) 천순(天順) 2년에 내각(內閣)의 유신(儒臣)에게 명하여 찬진(撰進)하게 하였다.

**22** 서책을 싸 짊어지고 : 【攷證 卷4 抱負墳策】《유림전어(儒林傳語)》에서 "분(墳)은 크다〔大〕는 뜻이니, 복희(伏羲)·신농(神農)·황제(黃帝)의 책을 삼분(三墳)이라고 한다."라고 하였다.

**23** 학령 : 【攷證 卷4 學令】 아마 지금 교생(校生)들의 수강(受講)과 같은 것인 듯하다.

**24** 과거 등의 일 : 【攷證 卷4 異物】 과거 등의 일을 말한다.

**25** 강주 지사 주술의 건의 : 【攷證 卷4 江州守臣云云】《국조회요(國朝會要)》에서 "태평흥국(太平興國) 2년에 강주 지사 주술이 백록동서원에 구경(九經)을 내려 주기를 구하여 조칙으로 그 청을 따랐다. 6년에 동주(洞主)인 명기(明起)를 채주(蔡州) 포신현

을 역마 편에 보내고, 또 그 동주(洞主) 명기(明起)를 발탁하여 썼으며,
그 후 직사관(直史館)으로 있던 손면(孫冕)[26]이 병으로 조정에서 사직하
고 백록동으로 돌아가기를 원하자 그 청을 들어주었습니다. 이종(理宗)
은 유학을 존숭하여 고정서원(考亭書院)[27] 같은 곳에 모두 칙령으로 편액
(扁額)을 내려서 영광되게 하였습니다. 이것은 곧 중국의 아름다운 사풍
(士風)이 비단 선비들 스스로 아름답게 한 것일 뿐 아니라, 또한 위에서
배양해 준 데서 말미암은 것입니다.

　우리나라의 교도하는 방법은 한결같이 중국의 제도를 따라서 중앙에
는 성균관(成均館)과 사학(四學)[28]이 있고 지방에는 향교가 있으니 아름
답다고 하겠습니다. 그러나 유독 서원을 설치하였다는 말은 아직 들은
적이 없으니, 이는 곧 우리 동방의 큰 결점입니다. 주후가 비로소 서원을
창건하자 세속에서 자못 의심하고 괴이하게 여겼으나, 주후의 뜻은 더욱
독실하여 사람들의 비웃음을 무릅쓰고 비방을 물리치면서 전례에 없던
이 장한 일을 단행하였습니다. 아! 하늘이 아마도 이로 말미암아 우리
동방에 서원의 교육을 일으켜 중국과 같아지도록 하려는 것인가 봅니다.
그러나 제가 생각건대, 가르침이란 반드시 위에서 시작하여 아래로 도달
하게 되어야 그 가르침이 뿌리가 있어서 멀리 오래갈 수가 있습니다.
그렇지 않으면 근원이 없는 물처럼 아침에 가득했다가도 저녁이면 다
빠질 것이니,[29] 어찌 오래갈 수 있겠습니까. 위에서 인도하는 바는 아래

(襄信縣) 주부(主簿)로 삼아서 유학(儒學)을 높이고 향교(鄕校)를 빛내었다.

**26**　손면 : 【攷證 卷4 孫冕】송나라 진종(眞宗) 때 사람이다.

**27**　고정서원 : 【攷證 卷4 考亭書院】초명은 죽림정사(竹林精舍)이고 뒤에 창주(滄洲)
로 고쳤다. 이종(理宗)이 조칙으로 서원을 세우고, 친히 편액을 써서 내렸다.

**28**　성균관과 사학 : 【攷證 卷4 成均四學】살펴보건대, 중학(中學)·동학(東學)·남학(南
學)·서학(西學)이 모두 성균관에 예속되어 있으므로 '성균사학(成均四學)'이라고 한다.

에서 반드시 따를 것이고, 임금이 숭상하는 바는 한 나라가 사모하는 법입니다. 이제 주후가 창건한 것이 비록 진실로 뛰어나고 위대하며 안공(安公)의 이룩해 놓은 바가 또한 매우 완벽하고 빈틈이 없다 하더라도, 이것은 다만 한 군수(郡守)나 한 방백(方伯)이 한 일일 뿐입니다. 일이 임금의 명을 거치지 않고 이름이 국사(國史)[30]에 실리지 않았으니, 사방의 이목을 고양하고 사람들의 의구심을 진정시키며 온 나라의 본보기가 되어 영구히 전해지지 못할까 염려됩니다.

제가 이 고을에 부임한 이래로 서원의 일에 마음을 다하고자 하지 않은 적이 없지만, 미련하고 졸렬하며 무능한데다 병으로 마르기까지 하여 조금도 분발하고 격려하여서 많은 선비를 권면하지 못하고 있습니다. 이에 선비의 풍기(風氣)가 날로 점점 쇠퇴하고 생도들이 점점 게으르고 산만한 지경에 이르니, 옛 현인이 미풍(美風)을 남긴 땅과 우리 동방 사람이 창건하여 보인 미덕이 마침내 쇠퇴하고 추락하는 데 이를까 크게 두려워, 망령되이 조정에 아뢰어 만에 하나라도 사직을 재가해 주시는 은전(恩典)을 받고자 하였습니다. 그러나 거리는 멀고 말은 경미하여 감히 두려워 발언하지 못하였습니다.

삼가 생각건대, 합하께서는 관찰사의 직임[31]을 맡아 교화를 높이는 데 힘쓰시니 무릇 한 지역의 이해에 관계된 것도 진달해야 할 터인데,

---

**29** 근원이……것이니 : 【攷證 卷4 無源…夕除】 당나라 한유(韓愈)의 〈아들 부(符)가 성남에서 책을 읽다〔符讀書城南〕〉시에 "웅덩이에 고인 물은 근원이 없어서, 아침에 찼다가도 저녁에는 이미 없다오.〔潢潦無根源, 朝滿夕已除.〕"라고 하였다.

**30** 국사 : 【攷證 卷4 國乘】 승(乘)은 진(晉)나라 사서(史書)의 이름이니, 후세에 이로 인해 국사(國史)를 '국승(國乘)'이라고 하였다.

**31** 관찰사의 직임 : 【攷證 卷4 旬宣】《시경(詩經)》〈대아(大雅) 탕지십(蕩之什)〉의 주(註)에서 "순(旬)은 두루〔遍〕라는 뜻이고, 선(宣)은 편다〔布〕는 뜻이다."라고 하였다.

하물며 이 성세(聖世)의 광대한 계획과 관계되는 것이겠습니까. 혹 합하께서 꼴 베는 사람에게라도 자문하는 것을 그르게 여기지 않고 곧 그말을 취하여 고치고 다듬어서 임금께 아뢰어 주신다면, 저는 송조(宋朝)의 고사에 의거하여 서적을 내려 주시고 편액을 내려 주시며 겸하여 토지와 노비를 지급하여 재력을 넉넉하게 하시고, 또 감사와 군수로 하여금다만 그 진흥하고 배양하는 방법과 공급해 주는 물품만 감독하게 하고가혹한 법령과 번거로운 조목으로 구속하지 못하게 해 주실 것을 청하고자 합니다. 그리고 이곳의 군수가 되어서 저처럼 어리석고[32] 병약한 사람은 합하께서 속히 그 직무를 제대로 수행하지 못한 죄를 들어 분명하게폄직하거나 축출하시고, 조정에 청하여 다른 관료 중에서 덕망과 경술(經術), 절행과 풍모가 사림(士林)의 모범이 될 만한 사람을 선택하여군수로 임명하여 그 책임을 맡겨야 할 것입니다.

이와 같이 하면 서원은 비단 한 읍(邑)이나 한 도(道)의 학교에 그치지않고 한 나라의 학교가 될 것이요, 이와 같이 하면 가르침이 임금에게서근원하여 선비들이 와서 유학하기를 즐거워하여 영구히 후세에 전하여무너지지 않을 것이요, 이와 같이 하면 사방에서 기뻐하고 사모하여 다투어 본받을 것이니, 진실로 선정(先正)의 자취가 남고 향기가 뿌려져있는 곳, 예를 들어 최충(崔冲)·우탁(禹倬)·정몽주(鄭夢周)·길재(吉再)·김종직(金宗直)·김굉필(金宏弼) 등이 살던 곳에 모두 서원을 건립하되 혹은 조정의 명에 의하고 혹은 사사로이 건립하여서 책을 읽고 학문을닦는 곳이 되어 성조(聖朝)에서 학문을 존중하는 교화와 태평한 세상에

---

**32** 어리석고 : 【攷證 卷4 闒茸】 한나라 가의(賈誼)의 〈조굴원문(弔屈原文)〉에 "못난자들이 존귀해지고 아첨하는 자들이 뜻을 얻으며〔闒茸尊顯兮, 讒諛得志.〕"라고 하였는데, 당나라 이선(李善)의 주에서 《자림(字林)》을 인용하여 "탑용(闒茸)은 불초(不肖)한 것이다."라고 하였다.

서 인재를 길러내는 융성을 빛내고 드높일 수 있을 것이요, 이와 같이 하면 장차 우리 동방의 문교(文敎)가 크게 밝아져 추로(鄒魯)나 민월(閩越)[33]과 더불어 그 훌륭함을 나란히 일컫게 될 것입니다.

제가 혼자 생각건대, 지금 국학은 실로 훌륭한 선비를 배출하는 데 중요한 기능을 하고 있지만,[34] 저 군현(郡縣)의 학교는 제도만 갖추어져 있을 뿐 교육은 크게 무너져, 선비들이 도리어 향교에서 지내는 것을 수치로 여깁니다. 그 피폐함이 극심하여 구제할 방법이 없으니 한심하다 하겠습니다. 오직 서원 교육이 오늘날 성대하게 일어난다면 무너진 학정(學政)을 구제할 수 있어 학자가 귀의할 곳이 있고, 사풍(士風)이 이에 따라 크게 변혁되고 습속이 날로 아름다워져서 왕의 교화가 이루어질 것이니, 성치(聖治)에 조그마한 도움이 될 뿐만이 아닐 것입니다. 하찮은 정성이라도 주상께 전달될 수 있다면 병으로 산골에 물러가 죽을지라도 유감이 없겠습니다. 구구한 소원을 이기지 못하여 삼가 죽음을 무릅쓰고 글을 받들어 아룁니다.

제가 삼가 고사(故事)를 살펴보니, 서원에는 반드시 동주(洞主)나 산장(山長)을 스승으로 두어 그 교육을 관장하니, 이것은 하나의 중대한 일이라 더욱이 거행해야 합니다. 다만 이는 세속을 떠난 선비나 요직에 있지 않은 사람 가운데서 선택하되, 그 사람의 재덕(才德)의 명망과 실상이 반드시 발군(拔群)의 아름다움이 있어 우뚝하게 일세(一世)의 사표(師表)가 될 사람이라야 할 것입니다. 만일 그런 사람을 얻지 못하

---

**33** 추로나 민월 : 【譯注】 추(鄒)는 맹자(孟子), 노(魯)는 공자(孔子)의 출생지이며, 민월은 주희(朱熹)의 고향이다.

**34** 국학은……있지만 : 【攷證 卷4 國學…所關】《한서(漢書)》 권56 〈동중서전(董仲舒傳)〉에서 "태학은 현사가 벼슬길에 진입하는 관문이다."라고 하였다.

여 헛되이 그 이름만 차지한다면 지금 향교의 교수(敎授)와 훈도(訓導)로서 그 직책을 다하지 못하는 자와 다를 것이 없어서, 뜻있는 선비들이 뒤도 돌아보지 않고 떠날 것입니다. 생각건대 도리어 서원에 피해만 끼칠까 두려우니, 그 때문에 이제 감히 이것까지 청하지는 못합니다. 이것은 곧 합하께서 재량하여 올리고 조정에서 참작하여 가부를 논의하는 데 달려 있을 뿐입니다. 황(滉)은 또 재배하고 글을 올립니다.

# 이 상국[35] 준경 께 답하다 기미년(1559, 명종14, 59세) 【11월 25일. 예안(禮安)】

答李相國 浚慶○己未

이황(李滉)은 삼가 목욕재계하고 재배하며 말씀드립니다. 얼마 전 안기[36] 찰방(安奇察訪)이 찾아와서 상공(相公)의 편지[37]를 전하기에, 황송한 마음으로 삼가 읽고 이어서 백성들에게 덕을 베풀어 정사가 적고 여가가 많으며[38] 신이 상국을 도우사[39] 기거에 만복하심을 알았으니 경하하여 마지않습니다.

　제가 지난해 서울에 가서[40] 일찍이 한번 문하에 나아갔으나 뵙지 못하

---

**35**　이 상국 : 【譯注】 이준경(李浚慶, 1499~1572)으로, 본관은 광주(廣州), 자는 원길(原吉), 호는 동고(東皐)·남당(南堂)·양와(養窩)·홍련거사(紅蓮居士)이며 시호는 충정(忠正)이다.

**36**　안기 : 【攷證 卷4 安奇】 안동부(安東府) 서북쪽 3리 되는 곳에 있다. 【要存錄 卷9】 이 당시의 찰방은 이형경(李亨慶)으로 혹시 이 상국의 문족(門族)이 아닐까 한다.

**37**　편지 : 【攷證 卷4 鈞翰】 균(鈞)은 《전한서(前漢書)》 권51 주에서 "질그릇을 만들 때 모형〔模〕 아래 둥근 것을 '균(鈞)'이라고 하여, 이것으로 크고 작은 그릇들을 만들 수 있다. 그래서 이것을 재상이 글을 짓는 일에 비유한다."라고 하였다. 아래에 나오는 균첩(鈞帖)·균형(鈞衡) 등이 모두 이 뜻이다.

**38**　정사가 적고 여가가 많으며 : 【譯注】 당나라 유종원(柳宗元)의 〈옹주(邕州) 마퇴산(馬退山)의 모정(茅亭)에 관한 기문〔邕州馬退山茅亭記〕〉에서 "그는 덕을 베풀었으므로 백성들이 신임하였고, 신임했으므로 화목하였고, 화목했으므로 정사가 적고 여가가 많았다."라고 하였다.

**39**　상국을 도우사 : 【攷證 卷4 台躔】 살펴보건대, 별이 운행하는 궤도를 '전(躔)'이라고 하니, 전차(躔次)나 전도(躔度)라는 말과 같다.

**40**　서울에 가서 : 【要存錄 卷9】 무오년(1558)에 선생이 치사를 청하였으나 윤허를 받지 못하여 서울에 갔던 사실을 말한다.

였고, 그 후로 병이 날로 심하여 맡은 직무를 해내지 못하고 국은을 입고
도 사은(謝恩)하지 못하여 여러 가지로 군색했던 것은 이루 말할 수 없습
니다. 금년 봄에는 또 부종(浮腫)이 나서 죽기 전에 고향으로 돌아가려
하였는데, 어떤 일로 빨리 내려오느라 끝내 빗자루로 문 앞을 쓰는 일[41]을
이루지 못했습니다. 중간에 유 판서(柳判書)[42]가 상공의 편지를 전달해
주어 병을 다스리는 바탕으로 삼게 했으나, 다만 감사한 마음만 간직한
채 또한 답장을 드리지 못했으니, 그 어리석고 태만하며 완악하고 경솔
함으로 인하여 문하에 죄를 지은 것이 더할 수 없습니다.

지금 이에 덕과 위엄을 낮추어 손수 쓴 편지를 먼 곳에 내려 주시고
깊이 겸손하게 이끌어 격려함이 넘치시니 더욱 성덕(盛德)으로 사람을
대하는 너그러움을 우러르게 되어, 참으로 소인의 뱃속[43]으로는 능히 엿
보거나 헤아리지 못하겠습니다. 일찍이 들으니 옛말에 "현명한 임금은
한번 찡그리고 한번 웃는 것을 아낀다."[44]고 하였습니다. 다만 현명한
임금만 그래야 하는 것이 아니라 재상도 더욱 이 경계를 지켜야 할 것입

---

**41** 빗자루로……일 : 【譯注】찾아뵙지 못했다는 뜻이다. 【攷證 卷4 掃門之役】한(漢)
나라 위발(魏勃)이 조참(曹參)을 만나려고 아침 일찍 조참의 사인(舍人) 집을 찾아가
문 앞을 청소하여 뜻을 이루었다. 《後漢書 卷45 袁安列傳》

**42** 유 판서 : 【譯注】1497~1561. 진주(晉州) 사람으로, 1531년(중종26)에 문과에
급제하여 공조 참판을 지냈고 대나무를 잘 그렸다. 【攷證 卷4 柳判書】아마도 죽당(竹
堂) 유진동(柳辰同)을 가리키는 것으로 보인다. 《정본 퇴계전서》권2 〈학사 죽당 유숙
춘(진동)이 묵죽을 그리다[竹堂柳叔春(辰仝)學士畫墨竹]〉 시에 자세히 보인다.

**43** 소인의 뱃속 : 【譯注】군자의 마음을 소인의 뱃속에 비유한 말로, 자신의 생각을
겸손하게 일컫는 말이다. 【攷證 卷4 小人之腹】《춘추좌씨전(春秋左氏傳)》소공(昭公)
28년에 염몰(閻沒)과 여관(女寬)이 위헌자(魏獻子)에게 말하기를 "바라건대 소인들이
배가 부르면 오히려 만족할 줄을 아는 것으로써 군자의 마음도 응당 그럴 것으로 여겨
적당히 만족하면 그만두기를 바랍니다."라고 하였다.

**44** 현명한……아낀다 : 【攷證 卷4 愛一顰一笑】《한비자(韓非子)》〈내저설 상(內儲說
上)〉에 나오는 말이다.

니다. 그러므로 당대의 인물에게 한 글자를 허여함이 화려한 곤룡포보다 영광스럽고, 한마디 말로 배척함이 부월(斧鉞)보다 엄한 것입니다. 만약 그 사람이 적당한가 아닌가를 가리지 않고 구차하게 허여하거나 배척한 다면 어찌 '찡그림과 웃음을 아끼는 도리'가 되겠습니까. 또한 제가 지극히 어리석고 비루하다는 것은 접때 이미 남김없이 살피셨는데, 하루아침에 외람되게 허여함이 다만 한두 글자에 그치지 않으셨습니다. 그렇게 하시고서야 어찌 한 시대의 인재를 격동시켜 그들로 하여금 교화 속에서[45] 덕을 진작시키게 할 수 있겠습니까. 이것이 제가 두렵고 허탈하여 어찌할 바를 모르는 까닭입니다.

저는 지난해 실족한 상처도 아직 완치하지 못했는데 금년 여름에는 또 큰 병을 앓아서 거의 죽음을 면하지 못하게 되어 직무를 이행할 수 없음은 주상께서도 밝게 아시는 바이고 많은 이들이 함께 본 것인데도 사람들은 혹 그렇지 않다고 말합니다. 제 몸이 비방 가운데 있게 된 것이 여러 해가 되어 매번 홀로 탄식하며 생각해보니, 예로부터 어리석고 병 듦이 저처럼 심하면서 헛된 이름으로 난처한 처지에 빠진 이가 없었는데 불행하게도 지금 여기에 있습니다. 그러니 만약 상국의 지위로서 평소 이 같은 처지를 불쌍하게 여겨서 이 사이에서 힘써 주시지 않는다면 제가 장차 어떻게 그 뒤를 잘 수습하여 맑은 조정에 부끄러움이 없도록 하겠습니까.

옛 선비들이 재상은 존엄하여 예우가 백관과는 현격히 다름을 모른 것은 아니나 혹 주기(奏記)[46]로 사실을 논하거나 글을 올려 심정을 진달한

---

**45** 교화 속에서 : 【攷證 卷4 陶甄】《패문운부(佩文韻府)》 권27-4에서 "도(陶)는 질그 릇이다. 견(甄)은 흙을 반죽하여 그릇을 만드는 것이다."라고 하였다. 《제직의(齊職 儀)》에서 "좌우의 견관(甄官)이 벽돌과 기와의 제작을 관장하였다."라고 하였다. 【校 解】《제직의》의 인용문은《고금운회거요》 권7에 나오는 말이다.

사람들이 많았습니다. 그러므로 감히 그 예를 따라 하소연하고자 합니다. 지금 제가 진정 두려워하고 걱정하는 것은 중추부(中樞府)의 직함을 여태 면하지 못하여 외직에 있으면서도 편하게 지낼 겨를이 없는 점입니다. 그러면서도 감히 사장(辭狀)을 올려 벼슬에서 물러나기를 빌지 못한 것은 실제 도움도 안 되면서 혹 다른 걱정거리가 생길까 염려했기 때문입니다. 엎드려 생각건대 대상공(大相公) 합하께서는 특별히 불쌍히 여기시고 보살펴 주셔서 혹 어떤 계기가 생기면 그것을 방편[47]으로 저를 구원하여 제가 중추부의 직함에서 놓여나서 종전의 직함을 가지고 분수에 맞게 향리에서 죽을 수 있게 하신다면, 한 물건이라도 그 자리를 얻지 못함을 부끄럽게 여기시는 성대한 사업에 어찌 만족스럽지 않겠습니까.

대개 높은 벼슬과 많은 녹은 이미 병든 이가 감당할 바가 아니며, 몸이 외지에 있으면서 또 어찌 조정의 직함을 그대로 가질 수 있겠습니까. 이 이치는 확실하여 두 가지를 모두 어길 수 없는 것입니다. 이러한 것을 분명히 알고도 소원을 이루지 못한다면 이는 죽어도 눈을 감지 못할 유감이오며, 또한 대인군자가 마땅히 측은히 여기실 바일 것입니다. 망령되고 경솔하여 죽을 죄를 지었습니다.

두 가지 색의 종이 여섯 폭에 대해서는 삼가 말씀하신 대로 갖추었습니다. 다만 제가 이 글씨에 대해 붓을 잡을 줄도 몰라서 애초 향리의 후생들과 장난삼아 익혀본 데 지나지 않는데, 뜻밖에도 외람되이 상국께서 잘못 들으시기에 이르렀습니다. 이 또한 제가 몸가짐을 잘못한 한 가지 일이요, 일이 이미 이렇게 되어 감히 백지로 돌려 드릴 수 없게 되었습니

---

**46** 주기 : 【攷證 卷4 奏記】 살펴보건대, 재상에게 올리는 글을 '주기(奏記)'라고 한다.

**47** 방편 : 【攷證 卷4 方便】《유마경(維摩經)》에서 "한량없는 방편으로 중생을 넉넉하고 이롭게 하였다."라고 하였다.

다. 여섯 폭 이외에 더 들어있는 한 폭은 잘못 써서 사용하지 못할 것인데
다, 써 드린 여섯 폭도 빠지거나 잘못된 것이 한둘이 아닙니다. 병든 마음
이 어둡고 어긋나서 사람 사이에 끼일 수 없음은 이 한 가지 일로도 알
수 있습니다. 삼가 부끄러움에 식은땀이 흐르니, 부디 대감께서 조량(照
諒)하여 주시길 바랍니다. 바야흐로 매서운 추위에 더욱 덕을 밝히기에
힘쓰셔서 이 백성을 복되게 해 주시길 바랍니다. 황공하여 이만 줄입니
다. 《삼가 절하고 답장을 올립니다. 가정(嘉靖) 38년 11월 25일, 가선대
부 전 공조참판 이황은 머리를 조아립니다.》

# 이 상국 준경 께 답하다 임술년(1562, 명종17, 62세) 【5월 18일. 예안(禮安)】

答李相國 浚慶○甲寅[48]


황(滉)은 머리를 조아리고 말씀드립니다. 유 수재(柳秀才)[49]가 오는 편에 주신 글을 받고 대감의 기거(起居)가 만복하신 줄을 잘 알았으니, 감사하고 황송한 나머지 몹시 기뻐하고 경하하는 마음 가눌 길 없습니다. 유 수재가 잘못 생각하여 나같이 부족한 사람에게 오려고 할 때 상공(相公)께서 말리지 않고 도리어 글까지 주어서 이끄시니, 더구나 송구하기 그지없습니다. 그가 와도 본디 내가 도움을 줄 것은 없지만, 다만 한 달 동안 비가 새는 집에서 제법 어려움을 맛보았을 테니 '고생하는 가운데 더욱 분발한다.'는 유익함은 조금 있었을 듯합니다.

저는 늙고 병들어 혼미한 몸으로 조정의 명을 지체하는 형편없는 사람인데, 삼가 성조(聖朝)의 너그러우신 은혜를 입어 이렇게 한가히 물러나 있으니, 비록 한 번 죽음은 면하였다고 하나 조용히 분의(分義 분수에 따른 도리)를 생각해 보면 실로 마음에 편안한 바가 아니니 밤낮으로 황공하여 몸 둘 곳을 모르겠습니다. 연전에 인의(引儀) 신섬(申暹)[50]이 향리에 올

---

48 甲寅 : 【譯注】 속집(續集)·속초본(續草本)·번본(樊本)·상본(上本)의 제목 아래 연도 표기가 '갑인(甲寅, 1554)'으로 되어 있으나,《정본 퇴계전서》〔연대고〕 등을 참고하여 창작 연대를 '임술(壬戌, 1562)'로 판단하였다.

49 유 수재 : 【譯注】 유찬(柳燦, 1569~1616)으로 본관은 진주(晉州), 자는 회보(晦甫)이다. 과거 시험을 단념하고 선산 아래에 집을 짓고 살았으며, 해주옥사(海州獄事)에 연루되어 옥사하였다.

50 신섬 : 【譯注】 1631~1668. 본관은 평산(平山), 자는 진부(晉夫)이다. 신익전(申翊全)의 둘째 아들로, 1654년(효종5) 식년시에 진사 급제하여 빙고 별검(氷庫別檢)을 지냈다.

때, 삼가 상공께서 가리켜 깨우쳐 주신 것을 받았으니, 깊이 감사하고 다행스러운 마음 가슴에 새겨 잊을 수 없습니다. 글을 올려 깨우쳐 주신 대로 따르지 못하는 뜻을 조금 아뢰어 볼까 하였으나, 대감을 귀찮게 할까 두려워서 하지 못하고 신섬이 돌아가는 편에 부탁하여 저의 사정을 아뢰어 달라고 하였는데, 전해 들으셨는지 모르겠습니다.

　제명(除命)을 받은 지 오래되었으나 늙고 병든 것이 날로 심하여 나아가 직임을 맡을 수도 없고, 전에 사퇴하였다가 낭패를 본 뒤로는 또 감히 무턱대고 해직을 청할 수도 없습니다. 그러니 두 가지 길이 다 난처하여 구차히 미루어 온 지 여러 해가 되어 어찌할 도리가 없습니다. 간절히 염원하노니 상공(相公) 합하(閤下)께서 혹 기회를 보다가 전하께 잘 아뢰어 파직(罷職)을 허락하시어, 이 미천한 몸으로 하여금 제자리를 얻어서 여생을 마치도록 해 주기를 언제나 바라고 있습니다. 이 또한 조정에서 정사(政事)하는 체모상 응당 그렇게 해야 할 일이니, 저 한 사람만이 소원을 이루어 죽는 날까지 감사하는 데 그칠 일이 아닙니다. 삼가 바라건대 대감께서 굽어살펴 주신다면, 그보다 큰 다행이 없겠습니다. 수재가 곧장 돌아간다기에 삼가 이렇게 답장을 드립니다. 황공하여 다 갖추지 못합니다. 오직 잘 조섭(調燮)하고 자중(自重)하시어 뭇사람의 기대에 부응해 주시기를 빕니다. 《삼가 절하고 글을 올립니다. 가정(嘉靖) 41년 5월 18일 전 공조참판[51] 이황은 머리를 조아리고 글을 올립니다.》

---

**51** 공조참판 : 【譯注】 원문에는 '공조 판서(工曹判書)'로 되어 있으나, 《퇴계선생연보》와 《정본 퇴계전서》〔연대고〕 등을 참조하여 수정하였다.

# 이 상국께 답하다 【기사년(1569, 선조2, 69세) 9월 29일. 예안(禮安)】
答李相國

이황은 머리를 조아려 재배합니다. 늦가을이 제법 춥습니다만, 삼가 영의정 상공(相公) 대감의 기거가 만복하시길 바랍니다. 저는 지난번 주신 편지를 받고서 위문의 말씀이 너무 은혜로워 천하고 못난 사람의 분에 넘쳐서 몹시 황공하여 두려운 마음 가눌 길 없습니다.

교리(校理) 선생의 아름다운 덕과 높은 의리는 그처럼 지극하여 그 명문(銘文)을 짓는 책임은 제가 감히 감당할 바가 아니기에,[52] 망령되이 지어 보려 한 것은 몹시 참람한 일입니다. 그중에 복과(復科)[53]에 관해서는, 감히 아무런 증거가 없어 갑자기 써넣을 수 없었습니다. 그래서 외람되이 짤막하게 유 생원(柳生員)에게 물어보았던 것인데, 뜻밖에도 하집사(下執事)[54]에게까지 들리게 되어 더구나 몹시 송구합니다. 그런데 여기 별지(別紙)에서 내력을 적어서 보여주셨으므로, 삼가 사실을 갖추어 명문의 말미에 끼워 넣고 정사(淨寫)해서 봉하여 올립니다. 다만 문사(文詞)가 본래부터 비루하고 서툰데다가 늙어서 정신이 어둡고 황폐하여,

---

**52** 교리……아니기에 : 【譯注】 교리 선생은 이준경의 형 이연경(李延慶, 1484~1548)을 가리킨다. 중종 연간에 홍문관 교리를 역임하였는데, 학문과 식견이 뛰어나고 지조가 있었다. 명문(銘文)이란 《정본 퇴계전서》 권15 〈유명 조선국 조봉대부 행 홍문관교리 지제교 겸 경연시독관 춘추관기주관 이공 묘갈명(有明朝鮮國朝奉大夫行弘文館校理知製教兼經筵侍讀官春秋館記注官李公墓碣銘) 병서(幷序)〉를 말한다.

**53** 복과 : 【譯注】 과거에 급제한 사람의 성명을 방(榜)에서 지워버려 낙제시켰다가 다시 합격시키는 것을 말한다.

**54** 하집사 : 【譯注】 옛날에 높은 사람에게 바로 지칭(指稱)하지 못하여 그 밑에 있는 사람을 지칭한 것으로 상국 이준경을 의미한다.

비록 나름대로 힘을 쏟았으나 아름다움을 다 드러내지 못하여 훌륭한 행실과 뛰어난 사적을 후세에 전하지 못할 듯합니다. 아마도 이러한 글로 묘비를 세운다면 하지 않는 것만 못할까 두려우니, 부끄러워 몸 둘 바를 모르겠습니다.

더구나 판서 계장(契丈)55의 비명(碑銘)에 있어서는 그 사체(事體)가 더욱 중대한 것이므로, 결코 저 같은 사람이 능히 할 수 있는 일이 아닙니다. 그래서 지난번 제게 맡기신 것에 대해 몇 번이나 간절히 사양하고 여태 엄명(嚴命)을 받들지 못했던 것입니다. 그런데 이제 또 대감의 분부를 받드니 황공함이 더욱 심해집니다. 사람은 자기를 잘 알지 못한다고는 하지만, 현저히 결점이 드러나는 경우에야 어찌 모르겠습니까. 저는 원래 식견이 어둡고 얕으며 문장이 없어 이 일을 감당할 수 없다는 것을 잘 알고 있습니다. 그래서 지금까지 기어코 사양하여 피한 것이 무려 수십 집인데, 모두 서로 아는 사이가 아니면 친분이 깊은 사람이었습니다. 그런데도 그들에게 심한 원망이나 꾸지람을 받지 않는 것은 일찍이 하나도 글을 지은 일이 없었기 때문입니다.

그런데 이제 백발로 죽을 날이 가까운 마당에 비로소 그 한 가지 단서를 연다면, 전날에 얻지 못한 사람들은 다투어 원망하고 성낼 것이요, 또 새로 사람이 모여들어 청할 것이니 장차 무슨 말로 응답할 것이며 무슨 힘으로 감당하겠습니까. 그러므로 다만 그 분부만 듣고 받들어 행하지 못하여 결국 판서공과의 오랜 친분과 의분(義分)을 유명(幽冥)에 저버리게 되었습니다. 어리석고 병든 여생(餘生)이 일마다 이처럼 그 한 모퉁이도 채우지 못함에 마음이 아프고 슬프기 그지없습니다. 오직

---

55 판서 계장 : 【譯注】 이준경(李浚慶)의 형인 병조 판서(兵曹判書) 이윤경을 말한다. '계장'은 동년배 사이에 상대를 높여 이르는 말이다.

바라건대 대상공(大相公)께서는 인(仁)으로 용서하시고 밝게 살피어 이 간절한 걱정을 가엾이 여기고 너그러이 용서해 주시면 그런 다행이 다시 없겠습니다.

저는 이제 돌아와 시골 사람이 되어 겨우 그 본분을 얻게 되었습니다. 다만 이름이 반부(班簿 벼슬의 명부)에 올라 있어 밤낮으로 불안하지만 번거롭게 청하기도 두려운 일이라, 감히 사퇴하는 글을 올릴 수 없어서 괴롭고 답답한 마음 가눌 길 없습니다. 오직 바라건대, 정형(鼎衡)[56]의 몸을 잘 보호하고 거룩한 국운을 도와 성취하셔서 조정과 재야의 희망을 위로해 주십시오. 황공하여 다 갖추지 못합니다. 《삼가 절하고 글을 올립니다. 융경(隆慶) 3년 9월 29일 숭정대부 판중추부사 이황은 절하고 글을 올립니다.》

---

**56**  정형 : 【譯注】 '정(鼎)'은 솥의 발이 셋이므로 삼정승을 말하는 것이며, '형(衡)'은 정승이 나라의 저울대를 잡았다는 뜻이다. 그러므로 정승을 뜻한다.

# 권 상국[57] 철 께 답하다 병인년(1566, 명종21, 66세) 【3월 16~20일 추정. 예안(禮安)】

答權相國 轍○丙寅

이황은 머리를 조아려 재배하고 말씀드립니다. 며칠 전 사장(辭狀)[58]을 가져갔던 사람이 돌아오는 편에, 삼가 대감께서 자애롭게 손수 가르치시는 글을 써서 살 방도를 보여주심에 감격하고 황공하기 그지없습니다. 제가 비록 우둔하나 대감의 뜻이 도탑고 간절하심이 이와 같음에 어찌 미혹됨을 돌리고 생각을 고쳐야 할 줄을 알지 못하겠습니까. 다만 저의 사적인 의리로는 실로 크게 불가한 것이 한두 가지로 헤아릴 수 없으나, 이미 염려의 말씀을 받들고서 어찌 감히 숨겨서 다 말씀드리지 않겠습니까.

대개 낮은 관직을 사양하는 것으로 높은 관직을 받고 벼슬에서 물러나는 것으로 벼슬에 나아가기를 도모하는 것은 결단코 할 수 없으니, 종품(從品)이 된 지 3일 만에[59] 갑자기 정품(正品)으로 오르는 것을 결코 받을 수 없음은 사장 가운데서 이미 대략 아뢰었습니다. 이 두 가지 일만으로도 이미 염치를 무릅쓰고 나아가는 길을 끊어야 하는데 이밖에 더욱 크게

---

**57** 권 상국 : 【譯注】 권철(權轍, 1503~1578)로 본관은 안동, 자는 경유(景由), 호는 쌍취헌(雙翠軒)이다. 영의정을 역임하였으며, 시호는 강정(康定)이다.

**58** 사장 : 【攷證 卷4 辭狀】 공조 판서를 사직한 장(狀)이다. 【要存錄 卷9】 이때 선생은 임금의 부름을 받고 서행(西行)하다가 도중에 병이 나서 재차 사양하였으나 윤허를 받지 못하였으며, 오히려 자헌대부 공조 판서에 승배되었기에 다시 장계(狀啓)를 올려 사양하고 집으로 돌아왔다.

**59** 종품이……만에 : 【攷證 卷4 從品三日】 전에 '공조 판서가 되어 억지로 두 달을 있었다.〔僶勉兩朔〕'고 하였으나 겨우 사흘을 근무하였다.

불가한 것이 있습니다. 저는 보통 사람에도 훨씬 못 미치는 자질로서 남들에게 없는 큰 병까지 안고 있으니 비록 평범한 여러 가지 관청의 일도 오히려 감당할 수 없기에 전부터 고사하고 물러갔으니 어찌 다시금 작은 재주를 가지고 시용(時用)에 맞출 수 있겠습니까. 알지 못하겠습니다만 무슨 까닭으로 점점 불행의 끝에 이르게 되어 시의(時議)가 무단히 일어나서[60] 사람을 지나치게 높이 평가하고[61] 장황하게 자랑하여 지난날 큰 현인이 하신 사업을 가지고 볼품없는 한 사내에게 기대하는지요? 이제 은례(恩禮)를 거듭 내리심에 비록 주제넘게 그 연유를 말씀드릴 수 없사오나 주상(主上)을 그르치게 된 발단이 어찌 시의가 너무 지나친 데서 온 것이 아니겠습니까.

대개 사람으로 말하면 이처럼 변변치 못하고 일로 말하면 저같이 중대한데, 그런데도 스스로 자기를 헤아리지 못하고 다만 임금의 명이라는 이유만으로 감히 나아가 감당한다면, 모르겠습니다만 상공(相公)께서는 제가 직임을 감당하여 일을 망치지 않을 것이라고 생각하십니까? 이 사람(이황)이 이 책무를 감당함에 오히려 일을 망치는 데 이르지 않는다면 임금의 명령에 진실로 하루라도 머뭇거릴 수 없겠습니다. 그러나 만약 그렇지 않다면 임금의 명령을 급히 쫓는 일을 아울러 할 수 없음이 명백

---

**60** 무슨……일어나서 : 【要存錄 卷9】《퇴계선생연보》에 의하면 병진년에 좌의정 상진(尙辰)과 조사수(趙士秀)가 사직하면서 선생을 부르기를 청하였다. 그때 조사수가 "모(某)의 사람됨은 무너지는 풍속을 붙들어 세울 만하다."라는 등의 말을 하였고, 무오년에는 영의정 심연원(沈連源)과 대제학 정사룡(鄭士龍)이 또 경연(經筵)에서 계를 올려 경직(京職)에 제수하기를 청하였는데 아마 이런 일을 가리키는 듯하다.

**61** 사람을……평가하고 : 【攷證 卷4 擬人於不倫】원나라 웅충(熊忠)의 《고금운회거요(古今韻會擧要)》 권10에 "의(擬)는 의(疑)와 통용하여 쓰니, 견줄 비(比)의 뜻이다. 《예기(禮記)》〈곡례 하(曲禮下)〉에 "사람을 헤아리려면 반드시 그 종유하는 무리에서 본다."라고 하였다.

합니다. 게다가 이 세 가지 일 이외에 또 한 가지 일[62]이 사람을 두렵고
겁나게 하여 감히 말씀드리지 못하게끔 하는 것이 있습니다.

아! 저는 지극히 미천하고 지극히 못난 사람으로서 이즈음을 당하여
급히 달려가 명령에 순응할 수 없는 까닭을 대략 들어 보면 위의 네 가지
입니다만, 이 밖에도 또 어찌 아뢸 만한 것이 없겠습니까. 일이 이러한
극단에 이르니 몹시 쇠약하고 병든 몸이 길에서 병이 덧나서 위독하여
거의 죽게 되었던 사연은 도리어 말씀드릴 겨를이 없습니다. 그러므로
당초에 한 번 사양할 때는 오히려 병이 덜하면 혹 나아갈 희망이 있었으
며, 새로운 명령을 듣고서 재차 사양한 것도 부디 여론에 따라 처리되기
를 바랐던 것입니다. 그런데 이미 그렇지도 못하고서 도리어 관작만 더
하였으니, 제가 앞뒤를 돌아보지 않은 채 모른 척 나아가 받는다면 어찌
대단히 무리한 일이 아니겠습니까.

삼가 생각건대 상공 합하(閤下)께서는 제가 병이 깊어 벼슬하기 어려
운 줄을 익히 알고 계시기에 이제까지 늘 보호하여 주셔서 저로 하여금
소원을 이룰 수 있도록 하셨으며, 영상(領相) 합하(閤下)[63]의 크신 사랑
또한 이와 같았습니다. 다른 여러 공경대부께서도 진실로 일찍이 제가
조정에 있을 때 직무를 수행하지 못했던 실상을 보았으니 누군들 쓸모없

---

**62** 또 한 가지 일 :【攷證 卷4 復有一事】살펴보건대, 《퇴계선생연보》에 "병인년 7월에
장계(狀啓)를 올려 사직하였다. 임금이 선생을 간절히 기다리다가 선생이 누차 사양하
고 오지 않자 성상께서 더욱 안타까워하며 '어진 이를 불러도 오지 않음을 탄식하노라
〔招賢不至歎〕'라는 제목으로 독서당의 유생들에게 각각 근체시 1수를 지어 올리게 하였
다. 또 선생이 거처하는 도산(陶山)을 그리게 하고 여성위(礪城尉) 송인(宋寅)에게
명하여 〈도산기(陶山記)〉와 〈잡영(雜詠)〉을 그 위에 쓰게 하고 병풍을 만들어서 침실에
세워두게 하였다. 여기서 '한 가지 일'이란 혹 이것을 가리킨 것이 아닌가 한다."라고
하였다.

**63** 영상 합하 :【攷證 卷4 領相閤下】아마 동고(東皐) 이준경(李浚慶)을 가리키는
것으로 보인다.

는 사람이라고 생각지 않겠습니까. 다만 그 뒤에 제현들께서 혹 서로 본 바도 없고 알지도 못하면서 한갓 이름만으로 사람을 부리고자 하여 허명(虛名)을 가지고 실직(實職)을 맡김에 그릇됨을 되풀이한 것이 이 지경에 이르렀을 뿐입니다. 사람을 등용하는 득실은 국가의 치란에 관계 되는 일인데도 조정의 이번 천거는 크게 허명(虛名)에 떨어졌음이 이와 같습니다. 제가 나름 헤아리건대 나라를 생각하는 대인들 가운데는 지붕 을 쳐다보며 길게 탄식하다가 때를 기다려 죄다 말하는 이가 반드시 있을 것이니, 과분한 은혜가 고쳐지기를 날을 꼽아 기대하면서 임금의 명에 머뭇거리고 어긴 죄가 그로 인하여 조금이라도 벗어날 수 있게 되었으면 합니다.

이제 상공의 뜻을 받자오니 조정의 기망(期望)에 속히 부응하도록 독 려하시고, 또 이르시기를 "비록 전현(前賢)께서 이러한 경우에 처하셨을 지라도 또한 오지 않을 수 없을 것이다."라고 하셨습니다. 아, 어쩌면 그렇게도 지난날 비호해 주시던 것과 상반됩니까? "전현으로 하여금 이 러한 경우에 처하게 한다면 진실로 오지 않을 수 없을 것이다."라고 하신 말씀은 과연 영상 합하의 가르침과 같으니, 저의 경우 그 사람이 아니면 서 전현에 의거하여 처신하려는 것이라 그 죄가 더욱 큽니다. 그러니 어찌 이에 의탁하여 나아가겠습니까. 또 그 직임에 어울리지 않는 사람 이 벼슬에 나아가는 것을 어찌 '조망(朝望)'이라 말할 수 있겠습니까.

이러한 까닭으로 처음에는 지극하신 뜻에 감사하면서도 돌이켜 생각 해보니 끝내 다 따르지 못할 것이 있기에, 삼가 다시 한 통의 글을 써서 안동부(安東府)에 부탁하여 본도(本道)로 보내어 다시 상국께 올리도록 하였던 것입니다. 이어서 다시 생각하니 길에서 임금의 명을 기다렸던 것은 오히려 나아가고 물러감을 아직 확정하지 못한 까닭이었습니다. 지금은 나아감이 옳지 않은 줄 알고 있으므로 길에 있기도 어려운 까닭에 전리(田里)로 돌아와 명령이 내려지기를 기다리고 있으나, 이것 또한 반드시 사람들의 의심과 소란을 초래할 것입니다. 그러나 송나라의 두범(杜範)[64]과 원나라의 오징(吳澄)[65]은 임금을 섬기는 의리를 몰랐던 분이 아닙니다만, 이 두 분이 모두 사직을 간청하고[66] 곧장 전리로 돌아간 사례가 있습니다. 아마도 일이 부득이한 경우에 이르면 이처럼 하는 것도 또한 하나의 방도이기 때문일 것입니다.

삼가 생각건대 상국 합하께서는 궁휼히 여기고 보살펴 주셔서 평소에 보호하여 주시던 도타움을 생각하시고 한때의 과분한 은혜의 기틀을 돌려 적절한 때에 속히 도모하여 주시어 미천한 저로 하여금 제자리를 얻어 크신 은혜를 마무리할 수 있게 해 주시길 바라옵니다. 구구하게 간절히 비는 지극함을 감당할 수 없기에 마음은 답답하고 말은 막혀 저의 뜻을 다하지 못한 채 삼가 《절하고 답장을 올립니다.》

---

**64** 두범 : 【譯注】1182~1245. 주희(朱熹)의 제자로 직언(直言)을 잘하였다. 【攷證 卷4 杜範】《대청일통지(大淸一統志)》에서 "황암(黃巖) 사람으로 송나라 가정(嘉定) 초에 진사가 되어 금단위(金壇尉)에 선발되었으며, 여러 차례 벼슬을 옮겨 감찰어사(監察御史)가 되고 후에 우승상(右丞相)에 제수되었다. 사후에 소부(少傅)에 추증되었으며, 시호는 청헌(淸獻)이다."라고 하였다.

**65** 오징 : 【譯注】1249~1333. 원(元)나라의 학자로 천문학에 밝아《찬언(纂言)》을 저술하였는데, 이 책은 조선 시대 혼천의(渾天儀) 제작에 기본적인 참조 자료로 활용되었다.

**66** 두……간청하고 : 【譯注】두범과 오징이 사직을 청하자 조정에서 만류하였으나 듣지 않고 급히 도성을 빠져나간 고사를 말한다. 【攷證 卷4 二公請辭徑歸】뒤에 나오는 《정본 퇴계전서》 권5 〈홍 상국 퇴지께 답하다(무진)〔答洪相國退之(戊辰)〕〉에 보인다.

# 권 상국께 답하다 무진년(1568, 선조1, 68세) 【1월 16일경 추정. 예안(禮安)】
答權相國 戊辰

이황은 머리를 조아려 재배합니다. 지난가을 각별하신 은혜를 입어 먼 길의 행차에서 돌아오시자마자[67] 먼저 손수 붓을 들어 제 편지에 답을 주셔서, 길 잃은 바를 가르쳐 주시고 분수와 의리를 비교하여 꾸짖고 깨우치기를 정성을 다하셨으니 거의 허물을 면할 수 있을 듯합니다. 우러러 크신 보살핌을 입음에 지극한 감격을 다 감당할 수 없습니다.

다만 저는 그 무렵 죄를 묻는 말들이 비등한 가운데[68] 도리어 은혜를 입은 것이 한두 번이 아니었기에[69] 떨리고 두려우며 걱정스럽고 절박하여 답장을 드리지 못한 채 어언간 해가 바뀌고 보니 민첩하지 못했던 것이 부끄럽고 두려워 죽을 죄를 지은 것 같습니다. 저는 지극히 어리석고 오래 병을 앓은 데다 인생길에 어긋남이 많음은 늘그막에 이르러 더욱더 심하여, 제 한 몸이 만나는 것마다 분수를 넘고 허(虛)에 떨어지는 일이 아님이 없었습니다. 보잘것없는 저의 작은 정성을 새로 등극하신 임금[70]께 아뢰지 못한다면 하늘의 해처럼 밝은 성상께서도 통촉하실 길이 없을 것입니다.

---

**67** 지난가을……돌아오시자마자 : 【攷證 卷4 甫稅遠駕】 정묘년(1567) 6월 명종이 승하하자 권 상국이 통부사(通訃使)로 명나라 수도에 다녀왔다.

**68** 죄를……가운데 : 【攷證 卷4 罪責沸騰】 정묘년 8월 선생이 병으로 고향에 돌아왔는데, 이때 국장(國葬)이 끝나지 않았는데도 돌아갔다고 하여 의론(議論)이 자못 분분하였다. 아마도 이 일을 가리키는 듯하다.

**69** 은혜를……아니었기에 : 【攷證 卷4 誤恩不一】 무진년(1568)에 선생이 우찬성 겸 양관대제학을 제수받았는데 아마도 또한 이 일을 가리키는 듯하다.

**70** 새로 등극하신 임금 : 【攷證 卷4 新宁】 이때가 선조(宣祖) 원년이었다.

　지난번 죽음을 무릅쓰고 스스로 탄핵한 것은 실로 마지못해서 한 일이
나, 혹 조정의 뜻을 거듭 거슬렀다 하여 적벌(謫罰)에 이를지 알 수 없기
에 두려움에 한숨이 나오고 몸이 떨려 스스로 용납할 곳이 없습니다.
이어서 가만히 기억을 더듬어 보니 전에 풍기(豐基) 군수로 재임 중 합하
께서 사명(使命)을 받들고 이곳을 지나실 때 제가 달려가 창락(昌樂)[71]의
역관에서 모신 적이 있습니다. 그때 합하께서는 군(郡)이 다스려지지
않았다 하여 저를 꾸중하셨고 또 제가 늘 물러날 뜻을 품고 있는 것을
옳지 않다고 하셨습니다. 이에 제가 삼가 대답하기를, "봉사공(奉使公)
처럼 재업(才業)은 있고 질병은 없다면 저 또한 굳이 무엇 때문에 반드시
물러가려 하였겠습니까? 다만 병으로 군을 다스릴 수 없기에 물러가고
자 할 뿐입니다."라고 하였습니다. 합하께서는 당시에 제 말이 옳지 않다
고 아니하시고 한 번 웃고 마셨습니다. 그렇다면 어찌 한 사람의 몸으로
마흔살[彊仕][72]의 한창 벼슬할 나이에도 오히려 조금 능력을 발휘해서
한 군을 다스리지 못하였는데, 20년 후 거의 죽게 된 날에 이르러 크게
포부를 펴서 임금을 보필할 수 있겠습니까?
　과거 합하께서는 전조(銓曹 이조)에 계실 때도 또한 제가 허명(虛名)으
로 곤란해하는 것을 늘 염려하시면서 물러가서 쉴 방도를 세우고 이루는
데 여러모로 주선해 주시고 힘써 주셨습니다. 지금은 재상의 지위에 계신
지라 저의 사면은 임금[細氈][73]께 올리는 한마디 말씀에 달려 있으니,

---

**71**　창락 : 【譯注】 지금의 영주시(榮州市) 풍기읍(豐基邑) 창락동으로 역(驛)이 있던
곳이다.

**72**　마흔살[彊仕] : 【譯注】《예기》〈곡례 상(曲禮上)〉에 "마흔 살을 두고 말하기를
강하여 벼슬한다고 한다.〔四十曰强而仕〕"라는 말이 있는데, 사람의 나이가 마흔이 되면
지기(志氣)가 굳게 정해져서 벼슬에 나갈 수 있다는 뜻이다.

**73**　임금 : 【譯注】 원문의 세전(細氈)은 '고운 털 방석'이라는 뜻으로, 임금이 거처하는

그 힘써 주심에 더욱 어려움이 없으리라 짐작됩니다. 제가 목마른 마음으로 바라고 구하는 것이 오직 여기에 있습니다. 삼가 바라건대 상국께서는 자애를 베푸시어 제가 받은 은혜를 잘 마무리할 수 있도록 유의해 주십시오. 황(滉)은 황공하여 죽을 죄를 졌습니다. 《절하고 글을 올립니다.》

곳을 말한다. 【攷證 卷4 細氈】 서한(西漢) 왕길(王吉)의 상소에서 "넓은 궁궐 아래 고운 털방석 위에……"라고 하였다.

# 권 상국께 답하다 【무진년(1568, 선조1, 68세) 7월 19일 이후 추정. 서울】

答權相國

며칠 전 삼가 초헌(軺軒)과 구종(驅從)를 거느리고 왕림하심을 입고 황공하고 감격한 마음 더할 뿐입니다. 여태 달려가 사은하지 못한데다가 다시 부탁하심을 입어 손수 쓰신 간곡한 편지에 영질(令姪)까지 보내시니, 몹시 놀란 마음에 무어라 말씀을 올려야 할지 모르겠습니다. 황(滉)은 본래 거칠고 졸렬한데다 병으로 문업(文業)을 버려두었으니 사문(司文)의 직책을 애써 사직한 것[74]도 바로 이처럼 후세에 전할 문자를 감당할 수 없었기 때문입니다. 게다가 이 일은 일찍이 역임한 사람과 시임(時任)이 모두 있어 한두 사람이 아닌데 그릇되고 일에 어두운 제가 정성스러운 위촉을 염치없이 맡는 것이 어찌 마땅한 일이겠습니까.

또 요사이 간절히 사양하거나 받아 두기만 하고 아직 쓰지 못한 것이 수십 집을 밑돌지 않아서 전후로 응해야 할지 말아야 할지 처신하기에 매우 난처한 점이 있습니다. 이에 거듭 부탁의 말씀을 받들고 몹시 근심스러운 마음을 견딜 수 없어 무어라 회답할 말이 없을 뿐입니다. 삼가 편지를 받들고 저의 비루한 마음을 위와 같이 늘어놓았습니다. 대감께서 특별히 너그럽게 헤아려 주시길 엎드려 바랍니다. 황공하여 다 갖추지 못합니다. 삼가 절하고 답장을 올립니다.

---

**74** 사문의……것 : 【譯注】 바로 앞의 편지를 참조해 보면 무진년(1568) 우찬성 겸 양관대제학을 제수받고 그 직을 사직한 사실을 가리키는 것으로 보인다.

# 권 상국께 답하다 【무진년(1568, 선조1, 68세) 7월 19일 이후 추정. 서울】

答權相國

삼가 보내주신 편지를 받들고 황공하며 감격스럽고 부끄럽습니다. 황(滉)은 죄를 지고 서울에 머물면서 성스러운 조정에 누를 끼쳤으니 글을 올려 스스로 탄핵하는 것도 이미 늦었고, 또한 청을 이룰 수 없음에 고민스럽고 절박함을 가눌 길 없습니다. 삼가 내려 주신 가르침을 입은 것이 한 번도 오히려 불가한데 하물며 재차 다시 이름에야 어떠하겠습니까. 부디 너그러이 용서하시고 파직을 허락하시어 저의 마음을 편하게 해 주시길 간절히 바라는 지극한 심정을 이길 수 없습니다. 상공께서 살펴 주시길 엎드려 바랍니다. 황공하여 다 갖추지 못합니다.

# 권 상국께 답하다 경오년(1570, 선조3, 70세) 【1월 24일경 추정. 예안(禮安)】

答權相國 庚午

황(滉)은 머리를 조아려 두 번 절을 올립니다. 삼가 대감께서 보내주신 자애로운 편지를 받들고 정사의 여가에 크게 경사롭고 아주 건강하신 줄을 알았으니, 멀리서 기뻐하며 경하드리는 지극한 심정을 가눌 길 없습니다. 저는 고향의 전원으로 돌아오게 되었으니 천은(天恩)이 망극할 따름입니다. 다만 제가 맡고 있던 본직(本職)과 겸직(兼職)에 대해 아직 체차(遞差)의 명을 듣지 못하였고 심지어 몇 군데 제조(提調)를 또한 여전히 맡고 있습니다. 최근에야 이와 같은 줄 알고서 황공하게도 죽을 죄를 지어 몸 둘 바를 모르겠으니 어찌하겠습니까.

이 못난 늙은이는 나이 칠십이 되어 이제 막 치사(致仕)를 청하는 글을 올렸는데, 전례(典禮)에 근거가 있으니 마땅히 허락을 얻을 것입니다. 만에 하나 바라는 대로 되지 않는다면 삼가 바라건대 대감께서 힘껏 도모하여 잘 처리하셔서 보잘것없는 이 몸이 다행히 있을 곳을 얻어 눈을 감고 죽도록 해 주시길 간절히 바라는 절박한 심정을 가눌 길 없습니다.

저는 일찍 노쇠함이 유난히 심하여 온갖 병마가 번갈아 침범함이 오늘 같은 적이 없어서 마침내 천고의 죄인이 될까 하는 두려움에 울적함이 한층 더하니, 어여삐 살펴 주심을 곡진히 더하여 주시기를 다시 한번 바라옵니다. 각종 납약(臘藥)[75]을 멀리서 궁벽한 곳까지 내려 주심에 병

---

**75** 납약 : 【譯注】해마다 12월에 임금이 근신(近臣)에게 내려 주던 약이다. 곧 섣달에 내의원(內醫院)에서 만든 소합원(蘇合元)·안신원(安神元)·청심원(淸心元) 같은 것을 말한다. '납제(納劑)'라고도 한다.

든 이 몸이 감사함이 끝이 없어 천 번 만 번 절합니다. 삼가 살펴 주시기
바라며, 두려운 마음에 다 갖추지 못합니다.

# 홍 판서 퇴지[76] 섬 께 답하다 갑자년(1564, 명종19, 64세) 【2월 추정. 예안(禮安)】

答洪判書退之 暹○甲子

얼마 전 아들 준(寯)이 돌아오는 편에 영공(令公)의 편지를 받고 기거하심에 신의 도움으로 다복하심을 알고서 감격과 축하의 마음이 함께 이름을 금할 수 없습니다. 저는 몸이 늙고 병든데다 세월은 머물러 주지 않아 눈은 침침하고 머리는 희었으니 남은 생명이 얼마이겠습니까? 그러나 아직도 남은 숨을 부지하고 있사온데, 이토록 귀한 편지를 받고 보니 또한 다행이라 하겠습니다.

　송강(松岡)[77]의 비문을 짓는 일과 같은 것은 참으로 영공께서 몸소 하실 일입니다. 어찌 이처럼 인정에 가깝지 않은 사양을 하십니까. 제가 조금이라도 책무를 감당할 수 있다면 어찌 남들이 억지로 권하기를 기다린 뒤에 하겠습니까. 지난해 송강의 아들이 또한 이 일 때문에 멀리서 찾아와 간곡히 청하기에 여러 날을 머물게 하면서 반복하여 생각해보니, 송강의 지기(知己)로는 주문(主文)[78]이신 영공이 계시고 후세에 전할 문장을 짓는 데는 당대의 현인들이 조정에 가득한 것으로 여겨집니다. 저

---

**76** 홍 판서 퇴지 : 【譯注】 홍섬(洪暹, 1504~1585)으로, 본관은 남양(南陽), 자는 퇴지(退之), 호는 인재(忍齋)이다. 이조 판서를 역임하였으며 시호는 경헌(景憲)이다.

**77** 송강 : 【譯注】 조사수(趙士秀, 1502~1558)로, 본관은 양주(楊州), 자는 계임(季任), 호는 송강이다.

**78** 주문 : 【譯注】 국가의 문장을 주관한다는 뜻으로 '대제학'을 의미한다. 【攷證 卷4 主文】《진서(晉書)》 권11 〈천문지 상(天文志上)〉에서 "동벽(東壁) 두 별은 문장을 주관하는 별로서 천하의 도서를 소장한 곳을 상징한다."라고 하였다. ○ 살펴보건대, 공이 이때 대제학으로 있었다.

는 용렬하고 글솜씨도 없는 데다 병들어 시골에 버려진 몸인데 지(摯)[79]가 그 사연을 헤아리지 않고 이처럼 후미진 곳까지 찾아와서 청하니, 이미 남들이 괴이하게 여기고 비방을 불러오기에 충분한 일이라 저의 입장에서 또 어찌 감히 뻔뻔스럽게 글을 짓겠습니까.

대개 이러한 일은 반드시 당대에 문병(文柄)을 잡은 명가의 손에 부탁하려고들 하니 문병을 잡은 이의 손에서 글이 나와 고인과 글을 쓴 이의 행적이 둘 다 일컬어지기를 바라는 것이 사람이면 누구나 가지는 지극한 마음이므로, 비록 평소에 친분이 없더라도 연줄을 대면서 지어주기를 청하는 것입니다. 영공께서는 지금 그 지위에 계신데 차마 송강처럼 정분이 두터웠던 분으로 하여금 돌아가신 뒤 여러 해가 지나도록 한 편의 글을 묘도(墓道)에 표시하지 못하여, 심지어 그 아들이 허둥지둥 헤매며 마음을 하소연할 곳이 없게 한다면 이것이 어찌 돌아간 벗이 영공께 기대한 바이겠습니까.

저는 젊고 건강한 날에도 오히려 남을 위하여 한 편의 비문도 짓지 않았는데 지금처럼 늙고 쇠하여 죽음이 가까운 나이에 새삼스럽게 비문을 짓겠습니까? 설령 제가 지어도 좋을 때에 처했다고 한다면 핑계를 대고 사양하는 일은 기필코 없을 것이니, 만약 영공께서 저의 처지에 계신다면 반드시 즐겨 짓지는 않으시리라 생각됩니다. 이로써 말한다면 끝까지 사양하셔서 송강을 저버리는 것은 옳지 않음이 분명합니다. 행장(行狀)을 삼가 봉하여 되돌려 드리오니, 살피고 헤아려 주시기를 엎드려 바랍니다. 황공하여 이만 줄입니다.

---

**79** 지 :【攷證 卷4 摯】송강(松岡) 조사수(趙士秀)의 아들로 현감을 지냈으며 농운정사(隴雲精舍)로 와서 머물며 《역(易)》을 읽었고, 상례(喪禮)에 대해 질의하였다.

# 홍 찬성 퇴지께 답하다 병인년(1566, 명종21, 66세) 【4월 18일경 추정.[80] 예안(禮安)】

答洪贊成退之 丙寅

박세현(朴世賢)[81]이 영공(令公)의 편지를 전해 주어 외람되이 멀리서 염려하심을 입음에 길을 잃은 이에게 가리켜 보여주시고 아울러 대의(大義)로써 깨우치기를 극진히 하시니, 저 또한 사람인데 어찌 감격하여 생각을 고칠 줄 모르겠습니까. 다만 저는 늙고 병들었으며 파리하고 추하여 다시는 사람 속에 끼일 수도 없는데 조정에서 이 늙고 추함을 씻어 없애고 여러 사람 가운데서 선발하여 직무를 맡기기를 이토록 중대하게 하시니, 이는 모기가 산을 등에 지고 난쟁이〔僬僥〕[82]가 구정(九鼎)을 들어 올리는 것과 다름이 없습니다. 어찌 그 실패할 것을 헤아리지 않고 과감하게 나아가 감당할 수 있겠습니까. 이는 이미 지극히 어렵습니다.

　종품(從品)의 아경(亞卿)에도 오히려 머무르지 못하고 간절히 사양했던 것은 스스로 분수를 분명히 알았기 때문이었습니다. 그런데 갑자기 정경(正卿)으로 올려서[83] 문형(文衡)의 높은 직책을 맡고서 이에 앞뒤를

---

**80** 4월 18일경 추정 : 【譯注】 정초본(定草本)에는 작성 연대를 '병인 6월'로 기록하였으나, 《퇴계선생연표월일조록》에서는 병인년 4월 18일경으로 추정하였다.

**81** 박세현 : 【攷證 卷4 朴世賢】 자는 공보(公輔)이다. 선생의 조카사위로 무과에 급제하여 병마절도사를 지냈다.

**82** 난쟁이 : 【攷證 卷4 僬僥】《열자(列子)》〈탕문(湯問)〉에 "초요국(僬僥國) 사람들은 키가 1척 5촌이다."라고 하였다. 《산해경(山海經)》에 "초요국은 삼수국(三首國) 동쪽에 있는데 사람들의 키가 작다."라고 하였다.

**83** 정경으로 올려서 : 【要存錄 卷9】 이해 정월에 공조 판서에 제수되었기 때문에 이렇게 말한 것이다.

돌아보지 않고 얼른 나아가 받으면서 핑계 대기를 '은명(恩命)이 지극히 중대하니 사양할 수 없다.'라고 한다면 이는 실로 물러남을 빌어 벼슬에 나아가는 수단으로 하는 교묘한 벼슬살이요 탐욕스러운 기풍이니, 그 악함이 어떠하겠습니까? 이는 더욱 지극히 어렵습니다. 더구나 높은 벼슬과 넉넉한 봉록은 사람이면 누구나 좋아하는 것이며, 임금께서 부를 때 수레를 기다리지 않는 것[84]은 한평생 강론하여 익힌 것입니다. 제가 비록 어그러지고 치우쳤으며 무지하오나 아직 정신이 이상해져 망령되이 내달릴 정도는 아니니, 만약 그 마음에 몹시 부득이한 사연이 있는 경우가 아니라면 어찌 고달프게 차마 부모님이 물려준 몸으로 진노하심을 범하고 부월(斧鉞 처벌)을 무릅쓰며 누누이 그칠 줄을 알지 못하겠습니까.

성은이 하늘 같아 죄를 더하지도 않으시고 두 가지 중직(重職)[85]에서 풀어 주심에 임금의 넓은 은혜에 감사드리며 천지 같은 임금의 뜻을 저버리지 않았는가 부끄러웠더니, 오히려 자헌대부(資憲大夫)의 품계로 판중추부사를 제수하시니 그 무게를 감당하지 못하여 밤낮으로 걱정하고 두려워서 어찌할 바를 모르겠습니다.

보내주신 편지에서 "오랫동안 조정에 벼슬하는 사람은 산림(山林)에 자취를 숨긴 사람과 같지 않다."라고 하셨는데, 이것은 진실로 절실하고 지극한 논평이십니다. 그러나 일찍이 들건대 옛사람 가운데는 번신(藩臣)으로서 병으로 귀가하고 여러 번 불러도 끝내 오지 않은 이[86]도 있었습니다. 이들은 산림에 자취를 숨긴 무리가 아닌데도 이처럼 행동하여

---

**84** 임금께서……것 : 【譯注】《논어》〈향당(鄕黨)〉에 "임금이 부르면 수레가 준비되기를 기다리지 않고 달려가셨다."라고 하였다.

**85** 중직 : 【攷證 卷4 兩重】정경(正卿)과 대제학(大提學)을 말한다.

**86** 번신으로서……이 : 【攷證 卷4 藩臣…不至】최여지(崔與之 남송 때 안무사) 같은 사람을 가리킨다.

천하의 후세 사람들이 그르다 하지 않고 옳게 여겼으니, 이로써 보건대 이 또한 하나의 방법임이 분명합니다. 저러한 사람들에 대해서도 오히려 그러한데 하물며 저처럼 못나고 볼 것 없는 부류에 나이는 칠십에 가깝고 온갖 병이 고질이 된 자의 경우야 말할 것이 있겠습니까? 삼가 바라옵건 대 대감의 어진 살핌을 곡진히 내려 주십시오.

지난번 박사(博士) 정탁(鄭琢)[87]이 베껴 보낸 율시(律詩) 2수는 그 가운데 권장하고 인도하는 뜻에 깊이 송구스럽게 생각되는 점이 있기에 도리어 저로서는 받들어 감당할 수 없음[88]은 앞에서 말씀드린 바와 같습니다. 이 부끄러움을 어찌하면 좋습니까! 삼가 병든 몸을 추슬러 화운시(和韻詩)[89]를 적어 보았으나 용서와 양해를 얻지 못하고 도리어 책망과 배척만을 더할까 두렵습니다. 지금은 선뜻 편지와 함께 드리지 못하고 일단 일이 진정된 뒤를 기다려볼까 하는데, 어떻게 생각하십니까? 황공하여 이만 줄입니다.

---

**87** 정탁 : 【譯注】 1526~1605. 본관은 청주(淸州), 자는 자정(子精), 호는 약포(藥圃)·백곡(栢谷) 등이다. 예천 출신으로 이황의 문인이다.

**88** 받들어 감당할 수 없음 : 【攷證 卷4 不足承當云云】 곧 송강(松岡) 조사수(趙士秀)의 비문(碑文)을 짓는 일이다. 관련 시는 《정본 퇴계전서》 권1 〈홍 이상【퇴지】이 시를 부쳐 내가 송강의 비문을 짓지 않은 것을 책망하기에 차운하여 되레 묻다〔洪貳相【退之】寄詩, 責余不作松岡碑, 次韻卻問.〕〉에 보인다.

**89** 화운시 : 【譯注】《정본 퇴계전서》 권2 〈대제학 홍퇴지가 보내준 시에 뒤미처 차운하다〔追次洪大提【退之】見寄韻〕〉 2수를 가리킨다.

# 홍퇴지께 답하다 【정묘년(1567, 명종22, 67세) 6월 25일 추정. 서울】

答洪退之

삼가 하문을 받들고 황공하여 몸 둘 곳을 모르겠습니다. 황(滉)은 엊그제 배 안에서 거센 비바람을 만나 오도가도 못한 채 배 안에서 묵느라 병이 덧나버렸는데, 이제 간신히 도성에 들어와 자리에 드러누워 답답한 마음을 아룁니다. 대감께서 살펴 주시기를 엎드려 바랍니다. 삼가 절하고 답장을 올립니다.

## 홍퇴지께 답하다 【정묘년(1567, 명종22, 67세) 7월 중순 추정. 서울】

答洪退之


작일에 수락하신 글을 고쳐야 할 곳에 대해 지금 여러분이 고치신 초본(草本)[90]을 보았습니다. 그중에서 "비 내리기를〔得雨〕……"이라고 한 곳의 '재(再)' 자[91]와 '마땅히 제거해야 할 해로움〔害所當去〕'이라고 한 곳[92] 등은 이미 말씀드린 대로 따랐으며, '치만(熾漫)' 2자는 '자만(滋蔓)'[93]으로 고치는 것이 매우 타당합니다. 그러고 나면 이제 고칠 곳은 다만 말미의 '지(知)'를 '각(覺)' 자로 고치는 것[94]뿐입니다. 또 아뢸 것은 '26년 대신에게 교시한' 대목에서 "백성 보기를 다친 곳이 있는 것 같이 하였는가?"라고 한 곳은 그 아래에 본래 '근일(近日)' 2자가 있었는데 바로 잡아 지웠으며, '주야(晝夜)'를 '의호(意乎)' 아래에 이으면 어세가 모자란 듯하니 '여금(予今)' 2자를 '근일(近日)'로 고칠까 합니다.[95] 어떻습니까? '29년 서원에 고한' 대목에서 '감사(監司)'에게 하유(下諭)한 곳은 또한 마땅히


---

**90** 작일에……초본 : 【譯注】〈명종대왕행장(明宗大王行狀)〉의 초고에 대해 이황이 글을 검토해 달라고 부탁하고 홍섬 등이 이를 승낙하고 의견을 제시한 것으로 보인다.

**91** 비……재자 : 【譯注】〈명종대왕행장〉의 해당 원문은 "三十四年, 旱災切迫, 王於禁中, 親禱得雨, 如是者再."이다.

**92** 마땅히……곳 : 【譯注】〈명종대왕행장〉의 해당 원문은 "法所當加, 無撓於勳戚之負犯, 害所當去."이다.

**93** 자만 : 【譯注】〈명종대왕행장〉의 해당 원문은 "益決於異敎之滋蔓."이다.

**94** 말미의……것 : 【譯注】〈명종대왕행장〉의 해당 원문은 "大小官司, 少有欺蔽, 未嘗不覺."이다.

**95** 백성……합니다 : 【譯注】〈명종대왕행장〉의 해당 원문은 "謂大臣曰, 爲人君者, 聞百姓飢死, 不急賑救, 則安有視民如傷之意乎? 予今晝夜憂慮, 罔知收濟, 卿等亦宜商議善處之."이다.

'관찰사(觀察使)'로 고칠까 합니다.[96] 어떻습니까? 31년 조에서 여러분이 고치신 글에서 "학문에 깊이 몰두하신 것이 이와 같았다.[其沈潛學問如此]"라고 한 대목은 이제 '문(問)' 자 아래에 '류(類)' 한 글자를 더할까 합니다.[97] 어떻습니까? 33년 "팔도의 감사에게 교시하기를[教于八道監司]"이라고 한 대목은[98] 총론(總論)과 같습니다.[99] "서무에 뜻을 두시어[垂意庶務]"라고 한 곳은 여러분이 '垂'를 '留'로 고쳤습니다만, 다만 앞에 '유의(留意)'라는 단어가 있으므로 '留' 자가 중첩되는 듯하여 단지 '垂'로 쓰는 것[100]이 좋을 듯합니다.

---

**96** 감사에게……합니다 : 【譯注】〈명종대왕행장〉의 해당 원문은 "因慶尙道觀察使啓請, 頒降內藏書籍于豐基郡白雲洞書院, 賜額褒美, 後又命各道有書院處, 咸加勸獎. 書院之作, 由是盛焉."이다.

**97** 학문에……합니다 : 【譯注】〈명종대왕행장〉의 해당 원문은 "此與養心莫善於寡欲, 語意相符, 其沈潛學問, 類如此."이다.

**98** 팔도의……대목은 : 【譯注】〈명종대왕행장〉의 해당 원문은 "教于八道觀察使, 各其地方如有孝子烈女, 廣問馳啓."이다.

**99** 총론과 같습니다 : 【譯注】 중본(中本)·번본(樊本)·상본(上本)에서는 해당 원문 '同總論'의 '同'에 대해 미상이라고 하였다.

**100** 서무에……쓰는 것 : 【譯注】〈명종대왕행장〉의 해당 원문은 "夙興夜寐, 垂意庶務, 有暇則繙閱經史."이다.

# 홍퇴지께 답하다 【정묘년(1567, 명종22, 67세) 7월 중순 추정. 서울】

答洪退之

삼가 다시 보내주신 편지를 받들고 참으로 황송하고 감격스러웠습니다. 황(滉)도 또한 뒤미처 살펴보니 이어서 여쭐 곳이 많이 있어서 즉각 글을 올렸습니다. 이제 이미 입계(入啓)하였을 것이니 형편상 자꾸 고치기는 어렵습니다. 다만 그 가운데 계속 논의해야 할 곳이 있으면 고칠 자리에 찌지를 붙여서 입계한 사례도 있으니, 참작하여 시행함이 어떻겠습니까? 고쳐야 할 곳에 대해서는 삼가 고스란히 말씀을 받아들이겠습니다. 삼가 절하고 답장합니다.

# 홍 상국 퇴지께 답하다 【정묘년(1567, 명종22, 67세) 7월 중순 추정. 서울】

答洪相國退之

엊그제 여러 사람이 함께 절을 한 것은 내일의 일과는 서로 크게 다른 것입니다. 황(滉)이 절을 하려고 하지 않는 것이 어찌 두 번 절하는 어려움을 꺼려서이겠습니까. 오랜 병으로 쇠잔한 늙은이가 중국 사신을 접견[101]하는 것은 보기에 흉하여 국가의 체모(體貌)에 방해가 되니, 진실로 또한 나라를 빛내려는 생각입니다. 영공(令公)께서는 이러한 뜻을 헤아리지 않으시고 이처럼 독촉하시니, 제가 처신하기가 매번 이와 같아서 몹시 곤란합니다. 어찌하겠습니까! 그러나 평계를 대기도 과연 어려울 듯하니, 삼가 말씀대로 하겠습니다. 삼가 절하고 답장합니다.

---

**101** 중국 사신을 접견 : 【譯注】《퇴계선생연표월일조록》1567년(64세) 7월 조에 "17일 명나라 목종(穆宗)의 등극 조사(詔使)인 정사 허국(許國)과 부사 위시량(魏時亮)이 서울에 들어왔다가 3일간 머문 다음, 20일 서울을 떠났다."라고 하였다.

# 홍 상국 퇴지께 답하다 【정묘년(1567, 명종22, 67세) 7월 28일경 추정. 서울】
答洪相國退之

삼가 대감의 편지를 받들고 훌륭한 가르침을 내려주심에 황송하고 감격하여 몸 둘 바를 모르겠습니다. 황(滉)은 일전에 황각(黃閣 의정부)과 세 분 시사(侍史)를 두루 찾아뵙고 간절한 마음과 답답한 심정을 피력하며 호소하여 부디 헤아려 살펴 주시기를 바랐습니다만, 지둔(遲鈍)하고 물정에 어두워 문병(門屏)[102]에 나아가지도 못한 채 먼저 이 일이 있게 되니 위축되고 황공함에 어찌할 바를 모르고 밤새 눈물만 흘릴 뿐입니다.

이어서 삼가 생각해보니 평소에 허위를 꾸미고 이름을 훔쳐서 일이 돌고 돌아 여기에 이르렀고 진실로 한 시대에 믿음을 얻을 도리가 없기에 비록 백 번을 찾아가고 만 번을 호소하더라도 일에 도움이 되지 않고 죄만 더할 뿐이라, 찾아가 뵙지 않는 것이 반드시 계책이 못 될 것도 아니라고 여겼습니다. 근심으로 애태우는 가운데 심병(心病)이 크게 도져 바닥에 엎드려 아파서 신음하는 와중에 두서없는 글을 망령되이 보내게 되어 거듭 사죄드립니다. 삼가 대감의 용서가 있으시길 부디 바랍니다. 삼가 절하고 답장을 올립니다.

---

**102** 문병 : 【譯注】 임금이 조회(朝會) 때에 있는 장소로서, 정문과 그 안에 설치한 병풍 사이를 이르는데, 여기에서는 임금과 신하의 사이를 뜻한다.

# 홍 상국 퇴지께 답하다[103] 무진년(1568, 선조1, 68세) 【1월 24일경 추정. 예안(禮安)】

答洪相國退之 戊辰

의정부 하인〔府騶〕[104] 편에 손수 쓰신 글을 내리시면서 여러모로 꾸짖고 깨우쳐서 미혹한 점을 가리켜 열어주시니 거의 살길을 얻은 듯합니다. 제가 깊은 사랑을 받지 못했다면 어떻게 여기에까지 이를 수 있겠습니까. 지극한 감명을 이기지 못하겠습니다.

황(滉)이 운명이 기구하고 어긋나 성스러운 조정에 죄를 지은 것은 오로지 그릇되고 망령되어 처신에 방향을 잃고 허명(虛名)을 훔쳤기 때문임을 온 세상이 다 알고 있는데 바로 사실을 진술하여 스스로 탄핵하는 상소를 임금께 올리지 않았던 데서 연유합니다. 제가 그렇게 하지 않을 수 없었던 것은 혹 다시 조정의 뜻에 저촉되고 거슬려서 죄를 재촉할까 알 수 없어서이니 바야흐로 석고대죄 하려던 참이었습니다. 그런데 이제 임금의 명이 내리기도 전에 먼저 이런 일이 있으니[105] 알지 못하겠습니다만, 상공(相公)께서는 제가 자핵(自劾)하였는데 이처럼 과분한 벼슬을 내리신 것이 마땅한 일이라고 생각하십니까? 여러 가지 간곡한 사정을

---

**103** 홍……답하다 : 【攷證 卷4 答洪相國退之】《소대수언(昭代粹言)》에 "융경(隆慶) 무진년(1568, 선조1) 홍섬(洪暹)을 우의정으로 삼았는데 이때 여망(輿望)이 선생에게 쏠리는지라 임금이 거듭 불렀으나 선생이 오지 않았기 때문에 이에 홍섬을 재상에 임명한 것이다."라고 하였다.

**104** 의정부 하인 : 【攷證 卷4 府騶】아마도 부중(府中)의 색구(色丘)와 같은 무리인 듯하다. 【校解】'색구'는 관리를 모시고 다니는 하인의 우두머리이고, 홍섬이 당시 우의정이었으므로 의정부 하인을 뜻하는 것으로 보인다.

**105** 먼저 이런 일이 있으니 : 【攷證 卷4 先有此事】바로 찬성으로 승배(陞拜)된 일이다.

상소 속에 대략 갖추었으니 여기서 감히 다시 번거롭게 말씀드리지 않겠
습니다. 매우 황공합니다.

보내주신 편지에서 "병이 조금이라도 나았으면 부름에 나오는 것이
예(禮)에 합당하다. 선철(先哲)께서 이러한 경우에 처하셨을지라도 반
드시 한사코 병을 핑계로 사양하지는 않았을 것이다."라고 하셨습니다.
이는 참으로 지당하신 말씀입니다만, 늙고 병듦이 더욱 심해진 것을 느
끼는 요즘의 저로서 어찌 감히 선철을 본받으려 하겠습니까. 교산(橋山)
에서 곧바로 돌아갔던[106] 죄는 상소에서 이미 인용하여 아뢰었으나 "꿈을
통해 점지하는 것〔夢卜〕[107]보다 못하지 않다."라고도 하셨는데, 상공의
붓 밑에서 또한 이 말씀을 내셨습니까? 상공께서는 평소 저를 보시고
어떤 사람이라 생각하셨습니까? 만분의 일이라도 위로 은총을 베푸심에
감당할 수 있을 것 같습니까? 상공께서는 또한 병인년(1566, 명종21)에
제가 처했던 상황에 대해 감당할 수 없으므로 사양하고 오지 않는 것이
마땅하다고 하셨는데, 지금의 상황은 병인년에 비하여 훨씬 심한데도[108]

---

**106** 교산에서 곧바로 돌아갔던 : 【譯注】 이황이 명종(明宗)이 승하했을 때 장례가
끝나기도 전에 고향으로 돌아왔던 사실을 말한다. 【攷證 卷4 橋山徑歸】 황제(黃帝)를
교산(橋山)에 장사지낼 때 바로 돌아온 사실을 말한다. 《정본 퇴계전서》 권6 〈기명언에
게 답하다〔答奇明彦〕〉에 자세하다.

**107** 꿈을 통해 점지하는 것 : 【攷證 卷4 夢卜】 《이정전서(二程全書)》에 "고종(高宗)이
꿈으로 인하여 부열(傅說)을 얻었고 주(周)나라 문왕(文王)이 사냥의 운수를 점쳐서
태공(太公)을 얻었다."라고 하였다. 《명신록(名臣錄)》에 "인종(仁宗)이 부필(富弼)을
재상으로 삼았는데 문언박(文彦博)을 함께 임명하였다. 사대부들이 조정에서 서로 경
축하자, 인종이 말하기를, '옛날 재상을 구하는 자는 혹 꿈을 통해 점지하기도 하였는데,
이제 내가 두 재상을 등용함에 사람들의 생각이 이와 같으니 어찌 꿈을 통해 점지하는
것보다 못하다고 하겠는가?' 하였다."라고 하였다.

**108** 지금의⋯⋯심한데도 : 【譯注】 당시 선생에게 내려진 의정부 찬성(贊成)이란 직함이
병인년에 내려진 공조 판서에 비하여 품계가 높기 때문에 이런 표현을 한 것으로 보인다.

어찌하여 함부로 나아가도록 권하십니까? 만약 그것을 감당할 수 없으면서 버젓이 받들어 맡는다면, 아마도 그 불공함은 담을 넘는[踰垣]109 자보다 더 심한 것이니 이 때문에 감히 나아가지 못할 뿐입니다.

편지 끝에서 "앞뒤 벼슬의 높고 낮음의 차이는 달인(達人)이 따질 문제가 아니다."라고 하신 말씀에 대해서는 더욱 명을 받을 수 없습니다. 통달(通達)을 귀하게 여기고 명검(名檢)을 천하게 여긴 것110은 서진(西晉)이 망한 까닭입니다. 지금 성상께서는 지치(至治)에 정신을 쏟고 계시니 조정의 계획으로 시급한 것은 명검을 귀하게 여기고 사대부의 기풍(氣風)과 절조(節操)를 격동시켜 쓰러져 가는 말단의 풍습을 개변(改變)하는 것보다 더 우선할 것이 없습니다. 구구한 저의 못난 소견으로도 바로 이 점을 최대한 삼가려고 합니다. 본래의 품계에 전례대로 불러도 오히려 감당하지 못하고 상소를 올려 면직을 청할 일인데, 도리어 높이 발탁하셔서 이처럼 망극한 지경에 이르렀으니 바로 응답하고 함부로 나아간다면 이 어찌 전에는 통달하지 못했다가 지금 문득 통달한 셈이 되지 않겠습니까? 이것이 제가 좁고 망령된 소견으로 목숨을 걸고 지키면서도 그렇게 하는 것이 그릇된 줄을 모르는 까닭입니다. 수다스러운 말로 도(道)를 해쳤으니 삼가 상공께서 조금이라도 어여삐 여기시고 용서하여 주시기 바라옵니다. 황공하여 재배합니다. 《삼가 답장을 보냅니다.》

---

**109** 담을 넘는 : 【攷證 卷4 踰垣】 아마도 홍 상국이 보낸 편지에 선생이 여러 번 임금의 부름에 사양한 사실을 두고 '담을 넘는 자의 불공(不恭)에 가깝다.'라고 말했기 때문에 이같이 대답한 것으로 보인다.

**110** 통달을……것 : 【譯注】 예법이나 형식의 굴레를 벗어나 시주(詩酒)나 즐기는 것을 고상하고 식견이 툭 트인 행위로 간주한다는 말로, 이를테면 진(晉)나라 죽림칠현(竹林七賢)이 그 대표적인 예이다.

# 홍 상국 퇴지께 답하다 【무진년(1568, 선조1, 68세) 2~3월 추정. 서울】
答洪相國退之

조정에서 사군자(士君子)의 도(道)로 처우하는데 제가 시정인(市井人)의 마음으로 나아간다면, 이는 다만 제가 감히 못할 바일 뿐만 아니라 또한 조정에서 하고자 하는 바도 아닙니다. 본 품계를 사양할 때는 그 마음이 오히려 분명하다가 큰 자리를 얻게 되어서는 갑자기 전에 사양했던 것을 잊고 이익을 취하여 망령되이 나아가면서 핑계 대기를, "임금의 명을 어길 수 없다."라고 한다면, 이것은 시정인의 마음이 아니겠습니까?

　가만히 보내주신 편지를 살펴보건대 저의 뜻을 다 이해하고 살피시지는 못한 듯하기에, 망령되게 옛사람의 옳고 그른 자취를 인용하여 해명하지 않을 수 없습니다. 조(趙)나라는 허명(虛名)으로 조괄(趙括)을 부림으로써 장평(長平)에서의 패배를 초래하였고,[111] 진(晉)나라는 허명으로 은호(殷浩)를 등용하였다가 마침내 산상(山桑)에서의 패배를 당하였으며,[112] 전한(前漢)은 야단스럽게 신공(申公)을 불렀다가 크게 실망하

---

**111** 조나라는……초래하였고 : 【譯注】 조괄은 춘추전국 시대 조(趙)나라 무신(武臣)이다. 【攷證 卷4 虛名使趙括云云】《사기(史記)》 권81 〈염파 인상여 열전(廉頗藺相如列傳)〉에서 "조괄은 조사(趙奢)의 아들인데 효성왕(孝成王)이 그를 염파(廉頗)를 대신하여 장군으로 삼으려 하자, 사마상여(司馬相如)가 말하기를, '왕께서 이름으로 조괄을 쓰시니 이는 교주고슬(膠柱鼓瑟)과 같습니다.'라고 하였다. 왕이 이 말을 듣지 않았다가 장평(長平)에서 패배하였다."라고 하였다.

**112** 진나라는……당하였으며 : 【譯注】 은호는 남북조 시대 진(晉)나라의 무신이다. 【攷證 卷4 殷浩】 사서(史書)에 "은호는 자가 심원(深源)으로 훌륭하다는 명성이 있었으며 현언(玄言)을 잘하여 왕몽(王濛)과 사상(謝尙)이 그의 출처(出處)를 기다려서 강좌(江左)의 흥망을 점쳤다. 목제(穆帝)가 그를 불러 양주자사(楊州刺史)를 삼아 북벌을 하게 하였는데, 산상(山桑)에 이르러 요양(姚襄)에게 패배하였다."라고 하였다.

였고,[113] 후한(後漢)은 번영(樊英)을 억지로 불렀다가 크게 비웃음을 받았습니다.[114] 이는 허명의 선비를 등용해서는 안 된다는 역사적 사례입니다만, 하물며 저처럼 허명을 훔쳐 가진 것이 이 몇 사람들보다 심한 경우에야 말할 것이 있겠습니까. 스스로 사직할 때 버리시느니만 못합니다.

송나라 유재(劉宰)[115]는 떠난 뒤 일곱 번 관직에 제수되었으나 한 번도 움직이지 않았는데 제가 유재의 본전(本傳)을 읽지 못하여 그 임명 전후에 벼슬의 고하가 어떠한지는 알지 못하오나, 최여지(崔與之 남송 때 안무사)와 같은 경우는 성도부지사(成都府知事)를 사양하고 광주(廣州)로 돌아갔는데 뒤에 예부상서(禮部尙書)로 불렀으나 열세 번이나 소를 올려 사양하면서 오지 않았고, 이어서 참정(參政)으로 부르고 또 이어서 우상(右相)으로 불렀으나 모두 한사코 사양하고 오지 않았습니다. 최여지는 마음속으로 작은 벼슬을 사양하고 큰 벼슬을 받는 것은 반드시 시정인의 마음이고 조정이 자기를 처우하는 도리도 아니라고 생각했기 때문에 차라리 임금의

---

**113** 전한은……실망하였고 : 【攷證 卷4 夸召…失望】 사서(史書)에 "한 무제(漢武帝)가 유술(儒術)을 숭상함에 어사대부 조관(趙綰)이 그의 스승 신공(申公)을 추천하자 사신을 보내어 속백(束帛)에 벽옥(璧玉)을 더하고 안거(安車)와 사마(駟馬)를 갖추어 맞이하였다. 신공이 오자 치란(治亂)의 일을 물으니 대답하기를, '나라가 잘 다스려지는 것은 많은 말에 있지 않습니다. 생각건대 힘써 행함이 어떠한가에 달려 있을 뿐입니다.'라고 하였다. 당시 천자(무제)는 문사(文辭)를 좋아하였는데, 신공의 대답을 듣고는 아무 말도 하지 않았다."라고 하였다.

**114** 후한은……받았습니다 : 【攷證 卷4 强徵…貽譏】 사서(史書)에 "후한(後漢) 때 남양(南陽)의 번영(樊英)은 젊어서부터 학행으로 이름이 해내(海內)에 알려졌다. 주군(州郡)에서 전후로 예를 갖추어 청하였으나 응하지 않았고, 순제(順帝)가 책서(策書)를 내려 예를 갖추어 번영을 부르고 사부(師傅)의 예로 대우하였다. 나중에 천자와 응대하게 되었으나 기발한 꾀나 깊은 계책이 없어서 사람들이 실망하였다."라고 하였다. 【校解】 위에서 순제(順帝)라고 한 것은 안제(安帝)를 잘못 쓴 것이다.

**115** 유재 : 【譯注】 1167~1240. 남송(南宋)의 도학자로 광종(光宗) 때 진사에 급제하였으나 은거하여 저술 활동을 하였다. 저서로 《만당집(漫塘集)》이 있다.

명을 받들지 않고 기필코 자기의 뜻을 이루었던 것이니, 이를 어찌 임금을
섬기는 의리를 알지 못한다고 하겠습니까. 그러므로 후대에 그 일을 논하
는 사람들은 "최여지가 당시에 이미 늙고 병들어 임금의 일에 힘을 다할
수 없었으니 벼슬에 나가지 않았던 것이 마땅하다."라고 하였으며, 또
최여지는 대신(大臣)의 풍도(風度)가 있다고 할지언정, 임금의 명을 어겼
으므로 죄주었다고 하는 말은 아직 듣지 못했습니다.

　이와 같은 일을 통해서 본다면 관직에 임명되어도 마땅히 받지 않아야
할 것이라면 힘써 사양하고 나아가지 않는 것도 혹 하나의 방법일 것입니
다. 만약 자기의 분수를 헤아리지 않고 마땅한지 아닌지도 따지지 않은
채 받기는 하되 사양함은 없고 나아가기는 하되 물러남은 없으면서, 이
로써 일률적으로 임금을 섬기는 공손함으로 삼는다면 생각건대 아마도
이치에 맞지 않는 말이요 모난 것을 헐어내는[116] 의논이니 이를 교훈으로
삼아 천하를 다스리지는 못할 것입니다.

　양구산(楊龜山)은 부름을 받고 사양하지도 않고 나아갔으며[117] 윤화정
(尹和靖)은 부름을 받고 힘써 사양하였으나 억지로 기용하자 마지못해
나아갔는데,[118] 두 사람 모두 국정에 건의한 것도 없이 후세에 비난만

---

**116** 모난 것을 헐어내는 : 【譯注】 자신의 모난 것을 헐어서 뭇 사람들에게 맞추어
화합한다는 뜻이다. 【攷證 卷4 斲方】《예기》〈유행(儒行)〉에 "모난 것을 헐어 원만하게
화합한다.〔毀方瓦合〕"라고 하였다.

**117** 양구산은……나아갔으며 : 【譯注】 양구산은 북송의 성리학자 양시(楊時, 1053~
1135)로 자는 중립(中立), 호는 구산(龜山), 시호는 문정(文靖)이다. 【攷證 卷4 楊龜山被
召不辭】《송사(宋史)》에 "채경(蔡京)의 빈객 장학(張觷)이 채경에게 말하기를 '지금
천하에는 변란이 많으니 마땅히 서둘러 덕망이 있는 노신(老臣)을 불러 좌우에 두셔야
할 것입니다.'라고 하였다. 채경이 그러한 사람이 누구인지 묻자 장학이 '양시(楊時)'라고
대답하였고, 채경이 이에 그를 천거하였고 불러서 비서랑으로 삼았다. 흠종(欽宗) 정강
(靖康) 원년에 간의대부 겸시강으로 삼았고, 2월에 또 국자좨주(國子祭酒)로 삼았다."라
고 하였다.

남겼습니다. 그러므로 황(滉)은 평소에 생각하기를 "구산의 뜻은 진실로
알 수 없거니와 화정의 사람됨은 비록 지경(持敬) 공부를 깊이 하였으나
본래 경륜의 재능이 부족하니 애초에 스스로 알고 사양했으면 끝까지
힘써 사양했어야 했는데 결국 자신의 뜻을 관철하지 못하였으니 애석한
일이다!"라고 여겼습니다.

당나라 말엽에는 헐후시(歇後詩)를 짓던 정계(鄭綮)[119]에게 숨은 덕이
있다고 하여 재상을 삼았습니다. 정계가 스스로 감당하지 못할 줄 알고
사양했으나 뜻을 이루지 못하고 관직에 나아갔다가 얼마 되지 않아 사직
하고 떠나니, 군자의 여론이 그가 사직하고 떠남을 옳게 여기면서도 처

---

**118** 윤화정은……나아갔는데 : 【譯注】윤화정은 윤돈(尹焞, 1071~1142)으로, 자는
언명(彦明)·덕충(德充), 호는 화정(和靖)이며, 정이(程頤)에게 수학하였다.【攷證 卷4
尹和靖被召, 不得已而出】《송사(宋史)》에 "흠종(欽宗) 정강(靖康) 원년에 하남(河南)
의 윤모(윤돈(尹焞))를 서울로 불러 화정처사(和靖處士)란 호를 하사하고 돌아가게
하였다. 고종(高宗) 소흥(紹興) 7년에 비서랑으로 불렀으나 병을 구실로 사양하고 오지
않았다. 조신(漕臣)으로 하여금 조서를 받들고 부(涪) 땅으로 가서 직접 데려오도록
하니 비로소 길을 나섰다가 구강(九江)에 이르러 다시 사양하였다. 강주자사(江州刺
史)에게 명을 내려 속히 배로 호송하도록 하였고 건강성(建康城) 밖에 당도하자 황제가
재촉하여 불러서 들어가 알현하였다."라고 하였다.

**119** 헐후시를 짓던 정계 : 【譯注】'헐후시'는 당나라 때 시인이자 재상이었던 정계(鄭
綮)가 개발한 일종의 시체(詩體)로서, 주로 풍자시를 짓는 데 있어 어구(語句)의 끝을
숨기고 말하지 않는 것을 가리킨다. 당시에 정오헐후체(鄭五歇後體)라고 했던 데서
온 말이다.【攷證 卷4 歇後鄭綮】당사(唐史)에 "우산기상시(右散騎常侍) 정계(鄭綮)는
해학을 좋아하여 헐후시(歇後詩)를 많이 지어 세상일을 기롱하였다. 성상(聖上 소종
(昭宗))은 그가 경륜이 깊은 사람이라고 생각하여 이름을 반부(班簿)에 직접 기재하고
재상으로 임명하였다. 정사당(政事堂)의 관리가 정경에게 가서 알리자, 정계가 말하기
를 '제군들이 크게 잘못하고 있구나. 가령 천하에 다시 인물이 없다 하더라도 재상 자리
가 정계에게 이르지는 않을 것이다.'라고 하였다. 관리가 '이는 특별히 성상의 뜻에서
나온 것입니다.'라고 하였다. 정계가 웃으며 말하기를 '헐후시를 짓던 정계가 재상이
되었으니, 세상일을 알 만하다.'라고 하였다. 여러 번 사양하였으나 윤허를 얻지 못하니
마침내 정사(政事)를 보았다."라고 하였다.《資治通鑑 卷259》

음부터 힘써 사양하지 않고 관직에 나아간 것을 애석하게 여겼습니다.
저의 경우는 어질지 못함이 정계보다 심하고 이미 감당하지 못할 것을
알고 있으니 마땅히 군자의 의논에 따라 힘써 사양하고 나아가지 않아야
하거늘, 어찌 정계가 이미 나아갔다가 도로 사직한 것을 배우겠습니까.
이는 난세의 일이라 본래 인용하기에 마땅하지 않지만 정계의 헐후(歇
後)로 저의 어리석고 졸렬함을 증명하는 것이 절실하다고 생각되기 때문
에 말씀드렸습니다.

　범순인(范純仁)은 유배지에서 방면되어 돌아오자 중사(中使)를 보내
어 옛 재상임을 감안하여 은총으로 불렀으나, 순인은 병을 핑계대고 곧
장 집으로 돌아갔습니다.[120] 두범(杜範)[121]은 부름을 받고 오다가 도중에
소를 올려 스스로 탄핵하고 곧장 강을 건너 돌아갔는데, 그 뒤에 도성에
왔다가 돌아가려 하자 임금이 명령하여 성문을 닫고 나가기를 허락하지
않았는데도 오히려 틈을 엿보아 돌아갔습니다. 오초려(吳草廬)[122]는 사
국(史局)의 일을 마치고 임금이 잔치를 열어주자 인사도 않고 곧장 돌아
갔는데, 관리를 보내어 뒤를 쫓았으나 붙잡지 못하고 돌아왔습니다. 당

---

**120** 범순인은……돌아갔습니다 : 【譯注】범순인(范純仁, 1027~1101)은 범중엄(范仲
淹)의 둘째 아들로, 자는 요부(堯夫), 시호는 충선(忠宣)이다. 【攷證 卷4 范純仁…歸
家】《송사(宋史)》〈범순인전〉에 "철종(哲宗) 소성(紹聖) 4년 범순인이 영남(嶺南)에
유배되었다. 휘종(徽宗)이 즉위하여 중시(中侍)를 보내어 다약(茶藥)을 하사하고 유시
하기를 '지금 재상의 자리를 비워놓고 기다리고 있다.'라고 하였다. 얼마 있다가 다시
중사(中使)를 보내 조정에 들어와 알현하라고 재촉하였으나 범순인이 고향으로 돌아가
병을 요양할 것을 청하니 휘종이 부득이 허락하였다."라고 하였다.

**121** 두범 : 【譯注】1182~1245. 주희(朱熹)의 제자로 직언(直言)을 잘하였다. 이종
(理宗) 때 참정(參政)으로 있으면서 아래 일화를 남겼다.

**122** 오초려 : 【譯注】원(元)나라 오징(吳澄, 1249~1333)으로 경전에 통달하였다.
벼슬을 그만두고 낙향하자 항상 1천여 명의 학자들이 그에게 배우려고 몰려들었다고
한다.

시의 조정 신하들이 건의하여 청하기를 "오징(吳澄)은 기로(耆老)의 구신(舊臣)이므로 마땅히 우대해야 한다."라고 하여 드디어 다시 부르지 않았습니다.

황은 삼가 살피건대 송(宋)·원(元) 시대에는 사대부를 대접함에 이미 치사(致仕)의 예가 있었고 또 떠나기를 청할 길이 있었기에 신하 중에 떠나고자 하는 자에겐 탄탄대로가 있었으며, 청하면 들어주지 않음이 없었는데도 오히려 이처럼 했던 것은 속히 떠나고자 하나 혹 늦어져서 떠날 기회를 잃을까 염려했기 때문입니다. 하물며 지금은 두 길이 모두 막혔는데 만약 위의 몇 사람 사적을 죄라고 여겨 금지하신다면, 잘 모르겠습니다만 마땅히 떠나야 할 사람으로 하여금 어느 길을 통해 떠나게 하려 하시는 것입니까? 이제 혹 떠나가는 것을 죄라 하시고 물러남을 꺼리시는데 이것은 제가 이해하지 못할 일입니다.

하상지(何尙之)가 이미 떠났다가 뒤에 와서 벼슬함[123]에 심경지는 오히려 비웃음거리로 알았습니다.[124] 저는 떠났다가 다시 온 것이 다섯 번인데 이제 만약 나아간다면 꼭 여섯 번째가 됩니다. 아주 작은 보은도 하지 못하면서 여섯 번 나아갔다가 일곱 번 물러간다면 어찌 왕량(王良)의 벗이 '오고 가는 것이 번거롭다.'라고 비웃는 데[125] 그칠 뿐이겠습니까?

---

**123** 하상지가……벼슬함 : 【攷證 卷4 何尙之旣去來仕】 하상지의 자는 언덕(彦德)이다. 송나라 문제(文帝) 때 늙어서 치사(致仕)하고 방산(方山)에 은거하였으나 얼마 있다가 조서를 내려 간곡히 타이르자 과연 사람들의 예상처럼 조정에 나와서 일을 보았다.

**124** 심경지는……알았습니다 : 【攷證 卷4 沈慶之笑嘲】 심경지의 자는 홍선(弘先)이다. 《자치통감강목(資治通鑑綱目)》에 "송나라 무제(武帝) 효건(孝建) 2년 남곤주 자사(南袞州刺史) 심경지가 늙어 벼슬에서 물러나기를 청하며 표문(表文)을 수십 차례 올리자 황제가 허락하고 물러나게 하였다. 얼마 뒤에 다시 그를 등용하려고 하상지를 보내 입사하도록 설득하였는데, 심경지가 웃으면서 말하기를 '저는 하공(何公)이 이미 떠났다가 다시 돌아온 것을 본받지 않으렵니다.'라고 말하자 하상지가 부끄러워서 설득하는 것을 그만두었다."라고 하였다.

지난해 제가 도성 문을 나온 지 며칠 만에 안순좌(安舜佐)[126]와 김세헌
(金世憲)[127]이 늙고 병들어 직분을 감당하지 못한다고 하여 파직(罷職)
되었습니다. 제가 만약 조정에 있었다면 마땅히 함께 파직당하였을
것인데, 두 사람을 내쫓고 저는 남겨두었으니 이는 저의 상황이 도리
어 두 사람만 못한 것입니다.

---

**125** 왕량의……데 : 【攷證 卷4 王良之友云云】《후한서(後漢書)》 권27 〈왕량열전(王良
列傳)〉에 "후한(後漢) 광무제(光武帝) 건무(建武) 5년 처사 왕량을 조정으로 불렀으나
오지 않다가 뒤에 패군 태수(沛郡太守)를 역임하고 병을 핑계로 고향으로 돌아갔다.
1년 만에 다시 부르자 형양(滎陽)에 이르러 병이 중해져 더 나아가지 못하고 친구의
집을 지나게 되었는데, 친구가 그를 만나려 하지 않으면서 '충성스러운 말과 특출한
계략도 없이 높은 자리를 차지하여 가볍게 오고 가는 번거로움을 꺼리지 않는가?'라고
하였다. 왕량이 부끄럽게 여겨 그 뒤로는 불러도 응하지 않다가 집에서 생을 마쳤다."라
고 하였다.

**126** 안순좌 : 【攷證 卷4 安舜佐】 미상이다.

**127** 김세헌 : 【攷證 卷4 金世憲】 자는 원중(原仲)이다. 중종(中宗) 정유(丁酉, 1537)
년에 등제하여 사옹정(司饔正)을 지냈다.

# 홍 상국 퇴지께 답하다 【무진년(1568, 선조1, 68세) 9월 21일 추정. 서울】
## 答洪相國退之

다시 대감께서 염려하시어 손수 가르치고 깨우쳐 주신 편지를 받고 반복하여 간절히 일러주시니 감격을 어찌 감당하겠습니까. 심병(心病)을 앓고 있는 저는 머리는 희고 죽음이 가까운데 갑자기 산과 같은 중책을 만나니 잘못될까 두려워 몸 둘 바를 모르겠습니다. 비록 본래 이처럼 근심할 만한 것이 아님을 알지만 억누를수록 근심이 더욱 심하여, 낮이면 더욱 정신이 흐리고 밤에는 잠을 이루지 못하니 장차 고치기 어려운 병이 될 지경입니다.

오늘 오 이상(吳貳相)[128]의 방문을 받고 영상(領相)[129]께서 저를 가련히 여겨 구해 주려는 뜻이 깊음을 알고 바야흐로 스스로 기뻐하며 다행으로 여겼습니다. 이어서 절실히 깨우치려는 정성 어린 대감의 편지를 받았는데 전에 들었던 것과는 말씀이 전혀 다르니 무슨 까닭으로 그렇게 되었는지 알 수 없어 마치 깊은 우물에 빠진 듯 망연자실하였습니다. 한스러워한들 어찌하며 답답해한들 어디에 하소연하겠습니까. 지난번에 짧은 차자(箚子)를 올렸는데 잘 모르겠습니다만 합하(閤下)에게 그 등본(謄本)이 올라갔는지요? 이제 교시(敎示)하신 종이에 가득한 여러 조목은 그 뜻이 매우 간절합니다만, 제가 올린 차자에서 호소한 뜻을 살펴본다면 하나하나 해명하지 않더라도 감히 명을 따를 수 없음을 알 수 있을 것입니다.

---

**128** 오 이상 : 【攷證 卷4 吳貳相】아마도 오겸(吳謙)을 말하는 듯하다.

**129** 영상 : 【攷證 卷4 領相】아마도 권철(權轍)인 듯하다.

　실록도청(實錄都廳)[130]은 출사하는 날이 비록 드물기는 하지만 사안이 중요하기에 본래 병든 사람이 할 수 있는 일은 아니니, 또 어찌 겨울 내내 나오지도 않던 사람이 감히 맡을 수 있는 일이겠습니까?《황화집(皇華集)》의 서문[131]은 며칠간 끙끙대 보았으나 몇 줄도 짓지 못하였고, 지은 것도 모두 진부하여 쓸모없는 말이어서 아마 마무리하기 어려울 듯하니 그 나머지는 알 만한 일입니다.

　우연히 떠올리건대 합하께서 이 직임[132]을 사임하실 때 영의정께서 말씀하시기를 "문장은 기운에 따라 성하기도 하고 쇠하기도 한다. 홍섬은 나이가 쇠약한 노년에 가까워지면서 문장 또한 퇴보하였으니, 간절히 사양하는 것을 허락하는 것이 마땅하다."라고 하셨습니다. 잘 모르겠습니다만 합하의 당시 나이와 저의 지금 나이를 비교하면 누가 더 늙고 누가 더 젊습니까?[133] 그런데도 합하께서 그 직임에 계실 때는 그 말에 힘입어 짐을 벗을 수 있음을 기뻐하셨는데, 이제는 그 말을 뒤집어 저에게 짐을 더하시니 '내 마음을 기준으로 남을 헤아린다'라고 할 수 있을런

---

**130** 실록도청 : 【譯注】《퇴계선생연보》에 의하면 이황은 1568년 9월 당시 총제관이었던 홍섬의 추천으로 실록찬집도청당상(實錄撰集都廳堂上)에 임명되었다.

**131** 황화집의 서문 : 【攷證 卷4 皇華集序】《정본 퇴계전서》권15〈성왕황화집서(成王皇華集序)〉에 보인다.

**132** 이 직임 : 【攷證 卷4 此任】살펴보건대, 이 직임은 아마도 대제학을 가리키는 것으로 보인다.〈황화집서(皇華集序)〉를 지어 올린 것이 8월 하순이니 이 편지는 마땅히 아직 대제학을 사임하지 않았을 때이다.《퇴계선생연보》에는 '8월 대제학에서 사면(辭免)되었고, 9월에 실록도청당상(實錄都廳堂上)이 되었다'라고 하였으나, 이 편지를 쓸 당시에 이미 바야흐로〈황화집서〉를 짓고 있을 때였으므로 아마도《퇴계선생연보》에 착오가 있는 듯하다. 아래에서 '합하의 당시 나이와…'라고 한 것은 실록도청당상이 아닌 것이 명백하다.

**133** 누가……젊습니까? : 【譯注】이 편지를 쓸 당시 이황의 나이는 68세였고 홍섬이 대제학을 사임한 때는 64세 1567년이다.

지요? 오늘 만에 하나라도 임금의 윤허를 얻을 수 있도록 헤아려 살펴 주시기만 오로지 바랄 뿐입니다. 마음은 답답하고 말은 막혀 더 말씀드리지 못하겠습니다. 《삼가 절하고 편지를 올립니다.》

# 홍퇴지께 답하다 【무진년(1568, 선조1, 68세) 9월 이후 추정. 서울】

答洪退之

삼가 대감께서 자애롭게 의원을 보내주시고 편지를 보내 미혹함을 깨우치셔서 거의 살길을 얻게 하시니, 황공한 마음 깊이 새겨 무어라 말씀드려야 할지 모르겠습니다. 황(滉)은 됨됨이가 변변치 못하고 처신이 마땅치 못하여 한평생 늘 임금을 속이고 사람을 기만하여 명예와 지위를 훔침이 날이 갈수록 더욱 심하였습니다. 가선대부(嘉善大夫)에 올라서는 3일을 출근하고 마음에 흡족하지 않아 물러나서 다시 거짓을 꾸며 이름을 파는 것으로써 벼슬자리를 훔치는 수단으로 삼았으며, 자헌대부(資憲大夫)에 올라서는 한 달을 출근하고 또 마음에 흡족하지 않아 다시 물러나 거짓을 꾸며 이름을 파는 것으로써 벼슬자리를 훔치는 수단으로 삼아서 이제 숭정대부(崇政大夫)의 품계에 올랐습니다. 상황이 이러하니 지금 물러나려 하는 것[134] 또한 반드시 흡족하지 않게 여기는 마음이 가슴 속에 가로놓여 있기 때문일 것이니, 비록 간을 도려내고 피를 쏟으며 수없이 많은 말을 하더라도 끝내 세상 사람들에게 신뢰를 얻지 못할 것입니다.

이른바 '세상을 속이고 명예와 벼슬을 훔치며 임금의 은총을 탐낸다.'라는 등 허다한 죄악들은 모두 저 스스로 말하고 저 스스로 행동하여 일곱 번 넘어지고 여덟 번 엎어지며 궁색하게 얽매이고 내몰린 나머지 여기에 이른 것입니다. 오히려 다시 무슨 말을 하겠습니까. 오히려 다시 무슨 말을 하겠습니까. 비록 그렇지만 일이 이 지경에 이르게 된 것 또한

---

**134** 지금……것 : 【攷證 卷4 今之欲退云云】이때 선생이 판중추부사로 조정의 부름에 나아갔다가 막 해직을 요청하고 전리(田里)로 돌아왔다.

괴이하게 여길 것이 못 됩니다. 제가 비록 못난 사람이지만 합하의 지우를 입은 것이 여러 해 되었는데도, 오히려 이처럼 실정에 가깝지 않은 가르침이 있으니 다시 어떻게 다른 사람들이 살펴 주기를 바라겠습니까. 이 뒤에 마땅히 합하를 뵈러 문하로 달려가겠습니다. 망령되이 구구하게 늘어놓으니 황공하여 말이 제대로 되지 않았습니다. 불비(不備). 《삼가 절하고 답장을 올립니다.》

# 민 판서[135] 께 답하다 병인년(1566, 명종21, 66세) 【7월 하순 추정. 예안(禮安)】

答閔判書 箕○丙寅

영공(令公)의 서신을 받아본 지 이제 몇 년이 지났으니 편지를 받고 뛸 듯이 기뻤습니다. 그런데 겉봉을 열어 읽고 나니 다시 저로 하여금 멍하니 넋을 잃게 하여 '죽으려 해도 그렇게 못하는 탄식'이 나게 합니다. 어찌해야겠습니까.

영공 같은 분이 저에 대하여 오히려 다 아시지 못하는데 다른 사람에게 무엇을 바라겠습니까. 영공께서는 저를 어떠한 사람으로 알고 계십니까? 과연 한 가지 일이라도 다른 사람만큼 할 수 있다고 생각하십니까? 혹시 한 가지 장점이라도 취할 만한 것이 있다고 생각하십니까? 이처럼 아무 쓸모 없는 사람이 저처럼 분에 넘치는 은총을 받았으니 어찌 만에 하나라도 그것을 감당할 수 있겠습니까.

성상(聖上)께서 저를 알지 못하셔서 과분한 품계를 더하시는 것을 하잘 것 없는 신하가 분명히 알면서도 외람되이 받는 것이 옳은 일이겠습니까? 신하가 비록 임금을 속이고 사람을 속이려 할지라도 그것이 조정에 수치와 모욕을 끼치는 경우에는 어찌하겠습니까? 이는 비록 늙고 병든 사유가 없다 하더라도 오히려 감히 나아가지 못할 경우인데, 하물며 나이가 일흔에 가깝고 온갖 병에 얽매인 자의 경우이겠습니까.

영공께서는 평소 저의 심병(心病)과 노병(勞病) 등 여러 가지 고질병이

---

135 민 판서 : 【譯注】 민기(閔箕, 1504~1568)로, 본관은 여흥(驪興), 자는 경열(景說), 호는 관물재(觀物齋)·호학재(好學齋), 시호는 문경(文敬)이다.

어떠하다고 생각하십니까? 다른 사정들은 굳이 말하지 않겠습니다. 무오년 겨울과 기미년 봄[136] 여행길에 얻은 병이 심하여 거의 죽게 된 적이 여러 번 있었습니다. 그런데도 과분한 은총이 갑자기 더해져[137] 사양하려 하면 허락하지 않고 받으려 하면 벼슬하기 어려워 두렵고 궁색하기 그지없었으나 어찌할 수 없었습니다. 그래서 끝내는 낙담하여 고향으로 돌아간 것을 영공께서는 눈으로 보지 못하셨습니까? 그때도 오히려 그러하였는데 8~9년이 지난 지금은 늙음과 병이 더욱 심하니 그 노쇠하고 추한 모습이야 마땅히 어떠하겠습니까? 한 번 나아가 벼슬자리를 훔치고도 오히려 만족하지 않고 또다시 나아가 두 번 훔치는 것이 옳겠습니까?

사람 중에 간혹 차례를 건너뛰어 벼슬자리에 오르면 미안한 마음이 있으면서도 오히려 그것을 받을 수 있는 경우는 훗날 은혜에 보답할 수 있기 때문입니다. 저 같은 사람은 앞서 종품(從品)의 품계를 받고서도 이미 한 터럭만큼도 신하로서 힘을 다하지 못했습니다. 이제 또 사양하고 피하는 것을 수단으로 육경(六卿)의 지위를 노름하듯 얻었는데, 훗날 은혜에 보답할 것을 따져보면 마치 바람을 잡으려는 자[138]가 아무것도 얻음이 없는 것과 같은 꼴입니다. 그런데도 다만 "임금의 명령은 어길 수가 없다."라고 핑계를 대면서, 자기의 이익을 움켜잡고 뻔뻔스럽게 부끄러움을 알지 못한다면 그 탐욕과 천박함에 다른 사람이 그가 남긴 것을 즐겨 먹으려 하겠습니까?[139]

---

**136** 무오년……봄 : 【譯注】《퇴계선생연보》에 의하면 무오년(1558) 윤7월 조정의 부름에 응하여 도성에 들어갔으나 이듬해 기미년(1559) 2월 고향에 돌아왔다.

**137** 과분한……더해져 : 【譯注】《퇴계선생연보》에 의하면 무오년 12월에 임금이 친필로 교지를 내려 가선대부 공조 참판으로 승진시켰다.

**138** 바람을 잡으려는 자 : 【譯注】'포풍착영(捕風捉影)'의 준말로, 바람과 그림자를 붙잡는 것처럼 매우 허황된 것을 말한다.

　　보내주신 편지에서 "옛날과 지금은 마땅함이 달라서 벼슬을 사양하고 받는 도리는 옛날을 기준으로 따질 것이 없다."라고 하셨는데, 이 말씀이 살 수 있는 길을 가리켜 보이심은 지극합니다. 그러나 저의 소견으로는 끝내 편치 못한 점이 있으니, 지금 세상에서 한결같이 옛날의 도리를 따를 수는 없으나 세상의 보편적인 의리와 시비를 가리는 사람의 마음은 지금과 옛날이 같아서 하루라도 그것을 없애 버릴 수는 없습니다. 지금 만약 이 주장으로 단정하여 일체 시비와 가부를 묻지 않고 오직 염치없이 나아가는 것을 일삼는다면, 제 생각에 선비의 기풍이 허물어지고 세상의 도의가 무너지는 것이 마치 강을 건너면서 밧줄과 노가 없는 것같이 될까 두려우니, 이는 가의(賈誼)도 한심하게 여긴 일입니다.[140] 그러니 영공께서 "옛날을 기준으로 따질 것이 없다."라고 말씀하신 것이 어찌 불가하지 않겠습니까.

　　또 말씀하시기를 "이름이 재상의 반열에 있으면 초야의 선비와는 처지가 다른데, 임금이 불러도 오지 않으니 어찌 이런 도리가 있는가?"라고 하셨는데, 말이 여기에 이르니 저의 심장과 간이 땅에 떨어지는 듯합니다. 근래에 홍 이상(洪貳相 홍섬(洪暹)) 영감의 편지를 받았는데, 책망한 내용이 또한 이러합니다. 저의 이러한 행위를 가지고 죄를 얽는다면 참

---

**139** 다른……하겠습니까 : 【譯注】 다른 사람들이 자신을 천하게 여길 것이라는 뜻으로, 《춘추좌씨전》 장공(莊公) 6년에 등후(鄧侯)가 스스로를 비평하기를 "내가 남긴 음식은 사람들이 먹으려 하지도 않을 것이다.〔人將不食吾餘矣〕"라고 한 데에서 나온 성어다.

**140** 강을……일입니다 : 【譯注】 일정한 법과 제도가 없으면 사회 질서가 무너진다는 뜻이다. 전한(前漢) 문제(文帝) 때의 태부(太傅) 가의(賈誼)가 올린 상소문에서 "만일 떳떳한 제도가 정해지지 않으면 이는 강하(江河)를 건너면서 닻줄과 노를 잃은 것과 같아 중류(中流)에서 풍파를 만나면 배가 반드시 전복될 것이니, 길게 탄식할 만하다는 것이 이것입니다."라고 하였다.

으로 옛날의 이른바 '영·해의 사이〔嶺海之間〕가 곧 제가 죽을 곳이다'라고 한 것과 다름이 없을 것입니다.[141]

　비록 그렇지만 이에 대하여 제 마음속에 석연치 않은 점이 또한 없을 수 없습니다. 만약 말씀하신 대로라면 신하 된 자가 예(禮)로써 나아가고 의(義)로써 물러나야 한다는 것은 다만 지위가 낮은 관직의 경우에만 시행할 수 있고, 경상(卿相)에 이르러서는 다시는 예와 의가 어떠한지 돌아볼 겨를도 없이 일률적으로 임금의 명에 따라 나아가고 물러나야만 하겠습니까? 제가 듣기로는 "작위(爵位)가 높을수록 책임과 기대가 더욱 무겁고 책임과 기대가 무거우면 나아가고 물러나는 것이 더욱 어렵다." 라고 하였습니다. 그래서 옛날의 사대부들은 자취를 산림에 두지 않으면서도 혹 경상(卿相)에 임명하면 불러도 오지 않은 자가 한둘이 아니어서 손가락으로 꼽아 헤아릴 수 있으나, 또 사람들이 나를 두고 옛 현인을 끌어와 스스로 가탁한다고 말할까 두려워서 감히 그렇게 하지 못하겠습니다. 이는 오직 영공께서 깊이 고찰해 보면 환히 아실 것입니다. 그래서 저는 일찍이 '나아가는 것이 옳을 때 나아가면 나아가는 것이 공손함이 되고, 나아가지 않는 것이 옳을 때 나아가지 않으면 나아가지 않는 것이 공손함이 된다.'라고 생각하였습니다. 옛날의 나아가지 않았던 자가 어찌 명령을 버리고 나아가는 도중에 돌아갔겠습니까? 옳은 것이 있는 곳에 바로 공손함이 있기 때문입니다. 저 같은 사람은 지병이 없다면 나아

---

**141** 영·해의……것입니다 : 【譯注】 아주 궁벽한 유배지를 뜻한다. 【攷證 卷4 嶺海…死所】《송사(宋史)》권345〈추호열전(鄒浩列傳)〉에 다음과 같은 내용이 있다. "유씨(劉氏)가 왕후(王后)로 책봉되자 전주(田晝)가 추호에게 말하기를, '지완(志完 추호의 자)이 간언을 드리지 않으면 절교할 것이다.'라고 하였다. 다음날 추호가 직언을 올리고 유배를 가게 되었는데 길을 떠남에 눈물을 흘리자 전주가 말하기를, '지완이 아무 말도 하지 않고 서울에서 벼슬하더라도 한질(寒疾)에 걸려 5일 동안 땀을 내지 못하면 죽고 말 것이니, 어찌 영·해 밖의 지역만이 사람을 죽게 하겠는가?'라고 하였다."

갈 수 있고, 늙어 쇠약하지 않다면 나아갈 수 있고, 썩은 재목처럼 쓸모없지 않다면 나아갈 수 있고, 낮은 관직을 사양하여 높은 관직을 얻지 않았다면 나아갈 수 있습니다. 지금은 그렇지 않아서 죽음이 가까운 몸에 위의 네 가지 근심이 몰려드니 나아감이 옳지 않을 뿐 아니라, 아울러 또한 나아갈 수도 없는 것입니다.

보내주신 편지에서 '임금의 명을 도중에 버린 것에 해당한다.'라고 하시니, 그것으로 죄를 의논함이 과연 타당하겠습니까? 전에 세 차례 부르심이 있었을 때 일찍이 나아가지 않은 적이 없었고, 반드시 몇 년 동안 부지런히 힘쓰고 물러났던 것은 약간의 근력이 그런대로 남아 있었기 때문입니다. 네 번째 부르심에 사퇴하기를 청하였으나 임금의 꾸짖음을 입어 억지로 나아간 결과 병이 더욱 심해져서 4~5개월 동안 겨우 5~6일 근무하고는 물러났으니, 일의 형세가 몹시 궁박(窮迫)했던 것입니다. 그런데도 올해 교지를 받들고는 오히려 감히 편안히 있을 수 없어 스스로 힘써 길을 달렸으나 도중에 한기(寒氣)를 맞아 병이 심해져서 이리 구르고 저리 엎어지면서 오늘에 이르렀으니, 오늘 나아가지 못함을 어찌 까닭 없이 지체하여 임금을 업신여기고 자신의 편함을 좇는 것이라 하겠습니까?

저의 앞뒤 행적을 종합해 보면 이 또한 어진 사람이 마땅히 고려해야 할 일이고 조정에서도 마땅히 너그럽게 허락해야 할 일 같습니다. 부디 영공께서는 앞의 주장을 고집하지 마시고 제가 아뢴 바를 곡진히 살피셔서 옛 친구를 버리지 않는 의리를 돈독히 하고 손을 물에 담가 빠진 사람을 건지는 일[142]을 서둘러 주시기 바랍니다. 영공께서 조정에서 공언하시기

---

**142** 손을……일 : 【攷證 卷4 濡水拯溺】《회남자(淮南子)》 권20에 "발이 젖는다는 이유 때문에 물에 빠진 사람을 건지지 않으니, 물에 빠진 사람을 구하려는 자는 물에 발을

를 "이 사람은 늙고 병들어 벼슬하기 어려워 그동안 곤경에 처한 것이 이러저러합니다. 그가 오지 않는 것은 죄를 삼을 수 없으니 이번에 사양하는 것을 계기로 그 청을 들어주어 앞의 명을 거두고 옛 직품(職品)으로 향리에 있도록 하여 옛날 치사하는 자의 예처럼 처리하는 것만 같지 못합니다. 이 또한 성스러운 조정에서 만물이 각각 제자리를 얻게 하는 크나큰 법도입니다."라고 하십시오. 묘당(廟堂)에서 인후하고 사리에 밝은 정사를 맡은 여러 재상이 반드시 같은 말로 그렇다고 하는 이가 많이 있을 것입니다. 이로 말미암아 임금께서 듣고 시행하게 된다면 조정에서 못난 사람을 포용하고[143] 병든 사람을 불쌍히 여기는 은전을 베푸는 것과 하잘 것없는 신이 분수에 맞게 의리를 다하려는 소원이 영공으로부터 발의되어 둘 다 온전함을 얻을 것입니다. 어찌 아름답지 않으며, 어찌 만족스럽지 않겠습니까? 그리고 저의 사정은 조정과 재야가 함께 안 지 오래되었으니, 어찌 영공께서 저에게 사사롭게 서로 위해 주는 처지에 있다고 생각하겠습니까? 영공께서는 그것을 의심하지 마십시오. 《신섬(申暹)이 아뢴 말은 참으로 가소롭습니다. 그 설은 별지(別紙)에 있으니 아울러 밝게 헤아려 주시기 바랍니다. 마음은 간절하나 말이 위축되어, 만 가지는 빠뜨리고 한 가지만 언급하였습니다. 삼가 절하고 답장을 보냅니다.》

---

담그지 않을 수 없다."라고 하였다.

**143** 조정에서……포용하고 : 【譯注】《주역》〈태괘(泰卦) 구이(九二)〉에 "거친 것을 포용해 주고, 황하를 맨몸으로 건너는 용맹을 쓴다.〔包荒, 用馮河.〕"라고 하였다.

# 임 방백[144]에게 답하다 정미년(1547, 명종2, 47세)【1~9월 추정. 예안(禮安)】

答任方伯  丁未

거듭 은혜로운 편지를 받고 위로하고 깨우치심이 진실로 지극하여 더욱 저를 아끼는 뜻을 알 수 있으니 깊이 감사 드립니다. 《영천(榮川)에는 다만 빈집만 있어서 오래 머무를 수 없습니다. 이제 예안(禮安)의 농장으로 돌아옴에 부치신 약이 뒤이어 이르렀는데, 이 약은 이병(贏病)에 가장 좋은 것으로 일찍이 경험한 적이 있습니다. 상복(常服)하지는 못하고 있었는데 지금 보내주신 약제를 받았고 또 이어서 보내주신다고 하니 이보다 다행한 일이 없습니다.》

일찍이 듣건대 '뿌리가 서리고 마디가 엉클어진 곳에서 날카로운 도구를 분별하고[145] 뼈와 힘줄이 엉킨 곳〔肯綮〕[146]이 자유롭게 칼날을 놀릴 곳이다.'라고 하였습니다. 대단히 번화한 본도(本道)가 재앙이 극심하고 백성이 곤궁하니 바로 상공(相公)께서 쌓아온 것을 발휘하여 어진 정사

---

**144** 임 방백 :【譯注】임호신(任虎臣, 1506~1556)으로, 본관은 풍천(豐川), 자는 무백(武伯), 시호는 정간(貞簡)이다.

**145** 뿌리가……분별하고 :【譯注】개인의 재능은 어려운 상황에 처했을 때 뚜렷이 잘 드러난다는 말이다.【攷證 卷4 盤錯別利器】《후한서(後漢書)》 권58 〈우후전(虞詡傳)〉에 다음과 같은 내용이 있다. "조가(朝歌)의 도적 수천 명이 장리(長吏)를 공격하여 죽였다. 등극(鄧騭)이 우후를 미워하여 우후를 조가의 장(長)으로 삼자, 우후가 웃으며 '서린 뿌리와 엉클어진 마디를 만나지 못하면 예리한 도구를 구별할 길이 없으니 이는 바로 내가 공을 세울 때이다.'라고 하였다."

**146** 뼈와……곳 :【攷證 卷4 肯綮】《장자(莊子)》〈양생주(養生主)〉에 '힘줄과 뼈가 만나는 곳'이라고 하였다.

를 베풀 때이거늘 무엇 때문에 '사임하려 하여도 길이 없다.'라는 탄식을 하십니까? 또한 공의 나라를 근심하고 백성을 불쌍히 여겨 스스로 만족하지 못하는 마음을 볼 수 있으니 이것이 진실로 군자가 날로 부지런히 힘쓰는 일일 것입니다. 저 같은 사람은 위로 나라의 은혜를 저버리고 아래로 당대의 현인들에게 부끄러운 터라, 다만 시골구석의 쓸모없는 사람이 되어 헛되이 일생을 보내면서 병에 시달려 이 지경에 이르렀으니 크게 탄식한들 어찌하겠습니까? 《삼가 살펴서 헤아려 주시길 바랍니다.》 구구한 저의 회포를 자꾸 공께 말씀드린 것이 너무 경솔한 듯합니다만 부디 용납해 주시기 바랍니다. 불선(不宣).

# 임 판결 호신 에게 보내다 【임자년(1552, 명종7, 52세) 6월 15~29일 추정. 서울】

與任判決 虎臣

《삼가 묻습니다. 영후(令候)가 어떠하신지요? 저는 병으로 체직(遞職)되기는 하였지만, 또 한가함을 얻지 못하여 형편이 몹시 어려운데다 병이 중하여 여태 사은하지 못하고 밤낮으로 두렵고 답답할 뿐이었습니다. 이 때문에 댁으로 달려가 뵙지 못한 채 한스럽게 우러러보았습니다. 영공께서 살펴 주시길 엎드려 바랍니다. 삼가 절하고 아룁니다.》

 《번거롭게 말씀드려 송구합니다.》 일찍이 선정(先正) 정공(鄭公) 휘(諱) 여창(汝昌)[147] 선생의 풍도(風度)를 들었으나 고루하고 견문이 좁아 그 상세한 행적을 알지 못함을 마음속으로 늘 부끄럽고 아쉬워하였습니다. 이에 감히 여쭙습니다. 잘 모르겠습니다만 영공(令公)의 장인께서는 정 선생과 어떤 사이인지,[148] 선생은 어느 군(郡) 사람인지, 어느 해 과거에 급제하셨는지, 벼슬은 어느 관직에 이르렀는지요? 선생께서 안음 현감(安陰縣監)을 지내셨는데 무엇 때문에 이 외직에 보임되셨습니까? 선생께서 점필재(佔畢齋 김종직(金宗直))의 문도(門徒)이기 때문에 죄를 얻었다고들 하는데, 그러나 그 상세한 내용은 무슨 일인지 잘 알지 못하겠

---

**147** 정공 휘 여창 : 【譯注】1450~1504. 본관은 하동(河東), 자는 백욱(伯勗), 호는 일두(一蠹), 시호는 문헌(文獻)이다. 점필재(佔畢齋) 김종직(金宗直)의 문인으로 안음 현감을 지냈으며, 무오사화에 연루되어 종성(鍾城)으로 귀양 가서 죽었다. 중종 때 우의정에 추증되었고 문묘(文廟)에 배향되었다.

**148** 영공의……사이인지 : 【譯注】임호신의 장인 최호문(崔好文)은 정여창의 맏사위이다.

습니다.

　선생의 저술과 비지(碑誌), 행장(行狀) 등은 혹시 영공의 처소에 있습니까, 후손 집안에 보관되어 있습니까? 바라건대 잠시 빌려 보도록 허락하시어 어리석고 막힌 저를 깨우쳐 주신다면 천만다행이겠습니다. 지금 남아 있는 후손은 누구이며 선생께서 귀양살이하셨던 관북(關北)은 정확히 어느 곳이며, 죄를 입은 것은 어느 해이며 장사지낸 곳은 어디인지 아울러 알려 주실 수 있을런지요? 《몹시 황공합니다.》

# 송태수 기수 [149]에게 보내다 갑진년(1544, 중종39, 44세) 【3월 이후 추정. 서울】

與宋台叟 麒壽○甲辰


어제 보내주신 편지를 받고 공이 입직(入直)하셨음을 알았으니 더욱 어찌하겠습니까. 그러나 방중(榜中)의 일[150]은 제쳐 두고 도모하지 않을 수 없으니, 공이 모름지기 연정(蓮亭)에 편지를 써 보내어 제 이름을 연서(聯書)하시는 것은 매우 좋겠습니다. 저는 전에 이미 저쪽에서 이름을 빌렸으니 이제 다시 이름을 올리기는 몹시 어렵습니다. 그대의 편지에 연명(連名)하는 것은 무방하지 않을까 합니다. 편지에 우리 두 사람이 함께 가는 것으로 청했고, 기생이 이미 모였으니 보면 방중(榜中)에 들거나 들지 않았거나 그 책임을 면할 수 있을 것입니다.[151] 그대의 생각은 어떻습니까? 저는 병으로 정녕 참석하기 어렵습니다.

---

**149** 송태수 : 【譯注】 송기수(宋麒壽, 1506~1581)로, 본관은 은진(恩津), 자는 태수(台叟), 호는 추파(秋坡)이며, 상촌(象村) 신흠(申欽)의 외조부이다.

**150** 방중의 일 : 【譯注】 동방 급제자 모임을 말하는 듯하나 자세한 것은 미상이다.

**151** 편지에……것입니다 : 【譯注】 동방 급제자 모임 연회에 참석하기는 어렵고 거절하기도 어려운 상황이라, 참석하겠다고 편지에는 이름을 넣고 실제 참석자 명단에는 들지 않겠다는 말인 듯하다.

# 송태수를 위로하다 임자년(1552, 명종7, 52세) 【4월 하순 추정. 서울】
慰宋台叟 壬子

황(滉)은 재배합니다. 더운 여름에 상중(喪中)의 체후(體候)가 어떠하신
지요? 저는 향리(鄕里)에 있던 날 채대술(蔡大述)[152]을 통해 흉변(凶變)
을 만나 고향 산으로 돌아와 장사지낸 변고를 처음 듣고 놀랍고 슬펐으나
이미 달려가 위문할 길이 없고 또 편지를 부칠 방도가 없기에 아침저녁으
로 다만 마음만 졸였습니다. 서울에 당도하여 언주(彦胄)[153]를 뵙고 거상
(居喪)의 동정(動靜)을 대략 들었으나 제 심정을 어찌 다 풀어낼 수 있겠
습니까.

저는 병을 안고 죽을 날만 기다리며 어리석음을 지킬 뿐인데 뜻밖에
은혜로운 부름을 받고 억지로 몸을 일으켜 서울로 오니 여생에 재앙과
근심을 만난 듯 정신과 근력이 결코 아침 일찍부터 밤까지 일하는 수고를
견딜 수 없습니다. 잠시 서늘한 가을을 기다렸다 면직을 청하여 고향으
로 돌아갈 생각뿐입니다. 그렇게 되면 훗날 조정에 돌아왔을 때 또한
오래 만나지 못했던 그동안의 회포를 어찌 말로 다 할 수 있겠습니까.
삼가 들으니 약 수발을 들고 초상(初喪)을 지낸 이래로 몹시 상하고 수척
해지셨다 하니 매우 염려스럽습니다. 더구나 평소에 몸이 그다지 강건하

---

**152** 채대술 : 【譯注】 채승선(蔡承先, 1514~?)으로, 본관은 평강(平康), 자는 대술이
다. 채침(蔡忱)의 아들로 갑오년(중종29) 식년 생원시에 수석으로 합격하였으나 이후
과거를 포기하고 시주(詩酒)로 여생을 즐겼다.

**153** 언주 : 【譯注】 박소(朴紹, 1493~1534)로, 본관은 반남(潘南), 자는 언주, 호는
야천(冶川), 시호는 문강(文康)이다. 김굉필(金宏弼)의 문인으로 1519년(중종14) 식
년 문과에 장원하였으며, 조광조(趙光祖) 등 신진사류들과 함께 왕도정치의 구현을
위하여 노력하였다.

지는 않으셨으니 미리 헤아려 곡진히 보호하시고 부디 슬픔을 절제하여 예제(禮制)를 지킴으로써 멀리서 기원하는 마음에 부응하시기를 다시금 바랍니다. 불선(不宣).

## 송태수 기수 에게 보내다 임자년(1552, 명종7, 52세) 【장소 미상】

與宋台叟 麒壽○壬子

청송 부사(靑松府使) 이공간(李公幹)[154]이 작은 초 네 자루를 전별품으로 주길래 지금 두 자루를 보내드렸는데 받아보셨습니까? 미공(眉公)[155]의 후손이 아직 청주 근처[156]에 있다는 말을 들은 듯한데 과연 그러합니까? 어떻게 살고 있습니까? 이 두 자루를 후손에게 주어서 선공(先公)의 제사에 쓰게 하여 저의 평소 마음을 한번 드러내면 다행이겠습니다만, 이 일은 비밀로 하면[157] 더욱 좋겠습니다.

---

**154** 이공간 : 【譯注】 이중량(李仲樑, 1504~1582)으로, 본관은 영천(永川), 자는 공간, 호는 하연(賀淵)이다. 농암 이현보의 넷째 아들로 1534년(중종29) 문과에 급제하여 관찰사·우승지 등을 역임하였다. 【攷證 卷4 靑松李公幹】 이중량이 이때 청송 부사로 있었다.

**155** 미공 : 【譯注】 송인수(宋麟壽, 1499~1547)로, 본관은 은진(恩津), 자는 미수(眉叟), 호는 규암(圭庵)이다. 1521년(중종16) 문과에 급제하여 대사헌, 이조 참판 등을 지냈다. 1545년 을사사화가 일어나자 한성부 좌윤으로 있다가 탄핵을 받고 파직당한 뒤에 청주에 은거하여 지내다가 사사(賜死)되었다. 시호는 문충(文忠)이며 제주의 귤림서원(橘林書院)에 제향되었다. 【攷證 卷4 眉公】 곧 송미수(宋眉叟)이다.

**156** 청주 근처 : 【譯注】 송기수의 《추파집(秋坡集)》 권5 〈부록: 퇴계 이 선생 (황)의 편지(附退溪李先生(滉)書)〉에서 '청경'은 청주와 접한 '마암(馬巖)'으로 송인수의 묘와 가까운 곳이라고 하였다. 【攷證 卷4 淸境】 아마도 청주(淸州) 근처를 말하는 듯하다. 규암(圭庵) 송인수(宋麟壽)는 대대로 은진(恩津)에 살았는데 을사년(1545) 이기(李芑)의 무리에게 거슬려서 관직을 삭탈 당하고 청주의 시골집에 물러나 살았다.

**157** 이……하면 : 【譯注】 이 편지를 쓸 당시 송인수가 신원(伸冤)되기 이전이었으므로 드러내어 지칭하지 않고 '미공(眉公)'이라고 하였으며, 또 이러한 부탁을 한 것이다.

# 송태수에게 답하다 【임자년(1552, 명종7, 52세) 5~6월 추정. 서울】
答宋台叟

사모하는 마음 목마른 듯하였더니 보내주신 편지를 받고 상중의 체후가 건승하심을 알게 되었습니다. 위로되는 마음 무엇으로 표현할 수 있겠습니까? 분부하신 선덕(先德)을 기술하는 일은 비록 대략 비음(碑陰 묘갈명)에 드러내는 것일 뿐이라 하셨지만, 이와 같은 일은 세상에 맡아서 할 만한 사람이 있을 터이니 결코 못나고 볼 것 없는 저 같은 사람이 감히 함부로 할 일이 아닙니다. 더구나 근래 산직(散職)에 있던 날 조정의 귀인이 상복을 입고 가까운 향리에 있었던 것은 한때 잘못 생각해서 나온 것이니, 이와 같은 일을 부탁받고 한사코 사양하고 애써 청하여 면한 경우가 한두 번이 아닙니다.

그런데 지금 어찌 감히 영공의 말씀에 대해서만 앞뒤를 헤아리지 않고 다만 분의(分義 분수에 따른 도리) 때문에 부탁을 받들 수 있겠습니까? 이제 만약 너그러이 살펴시지 않고 어울리지 않는 사람에게 억지로 맡기신다면 저로서는 사양하려 하면 뜻을 어겨 업신여기는 것이요 받들려 하면 죄를 얻는 것이니, 이러지도 저러지도 못한 채 결국 차라리 뜻을 어겨 업신여기는 쪽을 선택할 수밖에 없을 것입니다. 삼가 충분히 잘 헤아리시고 다른 사람에게 맡기셔서 부디 외롭고 보잘것없는 저를 다행스럽게 해 주십시오. 간절히 기원합니다.

저번에 당질(堂姪)분을 만나보니 빼어난 자질이 비범하였는데 지금 잘 지낸다고 하니 이 사람은 반드시 성취하여 훗날 위로가 될 것입니다. 매우 다행한 일입니다. 《주계선생시집(朱溪先生詩集)》[158]은 다행히 본 적은 있습니다만 다 읽지 못한 것이 못내 아쉬웠는데 부쳐주시겠다고 하니 실로 기쁜 마음으로 기다리겠습니다. 다만 제가 병이 날로 더욱 심해져 일상의 일들을 다 감당하지 못하고 있는데, 이러한 상황에서 또 전날처럼 부득이 소명(召命)을 받고 나가게 되면 다 읽지 못하는 것이 다시 전날처럼 될까 두렵습니다. 삼가 아울러 헤아려 주시기 바랍니다. 구구하게 말씀드리고 싶은 것은 매우 많으나 정중하여 말을 다 하지 못하니, 부디 슬픔을 절제하여 예제(禮制)를 지키시기를 다시금 기원합니다.

---

**158** 주계선생시집 : 【譯注】 주계는 이심원(李深遠, 1454~1504)의 봉호(封號)로, 자는 백연(伯淵), 호는 성광(醒狂)·묵재(默齋)이다. 태종의 현손이며 효령대군(孝寧大君)의 증손으로 성품이 단정하고 학식이 매우 높아 당대의 선비들이 그에게 배운 이가 많았다. 갑자사화 때에 멸문지화를 당하였으며, 저서로 《성광유고》가 있다.

# 송태수에게 답하다 【임자년(1552, 명종7, 52세) 7월 중순 추정. 서울】
答宋台叟

거듭 보내주신 편지를 받고 삼가 효후(孝侯)가 무사하심을 알았으니 마음에 위안이 됨을 어찌 말로 다 하겠습니까. 다만 선덕(先德)[159]의 일을 서술하여 부쳐주신 것은 삼가 읽고 감탄하며 얻어 보게 된 것을 깊이 다행으로 여깁니다. 그러나 제가 감히 받들어 감당하지 못한다는 뜻은 지난번 편지에서 정성을 다하여 자세히 말씀드렸을 뿐이 아닌데 어찌 헤아려 살피지 않으시고 이렇게 억지로 맡기십니까?

저는 평소 아는 것이 전혀 없으나 오직 자신이 부족하다는 것은 분명히 알고 있습니다. 노둔한 자질에다 어려서부터 병이 많아 독서라고는 하지 못하였음[160]에도 조정에서는 헛된 이름을 취하여 문한(文翰)의 반열에 두니 직임을 회피할 수 없어 때로 글 짓는 일을 하기도 하였습니다. 그때는 부끄러움을 깊이 깨닫지 못하였으나 수년 동안 물러나 한가롭게 지내며 옛사람들이 저술한 것이 저와 같은데 나는 함부로 글을 짓기를 이처럼 하였음을 알고 매번 생각할 때마다 부끄럽고 두려움에 땀이 등을 적시곤 하였습니다.

그즈음에 마침 권공(權公) 계조(繼祖),[161] 박군(朴君) 중보(重甫),[162]

---

**159** 선덕 : 【譯注】 돌아가신 남의 아버지에 대한 존칭으로, 여기서는 송기수의 부친 송세충(宋世忠, 1468~1527)을 가리킨다.

**160** 독서라고는 하지 못하였음 : 【攷證 卷4 專不讀書】 '전(專)'은 아마도 '전(全)'이 되어야 마땅할 듯하다.

**161** 권공 계조 : 【譯注】 권찬(權纘, 1504~1560)으로, 본관은 안동(安東), 자는 계조, 호는 기정(歧亭)이다. 【攷證 卷4 權繼祖】 이름이 찬(纘)으로 민수(敏手)의 아들이며

권공(權公) 경신(景信)[163]의 집안 자제들과 인근의 사족(士族) 몇몇 집안에서 명문(銘文)을 부탁하였으나, 제가 모두 이미 간절한 말로 애써 사양하여 글 짓는 일을 일절 면할 수 있었습니다. 비록 다행히 면하기는 하였으나 많은 이들이 의심하고 유감으로 여기는 말이 더하니 저는 바야흐로 깊이 두려워하고 또 평소 다른 사람에게 신뢰를 얻지 못하여 일없이 곤란을 자초한 것을 스스로 슬퍼하였습니다. 서울에 와서도 다시 몇몇 곳에서 글이나 글씨를 부탁하였으나 병이 심할 뿐 아니라 전에 사양하였던 것을 나중에 허락하기도 어려워 또한 모두 간절히 사양하여 글 짓는 일을 면하였습니다.

　이제 효성이 지극하신 공께서 앞서 보낸 편지의 간절함을 이해하시고도 불쌍히 여기지 않으시어 어울리지 않는 일을 반드시 저에게 맡겨 앞으로 나아갈 곳도 뒤로 물러날 곳도 없게 하시니 이것이 어찌 서로 잘 알고 지내는 사이의 도리라고 하겠습니까. 더구나 덕을 기술하여 후대에 전하는 일은 본래 후세의 이름난 자에게 맡기려 하는 것입니다. 그런데 지금 세상에서 붓을 잡고 후세의 이름난 자 가운데 결코 저는 들어 있지 않습니다. 바라건대 서둘러 계획을 바꾸어 다른 사람에게 글을 맡기시되 자수(字數)를 세고 비석을 재어 계양(界樣)을 만들어 보내주신다면 글씨를 쓰는

판서(判書)를 지냈다.

**162** 박군 중보 : 【譯注】 박승임(朴承任, 1517~1586)으로, 본관은 반남(潘南), 자는 중보, 호는 소고(嘯皐)·철진(鐵津)·수서옹(水西翁) 등이다. 【攷證 卷4 朴重甫】 호가 소고로 영천(榮川)에 살았으며, 정덕(正德) 정축년(1517)에 나서 24세에 과거에 급제하였다. 선생이 소년 시절 푸실〔草谷〕을 왕래할 때 박공이 종유하였다. 문장으로 한 시대를 압도하였고 성리학에 깊이 몰두하였으며 성위(星緯)와 주수(籌數)에 대해서도 이해하지 못함이 없었다. 대사간(大司諫)을 지냈다.

**163** 권공 경신 : 【譯注】 권예(權輗, 1495~1549)로, 본관은 안동(安東), 자는 경신, 호는 마애(磨崖)이다. 【攷證 卷4 權景信】 이름이 예(輗)로 판서(判書)를 지냈다.

일은 병이 좀 낫는 틈을 보아 외람되지만 써 보겠습니다. 이 일 또한 다른 사람에게는 사양한 것이 한두 번이 아니어서 당연히 남에게 혐의와 노여움을 받을 것이지만 다만 두 번이나 부탁하신 뜻이 우연한 일은 아닌데 어쩔 수 없이 저버리게 된 것이 마음에 몹시 불편하여 이것으로 효성스러운 공의 두터운 바람에 조금이나마 보답하려 할 따름입니다.

저는 쇠약하고 노환이 날로 심해져서 서늘한 가을을 기다려 오직 벼슬에서 물러나는 한 가지 길을 택하여 차츰 발을 붙이고 편안히 지내려 하였는데 참으로 뜻밖에 임금의 과분한 은혜가 이에 이르렀습니다. 영공께서 보시기에 교육을 주관하는 중대한 책무[164]가 어찌 병들고 용렬한 사람이 감당할 수 있는 일이겠습니까. 돌아보건대 그동안 벼슬에 나아가고 물러난 일에 몹시 난처한 점이 있어서, 부끄러운 낯으로 직분에 나아가 잠자코 있는 것으로 겨울을 나는 계책을 삼게 되었으니 불행하다는 탄식은 누구와 더불어 말하겠습니까? 옛날 사람들은 항상 재주를 지니고도 남들이 알아주지 않는 것을 한탄하였는데, 제 경우는 매번 재주가 없는데도 배척당하지 않는 것을 근심해야 하니 어찌해야 하겠습니까. 어찌해야 하겠습니까.

초고(草稿) 두 가지와 빈 종이 두 폭을 삼가 동봉하여 두 번 절하고 돌려드립니다. 삼가 바라건대 부디 너그럽게 용서하시어 괴이하게 여기거나 책망하지 말아 주십시오. 황(滉)은 부끄럽고 송구한 마음에 지극히 죄스러움을 가눌 길 없습니다.


---

**164** 교육을……책무 :【攷證 卷4 敎冑重任】임자년(1552) 7월 성균관 대사성으로 승진하였다.

# 송태수에게 답하다 【임자년(1552, 명종7, 52세) 8월 이후 추정. 서울】

答宋台叟

근래 또다시 편지와 함께 서술하신 초고를 받아보니 제가 재차 간절히 사양한 뜻과 서로 어긋나서 의아하고 송구스러웠습니다. 그러나 과분한 정성을 입은 터라, 더욱이 감히 아무것도 하지 않고 돌려드릴 수는 없으니 차라리 전에 사양한 사람에게 비방을 받을망정 공의 지극한 효성을 저버리고 싶지 않습니다. 스스로 못남을 헤아리지 않고 함부로 글을 짓는 죄[165]는 영공께서 어여삐 여겨 살펴 주심이 어떠한가에 달려 있을 뿐입니다.

다만 서술하신 장사(狀辭)는 완미(完美)하고 충실하여 버릴 것이 없어 한 구절을 버리면 한 가지 사적(事跡)이 빠지게 되니 본래 그 행간(行間)에 손을 대고 싶지 않습니다. 오직 세보(世譜)의 서술은 약간 정돈하여 격식에 맞추는 것이 좋을 듯합니다. 다만 걱정스러운 것은 이렇게 되면 글자는 많고 표석(標石)은 척제(尺制)가 있어 반드시 전부 음각(陰刻)할 수는 없을 것이므로 부득이 비문을 조금 줄여야 할 것입니다. 이제 줄였으면 하는 곳을 여기에 대략 논해 보았으니 삼가 가부를 여쭙습니다.

선세(先世)에 지평공(持平公)[166]이 호종하여 남행할 때 청주(淸州)에

---

**165** 글을 짓는 죄 : 【譯注】《정본 퇴계전서》를 보면 이황은 송기수의 부친 송세충(宋世忠, 1468~1527)의 묘지명과 모친 이심원(李深遠)의 따님(1471~1551)의 묘갈명을 지었다. 《정본 퇴계전서》 권15 〈증순충보조공신·가의대부·예조참판겸동지춘추관사·화산군·행중직대부·가평군수·양주진관병마동첨절제사송공묘갈명【병서】〉·〈증정부인 이씨묘갈명〉 참조.

**166** 지평공 : 【譯注】 송기수의 고조부인 송계사(宋繼祀, 1407~?)로, 상주 판관(尙州判官) 등을 지냈으며 사헌부 지평(司憲府持平)에 추증되었다.

서 한 일, 쌍청공(雙淸公)[167]이 마음을 청정(淸淨)한 곳에 깃들인 일, 판관공(判官公)[168]이 축반주(祝半州)라는 호칭을 얻은 일[169] 등은 삭제하면 실상이 인멸되어 버릴까 마음이 편치 않다고 하셨습니다. 또 증조모와 조모를 기록하지 않는 것은 더욱 마음이 편치 않다고 하셨습니다. 그러나 옛날의 비지(碑誌)를 살펴보면 그 높이와 폭을 임의대로 하고 비문(碑文) 또한 마음껏 남김없이 기록하였으나 오히려 선세에 대해서는 자세히 기록할 여유가 없었습니다. 조부모 이상은 일에 따라 특별히 밝힐 일이 아니라면 또한 다 드러내지는 않는데, 하물며 묘갈(墓碣)을 작게 새기는 경우는 어떠하겠습니까?

주계군(朱溪君)[170]의 명성은 일월과 같으니 굳이 휘(諱)를 쓰지 않아도 될 듯합니다. '괴원 정자(槐院正字)를 역임하고 박사(博士)에 이르렀다'라고 한 대목에 저작랑(著作郞)을 역임한 사실이 그 가운데 들어 있는 셈입니다. 선공(先公)의 지행(志行)을 서술한 대목은 삭제한 글이 많아 마음이 몹시 편치 않다고 하였습니다만, 큰 뜻은 남기신 말 가운데 대략

---

**167** 쌍청공 : 【譯注】 송기수의 5대조인 송유(宋愉, 1389~1446)로, 고려 말부터 조선 초기까지 부사정(副司正)을 지냈다. '쌍청'은 평소 송유와 교분이 두터웠던 박팽년이 지어 준 당호인데, 청풍(淸風)과 명월(明月)의 기상을 가슴에 새긴다는 의미가 내포되어 있다. 《東文選 卷82 雙淸堂記》

**168** 판관공 : 【譯注】 송기수의 부친 송세충(宋世忠, 1468~1527)으로, 본관은 은진(恩津), 자는 여가(恕可), 봉호는 화산군(花山君)이며, 한성 판관(漢城判官)을 역임하였다.

**169** 축반주라는……일 : 【譯注】 재물로 선행을 쌓은 일을 주희(朱熹)의 외조부 축확(祝確)이 부를 축적하여 선행을 쌓은 일에 비유하여 '축반주(祝半州)'라고 불렀다는 뜻이다. 【攷證 卷8 祝半州】 축확(祝確)은 자가 영숙(永叔)으로 회암(晦庵 주희)의 외조부이다. 재력으로 선행을 쌓은 것으로 소문이 나서 "반주축가(半州祝家)"라고 불리었다.

**170** 주계군 : 【譯注】 송기수의 외조부 이심원(李深遠, 1454~1504)의 봉호(封號)로, 자는 백연(伯淵), 호는 성광(醒狂)·묵재(默齋)이다.

들어 있으니 생략해도 무방하지 않을까 합니다. 어떻게 생각하십니까? 영공의 작질(爵秩)을 서술한 대목은 가장 높은 벼슬인 이조 참판만 들고 나머지는 말하지 않았으나 그 속에 있는 셈입니다.

선부인(先夫人)의 묘갈(墓碣)은 자수(字數)가 많지 않으니 보내신 글의 원문(元文)을 함께 남겨두는 것은 어떻겠습니까? 따님이 시집간 것〔適〕은 장녀에서 말하였고 차녀 이하는 반복해서 사용되므로 아래에서 다시 '적(適)' 자를 쓸 필요는 없을 것 같습니다. 윤조씨(胤祚氏) 참봉(參奉) 및 두 생원[171]의 나이 또한 말할 필요가 없을 것 같습니다. 증손자와 증손녀는 또한 부인을 언급한 대목에서 말하였으니 여기서는 말하지 않는 것이 어떻겠습니까? 이와 같은 것은 모두 자세히 기술하고 싶더라도 형편상 자세하게 다 쓸 수 없습니다. 이렇게 확 줄이더라도 글이 또한 적지 않아서 오히려 4척 비석의 3면에 넣기 어려울까 염려되는데, 하물며 또한 그대로 많이 둔다면 어떻게 비석에 새길 수 있겠습니까? 그 아래에는 두어 구절을 엮어서 남은 뜻을 마무리하고 또 명문(銘文) 4구가 있어야 할 것입니다. 대개 묘갈 음기에는 다만 세계·관향·자손만 기술하고 그치기를 원문(元文)의 말미처럼 하는 것이 좋겠습니다.

지금 이 글의 윗부분에서 이미 지행(知行)이 어떠한지에 대해 말하였으니, 이미 묘갈명(墓碣銘)이고 보면 아마도 다만 이렇게 끝나고 결미(結尾)가 없어서는 안 될 듯하기에 대강 채워서 지어 보았습니다. 그렇지만 비석은 작고 글자는 많아 다 넣을 수 없으면 빼도 될 것입니다. 선부인의 명문(銘文)에 대해서는 빼거나 남길 것이 대개 이와 같으니 반복해서

---

**171** 윤조씨……생원 : 【譯注】 경상도 관찰사를 지낸 정응두(丁應斗)의 두 아들 윤회(胤禧), 윤조(胤祚)를 가리킨다. 《정본 퇴계전서》 권15 〈증순충보조공신·가의대부·예조참판겸동지춘추관사·화산군·행중직대부·가평군수·양주진관병마동첨절제사송공묘갈명【병서】〉 참조.

말하지 않겠습니다. 다만 주계군이 제생을 가르치자 학도들이 온 도성에서 몰려온 것을 부인께서 익히 들었다고 한 대목으로 말하자면, 제가 부부 내외의 일을 말하는 것은 어폐(語弊)가 없을 수 없을 듯합니다. 일찍이 주계 선생의 상소를 읽어보니 예교(禮敎)를 논한 것이 매우 확고하여 예를 좋아하였음을 알 수 있습니다. 그러므로 이렇게 고쳤는데, 잘 모르겠습니다만 어떻게 생각하시는지요?

하자와 소홀한 곳이 많은지라, 다듬어서 완전히 흠이 없게끔 할 수 없을 줄 잘 알고 있으니 부디 더욱 정련(精鍊)하시고 또 비석의 크기를 헤아려 글자를 빼거나 보태서 훗날 유감이 없도록 하시길 바랍니다. 문장은 공기(公器)이니 어찌 일시의 정에 얽매여 적당히 서술하여 후세의 비난을 받도록 하겠습니까? 삼가 헤아려 주시길 바랍니다. 불선(不宣).

## 송태수에게 답하는 별지 【임자년(1552, 명종7, 52세) 8월 이후 추정. 서울】
答宋台叟別紙

대개 석제(石制)에는 법도가 있으니 글이 많으면 글자는 작고 글자가 작으면 깊이 새기기 어려워서 지워져 마멸되기 쉽습니다. 그래서 문장을 극도로 간략하게 지어야 하는데 선공(先公)의 묘갈문은 오히려 글자가 많아서 새기기가 어려울 듯합니다.

만약 부득이 또한 줄여야 한다면 '고려 공민왕 대에〔當高麗 恭愍朝〕'라고 한 것을 '고려 말에〔當麗季〕'로, '부원군(府院君)' 아래의 '시호는 문강공〔謚文康公〕' 4자를 없애고 '승문원(承文院)' 아래의 '정자를 거쳐〔由正字〕' 3자를 없애고 '형조 좌랑·봉상시 주부·예조 좌랑으로 자리를 옮기고〔轉刑曹佐郎·奉常主簿·禮曹佐郎〕'를 '형조·예조 좌랑으로 자리를 옮기고〔轉刑·禮曹佐郎〕'로 고치고 '봉상시 주부〔奉常主簿〕'를 없애야 합니다. 위의 비갈에서 역임한 관직이 많은 경우 일일이 다 적을 필요는 없습니다. 또 '경상도사(慶尙都事)' 아래의 '사관의 직을 겸하고〔兼史職〕' 3자를 없애고 도사가 사관을 겸하는 것은 관례이므로 적지 않아도 무방합니다., '충청도(忠淸道)' 아래의 '일을 마치고〔竣事〕' 2자를 없애고, '이때 모부인의 연세가 팔십에 가까웠으므로 상소를 올려 머물도록 해달라고 청하다'를 짤막하게 '모친이 연로하였기 때문에 머물다'라고만 하고 위에서 말한 '청하였다'라는 뜻이 글 속에 들어 있습니다., '희(噫)' 자 이하와 명문(銘文)은 모두 없애는 것이 어떻겠습니까?

옛말에 이르기를 "남이 알지 못하도록 하려면 하지 않는 것만 같은 것이 없다."라고 하였으니, 이미 하고 나서 남이 알지 못하도록 하는 그러한 이치는 없습니다. 과연 알게 된다면 제공들은 반드시 저를 두고 글을 짓는데 친소(親疎)를 가린다고 할 것이니 그때 가서 무슨 말로 대답하겠습니까? 지금에 와서 전날 한사코 사양했던 일이 몹시 후회스러울 지경이니 어찌하겠습니까. 어찌하겠습니까.

대자(大字)는 부탁하신 대로 써서 올렸습니다만 제 생각에 너무 크지 않을까 우려되어, 따로 중간 크기로 써서 함께 보내니 가려서 쓰시면 좋을 듯합니다. 앞면에 이미 표제(標題)가 있으니 뒷면에 굳이 다시 표제를 적을 필요는 없을 것 같습니다만, 명문(銘文)을 없애고 나면 또 연결이 되지 않을 듯하여 명문을 그대로 두었습니다. '증(贈)' 자는 애초에 살피지 못하고 망령되이 써서 올린 것이니 부끄럽기 짝이 없습니다.

거듭 말씀하신 '모 읍(邑)의 모 산(山)에 장사지냈다'라는 표현은 과연 지적하신 대로입니다. 그러나 다만 '공의 묘 아래이다'라고 적는 것은 또 너무 느닷없으니, '읍'을 없애고 '산'은 그대로 두었습니다. 자손들의 이름을 재차 나열하는 것 또한 너무 번거로우니 말씀하신 대로 간략하게 쓰고 마무리 지을까 합니다만 괜찮을지 모르겠습니다. 중간의 마지막 2행은 글자 수가 많지 않아 빈자리가 많습니다. 제 생각에 1행의 '태종(太宗)'을 2행의 위로 올리고 그 아래로는 차례대로 글자를 내려서 행을 짓고, 맨 마지막 1행의 위에 네다섯 자를 써넣고 끝내야 합니다. 이어서 '황명(皇明)' 2자를 없애고 '가정(嘉靖)' 이하 연월(年月)을 쓴다면 상하 양쪽의 간격이 적절할 것 같은데 어떻게 생각하십니까?

처음에는 비석의 크기가 어느 정도인지 몰라서 최대한 글자를 줄여놓으면 가부를 말씀해 주실 것으로 생각하였는데, 그대로 따라주신다고 하니 매우 조심스럽습니다. 충청(忠淸)은 지금 비록 '청홍(淸洪)'이라 부르기는 하지만 명(命)을 받을 당시의 도명(道名)을 따르는 것이 마땅할 듯합니다. 이 일은 기록하지 않아도 무방합니다만 다만 옛 묘지(墓誌)나 묘갈(墓碣)에서도 사명(使命)을 띠고 출입하던 곳을 기록하였으니, 그냥 두어도 무방하기에 그대로 써 놓았습니다. '집상(執喪)' 아래 구절을 빼자는 말씀은 보내주신 뜻을 잘 알겠습니다. '유감을 품다〔挾憾〕'라는 표현이 너무 과한 듯하시면 '이로 말미암아〔由是〕' 2자로 고치는 것도 괜찮지 않겠습니까? 직함(職銜)은 아울러 쓰는 것과 행을 나누어 쓰는 것 어느 쪽이 맞는지 저도 알지 못하기에 두 가지 양식을 모두 써서 보내오니 공께서 헤아려 처분하시기 바랍니다.

다만 보내신 계지(界紙) 중에 부인(夫人)의 묘비에 새길 큰 글자 계양(界樣)은 말씀대로 썼습니다만, 그 옆에 또 중간 크기의 계양 모두 24자가 만들어져 있는데 쓸 글자를 알려주지 않으셨습니다. 제 짐작에는 마땅히 부군(府君)의 비석에 새겼던 표제자를 써야 할 것 같습니다만 그 표제에 마땅히 어떠한 작위를 써야 할지 몰라서, 우선 보류하였다가 가르쳐 주시기를 기다릴 따름입니다.

## 송태수에게 답하다 계축년(1553, 명종8, 53세) 【4~9월 추정. 서울】

答宋台叟 癸丑

삼가 보내신 편지를 받아 보니 효후(孝候)가 약간 좋지 않다고 하시므로
몹시 염려스럽고 답답합니다. 저는 평소에 심열(心熱)을 앓아 그 증상을
익히 알고 있으니, 매번 몸이 피로하면 발병하고 기가 허하면 발병하는
데 가장 삼가야 할 것은 정신과 힘을 과도하게 쓰는 것입니다. 영공께서
도 본래 이 증상이 있는 줄 알고 있는데, 더구나 독실한 효성은 묘갈명(墓
碣銘) 한 가지만 보아도 저의 못난 글을 구하기 위하여 네다섯 번이나
왕복하기를 게을리하지 않으셨으니, 그 나머지는 미루어 알 수 있습니
다. 상을 치르는 3년 동안 몸이 몹시 허한 상태에서 피로가 더하셨으니
병이 난 것이 이상할 일도 아닙니다.

　모름지기 어리석은 정성을 잘 헤아리고 성인의 경계〔聖誡〕[172]를 깊이
체득하시어 비석에 새기는 등 모든 상사(喪事)와 관련된 것은 일체 자손
들에게 맡기시고 기체(氣體)를 보양하고 심신(心神)을 편안히 하는 것을
근본으로 삼으시길 바랍니다. 치료법은 족심(足心)을 문지르는 것이 가
장 좋고 약을 쓰는 것이 그다음입니다. 족심을 문지르면 화기(火氣)는
내리고 수기(水氣)는 올리게 되어 건곤을 되돌려 놓는〔旋乾轉坤〕[173] 힘이

---

**172** 성인의 경계 : 【譯注】《예기》〈상복사제(喪服四制)〉에 "상중(喪中)에 슬픔으로
몸을 손상할지라도 목숨을 잃는 데 이르지 않게 하니, 이는 죽은 사람 때문에 산 사람을
해치지 않기 위해서이다.〔毀不滅性, 不以死傷生也.〕"라고 한 훈계를 가리킨 것으로 보
인다.

**173** 건곤을 되돌려 놓는〔旋乾轉坤〕 : 【譯注】하늘과 땅을 되돌려 새로운 국면을 개척
한다는 뜻으로, 여기서는 안 좋아지는 병세를 전환시켜 회복해 나가는 것을 말한다.

있으니 심상하게 여기지 마시기를 다시 한번 바랍니다. 만약 "나의 병이 심하지 않은데 어찌 갑작스레 근심을 삼겠는가?"라고 하신다면, 끝내 반드시 큰 근심이 될 것이니 효성이 지극한 공께서는 더욱 서둘러 고칠 것을 생각하시길 바랍니다.

근자에 정길원(鄭吉元)[174] 또한 매우 위태로웠는데 그나마 다행히 빨리 치료하여 회복할 수 있었으니 아울러 곡진히 살피시길 바랍니다. 써 달라고 부탁하신 네 글자는 말씀대로 써서 동봉하여 보냅니다만, 다만 이렇게 뒤미쳐 한두 자를 더 써서 보충하는 경우 본래 비슷하기 어려우니 크기가 서로 다를까 염려됩니다. 그래서 글자마다 두어 개씩 썼으니 가려서 쓰시면 어떨지요? 삼가 살펴 주시기 바랍니다. 할 말은 많으나 이만 줄입니다.

---

**174** 정길원 : 【譯注】 정유길(鄭惟吉, 1515~1588)로, 본관은 동래(東萊), 자는 길원(吉元), 호는 임당(林塘)이다.

# 송태수에게 보내다 을묘년(1555, 명종10, 55세) 【2월 하순 추정. 풍기(豐基)】

與宋台叟 乙卯

《삼가 묻습니다. 영공(令公)의 체후가 어떠하신지요? 사모하는 마음 날로 더합니다.》 저는 임금의 은혜를 입어 체직(遞職) 되던 날[175] 마침 정사(政事)가 있기에 새로운 명이 내리기 전에 도성을 빠져나오려고 몹시 다급하게 서두르느라, 떠나는 것을 아뢰지도 못하고 돌아오게 되었으니 유감스럽고 민망함을 말로 표현할 수 없습니다. 저의 이런 행동을 사람들이 반드시 비웃을 것입니다. 그러나 말미를 얻은 것도 아니고 파직을 당한 것도 아니며 치사(致仕)한 것도 아니니, 거듭 생각해보아도 오직 이 한 길만 있고 달리 잘 처신할 방법이 없었습니다. 모르겠습니다만 영공께서는 어떻게 생각하시는지요?

《제가 사는 집은 구들에 누워 다리를 뻗는 곳에 습기가 찹니다. 당시에는 병이 든 줄 몰랐더니 배를 탄 이래로 온몸에 부기(浮氣)가 있고 배 아래에 마치 가죽 주머니에 물을 담은 듯한 것이 있어서 몸을 따라 출렁이곤 합니다. 몹시 피곤하면 갑자기 이 증세가 나타나니 매우 우려스럽습니다. 다만 평소에 이끌고 흩어주는 약리(藥理)를 대강 알아서 그 덕분에 때맞추어 크게 발작하지는 않고 살아서 조령(鳥嶺)을 넘어 돌아올 수 있었습니다. 이후로 어떠할지는 잘 모르겠습니다. 조백양(趙伯陽)[176]

---

**175** 임금의……날 : 【攷證 卷4 蒙恩遞職】《퇴계선생연보》에 "을묘년(1555) 2월 병으로 세 번 사직을 청하여 해직되자 즉시 도성을 나와 배를 세내어 타고 고향으로 돌아왔다."라고 하였다.

**176** 조백양 : 【譯注】조성(趙晟, 1492~1555)으로, 백양은 그의 자이며, 본관은 평일

에게 물어서 약을 처방받고 또 영공을 통해 약제를 구해서 스스로 치료해 볼까 합니다만, 근래에 병을 안고 서울에 있으면서 약을 구하기가 그다지 쉬운 일이 아님을 알았습니다. 게다가 제가 천 리 먼 시골에 있으니 여기저기 거쳐서 부탁하여 구하다 보면 약을 손에 넣었을 때는 병증(病證)과 약을 구한 시기가 또한 맞지 않을 터이니 약효를 기대하기에 이미 늦지 않겠습니까? 그러니 감히 꼭 구해달라고 하지 못할 따름입니다.

드릴 말씀은》 하늘이 아마도 하잘것없는 사람의 목숨을 연장해 주시려는 듯하니 바라건대 다시는 낭패한 형세에 처하지 않고 논바닥에서 죽기를 기다리게 된다면 그보다 다행한 일이 없겠습니다. 그러나 서로 깊이 알고 몹시 아껴 주는 사람이 조정에 있어서 힘써 보호해 주지 않는다면 반드시 그렇게 될 수는 없을 것입니다. 영공과 박희정(朴希正)[177]은 이미 저의 이러한 뜻을 잘 아시므로 깊이 믿고 의지하는 바이지만, 오직 송강옹(松岡翁 조사수(趙士秀))은 오로지 힘써 만류하려고만 하니, 비록 평소 저의 생각을 애써 말하더라도 그 뜻을 돌릴 수 없을 것입니다. 이는 아끼는 사람을 도리어 궁지로 몰아넣는 격입니다. 무릇 영공의 힘이 미치는 데까지 시종 마음을 쓰셔서 어리석고 병든 사람의 분수를 온전히 지킬 수 있기를 간절히 바라는 마음 이기지 못하겠습니다. 《삼가 살펴 주시기 바랍니다. 도중에 보내신 하인이 돌아가기에 피곤을 떨치고 서둘러 아룁니다.》

---

(平一), 호는 양심당(養心堂)이다. 율려(律呂)에 밝았을 뿐 아니라 의약과 산수에도 정통하여 군직(軍職)에 나가서는 의술을 가르친 적도 있다. 저서로《양심당집》이 있다.
**177** 박희정 :【譯注】박민헌(朴民獻, 1516~1586)으로, 본관은 함양(咸陽), 자는 희정, 호는 슬한당(瑟僩堂)·정암(正庵)이다.

# 송태수에게 보내다 【을묘년(1555, 명종10, 55세) 3월 22일경 추정. 예안(禮安)】
與宋台叟

봄도 다해 가는데 의범(儀範)을 우러러 사모하는 마음 날로 심해져 끝이 없습니다. 일전에 연방(蓮榜)[178]을 보았는데 영윤(令胤)의 이름이 그 가운데 있으니 매우 축하드립니다. 제가 도중에 돌아가는 하인이 있어 문득 편지 한 통을 보냈는데 받아보셨는지요? 집에 도착하니 습증(濕證)과 부기가 있던 곳은 모두 회복되었는데, 다만 배 아래 물이 찬 것 같은 증상은 낫지 않으니 몹시 우려스럽습니다. 저희 아들을 시켜 조 영공(趙令公 조성(趙晟))께 약을 물어본 다음 번거로운 부탁을 드려 부디 약을 조제하여 병을 치료하였으면 합니다만 어떠하실지요?

제 자식이 벼슬을 얻은 것은 참으로 기대하지 못했던 일이라 몹시 두려운 일입니다만, 영공의 보살핌 속에 있어 다소 다행스러울 따름입니다. 살펴 주시길 엎드려 바랍니다. 나머지는 먼저 보낸 편지에서 자세히 말씀드렸습니다.

---

**178** 연방 : 【譯注】 생원과·진사과에 합격한 사람의 이름을 적은 명부(名簿)를 가리키는 말로, 생원과 진사에 급제하면 연꽃을 꽂기 때문에 연방(蓮榜)이라 하고 대과에 급제하면 계수나무를 꽂기 때문에 계방(桂榜)이라고 한다.

# 송태수에게 답하다 【을묘년(1555, 명종10, 55세) 4월 28일 추정. 예안(禮安)】

答宋台叟

《이번 달 7일과 17일 두 차례 보내신 편지가 동시에 함께 도착하여 영체(令體)가 충만하고 평온하심을 잘 알았습니다. 아울러 보내신 편지의 뜻을 잘 알았으며 또 영공께서 조제한 두 가지 색의 약을 받으니 취(取)한 듯 손에 쥔 듯[179]하여 외딴 시골에서 병을 치료할 시기를 놓치지 않게 되었으니, 감사하고 다행하기 이를 데 없습니다. 저는 예전에 습증(濕症)을 앓아 만성 증상이 오래도록 낫지 않는 데다 형님의 아들 상까지 더하여 몹시 고달프고 지친 상태입니다. 그런데 이렇듯 약을 보내 주셔서 거의 목숨을 부지할 듯하니 어떤 기쁨이 이와 같겠습니까?

제가 인사도 하지 못하고 떠나게 된 사연은 앞에서 이미 대략 말씀드렸습니다만, 이름 없이 물러나 가만히 숨을 죽이고 있던 차에 문득 임금의 은지(恩旨)가 내렸으니 놀랍고 두려운 마음에 어느 곳에 몸을 두겠습니까? 명을 받았으니 은혜에 감사하는 전문(箋文)을 올리지 않을 수 없으며, 다시 서장(書狀)을 올려 외람되이 간절히 사직하는 뜻을 진술하고 삼가 석고대죄하여 기다리고 있습니다. 저를 이렇게 궁색한 상황에 몰리게 한 신군(申君 신옥(申沃))의 계장(啓狀)이 저를 아껴서 올린 것이라고 할 수 있겠습니까? 더구나》 조 판서(趙判書 조사수(趙士秀))는 저와 서로 알아주고 아껴 주지 않는다고 말할 수 없는 사이라서 전후 사정을 간절히 이야기하

---

**179** 취한 듯 손에 쥔 듯 : 【譯注】 소중한 것을 손에 쥐어 더할 나위 없이 기쁘다는 말이다. 《시경(詩經)》〈대아(大雅) 판(板)〉에 "하늘이 백성을 열어 밝혀 줌이 훈(壎) 같고 지(篪) 같으며, 장(璋) 같고 규(圭) 같으며, 취한 듯 손에 쥔 듯 손에 쥠에 더할 것이 없는지라, 백성들을 열어줌이 매우 쉬우니라."라고 하였다.

여 또한 이미 남은 것이 없는데도, 전혀 들어주지도 생각해주지도 않으니 몹시 괴이하고 민망합니다. 나중에 영공께서 저를 위하여 송강(松岡 조사수)에게 다음과 같이 물어주십시오. "공은 마음속으로 '이황이 겉으로는 물러날 것을 청탁하나 사실 속으로는 돌아오려 한다.'라고 생각하여 반드시 조정에 묶어두려 하십니까? 아니면 실로 '이황이 진정 병 때문에 간절히 사퇴하려 한다.'라고 생각하면서 일부러 벼슬과 녹봉으로 장난삼아 시험하려 하십니까? 앞의 경우라면 무엇이 취할 것이 있다고 그 사람을 돌아오게 할 것이며, 뒤의 경우라면 그 사람의 뜻이 진실로 가련한데다 작록은 희롱할 수 있는 물건이 아니니 공은 무슨 까닭으로 나아가거나 물러나는 데에 근거 없는 일을 하려 하십니까?" 이런 말로 질문하시면 혹 만에 하나라도 송강의 뜻을 돌이킬 수 있을 것입니다. 간절히 빌고 빕니다.

《저의 아이가 가르침을 받지 못하고 벼슬을 얻은 데다 바쁜 부서를 맡았는데 그때 구제함을 입어 바꿀 수 있었다면 다행이었겠지만, 그렇게 하지 못하였으니 지금으로서는 어찌할 도리가 없습니다. 이렇게 염려해주시니 매우 감사합니다만 가서 인사드릴 길이 없습니다. 더워지는 날씨에 오직 세상을 위하여 몸을 소중히 보전하시기 바랍니다. 드릴 말씀은 많지만 이만 줄입니다.》


《보내주신 납약(臘藥)은 또한 잘 받았습니다. 우러러 감사드리고 우러러 감사 드립니다. 이제 조 영공(趙令公 조성(趙晟))께서 돌아가셨음을 알게 되니, 어찌하여 어진 사람이 수를 누리지 못하는지요? 병든 이 몸이 약을 조제하여 구제받은 것이 여러 번인데, 갑자기 이런 부고를 들으니 놀랍고 슬퍼서 얼마나 한스럽고 한스러운지요!》

# 송태수에게 답하다 【을묘년(1555, 명종10, 55세) 8월 초·중순 추정. 예안(禮安)】
答宋台叟.

지난여름 아이가 돌아오는 편에 보내신 편지를 받고 기거(起居)가 충만하고 평온하심을 잘 알게 되어 기쁘기 한량없습니다. 《편지를 주신 이후 불볕더위에 근황이 더욱 좋고 넉넉하시리라 생각합니다. 황(滉)은 전에 습창(濕脹)으로 애를 먹다가 약을 보내주신 이후로 날로 조금씩 증상이 덜해졌습니다만, 오직 열이 심하게 나는 것이 두려운데 도중에 복약(服藥)을 멈추면 또 조금씩 간간이 증상이 나타나서 그때마다 배가 부풀어 오르곤 합니다. 이 증세는 가볍지 않아서 말로 표현할 수 없습니다.》

전에 내리신 서장(書狀)에서 '시일이 늦든 빠르든 상관하지 말고 올라오라는 말씀'이 계셨습니다. 이것은 비록 반드시 올라오게 하려는 뜻은 아니겠으나, 이미 하유(下諭)하신 바가 있으니 의리상 복명하지 않고 편안히 물러나 있을 수도 없는 일입니다. 다만 제 아이가 전한 영공의 말과 다른 사람의 의견이 모두 굳이 답을 올려서 일이 번거롭게 되는 것을 피했으면 좋겠다고 하므로, 지금까지 가부 간의 확답을 하지 않았으니 몹시 마음이 편치 않습니다. 어찌하면 좋겠습니까?

매번 송강(松岡)이 저를 곤란한 처지에 밀어 넣는 것을 괴롭게 여겼는데 영공께서 경(卿)의 반열에 오름에 바야흐로 믿고서 편안히 여겼더니, 뜻밖에도 얼마 전 제가 관동관찰사(關東觀察使)로 의망(擬望)되었을 때 영공마저 구원해 주지 않을 줄은 몰랐습니다. 비록 다행히 면하기는 했으나 몹시 두렵고 놀랐습니다. 관동이 비록 노닐고 싶은 곳이기는 하지만 관찰사라는 직책이 어찌 반맹양(潘孟陽)처럼 산에서 놀기[180] 위해 마련된 것이겠습니까? 영공이 이미 저의 뜻을 알고 계시니 여러 말이 필요 없겠습니다만, 다만 이후로 또다시 이런 일이 있거든 꼭 힘을 다하여 천길 못 가운데로부터 저를 구원해 주시기 바라는 간절한 마음을 이기지 못하겠습니다. 《제 아이가 연이어 마음에 바라던 바를 이룬 것은 너무 과분한 일입니다. 박세현(朴世賢) 또한 부모를 모시기에 편한 고을을 얻었으니 감사한 마음 말로 하기 어렵습니다. 그러나 여론이 혹 좋게 생각하지 않아서 저의 죄를 더할까 두려울 따름입니다.》

왜구가 침범하여[181] 나라의 치욕이 매우 크니 이제 비록 기세가 조금 꺾였다고 하지만 후환을 더욱 방어하기 어려울 테니 어찌하면 좋겠습니까? 《보내신 종이는 무더위에 붓을 잡을 수 없어 서늘해지기를 기다렸다 마땅히 말씀대로 하겠습니다만 또한 어디에 쓰겠습니까? 멀리 있어 만나기 어려우니, 맑은 가을까지 부디 몸을 소중히 하시어 먼 곳에서 바라는 마음에 부응하시길 바랍니다. 불구(不具).》

---

**180** 반맹양처럼 산에서 놀기 :【攷證 卷4 潘孟陽遊山】《구당서》권162 〈반맹양전〉에 다음과 같은 내용이 있다. "반맹양이 염철전운(鹽鐵轉運)이 되었을 때 발길 닿는 곳마다 머물면서 기생과 음악을 즐겼는데, 뒤에 정경(鄭敬)이 강회위무사(江淮慰撫使)가 되었을 때 헌종(憲宗)이 말하기를, '경은 이제 가서 반맹양처럼 재물을 탕진하고 술을 즐기며 산사(山寺)를 유람하기만 하지 말라.'라고 하였다."

**181** 왜구가 침범하여 : 이 시기 '선전관 박세현이 전라도의 왜변 상황을 아뢰었다'라는 기록이 있다. 《조선왕조실록》 명종 10년(1555) 6월 14일 자.

# 별지

別紙


농암(聾巖 이현보) 선생이 돌아가심에 의지하여 우러러볼 곳이 없으니 막막함을 가눌 길 없습니다. 공간(公幹)[182]이 상(喪)을 지키고 있는데 마침 다른 병은 없다고 합니다. 이번 달 28일 영폄(永窆 산에 장사 지내는 것)에 여러 아들이 매우 간절히 제현(諸賢)의 만사(挽詞)를 얻고자 하니, 영공도 생각건대 만사를 지으실 뜻이 없지 않으실 터이니, 아울러 제공(諸公)을 창도하여 만사를 지어서 함께 보내오는 것도 또한 아름다운 일일 것입니다. 접때 '어찌하여 벼슬하기를 즐기지 않는가?'라고 하셨는데, 매우 두렵습니다만 어찌할 도리가 없습니다.


---

**182** 공간 : 【譯注】 이중량(李仲樑, 1504~1582)으로, 본관은 영천(永川), 자는 공간, 호는 하연(賀淵)이다. 농암 이현보의 넷째 아들로 1534년(중종29) 문과에 급제하여 관찰사·우승지 등을 역임하였다.

## 송태수에게 보내다 【을묘년(1555, 명종10, 55세) 11월 추정. 예안(禮安)】

與宋台叟

일양(一陽)의 날 쌀쌀한 바람에[183] 알지 못하겠습니다만 영공의 근황이
어떠하신지요? 이조(吏曹)의 청중(清重)함은 마음에 흡족하시겠지만
다만 번다한 청탁을 감당하기 어려우리라 생각됩니다. 저는 전에 습증
(濕症)을 앓았는데 지금은 배가 불러 오르고 그득하여 의가(醫家)에서
말하는 '적취(積聚)'와 비슷한데 치료할 약이 없으니 걱정스럽습니다.

　전에 옥판지(玉版紙)를 부쳐주셨는데 감히 그만둘 수 없어서 종이만
더럽혀서 돌려보냅니다. 저의 글씨는 본래 볼 것이 없는 데다 산재(山齋)
에서 쓸 수 있는 붓이 형편없어서, 그중에 해서(楷書) 열 폭은 더욱 장독
덮개로 쓰기에도 부족하니 애오라지 일소(一笑)에 붙일 따름입니다. 지
난 9월에 받은 편지에서 말씀하신 뜻은 저의 생각과 꼭 들어맞았기에
이제까지 답장하지 않고 있었습니다. 다만 당초에 아픈 몸을 이끌고 조
정을 떠났던 것은 그저 죽기 전에 과분한 영예에서 벗어나 부디 조금이나
마 저의 분수에 편안하고자 한 것입니다. 그런데 몸은 시골에 있으면서
벼슬은 조정의 반열에 걸쳐두고 나아가지도 사직하지도 않은 채, 도리어
온통 우둔하고 염치없는 물건이 되어 있으니 이것은 커다란 잘못입니다.
그러나 벗어날 길이 없으니 다만 영공의 가르침에 따를 뿐입니다.

　추경(樞卿)[184] 영공은 지금 어느 관직에 계신지요? 송강(松岡 조사수)

---

**183** 일양의……바람에 : 【譯注】 '일양(一陽)의 날'은 11월 동짓달을 가리키며 바람이
쌀쌀하게 부는 것을 '필발(觱發)'이라고 한다. 《시경》〈빈풍(豳風) 칠월(七月)〉에 "일양
의 날에는 바람이 쌀쌀하다.〔一之日觱發〕"라고 하였다.

**184** 추경 : 【譯注】 정응두(丁應斗, 1508~1572)의 자로, 본관은 나주(羅州), 시호가

과 방보(邦寶)[185]도 모두 청건(淸健)하시리라 생각합니다. 저는 병중이라 독서에 힘을 다하지 못합니다만 다만 고요한 가운데 옛날 익히던 학업에 매진하다 보면 참으로 새로운 의미가 있음을 깨닫게 되니, 자못 이로써 스스로 즐거워하며 시간을 보낼 따름입니다. 멀리 있어서 뵐 기약이 없으니 오직 몸을 소중히 보전하셔서 여러 사람의 기대에 부응하시길 바랍니다. 불선(不宣).

납약(臘藥)을 나누어 주셔서 감사합니다.

충정(忠靖)이다. 벼슬은 관찰사·병조 판서 등을 거쳐 좌찬성(左贊成)에 이르렀다.
**185** 방보 : 【譯注】 김개(金鎧, 1504~1569)의 자로, 본관은 광산(光山), 호는 독송정(獨松亭)이다.

# 별지

別紙


가을에 흉년이 들어 금령(禁令)이 이미 풀렸는데 성묘하는 것을 무엇 때문에 옳지 않다고 하는 것입니까? 말씀을 들으니 망연자실하게 됩니다. 저는 첨지중추부사(僉知中樞府事)를 제수받은 일[186]이 마음에 불편하다는 뜻을 지난번에 권경유(權景由)[187]에게 상의한 적이 있는데, 경유가 가르침을 주기를 "연말 즈음에 서장(書狀)을 올려 제때 올라가지 못한 사정을 아뢰면서 사직하는 것이 좋을 듯하다."라고 하니, 이 말이 매우 이치에 맞습니다.

다만 지금 세상에서는 이런 일로 사직을 청하여 허락을 받은 예가 없고 도리어 요란스럽게 떠들어서 사람들의 이목을 불러일으키려 한다는 혐의를 받을 수 있으며, 그중에 심한 경우 혹 뜻밖의 일이 생기기도 해서 그것이 말도 안 되는 난처한 단서가 되기도 하는지라, 조정에서 잊혀진 채로 잠자코 은거하여 문득 아무 일도 없느니만 못할 듯합니다. 그러니 경유의 말도 조정의 명을 때로는 꼭 따를 필요가 없다는 뜻입니다.


---

**186** 첨지중추부사를 제수받은 일 : 【譯注】 이황은 이해 2월에 첨지중추부사에 제수되었다. 《퇴계선생연보》 권1 34년 을묘년(55세)에 보인다.

**187** 권경유 : 【譯注】 권철(權轍, 1503∼1578)로, 본관은 안동(安東), 자는 경유, 호는 쌍취헌(雙翠軒)이다. 중종 말기 식년 문과에 급제한 이후 여러 내외직을 역임하고, 선조 초기에 영의정에 이르렀다.

## 송태수에게 답하다 병진년(1556, 명종11, 56세) 【3월. 예안(禮安)】

答宋台叟 丙辰

장 정랑(張正郎)[188]이 서울로부터 오는 편에 영공(令公)의 편지를 전해 받고 근황을 알게 되었습니다. 영원의 근심〔鴒原之戚〕[189]이 있었다고 하니 슬픈 마음을 금할 수 없습니다. 또 알지 못하겠습니다만 무슨 일로 별안간 어사대(御史臺)를 떠나 언부(讞部)로[190] 옮기셨는지요? 비록 어느 곳에 있더라도 충성을 다할 길은 있겠으나 형관(刑官)은 더욱더 영공이 즐겨할 바가 아닐 것이니, 오직 힘써 생각하고 직분을 다할 뿐이지 싫증을 내거나 소홀하게 생각해서는 안 될 것입니다.

황(滉)은 적취(積聚)와 비창(痞脹)[191]이 가끔씩 매우 심한데 시골에는 의약도 없어서 앉아서 하늘의 처분을 기다리고 있는 형편입니다다만 심히 걱정할 바는 아닙니다. 다만 중추부(中樞府)의 직함[192]을 아직도 면하지 못하고 있어서 이 일이 몹시 저의 마음을 흔들고 궁색하게 합니다. 어찌

---

**188** 장 정랑 : 【譯注】 장응선(張應旋, 1499~?)으로, 본관은 흥해(興海), 자는 중기(仲紀)이다. 【攷證 卷4 張正郎】 아마도 장중기(張仲紀)인 듯하다.

**189** 영원의 근심〔鴒原之戚〕 : 【譯注】《시경(詩經)》〈소아(小雅) 상체(常棣)〉에 나오는 말로, 형제간에 급하고 어려운 일을 당함을 뜻한다.

**190** 어사대를 떠나 언부로 : 【譯注】 어사대는 사헌부(司憲府)를, 언부는 형조(刑曹)를 가리키며, 송기수가 1555년 사헌부 대사헌에 임명되었다가 1556년 형조참판에 임명된 것을 말한다. 《조선왕조실록》 명종 10년 윤11월 16일 조 ; 〈추파선생연보(秋坡先生年譜)〉 병진년(1556, 50세) 4월 조.

**191** 적취와 비창 : 【譯注】 '적취'는 오랜 체증으로 인해서 배 속에 덩어리가 생기는 병증이고, '비창'은 배가 더부룩하게 부풀어 오르는 병증이다.

**192** 중추부의 직함 : 【譯注】《퇴계선생연보》에 의하면 이황은 병진년 6월에 첨지중추부사로 임명되었다.

하면 좋겠습니까?

옛날에는 비록 작은 벼슬이라 하더라도 반드시 물러가고 나아감과 사양하고 받음을 분명하게 하였으니, 꼭 재상과 대간(臺諫)만 그러했던 것이 아니었습니다. 가령 옛사람이 저 같은 경우를 당했다면 틀림없이 힘을 다하여 상소문을 올리고 번거롭게 하거나 비방을 받는 일은 신경 쓸 겨를이 없었을 것입니다. 저의 경우 진실로 고인에 빗대어 말하기가 어렵지만, 비록 요즘 사람이라 하더라도 저 같은 경우를 당하지 않았다면 그만이지만 만약 이런 일을 당했다면 아마도 저처럼 전혀 옳고 그름을 가리지 않은 채 이름은 조정에 걸어놓고 몸은 재야에서 입을 다물고 세월을 보내고 있지만은 않을 것입니다. 게다가 지금은 나라가 어지러워서[193] 지혜와 힘을 쏟아내고 있는 터라, 공로가 있는 사람에게 벼슬을 주더라도 오히려 넉넉하지 않을까 걱정인데, 어찌 죽은 목숨과 마찬가지로 병들어 쓸모없는 사람에게 헛되이 주어서 공로가 있는 사람이 도리어 녹을 받지 못하는 일이 있게 하겠습니까? 지금은 또한 평상시와 경우가 다르니, 《더욱 편안하지 못합니다.》

이 때문에 남들이 나무라고 헐뜯을 것을 헤아리지 않고 서장(書狀)을 지어 간절한 마음을 대략 진술하였습니다. 장차 서장을 올리려 할 즈음에 영공의 '꼭 다시 번거롭게 할 필요가 없다'라는 편지를 받고서 다시 한번 생각해 보니 또한 매우 이치가 있는 말씀이라, 진실로 유해무익한 일이 될까 두려워 또 이렇게 그만두게 되었습니다. 그러나 끝까지 벼슬이 깎이지 않는다면 저는 마침내 벼슬을 훔친 죄를 면하지 못하게 되어 죽어서도 지하에서 눈을 감지 못할 것입니다. 어찌하면 좋겠습니까? 《보

---

**193** 지금은 나라가 어지러워서 : 【攷證 卷4 國事搶攘】호남에 왜구가 침입한 것을 말한다.

내주신 여러 가지 귀한 납약(臘藥)은 병 든 이에게 더할 나위 없이 소중한 것입니다. 고을 사람이 길 떠날 때가 되어 서둘러 쓰느라 다 갖추지 못합니다. 세상을 위해 몸을 소중히 하시길 엎드려 바랍니다.》

# 송태수에게 답하다 【병진년(1556, 명종11, 56세) 8월. 예안(禮安)】

答宋台叟

지난여름 편지를 보내주시고 아울러 귀한 약제(藥劑)와 이름난 향(香)을
부쳐주시니 성의(盛意)에 감복함이 어찌 한량이 있겠습니까. 돌이켜 생
각해보면 임금의 부르심에 나아가지 못하여 근심과 두려움이 지극한데
다, 저에게 큰 죄를 주어야 한다는 시론(時論)을 거듭하여 듣게 됨에 더
욱더 황공하고 위축되어서 감히 한 통의 편지를 올려 사례하지 못하고
지금까지 소식을 전하지 못하였습니다. 다만 부끄러움과 한스러움만 더
할 뿐입니다. 요즈음 날씨가 맑음에 영공(令公)의 근황도 신이 도우셔서
다 좋으리라 생각합니다.

황(滉)은 아직도 죽지 못하고 평생토록 불행하게도 헛된 이름을 훔치
고 있었더니, 올해 여름에 있었던 일[194]은 더욱 몹시 놀랍고 괴이한 것이
었습니다. 제가 비록 미혹하기는 하지만 어찌 임금의 크신 은혜에 생사
를 헤아리지 않고 달려 나가 사은하는 것이 옳은 줄을 모르겠습니까.
다만 스스로 살펴보건대 정신과 근력이 더는 조금도 억지로 힘을 쓸만한
여지가 없으니, 다른 직책도 오히려 그러한데 하물며 옥당(玉堂 홍문관)
의 우두머리에 이 어찌 죽을 날이 가까운 병든 사람이 하루라도 처할
수 있겠습니까. 이미 감당할 수 없음을 분명히 알고 있으면서도 뻔뻔한
얼굴로 나아가 사은하는 것이 어찌 의리에 편안한 일이겠습니까. 천부당
만부당하여 감히 받들어 행하지 않았더니 '이황이 신하의 의리를 알지

---

**194** 올해……일 : 【攷證 卷4 今夏之事】병진년(1556, 56세) 5월에 홍문관 부제학에
임명되었다.

못한다.'라는 시론(時論)이 잇달아 들려옴에 마음을 하소연할 길 없이 날마다 견책이 이르기만 기다리고 있었습니다. 다행히도 임금께서 불쌍히 여기시어 한가하게 처함을 허락하시니 감사함을 생을 마감할 때까지 품고서 오직 간절히 축수(祝壽)하는 마음만 수없이 쌓일 뿐입니다. 그러나 시론이 과연 종식될지는 기필할 수 없는 일입니다. 아마도 영공께서 들은 것이 있을 터이니, 아끼지 말고 알려주시기를 간곡히 바랍니다.

뒤에 올린 사장(辭狀)에서 '치사(致仕)'라는 한마디는 틀림없이 비웃음과 비난을 받을 것이니, 비록 영공처럼 서로 믿는 사이라 할지라도 응당 또한 저를 물정에 어둡다고 여겼을 것입니다. 저의 그릇된 견해가 이와 같으므로 달리 헤아려 볼 겨를도 없이 망령되게 말했을 뿐입니다, 어찌 해야겠습니까? 《영공의 생질 정군(丁君)이 장원을 한 것은 당연한 일이니, 사적으로 축하드리지 않고 나라를 위해 깊이 축하드립니다. 저의 아이가 영공께 나아감에 서둘러 써서 전하려니 다 피력하지 못합니다. 오직 몸을 더욱 소중히 하시길 바랍니다.》

## 송태수에게 보내다 【병진년(1556, 명종11, 56세) 12월 추정. 예안(禮安)】

與宋台叟

세밑의 눈 내리는 추위에 영공께서는 일상이 어떠하신지요? 그리운 마음 자못 지극합니다. 저는 우두커니 궁벽한 곳에서 늙고 졸렬한 몸으로 녹녹하게 지내니, 이 한가한 가운데 맛없는 맛[195]을 누구와 더불어 하겠습니까? 오직 날마다 영공을 애타게 생각합니다.

　우연히 조보(朝報)를 보고 사은(謝恩)할 기한이 지난 것에 대해 탄핵이 있었음을 알았으니 이제는 잠잠해졌으리라 생각합니다. 추경(樞卿 정응두(丁應斗)) 영공께서 관서 관찰사(關西觀察使)로 나가신다니, 멀리서 그리워하는 감회를 가누기 어렵습니다. 영공께서 송경(松京 개성 유수)에 의망(擬望)된 일은 어찌 되었습니까? 혹시 영공의 뜻에서 나온 일입니까? 아침에 정리(正吏 9품관)가 돌아감에 애오라지 안부를 묻사오니 만 가지 중에 하나도 말하지 못합니다.

---

**195** 맛없는 맛 : 【譯注】 독서하는 즐거움을 말한다. 송나라 소식(蘇軾)의 《동파전집(東坡全集)》 권100 〈약송(藥誦)〉에 "거사가 노래하여 답하기를, 일없는 일을 일삼으면 모든 일이 다스려지고, 맛없는 맛을 음미하면 오미가 갖추어지네.〔事無事之事, 百事治兮. 味無味之味, 五味備兮.〕"라고 하였다.

# 송태수에게 답하다 정사년(1557, 명종12, 57세)【4월 초순 추정. 예안(禮安)】

答宋台叟 丁巳

단산(丹山) 황 군수(黃郡守)[196]가 편지를 전해 주어 하절사(賀節使)의 행차가 기일이 정해졌음을 알게 되었으니, 멀고도 먼 길[197]이라 마음이 암담해져 회포를 가눌 길 없습니다. 영공의 이번 행차가 또한 늦지 않았다고 할 수는 없지만, 이제 천하를 유람하려는 뜻에 보상을 받은 셈이니 한 가지 통쾌한 일입니다. 길이 좀 막히는 것[198] 쯤이야, 하늘이 돕고 신령이 도울 것이니 다시 무슨 근심이 있겠습니까.

졸렬한 저는 천하를 경영하는 뜻을 이미 거두었으니 이에 그저 부러울 따름입니다. 중국으로 가는 사신에게 글을 보내는 것이 재야에 있는 제가 할 일이 아닌 줄 잘 압니다만, 멀리서 요구하시고 또 채대술(蔡大述 채승선)이 와서 알려줌에 가서 뵙고 이별할 수는 없어서 결국 별지(別紙)를 적어 올립니다. 아마 옥하관(玉河館)[199]에서 한번 펼쳐보시면 찰나의

---

**196** 단산 황 군수 :【譯注】황준량(黃俊良, 1517~1563)으로, 본관은 평해(平海), 자는 중거(仲擧), 호는 금계(錦溪)이다. 1540년 문과에 급제하여 1557년 단양(丹陽 단산) 군수가 되었다.

**197** 멀고도 먼 길 :【攷證 卷8 正遠】《주서(朱書)》에 나오는 말이다. 《주서강록간보(朱書講錄刊補)》에 "서로 떨어진 것이 진정 먼 것이다."라고 하였다.

**198** 길이……것 :【譯注】당시에 후금(後金)이 요동을 자주 침범하여 걸핏하면 사행길이 막혔던 사실을 말한 것으로 보인다.

**199** 옥하관 :【譯注】명(明)나라 초기에 외국 사신의 숙소로 사용하기 위해 북경에 설치한 관소로, 조선의 사신들도 이곳에 머물며 활동하였다.【攷證 卷8 玉河】옥하관은 곧 황도(皇都)이다.

한 생각이 고국을 지날 것[200]입니다. 다만 바라건대 가시는 길에 몸을 거듭 소중히 하시길 빌고 또 빕니다.

---

**200** 찰나의……것 : 【攷證 卷8 一念逾新羅】 송나라 소식(蘇軾)의 〈백보홍(百步洪)〉 시에 "나의 삶도 자연의 변화 따라 밤낮으로 흘러가나니, 찰나(刹那)의 한 생각이 신라 를 지나간 것을 앉아서 깨닫겠노라.〔我生乘化日夜逝, 坐覺一念逾新羅.〕"라고 하였다. 《蘇東坡詩集 卷17》

# 송태수에게 보내다 정사년(1557, 명종12, 57세) 【12월. 예안(禮安)】

與宋台叟 丁巳

중국을 다녀오심[201]에 화락하신 영공(令公)께 신의 위로가 있을 것이니 삼가 일상이 더욱 경사스러우리라 짐작됩니다. 중간에 길이 막혔다[202]고 하여 멀리서 듣고 몹시 놀라서 근심이 실로 깊었으니, 이제라도 달려가 축하하고 싶은 마음이야 어찌 끝이 있겠습니까. 다만 얼굴을 마주하여 마음을 터놓을[203] 길이 없을 뿐입니다.

중국에서 특별히 들은 것이나 특이한 일은 없었습니까? 요동(遼東)이 달적(㺚賊)의 침입을 당한 것이[204] 저러하니, 잘 모르겠습니다만 그래도 조정에서 잘 방어하여 남쪽으로 환도할[205] 뜻은 없는지요? 천주(泉州)와

---

**201** 중국을 다녀오심 :【攷證 卷4 觀周夢鈞】살펴보건대, 공이 이때 동지부사(冬至副使)로 북경을 다녀왔기 때문에 계찰(季札)이 주(周)나라 악(樂)을 본 것과 진 목공(秦穆公)이 꿈에 천제(天帝)를 알현한 고사를 인용한 것이다. 【校解】《고증》에는 '진 목공'이 '목개(穆介)'로 표기되어 있으나 '공(公)' 자의 아래쪽 획이 뭉개져서 이렇게 된 것으로 판단하였다.

**202** 중간에 길이 막혔다 :【攷證 卷4 中間道梗】살펴보건대, 《황명기략(皇明紀略)》에 "가정(嘉靖) 병진년(1556) 겨울, 오랑캐 무리 10여 만이 진정보(鎭靜堡) 등 여러 곳으로 쳐들어오자 요동 총병(遼東摠兵) 은상질(殷尙質)이 힘이 다하여 전사하였다."라고 하였다. 대개 당시에 노추(虜酋 오랑캐의 우두머리)가 요동을 침입하여 거의 한 해도 거른 적이 없었으니 우리나라에서 조공을 바치는 도로가 막힌 것도 대개 이 때문이다.

**203** 마음을 터놓을 :【攷證 卷4 披霧】《진서(晉書)》에 다음과 같은 내용이 있다. "악광(樂廣)이 위관(魏灌)을 보았는데, 위관이 말하기를 '매번 이 사람을 만나면 마치 운무를 헤치고 푸른 하늘을 보는 것 같다.'라고 하였다."

**204** 요동(遼東)이……것이 :【攷證 卷4 遼被㺚犯】무주(無住) 홍호(洪鎬)의 《조천일기(朝天日記)》에 "요동을 거쳐 연(燕)으로 여행하는 사람들이 달적에게 쫓기고 노략질 당하는 재난을 많이 당하였다."라고 하였다.

장주(漳州), 소주(蘇州)와 호주(湖州) 사이 왜구의 세력[206]은 또한 어떠합니까? 기인(杞人)의 걱정처럼 이러한 의문이 드니 저의 어리석음이 우습기는 합니다. 그렇지만 이치로서 말한다면 천하의 일이 모두 남의 일은 아닐 것입니다. 혹시 의리에 맞는 특별한 서적을 얻었거든 또한 멀리 있는 저에게 보여주실 수 있을까요? 들으니 《금헌휘언(今獻彙言)》[207]이라는 책이 진작 우리나라에 전래 되었다고 하는데, 한번 보기를 간절히 원했으나 그렇게 하지 못했습니다.

황(滉)은 병이 날마다 더하고 어리석음이 해마다 심해지며 눈은 점점 사물을 분별하지 못하고 마음에는 남은 힘이 없으니, 다만 죽지 않고 있을 뿐입니다. 《가형(家兄)의 사위 전 울진(蔚珍) 현령 박세현(朴世賢)이 지난번 영공의 도움을 받은 일은 너무 감격스러워 말로 하기 어렵습니다. 이제 그가 가는 편에 이 편지를 부쳐 올리니, 알지 못하겠습니다만 지금도 돌보아 주시는지요? 영공께서 살펴 주시길 엎드려 바랍니다. 끝으로 더욱 힘쓰셔서 학문이 높고 깊어지기를 기원합니다.》

《채대술(蔡大述 채승선)은 끝내 목숨을 구할 수 없는 지경이니 벌써 애통한 마음이 드는데, 세 딸이 집에 있어 살아갈 방도가 막막하여 장례를 치르기 어려우니 참담함을 말로 할 수 없습니다.》

---

**205** 남쪽으로 환도할 :【攷證 卷4 南還】남경(南京)을 가리킨다.

**206** 천주와……세력 :【攷證 卷4 泉障蘇湖倭勢】《황명기략(皇明紀略)》에 "가정(嘉靖) 계축년(1553) 해적들이 왜구를 끌어들여 대거 쳐들어와서 군함 백여 척을 이은 채로 바다를 뒤덮으며 몰려왔다. 남경(南京)에 계엄령을 내리고 소주부(蘇州府) 동지(同知) 임환(任環)으로 하여금 여러 군(郡)의 병사를 통솔하여 왜적을 막게 하였는데, 이때부터 천주와 장주, 소주와 호주 사이에 왜적의 세력이 창궐하였다."라고 하였다.

**207** 금헌휘언 :【攷證 卷4 今獻彙言】명(明)나라 고명봉(高鳴鳳)이 편집한 책이다.

# 송태수에게 답하다 무오년(1558, 명종13, 58세)【1~3월 추정. 예안(禮安)】

答宋台叟 戊午

삼가 보내신 편지를 지난달에 받고서 도중에 겪은 험난한 상황들을 잘 알게 되어 참으로 마음이 철렁하였습니다. 화락한 군자는 하늘이 도우신다는 말이 헛되지 않음을 더욱 증험하였으니 매우 축하드립니다. 황(滉)은 정신이 흐려지는 것이 날로 심하여 거의 인사불성이니 비록 나이가 들면 그런 줄 알지만 절로 한탄을 금할 수 없습니다. 보내주신 납약(臘藥)은 여러 가지가 구비되어서 외딴 산골의 병든 늙은이가 위급할 때 의지가 될 것입니다. 두터운 은혜에 감사하여 감히 이렇게 답장을 썼으니 영공께서 살펴 주시길 엎드려 바랍니다.

《도학명신록(道學名臣錄)》[208]은 얻어 보기를 간절히 바랐는데 빌려 보기를 허락해 주셨으니, 저의 벗 출신(出身) 정유일(鄭惟一)[209]이 지금 서울에 있어서 초여름에 고향으로 돌아올 텐데 그편에 부쳐 보내심이 어떠하겠습니까? 좌랑(佐郎) 정경석(丁景錫)[210]이 정유일이 있는 곳을 알고 있어 전하여 부칠 수 있을 것이니, 삼가 두 사람을 찾아보시길 바랍니다.

---

**208**  도학명신록 :【譯注】정식 이름은 '도학명신언행록(道學名臣言行錄)'으로 송(宋)나라 때의 학자인 이유무(李幼武)가 주자(朱子)의 《송명신언행록(宋名臣言行錄)》을 승계하여 편찬한 책이다.

**209**  정유일 :【譯注】1533~1576. 본관은 동래(東萊), 자는 자중(子中), 호는 문봉(文峯)이다.

**210**  정경석 :【譯注】정윤희(丁胤禧, 1531~1589)로, 본관은 나주(羅州), 자는 경석, 호는 고암(顧庵)·순암(順庵)·해월헌(海月軒)이다.

# 송태수에게 답하다 기미년(1559, 명종14, 59세)【6월. 예안(禮安)】

答宋台叟 己未

공부(工部)에서 온 인편에 보내주신 편지를 받고 영공(令公)의 일상이 신이 도우셔서 강녕하심을 알게 되었으니 달려가 축하하고 싶은 마음을 어찌 이길 수 있겠습니까. 《황(滉)은 아직 남은 목숨을 보전하여 이렇게 소식을 듣게 되니 또한 다행한 일입니다.》 다만 직책을 사임하는 한 가지 일은 여태까지 윤허를 받지 못하였으니, 마음이 어지럽고 두려워서 어찌해야 할지를 모르겠습니다.

오늘 구구(丘口)[211]가 왔으니 마땅히 생사를 헤아리지 않고 빨리 올라가기를 도모해야 하겠지만 묵은 병이 종종 더 심해질 뿐 아니라, 올해 더위가 예년보다 갑절이나 심함에 마침내 배앓이를 앓아 토하고 설사하여 《전혀 음식 생각이 없고 먹어도 소화되지 않아서》 위독하게 축 늘어져 있습니다. 천 리길 불볕 먼지 속으로 억지로 출발하려 해도 운신(運身)하고 일어날 힘이 조금도 없어서 백번을 생각하다가 도로 그만두었습니다. 보내주신 편지에서 저를 위하여 조언하신 대로 우선 구구로 하여금 먼저 가게 하고 조금 시일을 지체하면서 병세를 보아 갈지를 결정하되, 이렇게 하고도 만약 길에서 죽을 것을 다시 염려한다면 그다지 나쁠 게 없겠으나,[212] 만에 하나 다시 도성으로 들어간다면 출근하기 어려워서 허둥대는 것이 전보다 갑절이 될 것이고 사람들이 침을 뱉으며 더럽게 여기는

---

**211** 구구 :【攷證 卷4 丘口】서울의 각 관청에 속한 하인을 '구구(丘口)'라고 하니, 구사(丘史)·구종(丘從)·구자(丘子)라고 부르는 경우와 같다.

**212** 만약……없겠으나 :【譯注】병세가 심각해서 길에서 죽을까 염려될 정도면 올라가지 않아도 되는 상황이니 나쁠 게 없다는 뜻이다.

것은 틀림없이 더욱 심할 것입니다.

　벗이 오래된 친구를 염려하여 기꺼이 한 잔의 술을 나누어 주더라도 아마도 국화가 나를 보기 부끄럽게 여겨 좀처럼 술잔에 뜨려고 하지 않을 것이니[213] 어찌하면 좋겠습니까?（지난번에 찾으신 《언행록(言行錄)》[214]은 비록 왕래하는 사람이 있더라도 땀에 배거나 비에 젖을까 우려스러우니, 지금 이 사람에게 부치지 않고 훗날 도성으로 가는 선비가 있으면 맡겨서 보낼까 합니다.）사람들의 입에 크게 오르내리는 것이 맥계(貊稽)[215]만이 아닌데, 벗께서는 익히 보고도 어찌 그 사이에서 힘을 써주지 않으십니까? 할 말은 많으나 힘이 달려서 일일이 자세하게 쓰지 못합니다. 오직 세상을 위하여 자중자애하시기 바랍니다.

**213** 벗이……것이니 : 【譯注】 송기수가 보낸 편지에서 가을에 국화주를 나누자는 말을 하였고, '절개를 상징하는 국화가 나를 수치스럽게 여겨서 술에 뜨려 하지 않을 것 같다'라는 뜻으로 이렇게 말한 것인 듯하다.

**214** 언행록 : 【譯注】 앞의 편지에 나온 《도학명신록(道學名臣錄 정식 이름은 도학명신언행록)》으로 송기수가 이황에게 빌려준 책이다.

**215** 크게……맥계 : 【譯注】 맥계란 사람이 일찍이 맹자에게 말하기를 "계는 남의 구설을 대단히 받습니다."라고 하자, 맹자가 이르기를 "해로울 것 없다. 선비는 더욱 구설이 많은 것이다."라고 한 데서 온 말이다.

# 송태수에게 보내다 【기미년(1559, 명종14, 59세) 9월 추정. 예안(禮安)】

與宋台叟

삼가 들으니 지난번에 영광스럽게 발탁되는 은총을 입고 고국을 떠나 중국[216]으로 감에 여망에 흡족하였으니 매우 기쁜 마음을 이길 수 없습니다. 황(滉)은 병이 낫는 것이 언제일지 기약할 수 없으니 처신하기 어려움이 날이 갈수록 더욱 심합니다.

일찍이 정상(丁相)[217]의 편지를 두 차례 받았는데 "제가 별다른 병도 없이 오지 않는 것은 온당하지 않다."라고 하니, 아마도 제가 사리에 어두운 것을 깊이 꾸짖은 듯합니다. 정상이 또한 이러하니 다른 사람들이 어떻게 생각할지는 알 만합니다. 직장(直長) 오언의(吳彦毅)[218]의 편지에 "영공(令公)께서 나를 부른 것은 아마 길을 잃은 황(滉)에게 방향을 가리켜 주고자 하신 듯한데, 내가 맡은 일에 바빠서 미처 가보지 못하였습니다."라고 하는데, 삼가 영공의 생각도 정상(丁相)과 같은지요? 그렇지만 이른바 병이란 것이 어찌 반드시 머리가 깨어질 듯 아프며 배가 쥐어짜듯 아픈 다음에야 병이라고 하겠습니까? 제가 꾀병을 부린다고 여기신다면 세상 사람들의 눈을 어찌 속이겠습니까? 또 추증을 받는 은

---

**216** 중국 : 【攷證 卷8 赤縣】 중국을 이름하여 '신주적현(神州赤縣)'이라고 한다. 대현(大縣)을 '적현(赤縣)'이라고도 한다.

**217** 정상 : 【譯注】 이상(貳相)을 역임한 송기수의 매서(妹婿) 정응두(丁應斗)를 지칭한 것으로 보인다.

**218** 오언의 : 【譯注】 1494~1566. 본관은 고창(高敞), 자는 인원(仁遠), 호는 죽오(竹塢)이다. 1531년 진사시에 급제하여 전의 현감을 역임하였고 영주(榮州) 남계서원(南溪書院)에 제향 되었다.

전(恩典)은 진실로 이보다 큰 것이 없으니 처음 명(命)이 내렸을 때 마땅히 사은(謝恩)했어야 할 것이나 사은한 관례가 없고, 서울에 살면서 가묘(家廟)에 분황(焚黃)[219]하는 자 또한 나아가서 사은했다는 말을 들은 적이 없으니, 말미를 얻어 분황하는 자만 유독 사은해야 한다는 것은 제 생각에 꼭 그렇지는 않은 듯합니다. 그러나 크나큰 성은을 받고서도 병 때문에 서울로 돌아가 벼슬하지 못하니 부끄럽고 두려워 죄를 지었습니다. 하늘의 해가 내려다보심에 피눈물을 훔치며 어렵사리 편지를 쓰니 어찌하면 좋겠습니까? 삼가 생각해보니 제가 벼슬에 나아가고 물러남에 의거할 곳 없는 곤란한 형편을 아는 이로 영공만 한 분이 없으니, 만에 하나라도 이전처럼 잘못될 조짐이 보인다면 오로지 영공의 보살핌으로 그만두도록 힘껏 도모해 주시기를 수없이 기원하고 또 기원합니다.

《지난번에 말씀드린 《도학명신언행록(道學名臣言行錄)》은 믿을 만한 사람이 없어 오래 지체하였는데, 이제 이공간(李公幹 이중량)이 가는 편에 부칩니다. 중국에 사신으로 가시게 된 것을 축하드리면서 나도 모르게 제 사정을 언급하였으니, 삼가 헤아려 주시길 바랍니다. 불선(不宣).》

---

219  분황 : 【譯注】 나라에서 증직(贈職)이 내려졌을 때, 교지의 부본(副本)을 황지(黃紙)에 베껴 써서 사당에 고유한 뒤에 불사르는 의식이다.

# 송태수에게 답하다 【기미년(1559, 명종14, 59세) 12월. 예안(禮安)】

答宋台叟

이공간(李公幹 이중량)을 통해 편지를 부친 뒤로 곰곰이 생각해보니, 편지 가운데 말이 스스로 변명하는 데 치우쳤으니 문하(門下)에 거듭 죄를 얻은 것은 아닌지요? 아침저녁으로 두려워서 의지할 곳이 없었는데, 돌아오는 인편에 보내주신 편지를 받고 보니 타이르고 깨우쳐 주신 것이 몹시 정성스럽고 자세하였습니다. 비록 스스로 돌이켜보면 미혹되고 어긋남이 심한데도 오히려 물리쳐 절교하지 않으시고 이처럼 스스로 새롭게 할 방도를 일러 주시니 감격하여 기쁘고 다행스러움을 말로 표현할 수 없습니다. 또한 보내주신 편지를 찬찬히 읽어보니 책망하고 깨우치는 말씀이 하나하나 모두 병에 맞는 약과 같아서 만금으로도 바꿀 수가 없습니다.[220] 다만 이른바 '산림의 선비와 같지 않다'라는 말이나 '일로 인하여 인퇴(引退)하였다'[221]는 혐의에 대해서는 저도 모르는 바가 아닙니다. 그러나 어쩌다가 평소에 불행하게도 크게 어리석은 인간이 헛된 이름을 얻었고 고질이 있는 몸으로 과분하게 높은 벼슬을 얻었으니, 하루라도 외람되게 자리를 차지하고 있을 수 없음을 분명히 알고 있습니다. 외람되게 자리를 차지하는 죄가 제 마음대로 하는 것〔徑情〕보다 무거우나[222]

---

**220** 만금으로도……없습니다 : 【攷證 卷4 萬金不可易】《사기》 권106 〈오왕비열전(吳王濞列傳)〉에 "마침 만금(萬金)의 좋은 약이 있었으므로 살아날 수 있었다."라고 하였다.

**221** 일로 인하여 인퇴하였다 : 【攷證 卷4 因事引退】 기미년(1559) 2월 분황(焚黃)하기 위해 휴가를 청해 고향으로 돌아왔고 이어서 글을 올려 사직하였다.

**222** 외람되게……무거우나 : 【要存錄 卷9】 아마도 송태수가 보낸 편지에서 "선생이 물러나 돌아오지 않는 것이 '제 마음대로 하는 것〔徑情〕'에 가깝다."고 하였기 때문에

백 번을 헤아리고 천 번을 생각해도 벼슬에서 떠날 방법이 없는지라, 어쩔 수 없이 창피한 모습[披猖]이 이에 이르게 된 것입니다.[223] 무너지는 담장 아래에 서 있는 것처럼 위태로운 일을 해서는 안 된다는 경계[224]는 진실로 사리에 합당한 말씀이나, 제가 만난 상황이 이와 같으니 어찌 뒤에 올 재앙을 헤아려서 눈앞의 길머리를 어긋나게 하겠습니까.

보내주신 편지에서 "어찌 관례에 따라 사직하여 체직이 된 다음에 다시 물러나기를 청하지 않습니까?"라고 하시니, 이는 저의 마음속 고민을 자세히 살피지 못하고 하시는 말씀입니다. 영공(令公)께서는 일찍이 조정에서 당사자가 물러나기를 요청했다고 하여 물러날 것을 허락한 경우를 보셨습니까? 애써 요청한 결과라야 군직(軍職)에 임명됨에 지나지 않을 뿐인데, 군직은 여전히 녹을 먹는 사람이니 곧장 갈 수는 없는 것이요, 반드시 말미를 받은 뒤에야 갈 수가 있으니 제가 처음 왔을 때 관례에 따라 말미를 받고자 하였으나 받을 명분이 없는 것[225]을 어찌하겠습니까.

또 향리에 있으면서 상소를 올리는 것은 본래 직책을 띠고 있어서 농부가 되려 하여도 의(義)에 맞지 않는 일이니, 이 때문에 조정에서 물러나기를 허락한다는 한마디 말을 듣기 원하여 피를 쏟으며 애처롭게 호소하

---

이 말로 인하여 이렇게 답한 듯하다.

**223** 창피한……것입니다 : 【攷證 卷4 披猖至此】 피창(披猖)은 《문선주(文選註)》에서 "옷을 입고 띠를 두르지 않은 모양이다."라고 하였으니, 선생이 제 마음대로 물러간 것을 스스로 비유한 표현이다.

**224** 무너지는……경계 : 【攷證 卷4 巖牆之誡】 아마도 송태수가 선생의 이 행동이 무너지려는 담장 아래에 서 있는 것처럼 비방과 문책이 따를 것을 헤아리지 못한 것이라고 말한 듯하다.

**225** 처음……것 : 【攷證 卷4 初來…可受】 이보다 앞서 무오년(1558) 7월 조정의 부름에 응하였다가 이해 2월 분황(焚黃)을 핑계로 향리로 돌아왔고 상소를 올려 치사(致仕)를 청하였다. 이른바 '어찌 관례에 따라 사직하여 체직이 된 다음에'라는 것은 '처음 왔을 때'라고 한 그때를 말한 것으로, 대개 무오년의 일을 가리킨다.

였으나 소원을 이루지 못하였습니다. 뿐만 아니라 도리어 낭패를 당하여 서울에 들어가게 됨[226]에 비방과 힐책이 산과 같았고, 우리 영공처럼 진정으로 잘 알아주시는 이도 또한 제가 헤아리지 않고 무익하고 망령된 행동을 하였다고 책망하셨습니다. 게다가 서울로 들어간 뒤로 병으로 쓰러져 출근하지 못한 것은 여러 사람이 본 일인데, 성균관 대사성을 세 번 사양하면서 병의 상황을 극진히 진술하여 물러나길 바라는 뜻을 다하지 않음이 없었으나 도리어 은명(恩命)을 받았습니다.[227] 무릇 제가 전후로 곤경에 처하여 마음속 근심이 이러한데, 영공께서는 물러나기를 청한다고 물러날 수 있다고 생각하십니까?

지난번 정상(丁相)[228]이 저를 책망한 뜻도 또한 '서울로 돌아와 숙배(肅拜)한 뒤에 당신 생각대로 하시라'[229]는 것이었으나 제가 보기에 정상(丁相)이 병이 없으므로 병든 사람의 근심을 모르고, 또한 제가 전후로 물러나기를 애걸하고도 이루지 못한 정황을 헤아리지 못하여 이런 말을 한 것이니, 사정을 이해하지 못하신 듯하여 지난번 편지에서 그렇게 말했던[230] 것입니다. 그런데 지금 영공의 뜻을 살펴보니 불쌍히 여겨 방도를

**226** 향리에……됨 : 【攷證 卷4 在鄉陳疏…狼狽入京】 무오년(1558) 7월 상소를 올려 치사(致仕)를 청했으나 임금께서 윤허하지 않고 '내가 실로 덕이 없고 어리석어 함께 일할 만하지 못한 탓'이라는 교시까지 내리심에 어쩔 수 없이 부름에 응하여 도성으로 들어간 것이다.

**227** 도리어 은명을 받았습니다 : 【攷證 卷4 反得恩命】 12월 공조 참판(工曹參判)에 오른 것을 말한다.

**228** 정상 : 【攷證 卷4 丁相】 아마도 이상(貳相) 정응두(丁應斗)인 듯하다. 정응두는 송기수의 매서(妹壻)이다.

**229** 돌아와……하시라 : 【攷證 卷4 還肅拜云云】 정상(丁相)은 대개 선생이 다시 서울로 올라와서 사은(謝恩)하게 하고자 한 것이다.

**230** 지난번……말했던 : 【攷證 卷4 前書云云】 바로 앞의 〈송태수에게 보내다〉에 보인다.

일러 주신 지극함은 더할 나위가 없으나, 오직 이 대목은 정상(丁相)이 책망한 것과 크게 다르지 않으니 어쩌면 좋습니까?

편지 가운데 또 '어떤 사람이 와서 일러 주었다.'라는 말씀이 있었으므로 말이 길어져 이에 이르렀습니다. 가르침을 받는 처지에 많은 말로 스스로 변명하는 것도 매우 마땅치 않으니, 부디 깊이 살펴 주십시오. 아울러 편지에서 정상(丁相)의 생각까지 전해 주셨으니 황송한 마음 가눌 길 없습니다. 다만 '현자를 조정에 나오게 한다〔進賢〕'라는 두 글자로 비답(批答)을 하셨다 하니 참으로 말씀드리기 어려웠을 것이나, 어찌 "이 사람을 이 자리에 둘 수는 없습니다. 늙고 병들었으며 어리석고 서툴러서 자기 분수를 지키려고 하는 것이니 억지로 나오게 하여 곤경에 빠뜨리기보다는 차라리 물러나게 하여 그 어리석음을 이루게 하는 것이 낫습니다."라고 아뢰지 않으셨는지요? 《보내주신 달력은 농가(農家)에 절실한 것이라, 이웃의 일가들에게도 나누어 주었으니 깊이 감사 드립니다. 납약(臘藥) 또한 감사의 말을 아뢰지 않을 수 없습니다. 대개 뵐 기약이 없으니 바람결에 마음을 다잡지 못합니다. 삼가 경사가 가득하셔서 세상의 기대에 부응하시길 기원합니다. 불선(不宣).》

# 송태수에게 답하다 경신년(1560, 명종15, 60세) 【10월. 예안(禮安)】

答宋台叟 庚申

《지난봄 편지를 받고 오랫동안 답장을 못하였는데 이공간(李公幹 이중량)이 오는 편에 다시 안부 편지를 객관(客館)에서 피로를 푸는 여가에 부쳐 주셔서, 게으른 저를 너그럽게 대하시는 오랜 후의를 잘 알 수 있었으니 지극한 감격을 감당하지 못하겠습니다. 요사이 겨울 날씨가 오히려 따뜻함에 영공(令公)의 체후가 더욱 맑고 여유로우시리라 생각합니다.》 황(滉)은 쇠약함이 더하고 병이 더함에 마음도 흐리고 눈도 흐리며 어리석고 둔함은 날로 심해져서 한 명의 평범한 시골 사람이요 밭이랑 사이의 피폐한 백성이 되었습니다.

때때로 다시 돌이켜보니 평소에 한 가지 일도 남의 마음에 든 것이 없어서 늘그막에 이르러 한두 가지를 수습하여 스스로 벌충해 보려고 하였으나, 뜻과 힘이 굳세지 않아서 그다지 마음에 맞는 것이 없었습니다. 지난해 앞뒤를 따지지 않고 경황없이 돌아온 것도 또한 이 때문이요, 이미 돌아와 버렸으니 다시 도성으로 들어가기도 어렵기에 전에 가르침을 주신 것을 핑계로 시끄럽게 스스로 변명함을 면하지 못했던 것입니다. 앞의 편지에서 "충성을 바친다는 것이 도리어 요동(遼東)의 돼지[231]와

---

**231** 요동의 돼지 : 【譯注】 후한(後漢) 때 주부(朱浮)의 〈유주 목사가 되어 팽총에게 준 편지〔爲幽州牧與彭寵書〕〉에 나오는 말로, 견문이 좁은 사람이 자기 혼자 대단하게 여기나 다른 사람이 보기에는 특이할 것이 없음을 비유하는 말이다. 【攷證 卷4 遼豕】 주부가 팽총(彭寵)을 꾸짖어 말하기를, "백통(伯通, 팽총의 자)은 스스로 천하에 공로가 높다고 으스대는데, 옛날 요동의 어떤 돼지가 머리가 흰 새끼를 낳았으므로 이상하게 여겨 임금께 바치려 하였는데 하동(河東)에 이르러서 보니 그곳의 돼지는 모두 희었으므로 부끄러워서 다시 돌아왔다고 합니다. 만약 그대의 공을 조정에서 논하자면 '요동의

비슷하다."라는 말씀이 있었으므로 이에 성의(盛意)를 자세히 살펴보니, '이황은 고집이 세고 자기만 옳게 여겨서 말로 알려줄 수 없는 사람이므로 지금부터는 옛 친구로나 대하고 다시는 충고하는 뜻으로 서로 기약할 수 없다.'라고 생각하시는 듯하여 몹시 부끄럽고 불안합니다. 제가 비록 변변치는 못하나 또한 일찍이 선민(先民) 장자(長子)가 남긴 의론을 들었는데, 어찌 감히 으스대며 스스로 책선(責善)의 지극한 마음을 거절하겠습니까.

다만 그 처음 왔던 것과 중간에 품계가 오른 일[232] 두 가지가 모두 합당하지 않고,[233] 병 들어 죽을 날이 가까우니 '이끌려서 머물며 떠나지 못하다가 서울에서 죽게 된다면 어느 곳 청산(靑山)이 헛되이 죽은 한 덩어리 몸을 받아주겠는가?'라고 스스로 생각하였습니다. 그래서 급하고 바쁘게 돌아와서[234] 남은 생을 보내려 하였으니, 그때를 당해서는 꼭 마음이 아픈 사람 같아서 천천히 말할 겨를이 없었습니다. 생각이 사은에 미치지 못한 한 가지 일[235]이 결국 걸림돌이 되고 이미 잘못 처신함이 이렇게 되어서, 진실로 그 뒤를 잘 수습할 계책이 없으니 이것이 정론(正論)에 죄를 얻어[236]

---

돼지'에 해당합니다."라고 하였다.

**232** 처음……일 :【要存錄 卷9】《퇴계선생연보》에 의하면 무오년 윤7월에 선생이 부름을 받아 서울로 갔다가 12월에 특별히 가선대부 공조 참판에 올랐는데, 이를 두고 말한 듯하다.

**233** 합당하지 않고 :【攷證 卷4 無謂】《자치통감강목(資治通鑑綱目)》권2 주석에 "일이 마땅함을 잃어서 교훈으로 삼을 수 없다는 뜻이다."라고 하였다.

**234** 급하고 바쁘게 돌아와서 :【要存錄 卷9】기미년(1559) 2월 휴가를 청하여 고향에 돌아온 일을 말한다.

**235** 사은에……일 :【攷證 卷4 謝恩一節】아마도 송기수가 편지에서 분황(焚黃)하고서 사은하지 않아서는 안 된다고 책망했으므로 이렇게 말한 듯하다. 바로 앞의 〈송태수에게 보내다〉에 자세히 보인다.

**236** 정론에 죄를 얻어 :【要存錄 卷9】선생이 기미년(1559) 고향으로 돌아간 이후로

스스로 벗어날 길이 없는 까닭입니다. 그러나 다른 사람은 익숙히 보고도 말해 주지 않는데 오직 영공(令公)의 간곡한 깨우침이 간절하기가 이와 같으니, 제가 이미 지난 일에 대해서는 비록 고치기 어려우나 감히 앞일을 행함에 시작을 잘 도모하여[237] 거의 지난 잘못을 다시 저지르는 일이 없도록 하지 않겠습니까?《살피건대 영공의 이번 행차는 바로 삼대를 추증하는 영예로운 일이요, 돌아오신 것이 바로 제가 대죄(待罪)하고 있는 때이니 듣고서 부럽고 부끄러움에 우러러 아뢸 말이 없습니다. 삼가 바라건대 아직 자유를 얻지 못하였다 한탄하지 마시고 더욱 세상을 위해 힘을 쏟아 멀리 있는 저의 바람에 부응하시기 바랍니다.》

다시 조정에 돌아오지 않자 시론(時論)이 이 일로 분분하여 끊이지 않았기 때문에 이렇게 말한 것이다.

**237** 앞일을……도모하여 : 【譯注】《주역》〈송괘(訟卦) 상(象)〉에 "하늘과 물이 어긋나게 감이 송(訟)이니, 군자가 이를 본받아 일을 할 때 처음을 잘 도모한다."라고 하였다.

# 송태수에게 보내다 신유년(1561, 명종16, 61세) 【1월 18일 이후 추정. 예안(禮安)】

與宋台叟 辛酉

이 참봉(李參奉)이 영공(令公)의 편지와 납약(臘藥) 한 봉을 전해 와서 저를 돌보시는 정성에 절하고 받은 일이 오래도록 마음에 남았으니 깊이 감사드립니다. 황(滉)은 또 유지(有旨)를 받들었으니 마땅히 병을 무릅쓰고 달려가야 하겠습니다만, 마침 낙상(落傷)으로 병세가 한창 심하여 잠시 안정을 취하려다가 이렇게 지체되었으니 근심과 두려움을 이길 수 없습니다. 만약 병든 몸을 이끌고 서울로 가게 되면 직접 뵐 수 있을 것입니다. 영공께서 살펴 주시길 엎드려 바랍니다. 병의 후유증으로 손이 떨려서 격식을 갖추지 못합니다.

연전에 편지 한 통을 이공간(李公幹 이중량)에게 부쳐 올렸는데, 이제 보내신 편지에 아무런 언급이 없으니 전달 도중에 잃어버린 것은 아닌 지요?

# 송태수에게 답하다 【신유년(1561, 명종16, 61세) 9월 25일 추정. 예안(禮安)】
## 答宋台叟

저의 손자 안도(安道)[238]가 돌아오는 편에 삼가 영공(令公)이 쓰신 편지를 받아보니, 보살피고 복을 내리기를 두 사람 모두에게 정성껏 해 주시어 감사하고 감사합니다. 손자가 어리석어 향방도 알지 못하는데, 이제 이 아이를 받아들여서 한참 동안 말해 주셨다고 들었습니다. 재주도 없이 사마시에 합격한 것[239]이 기뻐할 일이 아니요, 영공의 앞에서 이러한 기회를 얻은 것은 크나큰 다행입니다.

황(滉)은 지금 늙고 병든 모습이 전에 뵈었을 때와 비교하여 또 3년이 지났으니 그 추한 몰골이야 말할 것도 없겠습니다. 다만 지난해 보내신 편지에서 제가 벼슬에 나아가고 물러남이 마땅함을 잃었다고 하셨기에, 한 통의 편지를 받들고 어리석은 생각을 대강 말씀드렸습니다. 그 뒤로 다시 짧은 편지를 부쳐 이공간(李公幹 이중량)이 오는 편에 보내셨기에, 저도 또한 바로 짧은 답장을 공간이 돌아가는 편에 부치고 아울러 형편없는 절구 2수를 올렸습니다. 그런데 금년 정월이 되어 또 납약(臘藥)을 보내셨는데 짧은 편지 속에 다만 안부만 전하시고, 두 차례 보낸 답장을 보셨다는 언급이 조금도 없었고, 지금 받은 편지에서 다시 이렇게 말씀하시니 혹시 작년에 제가 보낸 두 통의 답장이 중간에 전해지지 못한 것은 아닌지요?

---

**238** 안도 : 【譯注】 이안도(1541~1584)로 이황의 장손이며, 자는 봉원(逢原), 호는 몽재(蒙齋)이다. 1574년 학행으로 천거되어 참봉과 직장을 역임하였고, 저서로 《몽재집》이 있다.

**239** 사마시에 합격한 것 : 【攷證 卷8 濫得】 사마시(司馬試)에 합격한 것을 말한다.

저는 사은(謝恩)할 길이 없으니 여론이 옳지 않다고 여길까 더욱 두려워서 비록 영공처럼 잘 아는 분 앞에도 오히려 자주 글을 올리는 것이 미안하였습니다. 그래서 납약(臘藥)을 받고 이제까지 편지를 쓰지 못했습니다. 지난해에는 편지를 받을 때마다 바로 답장을 하였으니, 그 편지의 끝에 "어찌하리오! 천 리 밖 벗들, 그리워할 뿐 회포를 나누기 어려워라〔叵耐故人千里外, 相思難與共幽襟.〕"라고 한 것[240]이 그것입니다. 부디 이 마음을 통해 편지를 받아 본 것으로 여기시고, 혹시 한 글자 안부를 주시어 저의 의아한 마음을 깨뜨려 주심이 어떠하겠습니까? 영공께서 살펴 주시길 엎드려 바랍니다.

---

240　끝에……것 : 【譯注】《정본 퇴계전서》 권1 〈동재에서 감회를 읊다〔東齋感事〕〉 절구 10수 중 마지막 10번째 시이다.

# 송태수에게 답하다 【신유년(1561, 명종16, 61세) 12월 추정. 예안(禮安)】
答宋台叟

월초에 봉화(奉化) 이 현감(李縣監)이 오는 편에 영공(令公)이 보내신 답장을 받아보니 말씀하신 뜻이 간곡하여 펼쳐 읽고 돌려보냄에 위안이 되고 다행스러움을 말로 할 수 없습니다.

황(滉)이 저번에 고향으로 돌아온 것은 몹시 부득이한 상황에서 나온 것으로, 이른바 '심장이 아프면 목소리를 천천히 내지 못한다.'[241]는 경우였습니다. 그러나 마음속으로는 진실로 여러분의 불만을 저버렸다는 부끄러움이 있었고 영공께서 의(義)를 끌어와 각별하게 깨우치는 말이 또한 지극한 정성에서 나왔으니, 제가 어찌 감히 한사코 자신을 옳다고 하면서 진실한 조언을 가볍게 여겨서 백붕(百朋)[242]을 내려주신 것에 답장을 하지 않을 수 있겠습니까. 답장을 하지 않는다고 의심하는 것은 그야말로 평소 밝은 눈으로 어리석은 저의 충심을 굽어살핌에 미진함이 있어서입니다. 접때 만약 제가 또한 영공의 답신을 보지 못한 것을 섭섭하게 여겨 뒤에 편지를 쓰지 않았다면, 앞의 편지는 끝내 영공 앞에 보내지 못했을 것입니다. 이렇게 하여 그치지 않는다면 자칫 서로 한쪽을

---

**241** 심장이……못한다 : 【譯注】 한(漢)나라 유도(劉陶)가 영제(靈帝)에게 올린 글에 "신이 듣기로 일이 급한 사람은 말을 편안히 할 수 없고 심장이 아픈 사람은 목소리를 천천히 내지 못한다.〔臣聞事之急者, 不能安言; 心之痛者, 不能緩聲.〕"라고 하였다.《後漢書 卷87 劉陶列傳》

**242** 백붕 : 【譯注】 수많은 재물처럼 귀한 말씀을 뜻한다. 옛날 조개껍데기를 돈으로 사용할 때 '오패(五貝)'를 '붕(朋)'이라 한 데서 유래한 말로,《시경》〈소아(小雅) 청청자아(菁菁者莪)〉에 "이미 군자를 만나 보니, 나에게 백붕을 주신 듯하네.〔旣見君子, 錫我百朋.〕"라고 하였다.

원망하는 데로 돌아가지 않겠습니까? 다행히 그 편지가 상자 안에 들어 있어 때맞추어 발송함에 저의 뜻을 조금이나마 영공께 피력할 수 있으니 어찌 하늘이 도우심이 아니겠습니까.

저는 이제 늙고 병든 것이 날로 심해져서 영영 몸을 일으켜 앞으로 향할 희망이 없는데도 아직 판중추부사에서 면직되지 못하고 있으니, 다만 두터운 깨우침에 감사할 뿐이요 따르고자 해도 방도가 없으니 탄식한들 어찌할 수 있겠습니까.

이 동년(李同年)[243]은 오래도록 문하에서 종유한 사람이라, 지금 이곳에서 서로 만남에 영공을 직접 만난 듯 몹시 기뻤으니, 그리워하는 마음 간절함을 새삼 느낍니다. 하고 싶은 말은 많지만 멀리 보내는 편지를 자잘하게 다 적을 수 없습니다. 오직 세상을 위하여 몸을 아끼셔서 새로운 복이 가득하시기를 바랍니다. 삼가 절하고 답장합니다.

---

**243** 이 동년 : 【譯注】 이황과 함께 1528년 식년시에 합격한 이세순(李世純)으로 짐작된다. 《龍門集 卷4 送扇于李退溪景浩 附次韻【景浩】》.

# 송태수에게 보내다 임술년(1562, 명종17, 62세) 【10월 12일 추정. 예안 (禮安)】

與宋台叟  壬戌

지난여름 채생(蔡生)[244]이 고향에 돌아오는 편에 보내주신 편지를 받고 아울러 채생에게 물어 기거가 평안하심을 알게 되어 그리워하는 마음에 위로가 되었습니다. 가을이 끝나고 겨울이 오는데 아직 답장을 보내지 못했으니, 심한 게으름이 스스로 부끄럽습니다. 그러나 이렇게 된 것이 전적으로 게으른 탓만은 아니니, 몸은 멀리 외진 곳에 있으면서 자꾸 조정에 소식을 통하는 것이 혹시라도 마땅치 않을까 염려되어서입니다. 그래서 우연히 인편이 있어서 편지를 쓰려다가 도로 그만둔 적이 많습니다. 무릇 조정의 알고 지내던 여러 공들께 감히 저의 뜻을 받들어 올리는 일이 모두 이와 유사합니다. 영공께서 너그러이 헤아려 주시리라 생각합니다.

이중길(李重吉)[245] 공이 노년에 외직에 종사하다가 갑자기 주검으로 돌아오니 사람의 일이 애통하기만 합니다. 민경열(閔景說)[246]은 도성으로 돌아간 뒤로 자주 보았습니까? 저는 쇠잔한 것이 이 모양이라 뵐 날을 까마득히 알 수 없으니, 바람 불고 달빛 비칠 제 그리움을 가누기 어렵습

---

**244** 채생 : 【攷證 卷8 蔡生】아마도 채대술(蔡大述 채승선)인 듯하다.

**245** 이중길 : 【譯注】이윤경(李潤慶, 1498~1562)으로, 본관은 광주(廣州), 자는 중길, 호는 숭덕재(崇德齋)이다. 1534년 문과에 합격하였으며, 평안도 관찰사로 재임하던 중 병으로 죽었다. 시호는 정헌(正獻)이다.

**246** 민경열 : 【譯注】민기(閔箕, 1504~1568)로, 본관은 여흥(驪興), 자는 경열, 호는 관물재(觀物齋)·호학재(好學齋), 시호는 문경(文敬)이다.

니다. 손자가 도성으로 들어가는 편에 바삐 서신을 올리느라 만에 하나
도 다 말씀드리지 못합니다. 삼가 겨울을 나심에 하늘이 복을 내리시길
기원합니다.

# 송태수에게 답하다 계해년(1563, 명종18, 63세) 【7월 추정. 예안(禮安)】
答宋台叟 癸亥

초여름 손자 안도(安道)[247]가 서울에서 돌아오는 편에 손수 쓰신 편지를 받고서 영광스럽게 질종(秩宗)의 임무[248]를 받게 되어 조야(朝野)의 바람에 흡족하게 된 것을 삼가 알게 되니 기뻐하며 경하하는 마음이 그지없습니다. 그 후로 줄곧 그럭저럭 지내며 오랫동안 답장을 올리지 못하였으니 오늘 가을로 들어서기에 문득 놀라는데, 삼가 존체는 더욱 강녕하시리라 생각됩니다.

저는 전달에 심한 병을 앓아 한 달 넘게 자리에 누워 지내는데 지금은 겨우 죽음을 면하였습니다. 다만 노쇠하여 남은 생을 보내고 있는데 병에 걸려 기운이 깎여서 더욱 피곤함을 느끼니 어찌하겠습니까. 납제(臘劑)[249]와 해산물을 보내주시니 절하고 받으며 우러러 감사드립니다. 또한 손자가 그 아내를 거느리고 먼 길을 오면서 수륙으로 어려움이 많았는데 이에 진념을 받아 곡진히 도움을 주시니, 온 집안사람들이 대단히 감사하게 생각하고 있습니다. 바라건대 조량하시기 바랍니다. 끝으로 철 따라 더욱 도를 밝히셔서 신령과 사람의 바람에 부합하십시오. 불구

---

**247** 안도 : 【譯注】 이안도(1541~1584)로, 자는 봉원(逢原), 호는 몽재(蒙齋)이다. 이황의 장손이다.

**248** 질종의 임무 : 【譯注】 질종은 《서경》〈순전(舜典)〉에 보이는 말로 삼례(三禮)를 맡은 벼슬이다. 예조 판서를 가리킨다.

**249** 납제 : 【譯注】 납일(臘日)에 임금이 가까운 신하에게 나누어 주던 소합원(蘇合元), 안신원(安神元), 청심원(淸心元) 등의 약을 말한다. 이것은 내의원(內醫院)에서 해마다 섣달에 조제하여 바쳤는데, 납약(臘藥)이라고도 한다.

(不具). 삼가 답장하는 편지를 올립니다.

　정추경(鄭樞卿)[250]과 권경유(權景由)[251] 두 이상(貳相)과 아마도 때때로 서로 만나실 것입니다. 매번 멀리서 생각해 주시니 너무나도 감사한데, 손자의 여정에 또한 두 이상의 도움을 받았으니 더욱 깊이 감사드립니다. 감히 번거롭게도 그분들에게 감사하다는 마음 전해주시기를 삼가 바랍니다.

---

250　정추경 : 【譯注】 정응두(丁應斗, 1508~1572)로, 본관은 나주(羅州), 자는 추경이다. 병조 판서 정옥형(丁玉亨)의 아들이며, 송태수의 매제이다. 시호는 충정(忠靖)이다.

251　권경유 : 【譯注】 권철(權轍, 1503~1578)로, 본관은 안동(安東), 자는 경유, 호는 쌍취헌(雙翠軒)이다. 시호는 강정(康定)이다.

# 송태수에게 보내다 갑자년(1564, 명종19, 64세) 【1월 10일경 추정. 예안(禮安)】

與宋台叟 甲子

근래 몸이 쇠약해지고 기운이 빠져서 안부 한 글자 올리지 못하였습니다. 삼가 설날의 아름다운 경사에 신령이 도와 더욱 강녕하리라 생각되지만, 사모하는 마음 더욱 간절합니다. 황(滉)은 외려 다른 걱정은 면했지만 작년 큰 병을 앓은 뒤로 머리에 온통 눈서리가 내렸으며 치아는 빠지고 눈 가장자리는 검게 되었습니다. 이러한 때 다만 노산(魯山)의 미우(眉宇)를 한번 보고서[252] 묵은 회포를 펼쳤으면 하였는데, 그렇게 하지 못하니 어찌하겠습니까.

그 사이 국가에 애사와 경사가 교대로 이르렀으니 그 모두에 대해 감히 말하지 못하겠습니다. 이번에 뜻밖에도 저의 어리석은 자식이 벼슬을 얻어 도성에 들어가는 편에 편지를 부쳐 올리니, 부디 철 따라 몸을 보중하시기를 바랍니다. 불구(不具).

---

**252** 노산의……보고서 : 【譯注】 노산은 당(唐)나라의 은사(隱士) 원덕수(元德秀)를 가리킨다. 그는 일찍이 진사(進士)가 되고 이어 노산 영(魯山令)을 잠시 지내고는 이내 명리(名利)를 버리고 산수(山水)를 좋아하여 거문고나 타면서 스스로 즐기었다. 현종(玄宗) 때의 명신인 방관(房琯)은 매양 원덕수를 보고 감탄하기를 "덕수의 미우(眉宇)를 보면 그 모습이 사람으로 하여금 명리를 꾀하는 마음이 모두 사라지게 한다."라고 하였다. 여기서는 노산으로 송태수에 비유하였다.

# 송태수에게 보내다 갑자년(1564, 명종19, 64세) 【9월 10일경 추정. 예안(禮安)】

與宋台叟 甲子

정월 25일에 보내주신 편지에 대해 지금까지 답장을 올리지 못하였습니다. 삼가 생각건대 현재 이조 판서로 임명되고서 넉넉한 휴가를 받았으니 신령이 도와 강녕하리라 여겨집니다. 근래 듣건대 사위와 자제분이 거듭 연계(蓮桂)[253]를 차지하였다고 하니 가문에 경사가 많음은 하늘이 참으로 보답한 것이라, 손뼉을 치며 축하함을 마지않습니다. 저는 늙고 병듦이 날로 심한데 지금 또다시 습환(濕患)이 나왔다가 발병하기를 반복하여 절룩거리며 걸으니, 속담에 "설상가상"이라고 하였는데 참으로 헛된 말이 아닙니다.

이전 편지에서 영달하여 귀하게 된 것이 매우 근심스럽다고 하였는데, 이것은 영공(令公)에게 있어서 분수 안의 일입니다. 그런데 그렇게 말한 것은 평소 겸손함을 숭상하여 절로 응당 이처럼 하신 것입니다. 현재 중책을 맡은 이조는 전에 비해 주상의 은총이 더욱 높으며 집안 자손 중에는 버슬아치가 많아 하늘의 복이 넘칩니다. 삼가 생각건대 영공께서는 가득 차게 지니면 넘친다는 경계에 대해 어떻게 생각하십니까? 험한 길은 경사가 심하며 만년의 절조는 온전하기 어렵습니다. 다시 바라건대 아름다운 덕에 더욱 힘써서 처음부터 끝까지 부끄러움이 없어서 여망에 부합하고 역사책에 이름을 빛내십시오. 이것이 못난 벗의 바람입니다.

---

**253** 연계 : 【譯注】 연방(蓮榜)과 계방(桂榜)을 말하는데, 연방은 소과(小科)인 생원시(生員試)와 진사시(進士試)의 방목(榜目)이고 계방은 대과(大科)의 방목이다.

저는 허물을 고치기에도 겨를이 없으니 물어보신 일전어(一轉語)[254]에
대해 어찌 주제넘게 말씀드리겠습니까? 《삼가 혜량해 주시면 대단히 다
행이겠습니다. 아들이 도성에 들어갈 때 이 편지를 부칩니다. 불선(不
宣). 삼가 절하며 축하드립니다.》

---

254 일전어 : 【譯注】 원래는 불교에서 참선할 때 참선자가 미혹에서 벗어나 깨달음을
얻을 수 있게 하는 말을 이르는 것으로, 사람들로 하여금 대오각성할 수 있게 하는
중요한 말씀이라는 뜻으로 사용된다.

# 송태수에게 보내는 별지

與宋台叟別紙

제가 지닌 동지중추부사직은 아직도 체파(遞罷)되지 않고 있으니 어찌 할 줄을 모르겠습니다. 들려오는 소식 가운데 근래 주상에게 아뢰어 체 직시키려는 논의가 있었는데, 권경유(權景由)[255]와 영공께서 불가하다 고 하여 그 논의가 마침내 가라앉게 되었다고 합니다. 제 이름은 조정에 있는데 몸은 재야에 있으니 비록 질병에 걸려 참으로 어쩔 수 없는 까닭 이라고 하지만 훗날 혹여 이것을 적시하여 어떤 죄인들 끌어다 붙이지 않겠습니까? 이것이 제가 밤낮으로 근심하고 두려워하는 바이니, 죽기 전에 교체되었다는 명을 듣고 싶은 것입니다.

권경유와 영공은 본래 저를 두터이 대하려고 한 것이지만 그것이 저에 게 막대한 근심거리가 되는 줄은 알지 못하시니 깊은 탄식과 아쉬움이 입니다. 삼가 바라건대 영공께서는 저를 위해 권경유 공을 찾아가서 이 런 위태하고 간절한 마음을 말해주시고 서로 힘써 도모하여 이전의 논의 를 다시 제출하여 모름지기 저의 바람을 이뤄주신다면 큰 구원에 대단히 다행함을 이기지 못할 것입니다. 지금 병조 판서 또한 구구한 저의 마음 을 알고 있기에 분명 부탁을 물리치지 않을 것이니, 부디 그렇게 해 주시 기를 간절히 바랍니다.

---

**255** 권경유 : 【譯注】권철(權轍, 1503~1578)로, 본관은 안동(安東), 자는 경유, 호는 쌍취헌(雙翠軒)이다. 중종 말기 식년 문과에 급제한 이후 여러 내외직을 역임하고, 선조 초기에 영의정에 이르렀다. 시호는 강정(康定)이다.

# 송태수에게 보내다 을축년(1565, 명종20, 65세)【5월 추정. 예안(禮安)】
與宋台叟 乙丑

《삼가 여쭙건대 영공의 체후는 어떠하십니까? 저번에 인일(人日)에 보내준 편지를 받았는데 길을 헤매는 저에게 가르침을 주셨습니다. 그러나 마침 일이 많은 까닭으로 즉시 그 말씀대로 행하지 못하였습니다. 근래 바야흐로 외람되이 소장을 올려 주상의 허락을 받게 되어 지금부터 죽을 때까지 어리석은 본분에 조금 편안하게 되었으니, 병든 몸이 위태로움에 이르지 않게 된 것은 영공과 권상(權相)[256]이 힘써서 도모해 주신 것입니다. 너무나도 감사하여 보답할 길이 없습니다.》

드릴 말씀은 다름이 아니라, 괴이한 것은 함께 목욕한 가운데[257] 영공만 홀로 손가락질을 받는 것은 어째서입니까? 한가한 가운데 때로 한 번씩 웃으시리라 생각됩니다. 그러나 이것을 아무런 해가 없다고 여겨서는 안 되니 마땅히 더욱 경계하며 살피는 것이 좋습니다. 《만나 뵈올 길이 없기에 바람을 향하여 그리운 마음을 내달립니다. 불구(不具).》

---

**256** 권상 : 【譯注】 권철(權轍, 1503~1578)로, 본관은 안동(安東), 자는 경유(景由), 호는 쌍취헌(雙翠軒)이다. 중종 말기 식년 문과에 급제한 이후 여러 내외직을 역임하고, 선조 초기에 영의정에 이르렀다. 시호는 강정(康定)이다.

**257** 함께 목욕한 가운데 : 【譯注】 같이 일을 도모해 놓고서 남을 꾸짖는 것을 가리킨다. 당(唐)나라 한유(韓愈)의 〈장적에게 답한 편지〔答張籍書〕〉에 "함께 목욕하면서 맨몸을 드러냈다고 꾸짖는 것과 같다.〔似同浴而譏裸裎也〕"라고 하였다.

# 송태수에게 답하다 정묘년(1567, 명종22, 67세) 【3월 2일 추정. 예안(禮安)】
答宋台叟 丁卯

연전에 박세현(朴世賢)[258]이 와서 영공께서 제 안부를 물어본 편지를 전해주었는데, 그때 저도 즉시 또한 편지 한 통을 써서 인편을 통해 부쳐 올렸습니다. 삼가 영공께서 서찰로 깨우쳐 주신 뜻을 보고 나서 먼저 저의 상황에 대해 대략 말씀드렸습니다. 편지가 한 번 오고 한 번 가는 사이에 둘 다 서로의 마음을 잘 알았을 듯합니다. 그 후에 또 줄곧 그럭저럭 지내면서 한 글자 서신도 올리지 못하였습니다. 초봄에 저리(邸吏)가 오는 편에 영공의 편지를 받았는데, 새 달력과 납제(臘劑)[259]를 동봉하였으니 그 감사한 마음 또한 그지없습니다.

저는 겨울에 거듭 풍한(風寒)이 몸을 얽어매었으며 봄에는 담천(痰喘)이 심하게 발병하였으니, 여러 병증을 지닌 채 두어 달을 연이어 극심하게 앓다가 날이 따뜻하게 된 뒤에야 겨우 머리를 들 수 있었습니다. 조금뿐인 기혈도 남김없이 소진되었는데, 병의 뿌리는 여전하여 조금 나았다 다시 도지니 병화가 어떻게 될지 예측할 수 없습니다. 이러한 때에 소지(召旨)가 또 내려오니 가야 할지 말아야 할지 둘 다 어려운데, 옴짝달싹할 수 없는 급박한 상황에 손을 쓸 수가 없으니 어찌하면 좋겠습니까? 애당초 후보에 들어가지 않았는데, 잘 모르겠습니다만 무슨 까닭으로

---

**258** 박세현 : 【譯注】 1521~1594. 자는 공보(公輔), 본관은 무안(務安)이다. 퇴계의 여섯째 형님 이징(李澄)의 둘째 사위로, 무과에 급제하여 병사(兵使)를 역임하였다.

**259** 납제 : 【譯注】 납일(臘日)에 임금이 가까운 신하에게 나누어 주던 소합원(蘇合元), 안신원(安神元), 청심원(淸心元) 등의 약을 말한다. 이것은 내의원(內醫院)에서 해마다 섣달에 조제하여 바쳤는데, 납약(臘藥)이라고도 한다.

마침내 이런 일이 생겼는지요? 더욱 근심스럽고 두려울 따름입니다. 못난 제가 쓸모없는 것은 영공께서 평소 분명하고 밝게 아실 것인데, 더구나 지금은 정신이 어둡고 노쇠하여 사물에 대응하여 계책을 낼 수 없거늘 부의(浮議)가 서로 일어나 저로 하여금 몸 둘 곳이 없게 합니다. 만약 한번 도성에 들어간다면 일일마다 처리하기 어려울 것이며, 문사(文思)는 고갈되어 한 구도 짓지 못할 것이니 조금도 보탬이 되지 못하고 다만 낭패함을 당할 것입니다. 이런 생각으로 날마다 심란하여 심병(心病)이 날로 깊어 가니 마침내 어디에서 그칠 것인지 알 수가 없습니다. 하소연하는 마음은 깊지만 붓과 종이로 드러내기 어려운데 기운이 달려 초초히 써서 올립니다.

삼가 지난해 보내신 편지의 뜻을 살펴보건대 비록 영공의 충후함과 간측(懇惻)함으로도 저의 출처의 어려움에 대해 헤아리지 못함이 있는 것 같으니, 더구나 그 밖의 다른 사람들에게 바라겠습니까? 부질없이 매우 답답해할 따름입니다.

# 별지

別紙

지난봄에 영공에게 보낸 편지와 손자에게 부친 편지를 함께 봉하여 올려 보냈는데, 그 편지가 서울에 도착하였을 때는 손자가 이미 관북(關北)에 들어가고 없었습니다. 이 때문에 잘못 전해지거나 지체되어 전해져서 지금까지 편지가 이쪽저쪽을 전전하다가 비로소 돌아왔으니, 감히 번거롭게 다시 올립니다. 비록 중요한 이야기는 없지만 모름지기 한때의 정을 진달하였습니다.

## 송태수에게 답하다 【정묘년(1567, 명종22, 67세) 8월 2일 추정. 서울】

答宋台叟

안부 편지를 받고서 우러러 감사드립니다. 신민(臣民)이 복이 없는 가운데[260] 미천한 신하인 저는 더욱 심하니, 하늘같은 은혜를 받았지만 한번 사양하는 것을 또한 허락받지 못하였으니 늙고 병든 몸이 어찌 감당하겠습니까? 슬픔 속에 경황이 없어 다급하게 달려가다가 길에서 복질(腹疾)을 앓게 된 바람에 비장과 위마저 손상되었습니다. 전혀 밥 생각이 나지 않으며 먹어도 또한 소화가 되지 않습니다. 이따금 갑자기 설사를 하여 날로 파리해져 가니, 마침내 큰 병으로 번질까 두려워하여 어쩔 수 없이 지금 정사(呈辭)하려고 합니다. 겨우 도성에 들어오자마자 곧바로 퇴직을 청하여 의리가 조금도 없으니 어찌하겠습니까? 다만 영공께서는 혜량해 주시기 바랍니다. 삼가 절하며 아룁니다.

---

**260** 신민이……가운데 :【譯注】명종(明宗, 1534~1567)의 승하를 가리킨다. 명종은 이해 6월에 승하하였다.

# 송태수에게 보내다 정묘년(1567, 선조 즉위년, 67세)【8월 9일 추정. 서울】

與宋台叟 丁卯

제가 관직을 받고 출근하지 않아 새 왕의 정치[261]에 크게 누를 끼치고 있습니다. 앞길에 이와 같이 어그러뜨리는 일이 또한 얼마나 될지 알 수가 없는데, 엄동설한이 닥쳐옴에 전적으로 벌레처럼 칩거하면서 삼동(三冬)을 지냈습니다. 이와 같은데도 떠나지 않는다면 비난과 욕설이 장차 천지간에 가득 찰 것이기에 이번 체직(遞職)한다는 명을 틈타 마땅히 떠나려고 하는데, 의논하는 이들이 모두 전왕의 국장으로 불가함을 말하니 이 마음을 누구에게 하소연하겠습니까? 비록 영공이라도 반드시 저의 속마음을 헤아리지 못할 것이라 생각됩니다. 《다만 바라건대 때를 위해 존체를 잘 보존하십시오, 불선(不宣).》

---

**261** 새 왕의 정치 :【譯注】이해 6월에 명종이 죽고 선조가 등극한 것을 말한다.

# 송태수에게 답하다 【정묘년(1567, 선조 즉위년, 67세) 8월 하순 추정. 예안(禮安)】
答宋台叟

192 譯註 退溪全書 6

사람을 보내 뒤미처 안부를 물어보시니 우러러 대단히 감사드립니다. 제가 길을 나선 것은 생각이 궁박(窮迫)함에서 나온 것이기에 제공(諸公)과 작별하지 않고 떠나왔으니, 부끄럽고 아쉬운 마음 그지없습니다. 다만 바라건대 이후로 다시 마장(魔障)이 없게 된다면 대단히 다행할 것입니다. 만일 혹 있더라도 힘써 저를 구원해 주시기를 지극히 바랍니다. 삼가 절하며 답장을 올립니다.

# 송태수에게 답하다 무진년(1568, 선조1, 68세) 【5월 1~7일 추정. 예안(禮安)】

答宋台叟 戊辰

지난 4월 14일 영공이 보내주신 편지가 김계응(金季應)[262]의 조카 집에서부터 여러 사람을 거쳐 저에게 전달되었습니다. 이에 근황을 알게 되니 병든 이의 마음에 매우 위안이 됩니다. 다만 듣건대 그가 이미 출발하였다고 하기에 미처 답장을 써서 올리지 못하니 아쉽습니다.

저는 일마다 어그러지고 군색됨이 날로 더욱 심해지니 무슨 까닭으로 이렇게 되었는지 알 수 없으며, 또한 어떤 방법으로 이런 고통스런 상황을 면해야 할지 몰라서 자신을 책망하고 있을 따름입니다. 영공의 형편에서는 사양이 당연한데, 홍상(洪相)[263]이 사양한 것은 잘 모르겠습니다만 어째서 그렇습니까? 제공(諸公)이 이와 같고 저도 이와 같으니, 또한 잘 모르겠습니다만 어째서 그렇습니까?

납제(臘劑)[264]를 새해 선물로 멀리서 부쳐주시니 병중에 감사한 마음 더욱 깊습니다. 영공께서는 조량하십시오. 마음속의 생각을 다 말하기 어려우니 다만 묵묵히 이해해 주십시오. 날이 더워지니 몸을 보중하기

---

**262** 김계응 : 【譯注】 김난상(金鸞祥, 1507~1570)으로, 본관은 청도(淸道), 자는 계응(季應), 호는 병산(甁山)이다. 한양에 거주하였다.

**263** 홍상 : 【譯注】 홍섬(洪暹, 1504~1585)으로, 본관은 남양(南陽), 자는 퇴지(退之), 호는 인재(忍齋)이다. 홍섬이 1568년(선조1) 5월에 우의정에 제수되었으므로, 홍상(洪相)이라 한 것이다.

**264** 납제 : 【譯注】 납일(臘日)에 임금이 가까운 신하에게 나누어 주던 소합원(蘇合元), 안신원(安神元), 청심원(淸心元) 등의 약을 말한다. 이것은 내의원(內醫院)에서 해마다 섣달에 조제하여 바쳤는데, 납약(臘藥)이라고도 한다.

바랍니다. 삼가 절하며 답장을 올립니다. 마침 몽당붓을 잡았기에 생각
을 다 아뢰지 못합니다.

# 송태수에게 답하다 【기사년(1569, 선조2, 69세) 1월 6일 추정. 서울】

答宋台叟

영공께서 직접 방문하여 안부를 물어보시니 우러러 감사드립니다. 저는 새해 전에 며칠 외출하였다가 추위에 몸어 손상되어 병이 심해졌는데, 마침 이런 자리에 제수되었으니 장차 어찌 그 임무를 감당하겠습니까? 끝내 벼슬에 나아갈 이치를 보지 못하였는데 며칠 전 교지가 이와 같으니 대단히 두려워하고 있습니다. 일찍이 들으니 조정의 의논이 의망(擬望)하지 않기로 이미 정하였는데, 잘 모르겠습니다만 무슨 까닭으로 문득 의망하기로 변경하여 저를 이토록 낭패하게 만듭니까? 참으로 괴이한 일입니다. 승지의 환후도 또한 좋지 않으니, 걱정이 그치지 않습니다. 삼가 답장을 올립니다.

## 송태수에게 보내다 【기사년(1569, 선조2, 69세) 2월 28일 추정. 서울】

與宋台叟

저는 또 이러한 일을 만나게 되니 형세가 대단히 군색합니다. 그러나 도성을 떠남을 끝내 그만둘 수 없습니다. 길에서는 기를 순조롭게 하는 삼소음(參蘇飲)265 등의 약이 필요한데 보내주실 수 있겠습니까? 삼가 안부를 여쭙니다.

---

265 삼소음 : 【譯注】 기침, 발열(發熱), 두통, 상한(傷寒), 감기 등의 병에 쓰는 약이다.

## 송태수에게 사례하다 【기사년(1569, 선조2, 69세) 2월 28일 추정. 서울】

謝宋台叟

병을 치료하는 약을 청하자마자 마치 주머니에서 꺼내는 것처럼 곧바로 얻게 되었으니, 우러러 감사드립니다. 삼가 영공께서는 조량하십시오. 삼가 절을 올립니다.

# 송태수에게 답하다 【기사년(1569, 선조2, 69세) 2월 30일 추정. 서울】

答宋台叟

지금 보내주신 약을 받으니 대단히 감사하며 또한 다행입니다. 엊그제 사직을 청하여 곧바로 두 제상의 체직이 허락되었으니, 이에 주상의 뜻이 본래 저를 붙잡아 두려는 것이 아님을 알게 되었습니다. 체직을 감축드리오니 기쁨을 이루 말로 다할 수 있겠습니까.

다만 전교에는 이전처럼 '마음이 편치 않다'는 말과 '붙잡아 두고 싶다'는 뜻이 들어 있는데 저의 형편은 오래 머물 수 없으니, 그 사이에 혹 대처하기 어려운 일이 있을까 매우 염려가 됩니다. 오늘 내일 하다가는 지체될 것 같습니다. 삼가 답장을 올립니다.

다시 벼슬에 임한다면 마음이 불편하지 않겠습니까? 헤아려서 처리해 주십시오.

# 송태수에게 답하다 기사년(1569, 선조2, 69세) 【3월 6일 추정. 양주(楊洲) 광나루】

答宋台叟 己巳

재빠르게 걸어 도성에서 멀리 나와서 영공의 편지를 받들었는데 뒤미처 곡진하게 안부를 물어봐 주시니, 마치 손을 맞잡고 이별한 듯 감사합니다.

　저는 어제 날이 저문 관계로 봉은사(奉恩寺)[266]에 멈춰 유숙하였다가 지금은 광나루[267]로 향하고 있는데, 보호해 주신 덕택에 지금 남은 숨을 보존하며 떠납니다. 삼가 영공께서는 조량하십시오. 끝으로 몸을 잘 보중하시기 바랍니다.

---

266　봉은사 : 【譯注】 서울 강남구 삼성동 수도산에 있는 절이다.

267　광나루 : 【譯注】 지금의 광진구 광장동 일대이다.

# 송태수에게 보내다 【기사년(1569, 선조2, 69세) 10월 중순 이전 추정. 예안(禮安)】

## 與宋台叟

융동설한에 삼가 여쭙건대 기거하심에 안부가 어떠하신지요? 멀리서 그리워하는 마음 그지없습니다. 저는 다행히도 이곳에서 칩거하며 지내고 있는데, 다만 아직도 마음이 매우 편치 못하니 늘 두려워하며 지내고 있습니다.

드릴 말씀은 형님의 아들이 상중에 산증(疝證)에 걸렸는데, 향촌에서는 의약을 얻기 어려워 날로 병이 깊어가니 매우 걱정스럽습니다. 반총산(蟠葱散)[268] 6~7복(服)을 보내주실 수 있겠습니까? 나머지 드릴 말씀은 많지만 이만 줄입니다. 다만 때를 위해 몸을 보중하시기 바랍니다.

---

**268** 반총산 : 【譯注】 약방문(藥方文)의 한 가지로 뱃속이 냉하고 기운(氣運)이 체하여 생긴 산증(疝症)에 쓰는 약(藥)이다.

## 송태수에게 답하다 【기사년(1569, 선조2, 69세) 11월 추정. 예안(禮安)】
答宋台叟

저번에 답서를 받들고서 영공께서 기거하심에 강녕함을 알게 되었습니다. 또한 고맙게도 보내주신 두 약을 받아 죽음의 문턱에 있던 병든 조카의 병을 구원하게 되었으니, 감사하며 다행함을 이루 말로 다할 수 없습니다. 다만 그 병이 변하기 전인 듯하니, 다시 사람을 보내 약을 청합니다. 최덕수(崔德秀)[269]가 아뢰는 말을 굽어 받아들이시고 다시 약제를 보내주어 끝까지 큰 은혜를 베풀어 주시기를 우러러 간절히 바랍니다.

올겨울 대단히 추워서 저는 담병(痰病)으로 고생하였습니다. 문을 닫아걸고 목을 움츠린 채 아랫목을 떠나지 않으며 따뜻한 봄날을 기다리고 있으니, 그때 겨울잠을 자는 벌레들과 함께 다시 기운을 차릴 것입니다. 사정이 절박함으로 인하여 자주 영공의 귀를 더럽히니, 부끄러움에 식은땀이 납니다.

자당(蔗糖)을 멀리서 보내주시니 모두가 깊이 감사하게 여깁니다. 제 아이가 가까운 고을의 수령이 되어 매우 다행입니다. 다만 고을이 대단히 피폐하여 장차 제대로 된 고을 모습을 갖추지 못할 것 같아 도리어 늙은 애비의 근심거리가 되니 걱정이 됩니다.

---

**269** 최덕수 : 【譯注】 퇴계의 형인 온계(溫溪) 이해(李瀣)의 맏사위로, 자는 자수(子粹)이다.

# 송태수에게 답하다 경오년(1570, 선조3, 70세)【9월 중순 이전 추정. 예안(禮安)】

答宋台叟 庚午

저번에 군위(軍威)에서 전하여 보낸 영공의 편지를 받들고서 삼가 이미 답장을 보냈습니다. 한 수사(韓秀士)가 온 편에 보내주신 편지를 다시 받게 되었으며 아울러 수재에게 묻고서 영공의 근황을 알게 되었습니다. 아마도 그 사이에 처리하기 어렵다는 생각이 없지 않으실 테지만, 그러나 다만 이는 맞닥뜨린 바가 불행함에서 나온 것이니 지금은 또한 어찌할 수가 없고 다만 마땅히 고요하게 올바름을 지켜 일이 안정되는 때를 기다릴 뿐입니다.

내세울 것 없이 늙고 졸렬한 저는 이미 물러났는데도 아직도 끝내 벼슬을 그만두지 못하고 있으니, 명분과 의리가 대단히 정당하지 않습니다. 사세가 어려움으로 인해 사임을 청하는 글도 올리지 못하고 있으니, 칩거하면서 우울하게 세월을 보내고 있습니다.

수재가 외진 곳을 멀리서 찾아와 주었는데, 그 자질을 보니 대단히 좋습니다. 이미 영공께서 저에게 이 사람을 맡아달라고 부탁하였으니, 참으로 마땅히 받아주어야 합니다. 그러나 저는 노쇠함이 매우 심한 까닭에 눈앞의 자질(子姪)도 또한 일과를 가르치고 감독하기 어렵습니다. 간혹 외부에서 한두 사람이 찾아오면 모두 자신이 읽은 책을 가지고 의심난 곳에 대해 질문할 뿐 일과를 가르치고 감독하지 않습니다. 또한 계당(溪堂)에 오래전부터 작은 서재가 있었는데 비바람에 무너져 거처할 곳이 없습니다. 산의 남쪽 서옥(書屋)에 거처하게 하고 싶지만 산을 넘어서 왕래할 수가 없습니다. 또한 저는 추위를 두려워하여 매년 겨울이면 산의 집으로 나와 거처할 수가 없습니다. 이러한 여러 곡절은 수재도 직접 보아 알고 있습니다. 이에 영공의 말씀대로 하지 못하기에 이틀을 머물 렀다가 부질없이 돌아갔으니, 이처럼 영공의 부탁을 저버림에 얼마나 부끄럽겠습니까? 삼가 곡진히 조량해 주십시오. 저의 답답한 마음을 풀 길이 없으니 서글픈 마음 가눌 길이 없습니다. 다만 바라건대 더욱 몸을 보중하십시오. 불선(不宣).

# 박 참판[270] 순 에게 답하다 병인년(1566, 명종21, 66세) 【4월 하순 추정. 예안(禮安)】

答朴參判 淳○丙寅

한번 이별한 뒤 여러 해가 지났지만 경모(傾慕)하는 마음 늘 잊지 않고[271] 있습니다. 정자중(鄭子中)[272]이 오는 편에 편지를 보내주시면서, 제가 잘못 도성에 들어온 것을 걱정하시고 통렬하게 잘못된 점을 지적하여 살아날 방도를 보여주셨습니다. 감사하고 또한 두려워서 어떻게 답장해야 할지 몰랐습니다. 그러나 한마디 말이라도 올려서 그 후의에 사례하지 않을 수 없기에 일단 그 대략을 말씀드립니다.

저는 살아오면서 많은 일이 순조롭게 풀린 것은 적고 어그러진 경우가 많은데, 더할 나위 없이 큰 근심은 매번 본분을 지키려고 깊이 생각한 너머에서 발생합니다. 대저 용렬한 사람이 낮은 자리에 처하여 이름이 나지 않으며 늙고 병든 이가 먼 지방 밖으로 버려지는 것은 본분에 걸맞은 일입니다. 지금은 그렇지 않아서 성품은 대단히 어리석고 재주는 대단히 저열하며 병은 대단히 깊고 늙어 대단히 쇠한 사람이 도리어 명성은 지나치게 넘치고 책임은 지나치게 무거우며 자리는 지나치게 높고 은혜는 지나치게 융성하여 정상적이지 않은 경우를 만났습니다. 만일 제가

---

270 박 참판 : 【譯注】 박순(朴淳, 1523~1589)으로, 본관은 충주(忠州), 자는 화숙(和叔), 호는 사암(思菴), 시호는 문충(文忠)이다.

271 늘 잊지 않고 : 【攷證 卷4 慌慌】 '량(恨)'과 통용된다. '늘 잊지 않고 그리워한다.〔眷眷〕'는 말과 뜻이 같다.

272 정자중 : 【譯注】 정유일(鄭惟一, 1533~1576)로, 본관은 동래(東萊), 자는 자중, 호는 문봉(文峯)이다.

기미를 알고 멀리까지 생각하는 옛날의 군자였다면 비록 이 가운데 한 가지 경우를 만났더라도 오히려 불상(不祥)한 조짐과 필패(必敗)의 징조라고 여겨서 빠른 시일 안에 제 몸을 거둬 물러났을 것입니다. 하물며 이 네 가지 '대단함[極]'으로 네 가지 '지나침[太]'을 만났으니, 그에 대처함은 마땅히 어떻겠습니까? 불행하게도 알지 못한다면 어쩔 수 없거니와 다행히도 스스로 분명히 안다면 또한 어찌 이런 조짐과 징조를 범하고도 감히 우리 임금의 명에 응할 수 있겠습니까? 비록 그렇지만 감히 응할 수 없는 것이 또한 어찌 사사로이 따져서 그런 것이겠습니까?

　일찍이 들으니, 주문공(朱文公)의 말에 "사대부가 벼슬을 사양하고 받거나 나아가고 물러나는 것은 다만 그 자신만의 문제가 아니다. 그 처신의 잘잘못은 곧 풍속의 성쇠와도 관계가 되므로 더욱 자세히 살피지 않아서는 안 된다."273고 하였습니다. 대저 대현(大賢)으로도 출처(出處)하는 사이에 조금 주저하면서 오히려 그에 대해 근심하였는데, 더구나 지금 용렬한 제가 헛된 명성을 끼고서 군부(君父)를 속이며 큰 이익을 보고서 자신의 본분을 망각하며 다만 탐하여 취할 줄만 알고 그 은혜를 갚을 것을 생각하지 않으면서 예의가 무엇인지 염치가 무엇인지 알지 못한다면 그 폐단이 어찌 풍속을 손상하고 국정(國政)을 무너뜨림에 그치겠습니까? 관자(管子)274가 "사유(四維)가 펼쳐지지 않으면 나라가 이에 멸망한다."275고 한 것은 이것 때문에 지은 것입니다. 이로써 말하자면 이 어찌

---

**273** 사대부가……안 된다 : 【譯注】《주자대전(朱子大全)》 권25 〈한상서에게 답한 편지〔答韓尙書書〕〉에 보인다. 【校解】 '非獨其身之事'가 이 글에서 '非獨其身之善'으로 되어 있는데, 《주자대전》에 의거하여 번역하였다.

**274** 관자 : 【譯注】 관중(管仲)이다. 춘추 시대 제(齊)나라의 정치가로 환공(桓公)의 재상이 되어 부국강병책을 써서 환공으로 하여금 패자(霸者)가 되게 하였다.

**275** 사유가……멸망한다 : 【譯注】 사유는 예(禮)·의(義)·염(廉)·치(恥)의 네 가지 덕

한 사람의 보잘것없는 일이며 한 때의 하찮은 일이라고 여겨 망령되이 대처하겠습니까?

이런 까닭으로 옛날 성대한 시절에는 윗자리에 있는 사람이 또한 그러함을 알았기 때문에 비록 어진 인재를 구하여 등용시킴에 급급하다고 하더라도 어렵고 신중하게 여겨서 큰 인물은 큰 책임을 맡기고 작은 인물은 작은 책임을 맡겼으며 능하지 못한 이는 억지로 부리지 않았습니다. 간혹 불행하게도 잘못 등용되면 또한 반드시 스스로 그것을 알아 사직을 청하였으니, 그러면 환하게 이해하고서 사직을 허락하였습니다. 늙고 병들어 정신이 흐릿하고 근력이 약한 자들에 대해서는 또한 벼슬을 반납할 길을 열어서 그들을 물러나게 하였습니다. 그러므로 조정에는 요행으로 벼슬하는 이가 없었고 선비들은 지킴을 잃지 않았으니 위로는 사람을 기용하고 버리는 마땅함을 얻어 나라를 잘 다스리는 공[276]을 이루었고 아래로는 함부로 나아가는 폐단이 없어서 나라를 뒤집어엎는 실패[277]를 면하여 군신들이 함께 그 복을 누리고 만물이 각각 제자리를 얻었으니 어찌 또한 아름답지 않겠습니까? 그렇지 않다면 모든 것이 이와 반대가 될 것이니, 실패한 교훈이 고금에 명백하여 속일 수가 없습니다.

근래 성상이 밝게 결단하여 좀 벌레처럼 간사한 자를 제거함[278]에 조정

목(德目)으로, 이 말은 《관자(管子)》〈목민(牧民)〉에 보인다.

**276** 나라를……공 : 【譯注】'제천지공(濟川之功)'은 《서경》〈열명(說命)〉에 고종(高宗)이 부열(傳說)에게 "만약에 큰 내를 건넌다면 너를 배와 노로 삼겠다.〔若濟巨川, 用汝作舟楫.〕"라는 말을 활용한 것이다.

**277** 나라를 뒤집어엎는 실패 : 【譯注】《주역》〈정괘(鼎卦) 구사(九四)〉에 "솥의 다리가 부러져서 솥 안의 음식을 쏟아버린다.〔鼎折足, 覆公餗.〕"라고 하였다.

**278** 좀……제거함 : 【攷證 卷4 剔蠹鋤姦】《국조고사(國朝故事)》에 "을축년(1565, 명종20)에 주상이 윤원형(尹元衡)을 죽이려고 하였다. 하루는 한 문제(漢文帝)가 박소(薄昭)를 죽인 일에 대해 물었는데 뭇 신하들이 비록 알고 있었지만 감히 먼저 말하지

이 맑아져서 위에 있는 뭇 현인들이 다스림과 교화를 일신(一新)하였는
데도 오히려 만족스럽지 못하다고 여기셔서 구중궁궐에서 공묵(恭默)[279]
하는 가운데 어진 신하를 얻어 기용할 것을 생각하느라 자나 깨나 편치
않으십니다. 비록 상(商)나라의 고종(高宗)이나 주(周)나라의 문왕(文
王)[280]의 성대한 마음이라도 어찌 이보다 더하겠습니까? 바야흐로 이러
한 때 그릇되게도 볼품없고 노둔하며 오활하여 내세울 것이 없는 저 같은
이를 염치를 무릅쓰고 조정을 더럽히게 만들면서까지 나오게 하려고 하
십니다. 제가 만약 다만 임금의 명령에 급히 달려갈 줄만 알고서 억지로
부임했다면, 이는 저 때문에 성조에서 훌륭한 신하를 얻으려는[281] 아름다
운 뜻이 끝내 관자(管子)가 깊이 근심하고 가의(賈誼)가 눈물을 흘리며
길게 탄식한 것[282]으로 귀결될 것이니, 이 때문에 제가 두렵고 당혹해하

못하고 있었다. 대사간 박순이 개연히 자임하여 동료들을 거느리고서 윤원형을 탄핵하
였다."라고 하였다. 【校解】 박소(薄昭)는 한 고조(漢高祖) 유방(劉邦)의 후궁인 박희
(薄姬)의 남동생으로 한 문제(漢文帝)에게는 외숙이 된다. 박소는 대왕(代王)으로 있
던 문제를 맞이하여 황제에 즉위시키는 데에 큰 공을 세웠지만, 외척임을 믿고 교만
방자하게 굴었을 뿐만 아니라 문제가 보낸 사자를 죽이자, 문제가 백관을 거느리고
가서 조문하고 자살하도록 하였다.

**279** 구중궁궐에서 공묵 : 【攷證 卷4 九重恭默】 주상이 당시 문정왕후의 상을 입고
있었다.

**280** 상나라의……문왕 : 【譯注】 고종은 부열(傅說)을 얻어 상나라를 부흥시켰고, 문왕
은 태공망(太公望)을 얻어 주나라의 기초를 다졌다.

**281** 훌륭한 신하를 얻으려는 : 【譯注】 군주가 어진 재상을 얻음을 이르는 말이다.
'몽(夢)' 은(殷)나라 고종(高宗)이 꿈에서 부열(傅說)을 만나보고는 그의 얼굴을 그려
사방에 배포해서 부열을 찾아 정승으로 기용한 고사를 말한다. 《書經 說命》 '복(卜)'은
주(周)나라 문왕(文王)이 점을 쳐서 여상(呂尙)을 얻은 것을 말한다. 《書經 周書 秦誓》

**282** 가의가……것 : 【譯注】 가의(賈誼)가 한 문제(漢文帝)에게 올린 〈치안책(治安策)〉
에 "삼가 일의 형세를 살펴보건대, 통곡할 만한 것이 한 가지요, 눈물을 흘릴 만한 것이
두 가지요, 장탄식할 만한 것이 여섯 가지입니다.〔竊惟事勢, 可爲痛哭者一, 可爲流涕者
二, 可爲長太息者六.〕"라고 전제한 뒤에 하나하나 설명하였다. 《漢書 卷48 賈誼傳》

며 감히 나아가지 못하는 것입니다.

대개 나아갈 수 있어서 나아가는 것은 참으로 의(義)이며, 나아갈 수 없어서 나아가지 않는 것도 또한 의입니다. 의가 존재한다면 곧 임금을 섬기는 도가 되니 어찌 구애를 받겠습니까? 더구나 제가 이전부터 간절히 사양하고 길에서 힘써 사양한 것은 모두 능하지 못하기 때문입니다. 그런데 하루아침에 높은 관직과 후한 작록이 더해지는 것을 보고서 맡은 임무가 어떠한 것인가를 헤아려보지 않고 나아가 맡게 된다면, 이는 예전에 능하지 못한 것이 지금은 문득 바뀌어 능할 수 있게 된 것입니까? 이는 마음과 행적 사이에 서로 매우 어긋나니, 제가 나아가기 어려운 까닭은 더욱 이에 있습니다.

제가 비록 완고하고 무지하지만 또한 사람이니, 어찌 위로 천둥과 같은 전하의 위엄이 있고 아래로 곤궁과 굶주림의 내몰림이 있는데 한번 하늘같은 은혜를 받으면 부귀의 즐거움을 실컷 누리며 저에 대한 의심과 비방이 없어지게 됨을 모르겠습니까? 그러나 오늘 제가 맞닥뜨린 일로써 평소에 들었던 것을 헤아려보건대 함부로 나아갈 수 없는 것이 앞에서 말한 것과 같으니, 못난 제 자신이 힘써 본분을 지키면서 이익을 보고서 옮겨가지 않고 재앙이 두려워 회피하지 않으려 하면서 지하에서 옛사람을 뵈올 훗날을 기다리고자 합니다. 그 뜻이 참으로 가련하며 그 정(情)은 참으로 용서받을 수 있을 터인데, 어찌하여 행실은 타인에게 믿음을 주지 못하고 정성은 하늘을 감격시키지 못하여 가련하게 여기고 용서받는 징험은 오랫동안 고요하며 비난하고 헐뜯는 말은 지금까지 거듭 이른단 말입니까?

일전에 박자진(朴子進)[283] 군이 편지를 보내와 몹시 책망했는데, 그

---

[283] 박자진 :【攷證 卷4 朴子進】박점(朴漸, 1532~?)으로, 본관은 고령(高靈), 자는

가운데 가장 이해하기 힘든 것은 바로 '형적(形迹)'이란 두 글자였습니다. 이로 인해 개탄하며 생각하기를 '자진은 나와 오래도록 서로 알던 사람이라고 할 수 있는데 한번 곤란함에 빠진 사이에 마땅히 의심하지 않아야 할 것으로 의심하는 듯하니, 더구나 다른 사람에 있어서랴.'라고 여겼습니다. 이에 입을 열어 자질구레하게 저 자신을 변명할 수밖에 없었으니, 비록 대단히 비루하다고 느꼈지만 그렇게 변명한 것은 다만 그것이 신하의 의리에 관계되었기 때문입니다.

그 편지가 아직 전해지지 않았다고 생각할 무렵에 정자중(鄭子中)이 왔는데, 이윽고 그 편에 영공의 편지를 읽으니 놀랍고 두려워 마음이 진정되지 않았습니다. 이에 또다시 박자진의 편지를 받아 읽고서 이에 그 전의 편지에서 의심받았던 말의 뜻이 대개 이와 같음을 알게 되었습니다. 그 편지에서 박자진은 "다만 저의 생각만 그러한 것이 아니라 제공(諸公)의 생각도 다 그렇습니다."라고 하니, 그렇다면 비록 영공의 충서(忠恕)와 간측(懇惻)으로도 또한 저에 대해 의심하시는 것입니까? 아니면 저에게 의심을 두는 것이 아니라 다만 영공의 뜻이 저를 돌아봄이 지극하기에 조정에 나아가기를 권장하여 조금이라도 나라에 보탬이 되게 하려는 마음이 절실해서 부득이하게 이런 말을 한 것입니까?

앞에서 한 말로 보자면, 제가 43세 이후로 지금까지 23년 동안 만 번 죽을 각오로 물러날 계책을 삼은 것은 다름이 아니라 다만 '능하지 못하다.〔不能〕' 두 글자가 저 자신의 누(累)가 되었기 때문입니다. 지금 제공(諸公)이 다른 말을 지어내어 그 사이에 의심을 만들려 하니, 대저 의심

---

자진 또는 경진(景進), 호는 복암(復庵)이다. 서울에 거주하였으며, 선생의 문하에서 수업하였다. 1569년(선조2) 별시 문과에 급제하여 이조 참의를 지냈다. 자세한 것은 《정본 퇴계전서》 권8 KNL1205 〈정자중에게 답하다. 경오년.〔答鄭子中庚午〕〉에 보인다.

할 여지가 없는 데서 사람을 의심하여 죄악에 빠트리는 것을 어찌 오당(吾黨)의 군자들이 차마 제멋대로 하겠습니까? 뒤에서 한 말로 보자면, 영공의 편지에서 말한 것이 만일 하나라도 있다면 소신(小臣)이 하늘을 속이고 세상을 기망하여 주상을 그릇되게 만든 죄를 저질렀음을 더욱 볼 수 있을 것이니, 신이 목숨을 바쳐 몸이 문드러진다 하더라도 속죄할 수 없을 것입니다. 그러나 궁궐은 만 리나 멀고 길가의 소문은 대부분 실정에 지나친 말인데, 잘 모르겠습니다만 영공께서는 어느 것에 의거하여 믿고서 그렇게 말씀하십니까?

더구나 시골의 보잘것없는 신하는 구부정하고 추한 모습을 지녔으니 한번 임금께서 가까이하여 보신다면 곧바로 염증을 내실 것인데, 공소(空疎)한 저를 억지로 시험하게 된다면 응대함에 전하의 뜻을 잃을 것이며 일을 도모함에 계책을 내지 못할 것은 또한 형세 상 반드시 그렇게 될 것입니다. 이와 같다면 이는 다만 우리 임금으로 하여금 측석(側席)[284]에 후회가 일게 하고 어진 이를 구하려는 뜻에 염증을 내게 될 것인데, 작은 이익을 구하려다가 도리어 큰 손상을 입게 될 것이니 어찌 위로 보답하기에 족하다고 하겠습니까? 그러므로 지금 제공(諸公)을 위한 계책은, 저의 이전 행적이 성세(盛世)에 기용되기에는 부족하다는 뜻을 갖추어 전하에게 분명하게 고하여서 조정의 의논이 확 트여 다시는 이전의 잘못을 밟지 않도록 하며 반드시 저를 바꾸고 다시 당대 제일가는 인물을 구해 우리 임금의 기대에 부응하여 지극한 다스림에 이르게 하여

---

**284** 측석 : 【譯注】 공손히 현인을 기다리는 것을 가리킨다. 《후한서(後漢書)》 권3 〈장제기(章帝紀)〉에 "짐이 정직한 선비를 생각하며 기다리느라 옆으로 앉아 특별한 소식을 듣는다.〔朕思遲直士, 側席異聞.〕"라는 구절이 있다. 여기에 이현(李賢)이 주(注)를 달기를 "측석은 똑바르게 앉지 못한 것이니 현명하고 어진 사람을 기다리기 때문이다.〔側席, 謂不正坐, 所以待賢良也.〕"라고 하였다.

임금의 명성을 빛나게 함만 한 것이 없으니, 이것이 바로 당장 힘써야 할 급한 일입니다.

따라서 모름지기 전하께 아뢰어 제가 현재 받은 직질(職秩)을 고쳐서 본래의 직질로 치사(致仕)하게 하며 다시는 등용하지 말고[285] 산간에 버려두기[286]를 옛날 헛된 명성을 지닌 선비를 대하는 예(例)와 같게 하여 죽음을 드리운 목숨으로 하여금 분수를 지키고 의를 다하게 하고서 초목과 함께 썩게 해 주신다면, 성조(聖朝)는 이로 말미암아 어진 이를 구하고 다스림을 지극히 하는 실상을 얻게 되고 미천한 신하는 이로 말미암아 어진 이를 방해하고 나라를 모욕했다는 죄를 면하게 될 것입니다. 또한 세상 사람들로 하여금 종남산(終南山)이 벼슬의 지름길[287]이 아니며 북산(北山)에 또다시 훗날 더럽히는 〈이문(移文)〉[288]이 없음을 알게 한다

---

**285** 다시는 등용하지 말고 : 【攷證 卷4 束之高閣】《진서(晉書)》 권73 〈유익열전(庾翼列傳)〉에 "진나라 두예(杜乂)와 은호(殷浩)의 재주와 명성이 당대에 으뜸이었으나, 유익은 그를 중시하지 않았다. 매번 사람들에게 '이 무리들은 마땅히 높은 시렁에 묶어 두었다가 천하가 태평하기를 기다린 연후에 그 임무를 논의해봐야 한다.'라고 말하였다."라고 하였다.

**286** 산간에 버려두기 : 【要存錄 卷9】《진서(晉書)》 권92 〈고개지열전(顧愷之列傳)〉에 "고개지가 사곤(謝鯤)의 모습을 좌우의 바위 사이에 두고 그렸는데, 어떤 사람이 그 까닭을 물었다. 이에 '곤이 일찍이 「한 산과 한 골짜기만 있어도 그것을 즐기는 것은 유량(庾亮)보다 낫다.」고 하였다. 이 사람은 마땅히 산골짜기에 버려두어야 한다.'라 대답했다."라고 하였다.

**287** 종남산이 벼슬의 지름길 : 【譯注】 당(唐)나라 노장용(盧藏用)이 진사에 급제하고 장안(長安) 가까이에 있는 종남산에 은거하였는데, 뒤에 고사(高士)로 알려져 측천무후(則天武后)의 부름을 받고 크게 등용되었다. 사마승정(司馬承禎)은 법명이 도은(道隱)인 도사로 천대산(天臺山)에 은거하였는데, 측천무후로부터 현종(玄宗)에 이르기까지 빈번히 황제의 부름을 받았다. 한번은 그가 황제의 부름을 받아 장안에 왔다가 천대산으로 돌아가려 하자, 노장용이 종남산을 가리키며 "이 산중에도 은거할 만한 아름다운 곳이 많다."라고 하니, 승정이 "내가 보건대 이 산은 벼슬하는 첩경일 뿐이다."라고 하였다. 《新唐書 卷123 盧藏用列傳》

면, 저에게는 통쾌하고 다행스러움이 어떠하겠습니까? 또한 제공(諸公)
이 나라를 위해 도모하는 충성과 남의 아름다움을 이뤄줌을 또한 둘 다
얻었다고 할 수 있습니다.

저는 두려움으로 마음을 졸인 나머지 이 편지를 지으려고 할 즈음에
눈이 어지럽고 가슴이 두근거려 구상을 하다가 다시 그만두며 피곤하고
지쳐서 붓을 잡다가 곧 멈추었습니다. 수십 일이 지났으나 겨우 한두
가지만 말씀드렸을 뿐이지만 오히려 말은 대부분 두서가 없고 글씨는
글자를 이루지 못하는데 변명하는 것에 급급하여 부끄러움을 무릅쓰고
올립니다. 삼가 어진 마음으로 조금이라도 재량해 주십시오. 황(滉)은
두려워하면서 재배합니다.


유독 바둑을 보지 못하셨습니까? 한 수를 허투루 착수(著手)하면 온
판이 패배하게 됩니다. 지금 헛된 명성을 지닌 이를 권장하여 나아가
게 하여 당대의 보고 듣는 사람들을 고취시키려 하는데 실제 쓰지 못한
다면 참으로 이것이 한번 허투루 착수한 것이니, 어찌 그 판을 패배로
몰아감을 걱정하지 않겠습니까? 더구나 근세 사림(士林)의 재앙은 대
체로 허투루 착수함을 말미암아 일어났으니, 엎어진 수레가 앞에 있으
므로 뒤를 따라가는 자는 더욱 나아가기 어렵습니다. 병든 제가 귀가
어둡지만 오히려 뜬소문을 만들어내는 자들이 걸핏하면 '작은 기묘(己

---

 북산에……이문 : 【譯注】 북산(北山)은 종산(鍾山)의 별칭으로 강소성(江蘇省)
강녕부(江寧府)의 동북쪽에 있다 하여 북산이라고 칭하였다. 남북조 시대 남조 송(宋)
나라 사람 공치규(孔稚珪)와 주옹(周顒)이 이 산에 은거하였다. 뒤에 주옹이 북제(北
齊)의 부름을 받고 회계군(會稽郡)의 해염 현령(海鹽縣令)이 되었다가 임기를 마치고
도성으로 가는 길에 북산에 들르려 하니, 공치규는 은자의 생활을 버리고 벼슬길에
나아간 주옹을 비판하여 〈북산이문(北山移文)〉을 지어 성토하였다. 《古文眞寶 後集》

卯)'로 지목하는 것을 들었으니, 이것은 바로 재앙을 싣고 와서 나를 먹이려[289] 하는 말입니다. 저는 불행히도 허투루 착수한 국면을 마주하여 패배함에 이르렀으니, 잘 모르겠습니다만 제공(諸公)께서는 편안하게 여겨서 아무것도 하지 않으실 것입니까?

제가 일찍이 생각하기에 기묘년의 영수는 도를 배워 성취하지 못하였으나 별안간 큰 명성을 얻게 되자 갑자기 경세제민(經世濟民)으로 자임하였습니다. 성주(聖主)께서 그 명성을 좋아하여 책임을 두텁게 맡기시니 이것이 바로 허투루 착수하여 패배를 자초한 길입니다. 그런데 또 일벌이기를 좋아하는 신진(新進)들이 어지러이 고무 진작하여 그 패배의 형세를 재촉하니, 이에 참소하는 자들로 하여금 그 술수를 부리게 한 것이라고 여겼습니다.[290] 아마도 이는 마땅히 뒤를 따르는 자들의 지극한 경계가 될 것이니 소홀히 여겨서는 안 됩니다.

---

**289** 재앙을……먹이려 : 【譯注】 동한(東漢) 환제(桓帝) 때의 인물인 하복(夏馥)은 당고(黨錮)의 화에 환관들의 미움을 받아 체포령이 내리자 임려산(林慮山)으로 숨어들어 대장간에서 일하고 있었다. 그의 아우 하정(夏靜)이 비단을 싣고 찾아와서 대접하려 하자 "아우는 어찌하여 재앙을 싣고 와서 나를 먹이려 하는가?〔弟奈何載禍相餉乎?〕"라고 하였다.

**290** 기묘년의……여겼습니다 : 【攷證 卷4 己卯領袖云云】 자세한 것은 《정본 퇴계전서》 권15 KNW286 〈정암조선생행장(靜庵趙先生行狀)〉에 보인다.

# 심 참의[291] 의겸 에게 답하다 경오년(1570, 선조3, 70세)【3월 하순 추정. 예안(禮安)】

答沈參議 義謙○庚午

《꽃피는 계절이 저물어 가는데, 잘 모르겠습니다만 영공의 체후는 어떠하십니까? 하염없는 그리움을 견딜 수 없습니다. 지난해 아들이 고향으로 돌아오는 편에》 10월 25일 보내주신 편지를 삼가 받고서 곧바로 답장을 보냈어야 하는데, 편지에서 부탁하신 일[292]이 이처럼 지성스럽고 간절하니 이미 승낙하기도 어렵고 또 거절하기도 어려워 깊이 고민하며 지체하다가 해를 넘기고 때를 넘기게 되니 그 죄가 막중합니다. 그러나 제가 승낙하기 어렵다는 것은 이전에 이미 반복하여 전부 아뢰었으니, 양해하여 줄 것이라 여겼는데 어찌하여 다시 이와 같이 그릇된 명을 내리십니까? 제가 만약 참으로 이러한 글을 지어낼 수 있다면 지난번 문형이란 은혜로운 명을 어찌하여 두 번이나 고사(苦辭)함에 이르렀겠습니까?

보내주신 편지를 다시 살펴보니 '비(碑)'라고 칭하지 않고 '갈(碣)'이라 말씀하셨는데, 묘갈문이면 제가 혹시 지을 수 있다고 여기신 것이 어찌 아니겠습니까? 그러나 일찍이 영상(領相)[293]이 자신의 큰 형님 판서[294]의

---

**291** 심 참의 :【攷證 卷4 沈義謙】심의겸(沈義謙, 1535~1587)으로, 본관은 청송(靑松), 자는 방숙(方叔), 호는 손암(巽菴)·간암(艮菴)·황재(黃齋)·손재(巽齋), 시호는 문충(文忠)이다. 심연원(沈連源)의 손자이며, 국구(國舅) 청릉 부원군(靑陵府院君) 심강(沈鋼)의 아들이니, 즉 명종의 비인 인순왕후(仁順王后)의 아우이다.

**292** 부탁하신 일 :【攷證 卷4 所囑事】심의겸이 그 부친 청릉군(靑陵君)의 묘비의 문자를 부탁하였다.

**293** 영상 :【攷證 卷4 領相】즉 동고(東皐) 이준경(李浚慶, 1499~1572)을 가리킨다.

**294** 큰 형님 판서 :【攷證 卷4 伯氏判書】이름은 이윤경(李潤慶, 1498~1562)으로,

비문을 저에게 부탁하였다가 마침내는 또한 변경하여 묘갈을 요구하였는데, 제가 황공하여 사양하면서 말하기를 "2품 정경(正卿)의 묘에 글을 새기는 글을, 어찌 작질(爵秩)이 낮은 저 때문에 '비(碑)'를 '갈(碣)'로 바꿀 수 있겠습니까?'라 하였습니다. 2품도 또한 불가하거늘 더구나 정1품의 지극히 높은 지위는 더 말할 나위가 있겠습니까? 이는 더욱 감히 승낙할 수 없습니다. 또한 더구나 조정에 가득한 문사가 숲의 나무처럼 많은데, 이에 가까이에서 구하지 않고 산야로 물러나 버려져 있는 사람에게 멀리서 구하려고 하니, 어찌 당대 사람들에게 괴이하다는 지적을 받지 않겠습니까?

《저의 몸은 조정에서 물러났는데 치사(致仕)를 청해도 허락받지 못하여 두 번이나 전(箋)을 올렸지만, 현재 윤허의 여부를 알지 못하여 대단히 조심하고 두려워하니 어느 겨를에 다른 일에 대해 생각이 미치겠습니까? 현재 돌아가는 일을 멀리서 한두 가지 듣기는 하지만 대부분 알지 못하고 있습니다. 이로써 말씀드리건대, 영공께서 이처럼 돌아보며 그리워하는 먼 지방 사람을 위하여 마땅히 타인의 의심과 비방을 초래하지 않으셨으면 합니다. 행장은 삼가 이미 등사하여 한 통을 남겨두었으니, 원본을 받들어 재배하며 돌려보냅니다.《대학연의(大學衍義)》또한 아들 편에 가져가게 하겠습니다.》 끝으로 시의(時宜)를 알아 잘 처리하시고 앞일을 거울삼아 뒤를 바르게 하여 많은 복을 받으십시오. 불선(不宣).《삼가 절을 올리며 말씀드립니다.》

본관은 광주(廣州), 자는 중길(重吉), 호는 숭덕재(崇德齋)이다. 병조 판서를 지냈으며 시호는 정헌(正憲)이다.

# 조건중[1] 식 에게 답하다 계축년(1553, 명종8, 53세) 【2월. 서울】

答曺楗仲 植○癸丑

이황은 재배합니다. 저번에 전조(銓曹)에서 유일(遺逸)의 선비를 천거하여 등용하니, 성상(聖上)께서 어진 인재를 얻어 임용한 것을 기뻐하셔서 특명으로 6품의 관직에 품계를 뛰어넘어 서임(敍任)하셨습니다.[2] 이는 실로 우리 동방에 옛날에도 드물었던 훌륭한 일입니다.

제가 삼가 생각해 보건대, 벼슬하지 않는 것은 의(義)가 아니니 임금과 신하 사이의 큰 윤리를 어찌 폐할 수 있겠습니까? 그런데 선비 가운데 간혹 조정에 나아가 기용되는 것을 어렵게 여기는 자는 다만 과거(科擧)는 사람을 혼탁하게 하며 잡진(雜進)[3]의 길은 더욱 천하다고 여기기 때문이니, 이에 자신의 몸을 깨끗하게 지키고자 하는 선비는 어쩔 수 없이 자취와 흔적을 감추고 멀리 달아나서 나아가기를 달갑게 여기지 않게 된 것입니다.

그런데 지금은 산림(山林)에서 천거되었으니 과목(科目)의 혼탁함도 아니요, 품계를 뛰어넘어 6품에 제수하였으니 잡진처럼 천하지도 않습니다. 그러므로 공(公)과 동시에 천거된 인물로 성수침(成守琛)[4] 군은

---

**1** 조건중 : 【譯注】 조식(曺植, 1501~1572)으로, 본관은 창녕(昌寧), 자는 건중(健仲)·건중(健中), 호는 남명(南冥), 시호는 문정(文貞)이다.

**2** 유일의……서임(敍任)하셨습니다 : 【攷證 卷4 薦用遺逸云云】《국조고사(國祖故事)》에 "명종 임자년(1552, 명종7)에 팔도에 조서를 내려 유일을 천거하게 하니, 이에 성수침(成守琛)·이희안(李希顔)·조식(曺植)·성제원(成悌元)·조욱(趙昱) 등이 모두 6품에 서임되었다."라고 하였다.

**3** 잡진 : 【譯注】 문과(文科)나 무과(武科) 합격자가 아닌 사람을 초사(初仕)로 참봉(參奉) 같은 말직(末職)을 주는 것을 말한다.

이미 토산(兎山)⁵에 부임하였고, 이희안(李希顏)⁶ 군도 또한 고령(高靈)⁷
에 부임하였습니다. 이 두 군(君)은 모두 예전에 벼슬을 사양하고 은거하
며 마치 장차 그대로 생을 마칠 것 같던 사람이었지만, 이전에는 벼슬길
에 나오지 않다가 지금은 나왔으니 이 어찌 그 뜻이 변해서이겠습니까.
그들은 반드시 "지금 내가 나가는 것은 위로는 성조(聖朝)의 아름다움을
이룰 수 있으며 아래로는 나 자신이 쌓아둔 경륜을 펼칠 수 있기에 그렇
게 한 것이다."라고 말할 것입니다.

　이어서 우리 그대를 전생서 주부(典牲署主簿)에 제수하니, 사람들이
모두 이르기를 "조군의 뜻은 바로 앞의 두 군(君)의 뜻과 같다. 지금 두
군이 이미 나왔으니, 조군도 마땅히 나오지 않을 리가 없다."라고 합니다.
그런데 우리 그대가 끝내 나오지 않은 것은 어째서입니까? 남들이 나를
알아주지 않는다고 생각한다면 깊숙이 숨어 있는 사람 중에서 뛰어난
자를 뽑았으니⁸ 알아주지 않는다고 말할 수 없을 것이며, 나아갈 때가

---

**4** 성수침 : 【攷證 卷4 成守琛】 1493~1564. 본관은 창녕(昌寧), 자는 중옥(仲玉),
호는 청송(聽松)·죽우당(竹友堂)·파산청은(坡山淸隱)·우계한민(牛溪閒民), 시호는
문정(文貞)이다.

**5** 토산 : 【攷證 卷4 兎山】 황해좌도에 속하는 고을 이름이다. 달리 월성(月城)이라고
도 한다.

**6** 이희안 : 【攷證 卷4 李希顏】 1504~1559. 본관은 합천(陜川), 자는 우옹(愚翁),
호는 황강(黃江)이다. 경상도 초계(草溪)에 거주하였다. 기묘 명인인 이희민(李希閔)
의 아우이다. 회재(晦齋) 이언적(李彦迪)이 이조 판서로 있을 때 참봉에 천거되어 제수
되었다. 《승정원일기(承政院日記)》에 "황강은 일대 영웅호걸의 선비로 세상을 구원할
크나큰 그릇이 될 뜻을 품었다. 질탕하여 예속에 구애받지 않았는데, 학문의 공으로
이를 극복하였다."라고 하였다.

**7** 고령 : 【攷證 卷4 高靈】 경상우도에 속하는 고을 이름이다. 달리 고양(高陽), 영천
(靈川)이라고도 한다.

**8** 뛰어난 자를 뽑았으니 : 【攷證 卷4 拔尤】 당(唐)나라 한유(韓愈)의 〈하양군에 부임
하는 온처사를 전송하는 서〔送溫處士赴河陽軍序〕〉에 "동도(東都)에 비록 인재가 많다

아니라고 한다면 임금은 성스러워 어진 이를 목마르게 기다리고 있으니 나아갈 때가 아니라고 말할 수도 없을 것입니다.

공은 문을 닫아걸고 단정히 거처하며 몸을 닦고 뜻을 함양한 날이 오래되었으니, 얻은 것이 크고 쌓은 것이 두터울 것입니다. 이것을 세상에 베푼다면 장차 가는 곳마다 이롭게 되지 않음이 없을 것인데, 어찌 '저는 이 벼슬하는 도리에 대해 아직 자신할 수 없습니다.[9]'라고 말한 칠조개(漆雕開)처럼 벼슬을 원하지 않습니까? 바로 이점이 내가 우리 그대의 처신에 분명하게 이해할 수 없는 바입니다. 그러나 제가 어찌 우리 그대를 깊이 의심하겠습니까? 우리 그대의 처신에는 반드시 할 말이 있을 것입니다.

저는 영남(嶺南)에서 생장하여 예안(禮安)에 집을 두고 있는데, 남쪽 지방을 왕래하는 도중[10]에 그대의 거처하는 곳이 삼가(三嘉)[11]에 있다고도 하고 김해(金海)[12]에 있다고도 하는 소릴 들었습니다. 두 곳은 모두 제가 일찍이 지나간 적이 있었지만, 일찍이 한 번도 형문(衡門)에 찾아가서 빼어난 모습을 대하지 못하였습니다. 이것은 실로 제가 저 자신의 몸을 닦을 뜻이 없어서 덕을 지닌 이를 존모함에 게으른 죄이니, 뒤미처

---

지만 아침에 한 사람을 취하되 그중에 뛰어난 자를 뽑아 갔고[拔其尤] 저녁에 한 사람을 취하되 그중에 뛰어난 자를 뽑아갔다."라고 하였다.

**9** 저는……없습니다 : 【譯注】공자(孔子)가 칠조개에게 벼슬하기를 권하자, 칠조개가 대답한 말이다. 《論語 公冶長》

**10** 남쪽……도중 : 【攷證 卷4 往來南中】살펴보건대, 선생의 처가가 의령(宜寧)에 있었다.

**11** 삼가 : 【攷證 卷4 三嘉】경상우도에 속하는 고을 이름이다. 달리 봉성(鳳城)이라고도 한다. 【校解】삼가의 토동(兎洞)은 남명의 출생지로 뇌룡정(雷龍亭), 계부당(鷄伏堂)을 짓고 학문을 닦던 곳이다.

**12** 김해 : 【攷證 卷4 金海】경상우도에 속하는 고을 이름이다. 달리 분성(盆城)·임해(臨海)·가야(伽倻) 등으로 불린다. 【校解】남명은 김해 신어산(神魚山) 아래에 산해정(山海亭)을 짓고 학문을 연마하였다.

생각해 보면 너무 부끄러워 말로 이루 다 형용할 수 없습니다.

　저는 자질이 질박하고 비루한데 또한 스승과 벗의 인도를 받지 못하여 어려서부터 한갓 옛날을 사모하는 마음만 있었습니다. 몸에는 많은 질병을 앓고 있었으니 친구들이 간혹 '마음 내키는 대로 놀고 즐기면 병이 나을 수 있다.'고 하였습니다. 게다가 집이 가난하고 어버이가 연로하셔서 억지로 저로 하여금 과거를 보아 이록(利祿)을 취하도록 하였습니다. 저는 그 당시 실로 식견이 없어서 남이 말하는 대로 곧 움직여서 줄곧 탄망(誕妄)한 곳에 몸을 두었는데, 우연히 이름이 천거하는 글[13]에 올라 속세의 일에 골몰하였기에 한가한 날이 없었으니 다른 것은 외려 무슨 할 말이 있겠습니까?

　그 후에 병이 더욱 깊어지자 세상에 크게 공헌할 만한 것이 없다고 스스로 헤아린 뒤에 비로소 머리를 돌리고 발길을 멈추어 옛 성현의 책을 더욱 취하여 읽어보니, 예전 나의 학문과 추향(趣向), 처신과 행사(行事)가 모두 옛날 사람의 그것에 크게 어긋난 것을 알게 되었습니다. 이에 두려운 마음으로 뉘우치고서 고인을 좇기 위해 길을 바꾸어 만년(晚年)의 삶을 벌충[14]하려 하였으나, 지려(志慮)는 쇠퇴하고 정신은 희미해지며 질병마저 그 뒤를 따라 몸을 얽어매고 있으니 곧 공력을 들일 수가 없게 되었습니다. 그러나 그대로 그만둘 수는 없기에 곧 물러나기를 청하고 벼슬자리를 피하여 서적을 싸 짊어지고 고향으로 돌아와서 장차

---

**13** 천거하는 글 : 【譯注】 즉 과거에 급제한 것을 이른다. 【攷證 卷4 薦書】 이굉중(李宏仲) 집에 소장하고 있는 수본(手本)에 보이는 말에 "천거하여 쓰게 하는 글이란 지금의 방목(榜目)과 같은 것이다."라고 하였다.

**14** 만년의 삶을 벌충 : 【譯注】 '상유(桑楡)'는 뽕나무와 느릅나무로 지는 해의 그림자가 이 나무의 끝에 남아 있다 하여 해가 지는 곳을 가리키는데, 전하여 만년을 의미한다. 《후한서》 권17 〈풍이열전(馮異列傳)〉에 "동우에서는 잃었으나 상유에서 수습한다.〔失之東隅, 收之桑楡.〕"라고 하였다.

이르지 못한 경지를 더욱 구하려고 하였습니다. 신령스런 하늘의 도움을 받아 만에 하나 아주 조금이라도[15] 얻은 것이 있어서 일생을 헛되게 보내지 않게 되기를 바라는 것이 근래 10년 이후 저의 소원이었습니다.

그러나 성은은 저의 허물을 포용해 주시고 헛된 명성은 사람을 내몰았으니, 계묘년(1543, 중종38)부터 임자년(1552, 명종7)까지 모두 세 번 물러났다가 세 번 불러서 소환(召還)되었습니다. 늙고 병든 이의 정력으로 공부에 전력하지 못했으니, 이와 같이하고도 성취하기를 바란다면 또한 어렵지 않겠습니까? 이 때문에 혹은 나아가기도 하고 혹은 들어앉기도 했으며 혹은 멀리 돌아다니기도 하고 혹은 가까이 있기도 하였는데, 스스로 나의 학문이 이른 경지를 따져보면 전과 다름없는 사람이었습니다.[16] 이 때문에 더욱 스스로 마음이 유쾌하지 못한 채 몸은 지쳐서 도성 안에 누워 있는데, 세월은 빠르게 흘러가니 돌아가고 싶은 일념은 흐르는 물처럼 도도하였습니다.

이럴 즈음에 그대의 뛰어난 덕행을 멀리서 듣고 감화를 받아 나약한 저 자신이 흥기됨을 금할 수 없었습니다. 대저 영리(榮利)의 벼슬길을 세상 사람들이 모두 내달리는데, 얻으면 기뻐하고 얻지 못하면 슬퍼하는 것은 모든 이들이 다 그렇습니다. 그런데 잘 모르겠습니다만 그대는 산림에서 무엇을 일삼기에 스스로 덕행을 세워서 저 영리를 능히 잊을 수 있는지요? 그렇게 됨에는 반드시 일삼는 바가 있을 것이며, 반드시 얻는

---

**15** 아주 조금이라도 : 【攷證 卷4 銖累寸積】기장 열 톨이 '루(絫)'가 되고, 10루가 1수(銖)가 된다. 《주자어류(朱子語類)》〈주자일(朱子一)〉에 "나는 감히 스스로 혼매할 수 없으니, 실로 한 푼 한 푼 쌓고 한 치 한 치 쌓아서 얻었노라."라고 하였다.

**16** 전과……사람이었습니다 : 【攷證 卷4 猶夫人也】《춘추좌씨전(春秋左氏傳)》양공(襄公) 5년에 "임금은 우환을 당해 12년이란 오랜 세월을 국외에 머물러 있었으면서도 근심하는 기색이 없고 또 관용하겠다는 말도 없으니, 전과 다름없는 사람이었습니다."라고 하였다.

바가 있을 것이며, 반드시 지켜서 편안하게 여기는 것이 있을 것이며, 반드시 흉중에 즐기지만 남들은 알지 못하는 것이 있을 것입니다. 그렇다면 나처럼 덕행에 뜻을 두었지만 갈팡질팡[17] 돌아갈 곳이 없는 사람이 어찌 한 말씀 일러주기를 갈망하지 않겠습니까?

천 리 떨어진 곳에서 정신적으로 사귀는 것은 옛사람이 숭상하던 바이니, 또한 어찌 반드시 잠시라도 서로 만난 이후에 벗이 되겠습니까?[18] 대저 경솔하게 스스로 나아가 말로에서 여러 번 넘어진 것은 저의 어리석은 행동이요, 한 번 나아가는 것에 신중하여 평소 절조를 온전히 지킨 것은 어진 그대의 원대한 식견입니다. 두 사람의 차이는 너무나도 엄청납니다. 다만 우리 그대는 나의 이전 허물을 제쳐두고 만년의 간절한 마음을 가엾게 여겨서 배척하여 멀리하지 않으신다면 또한 나에게는 큰 다행일 것입니다. 이황은 절을 올립니다.

---

**17** 갈팡질팡 : 【攷證 卷4 倀倀】《예기》〈중니연거(仲尼燕居)〉에 "소경이 옆에서 부축해 주는 사람이 없으면 갈팡질팡하여 어디로 가겠는가?〔瞽者無相, 倀倀乎何之?〕"라고 하였다.

**18** 잠시라도……되겠습니까 : 【攷證 卷4 傾蓋…若舊】《한서》 권51 〈추양전((鄒陽傳)〉에 "흰머리가 되도록 오래 사귀었어도 처음 본 사람처럼 느껴질 때가 있고, 수레 덮개를 기울이고 잠깐 이야기했지만 오랜 벗처럼 느껴지는 경우도 있다.〔白頭如新, 傾蓋如故.〕"라고 하였는데, 그 주에서 "서로 아는 자는 비록 수레 덮개를 기울이고 이야기하는 사이라도 오래전부터 아는 사람 같다."라고 하였다. ○《공자가어(孔子家語)》〈치사(致思)〉에 "공자(孔子)가 담(郯)에 가다가 길에서 정자(程子)를 만나 일산을 기울이고 종일 이야기를 나누었다."라고 하였다.

# 조건중에게 답하다 【계축년(1553, 명종8, 53세) 겨울 추정. 서울】

答曺楗仲

답장해 주신 편지를 지난여름에 받았는데 깨우쳐 주심이 간절하고 상세하니, 출처의 도리가 평소 흉중에 정해져서 밖에서 이르는 영리(榮利)에 얽매이지 않아 말에 깊은 의미가 있음[19]을 알게 되었습니다. 한 번만 불러도 나오지 않는 자가 오히려 드문데 더구나 두 번이나 불렀어도 더욱 뜻이 견고하니 무에 할 말이 있겠습니까. 그렇지만 세속에서는 이것을 귀하게 여길 줄 아는 자는 항상 적고 화를 내거나 또는 비웃는 자는 항상 많으니, 선비가 되어 그 뜻을 지키려 하는 것이 또한 어렵지 않겠습니까. 그러나 세상의 여론 때문에 유혹당하고 내몰려 동서로 바쁘게 오가는[20] 자는 참으로 뜻을 지키는 선비가 아니니, 공이 지킨 일로 인하여 비루한 내가 수립함이 없음을 더욱 부끄러워합니다.

발운산(撥雲散)을 구해달라고 하셨는데,[21] 감히 애쓰지 않겠습니까마

---

**19** 말에……있음 : 【攷證 卷4 言之有味】《사기》 권120 〈급정열전(汲鄭列傳)〉에 "매번 조회 때마다 정당시(鄭當時)는 황제에게 직접 아뢸 때면 반드시 천하의 덕이 높은 사람에 대해 거론하지 않은 적이 없었다. 그가 선비나 자기 부하인 승(丞)과 사(史)를 천거할 때는 참으로 그 말이 흥미진진하였다."라고 하였다. 【校解】 여기서는 하는 말에 깊은 의미가 있다는 뜻으로 쓰였다.

**20** 유혹당하고……오가는 : 【攷證 卷4 怵迫西東】한(漢)나라 가의(賈誼)의 〈복조부(鵩鳥賦)〉에 "유혹당하고 내몰린 무리들이여, 혹 이익에 치달리누나.〔怵迫之徒兮, 或趨東西.〕"라고 하였다. 【校解】 이 구절에 대해 당(唐)나라 이선(李善)이 맹강(孟康)의 말을 인용하여 주를 내면서 "출(怵)은 이익에 유혹당하는 것이며 박(迫)은 가난에 내몰림이다."라고 하였다.

**21** 발운산을……하셨는데 : 【攷證 卷4 示索撥雲散】남명(南冥)이 선생에게 답한 편지에 "더욱이 눈에 병이 나 흐릿하여 사물을 보지 못한 지가 여러 해입니다. 명공께서

는 저는 다만 스스로 당귀(當歸)를 찾고 있는데[22] 얻을 수가 없으니, 어찌 공을 위하여 발운산을 구하려고 모색하겠습니까. 공은 북쪽으로 올 뜻이 없으니, 제가 조만간 남쪽으로 반드시 가겠습니다. 그러나 시기를 정할 수 없어서 다만 그리워하는 마음만 간절할 뿐입니다. 잘 조량하십시오. 한 해가 저물어 날씨가 추우니 존체를 잘 보존하십시오. 불선(不宣). 《삼가 답장을 올립니다.》

발운산을 보내주어 눈을 열어주시지 않겠습니까?"라고 하였다. ○ 살펴보건대, 의서에 눈병의 약으로 발운산이 있다고 하였다. 【校解】 발운산은 눈에 든 이물질이 걷히는 것이 마치 하늘의 구름을 걷어내는 듯이 시원하다는 뜻의 약이다. 《救急易解方》

**22** 스스로……있는데 : 【攷證 卷4 自索當歸】 동진(東晋) 손성(孫盛)의 《이동잡어(異同雜語)》에 "강유(姜維)가 제갈량(諸葛亮)을 찾아와 모친의 편지를 받았는데, 당귀(當歸)를 구해 보내달라는 것이었으니, 대개 그가 돌아오기를 바란 것이다. 강유는 편지를 보내 '다만 원지(遠志 약초)만 있을 뿐, 당귀를 구하지 못하였습니다.'라고 답하였다."라고 하였다.

# 조건중에게 답하다 갑자년(1564, 명종19, 64세)【9월 하순 추정. 예안(禮安)】

答曺楗仲 甲子

'정신으로 사귀고 만나보지 못하는데, 살아 있을 날이 얼마 남지 않았다.'고 보내준 편지에서 말씀하였으니, 저로 하여금 우러러 감개에 젖게 하며 굽어 탄식함을 마지않게 합니다. 제가 오랫동안 의령(宜寧)[23] 길을 떠나지 못하니 인정(人情)에 가깝지 못합니다. 이는 다만 제 자신이 세상과 맞지 않고 노쇠함과 병이 몸을 얽어 이런 지경에 이른 것인데, 마침내 천 리 길을 찾아가려는 뜻마저도 같은 세상에 살면서 만나지 못하는 탄식이 되어 버렸으니, 이 어찌 조물주의 처분에 전적으로 돌릴 수 있겠습니까? 이에 신의를 저버린 것이 참으로 부끄럽습니다.

보내주신 편지에서 '학자가 명성을 훔치고 세상을 속인다.'[24]는 논의는 다만 고명만 근심하는 것이 아니라 나도 또한 근심하고 있습니다. 그러나 그러한 자를 꾸짖어서 억제하고자 하는 것은 또한 쉬운 일이 아닙니다. 어째서 그런지 말씀드리겠습니다. 제가 만약 마음먹기를 본래부터

---

**23** 의령 :【攷證 卷4 宜寧】경상우도에 속하는 고을 이름이다. 달리 의춘(宜春), 의산(宜山)이라고도 한다.

**24** 보내주신……속인다 :【攷證 卷4 示諭學者云】《정본 퇴계전서》권6 KNL0564 〈기명언에게 주다. 갑자〔與奇明彦. 甲子〕〉를 마땅히 참고하여 보아야 한다.【校解】조식이 이황에게 편지를 보내 "요즈음 학자들을 보면, 손으로는 물 뿌리고 쓰는 예절도 알지 못하면서 입으로 천리를 얘기하곤 하는데, 이는 명예를 얻고자 하는 계책으로 이로써 남을 속이려 하지만 거꾸로 남에게 중상을 당하고 다른 사람들에게 피해가 가게 하니, 이 어찌 선생이나 어른이 그것을 꾸짖어 그만두게 하지 않아서가 아니겠습니까?〔豈先生長老無有以呵止之故耶?〕"라고 하였다.《南冥集 卷4 補遺 與退溪書》

세상을 속이고 명성을 훔치려 하는 자라면 일단 한쪽으로 제쳐두고 말할 것도 없습니다. 다만 생각건대 하늘이 사람들에게 떳떳한 본성을 내려주어 모두 선을 좋아하니, 천하의 영재로서 성심으로 배우기를 원하는 자를 어찌 한정하겠습니까. 만약 속이고 훔치려는 세상의 잘못을 범한다고 해서 모두를 꾸짖어 그만두게 한다면, 이는 상제(上帝)가 영재를 기르라는 뜻[25]을 저버린 것이며 천하 사람들이 도를 향하는 길을 끊어버리는 것이니, 내가 하늘과 성문(聖門)에 죄를 지은 것이 매우 심한데 어느 겨를에 타인이 속이고 훔치는 것을 걱정하겠습니까?

만일 세상을 속이고 명성을 훔치려는 자인지 구별하여서 꾸짖어 억제하려 하는데, 사람의 자질은 만 가지로 달라 처음 학문을 배울 때 뛰어난 자는 등급을 뛰어넘고 둔한 자는 꽉 막힌 채로 있으며 고인을 사모하는 자는 꾸미는 것 같고 뜻이 큰 자는 미치광이 같으며 익힘이 미숙한 자는 거짓인 듯하고 넘어졌다가 다시 일어선 자는 속이는 듯하며 처음에는 정성을 기울이다가 끝에 소홀한 자가 있고 그만두었다가도 자주 다시 시작하는 자가 있으며 병통이 밖에 있는 자가 있고 병통이 안에 있는 자가 있으니, 무릇 이와 같은 자들을 이루 다 헤아릴 수 없습니다. 마음을 전일하게 하고 뜻을 다하여 성취하기를 기약하지 않는 자들은 참으로 죄가 없지는 않지만 그러나 그 마음은 가상하니, 오히려 이런 사람들마저 속이고 훔친다고 싸잡아서 배척할 수 있겠습니까? 이들 또한 서로

---

**25** 영재를 기르라는 뜻 : 【譯注】 장횡거(張橫渠)의 〈서명(西銘)〉에 "영재를 기르는 것은 영봉인(潁封人)이 남에게 선을 베풀어 준 것이다.〔育英材, 封人之錫類.〕"라고 하였다. 이에 대해 퇴계는 〈서명고증강의(西銘考證講義)〉에서 "횡거가 이것을 인용하여 군자가 자신의 천성의 선(善)을 미루어서 영재를 가르치기를 고숙(考叔)이 자신의 효(孝)를 미루어서 장공(莊公)에게 미친 것과 같이 하였음을 말씀한 것이다."라고 하였다. 즉 여기서 '석류(錫類)'는 인재를 가르친다는 의미로 사용되었다.

어울려서 함께 힘써야 할 처지에 있는 자들입니다.

그러나 이것은 이치를 따져보면 이와 같다는 것일 뿐이지, 이 책임을 맡을 자는 세상에 절로 그에 걸맞은 사람이 있습니다. 결코 병들어 버림받아 숨어 지내며 도에 어둡고 학문에 어두운 저에게 그 책임이 있지 않은데, 공은 어찌하여 이런 당치도 않은 말로 저에게 책임을 전가하십니까? 잘 모르겠습니다만 공이 훔치고 속인다고 지목한 자는 어떤 사람입니까? 그 사람이 비록 정당하지 못하더라도 만약 그의 병세가 앞에서 말한 것과 같다면 마땅히 그렇게 꾸짖어 억제해서는 안 됩니다. 만일 불행하게도 참으로 속이고 훔치려는 마음이 있는 자라면 우리들이 그에게 꾸짖음과 억제를 당하지 않은 것만도 다행인데, 또한 어찌 감히 억지로 기세를 부려서 도리어 저에게 꾸짖고 억제할 수가 있겠습니까?

화와 복이 오는 것은 원래 조물주의 처분이 있으니, 다만 옛사람의 '요절하거나 장수한다고 해서 의심하지 않는다.'[26]는 가르침을 생각하여 스스로 처신하고 그에 따를 뿐이지, 그 밖의 일은 어찌 우리의 힘이 용납되겠습니까? 저의 견해는 이와 같은데, 잘 모르겠습니다만 고명은 어떻게 생각하십니까? 이 교수[27]가 돌아가는 편에 다급하게 적어 올리느라 많은 말을 하지 못하였습니다.

---

**26** 요절하거나……않는다 : 【譯注】《맹자》〈진심 상(盡心上)〉에 "마음을 보존하여 성을 함양함은 하늘을 섬기는 것이요, 요절과 장수함에 이를 의심하지 않아, 몸을 닦고 천명을 기다림은 명을 세우는 것이다."라고 하였다.

**27** 이 교수 : 【攷證 卷4 李教】 아마도 군호(君浩) 이원(李源)을 가리키는 듯하다. 이군호는 일찍이 곤양(昆陽)의 훈도가 되었다.

# 노이재 과회[28] 수신 에게 보내다 갑인년(1554, 명종9, 54세) 【7월 11일. 서울】

與盧伊齋寡悔 守愼○甲寅

장기(瘴氣) 가득한 바다는 기후가 습하고 나쁠 텐데,[29] 잘 모르겠습니다만 근황은 어떠하십니까? 존모함이 지극하여 그리워하는 마음 그치지 않습니다. 저는 용렬하여[30] 내세울 것이 없는데 질병은 해마가 깊어가니 근래 8~9년 동안 외직을 청해 시골에 있었습니다. 구학(溝壑)에서 죽는 것을 내 분수로 여겼는데, 뜻밖에도 다시 은록(恩錄)을 받게 되어 억지로 몸을 이끌고 서쪽으로 와서 그럭저럭 세월을 보내고 있는데, 지금 또 3년이 흘렀습니다.

한두 명의 벗이 그대의 아우[31]가 사는 곳과 이웃하고 있기에 그대의 소식을 전해 듣고서 매우 다행이라 생각합니다. 지금 상황이 한 글자 안부 편지를 부칠 수 없는 것은 아닌데 미적미적하다가 보내지 못해 매우

---

**28** 노이재 과회 :【譯注】노수신(盧守愼, 1515~1590)으로, 본관은 광주(光州), 자는 과회(寡悔), 호는 소재(穌齋)·이재(伊齋)·암실(暗室)·여봉노인(茹峰老人), 시호는 문의(文懿)·문간(文簡)이다.

**29** 장기……텐데 :【攷證 卷4 瘴海湫惡】노수신 공은 당시 진도(珍島)에 유배되어 있었다.【校解】노공은 1547년(명종2) 윤9월에 일어난 양재역 벽서사건으로 연루되어 진도로 이배되어 19년간 귀양살이를 하였다.

**30** 용렬하여 :【攷證 卷4 陸陸】《후한서》권54 〈마원전(馬援傳)〉의 이현(李賢)의 주에 "육육(陸陸)은 녹록(碌碌)함과 같다."라고 하였다.【校解】〈마원전〉에서 마원이 "계맹(季孟)이 일찍이 자양(子陽)을 멸시하여 그의 작위를 받지 않더니, 지금 다시 용렬하게〔陸陸〕 그에게 가서 귀의하였으니, 장차 체면을 유지하기 어렵게 되었다."라고 하였다.

**31** 그대의 아우 :【攷證 卷4 賢季】이름은 노극신(盧克愼, 1524~1598)으로, 음직으로 현령을 지냈다.

부끄럽습니다.

저는 젊었을 때 일찍이 성현의 도를 듣고서 흥기한 적이 있었지만, 그러나 스승과 벗의 인도함이 없었으며 일찍 고질병에 걸려 곧바로 그만두고 말았습니다. 그 뒤로 다행히 관료가 된 연분으로 우리 그대와 깨끗하고 한가로운 옥당에서 종유하게 되었으니, 학문을 강마하여 더욱 발전할 수 있었습니다. 그 당시 나의 마음은 매우 꽉 막혀 있었는데 그림 그리는 일에 비유하면 흰 바탕이 없는 것과 같으니, 어찌 채색을 받아들이길 바랄 수 있었겠습니까?[32]

산야로 물러나와 있을 때 속세의 일을 마주하지 않게 되자 비로소 낙양(洛陽)과 복건(福建) 여러 군자[33]의 책에 전심할 수 있었으니, 감발을 받아 흥기한 것은 전에 비할 바가 아니어서 대체로 깊고도 절실했습니다. 그러나 쇠약한 사람으로 정력이 미치지 못하니 실로 공부를 십분 더하지 못하였으며 또한 일분도 참으로 깨우친 것이 없었는데, 갑자기 세상에 나아가 시험을 받게 되니 그 조금 깨우친 것이 전부 사라져 남은 것이 없게 됨에 어찌 이르지 않겠습니까?

이 때문에 섬뜩하게 두려워하면서 죽기 전에 자취를 거두어 근본으로 돌아가 졸렬한 본분을 지키고 병을 조섭하면서 옛 책을 읽으며 새로운 공부를 더해 만년의 세월을 즐기려고 생각했으니, 이것이 오랜 소원입니다. 그러나 끝내 그렇게 될지 안 될지는 참으로 미리 논할 수 없으니, 화복과 이해(利害)는 다만 마땅히 천명을 따를 뿐입니다. 그러나 일찍이 생각하건대 옛날의 군자는 대부분 스승과 벗이 있어서 뜻을 같이 하면서

---

**32** 그림……있었겠습니까 : 【譯注】《논어》〈팔일(八佾)〉에 "그림 그리는 일은 흰 바탕의 비단을 마련하는 것 뒤에 하는 일이다."라고 하였다.

**33** 낙양과……군자 : 【譯注】 송대 성리학자들을 가리킨다. 낙양에 살았던 정호(程顥)와 정이(程頤) 형제와 복건에 살았던 주희(朱熹) 등을 가리킨다.

서로 도움을 주고 도를 같이 하면서 서로 발전이 있었으니, 그러므로 학문이 이뤄지고 덕이 세워질 수 있었습니다. 지금 나와 우리 그대는 같은 세상을 살면서도 서로 잠깐도 만나지 못하고[34] 멀리 떨어져 만날 기약마저 없으니, 벗들과 떨어져 쓸쓸히 지내는 근심[35]과 비루하고 인색한 생각이 싹이 틀 때마다[36] 항상 그대를 잊지 못하고 아쉽게 생각하니, 어찌 잠깐이라도 그리운 마음이 가라앉겠습니까?

〈숙흥야매잠(夙興夜寐箴)〉[37]은 예전부터 나 또한 마음속에 간직하고 있었지만 아직까지 조리(條理)의 정밀함과 공정(工程)의 엄밀함이 이와 같이 지극한 줄은 미처 알지 못했습니다. 지금 그대의 〈숙야잠주해(夙夜箴註解)〉[38]에서 장(章)을 나누고 구(句)를 분석한 것을 보건대, 바르고 높은 의논으로 핵심이 되는 긴요한 곳을 솜씨 있게 요리하여 밝고 드넓은 경지에 홀로 이르렀으니[39] 탄복함을 금치 못하겠습니다. 그러나 그 사이

---

**34** 서로……못하고 : 【譯注】팔뚝 한 번 스치듯 짧게 만남을 이른다. 【攷證 卷4 交臂相失】《장자》〈전자방(田子方)〉에 공자(孔子)가 안연(顏淵)에게 "나는 종신토록 너와 함께 하는데 너는 팔뚝 한 번 스치고 지나간 것처럼 뒤에 처져 나를 잃어버리니 슬퍼하지 않을 수 있겠는가."라고 하였다.

**35** 벗들과……근심 : 【譯注】'이삭'은 이군삭거(離群索居)의 준말로, 벗들을 떠나 쓸쓸히 홀로 사는 것을 뜻한다. 《예기(禮記)》〈단궁 상(檀弓上)〉에 자하(子夏)가 "내가 벗을 떠나 쓸쓸히 홀로 지낸 지가 오래이다.〔吾離群而索居, 亦已久矣.〕"라고 하였다.

**36** 비루하고……때마다 : 【譯注】한나라 황헌(黃憲)은 도량이 넓고 인품이 고매하여 안자(顏子)에 비유되기까지 하였는데, 당시의 명사인 진번(陳蕃)과 주거(周擧)가 늘 "두어 달만 황생을 보지 못하면 마음속에 비루하고 인색한 생각이 다시 싹터 버린다.〔鄙吝之萌, 復存乎心.〕"라고 하였다. 《後漢書 卷83 黃憲列傳》

**37** 숙흥야매잠 : 【譯注】송(宋)나라 때 무경(茂卿) 진백(陳柏)이 지은 글이다.

**38** 숙야잠주해 : 【攷證 卷4 夙夜箴註解】이재(伊齋 노수신)가 지었다. 【校解】《소재선생내집상편(穌齋先生內集上篇)》〈초창록2(草創錄二)〉에 실려 있다.

**39** 밝고……이르렀으니 : 【攷證 卷4 獨到昭曠之原】《한서》 권51 〈추양전(鄒陽傳)〉에 실린 〈옥중에서 글을 올려 자신의 입장을 해명함〔獄中上書自明〕〉에 "주(周) 문왕은

훈석한 말 두어 곳은 나의 얕은 소견에 의심이 없지 못하기에 삼가 뽑아내 별지에 기록하여 그대에게 물어보려 합니다. 삼가 바라건대 나의 의견을 받아들여 반복해서 참정(參訂)하여 버릴 것은 버리고 취할 것은 취한 뒤에 다시 내게 알려주기를 간절히 바랍니다.

옛날 정 선생(程先生)이 《역전(易傳)》을 이윽고 완성하고서도 오랫동안 세상에 내지 않고 말하기를 "아직도 조금 더 나아가기를 바란다."라고 했으며, 주자(朱子)는 《장구(章句)》와 《집주(集註)》를 완성하고서도 평생 스스로 보충하며 고친 것이 얼마나 되는지 알 수 없을 정도인데 그 가운데 당시의 문인과 붕우들이 의심하고 질정한 것으로 인해 고친 것도 또한 적지 않습니다. 사견(私見)을 내세우지 않고 여러 좋은 의견을 모았기에 천하와 만 대에 다르게 논의할 수 없으니, 이것이 바로 대현의 사업이 광명정대하게 된 까닭입니다.

우리 동방은 성리의 학문을 강론하여 밝힌 자가 참으로 적으며 저술도 거의 없습니다. 간혹 있더라도 대체로 흠결이 드러남을 면치 못하기에 사람들의 마음에 흡족하지 않으니, 이것은 다름이 아니라 어렴풋한 것을 대략 보고서 곧바로 자신의 주장을 너무 지나치게 내세우기 때문입니다. 삼가 이 〈주해〉를 보건대 여타의 저술과는 같지 않습니다. 사도(斯道)가 우리 동방에서 없어지지 않는 한은 이 〈주해〉는 반드시 후세에 전해질 것인데, 작은 허점이나 의심되는 곳을 만약 더욱 연마하여 밝혀서 최선으로 나아가지 않는다면 후대 사람이 지금 사람 보기를 지금 사람이 옛날 사람 보는 것과 똑같이 하지 않겠습니까?[40] 옛날 사람들은 의리가 끝이

---

왜곡된 언론을 뛰어넘어 담장 밖의 올바른 의견에 정신을 쏟을 수 있었기 때문에 홀로 밝고 드넓은 통치의 길을 목도할 수 있었던 것입니다."라고 하였다.

**40** 후대……않겠습니까 :【攷證 卷4 後之…視昔】진(晉)나라 왕희지(王羲之)의 〈난정기(蘭亭記)〉에 보이는 말이다.

없는 것을 참으로 보았기에 마음을 비우고 도에 나아가는 뜻 또한 끝이 없었습니다. 내가 우리 그대에게 기대하는 것도 이 때문입니다.

　저는 올가을에 휴가를 얻어 영남으로 성묘를 가려 하니, 서울로 돌아올 날이 빠를지 늦을지는 짐작할 수 없습니다. 그러나 만약 답장 편지를 보내시려 할 경우 다만 그대 아우를 통해 나의 벗에게 맡겨 전한다면, 비록 천 리 먼 길이라도 받아보지 못할[41] 걱정은 없을 것입니다. 하고픈 말은 많지만 상세하게 말씀드릴 수 없습니다. 다만 건강에 각별히 유의하시기 바랍니다. 불선(不宣).

---

**41** 받아보지 못할 : 【攷證 卷4 浮沈】 동진(東晉) 은선(殷羨)이 예장 태수(豫章太守)가 되어 임지로 떠날 때 도성의 부귀한 이들이 백여 통의 편지를 전해달라고 부탁하였다. 은선이 판교(板橋)에 이르러 강에다 다 던지면서 "가라앉을 것은 저절로 가라앉을 것이고 뜰 것은 저절로 뜨게 하소서. 은홍교(殷洪喬 은선의 자)는 편지 전하는 우편배달부가 될 수 없다."라고 하였다. 《世說新語 任誕》

# 별지

別紙

'마음 심(心)'을 부수로 쓰거나 '말씀 언(言)'을 부수로 쓴 것은 안팎을 합하여 말한 것이다.[42] -이재(伊齋)[43]-

무릇 어느 부수를 따른다는 것으로 글자의 의미를 해석하는 경우에는 모두 본 글자의 왼쪽 부분[偏]과 오른쪽 부분[傍], 윗부분과 아랫부분을 가리킬 따름이요, '혹은 이렇게도 쓴다.'라는 글자에 나아가 본 글자와 합쳐서 하나로 만들어 지금 그대처럼 뜻을 취하는 경우는 있지 않았습니다. 내 생각에는 이 열 글자[44]를 빼버리고 "혹은 건(譽)으로도 쓴다."라고만 하며, "허물을 살핀다는 건 부자가 말한[省愆, 卽夫子所謂]" 이하는 그대로 두는 것[45]이 좋을 듯합니다.

---

**42** 마음……것이다 : 【攷證 卷4 從心從言】 진백(陳柏)의 〈숙흥야매잠(夙興夜寐箴)〉 1장의 "지난날의 허물을 반성하기도 한다.[或省舊愆]"의 '愆(건)' 자에 대한 노수신의 〈주해(註解)〉에 '건' 자의 의미를 해석하면서 "건(愆) 자가 다른 본에는 '건(譽)'으로 되어 있기도 하니 '심(心)' 변에 쓰기도 하고 '언(言)' 변에 쓰기도 한 것은 표리를 합하여 말한 것이다."라고 한 것을 가리킨다.

**43** 이재 : 【譯注】 노수신(盧守愼, 1515~1590)으로, 본관은 광주(光州), 자는 과회(寡悔), 호는 소재(穌齋)·이재(伊齋)·암실(暗室)·여봉노인(茹峰老人), 시호는 문의(文懿)·문간(文簡)이다.

**44** 이 열 글자 : 【譯注】 앞의 주와 관련하여 "從心從言, 合表裏而言之." 열 글자를 가리킨다.

**45** 부자가……것 : 【攷證 卷4 夫子所謂以下仍存】 〈주해〉에 "허물을 살피는 것은 곧 부자가 '능히 그 허물을 보면 마음으로 스스로 송사한다.'는 말에 해당한다."라고 하였다.

‘주(紬)’는 고치실이다.[46] -이재(伊齋)-

자서(字書)에 “추(抽)는 간혹 주(紬)로 쓰기도 하니, 주(紬)는 끌어당긴다는 뜻으로 그 실마리를 뽑아 당긴다는 것이다.……”라 하였습니다. 이에 의거하면 ‘주(紬)’는 곧 ‘추(抽)’ 자와 같은 의미인데, 넓은 의미에서 말하면 ‘수(手)’ 변을 따르지만 실을 뽑는다고 말할 때는 ‘사(絲)’ 변을 따를 뿐입니다. 지금 다만 고치실이라고만 말하였으니, 뜻이 미진한 듯합니다.

지위에는 높고 낮음이 있으며 집에는 갑제(甲第)와 을제(乙第)가 있다.[47] 나무의 가지는 성글게 뻗어 있고, 옥의 무늬는 세밀하다.[48] -이재(伊齋)-

차례에는 선후의 차례도 있고 좌우의 차례도 있으니, 이런 유가 하나뿐이 아니거늘 유독 지위의 높고 낮음만 가지고 말씀하였으니 두루 갖추지 못한 듯합니다. 옛날에 집〔宅〕은 갑을로 차제를 삼았기 때문에 집을 제(第)라고 하는 것은 괜찮지만, 지금 “제(第)’ 자의 뜻이 택(宅)의 갑을로

---

**46** 주는 고치실이다 : 【譯注】〈숙흥야매잠〉 1장의 “혹은 새로 깨달은 것을 깊이 생각한다.〔或紬新得〕”라는 말의 ‘주(紬)’에 대한 노사신의 주해이다.

**47** 지위에는……있다 : 【譯注】 이 단락은 〈숙흥야매잠〉 1장의 “차제와 조리를 환하게 마음속으로 알고 있다.〔次第條理, 瞭然默識.〕”에 대한 노수신의 〈주해〉이다. 【攷證 卷4 宅有甲乙】《한서》〈곽광열전(霍光列傳)〉에 “황제가 곽광에게 갑제(甲第) 한 구(區)를 하사하였다.”라고 하였는데, 삼국 시대 위(魏)나라 맹강(孟康)의 주석에 “집에는 갑과 을의 차서가 있다.”라고 하였다.

**48** 옥의 무늬는 세밀하다 : 【攷證 卷4 玉文細密】 원나라 웅충(熊忠)의 《고금운회거요(古今韻會擧要)》에 “사물의 문양은 오직 옥이 가장 세밀하기에 ‘옥(玉)’ 자를 따른다.”라고 하였다.

인하여 그러한 의미를 갖게 되었다.'고 하는 것은 아마도 옳지 않은 듯합니다. 나무의 줄기도 또한 '조(條)'라고 이르니, 가지〔枝〕만을 말하는 것은 아닙니다. 풀이 군락을 이루어 자라는[49] 것처럼 모든 사물은 구역을 나누어 정렬됨이 있으니 그것을 조(條)라고 이릅니다. 이(理)자는 무늬가 있는 사물에 대해 모두 통칭할 수 있으니, 옥에만 유독 무늬가 있다고 할 수 없습니다. 내 생각으로 이 부분을 고쳐서 "순서에 맞게 제자리에 오는 것을 차(次)라 이르고 차례대로 수가 바뀌는 것을 제(第)라고 한다. 그러므로 모든 일에 차례를 뛰어넘지 않는다.……"고 하며, "분별하여 구역이 있는 것을 조(條)라고 하고, 가지런하면서 어지럽지 않은 것을 이(理)라고 이른다. 그러므로 모든 일에 맥락을 어지럽히지 않는다.……"라고 하는 것이 어떻겠습니까?

> 사려(思慮)가 내달리는 것을 정제(整齊)하여 전에 잘못한 바를 뉘우쳐 깨닫는다.[50] -이재(伊齋)-

"내달리는 것〔主作者〕" 이하에 조금 흠결이 있으니, 청컨대 "야기(夜氣)가 생긴 것을 흔들어 손상시키는 것이 없게 된다면 심체(心體)가 허명(虛明)해져서 의리의 근원이 자연히 밝게 드러나게 된다. 이에……"라고 보충하였으면 합니다. 그러면 "뉘우쳐 깨닫는다.〔以悔悟〕"라는 말의 '이(以)' 자가 걸림이 되니, 청컨대 '혹(或)' 자로 고치고 아울러 "깊이 생각하여〔尋繹〕"라는 말 앞에도 '혹(或)' 자를 덧붙이면 어떻겠습니까?

---

**49** 군락을 이루어 자라는 : 【攷證 卷4 科生】원나라 웅충(熊忠)의 《고금운회거요(古今韻會擧要)》에 "모듬〔科〕은 조(條)이다."라고 하였다.

**50** 사려가……깨닫는다 : 【譯注】〈숙흥야매잠〉 1장에 대하여 노수신이 〈주해〉 총론에서 한 말이다.

대저 이른바 선(善)이라는 것도 또한 이에 그칠 따름이다.[51] -이재(伊齋)-

삼가 살펴보건대 맹자의 본 뜻[52]은 아침 일찍부터 밤늦게까지 하루 동안
행한 것을 모두 가리켜 말한 것입니다. 지금 "대저 이른바 선이라는 것도
또한 이에 그칠 따름이다."라고 한다면, 맹자의 말은 오로지 닭이 울 때만
을 가리켜 말한 것 같으니, 아마도 온당하지 않은 듯합니다. 청컨대 "대저
이른바[夫所謂]" 이하 아홉 글자를 빼고 "정자왈(程子曰)"을 "선을 하다.
〔爲善〕"로 직접 연결하는 것[53]이 어떻겠습니까?

한쪽으로 치우치지 않으려고 한다.[54] -이재(伊齋)-

'치우친다[跛]'는 것은 한쪽 다리로 몸을 지탱한다는 뜻이니, 아마도 서
있을 때 할 수 있는 말이지 앉을 때는 할 수 없는 말인 듯합니다. 고치는
것이 어떻겠습니까?

'바로잡다[訂]'는 것은 의논하다는 의미이니, 그들이 토론하는 말을
자세히 변석하는 것이다.[55] -이재(伊齋)-

---

**51** 대저……따름이다 : 【譯注】〈숙흥야매잠〉 1장에 대하여 노수신이 〈주해〉 총론에서
한 말이다.

**52** 맹자의 본 뜻 : 【譯注】《맹자》〈진심 상(盡心上)〉에 "닭이 울면 일어나 부지런히
선을 하는 자는 순임금의 무리이다."라고 한 것을 가리킨다.

**53** 대저……것 : 【譯注】노수신의 〈주해〉에 "孟子曰: 雞鳴而起, 孶孶爲善. 夫所謂善,
亦止此而已. 程子曰: 未接物時, 只主於敬, 便是爲善."라고 하였다.

**54** 한쪽으로……한다 : 【譯注】〈숙흥야매잠〉 2장의 "단정히 앉는다.〔端坐〕"는 말의
'좌(坐)'에 대한 노수신의 〈주해〉이다.

**55** 바로잡다는……것이다 : 【譯注】〈숙흥야매잠〉 3장의 "제자들의 문변을 반복하여

'바로잡다[訂]'는 글자에는 평의(評議)하고서[56] 증명하여 바로잡는다는 뜻이 있는데, 다만 '의논한다[議]'고만 하면 뜻이 미진한 듯합니다. '토론(討論)'도 '문난(問難)'으로 고치는 것이 어떻겠습니까?

응(應)은 답함이다.[57]……훔쳐간다.[58] -이재(伊齋)-

'답하다[答]'라고 주해한 것은 청컨대 '수응하다[酬]'로 고치고, '훔쳐간다[偸去]'고 주해한 말 아래에 '항상 주목하여 본다.[而常目覰之也]'는 말을 보충하고자 합니다.

"신(神)이란 양(陽)의 영(靈)으로……생동하는 것이다."[59]라는 말은 아래 장의 "정(精)이란 음(陰)의 영(靈)으로……정(定)하는 것이다."라는 〈주해〉를 겸한다.[60] -이재(伊齋)-

---

참고하고 바로잡는다."라는 말에 대한 노수신의 〈주해〉이다.

**56** 바로잡다는 글자에는 평의하고서 :【攷證 卷4 訂有評議】살펴보건대,《정본 퇴계전서》권4 KNW019 〈서명고증강의(西銘考證講義)〉에 "정(訂)은 평의(平議)하는 것이다."라고 하였고 여기서는 "평의(評議)"라고 하였으니, 〈서명고증강의〉에서는 일을 할 때 평평하고 고르게 하는 뜻으로 쓰였고, 여기서는 변론하고 평척(評隲)하는 뜻으로 쓰였기 때문에 각각 달리 해석하였다. 아래 글에서는 다시 정(訂)을 평의(平議)라고 하였다.

**57** 응은 답함이다 :【攷證 卷4 應答】〈숙흥야매잠〉 4장의 "일이 이르면 이에 대응한다.[事之斯應]"는 '응(應)' 자에 대해 노수신의 〈주해〉에 "답함이다."라고 해석하였다.

**58** 훔쳐간다 :【攷證 卷4 偸去】〈숙흥야매잠〉 4장의 "항상 눈을 여기에 두라.[常目在之]"라는 말에 대하여 노수신의 〈주해〉에 "사물이 앞에 있으면 다른 사람이 훔쳐갈 것을 두려워하는 것과 같다."라고 해석하였다.

**59** 신이란……것이다 :【譯注】〈숙흥야매잠〉 4장의 "신(神)을 어리고 생각을 쉰다.[凝神息慮]"의 '신(神)' 자에 대한 노수신의 〈주해〉이다.

'신(神)'과 '정(精)' 이 두 글자에 대해 해석하는 말은 반드시 근거한 바가
있어서 그렇게 말하였을 것입니다. 그러나 일찍이 들으니, 주자가 동숙
중(董叔重)[61]에게 답한 편지에서 "이미 백(魄)을 생성했을 때 그 양의 기
운을 혼(魂)이라고 하니, 이는 백(魄)이 있게 되면 곧 혼(魂)이 있음을
말합니다. 이는 처음 배태할[62] 때부터 이미 두루 갖추어지므로, 점차 지
각이 있은 뒤에 혼(魂)이 된다고는 말할 수 없다."[63]라 하였으며, 양문숙
(梁文叔)[64]에게 답한 편지에서 "정기(精氣)가 물(物)이 된다는 것은 혼
(魂)과 백(魄)이 체(體)가 된다고 말하는 것과 같다."[65]라고 하였으며,
진안경(陳安卿)[66]에게 답한 편지에서 "왕승(王丞)[67]은 '혼(魂)은 곧 기

---

**60** 아래……겸한다 : 【譯注】〈숙흥야매잠〉 5장의 "정과 신을 발산해 펴기도 한다.〔發舒
精神〕"의 '신(神)' 자에 대한 해석까지 4장의 〈주해〉에서 겸하여 설명한다는 말이다.

**61** 동숙중 : 【攷證 卷4 董叔重】송(宋)나라 동수(董銖, 1152~1214)로, 자는 숙중이고
호는 반간(盤澗)으로 덕흥(德興) 사람이다. 진사가 되어 금화위(金華尉)에서 종사랑
(從事郎)으로 옮겼다. 처음에는 정순(程洵)을 따르다가 후에 주희의 문인이 되었다.

**62** 배태할 : 【攷證 卷4 胞胎】원나라 웅충(熊忠)의 《고금운회거요(古今韻會擧要)》에
"포(胞)는 태의(胎衣)이다."라고 하였다. 노자의 《도덕경》에 "부인이 임신하여 네 달이
되면 태의를 이룬다."라고 하였다. 【校解】《도덕경》에 이런 내용은 보이지 않는다.

**63** 이미……없다 : 【譯注】《주자대전》 권51 〈동숙중에게 답하다. 일곱 번째〔答董叔重
七〕〉에 보인다.

**64** 양문숙 : 【攷證 卷4 梁文叔】송(宋)나라 양전(梁琢)으로 자는 무숙이다. 소무(紹
武) 사람으로 《주자어록(朱子語錄)》과 《담대석각고증(澹臺石刻考證)》을 편집하였다.

**65** 정기가……같다 : 【譯注】양문숙에게 보낸 편지가 아니라 여자약(呂子約 여조검(呂
祖儉))에게 보낸 편지이다. 《주자대전》 권47 〈여이숙에게 답하다. 아홉 번째〔答呂子約
九〕〉에 보인다.

**66** 진안경 : 【攷證 卷4 陳安卿】송(宋)나라 진순(陳淳, 1159~1223)으로, 자는 안경,
호는 북계(北溪)이며, 시호는 문안(文安)이다. 장주(漳州) 용계(龍溪) 사람으로, 주자
가 그에 대해 우리 도를 위해 사람을 얻었다고 칭송하였다.

**67** 왕승 : 【攷證 卷4 王丞】누구인지 알 수 없다. 【校解】대종정승(大宗正丞)을 지낸
왕우(王遇)를 가리킨다. 자는 자합(子合) 또는 자정(子正), 호는 동호(東湖)이다. 주자

(氣)이고 백(魄)은 곧 체(體)이다.'라고 하였는데, 이는 옳지 않다. 혼은 기의 신(神)이고, 백은 체의 신(神)임을 모름지기 알아야 한다."[68]라고 하였습니다. 이 몇 마디 말을 종합해서 살펴보면, '신(神)'과 '정(精)' 두 글자를 해석한 몇 마디 말의 병통을 알 수 있습니다.

대개 "기(氣)가 감응하는 데에서 시작하여 혼(魂)을 얻는다."라고 시작하였다가 갑자기 "이 몸의 가운데서 행한다."라고 하면, 이는 체(體)와 백(魄)이 엉기기도 전에 급하게 신체를 말한 듯합니다. 또 "인체(人體)가 이윽고 엉기면 백(魄)을 얻어 이 몸의 가운데에 가득 차게 된다."라고 하였으니, 이는 체(體)가 엉긴 이후에 비로소 백(魄)을 얻는다고 곧바로 말한 것인데, 어찌 이런 이치가 있겠습니까? 또 진공(陳公)이 말한 이 두 구절[69]의 의미는 본래 기(氣)를 품부 받아 생명을 받는 시초를 논한 것이 아니니, 〈주해〉 가운데 '기가 감응하여 혼(魂)을 얻는다.'는 것과 '체가 엉겨 백(魄)을 얻는다.'는 것은 말할 필요가 없습니다. 또 본래 대구를 이뤄 지은 글이 아니니, 상하를 조응(照應)하여 해석하는 말을 지을 필요도 없습니다. 청컨대 삼가 '신(神)은 양(陽)의 영(靈)이니 즉 혼기(魂氣)가 인신에 충만하고 유행하여 헤아릴 수 없는 신묘함이 있는 것이고, 정(精)은 음(陰)의 영상(英爽)이니 즉 체백(體魄)이 엉겨 정해져서 신혼(神魂)을 싣고 있는 것이다.'라고 고치는 것이 어떻겠습니까?

두 가지 일로써 마음을 두 갈래로 하지 말며 세 가지 일로써 마음을

---

의 제자이며, 진안경의 친구이다.

**68** 왕승은……한다 : 【譯注】〈진안경에게 답하다. 여섯 번째〔答陳安卿六〕〉에 보인다.

**69** 두 구절 : 【譯注】〈숙흥야매잠〉 4장의 "신을 어리고 생각을 쉰다.〔凝神息慮〕"와 5장의 "정과 신을 발산해 펴기도 한다.〔發舒精神〕"를 가리킨다.

세 갈래로 하지 말라.〔不二以二, 不三以三.〕[70] -이재(伊齋)-

'불이(不二)'의 '이(二)'는 마땅히 '이(貳)'가 되어야 하며, '불삼(不三)'의 '삼(三)'은 마땅히 '삼(參)'이 되어야 합니다.

'가림〔遮障〕'[71] -이재(伊齋)-

'유인(誘引)'으로 고치는 것이 어떻겠습니까?

활동하지 않으면 정체된다.[72] -이재(伊齋)-

'주재하지 않으면 누(累)가 된다.'로 고치는 것이 어떻겠습니까? -활동하지 않다〔不活〕'와 '정체된다〔滯〕'는 글자의 의미가 같습니다. 그러므로 고치고자 합니다.-

그 광령(光靈)을 모으고 그 사려를 끊는다.[73] -이재(伊齋)-

이 두 구절의 말은 선학(禪學)을 범한 듯하니, 청컨대 빼버리는 것이 어

---

**70** 두……말라 : 【譯注】〈숙흥야매잠〉 4장의 "마음을 두 갈래 세 갈래로 하지 말라.〔勿貳勿三〕"에 대한 노수신의 〈주해〉를 축약해 놓은 것이다.

**71** 가림 : 【譯注】〈숙흥야매잠〉 4장에 대한 노수신의 총괄적인 〈주해〉에 "혹은 사물에 의해 가림이 된다.〔或爲事物遮障〕"라는 말의 '차장(遮障)'을 가리킨다.

**72** 활동하지 않으면 정체된다 : 【譯注】〈숙흥야매잠〉 4장에 대한 노수신의 총괄적인 〈주해〉에 "마음의 사물됨은 활동하지 않으면 정체된다.〔心之爲物, 不活則滯.〕"라고 하였다.

**73** 그……끊는다 : 【譯注】〈숙흥야매잠〉 4장에 대한 노수신의 총괄적인 〈주해〉에 보인다.

떻겠습니까?

　성(性)이 밖으로 발한 것.[74] 촉급한 태도[態]와 차분한 모습[象].[75] -이
재(伊齋)-

다만 밖으로 발할 뿐만 아니라 마음속에서 움직이는 것이 바로 '정(情)'입
니다. 이에 '성이 사물에 감응하는 것'이라 고쳤으면 하는데, 어떻습니
까? '태(態)'는 '애(礙)'로 고치고 '상(象)'은 '낙(樂)'으로 고치는 것이 어떻
습니까?

　그 몸을 피곤하게 하지 않을 수 없다.[不得不疲其體][76] 정채(精彩)를
일으켜 발하게 한다.[以起發精釆][77] -이재(伊齋)-

'그 몸을 피곤하게 하지 않을 수 없다.'는 말을 청컨대 '그 몸의 피곤함이
없을 수 없다.[不能無其體之疲]'로 고쳤으면 합니다. '이기발(以起發)' 세
글자는 또한 병통이 있는 것 같으니, '털끝만큼도 퇴타한 기운이 없게
하여 정채하고 광명하면 곧 천군이 항상 살아 있어서 ……되지 않는다.
[使無一毫頹惰之氣, 而精釆光明, 則天君常活而不爲]'로 고치고 싶은데 어

---

**74**　성이……것 : 【譯注】〈숙흥야매잠〉 5장의 '정(情)'에 대한 노수신의 〈주해〉이다.

**75**　촉급한…모습 : 【譯注】〈숙흥야매잠〉 5장에 대한 노수신의 총괄적인 〈주해〉에 "촉
급한 태도는 없고 차분한 모습은 있다.[無局促之態, 有從容之象.]"라는 말을 가리킨다.

**76**　그……없다 : 【譯注】〈숙흥야매잠〉 6장에 대한 노수신의 총괄적인 〈주해〉에 보인다.

**77**　정채를……한다 : 【譯注】〈숙흥야매잠〉 6장에 대한 노수신의 총괄적인 〈주해〉에
"안팎을 단속하여 정채와 광명을 일으켜 발한다.[檢其內外, 以起發精釆光明.]"라는 말
을 가리킨다.

떻게 생각하십니까?

  이 장의 불러 일깨우는 뜻이다[義也].[78] -이재(伊齋)-

'뜻이다[義也]' 아래에 《주역》에 이른바「종일토록 부지런히 힘쓰고 저녁까지도 두려워한다.」[79]는 것도 또한 이 뜻이다.'라는 말을 보충하는 것이 어떻겠습니까?

  또한 윗장을 이어서 말한 것이다. 천지의 기운이 지극히 크고 지극히 강하여……생성이 끝이 없다.[80] -이재(伊齋)-

삼가 생각건대, 《맹자》〈야기장(夜氣章)〉은 인의(仁義)의 양심(良心)을 주로 말한 것으로 야기의 설로써 주장을 펼쳐 곁으로 널리 통하였기에 그 어세(語勢)에 절로 빈주(賓主)의 구분이 있습니다. 이 장의 윗장을 자세히 살펴보면, 이미 "심신(心身)이 돌아와 쉰다."라고 하였으며, 곧바로 이 장에서 "야기로써 기른다."고 이었으니, 그 말뜻이 참으로 《맹자》의 뜻과 같습니다. 지금 〈주해〉의 글은 그렇지 않으니, 입언(立言)의 주된 바는 오로지 기(氣)에 있고 심(心)은 도리어 빈(賓)이 되었습니다. 그러므로 그 끝에 비록 "그 싹이 튼 것으로 인하여 발한 바를 기른다."는 말이

---

**78** 이……뜻이다 :【譯注】〈숙흥야매잠〉 6장에 대한 노수신의 총괄적인 〈주해〉에 보인다.

**79** 종일토록……두려워한다 :【譯注】《주역》〈건괘(乾卦) 구삼(九三)〉의 효사(爻辭)이다.

**80** 또한……없다 :【譯注】〈숙흥야매잠〉 8장에 대한 노수신의 총괄적인 〈주해〉에 보인다. 이 장의 "야기로써 길러[養以夜氣]"로 시작한다.

있지만 끝내 의미가 분명하지 않습니다.

또 이미 야기를 풀이했으면 마땅히 〈야기장〉의 말을 써야 본래의 뜻에 어긋나지 않을 것인데, 지금 〈호연장(浩然章)〉의 말로 대신하였습니다. 그러므로 "몸에 꽉 차 있다." "때로 위축된다." "도의 마음에 짝이 될 수 없다."는 등의 말은 모두 '야기(夜氣)'의 뜻에는 딱 들어맞지[81] 않습니다. 이것이 바로 주자가 '바깥에서 끌어온 의리를 많이 삽입하였다.'[82]는 것에 해당하니, 주석을 다는 이들이 제일 기피해야 합니다. 삼가 바라건대, 비루한 말이라 소홀하게 여기지 마시고 더욱 참고, 궁구한 뒤 수정하여서 후학들에게 보탬이 되게 하시면 어떻겠습니까?

---

**81** 들어맞지 : 【攷證 卷4 襯貼】《정본 퇴계전서》 권5 KNL0095 〈이중구의 문목에 답하다〔答李仲久問目〕〉에 보인다. 【校解】 이중구가 《주자대전》에서 의심이 나는 것을 질문하면서 권62 6장(張)의 '친첩(襯貼)'에 대해 물으니, 퇴계가 답한 내용이 보인다. 즉 지금의 어떤 단어를 가지고 옛날의 어떤 문자에 대해 딱 들어맞게 설명하는 것을 친첩이라고 하였다.

**82** 바깥에서……삽입하였다 : 【譯注】《주자대전(朱子大全)》 권34 〈여백공에게 답하다〔答呂伯恭〕〉에 보이는 말이다.

# 노이재에게 답하다 경신년(1560, 명종15, 60세)【8월 하순. 예안(禮安)】

答盧伊齋 庚申

지난해에 편지를 올려 질의한 일은 매우 경솔하였습니다. 그 후에 병이 나서 영남(嶺南)으로 돌아가 깊이 숨어 지내고 있습니다. 그 사이에 일찍이 한 번 서울에 들어와 겨우 소식을 전해들은 것 이외에는 천 리나 멀리 떨어져 있으니 안부도 전할 수 없는데, 하물며 이 〈주해(註解)〉[83]에 대해 논의할 수 있겠습니까? 내 속으로는, 이전 편지가 혹 전해지지 않았는지 비록 전해졌더라도 혹 그대가 마음에 두지 않았는지 아니면 공이 지나치게 조심하는 것인지 감히 알 수 없었기에 또 감히 다시 질문하지 못하였습니다. 그런데 뜻밖에 〈주해〉에 내가 질정한 말에 대해 다시 해설을 보여주시고 또한 답서를 보내주셨으니, 그 글을 읽고 뜻을 음미하면서 지금과 이전의 일을 돌이켜보매 감개무량합니다.

명철하신 스승[84]이 명성을 가까이하는 것에 대해 경계[85]한 것은 참으로

---

**83** 주해 :【譯注】노수신의 〈숙흥야매잠해초본(夙興夜寐箴解初)〉을 가리킨다. 바로 앞의 편지에 출전이 자세하다.

**84** 명철하신 스승 :【攷證 卷4 明師】즉 이연경(李延慶, 1484~1548)으로, 자는 장길(長吉), 호는 탄수(灘叟)·용탄자(龍灘子), 시호는 정효(貞孝)이다. 이재는 탄수의 가문에 장가를 들었으며, 이로 인해 그를 종유하며 학문을 배웠다. 《정본 퇴계전서》 권15에 KNW274 〈유명 조선국 조봉대부 행홍문관교리 지제교겸경연시독관 춘추관기주관 이공 묘갈명(有明朝鮮國朝奉大夫行弘文館校理知製敎兼經筵侍讀官春秋館記注官李公墓碣銘)〉이 있다.

**85** 명성을⋯⋯경계 :【攷證 卷4 近名之戒】《소재선생내집상편(穌齋先生內集上篇)》〈초창록2(草創錄二) 퇴계에게 답한 편지〔答退溪書〕〉에 "수신은 학문에 뜻을 두고 스승을 종유하였는데, 스승께서 항상 명성을 가까이 하는 것을 경계하였으니 대개 저의 자질이 인에 가깝지 않은 것을 보았기 때문입니다. 보잘 것 없는 제가 나아가고자 하여

따끔한 가르침입니다만 그러나 이 또한 일률적으로 판단할 수 없습니다. 지식이 있는 척 꾸미고 실정을 속이며 허위를 훔치고 거짓을 조작하여 명성을 얻은 자가 재앙에 빠지는 것은 참으로 스스로 취한 것입니다. 그러나 내실이 쌓여 영화(榮華)가 발현되고 형체가 정대(正大)하여 명성이 높으며 덕이 충만하여 명예가 넘치는 자도 있는데, 명성이 돌아가는 곳에는 비방이 또한 따라오니 혹은 이로 인해 화를 면하지 못하게 됩니다. 이것이 모두 그 사람의 죄이겠습니까?

옛사람의 말에 "만약 명성을 좋아한다는 혐의를 피하고자 한다면 선을 행할 길이 없게 된다."[86]라고 하였습니다. 지금 사람들은 어떤 사람에 대해 그가 행한 선을 드러내 놓고 지적하고 그가 학문에 뜻을 둔 것을 공공연히 배척하며 말하기를 "저가 명성을 가까이하는 것을 미워하며 환란을 불러옴을 경계한다."라고 합니다. 심지어 선(善)을 행하다가 스스로 게을리하고 학문에 뜻을 두었다가 중도에 그만둔 자들도 스스로 핑계대기를 또한 그렇게 하니, 온 세상 습속이 그에 휩쓸려가 날로 무너지는 길로 치닫고 있습니다. 오호라! 병을 고치는 약제가 도리어 사람을 혼미하게 만드는 독이 될 줄 그 누가 생각이나 했겠습니까?

대저 공이 당한 재앙은 명성의 누(累)가 아니라고 한다면 불가하지만, 그러나 사람을 멀리하고 세상에서 멀리 숨어 조수와 무리지어 살지 않는다면 이런 지경에 이르는 것은 또한 어쩔 수 없는 일입니다. 다만 마땅히 밖에서 이르는 비방을 영대(靈臺)에 담아두지 말고 더욱 부지런히 노력하여 마침내 명성에 부끄러움이 없게 하는 것이 옳습니다. 지금 '두 어버

---

도 스승의 가르침은 점점 멀어지고 명성은 헛되이 높으니 재앙이 이미 쌓이게 되었습니다. ……"라고 하였다.

**86** 만약……된다 : 【攷證 卷4 苟欲避名云云】송(宋)나라 충선공(忠宣公) 범순인(范純仁)의 말이다. 《宋史 卷314 范純仁列傳》

이 때문에 ……'[87]라 하였는데, 이는 참으로 인정의 지극함으로 견딜 수 없는 것이며 또한 차마 말할 수 없는 것입니다. 그러나 이 때문에 다시 학문에 뜻을 두지 않는다면 비록 그 말이 비통하고 한스러운 나머지 나온 것이어서 참말이 아닌 것을 알지만 오히려 의심하지 않을 수 없습니다.

일찍이 뱀이 기어오자 모두 자취를 감추고 달아났을 때,[88] 그 일이 어떠했으며 그 마음이 어떠했는지를 어찌 생각하지 않으십니까? 일찍이 이 때문에 마음이 답답하고 무너진다고 해서 어찌 자신의 지조를 망각하고 술로 스스로를 타락시켰겠습니까? 이연평(李延平)[89]의 말에 "만약 온 힘을 쏟아 떨쳐버리려 해도 떨쳐버릴 수 없을 때는 다만 옛사람이 겪었던 감당할 수 없는 일을 생각하여 그것을 자신과 비교한다면 또한 조금 위안이 될 것이다."[90]라 하였습니다. 이와 같은 말은 모두 공이 평소에 음식이

---

**87** 지금……………… : 【攷證 卷4 今以二親之故云云】 앞에 보이는 〈퇴계에게 답한 편지〔答退溪書〕〉에 "두 노친이 당에 계시는데 밤낮으로 그곳을 바라보지만 아득하여 만날 기약이 없습니다. 매번 한번 생각이 떠오르면 글을 읽다가고 책을 덮으며 식사를 하다가도 수저질을 그만두는데, 일찍이 마음이 답답하여 무너지니 가슴과 등이 갈라지는 듯 아픕니다. 때로 술로써 풀어보면서 정신은 혼미하고 의형(儀形)을 잃어버리는데, 살처럼 세월이 흘러 저승 사람이 된 듯하니 능히 다시 학문을 할 수 있겠습니까.……"라고 하였다.

**88** 뱀이……때 : 【攷證 卷4 蛇至匿迹云云】 살펴보건대, 송(宋)나라 소백온(邵伯溫)과 소박(邵博)의 《소씨문견록(邵氏聞見錄)》에 "철종(哲宗) 소성(紹聖) 초기에 당화가 일어나서, 기지(器之) 유안세(劉安世)가 멀리 영외(嶺外)로 귀양을 가게 되었다. 찌는 듯한 여름에 노모를 모시고 가니, 길가는 사람들이 모두 가련하게 여겼다. 하루는 산속을 가다가 남여(藍輿)에서 노모를 부축하여 나무 아래에서 쉬고 있는데, 큰 뱀이 천천히 기어 다가오니 초목이 모두 쓰러졌다. 가마꾼들은 놀라서 달아났는데, 유기지는 꿈쩍도 하지 않았다.……"라고 하였는데, 아마도 이것을 가리키는 듯하다. 【校解】 유안세가 노모를 모시고 귀양 가는 것을 들어서 소재가 귀양 간 것을 비유하였다.

**89** 이연평 : 【譯注】 송(宋)나라 이통(李侗, 1903~1163)으로, 자는 원중(愿中), 호는 연평, 시호는 문정(文靖)이다. 주희의 스승이다.

**90** 만약……것이다 : 【譯注】 이 말은 《주자대전》 권4와 《주서백선(朱書百選)》 권5의 〈요자회에게 답하다〔答廖子晦〕〉에 보인다.

나 의복처럼 익히 들어 아는 것이라 여겨지는데, 그러나 제 마음에 의심이 되기에 또한 감히 어리석은 말을 올리지 않을 수 없습니다. 잘 모르겠습니다만, 공께서는 어떻게 생각하십니까?

〈숙흥야매잠(夙興夜寐箴)〉 한 편에는 학문하는 방법이 갖춰져 있으니, 비록 체득하여 행하지 못하지만 이 일을 일삼고자 하는 바람이 있습니다. 예전에 마음을 다해 질문했던 것에 대해 그 해설을 받으니 기쁘고 다행스런 마음입니다. 그 의심이 나는 곳에 대해 질의했던 것은 좋아하는 사람이라고 해서 구차하게 아첨할 수 없었기에 저의 의견으로 질정을 구하여 완전한 글이 되기를 바랐던 것입니다. 그러나 당시에 다만 의심스러운 것만 말하고 곧바로 내 생각대로 고치는 짓은 하지 말았어야 하는데, 후에 생각해 보니 식은땀이 나도록 매우 부끄러웠습니다.

지금 답장을 보니 버리고 취하며 따르고 거절하는 사이에 다만 의리(義理)가 있음만 알고 저와 나의 구별이 있는 줄 모르니 공평한 마음으로 균형을 잡아 인색하거나 고집하는 바가 없습니다. 예로부터 학문을 논하여 의견을 주고받는 것을 보면 다만 상대방의 인정을 받기 어려울 뿐아니라 심지어 원수처럼 상대방을 적으로 여겨 서로 공격하는 경우가 많습니다. 그런데 그대는 그렇지 않으니, 공이 학문에 스스로 힘쓰고 극기공부(克己工夫)에 힘을 쏟지 않았다면 능히 이와 같을 수 있겠습니까? 이것뿐만이 아니라 또다시 거듭 변석해 주기를 청하면서 '이치에 합치하지 않으면 그만두지 마십시오.[91]'라는 말도 하였습니다. 이러한데 제가 처음 저의 견해를 말하고서 끝에 도리어 다하지 않은 점이 있어야

---

91 이치에⋯⋯마십시오 : 【譯注】 앞에 보이는 〈퇴계에게 답한 편지〔答退溪書〕〉에 "명공께서 거듭 변석하셔서 이치에 맞지 않으면 그만두지 마셔서 하나로 귀결될 수 있도록 해 주십시오."라고 하였다.

되겠습니까? 그러므로 감히 각 조목의 아래에다가 전에 잘못 말했던 것을 뒤쫓아 다시 저의 견해를 한두 가지 덧붙이니 보시고서 재량하여 처분해 주십시오. 그리고 김공(金公)의 설[92]에 대해서도 또한 그렇게 하겠습니다.

오호라! 주자의 《집주(集註)》와 《장구(章句)》에 대해 백 대가 지나도 이견이 없는 까닭은 여러 장점을 모으고 버리고 취함을 정밀하게 하여 조금이라도 온당하지 않은 점이 있다면 고치기를 꺼려하지 않아 지선(至善)에 나아가기를 기약하여 더 이상 고칠 것이 없게 된 이후에 그만두었기 때문입니다. 이런 관점에서 말한다면, 공이 이 〈주해〉에 대해 비록 열 번이나 고쳤다고 하더라도 그것이 병통이 되지 않을 것이며 마땅히 더욱 정밀하다는 것을 알 수 있습니다. 제가 의심나는 곳에 대해 비록 두 번이나 저의 의견을 말씀드리더라도 그것이 큰 허물이 되지 않고 혹여 도움이 될 수도 있음을 아실 것입니다. '과녁[射的]'이라 이른 것은 아마도 걱정할 바가 아니며, '투관(透關)'이라[93] 하신 것은 더욱 내게 걸맞지 않습니다.

또한 한 말씀 더 드릴 것이 있습니다. 노 선생이 《집주(集註)》와 《장구(章句)》를 지으면서 한 글자를 해석하고 한 구를 풀이하는 것부터 한 장(章)의 뜻을 추론하는 것까지 책에 적힌 그 당시 말한 뜻을 한결같이

---

**92** 김공의 설 : 【譯注】 하서(河西) 김인후(金麟厚)가 〈숙흥야매잠〉에 대해 노수신과 문답한 설을 가리킨다.

**93** 과녁이라……투관이라 : 【攷證 卷4 射的…透關】 앞에 보이는 〈퇴계에게 답한 편지[答退溪書]〉에 "이 잠(箴)은 학자들이 받아씀에 절실합니다. 삼가 선유들이 한 말 가운데 본래의 뜻에 합치하는 것을 취하여 여러 조목 아래 해설을 달았습니다. 이윽고 스스로 두려워하며 '불행하게도 이 책이 세상에 전해지게 되면 그것으로 과녁을 삼아 활을 쏘아댈 것이다.'라고 생각하였습니다." 하였다. 또한 "다만 배우는 자들이 명리의 관문을 넘어서지 못하고 있습니다. 명공께서는 이미 그 관문을 넘어섰습니다.……"라고 하였다.

따라서 그 말이 얕으면 얕게 말하고 깊으면 깊게 말하며 가까우면 가깝게 말하고 멀면 멀게 말하였으니, 정밀하고 거칠며 크고 작은 것에 대해서 모두 그렇게 하지 않음이 없었습니다. 그러므로 그 문장이 간약(簡約)하고 정당(精當)하여 한 글자도 보태거나 줄일 수 없는 것입니다. 부연하거나 변증한 논의에 대해서도 별도로 《혹문(或問)》 등의 책으로 그 남은 뜻을 다 밝혔습니다.

그런데 지금 공의 〈주해〉는 이에 《집주》·《장구》와 《혹문》의 체제를 합쳐 책 한 권으로 만들었으니,[94] 그러므로 혹 얕게 말한 것을 깊게 말한 것이 있으며 혹 가까운 것은 멀게 말한 것이 있으니, 이는 대개 스스로 한 체제를 만들어 《집주》[95]·《장구》와 똑같게 하지 않으려는 것입니다. 그러므로 제가 의심을 품는 곳도 대부분 이에 있습니다. 지금 또한 〈주해〉를 받으니 끝에 '일(一)'로써 '경(敬)'을 논한 병폐[96]도 또한 이러한 의도에서 생긴 것으로 보이는데, 잘 모르겠습니다만 공의 생각은 또한 어떠하신지요?

남당(南塘) 진공(陳公)[97]은 어떠한 사람인지 잘 모르겠습니다. 그가

---

**94** 집주……만들었으니 : 【譯注】 앞에 보이는 〈퇴계에게 답한 편지〔答退溪書〕〉에는 '혹문(或問)'이란 두 글자가 더 있다. 내용상으로 보아 이 두 글자가 있어야 옳다. 【攷證 卷4 合集註章句爲一書】 남계(南溪) 박세채(朴世采)는 이에 대해 〈퇴계문집기의의의(退溪文集記疑疑義)〉에서 다음과 같이 말하였다. "노공의 〈숙흥야매잠주해〉는 먼저 본문의 아래에 훈고와 뜻을 기술하고 또다시 한 글자를 낮게 써서 '이상은 제 몇 장이다.'라고 하였으며, 인하여 총론과 대의(大義)를 말하였다. 그러므로 퇴계가 훈고로써 《집주》에 비의(比擬)하고 제 몇 장으로써 《장구》에 비견하였다고 하면서 이에 '《집주》와 《장구》를 합쳤다.'라고 하였다." 《南溪先生朴文純公文外集 卷10》

**95** 집주 : 【譯注】 앞에 보이는 〈퇴계에게 답한 편지〔答退溪書〕〉에는 '집주(集註)'란 두 글자가 더 있다. 내용상으로 보아 이 두 글자가 있어야 옳다.

**96** 끝에……병폐 : 【譯注】 〈주해〉의 마지막 부분에서 작품 전체를 총괄하면서 많은 지면을 할애하여 '일(一)'로써 '경(敬)'을 논한 부분을 가리킨다.

학문을 논한 것을 보면 고정(考亭)<sup>98</sup>보다 앞선 시기의 사람은 아닌 듯합
니다. 만약 고정보다 후대의 사람이면서 노재(魯齋)<sup>99</sup>보다 앞 시대 살았
다면 아마도 고정의 문하에 노닐었던 사람 같은데, 고정의 문인 중에
이런 사람을 보지 못하였으니 어찌된 일일까요? 산중이라 전적이 갖춰
지지 않아서 고증할 수가 없습니다. 세 번 반복하여 〈책심문(責沈文)〉<sup>100</sup>
을 읽어보는 것 같아 자못 저를 민망하게 하니, 바라옵건대 자세히 고찰
하여 가르쳐 주시기 바랍니다.

'오묘하게 계합할 때면 재빨리 기록해 두었다.〔妙契疾書〕'<sup>101</sup>는 것은

---

**97** 남당 진공 : 【譯注】〈숙흥야매잠〉을 지은 송(宋)나라의 진백(陳柏)을 가리킨다.
남당은 그의 호이다.

**98** 고정 : 【譯注】 송(宋)나라 주희(朱熹, 1130~1200)의 호이다.

**99** 노재 : 【譯注】 허형(許衡, 1279~1368)으로, 자는 중평(仲平), 호는 노재이다.
원나라 초기 주자학의 기초를 닦은 인물이다.

**100** 책심문 : 【攷證 卷4 責沈文】 송(宋)나라 충숙공(忠肅公) 진관(陳瓘)이 〈책심문〉
을 지어 조카 진기수(陳幾叟)에게 보내면서 말하기를 "섭공(葉公)이 자로(子路)에게
공자(孔子)에 대해 물으니 자로가 대답하지 않았다. 섭공은 당대의 어진 자로 노나라에
중니가 있는데도 몰랐으니, 자로가 대답하지 않은 것은 마땅하다. 내가 순부(純夫)
범조우(范祖愚)와 같은 부서에서 있을 때 범공이 일찍이 논하기를 안자(顔子)의 화를
다른 사람에게 옮기지 않고 똑같은 허물을 두 번 다시 행하지 않는 것을 오직 백순(伯淳)
만이 지닌 경지라고 하였다. 이에 내가 백순이 누구냐고 물으니, 공은 한참동안 말이
없더니 '백순 정호(程顥)를 모르시는가?'라 하기에, 내가 '동남 지방에서 태어나 자라서
실제로 알지 못합니다.'라고 대답하였다. 나의 당시 나이는 29세였다. 이때부터 항상
식견이 적어 비루한 것을 부끄럽게 여겼다."라고 하였다. ○ 섭공은 섭현 윤(葉縣尹)
심제량(沈諸梁)이다. 《童蒙訓》【校解】 여기서는 남당이 어떤 사람인지 잘 모른다는
의미로 사용되었다. ○ 섭공이 자로에게 공자에 대해 물으니 대답하지 않자 이에 공자가
"너는 어찌 그의 사람됨이 분발하면 먹는 것도 잊고, 이치를 깨달으면 즐거워 근심을
잊어 늙음이 장차 닥쳐오는 줄도 모른다고 말하지 않았느냐."라고 하였다. 《論語 述而》

**101** 오묘하게……두었다 : 【攷證 卷4 妙契疾書】 송(宋)나라 여대림(呂大臨)이 지은
〈횡거선생행장(橫渠先生行狀)〉에 "고개를 숙여 책을 읽고 우러러 생각하다가 터득한
것이 있으면 기록하였는데, 때로는 밤중에 잠자리에서 일어나 앉아서 촛불을 밝히고

본받을 수 없으니, 어찌 저술이 있겠습니까? 일찍이 《계몽(啓蒙)》[102]을 읽다가 우연히 깨우친 것이 있을 때마다 손 가는 대로 떠오른 생각을 기록해 두어 잊지 않도록 대비하였는데, 후에 보니 어설프고 잘못된 곳이 있어서 수정을 멈추지 않고 이미 두 번이나 원고를 고쳤지만 아직도 완성하지 못하였습니다. 죽기 전에 조금 더 발전이 있기를 바라기 때문에 감히 남에게 보여주지 못하고 있습니다.

또한 일찍이 주자의 문인들이 그렇게 성대했는데도 그 당시 정황을 논할 수 있는 책이 없기에 내가 주제넘게 자료들을 모아 한 편의 책을 편찬하여[103] 상고하는 데 편리하게 하려 했습니다. 또한 이로 인해 다시 송(宋)나라 말기부터 원(元)나라 및 명(明)나라 때의 여러 학자들의 학문에 대해서도 두어 해 공부하여 이윽고 그들의 글을 뽑아 초고를 완성하였습니다. 그런데 주자 문인들이 스스로 만든 한 권의 책이 새로 한양에 들어왔다는 소식을 근래 듣게 되어 막 벗에게 부탁하여 이 책을 구해보려 하는데, 아직 입수하지 못했습니다. 만약 그 책이 잘 되었다면 이 일은 그만둘 것인데, 오히려 만족스럽지 못한 점이 있다면 그 책에서 취해 만들려는 책을 보완할 수 있을 것입니다.

내가 작심하고서 이 일을 하는 것은 까닭은 궁벽진 시골에서 견문도 없이 한 평생을 거의 헛되이 보내다가 만년에 주자의 글을 읽고 감발한

---

썼다."라고 하였다. 주희의 〈육선생화상찬(六先生畵像贊)〉에 "정밀하게 사색하고 힘껏 실천하며, 오묘하게 계합하면 재빨리 기록하였네.〔精思力踐, 妙契疾書.〕"라고 하였다.

**102** 계몽 : 【譯注】 주희가 지은 《역학계몽(易學啓蒙)》을 가리킨다.

**103** 자료들을……편찬하여 : 【攷證 卷4 裒集爲一編】《퇴계선생연보》 권1에 "기미년 (1559, 명종14) 12월에 비로소 송(宋)나라 말·원(元)나라 ·명(明)나라의 이학(理學) 의 계보에 관한 기록을 편집하였다. 선생은 주자의 글·《어류》·《주자실기(朱子實紀)》· 역사의 전(傳)·《일통지(一統志)》 등의 책에 의거하여 그들의 언행과 사적을 뽑아내어 《유부(類附)》라고 명명하였으니, 송나라가 남쪽으로 옮겨온 뒤부터 원·명에 이르렀다.

바가 있어서 자신을 스스로 버려서는 안 된다는 것을 비로소 알았기 때문입니다. 이 때문에 주자 문인들의 학문하는 차제(次第)가 어떠한지를 빨리 알아서 그 만 분의 일이라도 미치기를 바란 것이요, 후학을 위한 계책으로 그런 것이 아닙니다. 그러나 제 나이 지금 60살인 데다가 고질병까지 앓고 있으니 무슨 정력으로 이 일에 미칠 수 있겠습니까? 벗들이 나무라고 걱정하며 세속에서 비웃고 손가락질하는 것은 또한 당연한 일입니다. 그러나 그러한 것을 알면서도 그만둘 이치가 없으니 비록 다시 곤핍하여 쓰러지는 한이 있더라도 스스로 감추어 버릴 수 없게 되었습니다.

　직접 만나서[104] 말씀드리지 못해 아쉽지만 말이 입에 올라와 삼키기 어렵게 되었으니, 거슬리는 점이 있다면 지워버리기 바랍니다. 다시 바라건대 좋은 가르침을 주시면 힘껏 따르겠으니, 그렇게 해 주길 간절히 바랍니다. 삼가 절하고 올립니다.

---

**104** 직접 만나서 :【攷證 卷4 盱睢】음은 후휴(侯休)이다. 원나라 웅충(熊忠)의《고금운회거요(古今韻會擧要)》에 "후(盱)는 눈을 크게 뜬 것이요, 휴(睢)는 눈을 치켜 뜬 것이다."라고 하였다.【譯注】주로 노려보거나 흘겨본다는 부정적인 의미로 많이 사용되는데, 여기서는 서로 만난다는 의미로 쓰였다.

# 별지

別紙


‘건(愆)’ 자의 훈의(訓義)에 대해 말씀해 주신 것은 참으로 보내주신
가르침대로 하여 다만 삭제해 버리겠습니다.[105] -이재(伊齋)[106]-
‘주(紬)’는 고치실을 뽑는 것이다.……[107] -이재(伊齋)-


이 두 조항에 대해서는 잘 알았습니다.


《 ‘차(次)’는 앞서지 않다.…… ‘제(第)’는 반드시 고쳐야 한다고 생각하
니, ‘수(數)’로 ‘택(宅)’을 대신하면 어떻겠습니까?[108] -이재(伊齋)-》


《이 두 글자에 대해서는 위와 마찬가지로 잘 알았습니다.》


‘조(條)’는 ‘줄기〔枚〕’[109]이다.…… ‘이(理)’ 자는 ‘옥(玉)’을 따른다.……훈


**105** 건 자의……버리겠습니다 : 【譯注】〈숙흥야매잠(夙興夜寐箴)〉 1장의 "혹은 옛날
허물을 살핀다.〔或省舊愆〕"의 ‘건(愆)’ 자에 대한 이황의 의견에 노수신이 보내온 답
변이다.

**106** 이재 : 【譯注】 노수신(盧守愼, 1515~1590)으로, 본관은 광주(光州), 자는 과회
(寡悔), 호는 소재(穌齋)·이재(伊齋)·암실(暗室)·여봉노인(茹峰老人), 시호는 문의
(文懿)·문간(文簡)이다.

**107** 주는……… : 【譯注】〈숙흥야매잠(夙興夜寐箴)〉 1장의 "혹은 새로 깨우친 것을
생각한다.〔或紬新得〕"의 ‘주(紬)’ 자에 대한 이황의 의견에 노수신이 보내온 답변이다.

**108** 차는……어떻겠습니까 : 【譯注】〈숙흥야매잠(夙興夜寐箴)〉 1장의 ‘차제(次第)’에
대한 이황의 의견에 노수신이 보내온 답변이다.

해(訓解)하신 16자[110]는 널리 통하여 병폐가 없습니다.……그렇다면 그 아래 놓은 말은 좀 더 손질해야 합니다.[111]…… -이재(伊齋)-

이상은 전에 보낸 초본에 있는 것인데 지금 저에게 없습니다. 이른바 '16글자'는 기억나지 않는데, 그 아래 놓은 말을 지금 어찌 손질하여 더 좋게 만들 수 있겠습니까?

야기(夜氣)가 생겨나는 것으로 하여금 흔들려서 손상되는 것이 없게 하고, 예전에 잘못했었던 것에 대하여 뉘우쳐 깨우치고 지금 깨달은 것에 대해서는 이치를 더 찾아 나간다. '이(以)' 자는 마땅히 삭제해야 합니다.……[112] -이재(伊齋)-

위처럼 고치는 것이 마땅히 이전보다 낫습니다. 그러나 하서(河西)가 이 단락을 고친 것[113]이 더욱 친절한 것 같습니다. 다만 그 가운데 '살펴서

---

**109** 줄기 : 【譯注】《소재선생내집(穌齋先生內集)》에는 '지(枝)'로 되어 있다. 노수신과 이황이 주고받은 내용으로 보면 '지(枝)' 자가 옳은 듯하다.

**110** 훈해하신 16자 : 【譯注】 '차제(次第)'와 '조리(條理)'에 대하여 이황이 고쳤으면 하고 제기한 것으로, 즉 '순서에 맞게 제자리에 오는 것〔序而得所〕'·'차례대로 수가 바뀌는 것〔聯而遞數〕'·'분별하여 구역이 있는 것〔別而有段〕'·'가지런하면서 어지럽지 않은 것〔比而不亂〕' 등 16글자를 가리킨다.

**111** 조는……합니다 : 【譯注】〈숙흥야매잠(夙興夜寐箴)〉 1장의 '조리(條理)'에 대한 이황의 의견에 노수신이 보내온 답변이다.

**112** 야기가……… : 【譯注】〈숙흥야매잠(夙興夜寐箴)〉 1장 총괄에 대한 이황의 의견에 대한 노수신의 답변이다.

**113** 하서가……것 : 【譯注】 김인후는 "야기에 대한 주장은 참으로 좋습니다만 어세(語勢)가 어려운 듯하니, 다시 더욱 살펴 정하는 것이 어떻겠습니까? '뉘우쳐 깨우치고〔悔悟之〕'를 '살펴서 깨우쳐서 고칠 줄 알고〔省悟而知改〕'라고 고치고, '이치를 더 찾아

깨우쳐서 고칠 줄 알고〔省悟而知改〕'라는 말에서 '성(省)'을 '회(悔)'로 대신하고 '깊이 생각하여 더욱 살핀다.〔紬繹而加察〕'는 말에서 '주(紬)'를 '심(尋)'으로 대신하는 것이 어떻겠습니까?

　'맹자(孟子)의 닭이 울면 일어난다.……'라고 말씀하신 부분을 지금 빼 버리니, 위아래 문장의 뜻이 잘 이어집니다.[114] -이재(伊齋)-

윗부분에 대해, 지금 빼 버리라고 한 말을 기억하지는 못하지만 그러나 빼 버리는 것이 매우 온당합니다.

　'파(跛)' 자 대신 '편(偏)' 자를 씁니다.[115] -이재(伊齋)-

윗부분에 대해, 달리 좋은 글자가 없으니 차라리 '편(偏)' 자를 쓰는 것이 좋겠습니다.

　'정(訂)'은 '평의(平議)'한다는 뜻인데, 또한 '고정(考正)'한다는 뜻이 있다고 하는 것이 어떻겠습니까?[116] -이재(伊齋)-

---

나간다.〔尋繹之〕'는 '깊이 생각하여 더욱 살핀다.〔紬繹而加察〕'로 고치는 것이 어떻겠습니까?"라고 하였다.

**114** 맹자의……이어집니다 : 【譯注】〈숙흥야매잠(夙興夜寐箴)〉 1장 총괄에 대한 이황의 의견에 대한 노수신의 답변이다.

**115** 파 자……씁니다 : 【譯注】〈숙흥야매잠〉 2장의 "단정히 앉는다.〔端坐〕"는 말에 대한 이황의 의견에 노수신의 답변이다.

**116** 정은……어떻겠습니까 : 【譯注】〈숙흥야매잠〉 3장의 "제자들의 문변을 반복하여 참고하고 바로잡는다."라는 말에 대한 이황의 의견에 대한 노수신의 답변이다.

윗부분은 이렇게 고치는 것이 마땅합니다. 다만 본래 훈(訓)에 의거하여 '평의'라고 한다면 다시 '또한 고정한다는 뜻이 있다.'고 말할 필요가 없습니다. 대개 '평의(平議)'의 '평(平)' 자는 훈이 평평하지 못한 것을 평평하게 하는 것이니, 그 평평하지 못한 것을 평평하게 함에 이미 고정의 뜻이 들어 있으며 또한 이미 '증명[證]'의 뜻도 들어 있습니다. 이전에 내가 이 '정(訂)' 자는 마땅히 평의(評議)하고 증정(證正)한다는 두 가지 뜻으로 해석해야 한다고 의심한 것은 이런 까닭입니다. 그런데 지금 생각해보니 다만 '평의이다.〔平議也〕'라는 세 글자에 이미 두 가지 뜻을 포함하고 있으니, 다시 설명을 덧붙여 옥상옥(屋上屋)[117]을 만들 필요가 없습니다.

　'토론(討論)'은 '논난(論難)'으로 고치는 것이 어떻겠습니까?[118] -이재
(伊齋)-


위에 말씀하신 것이 전보다 낫습니다. 그러나 '강론(講論)'이라고 하는 것이 어떻겠습니까?


　'수응하다〔酬〕……'에서 '응(應)' 자를 훈해하여 '수(酬)'라고 하는 것은 아마도 온당하지 않은 듯합니다. '답(答)'이라고 훈해한 것은 고칠 필요가 없을 듯합니다.[119] -이재(伊齋)-


---

**117**　옥상옥 : 【攷證 卷4 屋下架屋】 남조 양(梁)·진(陳)나라 요최(姚最)의 《속화품록(續畫品錄)》에 "수(隋)나라 법륜(法輪)은 필법이 정밀하지만 그 형에 비하면 아마도 옥상옥일 뿐이다."라고 하였다.

**118**　토론은……어떻겠습니까 : 【譯注】 〈숙흥야매잠〉 3장의 "제자들의 문변을 반복하여 참고하고 바로잡는다."라는 말에 대한 이황의 의견에 대한 노수신의 답변이다.

**119**　수응하다……듯합니다 : 【譯注】 〈숙흥야매잠〉 4장의 "일이 이르면 이에 대응한

위에서 말씀하신 것은 아마도 그렇지 않은 듯합니다. 대개 공은 반드시 글자가 어디에서 나왔는지 따져보려고 하기 때문에 '수(酬)' 자가 '응(應)' 자를 훈해하는 데 합당하지 않다고 여긴 듯하니 비록 그럴듯해 보이기는 합니다. 그러나 '응(應)' 자가 본문에서 쓰인 뜻을 어찌 눈여겨보지 않으십니까? 본문의 "일이 이르면 이에 응한다.〔事至斯應〕"의 '응(應)' 자를 '수(酬)' 자로 훈해하면 '일이 이르면 이에 수응한다.'가 되어 말이 딱 들어맞지만, 만약 '응(應)' 자를 '답(答)' 자로 바꾸게 된다면 '일이 이르면 이에 답한다.'가 되어 말이 잘 되지 않습니다. '수(酬)' 자가 비록 손님에게 술을 따른다는 뜻이지만, '응(應)' 자와 연이어 써서 사물을 응접한다는 뜻을 지닌 지가 오래되었습니다. 만약 '답(答)'이라고 한다면 어찌 사물을 응접한다는 뜻에 합당하겠습니까? 다시 생각해보는 것이 어떻겠습니까?

본문의 '눈이 이에 있어라.〔目在〕'의 뜻을 해석하면서 다만 "사물이 앞에 있으면 남이 훔쳐가는 것을 두려워하는 것과 같다."라고만 하고 다시 '눈이 이에 있어라.'라고 말하지 않아도 그 뜻이 분명해지니, 약간의 글자를 첨가할 필요가 없습니다.[120] -이재(伊齋)-

위에서 말씀하신 내용 가운데 내가 첨가한 말[121]은 지금 또한 기억하지 못합니다. 그러나 '남이 훔쳐갈까 두려워한다.'는 것은 다만 마음에 속한 것으로, 눈으로 본다는 의미에 대해서는 언급이 되지 않았습니다. 그러

다.〔事之斯應〕"는 '응(應)' 자에 대한 이황의 의견에 대한 노수신의 답변이다.

**120** 본문의……없습니다 : 【譯注】〈숙흥야매잠〉 4장의 "항상 눈을 여기에 두라.〔常目在之〕"라는 말에 대한 이황의 의견에 대한 노수신의 답변이다.

**121** 내가 첨가한 말 : 【譯注】'훔쳐가는 것을 두려워한다.'는 말 아래에 이황은 '항상 주목하여 본다.〔而常目覘之也〕'라는 말을 첨가하는 것이 좋겠다고 하였다.

므로 그 아래에 반드시 '항상 보는 것이 여기에 있다.〔常常覩在此〕'라는 말을 덧보태야 합니다. 지금처럼 다만 운운 한다면 '눈이 이에 있다.〔目在〕'라는 곳까지 설명할 수 있겠습니까? 지금 '훔쳐간다〔偸去〕'는 말 아래 '연(然)'이란 한 글자를 덧붙이고자 하니, 그렇게 하면 비록 '눈이 이에 있다.'는 것을 다시 말하지 않아도 뜻이 조금은 분명하게 드러날 것입니다. 어떻게 생각하십니까?

"'이(二)'는 '이(貳)'로, '삼(三)'은 '삼(參)'으로 대신 써야 한다.……"라고 한 것은 마땅히 따르겠습니다. 그러나 이 글자들은 대체로 모두 응당 통용됩니다.[122] -이재(伊齋)-

위에서 말한 것은 아마도 통용할 수 없는 곳이 있으니, 이곳이 바로 그것입니다.

곧바로 '가림〔遮障〕'이라고 하는 것이 아마도 더욱 명백한 듯합니다.[123] -이재(伊齋)-

위 조목은 과연 말씀하신 것과 같습니다.

마음은 활동하지 않으면 정체된다.[124] -이재(伊齋)-

---

122 이는……통용됩니다 : 【譯注】〈숙흥야매잠〉 4장의 "마음을 두 갈래 세 갈래로 하지 말라.〔勿貳勿三〕"에 대한 이황의 의견에 대한 노수신의 답변이다.

123 곧바로……듯합니다 : 【譯注】〈숙흥야매잠〉 4장에 대한 노수신의 총괄적인 〈주해〉에 "혹은 사물에 의해 가림이 된다.〔或爲事物遮障〕"라는 말에 대한 이황의 의견에 대한 노수신의 답변이다.

위 조목은 내가 전날 본 것이 매우 잘못되었으니, 지금 말씀하신대로 따르겠습니다.


'그 광령(光靈)을 모으고 그 사려(思慮)를 끊는다.'고 한 것을 '묘용(妙用)을 모아 정하고 한가한 생각을 놓아서 버린다.'로 고치는 것이 어떻습니까? 아니면 이전 것을 따르더라도 무방할 듯합니다.[125] -이재(伊齋)-


위와 같이 고치는 것이 참으로 옳습니다. 다만 '모아 정한다〔聚定〕'는 말이 본문의 '응(凝)' 자[126]에 들어맞지만, 그 말을 묘용(妙用)에다 붙여서 말하는 것은 자못 온당치 못하며 또한 대단히 무겁게 억누르는 듯합니다. '놓아서 버린다.〔放退〕' 두 글자도 본문의 '식(息)' 자에는 온당하지 않은 듯합니다. 대개 이 구절 위에 '진체가 전과 같고〔眞體依前〕'라는 말이 있고 아래에 '명경지수(明鏡止水)'라는 말이 있으니, 그 사이에 말을 만들어 집어넣기가 가장 어려운 곳입니다. 아마도 다만 '묘용을 거둬 갈무리하고 한가로운 생각을 물리쳐서 그만둔다.'라고 하여, 이처럼 가볍게 말하여 표현한다면 어떻겠습니까?


'정(精)'과 '신(神)' 두 글자는……고친 바가 깊이 따져 정밀합니다.

---

**124** 마음은……정체된다 : 【譯注】〈숙흥야매잠〉 4장에 대한 노수신의 총괄적인 〈주해〉에 "마음의 사물됨은 활동하지 않으면 정체된다.〔心之爲物, 不活則滯.〕"라는 말에 대한 이황의 의견에 대한 노수신의 답변이다.

**125** 그……듯합니다 : 【譯注】〈숙흥야매잠〉 4장의 노수신의 총괄적인 〈주해〉에 대해 이황의 의견에 대한 노수신의 답변이다.

**126** 본문의 응자 : 【譯注】〈숙흥야매잠〉 4장의 "정신을 어리고 생각을 쉰다.〔凝神息慮〕"라는 말의 '응(凝)' 자를 가리킨다. 아래의 '식(息)' 자도 마찬가지이다.

······. 두 글자를 함께 훈해하기를 "'「신(神)」은 양혼(陽魂)이 유동하는 오묘함이니······「정(精)」은 음백(陰魄)이 실제로 정한〔實定〕영(英)이다.······'라 합니다."라고 하였으니, ······또한 움직이는 것은 통섭하기가 어려운 것을 드러낸 것입니다.'[127] -이재(伊齋)-

위와 같이 훈해한 것은 나쁘지는 않지만 다만 말씀하신 것이 지나치게 깊어 당시 작자가 본래 의도한 바가 아니니, 이전의 결점이 여전히 남아 있습니다. 그러므로 나는 이 장에서 다만 "신(神)'은 양혼(陽魂)이 발용하는 오묘함이다.'라 말하고 싶습니다. -'유동(流動)' 두 글자는 온당하지 않습니다.- 신(神)을 말하고 정(精)을 말하지 않은 것은 움직이는 것은 통섭하기 어렵기 때문입니다. 아래 장에서 또다시 다만 "정(精)'은 음백(陰魄)이 어리어 정해진 영(英)이다.'라고만 했으면 합니다. -'실(實)' 자는 온당하지 않습니다.- '신(神)'은 이미 위에 보이기 때문에 여기서는 동정(動靜)을 겸하여 말한 것입니다. 그러므로 '정(精)'과 '신(神)'을 갖추어 거론하였습니다. 내가 전에 고친 것을 뭐라고 했는지 지금 기억하지 못합니다. 가령 '정(精)'과 '신(神)' 두 글자의 훈에 어긋나지 않더라도 만약 의리에 대해 말한 것이 너무 많다면 아마도 취할 것이 없을 듯합니다. 다만 지금의 설에 의거하여 다시 더 생각하고서 간략하면서 마땅하게 하는 것이 어떻겠습니까? 대개 간략하려고 힘쓰는 것은 주석가의 본분은 아니지만 바깥에서 끌어온 의리를 많이 삽입하여 본래의 뜻을 어지럽히는 것은 타당하지 않습니다.

---

**127** 정과······것입니다 : 【譯注】〈숙흥야매잠〉 5장의 '정(精)'과 '신(神)'에 대한 이황의 의견에 대한 노수신의 답변이다.

"'이기발(以起發)' 세 글자는 병통이 있다."고 하셨으니, 생각건대 다만 선학에 빠진 것을 미워한 것입니다.……고친 바가 털끝만큼도 퇴타(頹惰)한 기운이 없게 해야 합니다.……헐후어(歇後語)인 듯합니다. 근래 어떤 사람의 주장을 들어보니 본문의 '진발정명(振拔精明)'은 '떨치고 정명하게 한다.〔振拔之精明之〕'는 뜻이라고 하니, 고명이 말씀하신 뜻에 가깝지 않습니까?[128]…… -이재(伊齋)-

이상 이 단락에 대해 보내주신 뜻이 내 마음에 환하게 이해되지 않습니다. 그러나 이미 나의 견해가 어떤 사람의 주장에 가깝다고 하였으니, 그렇다면 이는 어떤 이의 주장을 그르다고 여긴 것입니다. 그렇다면 '이기발(以起發)' 세 글자가 '떨치고 정명하게 한다'는 것을 이른다고 여긴 것이 아닙니까? 이 세 글자가 병폐가 있다고 이른 까닭은, 눈썹을 치켜세우고 눈을 부릅뜨며 주먹을 움켜쥐고 기를 써서[129] 온몸에 땀을 흘리며 활연히 진리를 깨닫는 경지에 도달해보려고 기약할까 참으로 두렵기 때문입니다.

대개 '정채(精采)롭고 광명(光明)하다.'는 것은 지기(志氣)가 맑게 안정되면 자연스럽게 발생하는 것일 따름입니다. 만약 그것을 일으켜 발하게 하여〔起發〕 얻으려 한다면 이는 이런 것을 일삼으면서 효과를 기약하는 것이며, 마음속으로 그것을 잊지 말아야 하는데 또한 조장(助長)하는 것입니다. 이것이 선(禪)이 아니고 무엇이겠습니까?

---

**128** 이기발……않습니까 : 【譯注】〈숙흥야매잠〉 6장의 노수신의 총괄적인 〈주해〉에 대해 이황의 의견에 대한 노수신의 답변이다.

**129** 눈썹을……써서 : 【譯注】《주자대전》 권3 〈유자징에게 주다. 열두 번째〔與劉子澄十二〕〉에 보이는 말로, 선학(禪學)하는 이들이 도를 깨치기 위해 힘쓰는 방법이라고 하였다.

그러나 이 부분에 대해 더욱 의심되는 점이 있습니다. 주해하신 문장을 자세히 살펴보면 '기발(起發)' 두 글자를 본문의 '진발(振拔)'에 해당시키고 그 아래에 '정채광명(精采光明)'으로 이어받았으며, 또 '떨치고 광명하게 한다.[振拔之精明之]'는 어떤 사람의 주장이 잘못되었다고 기롱하니, 그렇다면 본문의 말을 '정명함을 떨친다.'고 이해한 듯합니다. 이와 같이 보았다면, 다만 의리가 이와 같지 않을 뿐 아니라 문세(文勢)도 아마 이와 같지 않을 듯합니다. 이러한 곳은 모름지기 모든 선입견을 놓아버린 평정한 상태에서 마음을 비우고 뜻을 세밀하게 보아야 본뜻을 터득할 수 있을 것이니, 장횡거(張橫渠 장재(張載))가 말한 '옛 견해를 깨끗이 씻어 버리고 새로운 생각으로 나아가야 한다.'130는 것에 해당합니다. 어떻게 생각하십니까? 내가 이전에 고친 '한 터럭만큼도 없다.……'라고 한 것은 과연 미진한 것이 있으니 쓰지 않는 것이 좋겠습니다. 다만 '엄숙하고 장중하며 바르게 가다듬는 것[齋莊整齊]으로 이미 떨쳤다[振拔]'고 말하였는데, 내 생각으로는 이와 같음에는 이르지 않은 것 같습니다.

마지막 장의 두어 행을 삭제하고서 고치기를 '또한 윗장을 이어서 말한 것이다. 이 마음이 비록 보존되나 간혹 출입하니 야기(夜氣)에 의해 불어난 바……'라 하겠습니다.131 -이재(伊齋)-

위 단락에서 고친 것은 간결하고 명백하여 대단히 정밀하고 적절합니다. 다만 '간혹 출입하다.[或是出入]'의 '시(是)'가 조금 온당하지 못한 점이

---

**130** 옛……한다 : 【譯注】《근사록(近思錄)》 권3 〈치지(致知)〉에 보이는 말이다.

**131** 마지막……하겠습니다 : 【譯注】〈숙흥야매잠〉 8장의 야기(夜氣)에 대한 이황의 의견에 대한 노수신의 답변이다.

있으니, 아마도 잘못 쓴 것이라 생각됩니다.

《이상은 이재의 주장에 대한 변론이다.》

《'건(愆)'은 허물이다'라는 말의 원주에 대한 이재의 분주(分註)는 무방한 듯합니다.…… -하서(河西)-》
《이 말은 비교적 맛이 있습니다.…… -이재(伊齋)-》

《내 생각으로는 또한 이 주가 필요치 않으니 다만 '허물이다.'라고만 해도 어찌 부족하겠습니까? 《-이 단락 이후는 이재와 김하서의 변론에 대한 답이다.-[132]

《'주(紬)는 고치실이다.'라는 말의 원주에 '실을 뽑는 것이다.'라고 하는 것이 어떻겠습니까? -하서(河西)-》
《10홀(忽)[133]이 사(絲)가 된다.…… -이재(伊齋)-》

《'추(抽)는 고치실이다.'라는 말이 어찌 불가하다고 하여 모름지기 고치려고 합니까?》

《지위에는 고하가 있다.……다만 '차(次)'에는 선후가 있고, 제(第)에는 갑을이 있다.'고 하는 것이 어떻겠습니까?…… -하서(河西)-》
《'차(次)' 이하로 그렇게 말씀하신 것은 다만 대강만을 말한 것 같지

---

**132** 이……답이다 : 【譯注】 원문에는 이 말이 아래에 보이는 "이 말에 대한 것은 앞의 문목에 보인다."라는 단락 아래에 있는데, 내용상 이 말은 여기에 들어가야 한다. 이후부터는 BNL0073A 〈별지(別紙)〉의 문목에 따라 답변을 이어나가고 있다.

**133** 홀 : 【譯注】 누에가 실을 토해낼 적에 더할 나위 없이 가는 것을 가리킨다.

않습니다.…… -이재(伊齋)-》

《내 생각은 이전 보여준 문목에 보이니 여기서는 다시 논하지 않겠습니다.》

《'성글게 뻗어 있다.〔疏擧〕'의 '거(擧)' 자는 '창달(暢達)'이란 말로 바꾸
는 것이 어떻겠습니까?…… -하서(河西)-》
《두 글자는 아마도 끝내 온당하지 않은 듯합니다. -이재(伊齋)-》

《내 생각도 위와 같습니다.》

《'야기(夜氣)'의 설. 야기에 대해 말한 것은 참으로 좋습니다.…… -하서
(河西)-》
《무슨 말을 가리키는지 자세히 알 수 없습니다. 청컨대 자세히 말씀해
주십시오. -이재(伊齋)-》

《또한 무엇을 말하는지 잘 모르겠습니다.》

《예전에 잘못했던 것과 지금 깨우친 것에 대해 말한 것 가운데 예전에
잘못한 것에 대한 부분에서 '살펴서 깨우쳐서 고칠 줄 알고〔省悟而知
改〕'로 고치고…… -하서(河西)-》
《'고칠 줄 알고〔知改〕'나 '더욱더 살핀다〔加察〕'는 등은 어의(語意)가
더욱 적절합니다.…… -이재(伊齋)-》

《전에 보인 문목에 자세하다.[134]》

《대저 이른바 선이라고 하는 것은……아마도 퇴계의 말이 맞는 것 같습니다. -하서(河西)-》

《무엇을 말하는지 자세하지 않습니다.》

《'파(跛)'는 '의(敧)'로 쓰는 것이 어떻습니까? -하서(河西)-》
《'의(敧)'자가 참으로 좋은 것 같습니다.…… -이재(伊齋)-》

《도리어 '편(偏)' 자가 그보다 좀 더 온당한 것만 못합니다.》

《성사(聖師)와 제자는 다만 '부자(夫子 공자(孔子))'와 안자(顏子), 증자(曾子) 이하를 이릅니다.…… -하서(河西)-》
《'여(如)' 자는 과연 어울리지 않으니[135] 다만 곧바로 가리켜야 합니다. -이재(伊齋)-》

《곧바로 가리키는 것이 매우 온당합니다.》

《"참(參)은 고찰함이다."라는 말에서의 '참'은 서로 비교하여 헤아린다는 뜻을 지녔으니, '고찰한다〔考〕' 아래에 '핵(覈)' 자를 더하는 것이 어떻겠습니까? -하서(河西)-》

---

**134** 전에……자세하다 : 【譯注】 이황의 말이 아니라 앞의 별지 문목에 자세하다는 설명이다. 이하 앞의 문목에 보인다는 말은 이황의 말이 아니다.

**135** 여 자는……않으니 : 【譯注】 노수신이 〈숙흥야매잠〉의 "제자의 문변〔弟子問辯〕을 반복하여 참정(參訂)한다."라는 말의 '제자(弟子)'를 가리킬 때 안자·증자와 같은 현인〔如顏曾之賢〕이라고 하였는데, 이때의 '여(如)' 자를 가리킨다.

《‘핵(覈)’ 자를 더한다고 하여도 또한 서로 비교하여 헤아린다는 뜻은 없는 듯합니다. -이재(伊齋)-》

《‘핵(覈)’ 자도 좋지 않으니, 만일 ‘증(證)’ 자로 짓는다면 서로 비교하여 헤아린다는 뜻이 있습니다. 어떻게 생각하십니까?》

‘정(訂)’은 의논함이라는 그대 의견에 퇴계는 ‘증명한다는 뜻이 있다.’……
-하서(河西)-
계권(契券)을 정(訂)이라고 일컫는 것은 아전들의 속어에 불과합니다.[136] -이재(伊齋)-

이 말에 대한 것은 앞의 문목에 보입니다.[137] 그러나 나의 잘못은 다만 ‘정(訂)은 증명한다는 뜻에 지나지 않는다.’고 한 것에 있을 뿐이요, 촌사람들이 정(訂)을 증인으로 여긴 것처럼 증(證)을 정(訂)으로 생각한 것은 아닙니다. 하서가 말한 것은 또한 내 뜻을 제대로 알지 못했습니다. -이하는 이재와 김하서의 변론에 답한 것이다.-

《이재가 ‘응(應)은 답(答)하는 것입니다.’라 한 것에 대해, “답(答)한다고 한 것은 아마도 올바른 훈이 아닌 듯합니다. 수(酬)는 다만 수작(酬酌)함을 이르는 것뿐 아니라…….” -하서(河西)-》

---

**136** 계권을……불과합니다 : 【攷證 卷4 契券稱訂云云】 지금의 매매 문서에서 증인(證人)의 종류와 같다.

**137** 이……보입니다 : 【譯注】 이황의 말이 아니라 앞의 별지 문목에 자세하다는 설명이다. ‘그러나’부터 이황의 말이다. 이하 ‘앞의 문목에 보인다’는 말은 이황의 말이 아니라 설명하는 말이다.

《답(答)과 수(酬)는 모두 온당하지 않으니……. -이재(伊齋)-》

《수(酬) 자가 온당하지 않거나 그 글자의 의미가 적절하지 않음을 볼
수 없습니다.》

《'사람이 훔쳐 갈까 두려워한다.'는 말은 '항상 지켜본다.'는 말로 보충
하면 무방할 것 같습니다. -하서(河西)-》

《위와 같다.》

《'활동하지 않으면 정체된다.'는 말이 마땅할 듯합니다. -하서(河西)-》

《앞의 문목에 보인다.》

이재가 "근래에 선(禪)을 배우는 자는 또한 없습니다."라 한 것에 대해,
"세상에 선을 배우는 자가 없더라도 또한 걱정하지 않을 수 없습니다."
-하서(河西)-
배운 뒤에야 흘러 들어가게 되는 법이니, 배우지도 않는데 또한 어찌
흘러 들어감이 있겠습니까? -이재(伊齋)-

무릇 군자가 도를 강론하고 입언(立言)할 때 어찌 다만 한 시기 만을
위한 계책을 세우겠습니까? 만약 이단의 학문을 물리친다면, 또한 어찌
지금 세상에 그러한 사람이 있는지 없는지를 따져서 받아들이거나 물리
치겠습니까? 성인의 무리가 되지 않으면 곧 양주(楊朱)와 묵적(墨翟)의
무리가 되고 말 것이니, 중간에 서서 양쪽을 조화롭게 하는 이치는 없습

니다. 가령 내가 저들의 학문에 빠져들게 되면 비록 온 세상에 선학을
배우는 사람이 한 명도 없더라도 내가 이미 금수와 오랑캐의 지경으로
사람을 빠트린 것입니다. 어찌 다만 타인만 빠트릴 뿐이겠습니까? 나
또한 이미 스스로 사특한 무리에 빠져든 것입니다. 그렇다면 보낸 편지
에서 말씀한 것이 너무 소략하지 않겠습니까? 또한 두어 명의 동지들이
이 설(說)을 보고서 괴이하게 여기지 않음이 없을 것이니, 한 가지 설만
을 고집하여 가까운 데를 살피는 것을 소홀히 해서는 안 될 것입니다.

> 이재의 '신(神)을 어리고 생각을 쉰다.〔凝神息慮〕'는 말의 훈해에 대해,
> "이런 곳의 훈해는 명백하고 직절해야 합니다.……" -하서(河西)-
> 이 설은 엄정하고 절실합니다.…… 다만 훈해는 본문에 나아가 설명하
> 지 않을 수 없습니다.……무릇 이와 같은 류는 해롭지 않으며 혹은
> 서로 비슷합니다.…… -이재(伊齋)-

응(凝)과 식(息)의 훈해는 앞의 문목에 보입니다. 하서가 의심한 것은
본잠(本箴)의 말 가운데 '발서(發舒)'나 '휴양(休養)'[138] 같은 종류인데, 그
대의 말 가운데 아직 그 잘못된 점을 보지 못하였습니다. 그러나 '진발정
명(振拔精明)'과 '불작사유(不作思惟)'[139] 등에 대해서 그대가 설명한 말
은, 하서가 염려한 폐단이 조금은 있음을 면치 못합니다.
　명도 선생(明道先生)이 이르기를 "불가의 학문은 우리 유학과 구절마
다 같고 일마다 같은 듯하지만 그러나 같지 않다."라 하였습니다. 지금

---

**138** 발서나 휴양 : 【譯注】〈숙흥야매잠〉 5장의 "정과 신을 발산해 펴기도 하고, 성과
정을 쉬며 기른다.〔發舒精神, 休養性情.〕"는 말을 가리킨다.
**139** 진발정명과 부작사유 : 【譯注】〈숙흥야매잠〉 6장과 7장에 보이는 말로, 앞의 〈별
지〉 문목에서 이에 대해 서로 다른 자신의 주장에 대해 자세히 논하고 있다.

비록 서로 같은 점이 있는 것을 잘 안다고 하더라도 우리들은 마땅히 서로 같지 않은 점을 찾아내어 발꿈치를 굳게 디디고 서서 이리저리 옮기지 않아야 하니, 서로 가까이하는 것이 해롭지 않다고 어찌 경솔하게 말하겠습니까?

정자(程子)가 또 말하기를 "만약 불가의 말을 궁구하여 버릴 것은 버리고 취할 것은 취하려 한다면, 이미 불자로 변할 것이다."[140]라 하였습니다. 대저 그들의 학설을 궁구하여 버리고 취하려고 하여도 오히려 불가에 떨어짐을 면치 못하는데, 더구나 서로 가까이하는 것이 해롭지 않다고 말할 수 있겠습니까? 하서의 말은 지나치지 않은 것 같습니다.

《이재가 말한 '곱거나 추한 자취〔姸蚩之痕〕'에 대해, '티끌의 더럽힘〔査滓之累〕'으로 고치는 것이 어떻습니까? -하서(河西)-》
《'사재(査滓)'라는 글자가 낫습니다. 다만 아마도…… -이재(伊齋)-》

《'곱거나 추한 자취'라는 말보다는 나은 듯하니, 티끌로써 더럽힘이 된다고 하여도 또한 무방할 듯합니다.》

《이재가 말한 '때도 없이 반복한다〔反覆無時〕'에 대해, 말이 되지 않습니다.…… -하서(河西)-》
《삼가 주자의 말한 의미를 생각하건대, 동(動)할 때나 정(靜)할 때나 모두 힘을 쏟아야 한다는 의미입니다.…… -이재(伊齋)-》

---

**140** 만약……것이다 : 【譯注】 이 말의 출전은 《근사록(近思錄)》〈변이단(辨異端)〉으로, 원래 문장은 "석씨의 학설에 대하여 만일 그 설을 궁구하여 버릴 것은 버리고 취할 것은 취하려 하다가는 그 설을 궁구하기 전에 이미 변화하여 불자가 되어 버릴 것이다."로 되어 있다.

《(그대가 해석한 대로라면 의미가 없지는 않겠지만, 그러나 《속록(續錄)》과 《구해(句解)》[141]는 끝내 매우 잘못되었으니, 지금 마땅히 이 말을 써서는 안 됩니다. 이에 '무시(無時)'를 '불이(不已)'로 고친다면 좋지 않겠습니까?)》

이재의 '군자는 반드시 자기 한 몸의 주재가 되어야 한다.'는 말에 대하여, 마음은 본래 한 몸의 주재가 되므로 사람이 한 몸의 주재가 된 이후에 주재하는 것이 아닙니다. -하서(河西)-
이 단락이 가장 긴요한 곳으로 이 논의에서 더욱 정밀함을 볼 수 있습니다. 잘 모르겠습니다만, 고명께서 그것을 깨닫지 못하시니 어째서 그렇습니까? -이재(伊齋)-

이 단락에 대한 하서의 견해가 매우 뛰어나 미칠 수 없습니다. 내가 전날 이에 대해 알지 못한 것은 아니지만 이런 병폐에 대해서 간파하지는 못하였습니다. 그대가 이런 주장을 하는 것 또한 저와 같았기 때문에 그러하였을 것이라 여겨집니다. 그러나 그대가 하서의 주장에 대해 선을 그어 배척하지 말고 그 좋은 점을 기꺼이 취해 두어 말을 고쳐서 대단히 뛰어난 학설로 완성시키는 것이 좋겠습니다. 그러나 천 리를 멀다 않고 물어보시니 널리 취하는 데 조금이라도 보탬이 되었으면 하기에 삼가 본문의 말에 따라 아래와 같이 설을 펼칩니다. "대저 체(體)와 용(用)을 겸하고 동(動)과 정(靜)을 갖추어 한 몸의 주재가 되며, 고리처럼 끝이 없어서

---

141 속록과 구해 : 【譯注】《속록》은 주희가 찬(撰)한 《이락연원록속록(伊洛淵源續錄)》을 가리키고 《구해》는 송나라 웅절(熊節)이 지은 《성리군서구해(性理群書句解)》를 가리키는 것으로 보인다.

반복하여 그치지 않은 것이 바로 마음이 하는 것이다. 그러므로 일상생활에서 한 번 동(動)하고 한 번 정(靜)하는 것을 마음을 통해 더욱 힘써야 하니, 이른바 '오직 마음이 이를 감독하여[惟心是監]'라고 한 것에 해당한다. 그러나 힘을 쓸 때에는 반드시 경(敬)을 마음의 주재로 삼아야 바야흐로 능히 정할 때 마음을 붙들어 잡아서 허무(虛無)하여 쓸모가 없는 곳에 어둡지 않고 동할 때 성찰하여 기미가 운행할 때 잡스런 생각이 뒤섞이지 않는다.……" 이렇게 뺄 것은 빼고 고칠 것은 고치는 것이 어떻습니까? '오로지 한결같이 이에 있어서[專一在此]'부터 '조금도 어긋남이 없다.[無少差謬]'[142]는 사이에 말이 또한 너무 많은 듯합니다.

《이재의 '허무하여 쓸모가 없다.[虛空無用]'는 말에 대하여, 아마도 잘못된 것이 있는 듯합니다. -하서(河西)-》
《네 글자는 자못 병통이 있음을 볼 수가 없으며, 또한 일찍이 '무(無)' 자를 쓰지 않았으니 아마도 오인한 듯합니다.…… -이재(伊齋)-》

《'불(不)' 자가 참으로 '무(無)' 자 보다 낫습니다. 다만 '공(空)' 자가 어찌 잘못된 것이 아니겠습니까?》

이재의 '정(靜)할 때 보존하고 동(動)할 때 살핀다.'는 장(章)[143]에 대하여, 이 세 절(節)을 만약 주석가의 체제로 주해한다면……. -하서(河西)-

---

142　오로지……없다 : 【譯注】 노수신의 〈숙흥야매잠해초본(夙興夜寐箴解初本)〉의 "오로지 한결같이 이에 있어서 다른 곳으로 옮겨가지 않으며 지각이 탁연하여 내외와 시종의 사이에 그 지킴을 잃지 않아서 조금의 어긋남도 없다.[專一在此, 靡他其適, 而知覺卓然, 於內外始終之間, 不失其守, 無少差謬.]"는 말을 가리킨다.

143　정할……장 : 【譯注】 노수신의 〈숙흥야매잠〉 4장의 총괄적인 해석 부분을 가리킨다.

지금 그 예에 의거하여 따라 지어보려 했으나 끝내 완성할 수가 없었습니다. -이재(伊齋)-

본 주해를 살펴보건대 이른바 '동(動)할 때 성찰하고 정(靜)할 때 존양한다.'는 것은 곧 둘로 나누어 각각 풀이한 것이며, '체(體)와 용(用)을 겸하고 동과 정을 갖추어〔兼體用該動靜〕'라는 말 이하는 곧 하나로 합해 총론한 것입니다. 하서는 다시 어떤 식의 훈해와 의논을 만들려고 하는지 잘 모르겠습니다. 나머지는 위에 보입니다.

《'정신(精神)' 두 글자는 이해할 수가 없습니다.…… -하서(河西)-》

《앞의 문목에 보인다.》

《이재의 '촉급한 모습이 없고 차분한 기상이 있다.〔無局促之態, 有從容之象.〕'는 말에 대하여, '태(態)'는 '의(意)'로 쓰고 '상(象)'은 '미(味)'로 쓰는 것이 어떻습니까?…… -하서(河西)-》
《'의(意)'와 '미(味)' 두 글자는 원 글자에 비해 특별히 차이가 있지 않는 듯합니다.…… -이재(伊齋)-》

《'의(意)' 자는 비록 '태(態)' 자보다는 낫지만 또한 대단히 좋아 보이진 않습니다.》

《이재의 '배움에 위기의 학문을 하는 자〔學爲爲己之學者〕'에 대하여, 앞의 '위(爲)' 자는 중첩된 것이 아닙니까? -하서(河西)-》
《제 생각으로는 중첩되지 않은 듯합니다.…… -이재(伊齋)-》

《하서는 '위(爲)' 자를 무슨 글자로 보았기에 이에 중첩된다고 여겼을까요?》

이재의 '하늘에 네 가지 덕이 있다.〔天有四德〕'란 말에 대하여, '사덕(四德)' 위에 '원형이정(元亨利貞)'을 보태고…… -하서(河西)-
'원형이정(元亨利貞)' 자가 있든 없든 또한 크게 부족하거나 보탬이 될 것 같지는 않습니다. -이재(伊齋)-

'원형이정'을 더 보탤 필요가 없습니다. 이 부분의 본문에도 또한 수미를 들어서 설명한 뜻이 없습니다. 다만 "하늘에 네 가지 덕이 있는데 다만 정(貞)과 원(元)만을 말하여 '끝나자마자 다시 시작하는 이치'를 드러낸 것일 따름이다."라고 하는 것이 어떻겠습니까?

《이재가 야기(夜氣)를 해석한 것에 대하여, 야기는 곧 호연(浩然)한 기운으로……. -하서(河西)-》
《이 말은 대단히 옳습니다. -이재(伊齋)-》

《야기를 말할 때 호연지기를 이끌어 올 필요가 없습니다. 그러나 이 두어 말은 무슨 의미인지 정확히 알 수 없습니다. 아마도 후에 고쳐서 이런 말이 있는 듯합니다.》

이재의 '경(敬)은 일(一)일 따름이다.〔敬者一而已矣〕'라는 말에 대하여, 만일 '일(一)이란 성이다.〔一者誠也〕'라고 한다면 힘쓸 곳을 볼 수 없을 듯합니다. -하서(河西)-
'일(一)이란 성이다.〔一者誠也〕'라는 말은 본래 주에 없습니다. 잘 모르겠습니다만 어찌하여 이런 논변을 하였습니까? -이재(伊齋)-

이재의 '대저 일(一)이 하늘에 있는 것을 성(誠)이라 이른다.〔夫一在天
曰誠〕'라는 말에 대하여, '대저 일은〔夫一〕'이라고 한 것은 입언하는
체제에 들어맞지 않은 것 같습니다.…… -하서(河西)-
'대저 일은〔夫一〕'이라고 한 것이 입언 체제에 들어맞지 않음을 볼 수
없습니다. -이재(伊齋)-


이재의 '하늘의 도는 성인의 근본이다.'라는 말에 대하여, 이른바 '하늘
의 도'와 '성인의 근본이다.'란 것이 또한 두 가지가 있겠습니까?……
-하서(河西)-
내 생각은 경의 도가 일(一)에서 벗어나지 않음을 총론하려는 것입니
다.…… -이재(伊齋)-


이상 세 가지 조목에 대해 하서가 주장한 바는 대략 모두 한 뜻인데,
공은 그렇게 여기지 않고 있습니다. 그러나 반복해서 서로 대조하여 궁
구해보면 끝내 하서의 주장이 일리가 있습니다. 공은 주자의 능(能 주체)
과 소능(所能 객체)[144]의 학설을 일찍이 본 적이 있습니까? 그 학설은
《주자대전》 48권 〈여자약[145]에게 답한 편지〔答呂子約書〕〉 열세 번째에

---

**144** 능과 소능 : 【攷證 卷4 能與所能云云】《주자대전》 권48 〈여자약에게 답하다. 열세
번째〔答呂子約書〕〉에 "원덕(元德 장흡(張洽))이 도(道)를 행(行)이라고 해석한 것은
그대의 편지에서 학(學)을 의리가 쌓인 것이라 해석한 것과 마찬가지인 듯합니다. 앞의
것은 소능(所能 객체)을 능(能 주체)으로 보았으며, 뒤의 것은 능(能)을 소능(所能)으
로 보았습니다."라 하였는데, 자주(自註)에서 "불서에 능과 소능에 관한 설이 있는데,
능은 사람이 하는 것을 이르고 소능은 사람이 한 일을 이릅니다. 이를테면 도(道)는
소능을 이르고 학(學)은 능을 이릅니다. 어린아이가 대구를 맞추어 '꽃을 보고 버들가지
를 꺾는다.'라고 할 때, 보는 것과 꺾는 것은 능(能 주체)이고 꽃과 버들가지는 (所能
객체)인 것이니, 이 두 가지를 혼동해서는 안 됩니다."라고 하였다.

**145** 여자약 : 【攷證 卷4 呂子約】송(宋)나라 사람으로 이름은 조겸(祖儉)이며, 자는

있으니, 참고하여 살펴볼 수 있을 것입니다. 이제 그 학설로 이 조목에 대해 헤아려보면, 경(敬)은 이른바 능(能)에 해당하며 일(一)은 소능(所能)에 해당합니다. 그러므로 '일(一)' 자 위에 모름지기 '주(主)' 자를 붙이거나 또는 '일(一)' 자 아래에 모름지기 '지(之)' 자를 붙여야 '능(能)'이라고 이를 수 있습니다. 또 성(誠)은 곧 소능을 이르니, 성(誠) 위에 '사(思)' 자를 붙이거나 성(誠) 아래에 '지(之)' 자를 붙여야만 바야흐로 능(能)이라 이를 수 있습니다.

그렇다면 '경(敬)은 일(一)일 따름이다.'라고 한 것은 능(能)으로 소능(所能)을 삼는 병통이 아니겠습니까? 그리고 '무릇 일(一)이 하늘에 있는 것을 성(誠)이라 하고 사람에 있는 것을 경(敬)이라 한다.'라고 한 것은 능(能)과 소능(所能)을 뒤섞어 일컬은 병통이 아니겠습니까? 내 생각으로는 주자가 '어지럽게 해서는 안 된다.'라고 한 것이 바로 이런 곳에 해당합니다.

또 '삼가 살펴보건대'[146]라는 말 이후로 논한 것은 일(一)로써 이 잠(箴)의 주지를 삼았으니, 예전에 볼 때는 매우 좋았는데 지금 다시 자세히 보니 잠(箴) 전체의 본지는 전적으로 경(敬)에 주안점을 두었습니다. 그런데 지금 일(一)로써 말하여 한 꺼풀을 사이에 두고 말하는 것을 면치 못하니 어째서이겠습니까? 능(能)과 소능(所能)의 차이를 구별하지 못하기 때문입니다. 그러므로 내 생각으로는 경(敬) 자로써 일(一) 자를 대신하는 것만 못하다고 여기니, 그렇게 하면 뜻이 올바르고 분명하여

자약(子約)이다. 동래(東萊) 여조겸(呂祖謙)의 둘째 아우로 동래에게 수업하였다. 벼슬은 대부시승(大府寺丞)에 이르렀으며 시호는 충(忠)이다. 저서에 《대우집(大愚集)》이 있다.

**146** 삼가 살펴보건대 : 【譯注】 노수신의 〈숙흥야매잠〉 8장의 총괄적인 해석 중간에 "삼가 살펴보건대 한 편의 강령은 오로지 경에 있다.……"는 부분을 가리킨다.

병통이 없게 될 것입니다.

'오로지 경에 있다.'는 말부터 '천덕이 일(一)인 바를 본받아서 한결같이 하려는 것이다.'라는 말까지는 몇 마디 말을 더 좋게 고친 것에 불과하지만 흡족하지 않음이 없습니다. 그 다음 부분인 '대저 일(一)이 하늘에 있는 것을 성(誠)이라 한다.'로부터 '성인의 성에 이르는 것을 구한다.'까지는 그 사이에 쓸데없이 구사된 말이 많으며, '하늘의 성을 체득하여 성인의 성에 이르는 것을 구한다.'는 것도 또한 전도된 말인 듯합니다. 이러한 구절들은 모름지기 최대한 마음을 기울여 저울질하고 단련해서 조금도 하자가 없게 해야 비로소 좋게 됩니다. 그러므로 이 사이에 많은 말이 필요하지 않으니, 다만 '사람으로 하여금 천덕의 성(誠)을 체득하게 하고서 멈추지 않고 마치게 하려 한다. 성(誠)은 하늘의 도이며 성실하게 하려는 것은 사람의 도이니, 학자가 마땅히 스스로 힘써야 할 바이다. 스스로 힘써서 성(誠)에 나아가는데 어찌 다른 것이 있겠는가? 또한 오직 경(敬)에 힘쓸 뿐이다. 경(敬)이란 무엇인가? 주일(主一)을 이르는 것이다.'라고 했으면 합니다.

한편 이 아래 11개의 일(一)자는 그대로 놔두더라도 -경(敬)을 설명하면서 말이 주일(主一)에 이르면 비록 일(一)을 말하였더라도 경(敬)에서 벗어나지 않는다.- '애당초 일(一)에 있지 않음이 없다.〔未始不在於一〕'는 말에서의 일(一) 자는 경(敬)으로 고치고, '어느 때나 어느 곳에서나 일(一)에 힘을 쓴다면 일(一)이 된다.'는 말을 '어느 때나 어느 곳에서나 일(一)에 힘을 쓴다면 경(敬)하게 된다.'로 고치며, '이것이 잠(箴)의 주지이니, 일(一)의 뜻을 알 수 있다.'는 말을 '경(敬)을 힘쓰는 것은 주일(主一)에 있음을 알 수 있다.'로 고치면 좋겠습니다. 또한 이 아래에 '주일(主一)하여 능히 일(一)에 이르러야 비로소 성학을 함께 말할 수 있다. 삼가《통서(通書)》에서 ……'라는 말을 이어야 할 것입니다. 대개 이런 뜻으로 참작하여

취하고 버리는 것이 어떻겠습니까? 주제넘게 이런 말까지 하게 되니 대
단히 송구합니다.


　　이재의 '천지 사이에는 오직 천리가 일(一)이 된다.'는 말에 대하여 천
　　리가 별도로 있는 한 사물 같이 보입니다.…… -하서(河西)-
　　이와 같은 말들은 후학이 감히 독단적으로 할 수 있는 말이 아닙니다.
　　-이재(伊齋)-


만약 위의 말과 같다면, 내 생각으로는 이 한 단락은 논할 필요가 없습니
다. 다만 오직 천리가 일(一)이 된다는 말은 그렇게 잘못된 것은 아닌
듯합니다.


　　《이상은 하서의 설에 대한 변론이다.》

# 노이재에게 답하다 【기사년(1569, 선조2, 69세) 4월 28일. 예안(禮安)】
答盧伊齋

뜻밖에 심부름꾼을 통해 편지를 받고서 상중에 존체를 잘 지탱하고 있다는 것을 삼가 알게 되니 마음에 깊이 위안이 됩니다. 나는 다행스럽게도 이번에 물러나 은거하게 되었는데, 아직 벼슬에서 물러나겠다는 요청에 허락을 받지 못하여 대단히 전전긍긍하고 있습니다.

선조의 덕을 현양하여 후대에 전하려고 저에게 부탁하였는데, 삼가 세 편의 가장(家狀)을 읽어보니 감동이 그치지 않습니다. 나는 글재주가 없고 식견이 어두워 후대에 전할 문장의 책임을 맡을 수 없다고 스스로 생각하였기에 국가에 대해서도 이미 고사하였는데 개인의 요청에 대해서 어찌 구차하게 따르겠습니까? 이러한 생각을 마음먹은 지는 오래되었습니다. 그대와 마주하던 날 교리 선생의 묘갈문을 부탁할 때 이미 나의 생각을 말하였는데, -원문 2자 결락- 다만 그러함을 살펴보지 않고서 억지로 떠맡기니 돌려보내지 못한 것을 항상 저의 불민함으로 여겨 부끄러워하였습니다. 그런데 지금 또다시 한꺼번에 세 편의 가장을 보내와 요구하는 짧은 순간에 곧바로 지으라고 하니 말에 기대어 글을 지을 재주[147]가 있지 않으면 참으로 그 부탁에 부응하기 어렵습니다. 더구나 나는 졸렬하고 어눌하며 매우 둔하여 한 편의 작품을 지으려고 하면 열흘에

---

**147** 말에……재주 : 【譯注】 문장 실력이 뛰어나 글을 민첩하게 짓는 재주를 말한다. 《세설신어(世說新語)》〈문학(文學)〉에 "환선무(桓宣武)가 북방을 정벌할 때 원호(袁虎)가 문책을 당하여 해임되었다. 그때 마침 격문(檄文)이 필요하여 원호를 불러다가 말 앞에 기대어 격문을 쓰게 하니, 원호가 손을 멈추지 않고 써 내려가 일곱 장을 썼는데, 매우 볼 만하였다."라고 하였다.

서 한 달 정도를 구상하지만 생각이 고갈되고 글이 뻑뻑하여 완성하지 못한 것이 많으며, 간혹 완성하였다고 하여도 몽당붓으로 글자를 쓴 것 같아서 조금도 빼어난 곳이 없으니 스스로 한번 읽고 나면 외려 입에 아교풀을 머금은 것과 같거늘 더구나 이연(犁然)하게 사람의 뜻에 흡족할 수 있겠습니까?

예전에 도성에 있을 때 앞에서 말한 바와 마찬가지로 억지로 떠맡겨서 돌려보내지 못한 것이 영상·좌상 이하로 수십 집안이나 되는데, 모두 감당할 수 없었습니다. 이에 삼가 간절한 마음을 아뢰고 돌려보내며 차라리 회피하였다는 책망을 달게 여겼습니다. 그런데 지금 벼슬길이 어긋나 다시 물러나게 되어 비난의 여론이 비등하게 되었는데, 이런 일로써 허물을 덧보태고 싶지 않습니다. 또한 우리 집안에 조만간 선조의 묘에 추증을 고하는 일이 있어서 다른 것을 생각할 겨를이 없습니다. 글을 짓지 않고서 시렁 위에 둔 것은 무거운 짐을 진 자가 내려놓기를 바라는 것과 같은데, 지금 어찌 갚지 못할 빚을 받아두고서 저 자신의 죄를 거듭 불러들이겠습니까?

이에 세 편의 가장을 삼가 -원문 1자 결락- 봉하고 서명한 뒤에 재배하며 간곡히 사양하는 것은 대단히 부득이함에서 나온 행동입니다. 삼가 바라건대 곡진히 굽어살피셔서 달리 뛰어나고 민첩한 사람을 구한다면 선대의 덕이 매몰되지 않을 것이며 효성을 드러낼 시기를 놓치지 않을 것입니다. 교리 선생의 행장이 마침 산사(山舍)에 있어서 지금 돌려드리지 못하니 대단히 송구합니다. 삼가 바라건대 아울러 조량해 주십시오. 등불 아래 눈이 어두워 글자가 삐뚤삐뚤하니, 글의 맥락을 잘 살펴서 살펴주시기 바랍니다.

# 노이재의 문목에 답하다

答盧伊齋問目

조고(祖考)와 조비(祖妣)를 한 혈(穴)에 각기 장사지내 봉분을 따로 하였는데, 지금 두 봉분 사이에 비석 한 개를 세우려고 합니다. 표면 오른쪽에 조고를 쓰고 왼쪽에 조비를 쓰는 것은, 이는 세속에서 행하는 바입니다. 세속에서는 또한 조고 앞쪽에만 조고를 쓰고 조비 앞에는 쓰지 않으니〔妣前否〕[148] 이것이 또한 어떠합니까?

한 혈에 봉분을 따로 하면 비석 표면에 조고와 조비의 줄을 이처럼 따로 새기는 세속의 예에 대해 나도 들은 바 있습니다. 이는 정자(程子)가 '의에 해롭지 않은 일은 세속을 따르는 것도 괜찮다.'라고 한 말과 같은 종류입니다. 조고 앞에만 글을 쓰는 것은 아마도 마음에 편안치 않을 것입니다.

두 봉분이 한 개의 비석을 세워 공유한다면 그 세계(世系)와 명자(名字), 그리고 행실 등을 새길 때 마땅히 조고에 대해 먼저 새기고 다음으로 조비를 새기는 것이 옳습니까? 합쳐서 함께 기술하는 것이 옳습니까?

두 봉분이 한 개의 비석을 공유할 때 명문(銘文)을 새기는 예에 대해서는 아직 고찰해본 적이 없습니다. 지금 세상에서는 간혹 따로 나눠 새기는 경우와 합쳐서 함께 서술하는 경우가 있는데, 내 생각으로는 나눠서 새

---

**148** 조비……않으니 : 【攷證 卷8 妣前否】퇴계의 《상제례문답(喪祭禮問答)》에는 '전(前)' 앞에 '즉(則)'이 있다.

기는 것이 참으로 좋지만 그러나 같은 광(壙)을 쓰면 한 몸이요 같은 혈(穴)은 함께 제사지낸다는 의미로 말한다면 합쳐서 함께 서술하는 것도 또한 옳은 듯합니다.

조부모의 무덤이 있는 산등성이가 대단히 좁고 협착한데, 선부군의 유명을 따라 조부모의 봉분 3~4척의 거리에 무덤을 만들었습니다. 이에 조부모의 제사를 지낼 장소가 없으니 응당 한 줄로 함께 제사지냄을 면치 못하게 되었습니다. 지금 선부군의 묘 앞 1~2척 떨어진 곳에 석탁(石卓)을 설치하여 서쪽을 위로 삼아 오른쪽의 한 석탁에 조고비의 제사를 받들고 왼쪽의 한 석탁에 선고비(先考妣)를 제사지내려고[149] 하니, 예(禮)에 어떻습니까? 어떤 사람이 이르기를 "선고비(先考妣)의 무덤 앞에 두 석탁을 설치하면 복잡하여 혼동을 일으키기 쉬우니, 묘의 왼쪽이나 오른쪽에 설치함만 못하다."라고 하는데, 이 말은 편리한 것 같지는 않습니다. 이미 무덤의 섬돌에서 떨어졌으니 복잡하여 혼동을 일으키지 않는데, 다만 한쪽에서 설치하여 마음이 편하지 않을 뿐 아니라 지세의 여유도 없으니 결코 이 말을 따르기 어렵습니다. 어찌하면 좋겠습니까? 어떤 이는 또 말하기를 "조부모 묘의 다음 묘 아래의 서쪽에 석탁을 설치하면 된다."고 하는데, 그렇다면 제사지내는 자의 위차가 동쪽이 되거나 남쪽이 되니, 그렇다면 이 말은 끝내 어그러지게 됩니다. 또한 달리 좋은 방도가 있습니까?

위쪽 묘의 땅이 협소하여 다음 묘의 앞에 신위를 설치하여 제사지내는

---

**149** 한……제사지내려고 : 【攷證 卷8 一卓祭考】 '고(考)' 자 아래에 아마도 '비(妣)' 자가 빠진 듯하다.

것은 일이 구차한 듯합니다. 묘의 좌우에 신위를 설치한다는 말은 편리
하지 않은 것은 아니지만[150] 다만 '지세의 여유가 없다.'고 한다면 부득이
하게 다음 묘의 앞에 신위를 설치한다는 주장을 써야 할 듯합니다. 만약
다음 묘 아래의 서쪽에 신위를 설치한다면 제사지내는 자의 위차(位
次)[151]가 더욱 곤란합니다. 그밖에는 이보다 더 나은 좋은 계책이 없는
듯합니다.

추증한 벼슬을 먼저 쓰는 것은 우리나라의 습속입니다. 이에 습속을
따라 쓰려고 하니 큰 해가 없겠지요?

우리나라 습속에 추증한 벼슬을 먼저 쓰는 것은 나라의 은혜를 앞세우려
는 뜻입니다. 그렇게 되면 벼슬의 고하와 행적의 선후가 모두 뒤바뀌게
됩니다. 항상 이를 바꿔서 고문을 따르려고 했지만 그렇게 하지 못하였
습니다. 질문을 받으니 이로 인해 안타깝게 여깁니다.

---

**150** 편리하지⋯⋯아니지만 : 【攷證 卷8 未爲非偏】〈문목(問目)〉에 의거하면 '편(偏)'
은 아마도 마땅히 '편(便)' 자가 되어야 할 듯하다.

**151** 제사지내는⋯⋯위차 : 【攷證 卷8 祭者位而】'이(而)' 자는 아마도 '차(次)' 자의
잘못인 듯하다.

# 노이재에게 답하다 【기사년(1569, 선조2, 69세) 9월 21일. 예안(禮安)】
答盧伊齋

황(滉)은 재배하고 아룁니다. 삼가 보내주신 편지를 받고서 효후(孝候)가 좋지 않음을 알게 되니 근심에 너무나도 애가 탐을 견딜 수가 없습니다. 삼가 생각건대 상을 당한 이후로 혹여 상례를 지키는 데 지나쳐서 몸에 손상을 입히는 일이 많아 이렇게 되었을 것이니, 이는 절대로 성인이 가르침을 드리운 뜻[152]이 아닙니다. 더구나 위로 모친이 계시니 더욱 응당 하고 싶은 대로 행해서는 안 됩니다.

저는 낭패를 당하여 아직 돌아가지 못하고 칩거하면서 날을 보내고 있는데, 다만 돌아가는 상황이 이와 같으니 날로 더욱 두려워하고 있습니다. 편지에서 말씀하신 교리 선생의 묘갈문은 감히 약속을 할 수 없으니 늙어 혼매한 정신으로는 절대 감당할 수 없습니다. 그러므로 사양하고서 피하고자 합니다. 영상께서 또한 판서공의 비명(碑銘)[153]을 부탁하면서 온갖 정성을 기울였는데, 비명은 가장 받들기 어렵기에 이에 대신 갈명(碣銘)을 짓는 것으로 갈음하여 삼가 초고를 완성하였습니다. 그러나 그 행장 가운데 복과(復科)와 복직한 일이 빠져 있었는데, 이 때문에 다시 영상에게 품의(稟議)하여 지금 막 답장이 왔습니다. 이로 인해 초고를 다시 고쳐 정할 곳이 생겨서 아직까지 다 완성하지 못하였기에 지금

---

**152** 성인이⋯⋯뜻 : 【譯注】《예기》〈상복사제(喪服四制)〉에 "상중(喪中)에 슬픔으로 몸을 손상할지라도 목숨을 잃는 데 이르지 않게 하니, 이는 죽은 사람 때문에 산 사람을 해치지 않기 위해서이다."라고 하였다.

**153** 영상께서⋯⋯비명 : 【譯注】영상은 송기수(宋麒壽)를 가리키며 판서공은 송기수의 부친 송세충(宋世忠)을 가리킨다.

보내드리지 못하니 아쉽습니다. 다 완성한다면 응당 영상에게 올려보내고 인하여 그대에게 보내드리도록 부탁하겠습니다. 다만 붓을 놓은 지가 이미 오래되었는지라 문장이 졸렬하여 대군자의 숨겨진 덕을 현양하기에 부족하니 대단히 부끄럽고 두렵습니다.

별지에 물어보신 것은 답하지 않을 수 없는데, 더욱 주제넘은 죄를 보탤 따름입니다. 너그러이 양해해 주시고, 슬픔을 절제하여 예에 나아가기를 부디 바랍니다. 불선(不宣).

# 노이재의 문목에 답하다

答盧伊齋問目

주자(朱子)는 예가 대단히 쇠퇴한 시기를 당하였으나 짐짓 고례(古禮)를 회복할 조짐이라고 여겼으니, 《가례》가 간편함을 많이 따랐지만 본래 의도는 아닙니다. 지금 마땅히 경전에 의거하여 연포(練布)로 중의(中衣)와 최상(衰裳)을 지으려고 하는데, 옳다고 여기지 않는 사람이 있지 않겠습니까?

연복(練服)의 승수(升數 올의 수)가 줄어드니 마땅히 따로 상복을 만들어야 합니다. 그러나 《예경》의 주에 "다만 연관(練冠)만 변경하고 최복은 받쳐 입는다."는 문장이 있습니다. 《주자가례》에서 고금의 시의(時宜)를 적절하게 따져서 변제(變除)함이 다만 이와 같으며 《경국대전》에서도 또한 이를 따르고 있습니다. 예전에 조정에서 연제(練制)에 대해 의논할 때[154] 고금[155]의 예문을 자세히 살폈는데 또한 따로 상복을 만들지 않는다고 결론을 내렸습니다. 아마도 이러한 일들은 마땅히 '내가 주나라를 따르겠다.'[156]는 뜻으로 처리해야 합니다.

---

**154** 예전에……때 : 【攷證 卷8 往年廷議練制】병인년(1566, 명종21) 문정왕후(文定王后) 연제(練祭) 때를 가리킨다.

**155** 고금 : 【攷證 卷8 古文】퇴계의 《상례문답(喪禮問答)》에는 '고문(古文)'의 '문(文)' 자가 '금(今)'으로 되어 있다. 【校解】《고증》에는 '이(而)'로 되어 있다고 하였으나 이는 오류이다.

**156** 내가……따르겠다 : 【譯注】《논어》〈팔일(八佾)〉에 "주나라는 하와 은을 귀감으로 삼았으니, 찬란하도다 그 문화여, 나는 주나라를 따르겠노라.〔吾從周〕"라고 공자가 말하였는데, 여기서는 따로 상복을 만들어 고례(古禮)를 따른다는 의미로 쓰였다.

무릇 상을 마치고 벗은 상복은 아마도 신령을 섬기는 예(例)에 적합하지 않으니 태워 묻어야[157] 하지만, 또한 지팡이를 부러뜨리는 예에 의거하여 구석진 곳에 버릴[158] 수는 없습니다. 그러나 이 두 가지 예[159]에 의거하는 것은 대개 모두 다른 곳에 사용하여 더럽히지 않게 하려는 것입니다. 지금 부득이한 상황이라 어떠한 예이던 간에 그에 의거하는 것[160]이 오히려 괜찮겠습니까? 원컨대 분명하게 가르쳐 주십시오.

《예기》에 "제복이 헤지면 태운다."라고 하였으니, 그렇다면 상을 마친 상복은 마땅히 태워야 할 듯합니다. 다만 《가례》에서는 '지팡이는 부러뜨린다.'고만 말하였고 '상복을 태운다.'고는 말하지 않았으며, 다른 예문(禮文)에서도 또한 '태운다.'는 문장은 없으니 제 생각대로 말해드릴 수는 없습니다. 아마도 다른 곳에 함부로 쓰지 않는 것이 옳지 않겠습니까?

우리나라 제도에 사대(四代)를 제사지냄을 허락하지 않는데,[161] 세속에서 여전히 모친이 살아계시면 고조(高祖)의 신위를 옮기지 않습니다. 그렇다면 사당을 세울 때 모름지기 4대의 감실을 만드는 것이[162]

---

**157** 태워 묻어야 : 【譯注】《예기》〈곡례(曲禮)〉에 "제복(祭服)이 헤지면 태워서 묻는다."라고 하였다.

**158** 지팡이를……버릴 : 【譯注】《가례》 권6 〈상례(喪禮) 대상(大祥)〉에 보인다.

**159** 두 가지 예 : 【攷證 卷8 兩例】 부러뜨리고 버리는 것을 가리킨다.

**160** 어떠한……것 : 【攷證 卷8 某例】 어떠한 방식이든 간에 변통하여 처리한다는 뜻이다.

**161** 우리나라……않는데 : 【譯注】《경국대전(經國大典)》에 "문무관 3품 이상은 4대까지, 6품 이상은 3대까지 제사하고 7품 이하는 2대까지 제사하며, 서인은 부모만 제사한다."라고 하였다.

**162** 4대의……것이 : 【攷證 卷8 四龕而】《상제례문답(喪祭禮問答)》에는 '이(而)' 자가

옳습니까? 지금 사당을 세우려고 하니, 규모를 작게 만들어 오래 전하려고 하는데 고조의 신위를 이곳으로 옮긴 이후로는 휑하지만 또한 협소하다는 탄식이 입니다. 그러므로 서쪽 벽에 고조의 감실을 만들려고 하니, '이전처럼 동향(東向)하고 있다'[163]는 뜻에 부합할 듯합니다. 다만 제사 지내는 자가 이미 북면(北面)하였다면 더욱 마음에 편치 못한 바가 있을 듯합니다.

고례(古禮)를 자세히 살펴보았는데, 모친이 계셔서 친진(親盡)한 조상의 신위를 옮기지 않는 것은 바로 지금 사람의 정성이 두텁지만 예를 알지 못한 잘못입니다. 서쪽 벽에 고조의 감실을 만드는 한 가지 일에 대해 논해보겠습니다. 근래 어떤 사람이 이르기를 "선대에 사당에 3대의 감실을 만들었는데, 지금 4대를 제사 지내려 하니 동쪽 벽에 감실 하나를 만들어 아버지의 신주를 받들려고 한다."라 하기에 제가 "동쪽 벽에 아버지 신주를 받드는 것은 서쪽 벽에 나아가 감실을 지어서 고조의 신주를 받드는 것만 못하다. 이는 옛날 시조의 신주를 동향으로 모신다는 뜻에 가까우니, 아무런 근거도 없이 동쪽 벽에 아버지 신주를 모시는 것보다 낫다."라고 답하였습니다. 이것은 그 잘못된 점을 말미암아 그것보다는

없다.

**163** 이전처럼 동향하고 있다 : 【譯注】《상변통고(常變通攷)》 권1 〈통례(通禮) 사당(祠堂) 소목(昭穆)〉에 "《주례》에는 국가의 신위(神位)를 세울 때 태조는 북쪽에 두고, 2소와 2목은 차례대로 남쪽에 둔다. 대개 태조의 묘(廟)에는 처음으로 봉해진 군주가 거처하고, 소의 북쪽 묘에는 2세(世)의 군주가 거처하며, 목의 북쪽 묘에는 3세의 군주가 거처하고, 소의 남쪽 묘에는 4세의 군주가 거처하며, 목의 남쪽 묘에는 5세의 군주가 거처한다. 묘는 모두 남향하고 신주는 모두 동향한다. 태묘(太廟)의 실(室)에서 협사(祫祀)하게 되면, 오직 태조만 종전처럼 동향하여 가장 높은 자리가 되고, 이곳에 들어오는 여러 소들은 모두 북쪽 바라지 아래에 나열하여 남향하고, 이곳에 들어오는 여러 목들은 모두 남쪽 바라지 아래에 나열하여 북향한다."라고 하였다.

조금 나은 선(善)을 따르게 한 것입니다. 후에 생각해 보니, 여전히 마음에 편치 못한 점이 있습니다. 지금 막 사당을 짓기 시작하여 이와 같이 만들었다면 아마도 예가(禮家)에게 잘못됐다는 소리를 들을 것이며 '제 맘대로 한다.'[164]는 비난을 면치 못할 것입니다. -내 생각으로는 사대를 제사지낸다면 네 개의 감실을 만들고 삼대를 제사지낸다면 세 개의 감실을 만드는 것이 옳을 듯합니다.-

옛날에 삼묘(三廟)나 이묘(二廟), 그리고 정침(正寢)에 제사지내더라도 또한 반드시 고조에까지 미쳤는데, 다만 드물게 하거나 자주하는 차이가 있었을 뿐이었습니다.[165] 지금은 협실(夾室)이나 묘소로 신주를 옮기는 예제(禮制)가 없기에 곧바로 신주를 묻으면 아마도 마음에 편치 못한 점이 있을 것입니다. 만일 신주를 묻을 수밖에 없게 된다면 그 제사는 마땅히 어떻게 해야 합니까? 주자는 《양준도[166]집(楊遵道集)》 안의 '모친을 합부하면서 먼 조상의 신주를 비로소 옮겨 내간다.'[167]라는 말을 의심하였으니, 그렇다면 옮겨 내가는 것이 정론(定論)인 듯하지만 합제(合祭)를 폐할 수 없는 것도 또한 명백합니다. 지금 마땅히 언제

---

**164** 제 맘대로 한다 : 【譯注】 예에 의거하지 않고 함부로 행하는 것을 가리킨다. 《예기》〈단궁 상(檀弓上)〉에 공자(孔子)의 제자 자유(子游)에게 사사분(司士賁)이 묻기를 "시신을 침상 위에 두고 습(襲)을 해야 될 듯합니다."라고 하니, 자유가 대답하기를 "그렇게 하라."라고 하였는데, 현자(縣子)가 그 말을 듣고 말하기를 "분에 넘치는 짓을 하는구나, 자유여. 예를 제 마음대로 하여 남에게 허여하도다.〔汰哉, 叔氏! 專以禮許人.〕"라고 하였다.

**165** 삼묘나……뿐이었습니다 : 【攷證 卷8 三廟二廟…不同】 주자(朱子)가 계묘년(1173, 효종 건도9)에 가묘(家廟)를 논한 〈왕상서에게 답한 편지〉에 보인다.

**166** 양준도 : 【攷證 卷8 楊遵道】 정이(程頤)의 문인이다.

**167** 모친을……내간다 : 【譯注】《주자대전》 권80 〈양준도유문발문(跋楊遵道遺文)〉에 보이는 말로, 주희는 이 말이 양준도가 한 말이 아닐 것이라 의심하였다.

제사를 지내야 하며 누구의 신주를 진설해야 예문에 없는 예에 합당하겠습니까? -예가(禮家)는 간혹 지방(紙榜)을 쓰기도 합니다.-

삼묘나 이묘, 그리고 정침에 제사 지내더라도 모두 고조에 미치는 예에 대해 평소 의심하였습니다. 옛말에 이르기를 "대부가 큰 일이 있어서 간협(干祫)할 때 그 고조까지 미치는데 즉 반드시 임금에게 고한다."[168]라 하였으니, 이 말은 일반적인 제사를 가리키는 것이 아닙니다. 그러므로 제사를 지낼 때 임금에게 고한 뒤에 행해야 합니다. 지금 만약 같은 사당에 모시고서 상제(常祭)를 지낸다면 고조의 신주는 참으로 그 사당 안에 있는데 드물게 하거나 자주하는 차이가 있어서 어떨 때는 제사 지내고 어떨 때는 제사 지내지 않으니 이치상 옳지 못한 점이 있는 듯합니다. 이것을 나는 항상 이해하지 못하였습니다. 지금 보내주신 뜻으로 말하자면, 고조의 신주를 이미 내간 뒤에 삼대를 제사 지내는데 고조를 함께 제사 지내는 것이 예인가를 물어보신 것입니까? 이 또한 예에 확실한 근거가 있지 않습니다. 아마도 응당 지방으로 신위를 만들어서 제사 지내고, 제사를 마치고 나면 태우며 시기는 중춘(仲春)을 사용하는데, 입춘에 선조를 제사 지낸다는 뜻[169]을 본받는 것이 어떻겠습니까?

《가례》에 "정침(正寢)에서 시제(時祭)를 지낸다."고 하는데, 지금 사당에서 제사 지내어 옛날 태조의 사당에서 합식(合食)하는 뜻[170]을 본

---

**168** 대부가……고한다 : 【譯注】《예기》〈대전(大傳)〉에 이와 비슷한 말이 보인다.

**169** 입춘에……뜻 : 【譯注】《가례》〈제례(祭禮) 선조(先祖)〉에 "입춘에 선조에게 제사한다."라고 하였는데 그 주에 보이는 정자(程子)의 설에 "입춘은 만물을 낳는 시작이기 때문에 그 유를 형상하여 선조에게 제사하는 것이다."라고 하였다.

**170** 태조의……뜻 : 【譯注】《춘추공양전(春秋公羊傳)》〈문공(文公)〉 2년에 "대협이란

받으려고 하니, 옳은지 잘 모르겠습니다.

정침에서 제사 지내는 것은 사당이 좁은 것을 걱정해서입니다. 사당이 예를 행할 만큼 넓다면 어찌 불가함이 있겠습니까? 그러나 사당 건물을 그렇게 크게 하기는 어려울 듯합니다.

옛날 조부의 사당에 새 신주를 합부하였으므로 조부의 신령에 고하였 습니다. 지금 다만 곧바로 부친의 감실에 합부하는데도 여전히 조부의 신령에 고하는 것은 실로 아무런 의미가 없습니다. 이에 대해 주자가 분명히 말씀하시면서 오히려 곡삭(告朔)의 양을 보존한다[171]는 의미가 있다[172]고 하였습니다. 대개 그 당시 습속이 그러하였기 때문이므로 일단 그것을 따르고자 한 것입니다. 지금 생각건대 곧바로 아버지 감 실에 고하는 것은 전혀 의심할 것이 없으며 혹여 묘제(廟制)를 회복하

무엇인가? 합제이다. 그 합제는 어떻게 하는 것인가? 훼철한 묘의 신주들을 태조의 묘실에 진열하고, 아직 훼철하지 않은 신주들도 모두 태조의 묘실에 올려 합식하게 하는 것이다.〔大祫者何? 合祭也. 其合祭奈何? 毀廟之主, 陳於大祖, 未毀廟之主, 皆升 合食於大祖.〕"라고 하였다.

**171** 곡삭의 양을 보존한다 :【譯注】공자의 제자 자공(子貢)이 곡삭(告朔)에 쓰는 희생인 양(羊)을 없애려고 하자, 공자가 말하기를 "너는 양이 아깝느냐? 나는 예를 아낀다."라고 하였다. 곡삭의 예는, 옛날 천자가 12월에 다음해에 쓸 역서를 제후들에게 반포하면 제후들은 이를 받아 조묘(祖廟)에 간직해 두었다가 매달 초하룻날 양의 제물을 올리고 꺼내 쓰겠다고 고하는 예이다. 그런데 노 문공(魯文公)이 곡삭의 예에 참여하지 않자, 자공이 실상이 없이 양만 소비되는 것을 아까워하여 없애자고 한 것이다. 그러나 공자는 예는 폐지되었더라도 양이 남아 있으면 이로 인해 곡삭의 예가 있다는 것을 알아 회복할 수 있다고 여겼기 때문에 이렇게 말한 것이다. 《論語 八佾》

**172** 주자가……있다 :【攷證 卷8 朱子明言之云云】《주자대전》권36 〈육자수에게 답한 두 번째 편지(答陸子壽書二)〉와 권58의 〈섭미도에게 답한 첫 번째 편지(答葉味道書 一)〉에 보인다.

더라도 조부에게 고하는 것에 거리끼지 않으니, 또 어찌하여 고례(古禮)를 회복하는 것을 지나치게 염려하여 의미 없는 예를 구차히 행하겠습니까?

사당에 소목(昭穆)의 제도를 쓰지 않는데 오히려 조부에 합부하는 것에 대해 주자는 고례(古禮)를 회복할 기미가 될 수 있다고 여겼습니다. 지금 말씀하시기를 '곧바로 아버지 사당에 고하는 것은 의심할 바 없다.'고 하고, 그 아래에 또 이르기를 '묘제(墓制)[173]를 회복하더라도 조부에게 고하는 것에 거리끼지 않으니 의미 없는 예를 구차히 행하겠습니까?'라 하였으니, 잘 모르겠습니다만 묘제가 어떠하기에 조부에게 고하는 것에 거리낌이 없겠습니까?-만약 묘제도 아래의 조목과 같이 동서에 소목(昭穆)을 만든다고 한다면 괜찮을 것입니다. 그러나 이 제도는 행하기 어려울 듯합니다.- 내 생각에는 지금 동당이실(同堂異室) 제도를 만들어 새로운 신주 하나가 들어오면 여러 신주는 모두 옮기는데, 다만 조부에게만 고하면 비록 마음에 편치 않지만 오히려 양(羊)을 보존한 의미가 있으니 다만 아버지에게만 고한다면 고례와 어긋날 것이요 지금의 시점에서도 또한 옳지 않습니다. 어떻게 생각하십니까? 또한 지금 사람들은 묘소 옆에 여막을 지으니 장사에 반혼(返魂)을 하지 않습니다. 합부하는 때를 놓쳐서 상(喪)을 마친 뒤에 비로소 반혼하는데, 간혹 대부분 여러 신주에게 고하고서 새 신주를 들이니 모두 예가 아닙니다. 그러므로 제 생각에는 상을 마친 뒤에 반혼하되 다만 조부에 합부하는데, 새 신주를 아직 그 감실에 들이지 말고 조부의 감실에 합부하며-혹 조부의 감실이 편리하지 않으면 사당 안에 별도

---

**173** 또 이르기를 묘제 :【攷證 卷8 又云廟祭】원문은 '묘제(廟祭)'로 되어 있는데, '제(祭)'는 아마도 '제(制)'의 오자인 듯하다.

로 봉안한다.- 여러 신주는 이전처럼 각각의 감실에 둡니다. 담제(禫祭) 뒤 시제(時祭)에 새 신주와 여러 신주를 함께 제사를 지내고서 신주를 되돌릴 때 조천(祧遷)한 신주와 새 신주를 모두 예에 의거하여 내보내고 들인다면 조부에 합부하는 예를 잃지 않을 것이며 여러 신주에게 모두 고하는 뜻도 또한 어기지 않을 것이니,[174] 아마도 두 예를 온전히 지키게 되어 행할 수 있을 것입니다. 잘 모르겠습니다만, 그대는 어떻게 생각하십니까? -《가례》 양씨(楊氏)[175]의 주[176]와 주자의 설[177]이 이 예에 대하여 이미 명백하게 말하였다.-

대략 소목(昭穆)을 본받아서 동서로 감실을 두려고 하는데, 이와 같다면 옛날 남북, 동서의 신위에 거리끼는 바가 많아서 도리어 서쪽을 위로 삼는 것이 편리함만 못합니다. 삼가 자세히 가르쳐 주시길 바랍니다.

감실은 동서로 소목을 나누는데, 이것은 고례도 아니고 또한 지금의 예도 아닙니다. 이러한 예제(禮制)를 처음 만들어내면 아마도 거리낌이 많아서 행하기 어려울 것이며 선왕의 법에 죄를 짓게 될 것입니다.

---

**174** 또한 어기지 않을 것이니 : 【攷證 卷8 又不遺】 '유(遺)'는 달리 '위(違)'로 되어 있는 본도 있다.

**175** 양씨 : 【攷證 卷8 楊氏】 즉 남송(南宋)의 양복(楊復)이다. 예학에 밝아《가례잡설부주(家禮雜說附注)》를 저술하였다.

**176** 양씨의 주 : 【譯注】《가례》 권7 담제 뒤 시제의 초헌(初獻)에 고비와 조부와 증조에게 제사 지내는 내용이 실려 있다.

**177** 주자의 설 : 【譯注】 바로 앞의 주의 내용과 같다.

# 이중구[178] 담 에게 답하다 갑인년(1554, 명종9, 54세) 【5월 17일 이후 추정. 서울】

答李仲久 湛○甲寅

갑작스레 편지를 받고서 매우 깊이 감격하였습니다. 내가 뜻밖에도 극무(劇務)[179]에 얽매이게 되었으니, 바야흐로 장마철 무더위에 어찌 공직(供職)할 수 있겠습니까. 곤경에 처하기에 알맞을 뿐입니다.

《연주(鉛朱)》[180]는 간간이 한두 군데를 대략 보건대 공력을 쏟은 것이 깊음을 알겠습니다. 헤아려 알게 된 것을 보내드리고 싶으나 손을 대기가 쉽지 않기에, 우선 베껴 써서 고요한 곳에 돌아가 깊이 완미하여 그 한 모퉁이라도 알고자 하였으나, 병과 업무에 방해를 받아 아직 그러지 못했습니다. 그런데 지금 돌려달라는 요청을 받으니 진실로 안타깝습니다. 이후에 응당 다시 청하여 빌려와서 이 바람을 이루고 싶습니다.

내가 《수감(邃鑑)》[181]에 미치지 못한 까닭은 산법(算法)을 알지 못하기 때문입니다. 이전에 제법(除法)[182]을 손수 보여주셨으니, 내 스스로

---

**178** 이중구 : 【譯注】이담(李湛, 1510~1574)으로, 본관은 용인(龍仁), 자는 중구(仲久), 호는 정존재(靜存齋)·후봉(後峯)이다.

**179** 극무 : 【要存錄 卷10】선생이 이해 6월에 형조 참의에서 병조 참의로 이배(移拜)되었다.

**180** 연주 : 【攷證 卷4 鉛朱】박남계(朴南溪 박세채(朴世采))의 《남계집(南溪集)》 외집 권10 〈퇴계문집기의의의(退溪文集記疑疑義)〉에 "연(鉛)은 호분(胡粉)이고, 주(朱)는 주묵(朱墨)이니, 모두 점을 찍어 구두를 떼는 데 쓰는 물건이다."라고 하였다. ○ 살펴보건대, 연주는 아마도 정존(靜存 이담)이 저술한 책의 이름인 듯하다. 【校解】 《연주》는 이담이 저술한 《독서연주(讀書鉛朱)》를 가리킨다.

**181** 수감 : 【攷證 卷4 邃鑑】아마도 또한 산학서(算學書) 이름인 듯하다. 【要存錄 卷10】이중구의 감식안이 깊음을 가리킨다. 혹자는 책 이름이라고 하나, 아닌 듯하다.

이미 요령을 터득했다고 여겼는데, 스스로 산가지를 펼쳐 놓자 또 잊어버렸습니다. 그 우둔함이 이와 같으니, 한탄스럽습니다.

삼자(三字)를 그대로 두는 것[183]은 마땅히 말씀한 바대로 하겠습니다. 옛사람 중 당시에 쓰이지 못한 이들은 반드시 은(隱) 공부가 있었으니, 지금 사람들이 세상에서 버려지면 또한 스스로를 버리는 것과는 같지 않습니다. 지금 공께서는 참으로 스스로를 버리지 않으셨으니 우리의 기대를 위로하기에 충분합니다. 한번 틈내어 찾아뵙겠습니다.

---

**182** 제법 : 【攷證 卷4 除法】 살펴보건대, 명(明)나라 안지제(安止齋)의 《상명산법(詳明算法)》에 정신제법(定身除法)·귀제법(歸除法)·상제법(商除法) 등이 있다.

**183** 삼자를……것 : 【攷證 卷4 三字仍存】 미상이다.

# 이중구에게 답하다 【갑인년(1554, 명종9, 54세) 7월 이후 추정. 서울】
答李仲久

《오랫동안 그리워하던 차에 삼가 편지를 받고서 상중(喪中)에 잘 지내고 계심을 알았으니, 위안되는 마음을 어찌 가눌 수 있겠습니까, 어찌 가눌 수 있겠습니까. 나는 근자에 한기와 열기가 교대로 일어나 몹시 조섭하기 어려우니 웅크리고 지내며 근심하고 있습니다.》

말씀하신 《황극석의(皇極釋義)》[184] 4책을 모두 보내드리고, 아울러 전에 보내온 《연주(鉛朱)》 또한 돌려드리니, 삼가 살펴보기 바랍니다. 이렇게 하는 까닭은, 공이 이 책에 대해 공력을 쏟은 것이 우연이 아니니 그 내용에 반드시 상호 참고할 곳이 있어 한쪽을 빠뜨려서는 안 됨을 알기 때문입니다.

나는 근래 들어 정신이 더욱 흐려졌으니, 이에 공력을 쏟아도 끝내 알게 될 가망이 없고 한갓 나의 몸만 훼손시킬 뿐입니다.[185] 그러므로 우선 손을 놓고서 공이 계산해 내어 환히 밝히기를 기다린 뒤에 따라서 엿보아 헤아린다면, 공을 이루기 쉬울 것입니다. 이런 까닭에 진실로 보내드리려고 할 즈음에 마침 공이 보내온 편지를 받았으므로 함께 돌려드립니다. 다시 십분 마음을 다하여 몽매함을 일깨워 주기를 간절히 바랍니다.

---

**184** 황극석의 : 【攷證 卷4 皇極釋義】 명(明)나라 여본(余本)이 주해(註解)한 것이다. 《정본 퇴계전서》 권5 KNL0223 〈남시보에게 답하다〔答南時甫〕〉에 보인다.

**185** 한갓……뿐입니다 : 【攷證 卷4 壞我屋子】 이처럼 이해하기 어려운 책은 지나치게 탐구해도 터득하는 바가 없고 한갓 심신(心身)에 해가 될 뿐이라는 말이다. 주자(朱子 주희(朱熹))가 "몸은 하나의 집과 같고, 마음은 한 명의 집주인과 같다.〔身如一屋子, 心如一家主.〕"라고 하였다. 《朱子語類 卷59》

또 별지에 쓴《황극경세수해(皇極經世數解)》란 것은 바로 서 처사(徐處士) 화담군(花潭君)[186]이 지은 것이니, 알지 못하겠습니다만 이 책의 계산이 틀림이 없는지요? 이 사람이《황극석의》 등의 책을 보지 않고 스스로 궁구하여 이런 경지에 이르렀다고 들은 듯하니, 또한 하나의 기이한 일입니다. 그러나 과연 소로(邵老 소옹(邵雍))의 본래 수와 합치되는지 여부는 알지 못하겠습니다. 바라건대 그 옳고 그름을 바로잡아 상세하게 알려 준다면 매우 다행이겠습니다. 이른바 "음과 양이 쓸데없이 남는다〔陰陽餘空〕"[187]는 말은 알지 못하겠습니다만 무슨 말입니까? 역가(曆家)가 분명 알 것이니, 아울러 물어서 알려 주시는 것이 어떻겠습니까?

《중약(仲約)[188]은 잘 지냅니까? 미처 따로 편지를 쓰지 못했으니, 안타깝습니다.》

---

**186** 서 처사 화담군 :【譯注】서경덕(徐敬德, 1489~1546)으로, 본관은 당성(唐城), 자는 가구(可久), 호는 화담·복재(復齋)이다. 송(宋)나라 소옹(邵雍)의《황극경세서(皇極經世書)》의 수리를 풀이한《황극경세수해(皇極經世數解)》를 지었는데, 이는《화담집》 권2에 수록되어 있다.

**187** 음과……남는다 :【攷證 卷4 陰陽餘空】아래 을축년(1565, 명종20) 편지의 별지에 보인다.【校解】송나라 소옹의《황극경세서》에 "월(月)이 사월(巳月)의 끝에 이르면 2160진(辰)에 해당하여 양극(陽極)이 되니 음과 양이 쓸데없이 남는 것이 각각 6개이고〔陰陽之餘空各六〕, 월이 해월(亥月)의 끝에 이르면 4320진에 해당하여 음극(陰極)이 되니, 음과 양이 쓸데없이 남는 것이 각각 6개이다〔陰陽之餘空各六〕. 모두 합하여 24이니, 이로써《역(易)》의 64괘 384효에 합치된다."라고 하였는데,《정본 퇴계전서》 권5 KNL0100A〈별지(別紙)〉 '전제산(田制算)' 조목에서, "음과 양이 쓸데없이 남는 것이 각각 6개〔陰陽之餘空各六〕"라는 구절의 뜻을 물었다.

**188** 중약 :【譯注】황박(黃博, ?~?)으로, 본관은 장수(長水), 자는 중약이다. 을사사화(乙巳士禍) 때 권벌(權橃)·이언적(李彦迪)을 두둔하여 중도부처 되었다가, 윤원형(尹元衡)이 실각한 뒤에 직첩이 환급되어 찰방, 성균관 사예 등을 지냈다.

# 이중구에게 보내다 【갑인년(1554, 명종9, 54세) 7월 이후 추정. 서울】

與李仲久

근래 상중(喪中)의 체후가 어떠합니까? 병중에 매양 공을 앙모하는 마음이 간절합니다. 나는 쇠약해진 것이 특히 심하여 몸을 가누지 못하니 근심스러움을 이루 다 말할 수 없습니다. 드릴 말씀은 다름이 아니라, 전에 보낸 서 처사(徐處士)의 《황극경세수해(皇極經世數解)》[189]의 계산이 틀림이 없는지요? 알려 주기를 간절히 바랍니다. 나는 산학(算學)을 배워 혹 일부를 알았으나 곧 막히는 것이 많아 아직도 깨닫지 못했으니, 어찌 다른 이의 맞고 틀림을 알 수 있겠습니까. 여본(余本)[190]의 《황극석의(皇極釋義)》는 얼마나 보셨습니까? 다 보시면, 경열(景說)[191]에게 돌려보내 주기를 바랍니다. 귀측(貴側)의 《성리제가해(性理諸家解)》는 전질 다 옥당(玉堂)에 들어갔는데 아직 돌려받지 못했는지요?

　드리고 싶은 말이 매우 많으나 병으로 지쳐 다 말하지 못하니, 조량(照諒)해 주십시오. 삼가 절하고 편지를 보냅니다. -중약(仲約)[192]이 전에 문안한 것은 그 소회가 이상과 같습니다.-

---

**189** 서 처사의 《황극경세수해》: 【譯注】 서 처사는 서경덕(徐敬德, 1489~1546)으로, 본관은 당성(唐城), 자는 가구(可久), 호는 화담(花潭)·복재(復齋)이다. 송(宋)나라 소옹(邵雍)의 《황극경세서(皇極經世書)》를 풀이한 《황극경세수해》를 지었다.

**190** 여본 : 【譯注】 1482~1529. 명(明)나라 문인으로 절강(浙江) 은현(鄞縣) 사람이다. 자는 자화(子華), 호는 남호(南湖)이다. 저서로 《춘추전의(春秋傳義)》·《황극석의(皇極釋義)》 등이 있다.

**191** 경열 : 【譯注】 민기(閔箕, 1504~1568)로, 본관은 여흥(驪興), 자는 경열, 호는 관물재(觀物齋)이다.

**192** 중약 : 【譯注】 황박(黃博, ?~?)으로, 본관은 장수(長水), 자는 중약이다.

# 이중구에게 답하다 【갑인년(1554, 명종9, 54세) 7월 이후 추정. 서울】

答李仲久

편지를 받아보고 위로됨을 이루 다 말할 수 없습니다. 나는 늘그막에 대궐문에 들어갈 줄은 일찍이 생각지 못했으니, 한탄스럽고 답답한 나머지 달리 할 말이 없습니다. 낮에는 손님이 찾아옴을 면치 못하나 밤에는 없으니, 만약 왕림해 주신다면 얼마나 다행이겠습니까. 몹시 바라고 바랍니다. 우선 이렇게 삼가 답장을 올립니다.

# 이중구에게 답하다 【갑인년(1554, 명종9, 54세) 7월 이후 추정. 서울】

答李仲久

사람을 보내와 문병해 주니, 부끄럽고 감사합니다. 나는 심열(心熱)을 다스리고자 하다가 도리어 냉담(冷痰)이 심해졌으니 근심스럽습니다. 병든 나는 이미 벗을 찾아가기 어렵거니와, 공과 중약(仲約)[193]은 어찌하여 왕림해 주지 않습니까? 어찌 손님이 오는 것을 싫어하겠습니까. 손님이 있는 것이 편치 않을 듯하지만, 병든 이의 집에 손님이 있을 때는 적고 손님이 없을 때는 많으니, 가령 손님이 온다면 어찌 굳이 피하려 하겠습니까. 바라건대, 때때로 들러주어 한담(閑談)으로 적막함을 위로해 주시는 것이 어떻겠습니까?

《태현경(太玄經)》[194]은 어찌하여 보여주지 않습니까? 올 때 가져와 주십시오. 삼가 이렇게 답장합니다.

---

**193** 중약 : 【譯注】 황박(黃博, ?~?)으로, 본관은 장수(長水), 자는 중약이다.

**194** 태현경 : 【譯註】 한(漢)나라 양웅(揚雄)이 《주역》을 모방하여 지은 책이다.

# 이중구에게 답하다 【갑인년(1554, 명종9, 54세) 7월 이후 추정. 서울】

答李仲久

편지를 받고 더불어 《현경(玄經)》[195]도 받았으니, 매우 감사합니다. 다만
찾아와 달라는 청을 아직 승낙해주지 않으니 서운할 뿐입니다. 이 《현
경》은 비록 도(道)를 실은 책은 아니지만, 세상에 이름을 떨친 지 오래되
었습니다. 노년이 되도록 한 점 무늬도 엿보지 못하다가[196] 지금에서야
비로소 손에 넣었으니 다행입니다. 다만 병든 나는 마음과 눈이 모두
어두워 결코 후세의 자운(子雲)[197]이 될 수 없으니 우습군요. 조량(照諒)
해 주십시오. 《못다한 말은 뒷면에 있습니다. 삼가 답장합니다.》

---

**195** 현경 : 【攷證 卷4 玄經】한(漢)나라 양자운(揚子雲 양웅(揚雄))의 《태현경(太玄
經)》이다.

**196** 한……못하다가 : 【譯注】안목이 좁아 전체를 보지 못하고 겨우 일부분만을 보았다
는 뜻이다. 【攷證 卷4 窺一斑】《진서》〈왕희지전(王羲之傳)〉에 다음과 같은 내용이
있다. 진(晉)나라 왕헌지(王獻之)가 나이 두어 살 때 아버지의 문생이 노름하는 것을
보고 "남방의 노래는 활기가 없다."라고 하자, 문생이 "이 아이도 대롱 구멍으로 표범을
엿보아 때로 한 점의 무늬만을 볼 뿐이다.〔此郞亦管中窺豹, 時見一斑.〕"라고 하였다.

**197** 후세의 자운 : 【譯注】《태현경》의 진가를 알아볼 만한 식견을 갖춘 후세 사람을
뜻한다. 【攷證 卷4 後世子雲】양웅이 《태현경》을 짓고 나서 "세상이 나를 알아주지
않는 것은 문제될 것이 없다. 후세에 다시 양자운이 나오면 반드시 이 글을 좋아할
것이다."라고 하였다. 《五百家注昌黎文集 卷17 與馮宿論文書》

# 이중구에게 답하다 【을묘년(1555, 명종10, 55세) 1~3월 추정. 서울】
答李仲久

저번에 낙화(落花)를 마주하고 청담을 나누었는데 이별한 뒤에 마음을 가누기 어려웠으니, 편지를 받아봄에 위안되고 고마운 마음을 또 이루 다 말할 수 없습니다.

《이학록(理學錄)》[198]은 그 주인에게 돌려보내고자 하였는데, 공이 보기를 요청하기에 보내드리니 살펴본 뒤에 돌려주면 좋겠습니다.《주역계몽익전(周易啓蒙翼傳)》[199]은, 조용히 지내는 가운데 공력을 쏟은 것이 이와 같음을 알겠으니, 나로 하여금 깊이 찬탄하고 부러워하게 합니다. 조량(照諒)해 주십시오. 떠날 시기를 아직 정하지 못했으니, 우선 이렇게 답장을 보냅니다.

---

198 이학록 :【譯注】명(明)나라 양렴(楊廉, 1452~1525)이 지은《황명이학명신언행록(皇明理學名臣言行錄)》을 가리키는 듯하다.

199 주역계몽익전 :【譯注】원(元)나라 호일계(胡一桂, 1247~?)가 주희(朱熹)의 《역학계몽(易學啓蒙)》을 해설한 책이다.

# 이중구에게 답하다 경신년(1560, 명종15, 60세)【9월. 예안(禮安)】

答李仲久 庚申

초가을에 정자중(鄭子中)[200]이 고향에 내려와 공의 편지를 전해 주었고, 또 자신이 우거한 곳이 공의 댁과 이웃하여 여러 차례 종유(從遊)했다고 말했습니다. 공의 동정을 꽤 상세히 말해주어 나의 답답하고 울적한 마음을 풀어주었으니, 얼마나 다행입니까. 왕년에 도성에서 병으로 차가운 방에 누워있을 적에 공이 누차 찾아와 줌에, 마치 고질병이 몸에서 떠나는 듯하지 않은 적이 없었습니다. 뒷산에서 한 번 작별한 뒤로 꿈속에서 하염없이 그리워했는데, 안부 편지를 다시 먼저 보내주었으니, 감격하고 부끄러운 마음을 또 형언할 수 없습니다.

나는 병이 매우 심하여 오랫동안 잘 알고 지낸 자라도 혹 돌아볼 겨를이 없어서 이를 몹시 걱정하고 있습니다. 1, 2년 전부터는 노쇠함이 더욱 심해져 온갖 질병이 그 틈을 타고 번갈아 침노함에 몸을 지탱하기 어려워, 눈은 작은 글씨를 알아보지 못하며 정신은 예전에 배운 것을 기억하지 못합니다. 고향의 어르신들은 세상을 떠나고 후생들은 이익을 좇기에 분분하여, 함께 이야기 나눌 만한 이가 없습니다. 이 때문에 공을 앙모하는 마음이 심상한 데 비길 수 없습니다.

생각건대, 공은 나이도 아직 젊고 기력도 아직 왕성하니, 학업에 나아가는 것이 어찌 어렵겠으며 어찌 다함이 있겠습니까. 그런데 지금 공이 보낸 편지에서 말한 내용을 보니, 도리어 근심하는 바가 나와 같은 듯한

---

**200** 정자중 :【譯注】정유일(鄭惟一, 1533~1576)로, 본관은 동래(東萊), 자는 자중, 호는 문봉(文峰)이다. 이황의 문하에서 수학하였다.

것은 어째서입니까. "의리가 이와 같은데, 오직 공력을 쏟은 것이 깊은 자라야 자신의 부족함을 아는 법입니다."라고 하였으니, 보내온 편지의 말을 음미함에 공이 한가로운 가운데 일삼는 바가 참으로 자신에게 절실한 공부임을 알 수 있습니다. 그러니 어찌 보잘것없는 내가 무한한 좋은 시절을 부질없이 보내고, 예순에 이르러서도 아직도 반쯤은 밝고 반쯤은 어두우며 공부한 것이 남아 있는 듯 없는 듯한 것에 비하겠습니까. 비록 반쯤은 밝고 공부한 것이 남아 있는 듯한 경우라도 또한 사람으로 하여금 외물을 사모하는 마음을 기쁘게 잊게 할 수 있습니다. 그러나 잠시라도 경계하지 않으면 또 어두워지고 없어져, 도리어 배불리 먹는 꿈을 꾼[201] 사람이 깨어난 뒤에 배부른 것을 기억하지만 끝내 실제 일과 상관이 없는 것과 다름이 없습니다. 그런데 지금 무슨 책을 읽고 무슨 일을 하느냐고 물어보시니, 답할 말이 없어 몹시 부끄럽습니다.

주묵(朱墨)을 보내 주었으니 감사합니다. 다만 만년의 학업이 형편없는 것이 이상과 같으니, 멀리까지 보내 준 뜻을 저버릴까 두려울 뿐입니다.

새로 서재를 마련하고 아울러 당호(堂號)를 건[202] 의미를 듣고서 사모하는 마음 아득하니, 그곳에서 마주하여 이 그윽한 정의(情誼)를 펴지 못하는 것이 한스럽습니다.

명(銘)은 짓기가 쉽지 않습니다. 나의 절구 시 3수를 별지에 적어두었으니, 웃으며 살펴보고 장독 덮개로 쓰기를[203] 바랍니다.

---

**201** 배불리⋯⋯꾼 :【攷證 卷4 夢飽】송(宋)나라 황정견(黃庭堅)의 시에 "배고픈 사람은 항상 배불리 먹는 것을 꿈꾸고, 병든 사람은 항상 병이 치료되는 것을 꿈꾼다.〔饑人常夢飽, 病人常夢醫.〕"라고 하였다. 송나라 소식(蘇軾)의 〈공의보의 「오랫동안 가물었다가 이윽고 큰 비가 내리다」 시에 차운하다. 3수〔次韻孔毅父久旱已而甚雨三首〕〉 시에 "꿈속에 배불렀던 것 본래 빈 것임을 오랫동안 아니, 참으로 배고픈 것은 어떤 사물인지 깨닫지 못하네.〔久知夢飽本來空, 未悟眞饑定何物.〕"라고 하였다.

**202** 서재를⋯⋯건 :【攷證 卷4 置齋揭號】정존재(靜存齋)이다.

나 또한 근래 집터를 잡았는데, 산수가 맑고 아름다워 참으로 은거할
만합니다. 이미 작은 집을 지음에 당(堂)에는 '약허(若虛)'라는 편액을
걸고 재(齋)에는 '신사(信斯)'라는 편액을 걸고 사(舍)에는 '농운(隴雲)'
이라는 편액을 걸고자 하였으나, 흉년이 들고 재력이 부족하여 반도 하
지 못한 채 공사를 중지했습니다. 때때로 나가서 소요하다가 서글퍼하며
돌아오니, 어느 때에나 완성되어 거기에서 편안히 지내며 시를 읊조릴
수 있을지 모르겠습니다.

정자중(鄭子中)이 돌아감에 이렇게 답장을 써서 보내니, 편지에서 미
처 말하지 못한 것은 정자중이 필시 말해줄 것입니다. 가을에 날이 쌀쌀
해짐에 국화 향이 퍼지고 있습니다. 바라건대 평안히 지내는 데 힘쓰시
어 멀리서 그리워하는 마음을 위로해 주십시오. 불구(不具). 《삼가 절하
고 답장합니다.》


회암(晦菴 주희(朱熹))의 〈율려신서(律呂新書)[204] 서문〉에서 《태현경
(太玄經)》을 '삼모사분(參摹四分)[205]의 책'이라 일컬었으니, 알지 못하

---

**203** 장독 덮개로 쓰기를 : 【譯注】 자신의 저술이 보잘것없다는 뜻의 겸사(謙辭)이다.
【攷證 卷4 覆瓿】 한(漢)나라 양웅(揚雄)이 《태현경(太玄經)》을 짓자, 유흠(劉歆)이
그것을 보고 "나는 후대 사람들이 이것을 장독 덮개로 쓸까〔用覆醬瓿〕 염려된다."라고
하였다.

**204** 율려신서 : 【攷證 卷4 律呂新書】 송나라 서산(西山) 채원정(蔡元定) 계통(季通)
이 지은 책으로, 주자(朱子 주희(朱熹))가 서문을 썼다.

**205** 삼모사분 : 【攷證 卷4 參摹四分】《전한서》〈양웅전(揚雄傳)〉에 "천상(天象)을
매우 깊이 생각하여, 그것을 3으로 찾고 4로 나누니 81에서 지극해진다. 그러므로 현
(玄)은 3방(方), 9주(州), 27부(部), 81가(家), 243표(表), 729찬(贊)이다. 이를 나누
어 3권으로 만들고 각각 일(一)·이(二)·삼(三)이라 하였으니, 태초의 역(曆)과 상응한
다."라고 하였는데, 한나라 소림(蘇林)의 주석에 "하늘의 수도(宿度)의 층차〔甲乙〕를
셋으로 가르고 넷으로 나눈 것이다."라고 하였다. 대개 양웅은 1현(玄)이 1·2·3을 낳는

겠습니다만 '삼모사분'이란 말은 무엇을 이르는 것입니까? 가르쳐 주기를 바랍니다. 《보낼 편지가 있다면, 정자중이 편지를 전해 줄 수 있을 것입니다. 혹은 그저 송고개(松古介)의 수각(水閣) 아래에 우거하고 있는 나의 조카 영(甯)[206]이란 아이에게 부친다면, 더욱 전하기 쉬울 것입니다. 정자중이 조카의 집을 알고 있습니다.》

것으로써 천(天)·지(地)·인(人)을 본떴으니, 이른바 '삼모(參摹)'이다. 1현이 3방을 낳고, 3방이 9주를 낳고, 9주가 27부를 낳고, 27부가 81가를 낳으니, 이른바 '사분(四分)'이다. ○ 대산 선생(大山先生 이상정(李象靖))이 다음과 같이 말하였다. "3 곱하기 3은 9요, 3 곱하기 9는 27이요, 9 곱하기 9는 81임을 말한 것이므로, 3방·9주·27부·81가를 설정하여 3에서 81까지 모두 3배수로써 추산한 것입니다. 3에서 9로, 9에서 27로, 27에서 81에 이르는 과정이 네 단계로 나뉘기 때문에 "3으로 찾고 4로 나눈다.〔三摹而四分之〕"라고 한 것입니다."《大山集 卷24 答金道彦》【校解】《고증》에서 〈양웅전〉을 〈해조(解嘲)〉라 한 것은 오류이다.

**206** 영 : 【譯注】이영(李甯, 1527~1588)으로, 자는 노경(魯卿), 호는 만랑(漫浪)이다. 이황의 형 이해(李瀣)의 둘째 아들이다.

# 이중구에게 답하다 신유년(1561, 명종16, 61세) 【4월. 예안(禮安)】
答李仲久 辛酉

초봄에 정자중(鄭子中)[207]이 와서 답서(答書)를 보여주어 공이 거듭 상을
당했음을 알았으니, 서글픈 마음을 가눌 수 없습니다. 나는 병든 몸으로
숨어 지내느라 미처 위문 편지를 쓰지 못했는데 어느덧 봄이 지나갔으
니, 동정은 어떠한지요? 지금 계절이 바뀌어 맑고 화창한 때에 평소의
체후가 이 계절과 더불어 더욱 평안하리라 생각합니다.

나는 명을 받고 사직을 청함에 죄가 큼을 잘 알고 있으나, 이렇게까지
늙고 병들었는데 얼굴을 들고 뻔뻔하게 나아가는 것 또한 신하 된 자의
의리가 아닙니다. 부득이 간절한 심정을 아뢰어 처벌을 면한 것은 다행
이나, 다시 조섭하고 오라는 명이 내렸기에 훗날에 대한 근심이 바야흐
로 깊으니, 두렵고 답답한 마음이 어떠하겠습니까?

새로 집터를 잡는 일은 아직도 미완인 것이 많기에, 정자중이 왔을
때 또한 가서 묵지 못하고 단지 하루 동안 노닐었는데 풍취가 매우 아름
다웠습니다. 우리 정존(靜存)과 이 즐거움을 함께하지 못하는 것이 매양
안타깝습니다.

보내온 편지에서 《태현경(太玄經)》의 삼모사분(三摹四分)[208]에 대해

---

**207** 정자중 : 【譯注】 정유일(鄭惟一, 1533~1576)로, 본관은 동래(東萊), 자는 자중,
호는 문봉(文峰)이다.

**208** 태현경의 삼모사분 : 【譯注】 한(漢)나라 양웅(揚雄)이 《태현경》에서 우주 만물의
현상을 추산한 방법을 말한다. 《전한서》〈양웅전(揚雄傳)〉에 "천상(天象)을 매우 깊이
생각하여, 그것을 3으로 찾고 4로 나눈다.〔三摹而四分之〕"라고 하였다. 자세한 내용은
《고증》 권4 〈이중구에게 답하다〔答李仲久〕〕 '삼모사분(參摹四分)' 조에 보인다.

말해준 것이 꽤 상세하므로, 지난번에 도성에서 빌려 본《태현경》의 뜻과 참조해 봄에 거의 비슷하게 알게 되었으니, 매우 감사합니다. 공이 부쳐준《주자실기(朱子實紀)》[209] 한 책에서 주 선생(朱先生 주희(朱熹))의 사적과 문인들의 사적을 볼 수 있어, 예전에 의혹하던 바가 이를 통해 시원하게 풀린 것이 매우 많으니, 더욱 감사합니다. 아직 미처 베끼지 못하여 책을 돌려드리는 것을 우선 지체하고 있으니 조량(照諒)해 주기 바랍니다.

보내온 편지에서 "고개의 매화가 향기를 내뿜을 때 가지 하나를 보내 주시기를"이라고 한 말씀은, 나로 하여금 천 리 먼 곳에서 흉금을 함께 하는 뜻에 깊은 감개가 일게 합니다. 여기는 올해 봄 날씨가 매우 이상하여 4월이 되어서야 꽃이 비로소 만개하였고, 매화 또한 이 지역 날씨로 인해 늦게 피고 말았습니다. 사람들이 혹 이것이 매화로서는 유감이라고 하기도 하는데, 내 생각에 이는 매화를 제대로 아는 자가 아니라고 여깁니다. 공이 보내온 편지에 답장하면서 손수 가지 매화 하나를 꺾어 편지에 딸려 보내서 공이 말한 뜻에 부응하고, 절구 두 수[210]를 읊어 보내니,

---

**209** 주자실기 : 【攷證 卷4 朱子實紀】 명(明)나라 무원(婺源) 사람 대선(戴銑)이 편집한 것으로, 모두 12권이다. 명나라 이몽양(李夢陽)이 서문을 지었다.

**210** 절구 두 수 : 【譯注】《정본 퇴계전서》 권3 〈전날 이정존의 편지 말미에 "고개의 매화가 향기 내뿜을 때 가지 하나 보내 주시길"이라는 말이 있었다. 올해 이곳에는 절물이 다른 때와는 매우 달라서, 4월에 여러 꽃들이 비로소 만개했는데 매화도 그들과 동시에 피었다. 사람들 가운데는 혹 이것이 매화로서는 매우 유감이라고 하는 이도 있는데, 이는 참으로 매화를 아는 자가 아니니, 곧 처한 곳과 만난 때가 그러했을 뿐이다. 마침 이정존에게 답장하면서 그 편에 매화 꽃잎을 부치고, 아울러 이 절구 2수를 또한 좌우에 보여주지 않을 수 없다. 원컨대 정존과 함께 답장을 나에게 보내주면 매형을 위해 그 비웃음을 해명하게 될 것이다〔前日靜存書末, 有嶺梅吐芬時寄一枝之語, 今年此間, 節物甚異, 四月羣芳始盛而梅發與之同時, 人或以是爲梅恨, 是非眞知梅者, 乃所處之地, 所遇之時然耳, 適答靜存書, 因寄梅片, 兼此二絶, 亦不可不示左右, 願與靜存

공의 화답시를 얻어 매형을 위해 비웃음을 해명하기를 바랍니다. 《-중약(仲約)[211]에게는 따로 편지를 쓰지 못했으니 안부를 전해 주십시오.-》

共惠瓊報, 庶幾爲梅兄解嘲也〕〉 시를 말한다.

**211** 중약 : 【譯注】 황박(黃博, ?~?)으로, 본관은 장수(長水), 자는 중약이다.

# 이중구에게 답하다 임술년(1562, 명종17, 62세) 【4월. 예안(禮安)】

答李仲久 壬戌

지난달에 수재(秀才) 우성전(禹性傳)[212]이 오는 편에 공의 편지를 받아보았으니, 기쁘고 위안이 됨을 형언할 수 없습니다. 지금 초여름에 날이 맑고 화창한 때에, 생각건대 평탄한 길에 들어서서 더 이상 묵은 병의 흔적이 없으시겠지요.

나는 오히려 관대한 국은(國恩)을 입어 이렇게 고향 마을에서 지내고 있으니, 늙고 병들었다는 탄식은 마음에 둘 것이 못 됩니다. 오직 '지난날이 잘못되고 지금이 옳음을 깨닫겠네'[213]라는 말이 참으로 나를 속이지 않는군요. 안타까운 것은, 그대와 같은 옛 벗들을 만날 기약이 아득히 없어 이 울적한 심정을 풀 수 없는 것일 뿐입니다.

《우생(禹生)이 방문한 즉시 돌아갔기에 미처 답장을 부치지 못했다가, 지금 정자중(鄭子中)[214]이 가는 편에 급하게 적어 답장을 보냅니다. 잘 조섭하여 평안하기를 바랍니다. 삼가 답장합니다.》

《이 편지를 정자중에게 부탁하려 하였으나 그러지 못했으니, 최생(崔

---

212 우성전 : 【譯注】 1542~1593. 본관은 단양(丹陽), 자는 경선(景善), 호는 추연(秋淵)·연암(淵庵)이다. 이황의 문인이다.

213 지난날이⋯⋯깨닫겠네 : 【譯注】 벼슬길에 나갔던 지난날의 일이 잘못이었고, 벼슬에서 물러나 한가롭게 지내는 지금이 옳다는 뜻이다. 진(晉)나라 도연명(陶淵明)의 〈귀거래사(歸去來辭)〉에 "길을 잘못 들긴 했어도 아직 멀리 벗어나지는 않았으니, 지금이 옳고 지난날은 잘못된 것을 깨달았네.〔寔迷途其未遠, 覺今是而昨非.〕"라고 하였다.

214 정자중 : 【譯注】 정유일(鄭惟一, 1533~1576)로, 본관은 동래(東萊), 자는 자중, 호는 문봉(文峰)이다.

生) 덕수(德秀)[215]가 돌아가는 편에 지금에서야 비로소 부칩니다. 근자에 정자중이 가지고 온 편지에 대해서는 정자중이 돌아가는 편에 답장을 보내겠습니다.》

---

**215** 최생 덕수 : 【譯注】?~?. 자는 자수(子粹)이다. 이해(李瀣)의 사위이다.

# 이중구에게 답하다【임술년(1562, 명종17, 62세) 10월. 예안(禮安)】

答李仲久

지난봄에 우 수재(禹秀才)[216]가 편지를 가져왔는데, 부끄럽게도 즉시 답하지 못했고, 추후에 답장을 써서 정자중(鄭子中)[217]이 가는 편에 부치려고 하였으나 또 부치지 못하였으니, 마음이 늘 서운하였습니다. 근래 고향에 온 정자중을 통해 또 공의 편지와 시 9장(章)을 받았는데, 평소 마음을 낱낱이 서술함에 난언(蘭言)을 펼쳐[218] 드러냈으니, 받들어 읽고 음미함에 의지가 약해진 나를 깊이 감격시켰습니다. 이어 공이 근래 묵은 병이 깨끗이 사라져 체후가 건강함을 알았으니, 더욱 경하합니다. 편지에서 "책을 불과 두서너 장만 보아도 피곤해져 그만둔다."라고 한 것은, 큰 병이 이제 막 나아 응당 이러한 것이니, 장차 완전히 회복될 것입니다.

늙고 병든 이 사람의 경우에는, 두서너 장에 이르지 않아도 눈이 흐릿하고 몸이 피곤해지고, 억지로 계속 보고 그치지 않으면 종종 다른 고통이 따로 생겨나 어쩔 수 없이 그만두고 맙니다. 이미 이런 지경에 이르러서는 늘 있는 일이라 괴이하게 여길 것도 없으나, 무엇보다도 정신이 쇠하고 피로해져 요 며칠 동안 조금 본 것이 있더라도 눈을 돌리는 사이

---

**216** 우 수재 :【譯注】우성전(禹性傳, 1542~1593)으로, 본관은 단양(丹陽), 자는 경선(景善), 호는 추연(秋淵)·연암(淵庵)이다. 이황의 문인이다.

**217** 정자중 :【譯注】정유일(鄭惟一, 1533~1576)로, 본관은 동래(東萊), 자는 자중, 호는 문봉(文峰)이다.

**218** 펼쳐 :【攷證 卷4 捿】원(元)나라 웅충(熊忠)의 《고금운회거요(古今韻會擧要)》 권24에 "섬(捿)은 '펴다〔舒〕'는 뜻이다."라고 하였다.

에 잊어버려 남는 것이 없으니, 끝내 무슨 보탬이 되겠습니까. 다만 책을 볼 때에는 맛이 있어 맹자의 '추환(芻豢)'이라는 말[219]이 참으로 나를 속이지 않음을 깨닫곤 합니다. 이 뜻이 한 해 한 해 깊어지는 듯하기에, 이 때문에 책 보는 것을 그만두지 못합니다.

나의 기(記)와 시(詩)[220]가 공에게까지 알려졌다 하니 매우 송구스럽습니다. 이것들은 본래 지어서는 안 되는 것이니, 산속 생활에 일이 없어 그럭저럭 필묵이나 놀려 스스로 즐긴 것일 뿐입니다. 책 상자에 넣어두고는 아이들에게 보여준 적이 없었습니다. 그런데 중간에 동지와 벗들이 멀리서 찾아와 정담을 나누며 며칠 묵었는데, 이별할 때 줄 것이 없어 마침내 경계를 깨뜨리고 이것을 꺼내 보여주게 되었는데, 벗들이 굳이 전사(傳寫)해 가겠다고 요청하여 또 막을 수 없었기에, 다만 퍼뜨리지 말라고 간곡히 고했을 뿐입니다. 잘 모르겠습니다만, 그 벗들이 내 말을 생각지 않고 남들에게 보여준 것입니까? 혹은 전사할 때를 틈타 자손들이 엿보고 전하여 퍼뜨린 것입니까?

남들이 모르게 하려면 아예 짓지 않는 것 만한 게 없으니, 이미 짓고 나서 다시 숨기는 것은 옛사람이 비웃던 바입니다. 내가 이미 이 경계를 어겼으니, 또한 어찌 굳이 보여드리지 않겠습니까. 다만 장난삼아 한 말이 반드시 모두 이치에 맞지는 않을 것이니, 혹여 이로 인해 비난을 초래하는 지경에 이르지 않을런지요? 경박한 잘못이 후회해도 소용없을

---

**219** 맹자의……말 : 【譯注】 '추환'은 맛있는 음식을 뜻하는 말로, 의리가 마음을 기쁘게 하는 것을 비유하는 말로 쓰인다. 《맹자》〈고자 상(告子上)〉에 "이와 의가 우리 마음을 기쁘게 하는 것은 추환이 우리 입을 즐겁게 하는 것과 같다.〔理義之悅我心, 猶芻豢之悅我口.〕"라고 하였다.

**220** 나의 기와 시 : 【攷證 卷4 拙記與詩】〈도산기(陶山記)〉와 〈도산잡영(陶山雜詠)〉이다. 【校解】〈도산잡영〉은 《정본 퇴계전서》 권1에 수록되어 있으며, 〈도산기〉는 〈도산잡영〉 서두에 부기(附記)되어 있다.

것입니다.[221] 공과 같은 벗에게는 정직함과 진실함을 바라는데,[222] 어찌하여 흠을 지적하여 가르침을 주지 않고, 도리어 터무니없는 칭찬을 하여 나로 하여금 부끄럽고 움츠러들어 더욱 편치 못하게 합니까? 훗날 편지를 보낼 때는 더욱 깨우쳐 경계해 주기를 간절히 바랍니다.

대은(大隱)은 성시(城市)에 숨는 법이니, 반드시 산림에 있는 것을 고아한 운치로 여길 필요는 없습니다. 비록 그렇지만 '갈아도 얇아지지 않고 검은 물을 들여도 검어지지 않는 것'[223]은 대현(大賢) 이상이 아니면 쉽게 말할 수 없습니다. 그러므로 산림에 있으며 지조를 잃지 않는 의리가 성시에 있는 것보다는 과연 참으로 나은 듯합니다. 그러나 오직 속세를 떠나 멀리 가 버리는[224] 형세에 혹 뜻대로 하기 어려운 경우가 있으니, 예컨대 공이 파평(坡平)[225]에 터를 잡고 살면서 떠나지 못하는 것이 이것

---

**221** 후회해도 소용없을 것입니다 : 【攷證 卷4 噬臍莫及】《춘추좌씨전》 장공(莊公) 6년에 "만약 일찍 도모하지 않는다면, 나중에 군께서 자기 배꼽을 물어뜯는 격〔後君噬臍〕이 될 것입니다."라고 하였다. 【校解】 초 문왕(楚文王)이 신국(申國)을 정벌하러 가면서 등(鄧)나라에 머물 때, 추생(騅甥)·담생(聃甥)·양생(養甥)이 초 문왕을 죽여야 한다고 말했으나 등후(鄧侯)가 듣지 않자, 추생·담생·양생이 한 말이다. 사향노루가 이미 사냥꾼에 붙잡힌 뒤에 제 배꼽을 물어뜯어 사향주머니를 없애려 해도 어쩔 수 없듯이, 일이 벌어진 뒤에는 후회해도 소용없다는 말이다.

**222** 공과……바라는데 : 【譯注】《논어》 구절을 인용하여 이담(李湛)이 유익한 벗임을 말한 것이다. 《논어》〈계씨(季氏)〉에 공자가 "유익한 벗이 셋이 있고 손해가 되는 벗이 셋이 있으니, 벗이 정직하고〔友直〕 벗이 성실하고〔友諒〕 벗이 견문이 많으면 유익하다."라고 하였다.

**223** 갈아도……것 : 【譯注】 자신의 지조를 굳게 지켜 남의 불선(不善)이 자신을 더럽히지 못한다는 말이다. 《논어》〈양화(陽貨)〉에 공자가 "단단하다고 말하지 않겠는가. 갈아도 얇아지지 않는다. 희다고 말하지 않겠는가. 검은 물을 들여도 검어지지 않는다.〔不曰堅乎? 磨而不磷. 不曰白乎? 涅而不緇.〕"라고 하였다.

**224** 멀리 가 버리는 : 【攷證 卷4 長往】 남조 시대 제(齊)나라 공치규(孔稚珪)의 〈북산이문(北山移文)〉에 "혹 유인이 멀리 가버렸음을 탄식한다.〔或歎幽人長往〕"라고 하였다.

**225** 파평 : 【攷證 卷4 坡平】 파주군(坡州郡)의 다른 이름이다.

입니다. 이는 어찌할 수 없는 일이거니와, 비록 부득이 성시에 처하더라도 내가 지키는 바와 즐거워하는 바가 어떠한지를 돌아보면 될 뿐입니다.

공의 서재에 '정존(靜存)'이라는 이름을 건 것은 공의 뜻이 아마도 여기에 있을 것입니다. 이는 바로 우리 벗이 큰 근본을 먼저 세우고 그 근본을 힘써 공고히 하려는 뜻이지, 노불(老佛)이 하는 것처럼 한쪽으로 치우친 것만을 보아서 동(動)을 싫어하고 정(靜)을 구하려는 것은 아닐 것입니다. 털끝만 한 차이로 천 리나 어긋나게 되는 것은 우리 벗에게 달려 있으니, 삼가고 힘쓰십시오.

세 글자 편액을 써달라 요청한 것은 나중에 공의 말대로 하겠습니다. 다만 기(記)와 명(銘)을 요청한 것은, 기는 지을 수 없고 명은 혹 힘써 지어보겠습니다만 병으로 생각이 막혀 때로 억지로 한두 마디를 쓰더라도 모두 볼 만한 것이 없으니, 반성하는 데 보탬이 되지 못하고 벽만 더럽힐 줄을 알기에 감히 경솔하게 짓지 못하고 있습니다. 너그러이 양찰해주기 바랍니다.

채전(彩牋)과 명향(名香)은 산중에서 희귀한 물건이니, 공이 멀리서 보내준 것에 매우 감사합니다.

《주자실기(朱子實紀)》²²⁶는 아직 다 살펴보지 못했는데, 우선 여기에 두고 봐도 된다는 허락을 받았으니, 다행스럽고 감사합니다. 《성원(姓原)》이라는 책²²⁷는 과연 매우 긴절한 것은 아니니, 지금 정자중이 가는

---

**226** 주자실기 : 【譯注】 명(明)나라 대선(戴銑)이 주희(朱熹)의 생애와 학술에 대해 기술한 책으로, 모두 12권이다. 도통원류(道統源流), 세계원류(世系源流), 연보(年譜), 행장(行狀), 본전(本傳), 묘택(廟宅), 문인(門人), 포전(褒典), 찬술(讚述), 기제(紀題)로 조목을 나누어서 서술하였다.

**227** 성원이라는 책 : 【攷證 卷4 姓原書】 바로 《성원주기(姓原珠璣)》이다. 명나라 유자(儒者) 양신민(楊信民)이 지은 것이다. 【校解】 《홍무정운(洪武正韻)》에 따라 성(姓)을 나누어서, 각각 옛 이름난 사람의 성 밑에 달아둔 것이다. 81개 부류로 나누고 각각

편에 보내드립니다.

　앞에서 말한 '추후에 쓴 답장'은 근래 최생(崔生) 덕수(德秀)[228]가 가는 편에 부쳐 보냈으니, 머지않아 받을 수 있을 것입니다. 세밑에 서리 내리고 얼음이 어는 때에 잘 조섭하여 몸을 진중(珍重)하기를 바랍니다. 불선(不宣). 《삼가 절하고 답장합니다.》


《〈도산기(陶山記)〉 가운데 "여기에 조그마한 골짜기가 있는데〔爰有小洞〕" 아래에 "앞으로는 강과 들이 내려다보이고〔前俯江郊〕" 네 글자가 있습니다. 근래 벗이 전사해 간 것을 살펴보았는데 이 네 글자가 빠져 있었으니, 공이 본 전사본 또한 그러할 것이라 생각합니다. 이는 비록 긴요한 것은 아니지만 흠이 없지 않습니다.》

---

4글자의 표제를 달아두었다. 《欽定四庫全書總目 卷137》

**228** 최생 덕수 : 【攷證 卷4 崔德秀】 자는 자수(子粹)이다. 온계(溫溪 이해(李瀣))의 사위이다.

# 이중구에게 답하다 계해년(1563, 명종18, 63세) 【2월 15일. 예안(禮安)】
答李仲久 癸亥

근자에 상원일(上元日) 뒤에 부쳐준 편지를 받고서, 봄이 된 뒤 신명(神明)의 도움으로 한가로이 거처함에 마음으로 사색하는 것이 더욱 깊어지고 있음을 기쁘게 잘 알았습니다. 이어 편지 내용을 읊조리고 음미하자 나의 어리석음과 나태함을 경계하고 면려한 것이 깊었으니, 마음이 깨이고 눈이 밝아질 뿐만이 아니었습니다. 편지에서 언급한 "촛불을 밝게 밝히는 것과 어둠 속에 길을 가는 것 중 어느 것이 더 낫겠는가?〔炳燭之明, 孰與昧行?〕"[229]라는 말은 진실로 지론(至論)입니다. 다만 내가 염려하는 것은, 날로 병이 깊어짐에 촛불로 밝히는 것 또한 계속해 나갈 수 없어 끝내 어둠 속에 길을 가는 상태로 귀결되고 마는 것입니다.

지난번에 공이 요청한 서재의 명(銘)은, 내 안이 텅 비어 얻은 것이 없음을 스스로 알아서 감히 경솔하게 함부로 지을 수 없기에 오랫동안 요청에 응하길 미뤄왔습니다. 이제 다시 독촉을 받은 것은 우연이 아니니, 지체한 죄를 오랫동안 짓고 싶지 않아 짧은 잠(箴)[230]을 대강 지어서 책임을 다하고자 합니다. 부디 잘못된 내용을 지적하여 인편에 회답해 준다면, 다시 수정하여 큰 오류는 면할 수 있을 것입니다.

대개 이 '정존(靜存)'은 의리의 근원으로 지극히 은미하고 주밀한 곳이니, 그 주제를 정하는 것과 조어(措語)하는 것이 합당하게 하기가 어렵습

---

**229** 촛불을……낫겠는가 : 【譯注】 진(晉)나라 사광(師曠)이 한 말로, 촛불로 밝힌다는 것은 노년에도 학문을 게을리하지 않음을 비유하는 말이다. 《說苑 建本》

**230** 짧은 잠 : 【譯注】《정본 퇴계전서》권15에 수록되어 있는 〈정존재잠(靜存齋箴)〉을 가리킨다.

니다. 왕년에 남시보(南時甫)[231]가 저에게 〈정재기(靜齋記)〉를 지어 달라고 하였습니다. 그 당시 내 소견이 오히려 더욱 소루하여 마침내 사양하지 않고, 도리어 감히 거침없이 내 의론을 펼치고는 다시 회의하거나 꺼리는 바가 없었습니다. 그런데 나중에 살펴보니 다 쓸모없고 실없는 말이었습니다. 이를 징계하여 병통으로 여겼으므로, 지금 이 잠에서 군더더기가 되는 말과 뜻은 모두 힘써 삭제했습니다. 그런데도 오히려 훗날 살펴본다면 지금 예전에 지은 〈정재기〉를 보듯이 부끄러울 것이요, 또 안목을 갖춘 자에게 비웃음과 손가락질을 당할까 두렵습니다.

대저 공의 뜻은 정(靜)에 마음을 많이 붙이는 것[232]을 법으로 삼아 기질의 병통을 구제하고자 한 것이니, 이 뜻은 매우 좋습니다. 그러나 '정존(靜存)' 두 글자가 끝내 불가(佛家) 한쪽의 도리이므로, 잠(箴)의 중간과 끝에서 '동(動)'을 언급하지 않을 수 없어 또 '경(敬)'으로써 아울러 말했습니다. 자세히 살펴보건대 공의 편지에서 말한 뜻이 이미 이와 같으니, 공이 '정존'이라는 이름을 걸어 스스로 경계한 본뜻에 거의 어긋나지 않을 것입니다.

〈도산기(陶山記)〉와 〈도산잡영(陶山雜詠)〉은 지나치게 칭찬해주니, 결코 서로 권면해야 할 벗에게 할 말이 아닙니다. 어떻게 생각합니까?

《회암서절요(晦菴書節要)》[233]에 대해 결함이 있는 곳을 알려 주었으

---

**231** 남시보 : 【譯注】 남언경(南彦經, 1528~1594)으로, 본관은 의령(宜寧), 자는 시보, 호는 동강(東岡)이다.

**232** 정에……것 : 【譯注】 송(宋)나라 사양좌(謝良佐)의 《상채어록(上蔡語錄)》 권2에 "고요하면서 움직이는 사람은 많되 움직이면서 고요한 사람은 적다. 그러므로 고요한 데 마음을 많이 붙이더라도 무방하다.〔多著靜不妨〕"라고 하였다.

**233** 회암서절요 : 【譯注】《주자서절요(朱子書節要)》를 말한다. 이황이 《주자대전(朱子大全)》에 수록된 주희(朱熹)의 편지글 가운데 중요한 것을 뽑아 편찬한 책으로, 모두 20권 10책이다.

니, 공이 나를 멀리하지 않음에 매우 감사합니다. 이 책은 당초 세상 사람들과 함께 보려고 한 것이 아니라, 단지 노년에 정력이 부족한 때를 대비하여 반드시 이렇게 요약된 공부가 필요하기에 이로써 스스로 살펴보기 편리하게 한 것일 뿐이었습니다. 그런데 중간에 황중거(黃仲擧)[234]에게 인쇄해서 보자는 간청을 받아 처음의 뜻을 고집하지 못했으나, 그 또한 단지 두 집안의 자제들을 위해 도모한 것일 뿐입니다. 그런데 뜻밖에도 황중거가 나의 오랜 경계를 깨뜨려서 이 책이 도성에 전해지는 데 이르렀습니다. 생각하면 두려워 땀이 흐르는데 후회해도 소용이 없습니다. 어찌하겠습니까.

지적하신 두 군데 결함은, 잘 모르겠습니다만 어느 책의 어느 대목입니까? 부디 다음에 보내실 편지에서 대략 들어 알려 주시어, 내가 생각해서 고칠 수 있게 해주기를 바랍니다.

그런데 보내온 편지에서 "정심(精深)한 의리와 일상생활에서 수응하는 행위로서 자신의 몸과 자기의 마음에 절실한 것은 응당 먼저 취해야 할 바이나, 간혹 긴요하지 않은데도 수록된 것이 있습니다.……"라고 하였으니, 이는 진실로 옳습니다. 그러나 반드시 다 이 말대로 하려고 한다면, 또 한쪽으로 치우치는 병폐에 빠지게 되고 말까 두렵습니다. 무릇 의리에는 진실로 정밀하고 깊은 곳이 있거니와, 어찌 유독 거칠고 얕은 곳이 없겠습니까. 행위 중에는 진실로 긴절(緊切)한 수응이 있거니와, 어찌 한가한 수응이 없겠습니까. 이 몇 가지 중 나의 몸과 나의 마음에 관계된 것은 진실로 절실하여 응당 우선해야 합니다. 그러나 남에게 달려 있거나 외물에 달려 있는 것들은, 절실하지 않다고 여겨 빠뜨려서야

---

**234** 황중거 : 【譯注】 황준량(黃俊良, 1517~1563)으로, 본관은 평해(平海), 자는 중거, 호는 금계(錦溪)이다.

되겠습니까. 우리 유가(儒家)의 학문이 이단의 학문과 다른 점은 바로 이러한 데 있습니다. 오직 공자 문하의 제자들이 이 뜻을 알았기 때문에, 《논어》에 기록한 것에는 정밀하고 깊은 것도 있고 거칠고 얕은 것도 있으며, 긴요하게 응수한 것도 있고 한가로이 응수한 것도 있으며, 나의 몸과 마음에 절실한 것도 있고 남과 외물에 달려 있어 나의 몸과 마음에는 절실하지 않은 듯한 것도 있습니다.

한번 대략 나열해 보겠습니다. 예컨대 염자(冉子)가 곡식을 요청한 것,[235] 계강자(季康子)가 약을 보내온 것,[236] 거백옥(蘧伯玉)이 사람을 보낸 것,[237] 원양(原壤)이 걸터앉아서 공자를 기다린 것,[238] 의(儀) 땅의 봉인(封人)이 공자를 뵙기를 청한 것,[239] 유비(孺悲)가 공자를 뵙고자 한

---

**235** 염자가……것 : 【譯注】 염자는 공자의 제자 염유(冉有)를 말한다. 공서적(公西赤)이 공자를 위해 제(齊)나라에 심부름을 가게 되자, 염유가 공서적의 어머니를 위해 곡식을 줄 것을 요청했다. 공자가 공서적 어머니에 부(釜)를 주라고 하였는데, 염유가 더 주기를 청하자, 공자가 유(庾)를 주라고 하고는 공서적과 같이 부유한 집안에 재물을 많이 주어서는 안 된다고 하였다. 《論語 雍也》

**236** 계강자가……것 : 【譯注】 춘추 시대 노(魯)나라 대부인 계강자가 공자에게 약을 보내오자, 공자가 절하고 그것을 받고는 "내가 약의 성분을 알지 못하기 때문에 감히 맛보지 못합니다."라고 하였다. 《論語 鄕黨》

**237** 거백옥이……것 : 【譯注】 춘추 시대 위(衛)나라 대부인 거백옥이 공자에게 심부름꾼을 보내오자, 공자가 그에게 거백옥의 근황을 물었는데, 심부름꾼이 "그분께서는 허물을 적게 하려고 하지만 아직 능치 못하십니다."라고 하였으므로, 공자가 훌륭한 심부름꾼이라고 칭찬하였다. 《論語 憲問》

**238** 원양이……것 : 【譯注】 공자의 친구인 원양이 걸터앉아서 공자를 기다리자, 공자가 그의 무례한 행동을 꾸짖으며 "어려서는 공손하지 않고 장성해서는 칭찬할 만한 일이 없고 늙어서 죽지 않는 것이 바로 적(賊)이다."라고 하였다. 《論語 憲問》

**239** 의……것 : 【譯注】 봉인(封人)은 국경을 지키는 관원을 말한다. 의 땅의 봉인이 공자를 뵙기를 청하여 만나고 난 뒤에 공자의 제자들에게 "그대들은 어찌 공자께서 벼슬 잃음을 걱정할 것이 있겠는가? 천하에 도(道)가 없어진 지 오래되었다. 하늘이 장차 공자를 목탁(木鐸)으로 삼으실 것이다."라고 하였다. 《論語 八佾》

것,[240] 호향(互鄕)의 동자가 공자를 뵌 것,[241] 악사(樂師)인 면(冕)이 공자를 뵌 것[242]은, 이러한 부류는 정밀하고 깊지 않다고 말해도 괜찮고 한가로이 수응한 것이라 말해도 괜찮으며 또한 자신의 몸과 마음에 절실하지 않은 것이라고 해도 또한 괜찮을 것 같습니다. 그러나 어느 것인들 도(道)의 일단이 아니겠습니까. 참으로 그 지극함에 끝까지 나아가 말한다면, 이른바 정밀하고 깊은 것과 긴요하고 절실한 것이 모두 여기서 벗어나지 않습니다. 그러므로 어떤 이가 귀산(龜山 양시(楊時))에게 《논어》 20편 중에 어느 것이 가장 긴요하고 절실합니까?'라고 묻자, 귀산이 "모두 긴요하고 절실하다."라고 하였으니,[243] 이는 바로 이 때문이었습니다.

그렇다면, 이 책이 취한 것 중 보내온 편지에서 말한 '응당 우선해야 할 것'은 진실로 이미 너무나 많습니다. 그런데 혹 피차간에 편지를 주고받는 즈음에 또한 안부를 말하며 정회를 서술하고 산수를 유람하며 시속을 근심하고 안타까워한 것 등 한가한 수응으로서 긴요하지 않은 듯한 말을 간간이 취하여 아울러 수록해서, 그것을 완미하는 자로 하여금 마치 한가롭고 편안하게 지내는 즈음에 선생을 직접 뵙는 듯하고 만나서 담소를 나눌 때 선생의 말씀을 직접 듣는 것처럼 여기게 하였습니다. 그러니 풍범(風範)

---

**240** 유비가……것 : 【譯注】 공자에게 사상례(士喪禮)를 배웠던 유비라는 사람이 공자를 뵙고자 하였는데, 공자가 병이 있다고 둘러대고 거절하고서 비파를 연주하여, 유비가 스스로 자신의 잘못을 깨닫게 하였다. 《論語 陽貨》

**241** 호향의……것 : 【譯注】 호향은 풍속이 불선(不善)한 마을인데, 그 마을의 동자가 공자를 뵈러 오자 공자가 만나주었다. 제자들이 이를 의아하게 여기자, 공자가 "찾아온 것을 인정할 뿐 물러간 뒤에 잘못하는 것을 허여하는 것은 아니니, 어찌 심하게 대할 것이 있겠는가?"라고 하였다. 《論語 述而》

**242** 악사인……것 : 【譯注】 악사 면(冕)은 맹인이었는데, 그가 공자를 찾아오자 공자가 면을 배려하여, 면이 섬돌에 이르면 공자가 섬돌이라고 말해주고, 면이 자리에 이르면 공자가 자리라고 말해주었다. 《論語 衛靈公》

**243** 어떤……하였으니 : 【譯注】《주자대전(朱子大全)》 권10에 보인다.

과 신채(神采)에서 유도자(有道者)의 기상을 아는 것이, 오로지 정밀하고 깊은 것에만 힘써서 긴요하지 않은 것을 달가워하지 않는 자가 덕이 고루(孤陋)해져 실제 얻음이 없는 것보다는 더욱 깊을 것입니다.

이러할 뿐만이 아니라, 나는 이 책을 읽은 뒤에야 비로소 사우(師友)의 의리가 이처럼 지극히 중하다는 것을 알았습니다. 오직 의리가 중하기 때문에 정이 깊고, 정이 깊기 때문에 서로 어울리며 다정하게 이야기 나눈 허다한 말이 있는 것입니다. 만약 의리를 논한 것이 아니고 자신의 몸과 마음에 절실하지 않은 것이라 여겨 모두 없앤다면, 고인의 사우의 도가 이처럼 중하고도 크다는 것을 어떻게 알겠습니까.

일찍이 남시보의 편지를 보니, 《회암서절요》 중 〈여백공[244]에게 답하는 편지[答呂伯恭書]〉의 "요 며칠 동안 매미 소리가 점점 맑아지니, 매양 들을 때마다 선생의 고상한 풍모를 떠올리지 않은 적이 없습니다."라는 한 단락을 거론하여, "이와 같은 헐후(歇后)한 말을 취한들 어디에 쓰겠습니까?"라고 하였습니다. 내가 답한 말이 지금 기억나지 않으나, 그 대강의 뜻은 '헐후한 것으로 보면 헐후하고 헐후하지 않은 것으로 보면 헐후하지 않다.'는 것이었습니다.

대저 사람들의 소견이 같지 않으니 좋아하는 것 또한 다릅니다. 나는 평소 이러한 부분을 매우 좋아하여, 매 여름마다 녹음이 우거지고 매미 소리가 귓가에 가득할 때면 마음속으로 두 선생의 풍모를 그리워하지 않은 적이 없으니, 또한 이는 마치 뜰의 풀이 하나의 미물일 뿐이지만 매양 그것을 볼 때면 번번이 주염계(周濂溪)의 '의사가 같다[一般意思]'

---

244 여백공 : 【攷證 卷4 呂伯恭】 여조겸(呂祖謙, 1137~1181)으로, 자는 백공(伯恭), 호는 동래(東萊)이다. 개봉(開封) 사람이다. 무주(婺州)에 우거하였다. 송나라 효종(孝宗) 융흥(隆興) 연간에 진사가 되어, 관직이 비서성 저작랑에 이르렀다. 시호는 성공(成公)이다.

라는 말[245]이 생각나는 것과 같았습니다. 지금 세속의 이 학문을 좋아하지 않는 자의 입장에서 그렇게 말한다면 진실로 괴이할 것도 없으나, 좋아할 줄 아는 자도 또한 모두 같을 수 없는 것이 이와 같습니다. 그렇다면 한공(韓公 한유(韓愈))이 말한 "처음에는 들쭉날쭉 차례를 달리하다가, 끝내는 난만하게 흐름을 같이했네.〔始參差以異序, 卒瀾漫而同流.〕"[246]라는 것은 실로 또한 쉬운 일이 아닙니다.

내가 이 말을 하는 까닭은 스스로 내 소견을 옳다고 여겨 여러분들을 나의 소견과 같게 만들려는 것이 아니라, 내 병통을 스스로 드러내어 약석(藥石)을 구해서 스스로 치료하려는 것일 뿐입니다. 바라건대 고명이 양찰(諒察)하여 엄하게 가르쳐 준다면 매우 다행이겠습니다. 불선(不宣). 《가정(嘉靖) 계해년(1563, 명종18) 2월 보름에 진성(眞城) 이황(李滉)은 정존재(靜存齋) 이군(李君)에게 절하고 올립니다.》

---

**245** 주염계의……말 : 【譯注】 염계는 송나라 학자 주돈이(周敦頤)의 호이다. 주돈이가 창 앞 뜨락에 풀이 무성히 자라도 베지 않기에 어떤 사람이 그 까닭을 물었더니 주돈이가 "나의 의사와 같다.〔與自家意思一般〕"라고 하였다.《近思錄 卷14》 이는 미물이나 사람이나 살고자 하는 마음은 똑같다는 의미이다.

**246** 처음에는……같이했네 : 【譯注】 당(唐)나라 한유(韓愈)의 〈별지부(別知賦)〉에 나오는 말로, 처음에 의견을 달리하다가 결국에 의견이 일치하는 것을 뜻한다.

## 이중구에게 보내다 【계해년(1563, 명종18, 63세) 3월 4~5일경 추정. 용궁(龍宮)】

與李仲久

찬 비바람이 부는 한식날[247]에 안부가 어떠하신지요? 나는 병으로 인사 (人事)를 폐하여 고향에 가지 못한 지 10여 년이 되었습니다. 지금에서 야 비로소 병든 몸을 이끌고 용궁(龍宮)에 와서 전(奠)을 지냈으니, 예천 (醴泉)에 있는 여든이 된 늙은 누이를 이번 기회에 가서 만나고자 하였는 데, 물에 가로막혀 갈 수 없어 어쩔 수 없이 배를 타고 용궁현에 와서 묵었습니다. 때마침 전에 말씀한 귀하의 노복을 만났으니, 나그네의 울 적한 마음에 매우 위안이 되었습니다. 그를 통해 편지를 부쳐 안부를 물었는데, 다만 연이어 내린 비에 몹시 시달려 온갖 병이 함께 일어나 눈이 어둡고 정신이 피로하여 만에 하나도 제대로 표현하지 못했습니 다. 자세한 내용은 조카 영(寗)[248]이 가져간 편지에 있습니다. 삼가 절하 고 올립니다.

---

**247** 한식날 : 【譯注】《고증》 권2 〈나의 벗 홍 상사가……〔余友洪上舍云云〕〉에 "냉연 (冷烟)은 한식절(寒食節)이다."라고 하였다.

**248** 조카 영 : 【譯注】 이영(李寗, 1527~1588)으로, 자는 노경(魯卿), 호는 만랑(漫 浪)이다. 이황의 형 이해(李瀣)의 둘째 아들이다.

퇴계선생문집

권
11

# 이중구에게 답하다 계해년(1563, 명종18, 63세) 【4월. 예안(禮安)】

答李仲久 癸亥

전에 공이 2월 13일에 쓴 편지를 받고, 그 뒤에 용궁(龍宮)에서 답장 한 통을 썼으나 몹시 거칠고 간략했습니다. 그런데 이어 공이 3월 보름 전에 쓴 편지를 받고서, 근래 고요히 수양하며 지내는 것이 매우 좋아 날로 새로운 공부가 있음을 잘 알았으니, 기쁘고 우러르는 마음을 가눌 수 없습니다. 다만 나를 칭찬한 말이 으레 지나친 것이 많아 일찍이 간곡히 권면하고 바르게 경계하는 유익한 말을 한 적이 없으니, 매번 편지를 받을 때마다 나로 하여금 부끄럽고 두려운 마음에 땀이 나 옷을 적시게 하는군요.

잠(箴)[1] 안에 반드시 문제 되는 곳이 있을 것이니, 알려 주기를 간절히 바랍니다. 《주자서절요(朱子書節要)》에 대해 물어본 말에 대해서는 별지에 적었습니다. 잘 모르겠습니다만 이렇게 보는 것이 본의(本意)에 어긋나지는 않을런지요? 잘못된 것이 있다면 또한 가르쳐 주기를 간절히 바랍니다. 만약 내가 하는 말마다 모두 옳다고 응답하거나 혹은 나를 찬탄하기만 할 뿐이라면, 이것이 어찌 벗 간에 서로 강론하고 도움을 주는 의리이겠습니까.

공의 이전 편지에서 "《주자서절요》에 긴요하지 않은 말이 수록되었다."라고 한 것은 내 생각은 그러한데,[2] 알지 못하겠습니다만 공은 어떻

---

**1** 잠 : 【譯注】《정본 퇴계전서》 권15 〈정존재잠(靜存齋箴)〉을 가리킨다.

**2** 내 생각은 그러한데 : 【譯注】 이황의 《주자서절요(朱子書節要)》에 수록된 편지에 대해, 이담이 "긴요하지 않은데도 수록된 것이 있는 듯하다"고 하였다. 그러자 이황은 긴요하지 않다고 보이는 내용이라도 도(道)의 일단을 볼 수 있으며, 주자가 평소 안부를

게 생각합니까? 대저 의리(義理)가 무궁하나, 사람들의 소견에 각각 가려진 바가 있기에 마침내 자기 소견을 고집하여 정해진 법칙으로 삼아서 다른 설을 전부 없애려고 하므로, 끝내 한쪽으로 치우치는 병폐에 떨어지고 맙니다. 저의 설 또한 그러한 것은 아닐런지요? 전에 역설(力說)한 까닭은 나의 주장에 대해 변명하고자 한 것이 아니라, 나의 병폐를 드러내어 약을 구하고자 한 것일 뿐입니다. 부디 아울러 양찰(諒察)하고 가르쳐 주십시오.

김순거(金舜擧)[3]가 공이 사는 고을 근처에 살게 되었다고 하니, 매우 다행입니다. 이 사람은 성격이 소활(疎闊)하지만 뜻은 취할 만하고, 문장 또한 잘 지으니, 그와 함께 정진하는 것이 어떻겠습니까? 《삼가 바라건대 아울러 살펴주십시오. 불선(不宣). 삼가 절하고 답장합니다.》

《중약(仲約)[4] 형은 지금 이미 상복을 벗었는지요? 아직도 위문 편지를 보내지 못하고 줄곧 꾸물거리고 있으니, 몹시 부끄럽습니다. 안부를 묻는 뜻을 전해 주기를 간절히 바랍니다. 물어본 말에 대해서는 해설을 별지에 적어두었는데, 우연히 찾지 못하여 지금 함께 보내지 못하니, 추후에 찾아서 보내드리겠습니다.》

묻거나 정회를 서술한 말 등을 통해 후학들이 주자를 직접 뵙는 것처럼 여기게 할 수 있으므로, 긴요하지 않은 것처럼 보이는 편지도 수록했다고 하였다. 《定本 退溪全書 卷6 答李仲久【癸亥】(KNL0088)》

**3**  김순거 : 【譯注】 김팔원(金八元, 1524~1571)으로, 본관은 강릉(江陵), 자는 순거·수경(秀卿), 호는 지산(芝山)이다.

**4**  중약 : 【譯注】 황박(黃博, ?~?)으로, 본관은 장수(長水), 자는 중약이다.

# 이중구의 문목에 답하다

答李仲久問目

《주자서(朱子書)》 가운데 의문점


"하초(下梢)": '끝내〔末〕', '마침내〔終〕'와 같은 말입니다. 이 차자[5]에서 말한 일은 마땅히 위의 〈이공회[6]에게 답하는 편지〔答李公晦書〕〉와 함께 보아야 비로소 그 일의 전말을 알 수 있습니다. 이에 앞서 송(宋)나라 영종(寧宗) 초기에 주 선생(朱先生 주희(朱熹))이 환장각 대제 겸 시강(煥章閣待制兼侍講)으로 봉직(奉職)하고 있다가 이윽고 임금의 비답으로 축출되어, 환장각 대제 -시강에서는 파직되고 대제 직명은 그대로 지니고 있었다.- 와 사록관(祠錄官) 직명은 예전대로 있었습니다. 주 선생께서 '이미 강하는 직임에서 파직되었으니 감히 시종신의 직명을 더 이상 띠고 있을 수 없다'라고 여겨 두 해에 걸쳐 힘써 사직함에, 예전대로 비각 수찬(祕閣修撰)에 임명하라는 조서가 내렸습니다. 주 선생이 또 "지난번에 나누어 봉해준 것[7] -봉(封)은

---

**5** 이 차자 : 【譯注】《주자대전(朱子大全)》 권29 〈정 참정에게 보내는 차자〔與鄭參政箚子〕〉를 가리킨다. 송(宋)나라 주희(朱熹)가 1195년에 참지정사 정교(鄭僑)에게 보낸 차자로, 주희가 당시 띠고 있던 직명을 삭제해 주기를 요청한 글이다.

**6** 이공회 : 【攷證 卷4 李公晦】이방자(李方子, 1169~1226)로, 소무(邵武) 사람이다. 자는 공회, 호는 과재(果齋)이다. 어려서부터 박학하고 글을 잘 지었으며, 사람됨이 단정하고 조심스러우며 순박하고 독실했다. 처음 주 선생(朱先生 주희)을 뵈었을 때 주 선생이 "관대한 가운데 법도가 있고자 하고 온화하고 너그러운 가운데 과감히 결단하고자 한다.〔寬大中要規矩, 和緩中要果決.〕"라고 하였으니, 마침내 '과(果)'로 서재 이름을 삼았다. 《주자연보(朱子年譜)》를 편찬했다.

**7** 나누어 봉해준 것 : 【攷證 卷4 疏封】《한서》〈경포전(黥布傳)〉에 "임금이 영토를 갈라서 봉해주고, 작위를 나누어주어 귀하게 하였다.〔疏爵而貴之〕"라고 하였는데, 한(漢)나라 장안(張晏)의 주석에 "소(疏)는 나누어 준다〔分〕는 것이다."라고 하였다.

준다〔贈〕는 뜻이다.-, 복(服)을 하사한 것 -자장복(紫章服)을 하사한 것이다.-,
음보(蔭補) -자식에게 물려주는 것이다.-⁸, 고과(考課)하여 관직을 옮겨준 것
-지금 벼슬을 헤아려 가자(加資)하는 것과 같다.- 은 모두 이미 시종신의 은전을
받은 것이니, 이를 모두 고쳐 바로잡아 주시기를 바랍니다."⁹라고 하였습
니다. 그 당시 벗들이 대부분 이렇게까지 할 필요는 없다고 하였으나,
주 선생은 더욱 힘써 사직했으므로, 〈이공회에게 답하는 편지〉에서 한
말이 그러했던 것입니다. 지금 자세히 살펴보건대, 이 차자에서 "1, 2등급
을 강등하여 비각 수찬에 제수하신다면 또한 감히 고사(固辭)하지 않겠습
니다."라고 하였으니, 이는 바로 시종신의 직명은 사직했고 아직 비각
수찬으로는 강등되지는 않았을 때 보낸 글입니다. 대개 시강은 강하는
직임이고, 환장각 대제는 시종신의 직명입니다. "나누어서 봉해주고〔疏
封〕" 이하는 바로 〈이공해에게 답하는 편지〉에서 말한 "시종신의 은전〔從臣
恩數〕"이고, 비각 수찬은 〈이공해에게 답하는 편지〉에서 말한 "논찬하는
직명〔論撰職名〕"입니다. 주 선생이 받은 직명을 사양할 즈음에 털끝만큼
도 소홀하게 지나치지 않았으므로, "여러 해 동안 여러 편의 소장에서
받아서는 안 되는 허다한 도리를 말해놓고, 그 종국에 가서 도리어 잠자코
받아들인다면 어떻게 친구들을 보겠습니까."¹⁰라고 한 것일 뿐입니다.

---

**8** 자식에게 물려주는 것이다 : 【攷證 卷4 任子】 지금의 대가(代加)와 같다.

**9** 지난번에……바랍니다 : 【譯注】《주자대전》 권23 〈이미 받은 지나친 시종관의 은전
을 고쳐 바로잡아 주기를 바라는 소장〔乞改正已受過從官恩數狀〕〉에 나오는 말이다.

**10** 여러……보겠습니까 : 【譯注】《주자대전》 권29 〈정 참정에게 보내는 차자〉에 나오
는 말을 이황이 풀이한 것으로, 그 원문은 다음과 같다. "도리어 그 뒤로 허다한 세월을
보내면서 허다한 글을 올려 많은 도리를 말씀드렸는데, 종국에 끝내 도리어 단지 이렇게
잠자코 받는다면, 제가 비록 보잘것없으나 어찌 벗들을 볼 낯이 있겠습니까.〔却是後來
過了許多時月, 入了許多文字, 說了許多道理, 下稍却只如此閱默受却, 則熹雖無狀, 豈
有顔面可見友朋?〕"

-〈정 참정[11]에게 보내는 차자〔與鄭參政箚〕〉-

"분소(分疏)": 지금의 '발명(發明)한다'는 말과 같습니다. -〈유계장[12]에게 답하는 편지〔答劉季章書〕〉-

"간협은 고조까지 미친다.〔干祫及其高祖〕": 《예기》에 보입니다. 지금 그 주석을 기억하지 못하겠으나, 대의는 '협제(祫祭)는 본래 천자와 제후의 예이니, 사대부로서 고조(高祖)에게 협제를 지내는 것은 아랫사람이 윗사람의 예를 침범하는 것에 가깝다. 그러므로 반드시 임금에게 고한 뒤에야 제사 지낸다.'라고 한 것입니다. -〈왕 상서[13]에게 답하는 편지〔答汪尙書書〕〉-

"전박(攧撲)": '전(攧)' 자는 《운서(韻書)》에 '전(損)'으로 되어 있으니, 급히 공격하는 것이 마치 물건을 던지는 형세와 같은 것입니다. '박(撲)' 또한 던져 타격하는 것입니다. "공격해도 깨뜨리지 못한다〔攧撲不破〕"라는 것은 견고함을 말하는 것입니다.

"지팡이로 땅을 더듬으며 깜깜한 길을 간다.〔摘□冥行〕": '적(摘)' 아래

---

11 정 참정 : 【攷證 卷4 鄭參政】정교(鄭僑, 1132~1202)로, 자는 혜숙(惠叔)이고, 보전(莆田) 사람이다. 진사시에 1등으로 급제하였고, 정부령(政府令)에 있었다. 큰 절개로 이름이 나서 세상에서 추중(推重) 받았다.

12 유계장 : 【攷證 卷4 劉季章】이름은 불(黻)이고 여릉(廬陵) 사람이다. 송나라 나대경(羅大經)의 《학림옥로(鶴林玉露)》에서 '순유(醇儒)'라 일컬었다.

13 왕 상서 : 【攷證 卷4 汪尙書】왕응진(汪應辰, 1118~1176)으로, 자는 성석(聖錫)이고, 옥산(玉山) 사람이다. 진사시에 제1등으로 급제하였고, 관직은 이부 상서에 이르렀다. 시호는 문정(文定)이다. 단명전 학사(端明殿學士)를 지낸 적이 있으므로, 또한 왕단명(汪端明)이라고도 일컫는다. 주자가 선류(善類)의 종주(宗主)로 추대하였다.

의 글자는 저의 가휘(家諱)이기 때문에[14] 감히 쓰지 않은 것입니다. 양자(揚子 양웅(揚雄))가 "지팡이로 땅을 더듬으며 길을 찾아간다〔擿□索塗〕"고 하였으니, 이는 맹인이 지팡이로 더듬으면서 진흙을 피해 길을 갈 줄 아는 것을 말합니다.

"농통(儱侗)": 분명하지 않다는 뜻입니다. -〈장흠부에게 답하는 편지〔答張欽夫書〕〉-

"인물이 묘연하다.〔人物眇然〕": '묘(眇)'는 적디적다는 뜻이니, 이는 당세에 인재가 없음을 탄식한 것입니다. 이것이 동한(東漢) 때 사람의 말임은 기억나지만, 누구의 말인지는 기억나지 않습니다.[15]

"편중(便中)": '편인(便人)'이라 하기도 하고 '부편(附便)'이라 하기도 하고 '편풍(便風)'이라 하기도 하니, 모두 사람을 전위(專委)하여 보내지 않고 다른 사람을 통해 편지를 전하는 것을 말합니다. 대개 그것이 일에 있어 편리하기 때문에 '편(便)'이라 한 것입니다. "편중"이라 한 것은 또한 인편을 통해 이 편지를 받았음을 이르는 것입니다.

"한 번 장을 나왔다.〔一個出場〕": 그 뜻이 미상입니다. 삼가 생각건대,

---

**14** 저의 가휘이기 때문에 : 【譯注】 이황의 아버지가 이식(李埴)이므로, '식(埴)' 자를 휘한 것이다.

**15** 이것이……않습니다 : 【譯注】 이황은 이 말이 동한(東漢) 때 사람의 말이라고 하였으나, 실제로는 동진(東晉)의 왕희지(王羲之)가 한 말이다. 왕희지의 〈도하첩(都下帖)〉에서 당대의 중신 채모(蔡謨)가 위독한 것을 근심하며 "당금에 훌륭한 인물이 적은데〔當今人物眇然〕 고질병이 이와 같아 사람으로 하여금 낙담하게 한다."라고 하였다. 《古今事文類聚 前集 卷47》《類說 卷58》

'장(場)'은 일을 하는 곳이므로, 대개 일을 마쳤음을 범범히 말하여 '출장(出場)'이라고 한 것 같습니다. 일을 마치고 일하는 장소에서 나오는 것을 말한 것입니다.

"시애(厮啀)"[16]: 또한 미상입니다. '애(啀)'는 '애(捱)'로 되어 있기도 하니, 응당 서로 맞서고 버텨 순종하지 않는다는 뜻일 것입니다.

"장관(椿管)": '椿'은 발음이 '주(株)'와 '강(江)' 반절이니, 말뚝입니다. 말뚝은 움직이지 않는 물건이요, '관(管)'은 '창고를 관리하다〔管庫〕'의 '관(管)'입니다. 송나라 때 주(州)·군(郡)에 이른바 '봉용고(封椿庫)'가 있었으니, 여기에 여분의 재물을 저장하여 다른 데로 옮겨 사용하는 것을 허락하지 않은 것이 마치 말뚝이 움직이지 않는 것과 같았습니다. 주 선생께서 남강(南康)에 계실 때 건물을 수리하고 세운 일이 제법 있었습니다.[17] 여백공(呂伯恭 여조겸(呂祖謙))이 재력이 낭비되고 정사에 해가 되는 것을 염려하여 편지에서 언급했으므로, 답장에서 "이는 관가의 돈은 꺼내 쓴 것이 아닙니다. 실제로는 제가 달마다 공급받은 것 중에 받아서는 안 되는 것을 저축해 두었다가 한 것일 뿐입니다."라고 하였으니, 이는 전례(前例)에 따라 관원에게 주었으나 의리상 편치 않은 재물을 말합니다.

"사방이 고르고 팔면이 마땅하여 요철[18]이 없다.〔四亭八當無凹凸〕": 사

---

**16** 시애 : 【攷證 卷4 厮啀】 살펴보건대, '시(厮)'는 '서로〔相〕'이고, '애(啀)'는 개가 무는 것이다.

**17** 남강에……있었습니다 : 【譯注】 주희가 1179년에 남강군 지사(南康軍知事)로 있을 때, 학궁에 염계주선생사(濂溪周先生祠)와 오현사(五賢祠)를 지었고, 또 백록동서원(白鹿洞書院)의 중건을 의논하였다.

방이 균등하고 팔면이 적당하여 이미 움푹 팬 곳이 없고 또한 불룩 솟은 곳도 없음을 말한 것입니다. '균정(勻亭)'이라는 글자는《시경》〈대아(大雅) 행위(行葦)〉편의 "네 화살이 이미 고르다〔四鍭旣鈞〕"라는 구절에 대한 주석에 보입니다. 대개 저울을 가지고 물건을 다는 것은, 저울추가 물건의 무게와 같지 않을 땐 저울추를 앞으로 옮기거나 뒤로 옮겨 일정하지 않다가, 무게가 양쪽이 균등해지면 저울추가 비로소 이에 멈추므로, '균정(勻亭)'이라 한 것입니다. '정(亭)'이라는 말은 멈춘다는 뜻입니다.

"태양의 여증〔太陽之餘證〕": 사람 중 타고난 양기(陽氣)가 유달리 많은 이들이 앓는 병중에 태양증(太陽證)이 있습니다. 주 선생이 기질에 강(剛)이 지나친 것을 매양 근심하여 힘써 병을 다스렸으므로, 여기에서 이로써 스스로 비유한 것입니다. "여증(餘證)"이라는 것은 치료하고 아직 다 제거되지 않은 남은 병증을 말합니다. ―〈여백공에게 답하는 편지〔答呂伯恭書〕〉―

"이는 곧 하남(河南)의 수주(數珠)와 같지 않다.〔便與河南數珠不同.〕": 정자(程子)가 "군실(君實 사마광(司馬光))이 사려가 어지러운 것을 근심하여 항상 '중(中)'을 생각하고자 하였는데, 도리어 '중'에 어지럽힘을 당했다. '중'에 의해 어지럽힘을 당하는 것보다는 도리어 한 꿰미 수주(數珠)를 주는 것이 더 낫다."라고 하였습니다. 유자징(劉子澄)[19]은 문장이 잡박한 병통을 면치 못했습니다. 생각건대, 그의 편지에서 스스로 "문장이 완물상지(玩物喪志)가 된다는 것을 모르는 것은 아니지만 끊어내지 못

---

**18** 요철 :【攷證 卷4 凹凸】윗 글자의 음은 '요(鬧)'이고, 아랫 글자의 음은 '철(哲)'이다. 땅이 움푹한 곳을 '요(凹)'라 하고 솟은 곳을 '철(凸)'이라 한다.

**19** 유자징 :【攷證 卷4 子澄】즉 정춘(靜春 유청지(劉淸之))이다.《퇴계선생문집고증》권1에 보인다.

했습니다."라고 하고, 또 도리어 이에 대해 스스로 변명하여 "제게 이러한 병통이 있지만, 어찌 하남이 말한 수주의 뜻과 같지 않겠습니까?"라고 말했을 것이므로, 선생께서 그 말의 그릇됨을 논파하여 "이미 문장을 완물상지로 여긴다면, 이는 곧 하남이 수주를 주고자 한 뜻과 같지 않다. 저 정자가 수주를 주고자 한 것은 바로 사람들이 심지(心志)를 잃을까 두려워하여 이 물건으로써 그것을 구제하고자 한 것일 뿐이다."라고 한 것입니다. 대개 선가(禪家)에서 마음을 간직하기가 어려운 것을 근심하여 손으로 수주를 잡고서 하나하나 돌리면서 헤아리니, 그 생각이 늘 여기에 머물러서 달아나거나 흘러가 버리는 잘못이 없게 하는 것입니다. 정자가 그 '수주'라는 말을 빌려와 군실을 경계한 이 뜻은 유자징이 문장의 잡박함에 너무 마음이 이끌려 밖으로 내달린 병통과 꼭 상반됩니다. 그런데 도리어 저 정자의 말을 끌어다가 스스로 변명하는 말로 삼아서야 되겠습니까. 그러므로 선생께서 그렇게 말씀하신 것입니다.

"'총령(葱嶺)의 기미를 띠고 있다'는 말에 대해 그는 결코 항복하지 않았으나, 실제로 이와 같으니 숨길 수 없습니다.〔葱嶺帶來, 渠定不伏, 然實是如此, 諱不得.〕": 총령은 서역(西域)에 있으니, 이는 육씨(陸氏 육구연(陸九淵))가 선학(禪學)을 했기 때문에 그가 임금께 아뢴 말이 비록 훌륭하나 불교적 사상을 띠는 것을 면치 못했음을 비판한 것입니다. '그〔渠〕'는 자정(子靜)[20]을 가리키니, '자정이 나의 이 말을 듣고 결코 항복하지 않았으나 실제로 이러하니 덮어 숨길 수 없다'라는 말입니다.

---

**20** 자정 :【攷證 卷4 子靜】육구연(陸九淵)의 자(字)이다. 무주(撫州) 금계(金谿) 사람으로, 귀계(貴溪)의 상산(象山)에 옮겨가 살면서 재사(齋舍)를 지어서 배우고자 하는 자를 기다리니 배우러 온 자들이 모여들었는데, 배우는 자들이 그를 '상산선생(象山先生)'이라 일컬었다.

“팔자타개(八字打開)”: 《운서(韻書)》에 “팔(八)’은 분별한다〔別〕는 뜻이다. 분별하여 서로 등지고 있는 모습을 상형한 것이다.”라고 하였습니다. 이 편지의 윗 문장에서는 선학(禪學)의 잘못을 힘써 말하였고, 여기에 이르러서는 이어 ‘근래에《대학(大學)》을 읽고 나서 성현이 학문을 말한 것에 대해 깨달은 것이 이미 이처럼 분명하여 마치 대문이 팔(八)자로 활짝 열어젖힌 것처럼 의심할 만한 것이 없다.……’라고 말한 것입니다.

“향전참단뉴날주장(向前攙斷扭捏主張)”: ‘攙’은 발음이 ‘초(楚)’와 ‘함(銜)’의 반절로, ‘참(攙)’은 ‘각(挏)’[21]이니, 꿰뚫어 찌르는 것입니다. ‘향전참단(向前攙斷)’은 자기 의견을 가지고 곧장 앞을 향하여 성현의 말을 꿰뚫어 찔러서 단언해 버리는 것을 말합니다. ‘扭’는 발음이 ‘척(陟)’과 ‘유(有)’의 반절로, ‘안(按)’의 뜻입니다. ‘捏’은 발음이 ‘년(年)’과 ‘결(結)’의 반절로, ‘날(捺)’의 뜻입니다. ‘안(按)’과 ‘날(捺)’은 모두 손을 써서 물건을 누르는 것을 가리키니, 글 뜻을 알지 못하고 자기 의견에 근거하여 억눌러 보고 (-지금 시속에서 글자를 모르는 사람이 억지로 글을 해석하는 것을 ‘눌러 보다’라고 하는 것과 같다.-), 또 스스로 옳다고 여겨 함부로 주장하는 것을 말합니다. -〈유자징에게 답하는 편지〔答劉子澄書〕〉-

---

21 각 : 【攷證 卷4 挏】 원(元)나라 웅충(熊忠)의《고금운회거요(古今韻會擧要)》권25에 다음과 같은 내용이 있다. “끌어 당긴다〔捇〕는 뜻이니, ‘각(角)’과 통용된다. 《춘추좌씨전》양공(襄公) 2년에 ‘진인(晉人)은 앞을 끊고 제융(諸戎)은 뒤를 끊었다.〔晉人角之, 諸戎捇之.〕’라고 하였는데, 주석에 ‘그 뒤를 끌어당기는 것을 기(捇)라 하고, 그 앞을 걸어 당기는 것을 각(角)이라 한다.’라고 하였다.”

# 이중구에게 답하다 【계해년(1563, 명종18, 63세) 8월 3일경 추정. 예안(禮安)】

答李仲久

전에 4월 12일에 보내신 편지를 받고서 지금까지 답장하지 못했으니, 단지 저의 소홀함과 태만함 때문만이 아닙니다. 중간에 발병한 것은 우연이 아니라, 처음엔 담증(痰症)이 났다가 비장과 위장 등의 질환으로 바뀌었으니 병석에 누운 지 몇 달이 됨에 다방면으로 치료하여 겨우 죽음을 면할 수 있었습니다. 때때로 책상맡에서 보내준 편지를 펼쳐 읽으면서 답답함을 씻어내곤 합니다.

지금 가을의 두 번째 초승〔朏〕[22]에, 한가로운 가운데 체후가 날로 좋아지시리라 생각되니, 고요히 마음을 보존하는 가운데 함양하는 이치가, 응당 흔연히 마음에 맞아서 형언할 수 없는 점이 있을 것입니다.

다만 보내온 편지를 받음에 마음이 열리고 눈이 밝아지지 않은 적이 없으나, 오직 가리켜 비의한 것이 걸맞지 않고 일컫는 말이 실상에 지나쳐, 나로 하여금 위축되고 두려워 감히 감당치 못하게 하고 또 다른 이들에게 편지를 가져가 보일 수 없게 합니다. 비록 나를 지나치게 아껴주어 그런 것이나, 도리어 덕에 입각하여 사람을 사랑하는 의리[23]를 잃었으니, 잘 조량(照諒)해 주기를 바랍니다.

---

**22** 초승 : 【攷證 卷4 朏】《서경》〈주서(周書) 소고(召誥)〉의 주석에 "비(朏)는 달이 나오는 것이니, 초사흘에 밝은 달이 나옴을 이른다."라고 하였다.

**23** 덕에……의리 : 【譯注】 군자가 사람을 사랑하는 것은 대의(大義)에 입각해서 올바른 방법으로 해야 한다는 말이다. 《예기》〈단궁 상(檀弓上)〉에 증자(曾子)가 "군자가 사람을 사랑함은 덕으로써 하고〔君子之愛人也以德〕, 소인이 사람을 사랑함은 고식(姑息)으로써 한다."라고 하였다.

　보내온 편지에서 말한 "지경(持敬)을 하기가 어렵다."라는 것은 진실로 학자들의 공통된 근심이니, 만약 여기에 어려움이 없다면 모든 사람이 성현의 경지에 도달할 수 있을 것입니다.

　칠정(七情)이 발하는 것은 오성(五性)에서 말미암지 않는다고 말할 수는 없으나, 사단(四端)이 발하는 것과 대거(對擧)하여 말하니, 사단은 리(理)를 위주로 하여 기(氣)가 따르는 것이고, 칠정은 기를 위주로 하여 리(理)가 타는 것입니다. 그러므로 사단은 은미하기 쉽고 칠정은 드러나기 쉬우니, 그 형세가 그러합니다. 이 이치는 왕년에 기군(奇君) 명언(明彦)[24]과 논란하여 서너 번 편지를 주고받았는데, 기군은 끝내 내 말을 옳다고 여기지 않았습니다. 그러나 사단은 리가 발한 것이고 칠정은 기가 발한 것임은 본래 회암(晦庵 주희(朱熹))의 설이니, 그 이치가 명백합니다.

　노(怒)와 애(哀)에 대해 제어하기 어려움을 더욱 근심하는 것은 또한 이러한 기(氣)를 품부 받은 것이 편중되어서 그런 것에 불과합니다. 이것이 사씨(謝氏 사량좌(謝良佐))가 "극기(克己)는 모름지기 성품이 편중되어 극복하기 어려운 곳으로부터 극복해 나가야 한다."라고 논하게 된 까닭입니다. 예컨대 노여움이 외인(外人) 때문에 발한 것은 제지하기 쉬우나 집안사람 때문에 발한 것은 제지하기가 어려운 것은, 집안사람에게는 요구하고 기대하는 것이 본디 무겁고 또 자신의 수하에 있기 때문에 노여움이 심해지기 쉽고 또한 제지하려고 하지 않기 때문일 뿐입니다. 무릇 이런 것들은 모두 공부가 완숙하지 않아 리가 기를 제어하지 못하여 정(情)에 내맡겨 인(仁)을 해치는 병폐를 면치 못한 것입니다. 10년 동안 문을 걸어 닫고 독서에 맛을 느끼는 즐거움의 경우, 이는 '정(情)' 한 글자를

---

**24**　기군 명언 : 【譯注】 기대승(奇大升, 1527~1572)으로, 명언은 그의 자이다. 본관은 행주(幸州), 호는 고봉(高峯)·존재(存齋), 시호는 문헌(文憲)이다.

가지고 해당시킬 수 없고 모름지기 성정(性情)과 지기(志氣)를 합해서 보아야 그 무궁한 의취(義趣)를 알 수 있습니다. 어떻게 생각합니까?

가을 기러기가 하늘에서 우는 이때 부질없이 그리워만 하니, 적막한 이곳에서 매화를 구경하기로 한 약속을 이루기 어렵군요. 부디 힘써 진중(珍重)하여 멀리 있는 나의 바람을 위로해 주시기를 바랍니다. 《나머지는 김순거(金舜擧)[25] 박사에게 부친 편지에 말하였으니, 여기서 다시 말하지 않겠습니다. 삼가 답장합니다.》

---

**25** 김순거 : 【譯注】 김팔원(金八元, 1524~1571)으로, 본관은 강릉(江陵), 자는 순거·수경(秀卿), 호는 지산(芝山)이다.

# 이중구에게 답하다 갑자년(1564, 명종19, 64세) 【1월 10일경 추정. 예안 (禮安)】

答李仲久 甲子

지난해에 편지를 받고서 오랫동안 답장하지 못했습니다. 새해가 와서 봄이 됨에[26] 신명(神明)의 도움으로 원일(元日)[27]의 복을 누릴 것이니 멀리서 몹시 우러러 사모합니다.

나는 추운 골짜기에 자취를 감추고서 병든 몸을 조리하느라 몹시 기력을 소진했습니다. 지금 다행히도 이 봄을 맞음에 창가 매화에 봄소식이 있어 적막한 생활에 위로가 되나, 오직 그리운 사람을 만나지 못하는 탄식은 견딜 수 없을 뿐입니다.

전에 보내온 편지에서 경계한 뜻은 감히 명심하지 않을 수 있겠습니까. 다만 이미 펼친 것은 거두기 어려우니, 이에 이르러 비로소 감추고자 하는 것은 거의 문을 닫고 구멍을 막는 것[28]으로 그 또한 늦었습니다.

---

**26** 새해가⋯⋯됨에 : 【攷證 卷4 獻歲發春】 전국 시대 초(楚)나라 송옥(宋玉)의 〈초혼 (招魂)〉에 대한 한(漢)나라 왕일(王逸)의 주석에 "헌(獻)은 진(進)과 같다."라고 하였다. 지난해가 물러가고 새해가 나아오는 것을 말하는 것이다.

**27** 원일 : 【攷證 卷4 履端】《춘추좌씨전》 문공(文公) 원년(元年)에 "역(曆)의 시작을 동지로부터 추산한다.〔履端於始〕"라고 하였는데, 주석에 "원일(元日)이다."라고 하였다.

**28** 문을⋯⋯것 : 【譯注】 송(宋)나라 채원정(蔡元定)의 고사에서 온 말로, 화를 피할 수 없는 상황을 비유한다. 송나라 영종(寧宗) 때 한탁주(韓侂胄)가 도학(道學)을 위학 (僞學)이라 규정하고 주희의 학문을 금지한 일로 인해 채원정이 도주(道州)로 귀양을 가게 되었는데, 어떤 이가 채원정을 찾아와 제자가 되기를 원하자, 주변에 만류하였다. 이때 채원정이 "저들이 학문을 하러 왔는데 어찌 차마 거절하겠는가? 만약 화환(禍患) 이 있어도 또한 문을 닫고 담 구멍을 막는 것으로 피할 수 있는 것이 아니다.〔非閉門塞竇 所能避〕"라고 하면서 강학을 계속했다. 《宋史 蔡元定列傳》

우습습니다.

〈무이도(武夷圖)〉는 정밀하게 잘 그려져 있어 완미할 만한데 아직 제발(題跋)이 없으니 우선 남겨두고 훗날을 기다립니다. 다만 이와 같은 한 가지 일이 또한 도회(韜晦)의 경계[29]를 어기는 것입니다. 공은 어찌하여 피하지 않고 다시 남에게 권하십니까? 또 우습습니다. 가아(家兒)가 도성에 들어가기에 그편에 새해 안부를 물을 것이니, 여기서는 많은 말을 하지 못합니다.

근래 우성전(禹性傳)[30]을 만났을 때 그가 이렇게 말했습니다. "공이 스스로 '근세 중국의 유자(儒者)들[31]이《대학》의 격물치지장(格物致知章)은 빠져있는 것이 아니라 경문(經文)의 지지(知止)와 물유(物有)로 시작하는 두 절이 바로 격물치지의 요지인데 잘못 빠져나와서 여기에 있게 된 것[32]임을 깨달았다.'라고 말했습니다." 이 설을 공은 어떻게 생각

---

**29** 도회의 경계 : 【譯注】 재주나 학문을 숨기고 드러내지 말아야 한다는 뜻이다. 송나라 두연(杜衍)이 현령(縣令)으로 부임하는 문생에게 "마땅히 재주와 덕을 숨기고〔切當韜晦〕, 규각(圭角)을 드러내지 말라."라고 경계한 일이 있다. 《宋名臣言行錄 前集 卷7》

**30** 우성전 : 【譯注】 1542~1593. 본관은 단양(丹陽), 자는 경선(景善), 호는 추연(秋淵)·연암(淵庵)이다. 이황의 문인이다.

**31** 근세 중국의 유자들 : 【攷證 卷4 近世中國儒者】 살펴보건대, 이전인(李全仁)의 《관서문답록(關西問答錄)》에 일찍이 이러한 설을 말한 자들을 낱낱이 나열했으니, 동승상(董丞相)·황자계(黃慈溪)·채허재(蔡虛齋)·왕노재(王魯齋)·송잠계(宋潛溪)·방정학(方正學)·도남호(都南濠)·나정암(羅整庵)·왕양명(王陽明) 등 모두 아홉 사람이다. 어디에 근거한 것인지는 모르겠으나, 아마도 모두 명(明)나라 고명봉(高鳴鳳)의 《금헌휘언(今獻彙言)》에서 본 듯하다.

**32** 대학의……것 : 【譯注】 송나라 주희(朱熹)는《고본대학(古本大學)》에 '격물치지(格物致知)'에 대한 전문(傳文)에 빠진 부분이 있다고 여겨《대학장구》전(傳) 5장의 '차위지지지야(此謂知之至也)' 6자 앞에 128자를 더 보충하였는데, 이를 '격물치지보망장(格物致知補亡章)'이라 한다. 반면, 명나라 왕백·왕양명 등은《고본대학》에 격물치

합니까? 제가 본 것으로는 왕노재(王魯齋)와 권양촌(權陽村)이 모두 이러한 설을 말했고,[33] 이복고(李復古) 공 또한 이러한 설을 말했는데,[34] 다만 양촌이 일컬은 몇 사람은 그들의 설을 드러내지 않았으니 그들의 득실을 볼 수 없는 것이 매양 한스러웠습니다. 지금 공이 본 것은 어떤 사람의 설인지 모르겠습니다. 부디 수미(首尾)를 갖추어 베껴 써서 보여 주기를 바랍니다.

지에 대한 전문이 빠져있는 것이 아니라고 하면서, 경문(經文)의 "머물 데를 안 뒤에 정함이 있으니〔知止而后有定〕"로 시작하는 구절과 "사물에는 근본과 말단이 있고〔物有本末〕"로 시작하는 구절이 바로 격물치지의 전(傳)에 해당한다고 보았다.

**33** 왕노재와……말했는데 : 【譯注】 왕노재는 왕백(王柏)을, 권양촌은 권근(權近)을 가리킨다. 【攷證 卷4 王魯齋及權陽村云云】 노재 왕씨가 다음과 같이 말했다. "《대학》의 격물치지장(格物致知章)은 없어졌던 적이 없으니, '지지(知止)'장을 '청송(聽訟)' 위에 돌려놓는다."《宋史 王柏列傳》 그리고 양촌(陽村)의 《입학도설(入學圖說)》에 다음과 같은 내용이 있다. "배우는 자가 물었다. '선현 동공(董公)이 일찍이 《대학》의 경문 중에 「머물 데를 안 뒤에 정함이 있으니〔知止而后有定〕」부터 「도에 가깝다〔則近道矣〕」까지 두 절이 격물치지에 대한 전(傳)이라고 하였고, 황씨(黃氏) 또한 그 설을 취했으니, 이는 과연 주자가 얻지 못한 것을 얻은 듯합니다.' 이에 내가 대답하기를 '나는 일찍이 이것을 보고 그 마음을 쓴 것이 깊고 소견이 탁월한 것에 감복하여, 마음에 새기고 잊지 않은 것이 또한 여러 해가 되었다. 그러나 지금 살펴보건대 온당하지 않은 점이 있다.'라고 하였다."

**34** 이복고……말했는데 : 【譯注】 복고는 이언적(李彦迪, 1491~1553)의 자로, 이언적은 본관이 여강(驪江), 호가 회재(晦齋), 시호는 문원(文元)이다. 【攷證 卷4 李復古云云】 살펴보건대, 회재(晦齋)는 《대학장구보유(大學章句補遺)》 및 《속혹문(續或問)》 등의 책을 저술했다.

# 이중구에게 답하다 【갑자년(1564, 명종19, 64세) 윤2월. 예안(禮安)】
## 答李仲久

지난달에 가아(家兒)가 서울에서 돌아옴에, 공이 정월 25일에 쓴 답장과 별지로 물은 것을 보고서 여러 번 되풀이하여 읽고는 두려웠으니, 비록 나를 멀리하지 않는 은혜를 입었으나 이는 모두 내가 감당할 바가 아닙니다. 지금 늦봄에 남은 추위가 아직도 매서운데, 알지 못하겠습니다만 기거가 평안한지요? 멀리 바라보며 날마다 사모하고 있습니다.

나는 여태껏 이렇게 칩거하고 있는데 병든 몸에 추위가 스며든 나머지 몹시 여위었으니[35], 어찌하겠습니까.

공의 편지에서 말한 "곁에서 지켜보는 사람이 비판하는 말을 한다."라는 경계는 내가 감히 깊이 살피고 누차 경계하지 않겠습니까. 장난삼아 지은 〈음죽(窨竹)〉 시는 어떻게 들었습니까? 말이 입에서 벗어나 천 리까지 전해진다는 것이 모두 이러한 부류이니, 또한 두려워할 만합니다.

〈무이도(武夷圖)〉는 공의 말대로 매 곡(曲)에 〈무이도가(武夷櫂歌)〉를 써넣었습니다. 발문(跋文)을 쓰는 일은, 그림을 더럽힐까 매우 두려우나 거듭 공의 부탁을 어기기가 어렵고 또 나의 뜻을 부쳐 보이는 것을 다행으로 여겨, 염치를 무릅쓰고 피할 줄 모르고 썼으니, 내가 너무나 광망(狂妄)하고 어리석은 것이 우습습니다. 또 이 발문으로 인해 남에게 그림을 보이기 어렵게 된다면, 마침내 무이구곡의 명승지와 빼어난 자

---

**35** 여위었으니 : 【攷證 卷4 戍削】 당(唐)나라 이백(李白)의 〈상운락(上雲樂)〉에 "여윈 풍골이로다.〔戍削風骨〕"이라고 하였는데, 송(宋)나라 양제현(楊齊賢)의 주석에 "무삭(戍削)은 '여위어 여리여리한 모양〔清癯貌〕'이다."라고 하였다.

취를 상자 속에 감춰지게 하여 세상에서 이를 보지 못하게 될까 두렵습니다.

최자수(崔子粹)<sup>36</sup>가 한 말을 통해 내가 이 그림을 아껴 감상한다는 것을 공이 알게 되어 화공을 고용해 따로 한 본을 베껴서 부쳐주려 한다니, 이는 생각지도 못한 천만다행입니다. 다만 잘 모르겠으나 이 일이 과연 공의 말처럼 쉽게 이루어지겠는지요? 과연 그렇게 된다면, 공의 후의(厚意)를 어찌 감당할 수 있을런지요?

격물치지장에 대한 여러 설을 보여 논파해 준 은혜를 크게 입었습니다. 내 소견에 의심스러운 바를 공에게 감히 숨길 수 없기에, 그밖에 의심스러운 말들에 대해 모두 내 생각을 적었습니다. 바라건대, 논박하여 가르침을 준다면 벗의 학문을 도와주는 유익함이 천 리 거리라고 한정되지 않을 것입니다. 끝으로 이러한 때 시세(時世)를 위하여 더욱 잘 진중(珍重)하기를 바랍니다. 《불구(不具). 삼가 절하고 답장합니다.》

---

36 최자수 : 【譯注】 최덕수(崔德秀)로, 자수는 그의 자이다. 이해(李瀣)의 사위로, 이황의 문인이다.

# 별지 【갑자년(1564, 명종19, 64세) 윤2월. 예안(禮安)】

別紙

《금헌휘언(今獻彙言)》이《대학》의 "그칠 데를 안 뒤에 정함이 있다.〔知止而后有定〕" 등의 몇 절을 격물치지장(格物致知章)의 착간(錯簡)이라 여겨 이것을 잘라 저것을 보충하고자 하였음[37]을 공의 편지에서 말했고, 공이 인용한 선유(先儒)들의 제설(諸說)이 논리가 잘 갖추어져 있습니다. 나는 접때 양촌(陽村 권근(權近))의《입학도설(入學圖說)》에 이러한 설이 있는 것을 보았고, 이어《송사(宋史)》의 왕노재(王魯齋 왕백(王柏)) 본전(本傳)에서도 또한 일찍이 이런 설을 말했다고 한 것을 보았으며, 근래에 또 이옥산(李玉山 이언적(李彦迪)) 선생이 이런 설을 매우 힘써 주장한 것을 보았으니, 마음속으로 매양 의문을 품었습니다. 그런데 마침 상사 우성전(禹性傳)을 만나 '선유(先儒)가 이에 대해 논한 제설(諸說)을 공이 알고 있다'라고 들었으므로, 전에 보낸 편지에서 공의 의견을 구하여 의혹을 없애려 한 것입니다. 지금 이렇게 알려 주었으니, 이 얼마나 다행입니까.

　공의 편지에서 "중국 유자(儒者)들의 독서와 식견이 매우 출중한 것이

---

**37** 금헌휘언이……하였음 : 【譯注】《금헌휘언》은 명(明)나라 고명봉(高鳴鳳)이 여러 서적에서 문물·제도·철학·문학·지리·역사 등에 관한 내용을 발췌하여 편집한 책으로,《대학》착간설(錯簡說)은《금헌휘언》의《청우기담(聽雨紀談)》에 실려 있다.《최재목·김명월,《今獻匯言》及在韓國的傳播, 퇴계학논집 26호, 175~181쪽》《대학》착간설(錯簡說)이란《고본대학》경문에 격물치지의 전(傳)에 해당하는 내용이 섞여 들어가 있다는 설로, 이는《대학》에 '격물치지보망장(格物致知補亡章)'을 넣은 주희의 설과 배치된다. 이황은 이 문제에 대해《정본 퇴계전서》권5〈이중구에게 답하다〔答李仲久〕(KNL0092)〉에서도 논한 바 있다.

이와 같으나, 지금 응당 주자의 설을 따라야 할 것이다."라고 하였습니다.
나는 여기에서, 공이 학설을 취사함에 잘 살펴 바름을 잃지 않은 것에
깊이 감복했습니다. 그러나 만약 취사한 뜻을 분명히 말하지 않는다면
오히려 그 설이 사람들을 미혹시킬까 두려우므로, 대략 말합니다.

　제유(諸儒)의 설에서 따를 수 없는 점이 세 가지 있습니다. 경문(經文)
에서, 삼강령(三綱領)[38]에 공부의 공효에 해당하는 부분이 있고 결어에
해당하는 부분이 있으며, 팔조목(八條目)[39]에도 공부의 공효에 해당하는
부분이 있고 결어에 해당하는 부분이 있습니다. 그런데 만약 제유의 설
과 같다면, 삼강령에만 유독 공효와 결어에 해당하는 부분이 없어 "지선
에 그침에 있다.〔在止於至善〕" 아래에 곧바로 "옛날에 명덕을 천하에 밝
히고자 하는 자는……〔古之欲明明德於天下者……〕"이라는 구절이 연결
되니,[40] 말뜻이 촉급하며 이치가 소략합니다. 이것이 첫 번째입니다.

　전(傳)의 여러 예(例)에 공부를 말하고서 공효를 언급한 경우가 있고,
혹은 단지 병통을 말하여서 공부할 점을 보인 경우도 있으나, 한갓 공효
만 말하고 다른 것은 언급하지 않은 경우는 없습니다. 지금 경문의 "그칠
데를 안 뒤에 정함이 있으니〔知止而后有定〕……"라는 한 절은 단지 '그칠
데를 안 것〔知止〕'의 공효가 되고, 경문의 "사물에는 근본과 말단이 있고
〔物有本末〕……"라는 한 절은 윗글을 통틀어 끝맺은 것이요, 격물치지의

---

**38** 삼강령 : 【譯注】《대학장구》경(經) 1장에 나오는 명명덕(明明德), 신민(新民),
지어지선(止於至善)을 말한다.

**39** 팔조목 : 【譯注】《대학장구》경 1장에 나오는 격물(格物), 치지(致知), 성의(誠
意), 정심(正心), 수신(修身), 제가(齊家), 치국(治國), 평천하(平天下)를 말한다.

**40** 만약……연결되니 : 【譯注】명나라 유자들의 설처럼《대학장구》경(經) 1장 2절과
3절을 격물치지에 대한 풀이로 보아 전문(傳文)으로 옮기면, 경 1장 1절 아래에 바로
경 1장 4절이 이어지게 된다는 말이다.

의미를 풀이함이 있는 것은 보지 못했습니다. '청송장(聽訟章)'41의 경우에는 또한 수기(修己)와 치인(治人)에 본말이 있음을 말했을 뿐이요, 더욱이 격물치지에 관계되지 않습니다. 그런데 지금 억지로 끌어다가 격물치지에 대한 전(傳)으로 삼았으니, 애초에 격물 공부에 해당하는 것이 없고 또 치지의 의미에 해당하는 것도 없습니다. 이것이 두 번째입니다.

삼강령과 팔조목 가운데 비록 '본말(本末)'을 말한 것이 없다고 하더라도, 이 '본말' 두 글자를 삼강령의 결어에서 한 번 보이고도 부족하여 팔조목의 결어에서 다시 보인 것42은, 진실로 배우는 자들이 이에 대해 본이 있고 말이 있음을 알지 못하면, 그 수기와 치인의 도(道)에 있어 모두 선후의 차서와 경중의 질서를 잃어 거꾸로 행하고 역으로 시행할 것이기 때문에, 이처럼 간곡히 이르고 뜻을 다한 것입니다. 전(傳)을 쓴 자가 여기에 이르러 또한 특별히 '본말' 두 글자를 들어 풀이했으니, 이른바 '선후(先後)'·'종시(終始)'·'후박(厚薄)'이 모두 그 가운데 들어 있습니다. 그런데 지금 삼강령과 팔조목 가운데 '본말' 두 글자가 없다는 이유로 의당 전(傳)에서 풀이할 것은 아니라고 하니, 생각하지 못함이 심하다고 할 만합니다. 이것이 세 번째입니다.

제유가 단지 이 몇 구절 가운데 "그칠 곳을 안다[知止]", "선후를 안다[知先後]", "근본을 안다[知本]"는 등의 말이 있는 것만을 보고서 이것을 옮겨 격물치지에 대한 전(傳)으로 삼아야 한다고 여기고, 이 몇 구절의

---

**41** 청송장 : 【譯注】《대학장구》 전(傳) 4장을 말한다.

**42** 이⋯⋯것 : 【譯注】 주희는 《대학장구》 경 1장 3절에서 "사물에는 본과 말이 있고[物有本末] 일에는 종과 시가 있으니, 먼저 하고 뒤에 할 것을 알면 도에 가까울 것이다."라고 한 것이 삼강령의 뜻을 끝맺은 것이라 보았고, 경 1장 7절에서 "그 근본이 어지럽고서 지엽이 다스려지는 자는 없으며[其本亂而末治者, 否矣], 후하게 할 것에 박하게 하고서 박하게 할 것에 후하게 하는 자는 있지 않다."라고 한 것이 팔조목의 뜻을 끝맺은 것이라 보았다.

글에 격물치지에 대한 뜻이 전혀 없음을 다시 생각하지 않아서 전(傳)을 보충한 이로움을 보지 못하고 경문(經文)을 깨뜨린 죄를 얻기만 하였으니, 옳겠습니까.

지금 여기에 큰 집이 있는데 정침(正寢)은 웅장하여 흠결이 없으나 낭무(廊廡)에는 한 군데 흠결이 있다고 해보지요. 거장(巨匠)이 그것을 보고 일어나 보수함에 재료도 좋고 양식도 훌륭하여 조금도 문제 삼을 것이 없습니다. 그런데 그 뒤에 세상에서 양공(良工)이라 하는 자가 지나가다가 그것을 보고 자기가 이 집에 조금도 손댈 곳이 없음을 부끄럽게 여겼습니다. 이에 억지로 궁리를 짜내어 그 사이에 팔을 뻗어 거장이 보수한 곳을 허물고서는, 정침의 시렁 재목 몇 개를 뽑아와 그 낭묘의 허물어진 곳을 보완하고자 도모하고 정침의 재목이 애초에 낭무의 재목이 아님은 다시 생각지 않는다면, 보완하려고 도모한 곳이 완성을 보지 못할 것이요 정침은 이미 패옥(敗屋)이 되어 버릴 것입니다. 이는 이른바 "유익함이 없을 뿐만 아니라 도리어 해치는 것"[43]입니다. 그런데 인정(人情)은 대체로 이견(異見)을 세우고 새로움을 좇는 것을 좋아하기에, 나중에 온 목수들이 모두 거장의 신묘한 계책을 궁구하지 않고, 한결같이 세상에서 양공이라 하는 자가 한 일에 찬탄하며 부화(附和)하니, 서글픕니다.

왕노재(王魯齋)의 설은 《송사》 본전(本傳)에 보이는 것이 몹시 간략하여, 그가 한 말의 득실을 자세히 알 수 없습니다. 그러나 왕노재는

---

**43** 유익함이……것 : 【譯注】 억지로 일을 도모하다가 오히려 폐해를 자초하는 것을 비판하는 말로, 맹자가 알묘조장(揠苗助長)의 해를 설명하면서 이 말을 언급했다. 《孟子 公孫丑上》

본래 기이함을 좋아하고 이론(異論)을 내세우는 병통이 있으니, 그가 이러한 설을 말한 것은 괴이할 것이 없습니다. 권양촌의 《입학도설》은 살펴볼 만합니다. 복고(復古) 이공(李公)[44]은 스스로 "선유에게 이런 설이 있다는 것은 대략 들었으나 보지는 못했다. 다만 내 생각으로는 경문의 '사물에는 근본과 말단이 있고〔物有本末〕……'라는 한 구절을 취하여 첫머리로 삼고, 그다음에 경문의 '그칠 데를 안 뒤에 정함이 있으니〔知止而后有定〕……'라는 구절을 두고, 청송장으로 끝맺어서[45] 격물치지에 대한 전(傳)으로 삼았다. 또 이렇게 개정했기 때문에 손수 《대학장구》 한 통을 베껴 써서 차서(次序)를 고친 곳을 보이고 또 나의 설을 부기하였다.……"라고 했습니다.


후모(後母)가 살아계시는데 부친상을 당한 경우, 전모(前母)와 후모의 자식이 모두 자신을 고애자(孤哀子)라 일컫는 것[46]은 과연 서로 혐의쩍고 구애되는 점이 있을 듯하나 이를 논단할 만한 경전의 근거가 없습니다. 그러나 제 생각에는 공의 편지에서 거론한 한 조정 관원의 경우처럼 단지 '고자(孤子)'라고 일컫는 것이 타당하다고 여깁니다. 대개 사대부가 후취

---

44  복고 이공 : 【譯注】 이언적(李彦迪, 1491~1553)으로, 본관은 여주(驪州), 자는 복고, 호는 회재(晦齋)이다. 주희의 《대학장구》의 편차를 일부 개정하고 자신의 의견을 덧붙여 《대학장구보유(大學章句補遺)》를 지었다.

45  청송장으로 끝맺어서 : 【攷證 卷4 終之以聽訟】 살펴보건대, 회재(晦齋 이언적)의 《대학장구보유》에서 청송장(聽訟章)을 경문(經文)의 끝에 붙였다.

46  후모가……것 : 【譯注】 《예기》〈잡기(雜記)〉에 "초상(初喪)에는 애자(哀子)라 칭한다."라고 하였는데, 송나라 주희의 《가례(家禮)》 권4 〈상례(喪禮)〉에서는 부친상에는 '고자(孤子)', 모친상에는 '애자(哀子)', 부모가 모두 돌아가셨을 때는 '고애자(孤哀子)'라고 일컫는다고 하였다. 이황은 아버지만 돌아가시고 후모가 살아계시는 경우, 전모(前母)의 자식이든 후모(後母)의 자식이든 '고애자'라 일컬어서는 안 된다고 여겼다.

(後娶)하는 것 또한 매파와 폐백을 갖추어 장가드는 것이어서 진실로
정실(正室)이 되니, 적처(嫡妻)와 첩 사이에 차등을 두는 것과 같지 않습
니다. 그러므로 예(禮)에 후모에 대해서 살아계실 때의 봉양과 상례(喪
禮)·제례(祭禮)를 한결같이 자신의 생모처럼 하여 차이가 없게 하였으
니, 어찌 자신을 낳아준 분이 아니라는 이유로 대뜸 후모가 살아계시는
때에 '애(哀)'라고 일컬을 수 있겠습니까. 더구나 자식이 '고애'라 일컫는
것은 지극히 애통하여 부득이한 데에서 나온 것입니다. 그 칭호가 부득
이한 데에서 나왔으니, 오히려 '고애'라 일컫지 않아도 되는 경우에는
차마 '고애'라고 일컬을 수 없음이 의심할 게 없습니다.

  아버지가 돌아가시면 '고(孤)'라 일컬으며 어머니가 돌아가시면 '애(哀)'
라 일컫고, 부모가 모두 돌아가시면 '고애'라 일컫는 것은, 이른바 "지극히
애통하여 부득이하다."라는 것입니다. 생모는 돌아가셨으나 후모(後母)
는 살아계시는 것이 바로 이른바 "오히려 '애'라고 일컬어서는 안 되는
경우"이니, 어찌 차마 오히려 '애'라고 일컬을 수 있겠습니까. 전모(前母)의
자식이 후모가 살아계실 때 이미 감히 '애'라고 일컫지 않으니, 후모의
자식이 '애'라고 일컫지 않은 것이 또 전모가 돌아가신 것에 대해 무슨
혐의가 되겠습니까. 전모의 아들이 자기를 낳아준 생모를 잊는 것이 아니
라, 후모가 살아계신 것이 자기를 낳아준 생모가 살아계신 것과 같기
때문입니다. 후모의 아들이 전모를 어머니로 여기지 않는 것이 아니라,
살아계신 어머니를 위해 '애'라는 칭호를 휘(諱)하는 것이요, 전모가 자신
의 어머니가 되는 것은 여전하기 때문입니다. 혹자가 말한 "전모와 후모를
나란히 쓰면 칭호를 똑같이 하고, 따로 쓰면 칭호를 달리한다."라는 것은
몹시 구차하고 이치에 맞지 않으니, 따라서는 안 될 듯합니다.

모친상에서 상주(喪主)가 죽었을 때 그 상주의 아들이 상을 대신하는

것에 대한 의문은, 여기에서도 또한 이런 변고를 당한 두어 집이 내게 와 물어보았기에, 옛날 전적을 살펴보았는데 비교할 만한 것이 없었습니다. 그리하여 그중 한 집에게는 모른다고 답했고, 나중에 온 한 집에게는 공의 편지에서 보여준 갑자(甲者)의 말과 같은 내용으로 답하되 그 사이에 의문을 두어 그가 스스로 선택하여 처리하게 하였으니, 그 사람이 끝내 어떻게 했는지는 모르겠습니다. 그러나 사리(事理)로 말하자면, 갑자(甲者)가 이른바 "축문(祝文) 및 봉사(奉祀)의 부류는 모두 응당 장손(長孫)의 이름으로 행해야 하니, 이 때문에 손자가 추복(追服)하지 않아서는 안 된다."라고 하였으니, 이것이 바꿀 수 없는 이치인 듯합니다. 을자(乙者)가 말한 "그 아들이 이미 복을 입었으니 그 손자는 추복하지 않는다."라는 것은 이치에 가까운 듯하지만, 상은 3년을 마치지 않아서는 안 되고 또 상주가 없는 상은 없으니 어찌하겠습니까. 그 축문에 있어 이름 없이 행할 수는 없고, 또 예서(禮書)에 부인이 상주가 된다는 조문이 없으니 적장자의 부인이 상주가 된다는 설은 또 행할 수 없습니다. 어떻게 생각합니까?

그러나 예나 지금이나 인가에서 자주 이런 변고를 당하는데, 《의례경전(儀禮經傳)》[47] 등과 같이 예문(禮文)을 모아 놓은 책에 도리어 이에 대해 언급한 것이 하나도 없는 것은 어째서입니까? 이 때문에 더욱 의문이 들어 감히 결단하지 못하겠습니다. 그러나 부득이하여 이런 일을 처리해야 하는 경우에는, 끝내 불과 앞에서 말한 것처럼 해야 할 뿐입니다.

---

**47** 의례경전 : 【攷證 卷4 儀禮經傳】 주공(周公)이 경(經)을 짓고 자하(子夏)가 전(傳)을 지었다. ○ 주자가 《의례(儀禮)》를 경문(經文)으로 하고, 여러 경전에서 취합하여 덧붙여 《의례경전통해(儀禮經傳通解)》라 이름하였다.

“성현배박료(聖賢坯樸了)”[48] -《대학》에서의 의문점-

질그릇을 아직 굽지 않은 것을 ‘배(坯)’라 하고, 나무 그릇을 거칠게 만든 것을 ‘박(樸)’이라 합니다. 이미 성현의 형질(形質)을 갖추었음을 말합니다.

“질박불파(跌撲不破)”[49]

‘질(跌)’은 넘어뜨린다는 뜻이고, ‘박(撲)’은 타격한다는 뜻입니다. 비록 넘어뜨리고 타격하더라도 오히려 깨뜨릴 수 없다는 말이니, 그 견고함을 말한 것입니다.

“사전(私錢)을 주조하여 관에서 발행한 돈처럼 위조하는 것은, 이는 대단히 형편없는 소인이니〔鑄私錢做官會, 此是大故無狀小人〕”[50]

송(宋)나라 때 화폐에 회자(會子)라는 것이 있는데 지금의 저화(楮貨) 부류와 같은 것으로, 또한 관에서만 만들고 민간에서 사사로이 만드는

---

**48** 성현배박료 : 【要存錄 卷11】‘坯’는 발음이 ‘배(杯)’이다. 〈대학장구서(大學章句序)〉 2장 뒷면 제1행 소주(小註)에 다음과 같은 주희의 말이 수록되어 있다. “옛날에 소학은 이미 성현의 배박을 갖추었으나 다만 성현처럼 수많은 지식과 견해를 가지지 못했다. 장성하였을 때 대학에 입학하도록 해서 격물치지를 통해 수많은 지식과 견해를 기르게 하였다.〔古者小學, 已自是聖賢坯樸了, 但未有聖賢許多知見. 及其長也, 及其長也, 令 入大學, 使之格物致知, 長許多知見.〕라고 하였다.

**49** 질박불파 : 【要存錄 卷11】《대학장구》 경(經) 1장 소주에 보인다.

**50** 사전을……소인이니 : 【譯注】《대학장구》 성의장(誠意章) 소주에 보인다. 【攷證 卷4 做官會】《심경부주(心經附註)》 권2에 “주(做)는 위조한다〔作假〕는 뜻이다.”라고 하였다.

것을 금하였으니, 사사로이 만든 자는 사전을 주조한 것과 죄가 같습니다. 그러므로 "대단히 형편없는 소인"이라고 한 것입니다. '대고(大故)'는 대단(大段)과 같은 뜻입니다.

　"잠련하문(賺連下文)……"51

'잠(賺)'은 물건을 살 때 실제의 값을 잘못 아는 것으로, 또 "물건을 비싼 값에 산다.〔重買物〕"라고도 하니, 물건이 본래 싼데 착오하여 비싼 값을 주고 사는 것을 말합니다. 스스로 속이는 악(惡)은 심술(心術)의 정미한 곳에 달려 있으니 값싼 물건에 비견되고, 홀로 있을 때〔閒居〕 저지르는 악은 형편없는 소인의 짓이니 비싼 값에 비견됩니다. '지금 사람들이 착오하여 스스로 속이는 것〔自欺〕을 아래 문장에 나오는 형편없는 소인의 짓과 연결시켜 줄곧 같은 것으로 보기 때문에, 스스로 속이는 것을 또한 대단히 형편없는 악이라고 간주하는 것이 마치 사람이 값싼 물건을 값비싼 것으로 잘못 인식하여 사는 것과 같다.'라는 말입니다.

"또한 그저 경외하기만 해서는 안 된다. 천하고 악한 이는 참으로 미워할 만하지만, 오히려 가르칠 만하기도 하고 장점이 있기도 하니 또한 마땅히 그것을 알아야 한다.〔也只管敬畏不得. 賤惡固可惡, 或尙可敎, 或有長處, 亦當知之.〕"52

---

**51**　잠련하문 : 【譯注】《대학장구》 전(傳) 6장 소주에서 '자기(自欺)'에 대해 설명하면서 "이에 대한 공부는 지극히 세미하니, 곧바로 거친 부분을 말하지 않았다. 전후의 학자들이 잘못 말했으니, 착오하여 아랫글의 '소인(小人)이 한가로이 거처할 때 불선(不善)한 짓을 한다'라는 한 구절과 연결해 보기 때문에〔緣賺連下文'小人閒居'一節看了〕 잘못된 것이다."라고 하였다.

"또한 그저……〔也只管……〕"는 '또한 그저 경외하기만 해서는 안 된다'는 말입니다. '야(也)'의 말뜻은 '또한〔亦〕'입니다. "천하고 악한……〔賤惡……〕"은 '불량한 사람이 비록 미워할 만하기는 하지만 오히려 가르칠 만한 점이 있기도 하고 오히려 취할 만한 장점이 있기도 하니, 또한 마땅히 그것을 알아서 가르칠 만한 점과 장점을 아울러서 전부 다 미워해서는 안 된다.'라는 말입니다. 이 두 단락은 모두 편벽되는 잘못을 구제한 것입니다.

　　"차주(箚住)"[53]

'차(箚)'는 찌른다〔刺著〕라는 뜻입니다. 무릇 물건을 찔러두면 이동하지 않으므로, '차주(箚住)'라고 한 것입니다.

　　"경채(硬寨)"[54]

'경(硬)'은 견고하여 변통되지 않는 것을 말합니다. '채(寨)'는 산속 집에 나무를 빙 둘러 심어 스스로를 굳건히 지키는 것이니, 군대 행렬이 머무는 곳 또한 그렇게 합니다. '경채(硬寨)'는 아마도 또한 견고히 고정되어 움직이지 않는다는 뜻일 것 같습니다.

　　"괘탑(掛搭)"[55]

---

52　또한……한다 : 【要存錄 卷11】《대학장구》 전(傳) 8장 소주에 보인다.

53　차주 : 【要存錄 卷11】《대학혹문(大學或問)》 2장(章) 후면 제7행 소주에 보인다.

54　경채 : 【要存錄 卷11】 위와 같다.

'탑(搭)'은 또한 건다[掛]는 뜻이요, 붙인다[附]는 뜻입니다. 고시(古詩)의 "바람에 흔들려서 옥 난간에 걸려 있네.[和風搭在玉欄干]"[56]라는 구절은 수양버들이 바람을 따라 옥 난간 위에 걸려 있음을 말하는 것입니다.

《"심양(心恙)"[57]》

《마음의 병입니다.》

"곤래곤거(袞來袞去)"[58]

'곤(袞)'에는 뒤섞이고 혼합되었다는 뜻이 있고, 또 연속하여 끊어지지 않는다는 뜻도 있습니다.

"분표균부(分俵均敷)"[59]

'표(俵)'는 흩어준다는 뜻입니다. 흩어주어 고르게 펴는 것을 말합니다.

"애저(挨著)"·"분쇄(粉碎)"[60]

---

**55** 괘탑 : 【要存錄 卷11】《대학혹문》 6장(章) 후면 제5행 소주에 보인다.

**56** 바람에……있네 : 【譯注】 당(唐)나라 서중아(徐仲雅)의 〈궁사[宮詞]〉에 나오는 구절이다.

**57** 심양 : 【譯注】《대학혹문》 6장(章) 주에 보인다.

**58** 곤래곤거 : 【要存錄 卷11】《대학혹문》 6장(章) 8장 앞면 제9행 소주에 보인다.

**59** 분표균부 : 【要存錄 卷11】《대학혹문》 6장(章) 8장 앞면 제12행 소주에 보인다.

**60** 애저·분쇄 : 【要存錄 卷11】《대학혹문》 6장(章) 53장 앞면 제4행 소주에 보인다.

‘挨’는 발음이 ‘을(乙)’과 ‘해(駭)’의 반절로, ‘추(推)’의 뜻입니다. 또 ‘추(推)’는 회운(灰韻)에 속하니, 그 뜻은 ‘밀치다〔排〕’, ‘밀어 움직이다〔盪〕’는 뜻입니다. ‘밀치다〔排盪〕’는 ‘부딪치다〔撞著〕’라는 말과 같으니, 여러 설이 이 설에 밀쳐져 곧 부서지는 것을 말합니다.

《“입문관(入門款)”[61]》

《‘관(款)’은 이문(吏文)에서 많이 쓰는 뜻으로, ‘조목〔條件〕’의 ‘조(條)’와 뜻이 가깝습니다. ‘문관(門款)’은 아마도 부문〔門類〕이나 조목 같은 것을 말하는 듯합니다.》

《“또 이 마음으로써 서로 합하여〔又以這心相與衮合〕”[62]》

《‘합(合)’ 자는 건방(乾方)에 권점이 찍혀 있어 입성(入聲)이 되니, 권점을 찍지 않은 것 또한 입성이지만 반드시 이렇게 하여 구별해야 합니다. 내 생각에는, 글자가 본래 뜻과 본래 음으로 쓰인 것은 권점을 찍지 않고, 따로 별도의 뜻과 별도의 음을 취한 경우는 권점을 찍어 본래 글자와 구별한 듯합니다. 대개 ‘升合’의 ‘合’은 발음이 ‘갑’이니, 이는 본래 뜻이요 본래 음이므로 권점을 찍지 않았습니다. ‘合同’의 ‘合’은 발음이 ‘합’이니, 이는 별도의 뜻이요 별도의 음이므로, 권점을 찍었을 뿐입니다. 또 ‘곤합(衮合)’은 곧 ‘합동’의 뜻이요, 다른 뜻이 있는 것은 아닌 듯합니다.》

---

**61** 입문관 : 【譯註】《대학혹문》 6장(章) 소주에 보인다.
**62** 또……합하여 : 【譯註】《대학혹문》 7장(章) 소주에 보인다.

# 이중구에게 답하다 【갑자년(1564, 명종19, 64세) 8월 15일경 추정. 예안(禮安)】

答李仲久

늦봄에 우리 손자가 공의 편지를 가지고 왔는데, 답장하지 못한 사이에 가을 달이 두 번째 차올랐으니 지극히 그립습니다. 그런데 얼마 전에 상사 우성전(禹性傳)[63]을 만나 좋은 소식을 들었고 또한 내 안부를 물어 보았다는 말을 듣고서 매우 위로가 되었습니다. 이어 사마방(司馬榜)이 이름에, 최 아무개가 방에 들어 있는 것을 보았습니다. 우성전이 "이는 정존공(靜存公 이담(李湛))의 새 사위[64]입니다."라고 하였으니, 또 기쁘고 경하하는 마음을 가눌 수 없습니다.

　나는 노병의 증세가 날로 새로 더해지고 세상에 쓸모없는 무능한 실상도 전혀 달라지지 않았는데, 아무런 명분 없이 동지중추부사를 그대로 맡고 있습니다. 중간에 신을 체차하고자 하는 주장이 있었으나 곧 저지당하여 그 주장이 마침내 잠잠해졌습니다. 체차하라는 주장이 나온 것은 실로 얻기 어려운 다행인데 그 주장을 저지한 것이 도리어 내가 평소 가장 잘 알고 지내는 사람에게서 나왔으니, 이는 바로 내가 언행이 공허하여 믿음을 받을 만하지 못하기 때문에 이런 지경에 이른 것입니다. 이미 몹시 부끄럽고 근심스러운 데다가 또 매번 이렇게 되어 관 뚜껑을 덮기[65] 전에는 끝내 벼슬에서 벗어날 날이 없을까 염려됩니다. 황공하여

---

**63**　우성전 : 【譯注】 1542～1593. 본관은 단양(丹陽), 자는 경선(景善), 호는 추연(秋淵)·연암(淵庵)이다. 이황의 문인이다.

**64**　사위 : 【攷證 卷4 玉潤】 진(晉)나라 위개(衛玠)는 악광(樂廣)의 사위였는데, 당시에 "장인은 얼음처럼 맑고, 사위는 옥돌처럼 윤기가 난다.〔女婿玉潤〕"라고 하였다.《晉書 衛玠列傳》

몸 둘 곳이 없으니, 어찌하겠습니까.

청송(聽松)[66]은 은거하여 생을 잘 마쳐, 진실로 말세에 보기 어려운 사람이니, 그가 세상을 떠난 것이 애석합니다. 지금 그 아들이 저에게 묘지명을 요청했으니, 이는 매우 잘못된 것입니다. 내가 어떤 사람이기에 감히 이런 일을 맡겠습니까. 삼가 이미 여러 번 사양했습니다.

근래 책을 읽고 뜻을 생각하심에 새로 얻은 것이 무엇이 있는지요? 보여주기를 아끼지 말아서 조금이나마 나의 답답한 마음을 풀어주기를 바랍니다. 불선(不宣). 《삼가 절하고 아룁니다.》

《전에 말한 '골륜탄조(鶻圇吞棗)'[67]는 다시 다른 곳에서 깨달았습니다. '골륜'은 씹지 않고 삼키는 것을 말하는 것이 아니요, 대추 열매의 둥근 형체를 표현한 것일 뿐입니다. '골륜탄조'는 그 둥근 형체를 온전히 하여 삼키는 것을 말하니, 그 의미는 진실로 또한 '씹지 않고 삼킨다'는 뜻으로 끝내 귀결됩니다. 다만 '골륜'을 씹지 않고 삼킨다는 뜻이라고 여긴다면 잘못일 뿐입니다.》

---

**65** 관 뚜껑을 덮기 : 【攷證 卷4 蓋棺】당(唐)나라 두보(杜甫)의 〈그대는 간소혜를 보지 못했는가〔君不見簡蘇徯〕〉시에 "장부는 관 뚜껑을 덮어야 일이 비로소 정해지는 법이라, 그대는 지금 다행히 아직 늙은이 되지 않았으니, 초췌하게 산속에 있음을 어찌 한스러워하리오.〔丈夫蓋棺事始定, 君今幸未成老翁, 何恨憔悴在山中?〕"라고 하였다.

**66** 청송 : 【譯注】 성수침(成守琛, 1493~1564)으로, 본관은 창녕(昌寧), 자는 중옥(仲玉), 호는 청송·죽우당(竹雨堂)·파산청은(坡山淸隱)·우계한민(牛溪閑民)이다. 1519년(중종14)에 기묘사화(己卯士禍)가 일어나자 벼슬에 대한 뜻을 접고 파주 우계(牛溪)에 은거했다.

**67** 골륜탄조 : 【譯注】 송(宋)나라 주희의 〈허순지에게 답하는 편지〔答許順之書〕〉에 나오는 말로, 학문을 함에 있어 제대로 분석하지 않고 두루뭉술하게 넘기는 것을 비유하는 말이다.

# 이중구의 문목에 답하다 【갑자년(1564, 명종19, 64세) 8월 15일 이후 추정. 예안(禮安)】

## 答李仲久問目

《주자대전(朱子大全)》에 대한 의문점


　36권. "관려(關梠)"[68]


조사경(趙士敬)[69]이 "려(梠)'는 대장장이가 풀무의 판을 고정하는 나무이니,《훈몽자회(訓蒙字會)》에 보인다."라고 하였습니다. 그렇다면 '관려'는 아마도 사물이 말미암아야 할 요긴한 곳이라는 의미인 듯합니다.


　위와 같은 권. "파리(笆籬)"[70]


'파(笆)'는 바로 지금의 파자(笆子)입니다. '대나무 울타리 가에 놓아둔 물건[笆籬邊物]'은 하찮게 여겨 버린 물건입니다.


---

**68**　관려 : 【譯注】《주자대전(朱子大全)》 권36 〈진동보에게 답하다[答陳同甫]〉에서 진량(陳亮)이 부귀에 대한 생각을 끊어버리지 못하는 것을 비판하며 "아마도 이것이 바로 병의 근원이니, 평소에 의논했던 것과 같은 관려인 듯합니다.[與平日議論同一關梠也]"라고 하였다.

**69**　조사경 : 【譯注】 조목(趙穆, 1524~1606)으로, 본관은 횡성(橫城), 자는 사경, 호는 월천(月川)이다. 공조 참판을 역임하였다.

**70**　파리 : 【譯注】《주자대전》 권36 〈진동보에게 답하다[答陳同甫]〉에서 성현의 학문을 탐구하지 않는 세태를 비판하며 "오늘날의 허다한 쓸데없는 의론(議論)들은 모두 이 학문이 밝혀지지 않은 데에서 근원합니다. 그러므로 대나무 울타리 가에 놓아둔 물건으로 여겨, 살피지 않습니다.[故乃以爲笆籬邊物, 而不之省.]"라고 하였다.

《(38권. "말이 너무 낭자하니, 다만 주장자(拄杖子)를 세워서 한 번 내리치면 곧 보설(普說)이 되는 것이 부족할 뿐입니다.〔說得太郎當了, 只少拄杖卓一下, 便是一回普說矣.〕")[71]

《('낭당(郎當)'은 '낭자(狼藉)'라는 말과 같습니다. '탁(卓)'은 세운다는 뜻입니다. '일하(一下)'는 한 번입니다. '일회(一回)' 또한 한 번이라는 뜻입니다. 천지가 변화하는 신묘함과 음양이 소장(消長)하는 오묘함은 본래 말로 형용할 수 없습니다. 그런데 지금 자신의 말이 형용한 것이 너무 극진하여 더 이상 남긴 바가 없으니, 이처럼 천기(天機)를 지나치게 드러내서는 안 될듯하므로 "말이 너무 낭자하다."라고 한 것입니다. 불가의 교파에 선종(禪宗)이라는 것이 있으니, 문자를 내세우지 않고 단지 주장자를 한 번 들면 곧 사람들에게 불법을 전할 수 있습니다. 불가의 교종(敎宗)은 반드시 두루 설법해야 사람들을 깨우칠 수 있습니다. 그러므로 선생이 여기에서 그 말을 장난삼아 빌려와 "나는 다만 '주장자를 세워 한 번 내리치는 것이 전법(傳法)의 묘함을 말하지는 않으나 곧 한번 두루 설법하는 게 되는 것'이 부족할 뿐이니, 어찌 너희를 깨우치지 못하겠는가?"라고 한 것입니다. 선생의 이 말은 자못 스스로를 과시한 듯하지만,

***

71 말이……뿐입니다 : 【譯注】《주자대전》 권38 〈원기중에게 답하다〔答袁機仲〕〉에 나오는 말이다. 주희는 이 편지에서, 하도와 낙서, 선천설과 후천설, 사상(四象) 등에 대한 원추(袁樞)의 의혹에 조목조목 답한 뒤 다음과 같이 말했다. "말로 다할 수 없으니, 우연히 얻은 짧은 시로써 나의 회포를 부칩니다. '홀연히 한밤중에 우렛소리 한번 울리니, 일만 호와 일천 문이 차례로 열리네. 만약 무 속에 만상(萬象)이 갖추어져 있음을 안다면, 그대가 복희씨를 친견했음을 인정하리라.' 말이 너무 낭자하니 다만 주장자(拄杖子)를 세워서 한 번 내리치면 곧 보설(普說)이 되는 것이 부족할 뿐입니다.〔言之不盡, 偶得小詩, 以寄鄙懷. '忽然夜半一聲雷, 萬戶千門次第開. 若識無中含有象, 許君親見伏羲來.' 說得太郎當了, 只少箇拄杖卓一下, 便是一回普說矣.〕"

스스로를 과시한 것이 아닙니다. 이는 곧 정자(程子)가 말한 "현인(賢人)의 말은 끌어 올려 스스로를 높이니, 그렇지 않으면 도(道)가 높아지지 않는다."[72]는 것입니다.》

《위와 같은 권 26장. "사람들이 아는 것은 양수(良遂)가 다 안다…….〔諸處良遂捴知云云〕"[73]》

《'양수(良遂)'는 선승(禪僧)의 이름입니다. 이 선승은 남들이 자신의 묘처(妙處)를 알지 못한다고 탄식했으므로, 이렇게 말한 것입니다.》

위와 같은 권 74장. "주장(州將)도 오히려 설득하지 못한다'는 것인데, 또 어찌 이 일을 논할 수 있겠습니까.〔說將尙不下者, 而又何足以議此耶?〕"[74]

---

**72** 현인의……않는다 : 【譯注】 공자가 "나는 아는 것이 없다.〔無知也〕"라고 한 것에 대해 송나라 정이(程頤)가 "성인의 도는 반드시 내려서 스스로 낮추니 이렇게 하지 않으면 사람들이 가까이하지 않고, 현인의 말씀은 끌어올려 스스로 높이니 이렇게 하지 않으면 도가 높아지지 않는다."라고 한 것을 인용한 것이다. 《論語集註 子罕》

**73** 사람들이……안다 : 【譯注】 불가에 "사람들이 아는 것은 양수가 다 알지만, 양수가 아는 것은 사람들이 알지 못한다."라고 하였는데,《주자대전》 권38 〈원기중에게 답하다〔答袁機仲〕〉에서 원추가 자신의 견해를 고집하는 것을 비판하며 불가의 이 말을 인용했다.

**74** 주장도……있겠습니까 : 【譯注】《주자대전》 권38 〈황문숙에게 답하다〔答黃文叔〕〉에 나오는 말로, 이 편지는 언관(言官)을 맡고 있던 황도(黃度)가 한탁주(韓侂胄)를 탄핵한 일로 좌천되어 무주 지사(婺州知事)로 내려온다는 소식을 듣고 쓴 것이다. 이 편지에서 주희는 자신이 남들을 감오(感悟)시키지 못한다고 하면서, "이는 옛날 사람들이 말한 '주장도 오히려 설득하지 못한다'는 것인데 또 어찌 이 일을 논할 수 있겠습니까?〔蓋昔人所謂說將尙不下者, 而又何足以議此耶?〕"라고 하였다. '이 일'이란 임금에게 간언하여 바로잡는 것을 말한다.

제오륜(第五倫)[75]이 풍익(馮翊)[76] 태수 갑연(蓋延)[77]의 불법한 행동을 간언하여 미움을 받았습니다. 후에 제오륜이 조서를 읽을 때 매양 광무제(光武帝)를 성주(聖主)라 찬탄하자 그 동료들이 비웃으며 "그대는 주장도 오히려 설득하지 못하는데 어찌 만승(萬乘)의 임금을 움직일 수 있겠는가."라고 하였습니다. '장(將)'은 주장(州將)입니다. 갑연이 풍익 태수였으므로 '주장'이라 한 것입니다. '네가 일찍이 주장에게 말한 것도 오히려 주장이 들어주지 않았는데, 어찌 천자를 설득하여 훌륭한 일을 하게 할 수 있겠는가.'라는 말입니다.

39권 6장. "시속에 부합되지 않으나 부끄러움이 없다는 말씀〔不合無愧之說〕"[78]

송(宋)나라 효종(孝宗) 건도(乾道) 연간에 선생이 일찍이 화의(和議)를 끊고 요행으로 관직을 얻는 문을 막아야 한다는 경계를 두 차례 아뢰었으나, 선생의 말이 행해지지 않았습니다.[79] 생각건대, 가국재(柯國材)[80]의

---

**75** 제오륜 : 【譯注】한(漢)나라 때의 명신으로, 공평무사한 것으로 유명했다. 【攷證 卷4 第五倫】자는 백어(伯魚)이다. 장릉(長陵) 사람이다.

**76** 풍익 : 【攷證 卷4 馮翊】한나라 경사(京師)의 삼보(三輔) 중 한 곳이다.

**77** 갑연 : 【攷證 卷4 蓋延】자는 거경(巨卿)이다. 어양(漁陽) 사람이다. 안평후(安平侯)에 봉해졌고, 운대(雲臺)에 초상화가 걸렸다.

**78** 시속에……말씀 : 【譯注】《주자대전》권39 〈가국재에게 답하다〔答柯國材〕〉에서 "시속에 부합되지 않으나 마음에 부끄러움이 없다는 그대의 말씀은 저에게 있어 참으로 그러합니다.〔不合無愧之說, 在我固然.〕"라고 하였다.

**79** 송나라……않았습니다 : 【譯注】〈가국재에게 답하다〔答柯國材〕〉는 송나라 융흥(隆興) 2년(1164)에 쓴 편지로 추정되므로, 주희가 효종(孝宗)에게 올린 경계는 효종 건도(乾道) 연간에 올린 말이 아니라, 융흥(隆興) 연간에 올린 〈수공주차(垂拱奏箚)〉 두 번째·세 번째를 가리키는 듯하다. 금(金)나라의 침입이 계속되자 효종은 융흥 원년(1163)

편지에서 "선생은 도가 비록 시속에 부합되지 않으나 마음에 부끄러움이 없을 것입니다."라고 하였으므로, 이렇게 답했을 것입니다.

위와 같은 권 14장. "골륜탄조(鶻圇吞棗)"·"철롱조각(鐵籠罩却)"[81]

'골륜(鶻圇)'은 '혼륜(渾淪)'으로 되어 있기도 합니다. 선생이 일찍이 황순(黃䐗)[82]에게 "만약 단지 1개의 둥근[鶻圇] 과일 씨를 쥐고 있기만 하면 그 안이 신맛인지 쓴맛인지 알지 못하니, 모름지기 그것을 깨물어 깨뜨려야 곧 풍부한 맛이 난다."라고 말씀하셨습니다. '골륜(鶻圇)'은 둥글다는 뜻이요, 온전하다는 뜻이니, 대추의 둥글고도 온전한 모양을 형용한 것입니다. 대추를 씹지 않고 통째로 삼켜서 맛을 알지 못함을 비유한 말입니다. '조(罩)'는 어망(魚網)을 위로부터 덮어씌워 내리는 것이니,

에 주희를 불러 수공전(垂拱殿)에서 인견했는데, 이때 주희는 세 통의 차자를 올렸다. 첫 번째 차자에서는 학문의 도를 논하였고, 두 번째 차자에서는 화의(和議)에 반대하는 의견을 말했으며, 세 번째 차자에서는 간쟁을 받아들이고 요행으로 관직을 얻는 문을 막는 것[杜塞倖門] 등이 나라의 급선무라 말했다. 그러나 주희의 간언은 받아들여지지 않았고 조정에서는 주화파(主和派)가 득세하여, 결국 융흥 2년(1164)에 '융흥화의(隆興和議)'가 맺어졌다.《晦菴集 卷13 癸未垂拱奏箚一, 垂拱奏箚二, 垂拱奏箚三》《진래(陳來), 주자서신편년고증(朱子書信編年考證), 상해인민출판사, 1987, 29쪽》

**80** 가국재 : 【譯注】 가한(柯翰, ?~1177)으로 국재는 그의 자이다. 동안(同安) 사람이다.

**81** 골륜탄조 철롱조각 : 【譯注】《주자대전》 권39 〈허순지에게 답하다[答許順之]〉에 "지금 걸핏하면 정추와 본말은 둘이 아님[本末精粗無二致]을 먼저 말하니, 이는 바로 '대추를 통째로 삼킨다[鶻圇吞棗]'는 것입니다. 지난번에 이장(李丈)께서 말씀하신 '철 조망을 덮어씌우는 병폐[鐵籠罩却之病]를 면하지 못할 듯합니다."라고 하였다.

**82** 황순 : 【攷證 卷4 䐗】 순은 황자경(黃子耕)의 이름이다. 남창(南昌) 영주(寧州) 사람으로, 호는 복재(復齋)이다. 진사에 합격했고, 원주 지사(袁州知事)를 지냈다. 주자가 그에게 매우 기대했다. 황정견(黃庭堅)의 질손(姪孫)이다.

철롱(鐵籠)을 위에서부터 덮어씌워 내리면 철롱이 단단하여 벗어날 방법이 없습니다. 대개 순지(順之)[83]는 매양 정추(精麤)와 본말(本末)은 둘이 아니라고 말하여, 그 이치를 보는 것이 모호해서, 문리밀찰(文理密察)[84]에 종사하여 융회관통(融會貫通)의 오묘함에 나아가지 못했으니, 이는 그 맛을 알지 못하여 초탈하는 경지에 도달할 길이 없는 것이므로 이렇게 말한 것입니다. '이장(李丈)'은 이연평(李延平 이통(李侗))을 가리키는 듯합니다. 대개 선생의 〈범직각[85]에게 보내는 편지〔與范直閣書〕〉에서도 이연평을 '장(丈)'이라고 일컬었습니다.

위와 같은 권 15장. "삼공(三公)"은 원본에 '삼공'이라 했는데《주자서절요(朱子書節要)》에서는 '이공(二公)'이라 했으니,[86] 어느 것이 옳은지 모르겠습니다.

**83** 순지 : 【攷證 卷4 順之】 허승(許升)의 자이다. 호는 존재(存齋)이고 동안(同安) 사람이다. 주자에게 나아가 학문을 배웠다. 주자가 그의 천성이 염담(恬澹)하고 물욕에 얽매임이 없는 것을 칭송하였으나, 그 학문이 실제로는 선학(禪學)에 빠져 끝내 돌아오지 못했다.

**84** 문리밀찰 : 【譯注】《중용장구》 제31장에 나오는 구절로, 주희는 이에 대해 "문(文)은 문장(文章)이요, 리(理)는 조리(條理)요, 밀(密)은 상세함이요, 찰(察)은 밝게 분변함이다."라고 풀이하였다.

**85** 범직각 : 【攷證 卷4 范直閣】 범여규(范如圭, 1102~1160)로, 자는 백달(伯達)이다. 건양(建陽) 사람이다. 호 문정공(胡文定公 호안국(胡安國))의 사위로, 장인에게서 《춘추》를 배웠다. 진사시(進士試)에 급제했고, 천주 지사(泉州知事)를 지냈다. 충효와 성실함을 천성적으로 타고 났다.

**86** 삼공은……했으니 : 【譯注】《주자대전》 권39 〈허순지에게 답하다〔答許順之〕〉 원본에 "국재와 원빙의 근황은 어떠합니까?……대저 제중(齊仲)과 순지는 너무 유심(幽深)한 잘못이 있고, 삼공은 너무 집착하는 잘못이 있습니다.〔三公失之太執著〕"라고 하였는데, 이황이 편찬한 《주자서절요》 권7 〈허순지에게 답하다〉에는 "이공은 너무 집착하는 잘못이 있습니다.〔二公失之太執著〕"로 되어 있다.

'이공'이라 한 것은 바로 국재(國材)와 원빙(元聘)[87]입니다. 윗 단락의 자소(子韶)는 장구성(張九成)[88]을 가리킵니다. 장구성은 동시대 사람이 아니니 응당 삼공이라 병칭해서는 안 됩니다.

40권 32장. "지혜 있는 자와 지혜 없는 자의 차이가 어찌 30리 차이에 그치겠습니까.〔有知無知, 豈止校三十里也?〕"[89]

양수(楊脩)[90]는 조아비(曹娥碑) 8글자[91]를 읽고 곧 그 뜻을 풀이했는데, 조조(曹操)는 30리를 가서야 뜻을 깨달았습니다. 30리를 가서야 깨달은 자는 읽자마자 곧바로 풀이한 자와 비교하면 그 지혜가 동등하지 않습니

---

**87** 원빙 :【攷證 卷4 元聘】성은 서(徐)이다. 천주(泉州) 동안(同安) 사람이고 호는 운재(芸齋)이다.

**88** 장구성 :【攷證 卷4 張九成】자는 자소(子韶)로, 범양(范陽) 사람이다. 호는 무구(無垢) 또는 횡포거사(橫浦居士)이며, 시호는 문충(文忠)이다. 처음에는 구산(龜山 양시(楊時))에게 학문을 배웠으나, 경산(徑山)의 주승(主僧) 종고(宗杲)와 막역지교를 맺어 선학(禪學)에 가장 깊이 물들었다.

**89** 지혜……그치겠습니까 :【譯注】《주자대전》 권40 〈하숙경에게 답하다〔答何叔京〕〉에서 주희가 장식(張栻)의 식견을 칭송하며 한 말이다.

**90** 양수 :【攷證 卷4 楊脩】자는 덕조(德祖)이고 홍농(弘農) 사람이다. 후한(後漢)의 명문가 양진(楊震)의 후손이다.

**91** 조아비 8글자 :【攷證 卷4 娥碑八字】《후한서》 〈효녀조아열전(孝女曹娥列傳)〉에 다음과 같은 내용이 있다. 조아의 아버지 조간(曹旰)이 물에 빠져 죽었는데 그 주검을 찾지 못했다. 딸 조아는 나이가 14세였는데 7일 동안 강을 거슬러 올라가며 통곡하다가 강에 몸을 던져 죽자, 그 주검이 아버지의 주검과 함께 나타났다. ○ 살펴보건대, 상우장(上虞長) 도상(度尙)의 제자 한단순(邯鄲淳)이 비문(碑文)을 지었는데, 채옹(蔡邕)이 그 뒤에 제(題)하기를 "황경유부외손제구(黃絹幼婦外孫虀臼)"라고 하였다. 대개 그 뜻은 '황견(黃絹)'은 색실〔色絲〕이니 '절(絕)' 자이고, '유부(幼婦)'는 소녀(少女)이니 '묘(妙)' 자이고, '외손(外孫)'은 딸의 아들〔女子〕이니 '호(好)' 자이고, '제구(虀臼)'는 매운 것을 담는 것〔受辛〕으로 '사(辭)' 자이니, 곧 '절묘한 좋은 글〔絕妙好辭〕'이라는 뜻이다.

다. ‘교(校)’는 응당 ‘교(較)’가 되어야 하니, 동등하지 않다는 뜻입니다.

《42권 36장. “상문과 이포새〔桑門伊蒲塞〕”92》

《“이포새(伊蒲塞)와 상문(桑門)의 성찬(盛饌)”이라는 말이 《후한서》〈초
왕영전(楚王英傳)〉에 보입니다.93 순지(順之)의 말에 선가(禪家)의 기미
가 있음을 말한 것입니다.》

《43권 19장. “팔각마반(八角磨盤)”94》

《맷돌 받침대〔磨盤〕가 팔각으로 된 것을 말합니다. 지금 밀가루를 가는
것은 큰 받침대 위에 맷돌을 올려 두고 둥글게 돌리면서 갈면, 가루가
어지럽게 사방으로 나옵니다. 이는 양공(楊公)의 전체 말을 보지 못했기
때문에 그 설을 자세히 알지 못하겠으나, 그 대의는 이로써 윤회설을
비유한 것일 뿐입니다.》

---

**92** 상문과 이포새 : 【譯注】《주자대전》 권42 〈석자중에게 답하다〔答石子重〕〉에서,
허승(許升)이 선가(禪家)에 물든 것을 비판하며 “다만 끝내 상문과 이포새의 기미가
있습니다.〔但終有桑門伊蒲塞氣味〕”라고 하였다.

**93** 이포새와……보입니다 : 【譯注】 한나라 명제(明帝)의 아우인 초왕(楚王) 유영(劉
英)은 평소 불교를 신봉했다. 명제 8년(65)에 명제가 죄를 짓고 망명한 자들의 속죄를
허락하는 조령을 내렸을 때 유영이 비단을 바치며 속죄를 청하자, 이를 들은 명제가
조서를 내려 “속죄하는 비단을 되돌려주어서 이포새와 상문의 성찬을 마련하는 데 도움
이 되게 하라.〔以助伊薄塞·桑門之盛饌〕”라고 하였다. 《後漢書 楚王英傳》

**94** 팔각마반 : 【譯注】《주자대전》 권43 〈이백간에게 답하다〔答李伯諫〕〉에서, 당대
불자(佛者)들이 양억(楊億)을 불도(佛道)를 아는 사람이라 여긴 까닭은 양억이 지은
게송(偈頌)에 “팔각 맷돌 받침대가 허공 속에서 달린다.〔八角磨盤空裏走〕”라는 구절이
있기 때문이라고 하였다.

44권 11장. "시악(鳲鸒)"은《주자서절요》에 "치효(鴟鴞)"로 되어 있는데,[95] 모르겠습니다만 어느 것이 옳습니까?

'시악' 두 글자는 예로부터 두 자를 짝지어 말한 경우가 없고, 또 '봉황(鳳凰)'으로 대를 맞추는 것은 말뜻이 더욱 적합하지 않으니, 이는 '치효(鴟鴞)' 자의 잘못임을 알 수 있습니다. 그러므로 그것을 고쳐 바로잡았을 뿐입니다.

45권. "한 번 몽둥이로 치면 한 줄기 몽둥이 흔적이 생기고, 한 번 손으로 치면 손바닥 만한 피멍 하나가 생긴다.〔一捧一條痕, 一摑一掌血.〕"[96]

'방(捧)'은 응당 '나무목 변〔木〕'이 되어야 하니, 몽둥이로 친다는 뜻입니다. '괵(摑)'은 손으로 친다는 뜻입니다. 몽둥이로 치면 몽둥이를 따라 한 줄기 흔적이 생기고, 손으로 때리면 손바닥 만한 피멍 하나가 생기니, 그 말의 통렬함이 이와 같음을 말한 것입니다. '棒'은 발음이 '방'입니다.

《46권 28장. "대박두호규환(大拍頭胡叫喚)"》[97]

---

95  시악은……있는데 : 【譯注】《주자대전》 권44 〈채계통에게 답하다〔答蔡季通〕〉에서, 소옹(邵雍)·장재(張載)의 학문을 비판하는 임률(林栗)과 소옹을 공격하는 원추가 가소롭다고 하면서 "시악으로서 봉황을 비웃는다.〔以鳲鸒而笑鳳凰〕"라는 시구를 인용하였다. 이 문장의 '鳲鸒'이《주자서절요》 권10 〈채계통에게 답하다〉에는 '鴟鴞'로 되어 있다.

96  한……생긴다 : 【譯注】《주자대전》 권45 〈양자직에게 답하다〔答楊子直〕〉에 나오는 말로, 주희가 정이의 〈사물잠(四勿箴)〉에 대해 평한 것이다.

97  대박두호규환 : 【譯注】《주자대전》 권45 〈첨원선에 답하다〔答詹元善〕〉에 나오는 말로, 육구연(陸九淵)의 학문 태도를 비판하며 한 말이다.

《'박(拍)'은 음악을 연주할 때의 박자입니다. '두(頭)'는 사두(詞頭)·가두(歌頭)·화두(話頭) 부류와 같으니, 박자의 첫머리[題頭]입니다. '호(胡)'는 멋대로 한다[胡亂]는 뜻입니다. 육자정(陸子靜 육구연(陸九淵))이 평소 자신의 학문을 자부하여 남과 논쟁할 때 반드시 기세등등하여 과장하며 큰 소리로 말해서 꺼리는 바가 없었으므로, 이렇게 말한 것입니다. '첫 박자부터 대단히 크게 치고 소리치기를 멋대로 한다'는 말입니다.》

"허교(許敎) 또한 조금 중독된 듯합니다.〔似亦小中毒也〕"98

허(許)씨 성의 교관이 된 자로, 또한 육자정(陸子靜)의 학문에 조금 미혹되었으므로, "약간 중독되었다.〔小中毒〕"라고 한 것입니다.

47권 39장. "억지로 말을 만들고 내세워 자신의 소임으로 짊어짐으로써 무너져버렸다.……〔杜撰扛夯作壞了云云〕"99

사실도 아니고 의리도 아닌데 억지로 만들어낸 말을 '두찬(杜撰)'이라고 합니다. '강(扛)'은 '든다〔擧〕'는 뜻입니다. '향(夯)'은 발음이 향(向)이니,

---

**98** 허교……듯합니다 : 【譯注】《주자대전》 권46 〈첨원선에게 답하다〔答詹元善〕〉에 "허교 또한 조금 중독된 듯하니, 어찌하면 좋겠습니까?"라고 하였다. 이황은 허교가 누구인지 구체적으로 밝히지 않았는데, 조선 후기 학자 김민재(金敏材)의《주자대전차의보(朱子大全箚疑補)》에서는 육구연(陸九淵)의 문인으로서 악주 교수(鄂州敎授)를 지낸 허중응(許中應)을 가리키는 것으로 보았다.

**99** 억지로……무너져 버렸다 : 【譯注】《주자대전》 권47 〈여자약에게 답하다〔答呂子約〕〉에 "성지(誠之)는 말하기 어려울 듯하니, 대개 본래 기질에 병통이 있고, 또 억지로 말을 만들어 내세워서 자신의 소임으로 짊어짐으로써 무너져버렸습니다. 그의 장점을 논하자면 도리어 절로 안타깝습니다.〔誠之恐難說話, 蓋本是氣質有病, 又被杜撰扛夯作壞了. 論其好處, 却却自可惜也.〕"라고 하였다.

'짊어진다[負荷]'는 뜻입니다. '작괴(作壞)'는 '무너진 바가 되다'는 말과 같습니다. '성지(誠之)[100]는 기질에 본래 병통이 있는 데다가, 또 그 사람이 제대로 알지 못하면서 억지로 말을 만들고 스스로 옳다고 여겨서 번번이 내세워 자신의 소임으로 짊어지니, 또 이런 병통에 의해 무너져 버렸다'는 말입니다. 그러나 그의 장점을 논하자면 취할 만한 점이 있으므로, "도리어 안타깝다.[却可惜]"라고 말한 것입니다.

49권 22장. "자여(子餘)[101]가 여기에 와서 머문 지 오래되었는데[子餘留此久]" 이하는 대의(大意)를 알지 못하겠습니다. "검추(鈐鎚)"·"최찬(催儧)" 등의 말과 "신법과정(新法課程)"은 무슨 말입니까? "소인자(小仁者)" 이하는 또한 무슨 뜻입니까?[102]

---

**100** 성지 : 【攷證 卷4 誠之】 살펴보건대, 성지로는 유성지(游誠之)가 있고 제갈성지(諸葛誠之)가 있는데, 여기서는 아마도 제갈성지를 가리키는 듯하다. 항주(杭州) 임안(臨安) 사람으로, 주자의 문인이자 육자정(陸子靜 육구연)의 무리이다.

**101** 자여 : 【攷證 卷4 子餘】 석홍경(石洪慶)의 자이다. 장주(漳州) 용계(龍溪) 사람으로, 주자의 문인이다. 주자가 그의 강직함과 방정(方正)함을 칭송했다. 계축년 문답을 기록했다.

**102** 자여가……뜻입니까 : 【譯注】《주자대전》 권49 〈왕자합에게 답하다[答王子合]〉에 다음과 같은 내용이 있다. "자여가 여기에 머문 지 오래되었는데, 마침 제가 병이 나서 아침저녁으로 서로 모이지 못했고, 또 그가 장성한 것을 보고 엄하게 검속하고자 하지 않았습니다. 나중에, 이렇게 모호하게 하는 것이 벗을 그르칠 수 있다는 것을 깨달아 비로소 애써 그가 공부하도록 다그쳤는데, 그가 이미 떠날 날이 임박했습니다. 아직 머물러 있는 자에게 새로운 과정을 썼는데, 근래 도리어 자못 크게 진전했으니, 참으로 작은 인은 큰 인을 해치는 것이요, 면목이 없는 것이 도리어 인정을 장구하게 하는 것입니다.[子餘留此久, 適熹病不得朝夕相聚, 又見渠長上, 不欲痛下鈐鎚. 後來自覺如此含糊恐誤朋友, 方著力催儧功夫, 則渠已有行日矣. 其有尙宿留者, 用新法課程, 近日却頗長進, 信乎小仁者大仁之賊, 而無面目者, 乃長久人情也.]"

'鈐'은 겸(鉗)과 통하니, 발음은 '기(其)'와 '엄(淹)'의 반절로, 쇠를 가지고 위협하고 속박한다는 뜻입니다. '추(鎚)'는 응당 '손수 변[扌]'이 되어야 하니, 몽둥이로 친다는 뜻입니다. '검추(鈐鎚)'는 배우는 자를 검속하고 제어하는 것의 엄격함을 말한 것입니다. '나는 자여(子餘)가 어른이 된 것을 보았으므로 엄하게 검속하고 제어하려 하지 않았는데, 나중에 이렇게 하는 것이 벗을 그르칠 수 있다는 것을 깨달았기에 비로소 애써 그가 공부하도록 다그쳤으나, 자여가 떠날 날이 이미 임박하여 성취가 있게 하는 데에는 미치지 못하였다. 자여가 떠난 뒤에 다른 이가 아직 떠나지 않고 머물러 있었기에, 새로운 과정을 써서 엄하게 검속하고 꾸짖었더니, 도리어 크게 진전한 것이 있음을 깨달았다'는 말입니다. 이어서 다시 "배우는 자를 너그러이 가르치는 것은 작은 인[小仁]이요, 배우는 자를 잘못되게 하는 것은 이른바 큰 인[大仁]을 해치는 것이다. 배우는 자를 엄격하게 가르치는 것은 면목이 없으나, 그의 학문이 크게 진전하니 이른바 사람 간의 정리를 오래 가게 하는 것[長久人情]이다."라고 말한 것입니다. '찬(儹)'은 《운서(韻書)》에 '모으다[聚]'라는 뜻이라고 하였습니다. 그러나 '모으다'는 뜻뿐만 아니라, 또한 '이르도록 다그친다[催促趁及]'는 뜻도 있습니다.


    50권 2장. "괴증(壞證)"[103]


미상입니다. 그러나 아마도 병이 매우 고질이 되어 원기(元氣)가 손상되어

---

**103** 괴증 : 【譯注】《주자대전》 권50 〈반문숙에게 답하다[答潘文叔]〉에서 "편지 끝에서 말한 '괴증'이란 것은 그대가 이미 가지고 있는 듯합니다.[紙尾所謂壞證者, 似已有之.]"라고 하였다.

구제할 수 없는 것을 괴증(壞證)이라고 한 듯합니다. 이는 분명 반문숙(潘文叔)[104]의 편지에서 선학(禪學)에 빠진 병폐를 가리켜 '괴증'이라 했을 텐데 반문숙의 여러 설에 도리어 선학의 뜻이 있었으므로, 앞 대목에서 이미 '벽의 틈〔壁隙〕', '빛과 그림자〔光影〕'라는 말을 하고[105] 여기에서 '그대가 말한 괴증이란 것을 그대 몸에 이미 가지고 있다'고 말했을 뿐입니다.

　51권 47장. "공무로막(恐無撈摸)"[106]

'로(撈)'는 '물속의 물건을 손으로 취한다'는 뜻입니다. '막(摸)'은 '손으로 더듬어 취한다'는 뜻입니다. "공무로막"은 '탐색하여 얻어낼 만한 것이 없다〔無可探索取得〕'는 말과 같습니다.

　《52권 56장. "팔병을 알았으니〔識得八病〕"와 그 아래 "다시 큰 의심이 생겨나〔復生大疑〕"》[107]

---

104　반문숙 : 【譯注】송나라 반우문(潘友文)으로, 문숙은 그의 자이다. 호는 역암(櫟庵)이고 동양(東陽)사람이다. 어린 시절 육구연에게 학문을 배웠으며, 주희·여조겸(呂祖謙) 등과도 교유했다.

105　앞……하고 : 【譯注】《주자대전》 권50 〈반문숙에게 답하다〔答潘文叔〕〉에서, '지(知)'라는 것은 《대학》에서 말한 '격물치지'와 같이 사물에 나아가 본래의 자연스럽고 당연한 이치를 궁구하는 것이지 불가에서 말하는 것과는 다르다고 하면서, "이는 머리를 돌려 벽의 틈을 향하여, 잠깐의 자기 마음의 광영(光影)을 엿보고서 곧장 천명 전체로 여기는 것이 아닙니다.〔非是回頭向壁隙間, 窺取一霎時間, 已心光影, 便爲天命全體也.〕"라고 하였다.

106　공무로막 : 【譯注】《주자대전》 권51 〈만정순에게 답하다〔答萬正淳〕〉에 나오는 말이다.

107　팔병을……생겨나 : 【譯注】《주자대전》 권52 〈왕장유에게 답하다〔答汪長孺〕〉에서 "이미 '팔병을 알았으니〔識得八病〕', 드디어 천리(天理)가 유행하여 밝게 드러나 털끝

《'팔병(八病)'은 아마도 왕장유(汪長孺)[108]가 자신에게 여덟 가지 병통이
있음을 스스로 말한 것일 겁니다. '대의(大疑)'의 '대(大)' 자가 '실(失)'로
되어 있는 것은 잘못된 것입니다.》

53권 10장. "덤불 속에서 꿈틀거리면서 조금씩 이끌어 가니〔榛中蜿蜒,
稍稍引去〕"[109]


당시의 소인들을 뱀에 비유하여 한 말입니다.


"찬철결과(攛掇結裹)"[110]


'찬(攛)'은 응당 '렵(攦)'이 되어야 하니, 발음은 '렵(獵)'으로 가다듬는다〔理
持〕는 뜻입니다. '과(裹)'를 '낭(囊)'으로 쓴 것은 잘못된 것입니다. '결과(結
裹)'는 '결말을 잘 짓다〔了畢無他〕'라는 말과 같습니다. 유오십가(劉五十

만큼의 간격도 없음을 보았다'고 하였습니다. 그런데 모르겠습니다만 어찌하여 발을
돌리기도 전에 곧 의기양양하여 교만을 부리는 잘못이 있어 다시 큰 의심이 생겨나〔復生
大疑〕 며칠 동안 답답하여 수미(首尾)가 전혀 상응하지 않게 된 것입니까?'라고 하였다.

**108** 왕장유 : 【譯注】 왕덕보(汪德輔)로, 주희의 제자이다.

**109** 덤불……가니 : 【譯注】《주자대전》 권53 〈유계장에게 답하다〔答劉季章〕〉에 "덤불
속에서 꿈틀거리면서 조금씩 이끌어 가니〔榛中蜿蜒, 稍稍引去〕, 다만 주인의 뜻이 견고
하지 않아 혹 뒤엎어져 곧 그 화가 더욱 심해질까 두려울 뿐입니다."라고 하였는데,
홍의영(洪儀泳)의 《차의익증(箚疑翼增)》에서는 갑인년(1190)에 한탁주가 여주방어사
(汝州防御使)가 되어 양순경(楊舜卿) 등을 내친 일을 가리키는 것이라 하였다.

**110** 찬철결과 : 【譯注】《주자대전》 권53 〈유계장에게 답하다〔答劉季章〕〉에서 "유오십
가(劉五十哥)는 또 이처럼 가다듬고 잘 결말을 지었으나〔攛掇結裹〕 향후의 일은 알
수 없으니〔如此攛掇結裹, 向後事不可知〕, 다만 선인이 남긴 덕이 그가 선심(善心)을
갖도록 개도하여 후일을 기대할 수 있기를 바랄 뿐입니다."라고 하였다.

哥)는 누구인지 모르겠으니, 아마도 유자우(劉子羽)[111] 집안의 자제인
듯합니다. 그 사람이 일찍이 덕을 많이 잃었는데 근래에 조금 스스로
검칙하여 큰 죄악은 없었습니다. 그러므로 '아무개가 또 이와 같이 수습하여
결말을 잘 짓고 있으니, 향후의 일은 또한 알 수 없다'라고 말한 것입니다.


   11장. "밤의 도리[夜底道理]"[112]


'밤의 도리[夜底道理]'는 윗 구절의 '낮을 말하는 것[說晝]'과 대를 맞추어
말한 것입니다. '주(晝)' 자와 '야(夜)' 자는 단지 이쪽과 저쪽이 서로 반대
된다는 뜻을 취한 것일 뿐입니다. '도섬(逃閃)'은 도망가 숨는다[逃藏]는
뜻입니다. 아이들의 숨바꼭질 놀이이니, 한편이 동쪽으로 가서 찾으면
다른 편은 서쪽으로 가서 숨으며, 이편이 여기로 와서 찾으면 저편은
또 저리로 가서 숨습니다. 이는 서로 도망가고 숨는다는 뜻이니, 각각
한쪽만의 도리를 말하여 서로 승부를 겨루는 것이 이와 비슷하다는 것입
니다.


   54권 10장. "유리병자선(琉璃甁子禪)"[113]


---

**111** 유자우 : 【攷證 卷4 劉子羽】1086~1146. 자는 언수(彦修)이다. 충현공(忠顯公
유겹(劉韐))의 장자로, 문음(門蔭)으로 벼슬에 나아갔다. 진회(秦檜)가 그를 시기하여
사록(祠祿)으로 관직을 옮겼고, 집에서 졸하였다.

**112** 밤의 도리 : 【譯注】《주자대전》 권53 〈유계장에게 답하다[答劉季章]〉에서 "지금
저 사람이 낮을 말하는 것을 보자마자, 자기는 곧 밤의 도리를 가지고 반박하여, 각각
한 쪽만을 말하면서 서로 달아나고 숨어 다시 끝날 기약이 없다.[今纔見彼說晝, 自家便
尋夜底道理反之, 各說一邊, 互相逃閃, 更無了期.]"라고 하였다.

**113** 유리병자선 : 【譯注】《주자대전》 권54 〈서사원에게 답하다[答徐斯遠]〉에서, 자기
의 견해를 고수하려고만 하는 서언장(徐彦章)의 태도를 비판하면서, "승가에 유리병자

유리(琉璃)로 병을 만들어 스스로 보물로 여기지만 그 물건의 성질이 견고하지 않아 만약 부딪히면 곧 깨지니, 이로써 '선(禪)을 제대로 배우지 못하여 가짜를 참으로 인식한 자가 고승(高僧)을 만나 한마디 말에 부딪히자마자 곧 깨져버리는 것'을 비유한 것입니다. 이는 필시 선문(禪門)에 이러한 비유가 있는데, 선생이 그것을 인용하여 '언장(彦章)[114]이 자기 견해를 보호하고 아껴 도(道)가 있는 자에게 질정을 구하려 하지 않는 병폐'를 말한 것일 겁니다.


　　55권 17장. "반이응접(般移應接)"[115]


'반(般)'은 또한 옮긴다는 뜻입니다. 아마도 이는 선생께서 오부리(五夫里) 옛집[116]에서 고정(考亭)으로 옮길 때의 일인 듯합니다. 대개 집을 옮기는 일이 번잡하고 자잘하게 대응할 일이 많기에, 마침내 외적인 수고로움 때문에 속의 심병(心病)이 절로 나았다는 것입니다.

---

선이라는 말이 있으니〔僧家有琉璃瓶子禪之說〕, 바로 이런 경우를 말하는 것입니다."라고 하였다.

**114** 언장 : 【攷證 卷4 彦章】성은 서(徐)이다. 광신(廣信) 옥산(玉山) 사람이다.

**115** 반이응접 : 【譯注】《주자대전》권55 〈이수약에게 답하다〔答李守約〕〉에 "제가 지난날 괴로웠던 것은 단지 마음을 수고롭게 한 소치였으니, 이윽고 집을 옮기면서 대응하는 일〔般移應接〕 때문에 몸 안팎이 힘들고 소란스럽자 마침내 약을 쓰지 않아도 병이 나았습니다."라고 하였다.

**116** 오부리 옛집 : 【攷證 卷4 五夫舊居】《대명일통지(大明一統志)》에 "오부리(五夫里)는 건녕부(建寧府) 숭안현(崇安縣)의 병산(屛山) 아래에 있다."라고 하였다. 송나라 황간(黃榦)의 〈조봉대부 문화각시제 증 보모각직학사 통의대부 시호 문 주선생 행장〔朝奉大夫文華閣侍制贈寶謨閣直學士通議大夫諡文朱先生行狀〕〉에 "선생 때에 이르러 비로소 숭안현의 오부리(五夫里)에 우거하였는데, 지금은 건양(建陽)의 고정(考亭)에 거처하였다."라고 하였다.

28장. "일장태탈공(一場大脫空)"[117]

'일장(一場)'은 '일단(一段)', '일차(一次)' 등의 말과 같습니다. '탈공(脫空)'은 엉성하고 공허하다는 뜻입니다. '학문에 책을 사용하지 않으면, 끝내 거두어들이는 것이 없어 단지 일단의 대단히 엉성하고 공허한 학문이 된다'는 말입니다.

《《36장. 〈웅몽조에게 답하다〔答熊夢兆〕〉가《주자서절요》에선 '조(兆)' 자가 없는 것은 어째서입니까?》》

《《《주자서절요》의 다른 본(本)에 이미 '조' 자가 있으니, '조' 자가 없는 것은 아직 고치지 않은 본입니다.》》

《《56권 10장. "서척(書尺)"[118]》》

《《짧은 편지입니다.》》

21장. "요리간서(料理簡書)"[119]

---

**117** 일장태탈공 : 【譯注】《주자대전》 권55 〈유정부에게 답하다〔答劉定夫〕〉에 "가장 두려운 것은 사람들이 학문은 책에 있지 않다고 하면서 책을 읽는 데 힘쓰지 않고 입과 귀를 전일하게 하지 못하여 결국 장황하게 말하며 전혀 수습하지 못하여, 단지 '일단의 대단히 거칠고 공허함〔一場大脫空〕'이 되는 것이니, 이것이 바로 미워해야 할 것입니다."라고 하였다.

**118** 서척 : 【譯注】《주자대전》 권56 〈섭정칙에게 답하다〔答葉正則〕〉에 나오는 말이다.

**119** 요리간서 : 【譯注】《주자대전》 권56 〈방빈왕에게 답하다〔答方賓王〕〉에 나오는 말이다.

'요리(料理)'는 점검하고 정리함을 이르는 것이니, 《속어의 '출오다'와 같은 것으로》, 《세설신어(世說新語)》에 나오는 '요리(料理)' 또한 이 뜻과 같습니다.[120] '간서(簡書)'는 곧 서간(書簡)이니, 《시경》〈소명(小明)〉에 나오는 '간서(簡書)'[121]의 뜻이 아닙니다.

22장. "경항작롱(擎夯作弄)"[122]

높이 떠받들고서 내세워 희롱해 과시하여 본래 큰일인 것처럼 간주하는 것을 말합니다. 《원래의 큰일이란 '성(性)'과 도(道)'의 큰 본원입니다.》

《42장. "잘 다스리는 방도는 지나친 것만 없애면 될 뿐이다.〔治道去泰甚〕"[123]》

---

**120** 세설신어에……같습니다 : 【譯注】《세설신어》 중권에 "경이 부에 있은 지 오래되었으니, 근래에는 응당 사무를 잘 처리하겠지.〔比當相料理〕"라는 말이 보인다.

**121** 시경……간서 : 【攷證 卷4 小明簡書】 살펴보건대, 《시경》〈소명〉장에는 '간서'라는 글자가 없다. 〈소명〉은 아마도 〈출거(出車)〉의 잘못인 듯하다. 【校解】《시경》〈소아 출거〉에 "어찌 돌아가고픈 생각이 없었으랴만, 이 간서가 두려웠느니라.〔豈不懷歸, 畏此簡書.〕"라고 하였는데, 주희의 《시경집전》에서 "간서는 계명(戒命)이다."라고 풀이했다.

**122** 경항작롱 : 【譯注】《주자대전》 권56 〈방빈왕에게 답하다〔答方賓王〕〉에서, "근래에 마음을 안다고 하는 자들은……다만 마음이 발현하고 유행하는 곳에서 잠깐 사이의 정당한 마음을 인식하고는, 곧장 본심의 오묘함이 불과 이와 같을 뿐이라고 여겨 떠받들어 희롱하여〔擎夯作弄〕 몹시 큰 일로 간주하니, 이것은 단지 마음의 용(用)임을 알지 못하는 것입니다."라고 하였다.

**123** 잘……뿐이다 : 【譯注】《주자대전》 권56 〈정자상에게 답하다〔答鄭子上〕〉에 "'잘 다스리는 방도는 지나친 것만 없애면 될 뿐이다'라는 말은 진실로 황로(黃老)의 뜻에서 나온 것이지만〔治道去泰甚, 誠出於黃老之意〕, 우리 유가의 말에도 자못 이와 흡사한 것이 있으니, 다만 쓰는 것이 어떠한가에 달려 있을 뿐입니다."라고 하였다.

《이는 본래 한(漢)나라 황패(黃覇)의 말[124]이니, 그가 귀가 어두운 허승(許丞)을 내쫓지 않은 뜻이 이와 같음을 말한 것이니, 아마도 의심할 만한 것이 없을 듯합니다.

《58권 13장. "매문(浼聞)"[125]》

《외람되이 받들어 듣는다고 겸손하게 말한 것입니다.》

18장. "닭이 알을 품는 일〔鷄抱卵〕"[126]

닭이 알을 품음에 잠시도 그만두지 않아서 따듯한 기운이 계속 이어지게 하면 병아리가 되니, 조금이라도 차갑게 하면 병아리가 되지 못합니다. 승가(僧家)에서 이로써 '공부가 계속되어야 성불(成佛)할 수 있다'는 것을 비유했습니다. 이 말이 잘못된 것이 아니라, 다만 그 배우는 도(道)가 그릇되었을 뿐입니다. 자융(子融)[127]이 그 도의 그릇됨을 분변하지 않고 오직 그 말이 잘못되었다고 공격했으므로 이렇게 말한 것입니다.

---

**124** 한나라 황패의 말 : 【譯注】 황패는 한나라 선제(宣帝) 때의 어진 신하이다. 황패가 영천 태수(穎川太守)로 있을 때, 장리(長吏) 허승(許丞)은 늙고 귀가 어두우니 그를 내쫓아야 한다는 의견이 올라오자, 황패는 자주 장리를 바꾸면 폐단이 많다고 하면서 허승을 내쫓지 않고, "잘 다스리는 방도는 지나친 것만 없애면 될 뿐이다.〔凡治道, 去其泰甚者耳.〕"라고 하였다. 《前漢書 黃覇傳》

**125** 매문 : 【譯注】《주자대전》 권58 〈왕흠지에게 답하다〔答王欽之〕〉에 나오는 말이다.

**126** 닭이……일 : 【譯注】《주자대전》 권58 〈서자융에게 답하다〔答徐子融〕〉에서, 서소연이 불가의 잘못을 공격하되 핵심을 찌르고 있지 못함을 지적하면서, "지난번에 논한 닭이 계란을 품는 일〔雞抱卵事〕"과 같다고 하였다.

**127** 자융 : 【攷證 卷4 子融】 서소연(徐昭然)의 자이다. 호는 잠재(潛齋)이고 연산(鉛山) 사람이다. 주자가 그의 지취(志趣)와 지조를 칭찬하였다.

《("북문의 논변〔北門之辨〕"128》》

《(미상입니다. 아마도 자융(子融)이 사람들과 함께 논한 곳의 지명이거나, 혹은 자융과 함께 논한 사람이 북문(北門)의 관리였을지요?》》

21장. "사람이 묻혀 흙이 된다〔人陰爲土〕"129

'음(陰)'은 묻는다〔瘞藏〕는 뜻입니다. 이 말은 《예기》에서 나왔습니다.130

59권 39장. "노둔한 자는 이미 도리가 모여들어 정박하기 어렵고〔鈍者旣難揍泊〕"131

'주(揍)'는 훈이 '던지다〔投〕'입니다. '자질이 노둔한 자는 가르침을 받을 곳이 없어 도리(道理)가 모여들어 정박할 곳이 없고, 자질이 명민한 자는 또 재빠르고 민첩하여 쉽게 받아들이고, 견디고 수고하여 공부를 오랫동

---

128 북문의 논변 : 【譯注】《주자대전》 권58 〈서자융에게 답하다〔答徐子融〕〉에 나오는 말이다.

129 사람이……된다 : 【譯注】《주자대전》 권58 〈서자융에게 답하다〔答徐子融〕〉에서, "만약 보내온 편지에서 말한 것처럼 나무가 타서 흙이 되고 사람이 묻혀 흙이 된다〔人陰爲土〕고 한다면, 또한 이 재와 흙의 기(氣)가 있는 것입니다. 이미 재와 흙의 기가 있다면 곧 재와 흙의 성이 있으니, 어찌 시들어 죽은 사물에 성이 없다고 할 수 있겠습니까."라고 하였다.

130 이……나왔습니다 : 【譯注】《예기》〈제의(祭義)〉에 "뼈와 살이 아래에서 썩어서 땅속에 묻혀 들의 흙이 된다.〔骨肉斃於下, 陰爲野土.〕"라고 하였다.

131 노둔한……어렵고 : 【譯注】《주자대전》 권59 〈보한경에게 답하다〔答輔漢卿〕〉에서, 주희는 주변에 함께 강론할 만한 벗이 없다고 하면서, 노둔한 자와 명민한 자 각각의 문제점을 말했다.

안 쌓지 못한다'는 말입니다.

40장. "이 화색을 보건대〔看此火色〕"[132]

이는 당시 세도(世道)의 기상을 가리켜 말한 것입니다. 혹은 풍색(風色)이라 하기도 하고 풍력(風力)이라 하기도 했으니, 대개 지척(指斥)하여 말하고자 하지 않았으므로 은어를 사용하여 뜻을 드러낸 것일 뿐입니다.

42장. "운수반시(運水般柴)"[133]

'운(運)'과 '반(般)'은 옮긴다는 뜻입니다. 저들은 땔나무와 마실 물을 옮기는 것 따위를 모두 신통(神通)과 묘용(妙用)이라고 여기고, 도리(道理)가 어떠한지 더 이상 따져 보지 않습니다.

---

**132** 이 화색을 보건대 : 【譯注】《주자대전》 권59 〈보한경에게 답하다〔答輔漢卿〕〉에 "과거 시험 결과가 좋지 못한 것은 또한 시절이 이러해서입니다. 이 화색을 살펴보건대, 또 편안히 앉아서 밥을 먹는 것도 이미 다행한 일이니〔看此火色, 且得安坐喫飯, 已是幸事〕, 어찌 따로 다른 것을 바라겠습니까?"라고 하였다.

**133** 운수반시 : 【譯注】《주자대전》 권59 〈진위도에게 답하다〔答陳衛道〕〉에서, 양시(楊時)가 방온(龐蘊)의 "신통(神通)과 묘용(妙用)은 마실 물을 옮기고 땔나무를 옮기는 것과 같다.〔神通妙用, 連水般柴.〕"라는 말을 가지고 《맹자》의 "서행후장(徐行後長)"의 뜻을 증명한 것을 보았는데, 그 말에는 문제가 있다고 하였다.【攷證 卷4 運水般柴】살펴보건대, 양양(襄陽)의 거사 방온이 처음 석두 화상(石頭和尙)을 뵈었을 때 석두 화상이 일상사가 어떻게 생겨나는지 묻자, 방온이 "일상사는 다른 것이 없습니다. 오직 내가 스스로 우연히 아는 것이니, 신통(神通)과 묘용(妙用)은 곧 마실 물을 옮기고 땔나무를 옮기는 것과 같습니다."라고 대답하였다.《古今事文類聚 前集 卷35 一口吸盡西江水》

《46장. "방갈(棒喝)"[134]》

《'방(棒)'은 위에 보입니다.[135] '갈(喝)'은 꾸짖고 성내어 소리치는 것입니다. 선가(禪家)에서 묻는 자가 질문을 하면, 스승이 혹은 몽둥이로 치기도 하고 혹은 성내어 소리치고 꾸짖기도 하여, 그 사람으로 하여금 도(道)를 깨닫게 합니다.》


52장. "탑을 바라보며 상륜에 대해 말하기만 하여[136] 이러한 생각에

---

**134** 방갈 : 【譯注】《주자대전》권59 〈진재경에게 답하다〔答陳才卿〕〉에 "보내온 편지에서 '대개 여유로운 기상은 부족하고 억세고 급한 마음이 있다'고 하였으니 이렇게 하기를 그치지 않으면, 점차 몽둥이로 치고 소리치는 선종에 빠져들까 두렵습니다.〔恐轉入棒喝禪宗〕"라고 하였다.

**135** 방은 위에 보입니다 : 【譯注】 이 편지 앞부분에서 《주자대전》권45 〈양자직에게 답하다〔答楊子直〕〉의 "한 번 몽둥이로 치면 한 줄기 몽둥이 흔적이 생기고〔一捧一條痕〕"라는 구절에 대해 설명하면서, "'방(捧)'은 응당 '나무목 변〔木〕'이 되어야 하니, 몽둥이로 친다는 뜻입니다."라고 하였다.

**136** 탑을……하여 : 【譯注】 실천 없이 빈말만 하는 것을 비유한 정자(程子)의 말로, 《주자대전》권59 〈서정숙에게 답하다〔答余正叔〕〉에서 주희가 공허한 학문 태도를 경계하면서, "대개 이는 모두 평소에 탑을 바라보며 상륜에 대해 말하기만 하여 그런 사고방식에 익숙해져서 이렇게 된 것이니〔大槩皆是平日對塔說相輪, 慣了意思, 致得如此〕, 모름지기 용맹스럽고 굳건하게 실제로 공부를 하여 이런 병통을 힘써 구제해야 하고, 전처럼 어물어물하며 시일을 헛되이 보내서는 안 된다."라고 하였다. 【攷證 卷4 對塔說相輪】《이정전서(二程全書)》권1에 다음과 같은 내용이 있다. 선생이 일찍이 왕개보(王介甫)에게 말하였다. "공이 도(道)를 말씀하시는 것은 마치 13층탑 위의 상륜(相輪)을 설명할 때, 마주하여 바라보며 '상륜은 이러이러하다.'라고 말하는 것과 같으니, 매우 분명합니다. 저와 같은 이는 어리석고 고지식하여 이렇게 하지 못하고 곧장 탑 안에 들어가 위로 상륜을 찾아서 고생하며 올라갑니다. 구불구불 올라가서 곧 13층에 이르렀을 때, 비록 공이 말씀한 것과 같은 상륜을 아직 보지는 못하지만, 저는 도리어 탑 안에 실제로 있어 상륜과의 거리가 점점 가까워지니, 상륜을 보고자 하면 이를 수 있습니다. 상륜에 이르러 앉아있을 때에는 공이 탑을 마주보며 '이 상륜은 이러이러하다'고 말씀한 것을 예전대로 보게 됩니다."라고 하였다. 왕개보는 단지 도에 대해 말하면서

익숙해져〔對塔說相輪, 慣了意思〕"

'탑을 바라보며 상륜에 대해 말한다〔對塔說相輪〕'는 것은 본래 정자(程子)의 말입니다. 탑에 상륜이 있다는 것은 어떤 사물인지 미상입니다. 그 뜻은 '탑을 바라보는 자가 탑 안으로부터 위로 올라가 층층이 두루 바라보지 않고, 단지 평지에서 있으면서 탑을 바라보며 상륜의 형상을 가리켜 말하니, 비록 상륜에 대해 말할 수는 있더라도 탑을 관찰함에 있어서는 끝내 실제로 얻는 것이 없다'는 말입니다. 이는 빈말만 하고 실천하지 않는 자가 끝내 실제로 얻는 것이 없음을 비유한 것입니다. '정숙(正叔)[137]이 평소 이러한 생각에 익숙해졌으므로 이 때문에 그의 병통이 이와 같았으니, 모름지기 용감하게 고쳐야 좋다'는 말입니다.


　　60권 10장. "천생만수(千生萬受)"[138]


《한어해(漢語解)》에 "생수(生受)는 고생한다〔艱苦〕는 뜻이다."라고 하였습니다. 고생한다는 뜻을 강조하여 말했으므로 "천생만수"라고 한 것입

---

"나는 도가 이러이러하다는 것을 안다."라고 할 뿐이다. 단지 그가 도에 대해 말하기만 하는 때 이미 도와는 떨어져 있다. 그는 도를 알지 못하니 단지 도에 대해 말하기만 하는 때는, 그가 말하는 것은 곧 도가 아니다.

**137** 정숙 : 【攷證 卷4 正叔】여대아(余大雅)의 자이다. 연평(延平) 순창(順昌) 사람이다. 주자가 그의 진보를 깊이 허여하였다. 편서에 《주자어록(朱子語錄)》이 있다.

**138** 천생만수 : 【譯注】《주자대전》 권60 〈두숙고에게 답하다〔答杜叔高〕〉에 "도리가 분명한 것이 본래 큰길과 같고, 성현이 또 이처럼 가리켜 보여주고 일깨워 준 것이 절실하지 않은 것이 없습니다. 그런데 지금 사람들은 전혀 이해하지 못하고 도리어 따로 온갖 고생을 하면서〔却別去千生萬受〕 갖가지로 말을 꾸며대서 마구 허튼말을 하니, 자신의 분수에 조금도 보탬이 되지 않고 단지 남을 속일 뿐입니다."라고 하였다.

니다.

　62권 6장. "츤첩(襯貼)", "체환(替換)", "역락(歷落)"139

지금의 어떤 글자 어떤 말로 옛날의 어떤 글자 어떤 말에 대응시켜 그 뜻을 밝히는 것을 '츤첩'이라고 합니다. 지금의 어떤 글자 어떤 말로 옛날의 어떤 글자 어떤 말을 교체하여 그 훈(訓)을 밝히는 것을 '체환'이라고 합니다. 예컨대 명덕(明德)을 풀이할 때, '하늘에서 얻은 바'라고 '덕(德)' 자를 풀이하고 '허령불매(虛靈不昧)함'이라고 '명(明)' 자를 풀이하는 것은 '츤첩'이라는 것입니다. 예컨대 격물(格物)을 풀이할 때, '이르다〔至〕'라고 '격(格)' 자를 풀이하고, '일〔事〕'이라고 '물(物)' 자를 풀이하는 것은 '체환'이라는 것입니다. '역락'은, 뒷권의 한 군데에 '역력분명(歷歷分明)'이라는 말이 있고140《주례(周禮)》의 주석에 '적력(適歷)'을 풀이하여 "성김과 빽빽함이 마땅함을 얻은 모양〔稀密得所之狀〕"이라고 하였습니다. 그러니 이들 말뜻을 종합하여 살펴보건대, '역락'은 응당 '분명(分明)'하고

---

**139** 츤첩 체환 역락 : 【譯注】《주자대전》 권62 〈장원덕에게 답하다〔答張元德〕〉에 "대저 글을 읽는 것은 모름지기 마음을 비우고 고요히 생각하여 글 뜻에 의거하여 문맥을 더듬어가며 이 구절이 가리키는 뜻이 무슨 일을 말하는 것인지 살펴보고, 대략 지금 사람들의 언어를 사용하여 한두 글자를 츤첩하거나 체환해서〔略用今人言語襯帖替換一兩字〕 옛사람의 뜻을 설명하여, 먼저 자신의 마음속을 분명하고 또렷하게 해서〔先敎自家心裏分明歷落〕, 마치 옛사람과 마주보고 대화하여 피차간에 대답함에 한 마디 한 글자도 서로 인정하지 않는 것이 없는 것처럼 해야 합니다."라고 하였다.

**140** 뒷권의……있고 : 【譯注】《주자대전》 권64 〈유공도에게 답하다〔答劉公度〕〉에 "그대가 주장한 경을 위주로 해야 한다는 설은 진실로 학자의 급선무입니다. 그러나 이는 또한 강학(講學)하고 궁리(窮理)하는 공부를 하려는 것이니, 세상의 도리를 분명하게 알아야〔見得世間道理歷歷分明〕 바야흐로 이렇게 힘을 쓸 수 있습니다."라는 구절이 있다.

탈락(脫落)하다'는 뜻일 것입니다.

"경권수불(擎拳竪拂)"[141]

선가(禪家)는 언어와 문자를 쓰지 않고, 혹은 주먹을 높이 들어서 보이기도 하고 혹은 불자(拂子)를 세워 보이기도 하여 사람으로 하여금 도(道)를 깨닫게 합니다. 불자는 주미(麈尾)[142] 부류입니다.

《18장. "소상(消詳)"[143]》

《어떤 이는 "소(消)'라는 말은 '모름지기〔須〕'이다."라고 하기도 하고, 어떤 이는 "무릇 그 일을 끝내는 것을 '소(消)'라고 한다."라고 합니다.》

63권 31장. "고 노인이 장 시랑에게 준 편지〔杲老與張侍郎書〕"[144]

---

**141** 경권수불 : 【譯注】《주자대전》권62 〈장원덕에게 답하다〔答張元德〕〉에 "또 불가의 '주먹을 높이 들고 불자를 세운다', '마실 물을 옮기고 땔나무를 옮긴다'는 설과 같으니, 어찌 이 마음을 보지 못하며, 어찌 이 마음을 알지 못합니까?〔且如釋氏擎拳竪拂·運水般柴之說, 豈不見此心? 豈不識此心?〕"라고 하였다.

**142** 주미 : 【譯注】스님이 들고 다니는 먼지털이처럼 생긴 도구이다. 【攷證 卷4 麈尾】살펴보건대, 육전(陸佃)이 "큰 사슴을 주(麈)라 하니, 색깔이 희다. 그 꼬리로 먼지를 쓸어버리니, 사슴 무리가 그것을 따라가서 모두 주가 가는 곳을 보고 주가 꼬리를 흔드는 것을 준칙으로 삼는다."라고 하였다.《古今韻會擧要 卷12 麈 注》불가에서 주미를 휘두르며〔揮麈〕설교한다는 것이 이것이다.

**143** 소상 : 【譯注】《주자대전》권62 〈왕진보에게 답하다〔答王晉輔〕〉에 "글자마다 해석하고, 구절마다 소상하며〔逐字訓釋〕, 단락마다 반복한다."라고 하였다.

**144** 고 노인이……편지 : 【譯注】송나라 때의 선승(禪僧)인 종고(宗杲)가 장구성(張九成)에게 보낸 편지를 말한다.《주자대전》권63 〈손경보에게 답하다〔答孫敬甫〕〉에서,

종고(宗杲)이니, 송나라가 남쪽으로 천도(遷都)한 뒤의 선종(禪宗)으로
그 무리들이 '보각대혜선(普覺大慧禪)'이라고 부른 자입니다. 여거인(呂
居仁)[145]과 왕성석(汪聖錫)[146] 무리가 모두 북면(北面)하여 그를 스승으
로 섬겼고, 시랑 장구성(張九成) 또한 그중 한 사람입니다. 장구성은 명
색이 대유(大儒)인데 실제로는 선가에 빠졌으니, 그 근원은 모두 종고에
게서 나온 것입니다. 이 편지는 바로 종고가 장구성에게 유학(儒學)의
말을 사용하여 선학(禪學)을 문식(文飾)하는 술책을 가르친 것이었으므
로, 그 말이 이러한 것입니다. '파(欛)'는 또한 '자루[柄]'라는 뜻입니다.
종고는 장구성이 이 술책을 써서 유세하고 대중을 미혹할 수 있을 것임을
알았으므로, 편지에서 "칼자루를 손에 넣었다.[欛柄入手]"라고 한 것입
니다.[147] 이로써 살펴보건대, 그 문의(文義)를 알기 어렵지 않습니다.


《"포섬(拋閃)"[148]》


주희는 선학이 교묘한 말로 사람들을 미혹시키는 것을 비판하면서 종고의 이 편지에
나오는 말을 인용하였다. 【攷證 卷4 與張侍郎】 송나라 종고의 《대혜어록(大慧語錄)》에
"'여(與)'는 '답(答)'이 되어야 한다."라고 하였다.

**145** 여거인 : 【攷證 卷4 呂居仁】 여본중(呂本中, 1084~1145)으로, 정헌공(正獻公
여공저(呂公著))의 증손이다.

**146** 왕성석 : 【譯注】 왕응신(汪應辰, 1118~1176)으로, 초명은 양(洋)이고 자는 성석
이다. 신주(信州) 옥산(玉山) 사람이다.

**147** 편지에서……것입니다 : 【譯注】 종고가 장구성에게 보낸 편지에서 "그대는 이미
선학의 칼자루를 손에 넣었으니[左右旣得此杷柄入手], 겉모습을 다르게 바꾸어 유가
(儒家)의 언어로 사대부들에게 말하여 후대 학자를 이끌어야 할 것이다."라고 하였다.
《朱子大全 卷63 答孫敬甫》

**148** 포섬 : 【譯注】 주희는 장구성이 유가 경전을 해석할 때 유가의 말로 선학(禪學)의
뜻을 드러낸다고 비판하면서 "그 재능을 파는 것이 더욱 정밀하고 말하는 것이 점점
더 교묘하여 요술을 부리고 숨으며 나타났다 없어졌다 하면서[拋閃出沒] 순식간에 만
가지로 변하여 거의 분별할 수 없습니다."라고 하였다. 《朱子大全 卷63 答孫敬甫》

《‘섬(閃)’은 뜻이 위에 보입니다.[149] ‘포(抛)’는 미상이나, 아마도 또한 광대가 요술을 부리는 것을 가리키는 것 같습니다.》


　　"관년과 실년〔官年實年〕"[150]


‘관년(官年)’은 호적에 들어간 나이이니, 그 사람의 실제 나이와는 많고 적음의 차이가 있으므로, 관년이니 실년이니 하는 말이 있었던 것입니다. 당시에 벼슬하는 자는 나이가 70세가 되어 치사(致仕)를 청하면, 조정에서는 이를 허락해 주고 자제에게 음보(蔭補)를 주는 것이 관례였습니다. 그러므로 ‘치사한다’, ‘은택을 내린다’라는 말이 있었습니다. 다만 당시 경보(敬甫)[151]가 난처했던 것의 곡절이 어떠한지는 알지 못하겠습니다. 그러나 말뜻을 살펴보건대, 관년이 이미 차면 응당 치사하고 음보를 얻어야 하는데 실제 나이가 아직 차지 않았고 또 관년이 찼는지 여부 또한 자세히 알 수 없어 이 때문에 난처했으므로, 선생께서 그에게 가르쳐 기한 전에 호조에 알아보도록 한 것 같습니다. ‘성조(省曹)’는 호조(戶曹)이니, 상서성(尙書省) 안에 있었으므로 ‘성조’라 한 것입니다.


---

**149**　섬은……보입니다 : 【譯注】 이 편지 앞 부분에서 《주자대전》 권53 〈유계장에게 답하다〔答劉季章〕〉의 "밤의 도리〔夜底道理〕"에 대해 설명하면서, "‘섬’은 숨는다〔逃藏〕는 뜻입니다."라고 하였다.

**150**　관년과 실년 : 【譯注】《주자대전》 권63 〈손경보에게 답하다〉에 "전에 음보를 준 일은 실로 난처하나, 관년과 실년에 대한 설은 조정에서 또한 잘 알고 있습니다.〔所前陰補事實難處, 然官年實年之說, 朝廷亦明知之.〕"라고 하였다.

**151**　경보 : 【攷證 卷4 敬甫】 손자수(孫自修)의 자이다. 영국(寧國) 선성(宣城) 사람이다. 갑인년 문답을 기록했다. 【校解】 주희의 사후에 주희 문인들이 각기 들은 말을 기록하여 《주자어류(朱子語類)》로 묶었는데, 손자수는 갑인년(1194)에 들은 내용을 기록하였다.

42장. "위징이 아뢰기를[徵奏]", "위징의 뜻[徵意]", "위징의 주장[徵議]", "절개를 잃고 원수를 섬긴 것[失節事讎]"[152]


당(唐)나라 태종(太宗) 때 오복(五服)의 제도를 의논할 때 위징(魏徵)의 주장을 써서 복(服)을 더한 바가 있었으니, 이것이 이른바 '위원성(魏元成)[153]이 복을 늘린 것[154]'입니다. 지금 정보(正甫)[155]가 그 복을 더한 잘못

---

**152** 위징이……것 : 【譯注】《주자대전》 권63 〈여정보에게 답하다[答余正甫]〉에서 위징이 소공복을 만든 일에 대해 다음과 같이 말했다. "위징이 아뢰기를[徵奏云], '중자부(衆子婦)에게는 옛날에 소공복을 입었으나 이제는 형제의 자부(子婦)와 같이 대공복(大功服)을 입게 하기를 청합니다'라고 하였습니다. 그러나 『의례』를 고찰하면 형제와 자부에 관한 글은 없는데 무엇에 근거하여 대공복으로 서부(庶婦)에게 가중(加重)시키자고 하였는지 모르겠습니다. 내 생각에, '위징의 생각[徵意]은 중자(衆子)와 형제의 아들에게는 모두 기년복(朞年服)이니, 그 자부 외의 친소(親疎)가 이렇게 도치되므로 복제를 같은 등급으로 하자'는 것이었지 인륜을 도치시킨 죄라고는 할 수 없습니다.……그렇다면 위징의 주장[徵議]이 크게 잘못된 것은 아닙니다.……그런데 이 복제를 늘리고 줄이는 것이 과연 좋지 않더라도, 또한 다만 예경(禮經)을 경솔히 바꾸었다는 죄에 해당할 뿐, 아마도 절개를 잃고 원수를 섬긴 것[失節事讎自]과는 서로 상관이 없는 듯합니다."

**153** 위원성 : 【攷證 卷4 魏元成】위징(魏徵, 580~643)으로, 본래 자는 현성(玄成)인데, 송나라 때 성조(聖祖) 조현랑(趙玄朗)의 휘(諱)인 '현(玄)' 자를 피하여 '원(元)'이라 하였다.

**154** 복을 늘린 것 : 【攷證 卷4 加服】《구당서》〈예의지(禮儀志)〉에 다음과 같은 내용이 있다. 당나라 태종(太宗)이 조서를 내려 오복(五服)의 제도를 논했는데 시중 위징이 아뢴 말에 "고조와 증조는 옛날에 자최복(齊衰服) 3개월을 입었는데 증조는 자최복 5개월로 늘리기를 청합니다. 적자부(嫡子婦)는 옛날에 대공복(大功服)을 입었는데 늘려서 기년복(朞年服)으로 하기를 청합니다. 중자부(衆子婦)는 옛날에 소공복(小功服)을 입었는데 형제자부(兄弟子婦)와 함께 똑같이 대공복을 입기를 청합니다. 수숙(嫂叔)은 옛날에 복을 입지 않았는데 소공복 5개월을 입기를 청합니다. 구(舅)는 옛날에 시마복을 입었는데 종모(從母)와 함께 똑같이 소공복을 입기를 청합니다." 하니, 임금께서 허락했다.

**155** 정보 : 【攷證 卷4 正甫】성은 여(余)이다. 엄주(嚴州) 건덕(建德) 사람이다. 주자

을 논하면서 절개를 잃고 원수를 섬긴 죄를 아울러 언급했으므로, 선생
께서 이렇게 말씀한 것입니다.


《64권 10장. "천진교(天津橋) 위에서 원숭이를 구경하다가 원숭이에
게 교란되어 도리어 대이삼장에게 간파당한 것〔天津橋上胡孫擾亂, 却
爲大耳三藏覷見〕[156]》


《이 또한 필시 선가(禪家)의 말일 텐데, 무슨 말인지 알지 못하겠습니다.
당나라 대종(代宗) 때 서천(西天)의 대이삼장(大耳三藏)이 장안(長安)
에 왔다고 하는데, 원숭이〔胡孫〕의 일은 알지 못하겠습니다. 만일 박식한
이에게 들은 것이 있다면 가르쳐 주시기를 간절히 바랍니다.》


"무너지는 한두 사람이〔塌了一兩人〕"[157]


'탑(塌)'은 무너진다〔頹下〕는 뜻입니다. '벗 중에 종종 한두 사람이 스스
로 서지 못하고 시속을 따라 무너지는 자가 있어, 나로 하여금 분하고


---

가 그의 박문강기(博聞强記)를 칭찬했다.

**156** 천진교……것 : 【譯注】《주자대전》 권64 〈공중지에게 답하다〔答鞏仲至〕〉에 나오
는 말이다. 인도의 승려 대이삼장(大耳三藏)이 당나라 장안에 와서 자신은 남의 마음을
꿰뚫어 보는 타심통(他心通)을 익혔다고 하자, 숙종이 혜충국사(慧忠國師)를 시켜 그
를 시험하게 했다. 혜충국사가 천진교 위에서 원숭이와 노는 것을 생각하자 대이삼장이
이를 알아맞혔으나, 혜충국사가 마음을 비우자 대이삼장이 끝내 알아맞히지 못했다.
《景德傳燈錄 卷5 西京光宅寺慧忠禪師》《五燈會元 卷2 南陽慧忠國師者》

**157** 무너지는 한두 사람이 : 【譯注】《주자대전》 권64 〈공중지에게 답하다〉에 "벗 중에
때때로 다시 시속에 무너지는 한 두 사람〔塌了一兩人〕이 저를 답답하게 합니다."라고
하였다.

답답하게 한다'는 말입니다.

　33장. "거자의 직임을 외람되이 맡았는데, 또한 감히 거삭의 일로 당시
　인정에 부응하지 않았습니다.〔叨冒擧刺, 亦不敢以擧削應副人情.〕"[158]


선생이 일찍이 제거절동상평다염공사(提擧浙東常平茶鹽公事)를 지냈는
데 실제로는 감사(監司)의 출척(黜陟)을 관장하는 직임이었으므로, '출척
을 관장하는 직임을 외람되이 맡았다〔叨冒擧刺〕'고 겸손하게 말씀한 것입
니다. '거(擧)'는 '천거하는 것〔陟〕'을 말하고, '자(刺)'는 '내쫓는 것〔黜〕'을
말합니다. 그러나 그 당시 사람을 천거할 때 또한 공론이 일컫는 자로서
공적으로 천거했지, 감히 사적인 부탁으로 인해 사람을 천거하여 인정(人
情)에 부응하지 않았습니다. 사람을 천거하는 것을 '거삭(擧削)'[159]이라고
하는 것은 또한 미상입니다. 《혹자는 "사람을 천거할 때 사은(私恩)을
보이고자 하지 않아 곧 그 원고를 삭제하는 것을 '거삭'이라 한다."라고
하는데, 옳은지 잘 모르겠습니다.》


　38장. "출거(出擧)의 돈에서 이자와 본전을 헤아리는 것〔出擧錢商子
　本〕"[160]


---

**158** 거자의……않았습니다 : 【譯注】《주자대전》 권64 〈탁주좌에게 답하다〔答卓周
佐〕〉에 나오는 말이다.

**159** 거삭 : 【攷證 卷4 擧削】 살펴보건대, 옛날에 나무 팻말〔簡板〕을 일컬어 '교삭(敎
削)'이라고 하였으니, 수정하여 첨삭할〔修削〕 수 있기 때문이다. 여기에 근거하면, 이른
바 '거삭(擧削)'은 '거장(擧狀)'이라는 말과 같으니, 대개 사람을 천거할 때 사용하는
나무 팻말이다.

**160** 출거의……것 : 【譯注】《주자대전》 권64 〈진모에게 답하다〔答陳彗〕〉에 "공부 과정
을 헤아리는 것을, 마치 세상에서 출거의 돈에서 이자와 본전을 헤아림이 조급한 것처럼

민간에서 부자에게 물건을 저당물로 주고 돈 약간을 빌려 장사를 해서 이익을 취하는 것을 '거전(擧錢)'이라고 합니다. 그 저당물을 돌려받을 때, 본전(本錢) 액수 외에 본전의 액수 만큼 이자를 더 돌려주니, 그 본전 액수를 '모전(母錢)'이라 하고, 이자 액수를 '자전(子錢)'이라 합니다.

57장. "또 한 번 가위질하여 곧바로 잘라내지 못한 것〔又不能一剪剪斷, 直下剖判〕"[161]

'전(剪)'은 가위〔剪刀〕입니다. '한 번 가위를 써서 시원스레 잘라낸다'는 말입니다. '단칼에 두 동강이를 낸다〔一劍兩段〕'[162]라고 말하는 것과 같습니다. 의리를 판단하는 것이 이와 같지 못함을 말한 것입니다.

58장. "어찌 생경함을 억누르고 성취할 수 있겠는가.〔如何捺生硬做得成〕"[163]

---

해서는 안 됩니다.〔不當較計功程, 如世之出擧錢商子本者之營營也.〕"라고 하였다.

**161** 또……못한 것 :【譯注】《주자대전》 권64 〈어떤 사람에게 답하다〔答或人〕〉에 "지금 질문에 절로 병통이 있고, 답하는 자도 한번 가위질해서 곧바로 잘라내지 못한 것과 같으니〔答者又不能一剪剪斷, 直下剖判〕 말이 많아질수록 도는 더욱 멀어지고 있습니다."라고 하였다.

**162** 단칼에……낸다 :【攷證 卷4 一劍兩段】송나라 종고의 《대혜보각선사서(大慧普覺禪師書)》 권25 〈증시랑에게 답하는 편지〔答曾侍郎書〕〉에 "과거시험, 혼인과 벼슬살이는 세간에서는 피할 수 없는 것이니, 또한 공의 죄가 아닙니다.……능히 이 법문 안으로 마음을 돌려 청정(淸淨)에 자처하여 지금부터 단칼에 두 동강이를 내고〔一刀兩段〕 다시는 상속심(相續心)을 일으키지 않으면 충분하니, 앞과 뒤를 생각할 필요는 없습니다."라고 하였다.

**163** 어찌……있겠는가 :【譯注】《주자대전》 권64 〈유공도에게 답하다〔答劉公度〕〉에 "만약 성현의 말씀에 대해 소홀히 하는 바가 있어 구절마다 글자마다 자세히 이해하지

'捺'은 발음이 '내(乃)'와 '갈(曷)'의 반절이니, '억누르다〔抑〕'는 뜻이요,
'누르다〔按〕'는 뜻입니다. '평소 누적되고 숙련된 공부가 없으니, 어찌 생경
한 심신(心身)으로써 억지로 억눌러 성취할 수 있겠는가'라는 말입니다.


　　《속집(續集)》1권 10장. "시어는 가시가 많고, 금귤은 너무 시다.〔時魚
　　多骨, 金橘太酸.〕"164


'시어(時魚)'는 물고기 이름입니다. 이 두 개는 좋은 물건이지만 두 가지
병통이 있으니, 여자약(呂子約)165이 어질지만 병통이 많은 것을 비유한
것입니다.


　　17장. "만약 한결같이 이와 같다고 말한다면……〔若道一例如是云云〕"
　　부터 "운기(運氣)"까지166는 전혀 알지 못하겠습니다.


---

않아 도리를 아는 것이 전혀 분명하지 않다면, 도리어 어찌 생경함을 억누르고 성취할
수 있겠는가〔却如何捺生硬做得成〕?"라고 하였다.

**164** 시어는……시다 : 【譯注】《주자대전》 속집 권1 〈황직경에게 답하다〔答黃直卿〕〉에
서, 주희가 여자약의 됨됨이에 대해 평가하며 한 말이다. 【攷證 卷4 時魚多骨云云】
《냉재야화(冷齋夜話)》에 다음과 같은 내용이 있다. 팽연재(彭淵材)가 다섯 가지 한스
러움이 있었으니, 시어가 가시가 많은 것, 금귤이 너무 신 것, 순채(蓴菜)가 성질이
찬 것, 해당화에 향기가 없는 것, 증자고(曾子固)가 시를 잘 짓지 못한 것이다. 《佩文韻
府 卷73 五恨》《韻府羣玉 卷15 五恨》

**165** 여자약 : 【譯注】 여조검(呂祖儉, ?~1200)으로, 자는 자약, 시호는 충(忠)이다.
여조겸(呂祖謙)의 아우로, 여조겸에게 학문을 배웠다. 저서로 《대우집(大愚集)》이 있다.

**166** 만약……까지 : 【譯注】《주자대전》 속집 권1 〈황직경에게 답하다〔答黃直卿〕〉에
나오는 말이다. 주희는 이 편지에서 유청지·유병(劉炳) 등의 문인들이 무고(誣告)를
당하거나 탄핵당한 일을 서술한 뒤, 당시 상황을 탄식하며 "만약 한결같이 이러하다고
말한다면, 다른 사람들에게는 또 이런 일이 없는데 단지 우리 당에게만 곧 허다한 공격
이 있는 것이니 또한 가소롭습니다. 어찌 또한 하나의 좋지 못한 운기가 크게 행해진

윗글에서 유자징(劉子澄)[167] 이하 여러 사람이 탄핵당하고 억압받은 일들을 낱낱이 말하고, 여기에서 다시 탄식하며 "만약 지금 시대 사람들이 한결같이 이처럼 죄가 없는데도 탄핵당하고 억압당하느냐고 말한다면, 다른 사람들에게는 또 이런 경우가 없는데 오직 우리 당 사람들만이 곧 이처럼 많은 공격을 받는다는 것이니 또한 가소로울 뿐이다."라고 말한 것입니다. '축(築)'은 공이로 물건을 다지는 것이요, '개(磕)'는 돌이 서로 부딪히는 소리이니, '축개(築磕)'는 공격하는 것을 말합니다. '대가(大家)'는 '대단(大段)'이라는 말과 같습니다. 또 '어찌 하늘의 뜻이 하나의 좋지 않은 기수(氣數)를 대단히 행한 것이 아니겠는가. 아니면 나의 운명이 박하여 그런 것인가.'라고 말한 것입니다.


24장. "팽자수[168]를 쫓아냈다는 것을……한 번 빛나게 하였으니〔彭子壽行遣……一番光鮮〕"


'행견(行遣)'은 '쫓아내다〔逐去〕'와 같습니다. '방(放)'은 내버려 둔다〔舍置〕는 뜻이요, '방류(放流)'의 '방(放)'이 아닙니다. "서자의[169]를 내버려

---

것이 아니겠습니까?〔若道一例如是, 他人又却無是, 只是吾黨便有許多築磕, 亦可笑. 豈亦大家行着一個不好底運氣耶?〕"라고 하였다.

**167** 유자징 : 【譯注】 주희의 문인 유청지(劉淸之, 1138~1195)로, 자징은 그의 자이다.

**168** 팽자수 : 【攷證 卷4 彭子壽】 팽구년(彭龜年, 1142~1206)으로, 자수는 그의 자이고, 임강군(臨江軍) 청강(淸江) 사람이다. 주 선생과 장남헌(張南軒)을 좇아 의심나는 것을 물었다. 송나라 효종(孝宗) 건도(乾道) 연간에 진사에 급제하였고, 의춘위(宜春尉)·안복현승(安福縣丞)에 제수되었다.

**169** 서자의 : 【攷證 卷4 徐子宜】 서의(徐誼, 1144~1208)로, 자의(子宜)는 그의 자이고, 평양(平陽) 사람이다. 송나라 효종 건도(乾道) 연간에 진사시에 합격하여, 여러 관직을 거쳐 이부 시랑에 이르렀다. 시호는 충문(忠文)이다. 조여우(趙汝愚)가 재상에서 파직되었을 때 서자의가 임안부 지사(臨安府知事)로 있으면서 항론(抗論)하여 조여

두었다〔放了徐子宜〕"는 것은 서자의를 쫓아내려고 하다가 쫓아내지 않았다는 말이니, 이는 서자의를 내버려 둔 것입니다. 이때 팽자수를 쫓아냈음을 막 듣고 말하기를 "이 일이 이렇게 된 까닭은 당초 서자의를 쫓아내려고 하다가 그러지 않았기 때문이니, 이에 간당(姦黨)이 기세를 부려 바른 무리를 공격하는 것이 조금 사그라들어 치성하지 않은 듯하였다. 그러므로 또 별도로 한 사람을 끌어와서 서자의를 쫓아낼 자리에 대신 채워 넣고 팽자수를 쫓아내서, 이전에 공격하는 사람들의 위세가 중간에 그쳤던 것을 다시 활활 일어나게 하여, 한 번 빛나게 해서 한 시대 사람들의 이목을 놀라게 한 것일 뿐이다."라고 한 것입니다.[170]

27장. "선유 읍재는 거조를 제대로 하지 못했으나……또한 차이가 많지 않다.〔仙遊不成舉措……亦不多爭.〕"[171]

'선유(仙遊)'는 현(縣) 이름입니다. 이는 그 읍재를 가리켜 말한 것인데 누구인지는 지금 알지 못하겠습니다. 이는 본래 오당(吾黨)의 사람인데, 그가 한 일이 또한 좋지 않은 것은 아니었지만 다만 거조(舉措)에 있어

우가 유임(留任)하게 했다.

**170** 이때……것입니다 : 【譯注】 송나라 영종(寧宗) 연간에 한탁주가 일으킨 '경원고금(慶元黨禁)'에 대해 말한 것이다. 경원고금은 한탁주 무리가 주희의 학문을 '위학(僞學)'으로 규정하고 주희의 문도를 '위도(僞徒)'로 낙인찍어 정치적으로 탄압한 사건이다. 한탁주는 재상 조여우를 배척하고 주희와 팽귀년을 축출했는데, 이때 서위도 역당(逆黨)으로 지목되었다.

**171** 선유……않다 : 【譯注】《주자대전》 속집 권1 〈황직경에게 답하다〔答黃直卿〕〉에서 선유현(仙遊縣) 읍재(邑宰)의 행동을 평가하면서 다음과 같이 말했다. "선유 읍재는 거조를 제대로 하지 못했다. 그러나 지금 위학에 속하지 않는다는 추천장을 받은 사람과 또한 차이가 많지 않다.〔仙遊不成舉措. 然與今之受不係僞學舉狀者, 分數亦不多爭.〕"

합당하지 않은 점이 있었으므로, 그것을 애석하게 여겨 '거조를 제대로 하지 못했다[不成擧措]'라고 말한 것입니다. 또 하나의 '연(然)' 자로 말뜻을 전환하여 "그가 한 일이 이미 이와 같으니 지금의 '위학에 속하지 않는다[不係僞學]'는 추천장을 받은 자[172]와 또한 거리가 멀지 않습니다."라고 말한 것입니다. '쟁(爭)'은 분수의 차이를 다툰다는 말이니, 분수가 많이 차이 나지 않는다는 말입니다. "위학이 아니라는 내용의 추천장을 받는다[受不係僞學擧狀]"는 것은 '남을 천거하는 사람이 추천장에서 이 사람이 위학에 속하지 않는다고 말하면 추천받는 사람이 이 추천장을 받아서 사용한다'는 말입니다.

2권 21장. "선천도(先天圖)는 모름지기 괘인을 새겨서 인쇄해야[先天須刻卦印印之]"[173]

---

172 위학에……자 : 【攷證 卷4 不係僞學擧狀】《송사》〈영종본기(寧宗本紀)〉에 다음과 같은 내용이 있다. 경원(慶元) 정사년(1197)에 우정언 유삼걸(劉三傑)의 간언으로 인해 조령(詔令)을 내려, 감사나 수신(帥臣)·수령이 천거하여 관원을 바꿀 때 위학(僞學)을 하는 사람을 쓰지 말고, 회시(會試)·향시(鄕試)의 진사는 조사(漕司)가 기한 전에 가장(家狀)을 가져다가 반드시 '위학이 아니다[不是僞學]'라는 4글자를 쓰게 하였다. ○ 살펴보건대, 진가(陳賈)가 처음 도학(道學)을 하는 사람이라고 선생을 공격하여 위로 주자(周子)·정자(程子)까지 언급했는데, 한탁주가 권세를 부리게 되자 어떤 이가 '도학으로 지목한다면 무슨 죄가 있겠는가? 마땅히 위학이라고 일컬어야 한다. 대개 탐오(貪汚)하고 방자한 것이 바로 사람의 진정(眞情)이니, 청렴하고 수양을 좋아하는 자는 모두 거짓이다'라고 말했다. 이로 말미암아 '위학'이라는 이름이 생겨났다.

173 선천도는……인쇄해야 : 【譯注】《주자대전》 속집 권2 〈채계통에게 답하다[答蔡季通]〉에서 석벽에 하도(河圖)·낙서(洛書) 및 선천도(先天圖) 등을 새기려 한다고 하면서, "선천도는 모름지기 괘인을 그려서 인쇄해야 좋을 것이나[先天須刻卦印印之乃佳], 다만 전서(篆書)·예서(隸書)로 된 비석 자획(字劃)이 모두 뜻에 차지 않으니 베끼게 할 만한 사람이 없음을 근심할 뿐입니다."라고 하였다.

괘를 긋는 것은, 붓을 사용하면 한결같이 정밀하고 가지런하게 긋기 어렵기 때문에 나무에 새겨 괘를 그어서 그것을 인쇄하니, 이를 '괘인(卦印)'이라 합니다.

> 3권. "왕 참정이 이른 나이에 관직을 그만두고……용고기에 대해 말하지만[174] 실제로는 용고기를 맛보지 못한 것〔王參政早歲休官……談龍肉而實未得〕"

왕 참정은 왕차옹(王次翁)[175]입니다. 진회(秦檜)에게 붙은 일은《송사》에서 살펴볼 수 있습니다.[176] 다만 "주의도사가 자상하게 가르쳐 준 것〔朱衣道士諄諄之誨〕"[177]은 무슨 내용인지 모르겠습니다. "《음군단결(陰君丹

---

**174** 용고기에 대해 말하지만 : 【譯注】 고원한 말을 하지만 실제로는 깨우치는 것이 없음을 비유하는 말이다. 【攷證 卷4 談龍肉】 송나라 소식(蘇軾)의 〈필중거에게 답하는 편지〔答畢仲擧書〕〉에 "그대가 하는 말은 음식에 비유하자면 용고기와 같고, 내가 학문하는 것은 돼지고기와 같다.……그대가 종일토록 용고기에 대해 말하는 것이, 내가 돼지고기를 먹어 실제로 맛있고 참으로 배부른 것만 못하다."라고 하였다.

**175** 왕차옹 : 【譯注】 1079~1149. 자는 경증(慶曾), 호는 양하선생(兩河先生)이다. 송나라 휘종(徽宗)·고종(高宗) 때의 문신으로, 진회(秦檜)와 결탁하여 금나라와의 화친을 주장하고, 한세충(韓世忠)·장준(張浚)·악비(岳飛) 등을 모함하여 탄핵했다.

**176** 왕 참정은……있습니다 : 【攷證 卷4 王次翁附檜事】《송명신언행록(宋名臣言行錄)》별집 하권4에 다음과 같은 내용이 있다. 조충간(趙忠簡 조정(趙鼎))이 천주 지사(泉州知事)에서 파직되어 돌아와 상서(上書)하여 당시 정치에 대해 말하자, 진회(秦檜)가 충간공이 다시 등용되는 것을 꺼려서 중승 왕차옹으로 하여금 죄안을 날조하게 하여 조주(潮州)에 유배 보내 안치했다. 또《송명신언행록》별집 하권8에 다음과 같은 내용이 있다. 진회가 또 병권을 지닌 여러 장수를 제어하기 어렵다는 이유로, 자고(柘皐) 전투의 승첩을 아뢰고서 한전충(韓田忠)·장준(張浚)·악비(岳飛)를 불러 행재소에 이르게 했다. 악비가 뒤늦게 오게 되었는데, 왕차옹이 참정으로서 진회와 모의하여 칭양하며 세 대장군을 데리고 호숫가에서 술자리를 베풀고 기일을 늦추어 기다렸다. 악비가 쇄원(鎖院)에 이르자 추밀부 부사(樞密府副使)로 삼았다.

訣)》" 이하는, 왕 참정으로 시작하는 한 단락과 이어서 보지 않는 것이 옳습니다.[178] 음군(陰君)[179]은 누구인지 모르겠습니다. 여기서 《음군단결》을 말하고 《참동계(參同契)》는 언급하지 않았습니다. 그러나 저들이 능히 이 《음군단결》을 행하여 장수하고, 우리들은 《참동계》의 묘한 비결을 아는데도 노쇠하여 병드는 것을 피하지 못했으므로, 그 말이 이와 같은 것입니다. 이는 모두 서산(西山 채원정(蔡元定))이 편지에서 일컬은 내용이므로, 답장에서 이를 언급한 것입니다.


　　5권 4장. "원우의 조정[180]과 원부의 건중〔元祐之調停, 元符之建中〕"[181]


---

**177**　주의도사가……것 : 【攷證 卷4 朱衣道士諄諄之誨】《주서강록간보(朱書講錄刊補)》에 이미 '미상(未詳)'이라고 되어 있다.

**178**　음군단결……옳습니다 : 【譯注】《주자대전》 속집 권2 〈채계통에게 답하다〔答蔡季通〕〉에 "왕 참정은 젊은 나이에 벼슬을 그만두고 담박하게 세상에 구하는 바가 없었으나, 만년에 진회(秦檜)에게 이용되어 충성스럽고 어진 이를 모해하고 흉악한 짓을 도왔으니, 이 때문에 청의(淸議)에 죄를 얻었다. 주의도사(朱衣道士)의 정성스런 가르침이 어찌 아무런 뜻이 없었겠는가. 《음군단결(陰君丹訣)》은 주염계(周濂溪)의 시에서 언급된 것을 보았으니, 응당 이 책일 것이다. 저 사람이 이 책의 내용을 실행하여 장수했으니, 이는 곧 '돼지고기를 먹어 장수한 것'이다. 우리들이 아는 것은 이 책에 그치지 않는데도 도리어 쇠하고 병드는 것을 면치 못했으니, 어찌 '앉아서 용고기에 대해 말하지만 실제로는 용고기를 맛보지 못한 것〔談龍肉而實未得〕'에 비견되지 않겠는가."라고 하였다.

**179**　음군 : 【攷證 卷4 陰君】바로 음장생(陰長生)이니, 동한(東漢) 때 사람이다.

**180**　원우의 조정 : 【攷證 卷4 元祐調停】《주서강록간보(朱書講錄刊補)》 권1 제2편에 다음과 같은 내용이 있다. "송나라 철종(哲宗) 원우 연간 말에 여대방(呂大防)과 유지(劉摯)가, 희풍(熙豐) 연간의 구신(舊臣)이 사설(邪說)을 다투어 일으켜 왕위를 흔들었기 때문에, 그들을 조금 등용하여 묵은 원한을 가라앉히고자 하였으니, 이를 '조정(調停)'이라 한다."

**181**　원우의……건중 : 【譯注】《주자대전》 속집 권5 〈전시랑에게 보내다〔與田侍郎〕〉에서 주희는 사정(邪正)과 시비(是非)를 분별하지 않고 단지 공평하게만 하려고 한다면 공평하게 할 수 없다고 하면서, 당나라 덕종(德宗) 원우(元祐) 연간의 일과 송나라

'건중(建中)'은 '양쪽을 공평하게 한다〔兩平〕'는 뜻을 취했으니, 조정(調停)과 같은 뜻입니다. 당나라 덕종(德宗) 초에 '건중'을 연호로 하여, 양염(楊炎)과 유안(劉晏)이 당을 나누어 서로 모해하는 것[182]을 공평히 다스리고자 하였습니다.

송나라 철종(哲宗) 소성(紹聖)·원부(元符) 연간 중에 장돈(章惇)과 채경(蔡京)이 득세하여 원우당인(元祐黨人)을 다스린 것[183]이 극에 달했습니다. 휘종(徽宗) 초에 조정이 청명해져 올바른 사람들을 조금씩 등용하고 장돈과 채경을 내쫓았습니다. 당시 논자들이 원우당인과 소성 연간 집권자들에게 모두 잘못이 있다고 여겨, 대공지정(大公至正)함으로써 붕당을 없애고자 했기에 마침내 이듬해 연호를 고쳐 '건중정국(建中靖國)'이라 하라고 조령을 내렸습니다. 이로 말미암아 삿된 사람과 바른 사람이 뒤섞여 등용되어 얼마 지나지 않아 군자가 다 쫓겨나고 조정에 가득한 자들은 모두 소인이었으니, 점차 정강지화(靖康之禍)[184]에 이르

철종(哲宗) 원부(元符) 연간의 일을 예로 들었다.

**182** 양염과⋯⋯것 : 【攷證 卷4 楊炎劉晏云云】《자치통감(資治通鑑)》 권226 〈당기(唐紀) 덕종황제(德宗皇帝)〉 건중(建中) 원년조에 다음과 같은 내용이 있다. "형남절도사(荊南節度使) 유준(庾準)이 양염(楊炎)의 뜻에 따라 '충주자사(忠州刺史) 유안(劉晏)이 주자(朱泚)에게 준 편지에 원망하는 말이 많다'고 아뢰자, 양염이 증명하여 일을 이루었다. 상께서 조서를 내려 유안을 사사하니 천하가 원통하게 여겼다."

**183** 장돈과⋯⋯것 : 【譯注】장돈(章惇)과 채경(蔡京)은 왕안석(王安石)을 도와 신법(新法)을 추진한 자들로, 이들은 신법에 반대하는 이들을 숙정했다. 이때 신법을 반대하다 처벌받은 정이(程頤), 사마광(司馬光), 문언박(文彦博) 등을 '원우당인(元祐黨人)'이라고 한다. 【攷證 卷4 章蔡治元祐黨人】살펴보건대, 송나라 철종(哲宗) 소성(紹聖) 원년(1094)에 장돈(章惇)을 상서좌복야(尚書左僕射)로 삼고, 채경(蔡京)을 불러 호부상서(戶部尚書)로 삼았다. 소성 4년(1097)에 사마광·여공저(呂公著) 등의 관원을 좌천시키고, 여대방(呂大防)·유지(劉摯)·소철(蘇轍)·양도(梁燾)·범순인(范純仁) 등을 영남(嶺南)에 유배보냈으며, 한유(韓維) 등 30인의 관원을 좌천시키고, 태사(太師)로 치사(致仕)한 문언박(文彦博)을 태자소보(太子少保)로 강등하였다.

렀습니다. 연호를 고치라고 조령을 내린 것은 실제로는 원부 연간 말년에 있었던 일이었으므로, '원부의 건중'이라 한 것입니다.

6장. "순경자가 '하늘이 회복하지 않아……'라고 하였다.〔荀卿子曰皓天不復云云.〕"[185]

'하늘이 치세(治世)를 회복하지 않으면 나의 근심이 끝이 없다. 그러나 난리가 극에 달하면 응당 다스려져 세월이 반드시 치세로 돌아가는 것이 예로부터의 상도(常道)이다. 문인 제자들은 다만 힘써 학문하여 때를 기다려야 할 뿐이니, 천심(天心)은 반드시 이 세상을 잊지 않을 것이다.' 라는 말입니다.

17장. "모두 아픈 곳을 찌르지 못하니〔都不箚著痛處〕"[186]

'차(箚)'는 찌른다〔刺〕는 뜻입니다. 병자에게 침을 놓는 것은 병통이 있는 곳을 찌르지 않으면 그 병을 치료할 수 없기 때문입니다.

---

**184** 정강지화 :【攷證 卷4 靖康之禍】송나라 흠종(欽宗) 정강(靖康) 2년(1127)에 금나라 사람들이 도성을 함락시켜, 송나라 고종(高宗)이 남천(南遷)하였다.

**185** 순경자가……하였다 :【譯注】《순자》〈성상(成相)〉에 "밝은 하늘이 회복되지 않아 근심이 끝도 없구나. 천 년 이후에는 반드시 돌아올 것이니 이것이 도의 당연함이다. 제자들이여 힘써 공부하라, 하늘이 잊지 않으리라.〔皓天不復, 憂無疆也. 千秋必反, 道之常也. 弟子勉學, 天不忘也.〕"라고 하였는데, 《주자대전》 속집 권5 〈전시랑에게 보내다〔與田侍郎〕〉에서 주희가 당대 상황을 논하면서 《순자》의 이 말을 인용했다.

**186** 모두……못하니 :【譯注】《주자대전》 속집 권5 〈나참의에게 답하다〔答羅參議〕〉에서 "당대 유학을 공부하는 자들이 선학(禪學)을 알지 못하고 선학을 하는 자들도 유학을 알지 못하여, 서로 배격지만 하고 모두 병통이 있는 곳을 찌르지 못하니〔都不箚著痛處〕, 또한 가소로울 뿐입니다."라고 하였다.

6권 8장. "환궐(換闕)"[187]

아마도 정로(廷老)[188]가 장차 다른 빈자리로 직임이 바뀌게 되었는데 그가 원하던 바가 아니어서, 이로 인해 근심하고 괴로워했을 것입니다. 그러므로 그에게 이렇게 깨우쳐 준 것입니다.

《8권 13장. "이사제이반가심둔(二舍弟已般家深遯)"[189]》

《이(二)는 사제(舍弟)로서 같은 항렬 내의 순서입니다. '반가심둔(般家深遯)'은 가속(家屬)을 데리고 옮겨가 깊은 곳에 숨는다는 뜻입니다.》

《《별집(別集)》. "도학을 공격하는 문자가 사방 모퉁이에 연이어진 것〔道學文字, 鉤連隅落〕"》[190]

---

**187** 환궐 : 【譯注】《주자대전》 속집 권6 〈요정로에게 보내다〔與饒廷老〕〉에서 "빈 자리로 교체되는 일은 끝내 어떻게 되었습니까?〔換闕竟如何〕"라고 하였다.

**188** 정로 : 【攷證 卷4 廷老】요간(饒幹)의 자이다. 소무(邵武) 사람이다. 주 선생(朱先生 주희(朱熹))이 그가 효성스럽고 삼가며 독실하고 스스로 힘써 학문하는 것을 칭찬했다.

**189** 이사제이반가심둔 : 【譯注】《주자대전》 속집 권8 〈위재가 축공에 준 편지의 발문〔韋齋與祝公書跋〕〉에 보인다. 위재(韋齋)는 주희(朱熹)의 아버지 주송(朱松)의 호이고, 축공(祝公)은 주희의 외조부인 축확(祝確)을 가리킨다. 주송이 축공에게 보낸 편지에서 1130년에 금나라 군사의 침입 때문에 피난 가는 상황을 서술하면서, "다행히도 이사제가 이미 가족을 데리고 옮겨가 깊은 곳에 숨었습니다.〔幸二舍弟已般家深遯〕"라고 하였다.

**190** 도학을……것 : 【譯注】《주자대전》 별집 권2 〈유지부에게〔劉智夫〕〉에서 "도학을 공격하는 문자가 사방 모퉁이에 연이어진 것이, 마치 무후의 군영·보루와 같으니, 화종의 낭전에 비견될 바가 아닙니다.〔道學文字, 鉤連隅落, 如武侯營壘, 非華宗浪戰之比也.〕"라고 하였다.

《'도학을 공격하는 장소(章疏)가 가지런하고 주밀(周密)한 것이, 무후(武
侯 제갈량(諸葛亮))의 진법(陣法)이 이미 사방을 안정시키고 또 서로 끌어
당기고 연이어져 그 사방 모퉁이에 조금도 빈 곳이 없는 것에 비견된다'
는 말입니다. '락(落)'은 허락(墟落)·취락(聚落)·이락(籬落)·원락(院落)
등의 '락'과 같으니, 모두 장소를 가리키는 말입니다. '화종낭전(華宗浪
戰)'은 미상입니다.》


### 6권 2장. "말의 간에 대한 논의〔馬肝之論〕"[191]


본래 한나라 경제(景帝)의 말이니, 《사기(史記)》에 보입니다. 《치평요람
(治平要覽)》[192]의 주석에 "주마(走馬)의 간에는 사람을 죽이는 독이 있
다."라고 하였습니다. 그러므로 "고기를 먹되 말의 간을 먹지 않는 것은
맛을 모르는 것이 되지 않는다."라고 말한 것입니다. 이는 '문왕(文王)'이
천하의 3분의 2를 소유한 것은 또한 신하된 자의 의리는 아니지만, 성인

---

**191** 말의⋯⋯논의 : 【譯注】《주자대전》 별집 권6 〈임택지에게〔林擇之〕〉에서 "문왕(文
王)의 일은 《시경》·《서경》을 상고해 보아도 진실로 의심스러워 한 바와 같습니다. 그러
나 이는 말의 간에 대한 논의와 같으니〔然此馬肝之論也〕, 우선 빼놓아서 후대 사람을
기다리는 것만 못합니다."라고 하였다. 여기서 말의 간에 대한 논의는 한나라 경제(景
帝)의 고사에서 온 말로, 굳이 논할 필요가 없다는 뜻이다. 【攷證 卷4 馬肝之論】《사기》
〈유림열전(儒林列傳)〉에 다음과 같은 내용이 있다. 한나라 경제 때 제(齊)나라 사람
원고(轅固)가 황생(黃生)과 쟁론하였는데, 황생이 "탕왕(湯王)과 무왕(武王)은 천명을
받은 것이 아니라 자신의 군주를 죽인 것입니다."라고 하니, 원고가 "반드시 이 말과
같다면, 우리 고황제(高皇帝)가 진(秦)나라를 대신하여 천자가 된 것은 잘못된 것입니
까?"라고 하였다. 그러자 경제가 "말고기를 먹되 말의 간은 먹지 않는 것은 맛을 모르는
것이 되지 않으며, 학문을 말하는 자가 탕왕과 무왕이 천명을 받았음을 말하지 않는
것은 어리석음이 되지 않는다."라고 하였다.

**192** 치평요람 : 【攷證 卷4 治平要覽】 살펴보건대, 세종대왕(世宗大王)께서 집현전(集
賢殿) 유신(儒臣) 아무개 아무개 등에게 명하여 찬진(撰進)하게 한 책이다.

이 처신하는 바는 보통 사람이 알 수 있는 것이 아니니, 비록 놔두고 논하지 않더라도 의리를 모르는 것이 되지 않는다.'라는 말입니다.


　　6장. "임시로 우선 제쳐 두고〔權行倚閣〕"[193]


무릇 일을 우선 내버려두고 행하지 않는 것을 '의각(倚閣)'이라고 합니다. "파비(巴鼻)"[194]는 '착막(著莫)'이라는 말과 같습니다. "자가저하(自家這下)"는 우리 유학(儒學)을 가리켜 말한 것입니다. 이심경(李深卿)[195]이 선학(禪學)에 빠져있기에, 지금 그에게 우선 선학의 말을 제쳐 두고 유학에 종사할 것을 권했습니다. 그러므로 "시험 삼아 편벽된 말과 방탕한 말 등을 임시로 우선 제쳐 두고 도리어 우리 유가의 학문에 나아가 실제로 공부하여, 이렇게 하기를 1, 2년이 지나 어떠한지 살펴보면, 반드시 붙잡는 것이 있을 것이오."라고 말한 것입니다. -〈서언장에게 답하는 편지〔答徐彦章書〕〉에 "붙잡을 수 있는 형체나 그림자가 없다.〔未有形影著莫〕"라고 하였다.- 곧바로 이학(異學)을 물리치라고 말하지 않고 '임시로 우선 제쳐 두라'고 말한 것은, 그가 믿는 바를 버리고 믿지 않는 바를 따르는 것은 그 사람이

---

**193** 임시로……두고 : 【譯注】《주자대전》 별집 권6 〈임택지에게〔林擇之〕〉에서 "지금 또 그대에게 뜻을 전하니, 다만 공자·맹자·정자의 말씀을 믿고, 지금 시험 삼아 장차 허다한 편벽된 말·방탕한 말·삿된 말·회피하는 말 등을 임시로 우선 제쳐두고〔權行倚閣〕 1, 2년 가량 도리어 우리 유학에 나아가 실제로 공부하면, 모름지기 머리가 있고 꼬리가 있음을 보게 될 것이오.〔看須有些巴鼻也〕"라고 하였다.

**194** 파비 : 【攷證 卷4 巴鼻】이상정(李象靖)의 《심경강록간보(心經講錄刊補)》에 다음과 같은 내용이 있다. "어떤 승려의 어록에 '봉황은 꼬리가 길다〔鳳巴長〕'는 말이 있는데, '파(巴)'는 즉 '꼬리'라는 뜻이다. 비(鼻)는 '머리'라는 뜻이다. '파비가 없다〔無巴鼻〕'는 머리도 없고 꼬리도 없다는 말이다."

**195** 이심경 : 【攷證 卷4 李深卿】이영(李泳)으로, 선학에 빠지고도 끝내 깨닫지 못했다.

하고자 하는 바가 아니므로, 방편의 말을 가설하여 그를 유도한 것입니다.

　8장. "문자전이 있으니……돈 1천냥을 빌려 쓰다…….〔有文字錢……兌
錢一千云云〕"[196]


'문자전(文字錢)'은 어떤 것인지 미상입니다. 그러나 아랫글에서 말한 것
을 자세히 살펴보면, 서책을 간행하여 판 돈으로 택지(擇之)[197]가 주관하
면서 관청에서 거두는 돈인 듯합니다. -주 선생께서 여러 사람과 일찍이 책방[198]
을 세워 서책을 간인(刊印)한 적이 있다.- '태(兌)' 자는 선생께서 기근을 구제하
기 위해 올린 법조문 안에 많이 보이니, 그 일은 지금 각 관사의 전청(傳
請)과 같습니다. 지금 각 관사에서 그 관사의 물건을 다 쓰면 해당 조(曹)
에 보고하여 다른 관사의 물건을 청하여 사용합니다. 이는 이러한 말입

---

**196**　문자전이……쓰다 : 【譯注】 주희의 문인 정심보(程深父)가 객사하자, 주희가 임택
지에게 보낸 편지에서 제물(祭物)을 마련해 주기를 청하면서 다음과 같이 말했다. "심보
가 끝내 객사했으니 매우 비통하오.……이미 심보의 아우에게 '택지에게 문자전이 있으
니, 그에게 가서 돈 1천냥을 얻어 쓰시게.'라고 말했다오. 관청에 아울러 이미 문서가
있을 것이고, 향다는 심보의 아우에게 있으니, 그대가 부디 영전에 향을 사르고 차를
올려주어, 내 뜻을 전해주시오.〔深父遂死客中, 深爲悲歎.……已與其弟, 說擇之處有文
字錢, 可就彼兌錢一千. 官省幷已有狀, 及香茶在其弟處, 煩爲於其靈前焚香點茶, 致此
微意.〕"《朱子大全 別集3 林擇之》

**197**　택지 : 【攷證 卷4 擇之】 임용중(林用中)의 자이다.《송계원명이학통록(宋季元明
理學通錄)》 권2〈임택지(林擇之)〉에 다음과 같은 내용이 있다. "주자께서 외우(畏友)
로 지목하여 일찍이 이렇게 말씀하셨다. '택지의 견식과 지조는 더욱 정밀해짐을 볼
수 있다.' 그와 함께 장사(長沙)에 있는 장남헌(張南軒 장식(張栻))을 찾아갔을 때《남
악창수록(南嶽唱酬錄)》을 남겼다."

**198**　책방 : 【攷證 卷4 書肆】 한나라 양웅(揚雄)의《양자법언(揚子法言)》 권2에 "책을
좋아하되 중니(仲尼)의 가르침을 요점으로 삼지 않으면 책방〔書肆〕과 같다."라고 하였
는데, 그 주석에 "책을 파는 시장의 가게이다."라고 하였다.

니다. "내가 일찍이 심보의 아우를 만나서 '임택지에게 문자전이 있으니 자네가 그에게 가서 얻어쓰기를 청하면 돈 1천을 얻을 수 있을 것이네.'라고 말했다오. -아우에게 고해준 말은 여기까지이고, 이 아래는 이어서 임택지에게 고한 것이다.- 그리고 이 돈을 거두는 관청에 아울러 이미 문서가 있을 것이고, -관청에 문서가 있으면, 돈을 취하는 데 구애되는 것이 없다.- 향과 차는 이미 심보의 아우가 있는 곳에 부쳤으니, 이러한 물건을 가지고 택지가 부디 해주시기를 청하오."

대개 심보(深父)[199]와 택지는 모두 고전(古田) 사람입니다. 심보가 타향에서 객사하자 심보의 아우가 가서 상을 치르고 돌아오는 길에 선생을 만났습니다. 선생께서 심보의 아우에게 이렇게 말씀하시고, 다시 택지에게 보낸 편지에서 택지로 하여금 제물(祭物)을 차리게 하였으므로, 그 말이 이와 같은 것입니다. 책방에서 인쇄한 서책을 판 돈이 비록 택지에게 있으나, 또한 붕우 사이에 편의에 따라 통용할 수 있는 물건이므로, 이렇게 처리한 것입니다.

---

**199** 심보 : 【攷證 卷4 深父】 바로 정심보(程深父)이다. 《송계원명이학통록》 권7 〈정심보〉의 퇴계의 주석에 다음과 같은 내용이 있다. "주자께서 '몇 년 동안 그에 대해 들었으나 한 번도 만나지 못하여 매우 한스럽다'고 하셨으니, 정심보가 선생의 문하에 든 적이 없음을 알 수 있다. 그러나 선생께서 의리로써 인정하심이 이와 같았으므로, 《주자실기(朱子實記)》에서 문인(門人)에 나열한 것이다."

# 이중구에게 답하다 을축년(1565, 명종20, 65세)【2월 15일경 추정. 예안(禮安)】

答李仲久 乙丑

지난해에 손자와 아들이 차례로 도성에서 돌아옴에, 양월(陽月) 21일과 지월(至月) 동지 3일 뒤에 쓴 두 통의 편지를 받았는데, 내 병세를 묻고 정회를 말한 것이 간절하고 곡진하였으니, 지극히 후의(厚意)를 입었습니다. 단지 겨울 동안 숙병(宿病)에 시달린 탓에 줄곧 미적거리며 편지 한 통을 보내지 못했으니, 몹시 부끄러운 마음에 그저 그리워만 하고 있습니다. 이제 꽃 피는 철이 다가왔는데, 잘 알지 못하겠습니다만 체후는 건강한지요? 화락한 그대를 신명이 보우함에 조섭하는 방도가 있어 날로 청복(淸福)이 더해짐을 보게 되리라 생각합니다.

나는 타고난 기운이 허약하고 늘그막에 병이 깊은 데다가 양생의 방도에 어두워 철이면 철마다 번번이 병이 발작합니다. 지난해 가을에 무릎의 병이 이미 심상치 않았는데, 겨울에 엄동설한에 몸이 상해 담기(痰氣)가 가슴을 메운 것이 병의 근원이 되어, 안으로 오장육부로부터 밖으로 사지에 이르기까지 갖가지로 고통스럽고 냉기와 열기가 서로 방해하여 약을 쓰기가 매우 어렵습니다. 그런데 봄추위가 이처럼 아직도 풀리지 않았으니, 나의 심란한 마음을 짐작할 수 있을 것입니다.

공의 두 통의 편지에서 보양하는 적절한 방도를 엄하게 가르쳐 주고, 아울러 정이천(程伊川)과 소강절(邵康節) 두 선생으로부터 황제(黃帝)에 이르기까지 그분들이 양생한 방도[200]를 아울러 거론하여 경계하였으

---

**200** 정이천과……방도 :【攷證 卷4 程邵兩先生黃帝衛生之道】《심경부주》권1에 다음

니, 매우 진중히 받아들임에 감히 두려워하며 스스로 살펴 종신토록 명심하지 않겠습니까. 다만 공이 일컬은 '아름다운 산수 자연과 백구가 나는 모래톱, 송아지가 노니는 언덕에 마음 내키는 대로 올라가고 소요하다가 앉아서 즐기도 한다'라는 말 등은 이곳의 너울거리는 경취(景趣)를 완연히 묘사했습니다. 이는 진실로 농암 선생(聾巖先生)[201]이 나에게 건네주신 임천(林川)의 즐거움으로 여기에 있습니다. 공의 뜻은 본래 나로 하여금 노닐며 즐기는 것을 삼가게 하고자 한 것임을 알고 있지만, 그 말을 완미하자 노닐며 즐기려는 뜻을 한껏 펼치기에 알맞군요. 한 번 크게 웃어봅니다.

청송(聽松)의 묘지명은 이미 적임자에게 부탁했으리라 생각합니다.[202] 나같이 부족한 사람의 글을 잘못 요청했다가 얻지 못한 것이 이 한 집안뿐만이 아니니, 이는 모두 못난 내가 남들 요청에 부응하기에 부족하기 때문이므로 부끄러움을 형언할 수 없습니다.

보내온 편지에서 《대학》의 강목(綱目)을 본다고 하였으니, 얻은 바가

---

과 같은 내용이 있다. "이천 선생(伊川先生 정이(程頤))이 장사숙(張思叔)에게 '나는 타고난 기운이 매우 부족하여 30세가 되어 점차 성대해졌고 40, 50세가 되어서야 완전해졌다. 지금 태어난 지 72년이 되었는데 근골이 젊을 때와 비교해 손상되지 않았다.'라고 하였다." ○ 살펴보건대, 소강절(邵康節 소옹(邵雍))은 매년 봄 2월이 되면 외출하고 4월에 날씨가 점점 더워지면 곧 그쳤고, 8월이 되면 외출하고 11월에 날씨가 점점 추워지면 곧 그쳤다. 그러므로 때에는 네 가지 외출하지 않을 시기가 있고, 모임에는 네 가지 참석하지 않는 것이 있었다. ○ 황제(黃帝)가 광성자(廣成子)에게 "어떻게 해야 장수합니까?"라고 묻자, 광성자가 "그대 몸을 수고롭게 하지 말고 그대 정신을 흔들리게 하지 말라."라고 대답했다.

**201** 농암 선생 : 【譯注】 이현보(李賢輔, 1467~1555)로, 본관은 영천(永川), 자는 비중(棐仲), 호는 농암·설빈옹(雪鬢翁)이다.

**202** 청송의……생각합니다 : 【譯注】 청송(聽松)은 성수침(成守琛, 1493~1564)의 호이다. 성수침의 아들이 이황에게 찾아와 묘지명을 요청했으나, 이황이 거절한 일이 있다. 《定本 退溪全書 卷9 答金而精》

응당 더욱 깊고 탁월해졌을 것입니다. 바라건대 한두 가지를 알려 주어 나의 몽매함을 조금이나마 일깨워 줄 수 있겠습니까? 간절히 바랍니다.

공이 요청한 《역학계몽(易學啓蒙)》에 대한 나의 설[203]과 《송계원명이학통록(宋季元明理學通錄)》은 모두 과연 가지고 있으나, 다만 모두 겨우 초고(草稿)를 써서 스스로 잊어버리는 것에 대비한 것일 뿐이니, 책을 만들어 남에게 보이고자 한 것이 아닙니다. 중간에 어떤 이가 와서 《역학계몽》에 대해 물었는데, 매우 중요하고도 복잡하여 생각이 잘 나지 않는 부분에 대해 이 초고를 보여주며 알려주게 되었으니, 그 사람이 이로 인해 암암리에 전하게 되었습니다. 내 잘못된 견해를 이어받아서 두서를 이루지 못할까 두려우니, 남들에게 웃음거리가 되는 것이 다함이 있겠습니까. 이것을 후회하여, 비록 공에게 질정을 구하고자 하는 마음이 매우 간절하나 감히 대뜸 보여드리지 못하니, 양서(諒恕)해 주기를 바랍니다.

《주자실기(朱子實記)》는 간행하고자 하니, 나에게 실로 이러한 뜻이 있었는데 보내신 편지에서 이와 같이 말씀하셨으니, 매우 좋습니다. 다만 듣건대 경주 부윤(慶州府尹)[204]이 병이 많아 사직하고 떠나려 한다고 하니, 아마도 이 일을 할 겨를이 없을 듯합니다. 오직 순천(順天)[205] 이강이(李剛而)[206]에게 부탁할 만하지만, 세전(歲前)에 듣건대 그가 어떤 일 때문에 추고를 받아 아마도 파면되어서 공무를 행하지 못하게 되었을

---

**203** 역학계몽에……설 : 【譯注】《계몽전의(啓蒙傳疑)》를 가리킨다. 《계몽전의》는 《역학계몽(易學啓蒙)》에 대한 주해서로, 이황이 57세인 1557년에 완성하였다.

**204** 경주 부윤 : 【攷證 卷4 慶尹】이중량(李仲樑, 1504~1582)으로, 본관은 영천(永川), 자는 공간(公幹), 호는 하연(賀淵)이다.

**205** 순천 : 【攷證 卷4 順天】전라우도(全羅右道)에 속한다. 군(郡)의 다른 이름은 승평(昇平)·승주(昇州)·평양(平陽)이다.

**206** 이강이 : 【譯注】이정(李楨, 1512~1571)으로, 본관은 사천(泗川), 자는 강이, 호는 구암(龜巖)이다. 1563년(명종18)에 순천 부사(順天府使)에 제수되었다.

듯하다고 하니, 지금 어떻게 결말이 났는지 알지 못하기에 천천히 물어보고 도모하겠습니다. 그 책이 여기에 온 지 매우 오래되었는데, 지금 또한 아직 돌려드리지 못한 것은 이 때문입니다.

〈무이도(武夷圖)〉는, 마음을 쏟아 그림이 완성되자 축으로 아름답게 만들었으니, 진중하게 부쳐주심에 골짜기의 연하(煙霞)와 대은병(大隱屛)207의 유적이 손에 들어오고 눈에 비치니, 한 번 그림을 펴고 완상할 때마다 귓가에 〈무이도가(武夷櫂歌)〉 소리가 들리는 듯합니다. 지극한 뜻에 감사하는 마음은 응당 말하지 않아도 아실 테지요.

《태우록(台寓錄)》208을 또 부쳐 보여주었으니, 주 선생(朱先生 주희(朱熹))이 이 지역에서 풍교(風敎)를 펼치신 것이 이처럼 사람들 이목에 혁혁하게 남아 있음을 볼 수 있고, 그 지방 사람들이 또한 서로 크고 작은 일들을 기록하여 모아서 후대에 전했으니, 매우 가상합니다. 그중 문인에 대한 사실 가운데 《주자실기》에 실려 있지 않은 것을 취하여 기록한 글에 보충해 넣는다면 또한 다행이겠습니다. 그 책 2책을 지금 우 상사(禹上舍)209 편에 부쳐 돌려드리니, 살펴보십시오. 끝으로 따뜻한 봄날을 맞아 날로 모든 일이 평안하시기를 바랍니다. 불구(不具).

---

**207** 대은병 : 【譯注】 무이구곡(武夷九曲) 중 오곡(五曲)에 해당하는 곳으로, 주희가 대은병 아래에 무이정사(武夷精舍)를 짓고 강학을 하였다.

**208** 태우록 : 【攷證 卷4 台寓錄】 살펴보건대, 송(宋)나라 효종(孝宗) 순희(淳熙) 8년(1181)에 주자(朱子)가 제거절동상평다염 공사(提擧浙東常平茶鹽公事)에 제수되었다. 송나라 때 태주(台州)는 절동(浙東)에 속했으니, 《태우록》은 아마도 절동에서 저술한 것을 가리키는 듯하다.

**209** 우 상사 : 【譯注】 우성전(禹性傳, 1542~1593)으로, 본관은 단양(丹陽), 자는 경선(景善), 호는 추연(秋淵)·연암(淵庵)이다. 이황의 문인이다.

# 이중구에게 답하다 【을축년(1565, 명종20, 65세) 5월 추정. 예안(禮安)】

答李仲久

봄에 편지 한 통을 올린 뒤로 여름이 지나도록 소식을 듣지 못했는데, 우 상사(禹上舍)[210]가 옴에 비로소 공의 편지를 받았으니, 펼쳐 읽자 가슴 속이 시원하여 무더위가 대번에 씻겨 나갔습니다. 나라에 대상(大喪)이 있으니[211] 강토[212]에 감도는 슬픔을 신하된 자가 어찌 감당할 수 있겠습니까. 그 외 편안치 못한 점은 쉽게 거론하지 못하겠습니다.

내가 소장(疏章)을 올리던 날에 마침 국상을 만나 전해질 가망이 없었는데 다행히도 승정원에서 소장을 들이는 것을 허락해 준 덕분에 이 큰 바람을 이루었으니,[213] 감사하고 기쁜 마음을 비길 데가 없습니다. 이제부터 산야에 사는 늙은 백성임이 명실상부하게 되어 하늘을 이고 땅을 밟고 살아감에 비로소 부끄러운 것이 없게 되었으니, 비록 고질병이 날마다 심해진들 죽어도 여한이 없습니다.

보내신 편지에서 말씀한 일은 공의 고견에 이미 스스로 깨달으셨을 것이고, 또 도성 안의 명류(名流)로 박식한 자들에게 응당 정론(定論)이

---

**210** 우 상사 : 【譯注】 우성전(禹性傳, 1542~1593)으로, 본관은 단양(丹陽), 자는 경선(景善), 호는 추연(秋淵)·연암(淵庵)이다. 이황의 문인이다.

**211** 나라에 대상이 있으니 : 【攷證 卷4 國有大喪】 문정왕후(文定王后)의 상이다.

**212** 강토 : 【攷證 卷4 幅員】《시집전(詩集傳)》〈상송(商頌) 장발(長發)〉주석에 "폭(幅)은 광(廣)이고, 원(員)은 균(均)이다."라고 하였으니, 강역(疆域)이 광대하고 균평(均平)한 것이다.

**213** 큰 바람을 이루었으니 : 【攷證 卷4 遂此大願】《퇴계선생연보》 권2에 "을축년(1565, 명종20) 4월에 상소를 올려 동지중추부사에서 해임해 주기를 청하였는데, 상께서 따랐다."라고 하였다.

있을 터이니, 어찌 다시 저 같은 초야 사람에게 물을 것이 있겠습니까.
다만 "일을 행하는 것은 일이 의리에 맞는지 여부를 돌아볼 것이요, 시의
(時議)는 헤아릴 겨를이 없다."라고 하셨는데, 이 말이 매우 합당합니다.
지금 일을 행하는 것을 의리에 맞게 하려 한다면, 뜻대로 곧바로 행해서
는 안 되고 모름지기 고례(古禮)에 근거하여 처리해야 합니다.

　살펴보건대, 《의례》〈상복(喪服)〉편 '자최삼월(齊衰三月)' 조에 "옛 군
주, 옛 군주의 어머니, 옛 군주의 처를 위하여 입는다."라고 한 것에 대해,
당나라 가공언(賈公彦)의 소(疏)에 "예전에 깊은 은혜를 입었으니 지금
비록 초야로 물러나 돌아왔더라도 옛 은덕을 잊지 않는 것이다. 이는
치사(致仕)한 자의 경우이다."라고 하였습니다. 그리고 그 전(傳)에 "옛
군주라 한 것은 벼슬을 하다가 그만둔 -그만두다〔止〕는 뜻이다.- 자이기 때문
이다. 어찌하여 자최삼월복(齊衰三月服)을 입는가? 백성과 똑같이 함을
말한 것이다. 군주의 어머니와 처는 곧 소군(小君)이다."라고 하였는데,
한(漢)나라 정현(鄭玄)의 주(注)에 "소군을 위해 복을 입는 것은 입은
은혜가 백성보다 깊기 때문이다."라고 하였습니다. -이는 '일반 백성은 소군
을 위하여 복을 입지 않는데, 지금 치사한 신하가 삼월복(三月服)을 입는 것은 입은
은혜가 일반 백성보다 깊기 때문이다'라는 말이다.- 이 예로써 말하자면, 혹인(或
人)이 한 일은 예가 아닙니다.

　대개 《의례》에서 말한 것은 치사한 자의 경우입니다. 벼슬에서 물러났
더라도 은수(恩數)는 남아 있기 때문에 군주를 위해 복을 입을 뿐만 아니
라 또한 소군을 위해서도 복을 입는 것입니다. 그런데 혹인과 같은 경우
는 치사한 뒤 직함을 띠고 있는 경우에 견줄 바가 아니니, 응당 일반
백성의 의리로 처신해야 합니다. 궐 앞에 나아가 성복(成服)하는 것의
경우는 예(禮)에 맞지 않는 예인 듯합니다. 공께서는 이에 대해 분명 이
미 헤아려 결정하셨을 것이니, 감히 어찌하시라 말씀드리지 않겠습니다.

오직 고례(古禮)에 근거하고 현재 상황을 참작하되, 아울러 위에서 말한 뜻을 채택하여 헤아려 처신하시는 것이 어떻겠습니까? 마침 노곤하여 일일이 말씀드리지 못합니다. 《삼가 이렇게 절하고 답장합니다.》

오직 고례(古禮)에 근거하고 현재 상황을 참작하되, 아울러 위에서 말한 뜻을 채택하여 헤아려 처신하시는 것이 어떻겠습니까? 마침 노곤하여 일일이 말씀드리지 못합니다. 《삼가 이렇게 절하고 답장합니다.》

# 이중구에게 보내다 【을축년(1565, 명종20, 65세) 5~6월 추정. 예안(禮安)】

與李仲久

일찍이 우 상사(禹上舍)[214]를 통해 편지 한 통을 올렸으니, 잘 모르겠습니다만 전달이 되었습니까. 지금 무더운 날씨에 더욱 잘 정양(靜養)하고 있으리라 생각합니다. 나는 지난번에 비로소 은혜를 입어 체차되어서 병든 몸을 요양하며 한가로이 지냄에 이에 제자리를 얻었습니다. 나의 바람을 늘그막에야 비로소 이루게 되었으니 감사한 마음을 어찌 형언할 수 있겠습니까. 다만 눈병으로 인해 책을 볼 수 없으니, 이에 방해되는 것이 작지 않습니다.

《주자실기(朱子實紀)》 다섯 책을 정자중(鄭子中)[215]이 가는 편에 부쳐 보냈습니다. 책을 받아 온 지 몇 년이 되었는데 아직도 돌려드리지 못한 것은 아직 결론이 나지 않은 문제가 있기 때문인데, 공의 궤석에 이 책이 없는 것이 흠결이 될 듯하므로, 이렇게 돌려드립니다. 혹 상고할 것이 있으면 다시 책을 빌려 달라 청하는 것이 어렵지 않을 것입니다. 다만 그동안 문인들이 유형별로 뽑아 기록할 즈음에 붓으로 점을 찍어 잊어버릴 것에 대비하고 말았으니, 매우 부끄럽고 죄송합니다. 마음에 품은 갖가지 생각은 피차간에 말하지 않아도 알 것입니다. 인편을 만난다면 편지 한 통을 보내 주십시오.

---

**214** 우 상사 : 【譯注】 우성전(禹性傳, 1542~1593)으로, 본관은 단양(丹陽), 자는 경선(景善), 호는 추연(秋淵)·연암(淵庵)이다. 이황의 문인이다.

**215** 정자중 : 【譯注】 정유일(鄭惟一, 1533~1576)로, 본관은 동래(東萊), 자는 자중, 호는 문봉(文峰)이다.

# 이중구에게 보내다 【을축년(1565, 명종20, 65세) 6~7월 추정. 예안(禮安)】

與李仲久

《지난번에 우성전(禹性傳)[216]이 전해 준 편지를 받고 나서 즉시 답장을 보냈으니, 잘 모르겠습니다만 받으셨는지요?》 물어보신 한 가지 일은, 내 생각으로는 고례(古禮)에 근거하고 현재 상황에서 헤아려 보건대 오직 정당한 이유로 관직을 떠나 직함을 지니고 있는 자는 응당 자최삼월복(齊衰三月服)을 입어야 할 것이니, 이것이 《의례》의 이른바 '옛 임금과 소군(小君)을 위한 복'이라는 것입니다.[217] 그렇지 않은 경우는 또한 비록 '삼월복(三月服)을 입는다'고 하더라도 또 차이가 있을 듯하니, 이 상황에 처하는 예(禮)에 반드시 마땅한 바가 있을 것입니다. 잘 알지 못하겠습니다만, 공의 생각에는 어떻게 여기십니까?

《지금 보내드리는 전제(田制)에 대한 책자 안에 계산이 철저하지 못한 부분이 있기에 찌를 붙여 보내드립니다. 부디 자세히 살펴보고서 포산법(布算法)을 도해(圖解)로 설명하여 보여주시는 것이 어떻겠습니까? 나는 산법(算法) 한 가지 일에 대해서는 종신토록 배웠으나 아직도 자유자재로 할 줄 몰라 우둔함이 없어지지 않음에, 다른 일도 이와 비슷한 경우가 많으니 가소로워하며 탄식합니다. 끝으로 이 계절에 복이 가득하시기를 바랍니다. 불선(不宣). 삼가 절하고 올립니다.》

---

**216** 우성전 : 【譯注】 1542~1593. 본관은 단양(丹陽), 자는 경선(景善), 호는 추연(秋淵)·연암(淵庵)이다. 이황의 문인이다.

**217** 물어보신……것입니다 : 【譯注】 을축년(1565, 명종20) 문정왕후의 국상(國喪) 때 이담이 복(服)을 입는 문제에 대해 물어보자, 이황은 《의례》〈상복(喪服)〉에 의거하여, 치사(致仕)한 자는 일반 백성과 달리 예전에 모시던 임금과 임금의 어머니를 위해 자최삼월복을 입어야 한다고 답했다. 《정본 퇴계전서》 권5 KNL0097 〈이중구에게 답하다〔答李仲久〕〉에 자세한 내용이 보인다.

# 이중구에게 답하다 【을축년(1565, 명종20, 65세) 12월 추정. 예안(禮安)】
答李仲久

여름과 가을 사이에 편지를 부친 뒤에 소식을 계속 보내지 못했고 또한 답장을 받지 못했기에 날마다 그리워하고 있었습니다. 그런데 지금 뜻밖에도 심부름꾼이 당도하여 공이 손수 쓴 편지를 주었는데, 그 편지에서 전제(田制)의 포산법(布算法)에 대한 도해(圖解)도 아울러 보여주셨습니다. 이를 펼쳐 읽고는 마음이 위로되고 탁 트이는 것이 마치 안개를 헤치고 해를 보는 것과 같을 뿐만이 아니었습니다. 이어 가을과 겨울 이래로 한가롭게 수양하며 고요함을 누리시는 것이 이 계절에 더욱 성대함을 알았습니다.

나는 쇠잔한 것이 이전 그대로입니다. 벼슬살이의 굴레에서 벗어난 뒤로 인간 세상의 즐거운 일을 거의 온전히 누리고 있었는데, 요사이 까닭 없이 남들에게 지목을 받아[218] 두려워하며 항상 편치 못하게 있습니다. 이 때문에 정자중(鄭子中)[219]과 손자가 도성에 들어갈 적에, 모두 안

---

**218** 남들에게 지목을 받아 : 【譯注】 승려 보우(普雨)의 참수(斬首)를 청하는 영남 유자들을 저지한 일로 인해 이황이 곤혹을 치른 것을 가리키는 듯하다. 【要存錄 卷11】 《정본 퇴계전서》 권8 KNL1115 〈정자중에게 답하다〔答鄭子中〕〉에 "근래 재야 선비들이 어지러이 일어난 일로 인해, 번번이 남들에게 지목을 받고 있습니다.〔近因韋布紛紛, 輒爲人有所指目.〕"라고 하였다. 【校解】 정자중에게 답한 이 편지는 을축년(1565, 명종 20) 10월 1일에 예안(禮安)에서 쓴 것이다. 이때 영남 유자들이 약 20여 차례에 걸쳐 승려 보우를 참소하라는 상소를 올렸는데, 이황이 영남 유자들을 저지하자, 이황의 행동을 그릇되었다고 여기는 사람들이 있었다고 한다. 《退溪先生文集攷證 卷6 答鄭子中》《定本 退溪全書 卷9 答金彦遇(KNL1262)》

**219** 정자중 : 【譯注】 정유일(鄭惟一, 1533~1576)로, 본관은 동래(東萊), 자는 자중, 호는 문봉(文峰)이다.

부 편지를 올리지 못한 것이니, 너그러이 헤아려 주어 괴이하게 여기시지 않으리라 생각합니다.

보낸 편지에서 가르쳐주신 포산법과 도해(圖解)는 조리 있고[220] 상세하여 예전의 의혹이 태반은 풀렸으니 매우 감사드립니다. 그러나 여전히 나의 아둔함으로 알 수 없는 부분이 매우 많기에, 우선 더욱 어려운 곳 네댓 조목을 모아 별지에 적어두었으니, 다시 상세히 살펴 가르쳐 주시어 은혜를 끝까지 베풀어 주시기를 바랍니다.

예전에 《율려신서(律呂新書)》를 보았을 때 그 산법 중 조금 엿본 것들을 대략 베껴 두어 잊어버릴 것에 대비하였으니, 너무 허술한 부분이 있을 듯합니다. 이것을 아울러 보내드리며 여쭈니, 또한 바로잡아 보여 주십시오.

《역학계몽(易學啓蒙)》은 더욱 말하기 어려운 것인데, 주제넘게 스스로 헤아리지 않고서 일찍이 벗들과 연구하고 보고 듣고 사색한 것 중에서 깨달은 바가 있으면 손이 가는 대로 베껴 두어 또한 비망록으로 삼았습니다. 혹여 와서 묻는 이가 있으면 또한 그것을 살펴보아 증거로 삼고 말았는데, 나도 모르게 그로 인하여 남들 눈에 전해지게 되었습니다. 이런 것들은 모두 남들의 큰 비난을 촉발하는 것이니 지극히 두려운 마음을 가누지 못하겠습니다. 단지 우경선(禹景善)[221]이 억지로 와서 마음대로 요량해 처리하여 또한 그 자신의 비망록으로 만들었으니, 조만간 공께서도 응당 보시게 될 것입니다. 간절히 바라건대 절대로 남들에게 보이지 마시고, 단지 부디 잘못된 곳을 통렬히 밝혀내 엄준하게 가르쳐 주신다

---

**220** 조리 있고 : 【攷證 卷4 井井】《순자》 권4 〈유효(儒效)〉에 "가지런히 조리가 있다. 〔井井兮其有條理也〕"라고 하였다.

**221** 우경선 : 【譯注】 우성전(禹性傳, 1542~1593)으로, 본관은 단양(丹陽), 자는 경선, 호는 추연(秋淵)·연암(淵庵)이다. 이황의 문인이다.

면 또 더할 나위 없이 큰 다행이겠습니다.

캄캄한 밤에 촛불을 들어도 촛불이 옮겨지면 보이는 것이 없고 새는
그릇에 물을 가득 채워도 물이 빠지면 흔적이 없건만, 오히려 학문하길
그칠 줄 모르니 나의 우매함이 또한 심합니다. 그러나 옛 습관을 잊지
못함에 고기를 맛보는 듯한 즐거움이 오히려 있습니다.[222] 연말에 깊은
산속에서 회포를 이야기할 이가 없는데, 만나서 매화를 구경하기로 한
약속은 마치 신선이 오기를 바라나 오지 않는 것처럼 이루지 못하는군
요. 〈치의(緇衣)〉를 읊는다고 말한 것[223]은, 어찌하여 내가 그만한 사람이
아닌데 부질없이 희롱합니까? 글로 뜻을 다 전하지 못하니, 진중(珍重)
하기를 바랍니다. 《삼가 절하고 답장합니다.》

---

**222** 고기를……있습니다 : 【譯注】 의리를 진심으로 좋아하는 것을 비유하는 말이다.
《맹자》〈고자 상(告子上)〉에 "이의(理義)가 우리 마음을 기쁘게 하는 것은 추환이 우리
입을 즐겁게 하는 것과 같다.〔猶芻豢之悅我口〕"라고 하였다.

**223** 치의를……것 : 【譯注】 〈치의〉는 《시경》〈정풍(鄭風)〉의 편명(篇名)으로, 현자를
예우(禮遇)함을 읊은 시이다. 당대 사람들이 이황을 현자로 칭송하여 조정에 나오기를
바랐으므로, 이담이 편지에서 '〈치의〉를 읊는다'고 한 것이다.

# 별지

別紙


전제산 田制算

100에서 1을 취한다는 것은 보내주신 편지를 받고 환히 알았습니다. 왕년에 윤광일(尹光溢)[224]이 일찍이 이 법을 보여준 적이 있는데 말한 것이 미진하므로 물어본 것이니, 이제는 의문이 없습니다. 다만 윤광일이 또 "4자 7치 7푼 5리[225]가 신법(新法)의 일등전척(一等田尺)이 되어 이를 곱하면 22자 8치를 얻으니[226] -나머지 2사[227] 5홀은 버린다.- 이것이 1파(把)가

---

**224**  윤광일 : 【攷證 卷4 尹光溢】 서울에 거주하고 수학에 밝았다. 일찍이 유생으로서 기묘사화(己卯士禍)에 관여되었다. 또 《정본 퇴계전서》 권10 BNL1502 〈우경선에게 답하다[答禹景善]〉에도 이름이 보인다.

**225**  리 : 【攷證 卷4 氂絲忽】《손자산술(孫子算術)》에 "누에가 토해낸 실을 홀(忽)이라 하는데, 10홀이 사(絲)가 되고, 10사가 호(毫)가 되고, 10호가 리(氂)가 된다."라고 하였다. 《律呂新書 卷2 律呂證辨》

**226**  4자……얻으니 : 【攷證 卷4 四尺七寸…二尺八寸】 4자〔尺〕는 법수(法數)를 자의 자리〔尺位〕에 둔다. '4×4＝16'에서 '10'을 십의 자리에 두고 '6'을 자의 자리에 둔다. 그다음에 '4×7＝28'에서 '20'을 자의 자리에 두고 8을 치의 자리〔寸位〕에 둔다. 그다음에 '4×7＝28'에서 '20'을 치의 자리에 두고 '8'을 푼의 자리〔分位〕에 둔다. '4×5＝20'에서 '20'을 분의 자리에 둔다. 법수를 한 자리 물린다. ○7치는, '4×7＝28'에서 '20'은 자의 자리에 두고, '8'은 치의 자리에 둔다. 그다음에 '7×7＝49'에서 '40'은 치의 자리에 두고 '9'는 푼의 자리에 둔다. 그다음에 '7×7＝49'에서 '40'은 푼의 자리에 두고, '9'는 리의 자리〔氂位〕에 둔다. 그다음에 '5×7＝35'에서 '30'은 리의 자리에 두고, '5'는 호의 자리〔毫位〕에 둔다. 법수를 한 자리 물린다. ○7푼은 '4×7＝28'에서 '20'은 치의 자리에 두고 '8'은 푼의 자리에 둔다. 그다음에 '7×7＝49'에서 '40'은 푼의 자리에 두고 9는 리의 자리에 둔다. 그다음에 '7×7＝49'에서 '40'은 리의 자리에 두고, '9'는 호의 자리에 둔다. 그다음에 '5×7＝35'에서 '30'은 호의 자리에 두고 '5'는 사의 자리〔絲位〕에 둔다. 법수(法數)를 한 자리 물린다. ○5리는, '4×5＝20'에서 20을 푼의 자리에 둔다. 그다음에 '5×7＝35'에서 '30'을 리의 자리에 두고 '5'를 호의 자리에 둔다. 그다음에 '5×7＝35'에서

된다. 한 자리를 올려 228자를 얻으니, 이것이 1속(束)이 된다.……"라고
하였는데, 잘 모르겠습니다만, 반드시 곱하는 것은 어째서입니까? 또
1파가 22자 8치가 되는 것과 1속이 228자가 되는 것은, 그 자수〔尺數〕가
어째서 그리 많습니까?

일등전척으로 결복(結卜)[228]을 헤아려 나머지 다섯 등급 토지의 결복
을 아는 법[229]에서, "상(商)[230]으로 8을 치의 자리〔寸位〕에 둔다"를 풀이하
면서, "영수(影數)의 끝자리를 적당한 위치에 두는 것은 산가(算家)의
본래 법이다.……"라고 하였습니다. 그러나 영수에는 '자'만 있고 '치'는
없으니, 어떻게 '치'를 영수 끝자리의 적당한 위치로 삼을 수 있겠습니까.


'30'을 호의 자리에 두고 '5'를 사의 자리에 둔다. 그다음에 '5×5=25'에서 '20'을 사의
자리에 두고 '5'를 홀의 자리〔忽位〕에 둔다. 살펴보건대, 이와 같이 하면 22자 8치 6호
2사 5홀이 된다.

**227** 나머지 2사 : 【攷證 卷4 不盡二絲】 살펴보건대, "부진(不盡)" 아래 "이사(二絲)"
위에 응당 '육호(六毫)' 2자가 있어야 한다.

**228** 결복 : 【攷證 卷4 把束結卜】 살펴보건대, 양전법(量田法)에 1자가 파(把)가 되고,
10파가 속(束)이 되고, 10속이 복(卜)이 되고, 100복이 결(結)이 된다.

**229** 일등전척으로……법 : 【譯注】 조선 시대 세종 연간에 양전법을 정비하면서, 토지
를 비옥도에 따라 6개 등급으로 구분하고 각 등급마다 양전척(量田尺)의 크기를 달리하
여 토지의 면적을 측정했는데, 일등전척(一等田尺)의 길이는 4자 7치 7푼 54리이고
이등전척(二等田尺)의 길이는 5자 1치 7푼 9리, 삼등전척(三等田尺)의 길이는 5자 7치
3리, 사등전척(四等田尺)의 길이는 6자 4치 3푼 4리, 오등전척(五等田尺)의 길이는
7자 5치 5푼, 육등전척(六等田尺)의 길이는 9자 5치 5푼이었다. 그러나 실제 양전(量
田)에 있어서는 일등전척 하나만을 사용하여, 일등전척으로 측량된 넓이를 각 등전(等
田)에 따라 환산하였다. 인조 대에 이르면 이러한 환산 방법을 정리한 〈준수책(遵守
冊)〉이 만들어져 사용되었다.《經國大典 戶典 量田》《仁祖實錄 12年 10月 29日》《신편
한국사 24권 Ⅵ. 도량형제도》

**230** 상 : 【攷證 卷4 商】 명(明)나라 안지제(安止齋)의 《상명산법(詳明算法)》 상권에
"상제(商除)라는 것은 상량하여 나누는 것이니〔商量而除之〕, 이 한 가지 산법은 또한
구귀(九歸)·정신(定身)·제귀(除歸) 세 가지 산법을 겸한다."라고 하였다.

그리고 실수(實數)와 영수에는 모두 '자'만 있고 '치'는 없는데, 도리어 '자'로 나누지 않고 '치'로 나누는 것은 어째서입니까? 또 나눗셈을 다한 뒤에 원래 숫자에 비하여 '8치 5푼 1호'를 얻어서 이를 쓰는 것은, 이는 '일등전척으로 헤아린 1결을 이등전(二等田)을 가지고 헤아리면 85복 1파가 된다.'는 말입니다. 그렇다면, 어찌하여 복수(卜數)와 파수(把數)로 말하지 않고, 단지 '8치 5푼 1호'라고 말한 것입니까?

개방법(開方法)에서 '염(廉)'과 '우(隅)' 등의 법231은 대개 보여준 것이 옳습니다. 그러나 염의 계산에서 반드시 처음에 끝자리부터 두는 것은 무슨 뜻입니까? 반드시 한 자리를 뛰어넘는 것은 무슨 뜻입니까? 또 백의 자리에 이르러서 백이 되지 못하고 십이 되며, 만의 자리에 이르러서 만이 되지 못하고 백이 되는 것은 어째서입니까? 또 동쪽 변에 염이 있고 남쪽 변에 염이 있으면 두 염 사이에 우가 있는 것이 당연합니다. 만일 단지 한쪽 변에만 염이 있고 나머지 세 변에는 염이 없다면, 또한 우가 없는데 나눗셈을 할 수 있겠습니까?

방(方)의 법수(法數)를 배로 하는 까닭은, 처음 만들어진 방전(方田)의 두 변에 두 염을 더하여 방형(方形)을 만들고 두 변을 따라서 나누어가기 때문에 반드시 방의 법수를 배로 하는 것입니다. 가령 하나의 염만 있거나 혹은 두 개의 염이 있더라도 그 염이 있는 쪽의 수가 적어서 원래의 방전에 더하여 방형을 만들 수 없으면, 알지 못하겠으니 이러한 곳은 응당 어떤 산법을 써서 나누어야 합니까?

《황극경세서(皇極經世書)》232의 〈경세일원소장도(經世一元消長圖)〉233

---

**231** 개방법에서……법 : 【譯注】 개방법은 다항방정식의 해를 구하는 옛 계산법인데, 개방법에서 변(邊)을 '염(廉)'이라 하고 모서리를 '우(隅)'라 한다.

아래 소백온(邵伯溫)[234]의 설 가운데 "음과 양의 여공이 각각 6이다.〔陰陽
之餘空各六〕"[235]라는 말이 있는데, 잘 모르겠습니다만 '여공(餘空)'은 무
슨 말입니까?《황극경세서》의 여러 설이 진실로 이해하기 쉽지 않습니
다. '여공'의 설은 흡사 1년과 1일에 대해서도 모두 있을 듯한데 그 뜻을
알 수 없으므로 감히 묻습니다.

**232** 황극경세서 :【攷證 卷4 皇極經世書】송(宋)나라 소강절(邵康節 소옹(邵雍))이
저술한 책이다.

**233** 경세일원소장도 :【攷證 卷4 一元消長圖】서산(西山) 채씨(蔡氏 채원정(蔡元定))
가 다음과 같이 말하였다. "1원(元)의 수는 곧 1년의 수이다. 1원에 12회(會) 360운(運)
4320세(世)가 있으니, 1년에 12달 360일 4320신(辰)이 있는 것과 같다. 앞의 6회는
식(息)이 되고 나중의 6회는 소(消)가 된다. 성(星)의 76에서 만물이 생기는 것〔開物〕
은 1년의 경칩(驚蟄)과 같고, 성의 315에서 만물이 소멸되는 것〔閉物〕은 한 해의 입동
(立冬)과 같다. 1원에 129,600년이 있고, 1회에 129,600월이 있고, 1운에 129,600일이
있고, 1세에 129,600신(辰)이 있다."《性理大全書 卷8 皇極經世書2》

**234** 소백온 :【攷證 卷4 邵伯溫】1055~1134. 자는 자문(子文)이고, 소강절의 아들이
다. 집안에서는 아버지의 가르침을 받고 집 밖에서는 사마온공(司馬溫公 사마광(司馬
光)) 및 이정(二程)과 교유하여, 들은 바가 날로 박식해져《황극경세서》·《관물편(觀物
篇)》에 대한 여러 해설서를 저술했다.

**235** 음과……6이다 :【攷證 卷4 陰陽餘空各六】송나라 소백온이 "달이 사(巳)의 끝에
이르면 신(辰)의 2,160에 해당하여 양극(陽極)이 되는데, 음과 양의 여공(餘空)이 각
각 여섯이다. 달이 해(亥)의 끝에 이르면 신의 4,320에 해당하여 음극(陰極)이 되는데,
음과 양의 여공(餘空)이 각각 6으로, 모두 24이다."라고 하였다.《性理大全書 卷8 皇極
經世書2》○ 살펴보건대, 여(餘)는 기영(氣盈)이고 공(空)은 삭허(朔虛)이다. 이를
1년을 12개월로 나눈 것이 '30일'이라는 수보다 많으므로 '여'라고 하고, 달과 날이 만나
는 것이 '30일'이라는 수보다 적으므로 '공'이라 한다. '자(子)'부터 '사(巳)'까지는 양이
되는데 여와 공이 각각 여섯이고, 오(午)부터 해(亥)까지 음이 되는데 여와 공이 각각
여섯이다.

諸說固不易解餘空之說似於一年一日皆有之而未知其義故敢問

律算圖

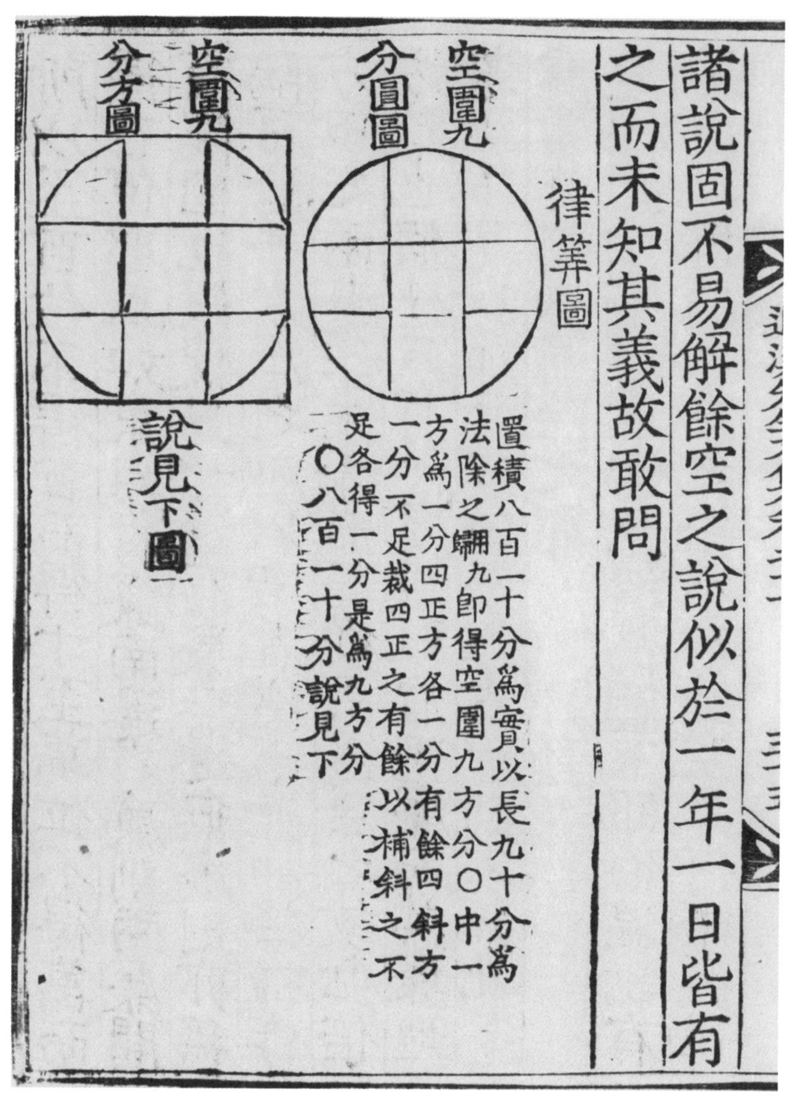



置積八百一十分爲實以長九十分爲法除之歸九即得空圍九方分○中一方爲一正方四正方各一分有餘四斜方一分不足裁四正之有餘以補斜之不足各得一分是爲九方分說見下○八百一十分說見下圖

律算圖 1

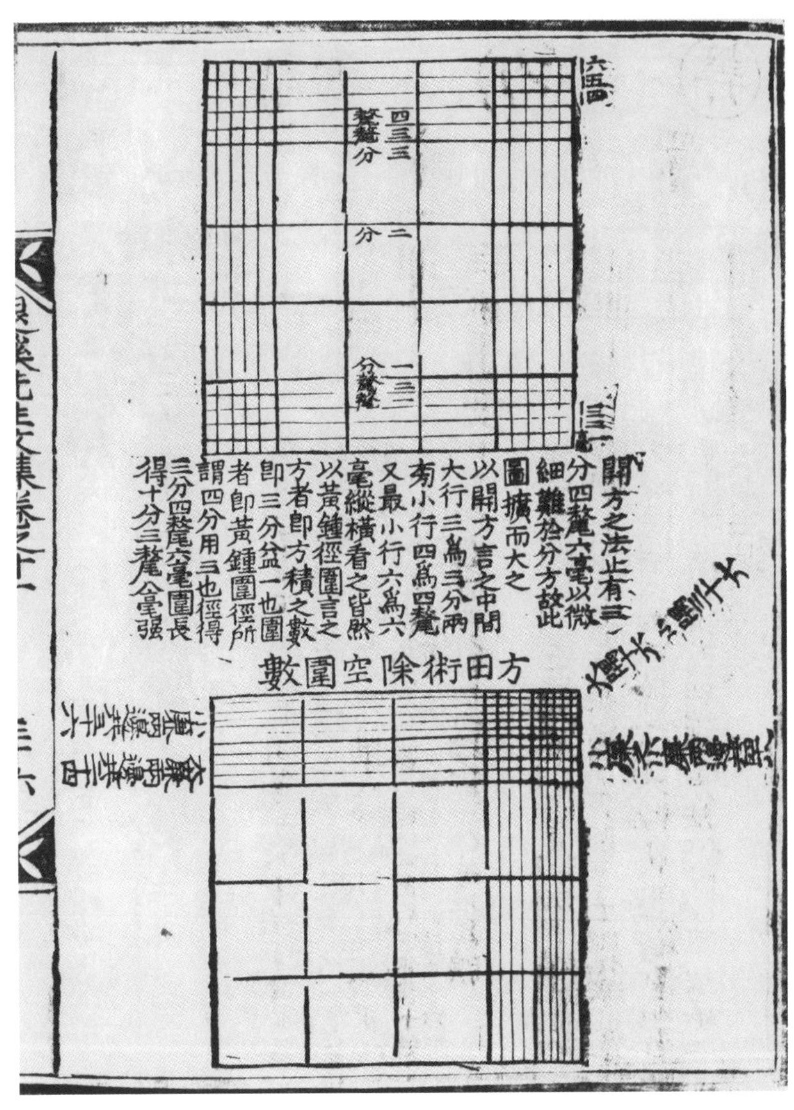


律算圖 2

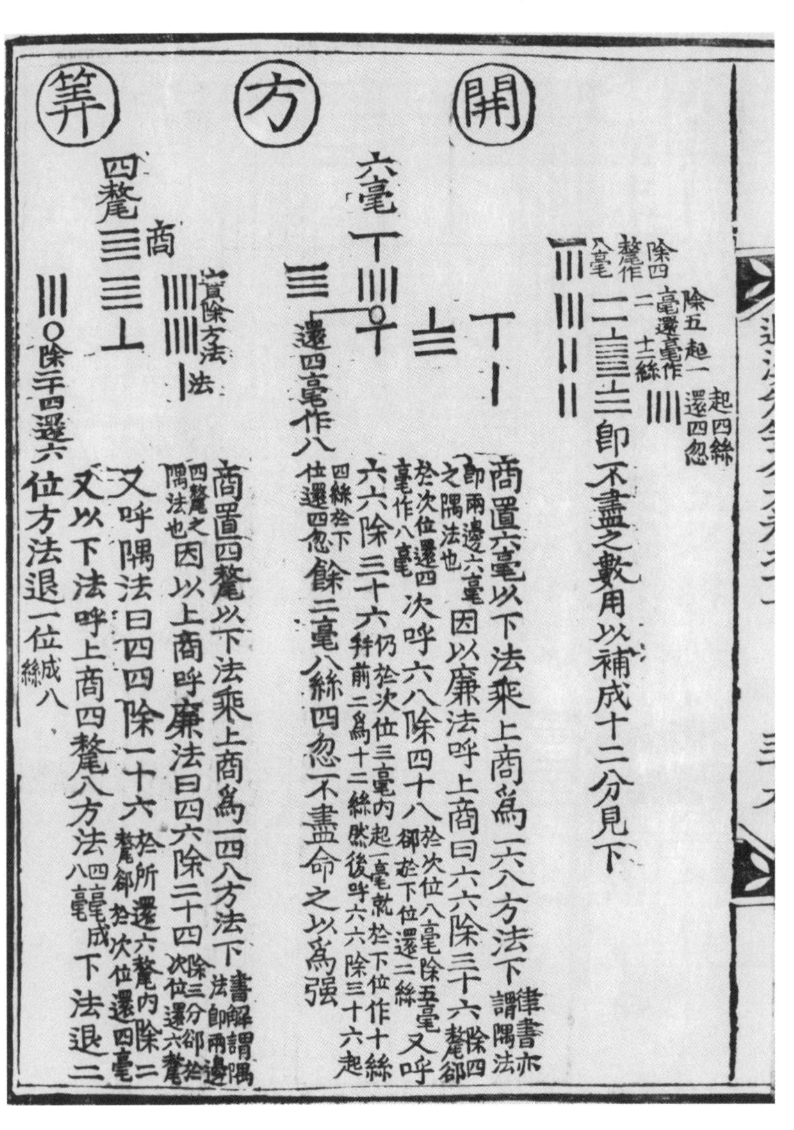

㊟ 算　㊟ 方　㊟ 開

除四毫還毫作二十二絲
除五起一還四忽
起四絲
八毫〔算籌〕二十三　卽不盡之數用以補成十二分見下

商置六毫以下法乘上商為一六八方法下〔謹書亦〕
卽兩邊六毫因以廉法呼上商曰六六除三十六
之隅法也
毫作八毫
於次位還四　次呼六八除四十八　御
於次位八毫除五毫除
於下位還二絲　又呼
六六除三十六　仍於次位三毫內起一毫就
於下位作十
前二為十二絲　然後呼六六除三十六
四絲拾下　餘三毫八絲四忽不盡命之以為強
八位還四忽

商置四毫以下法乘上商為一四八方法下〔書解謂隅法卽兩邊〕
四毫之因以上商呼廉法曰四六除二十四
隅法也
又呼隅法曰四四除一十六　拾所還六毫內除二
又以下法呼上商四毫八方法　八毫於次位還四毫
〔拾次位還四毫〕
○除二十四還六位方法退一位〔絲八〕

律算圖 3

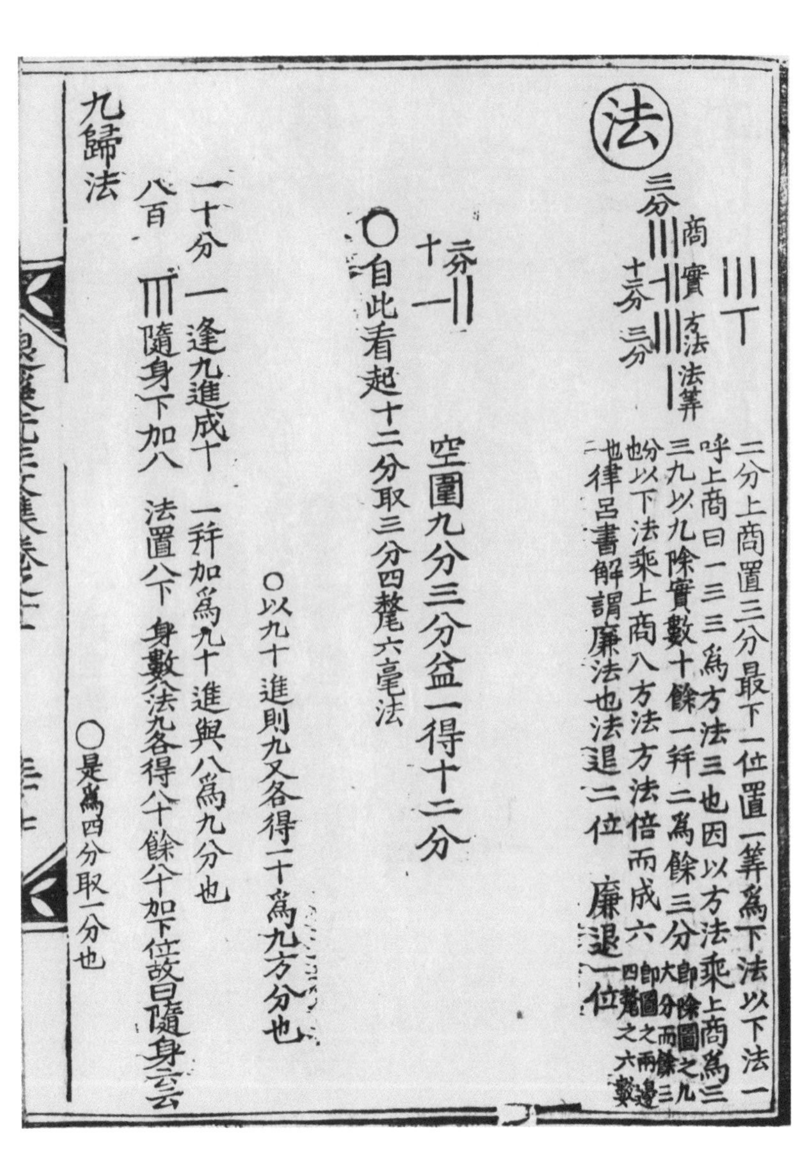

㊟法

三丁

三分　十二分　三分

商　實　方法　法筭

二分上商置三分最下一位置一筹爲下法以下法一
呼上商曰一三三爲方法三也因以方法乘上商爲三
三九以九除實數十餘一幷二爲餘三分
以下法乘上商八方法方法倍而成六
律呂書解謂廉法也法退二位　廉退一位

○自此看起十二分取三分四毫六毫法

十二分　一

空圍九分三分益一得十二分

○以九十進則九又各得二十爲九方分也

九歸法

一十分　一逢九進成十　一幷加爲九十進與八爲九分也

八百　　隨身下加八　法置八个　身數法九各得八餘八加下位故曰隨身云

○是爲四分取一分也

律算圖 4

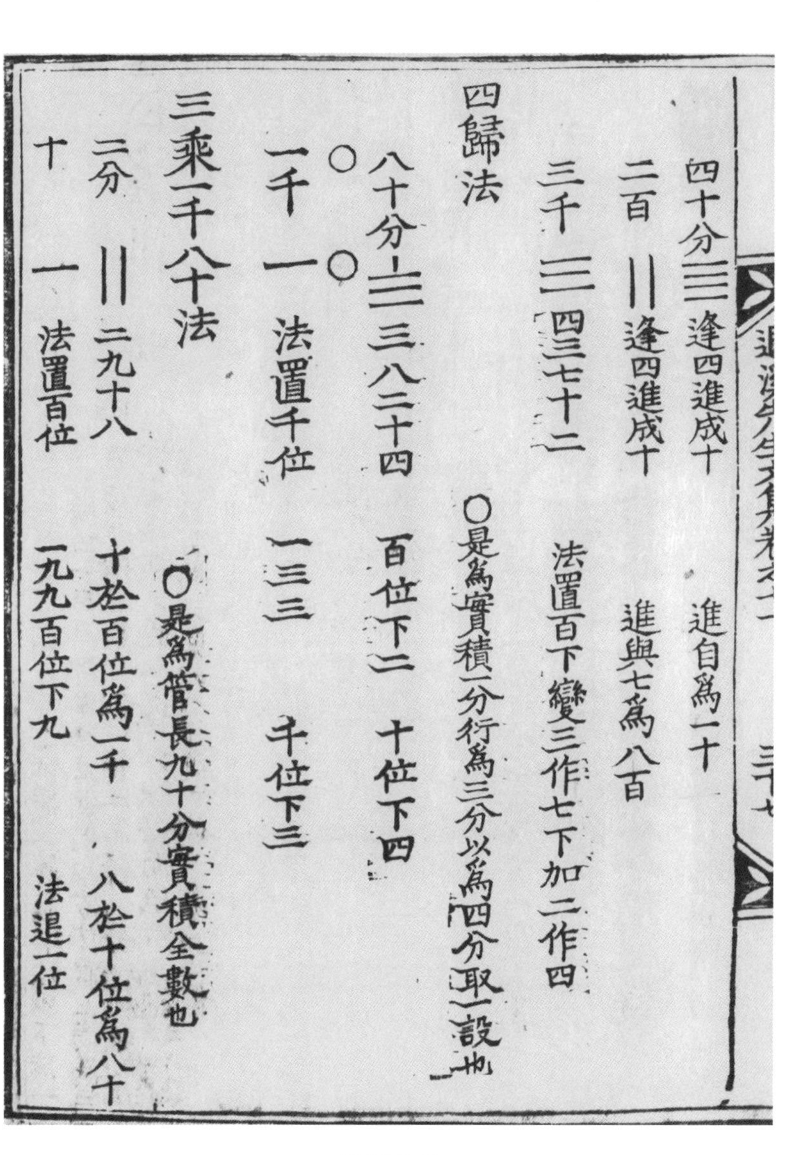



四十分三　逢四進成十　進自為二十

二百　‖　逢四進成十　進與七為八百

三千　三四三七十二　法置百下變三作七下加二作四

四歸法
○是為實積一分行為三分以為四分取一設也

八十分上三八二十四　法置千位　百位下二　十位下四

○○

一千一　法置千位　一三三　千位下三
○是為管長九十分實積全數也

三乘一千八分法

二分　‖　二九十八　十於百位為一千　八於十位為八十

十　一　法置百位　一九九百位下九　法退一位

律算圖 5

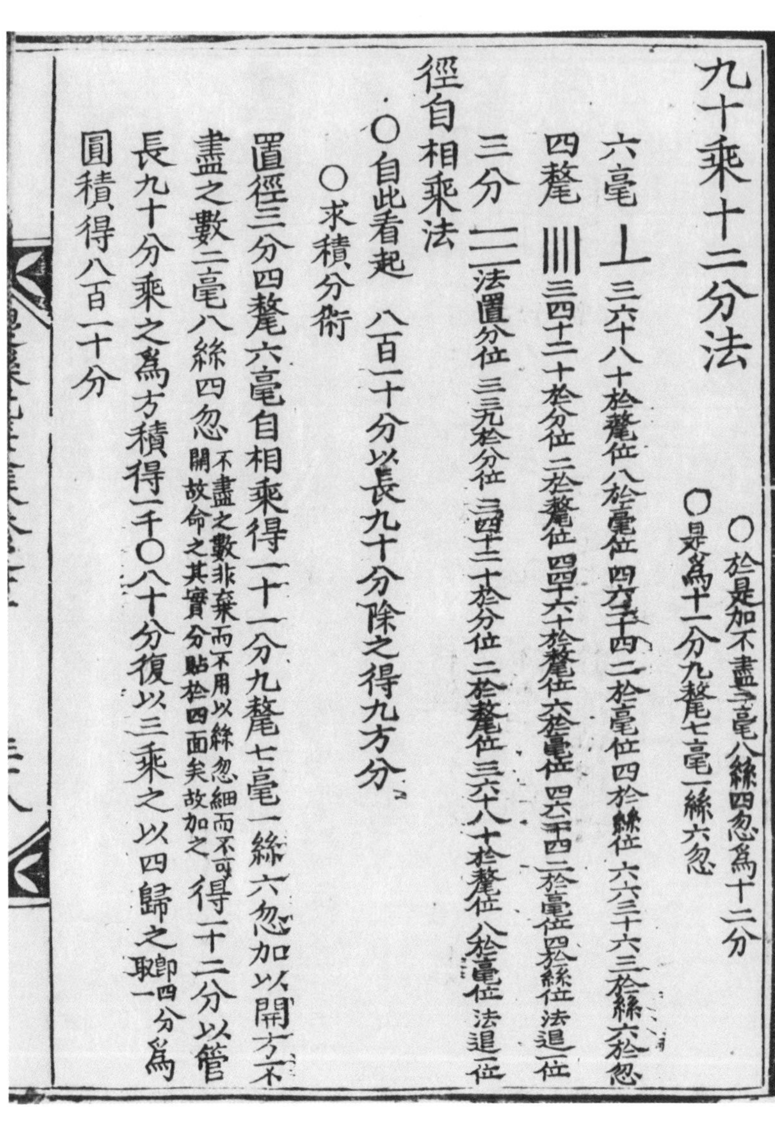

# 九十乘十二分法

○於是加不盡之毫八絲四忽爲十二分

○是爲十一分九氂七毫一絲六忽

六毫　上　三六八十於氂位　八於毫位　四万千四　二於毫位　四於鰺位　六六三十於絲位

四氂　|||　三四十二十於分位　二於氂位　四四六十於氂位　六於毫位　四六千四　二於毫位　四於絲位　法退一位

三分　二　法置分位　三九於分位　三四十二於分位　二於氂位　三六八十於氂位　八於毫位　法退一位

## 徑自相乘法

○自此看起　八百二十分以長九十分除之得九方分

○求積分術

置徑三分四氂六毫自相乘得二十一分九氂七毫一絲六忽加以開方不盡之數二毫八絲四忽〈關故命之其實分貼於四面矣故加之〉得十二分以管〈不盡之數非棄而不用以絲忽細而不可〉

長九十分乘之爲方積得一千〇八十分復以三乘之以四歸之取一分爲

圓積得八百二十分

律算圖 6

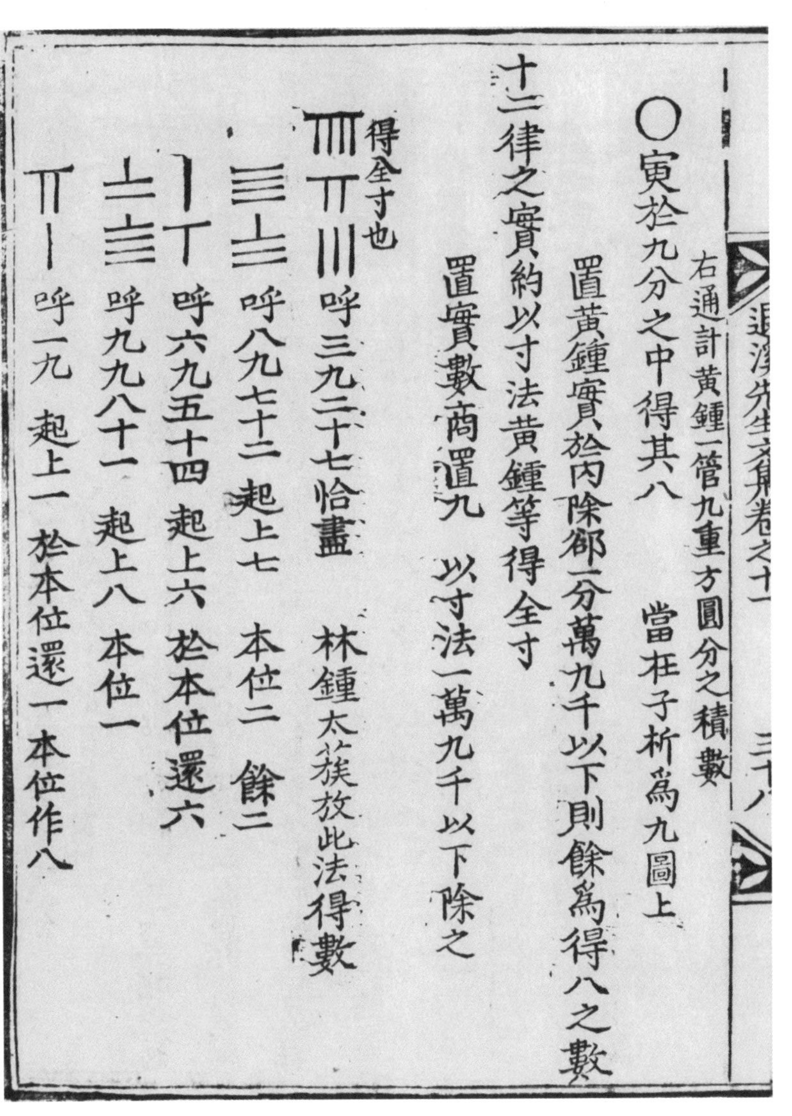

右通計黃鍾一管九重方圓分之積數

○寅於九分之中得其八　當在子析爲九圖上

置黃鍾實於內除郤一分萬九千以下則餘爲得八之數

十二律之實約以寸法黃鍾等得全寸

置實數商置九　以寸法一萬九千以下除之

得全寸也

〣〢〣　呼三九二十七恰盡　林鍾太蔟放此法得數

〣〣　呼八九七十二　起上七　本位二　餘二

〡　呼六九五十四　起上六　於本位還六

〢〣　呼九九八十一　起上八　本位一

〥〡　呼一九　起上一　於本位還一　本位作八

律算圖 7

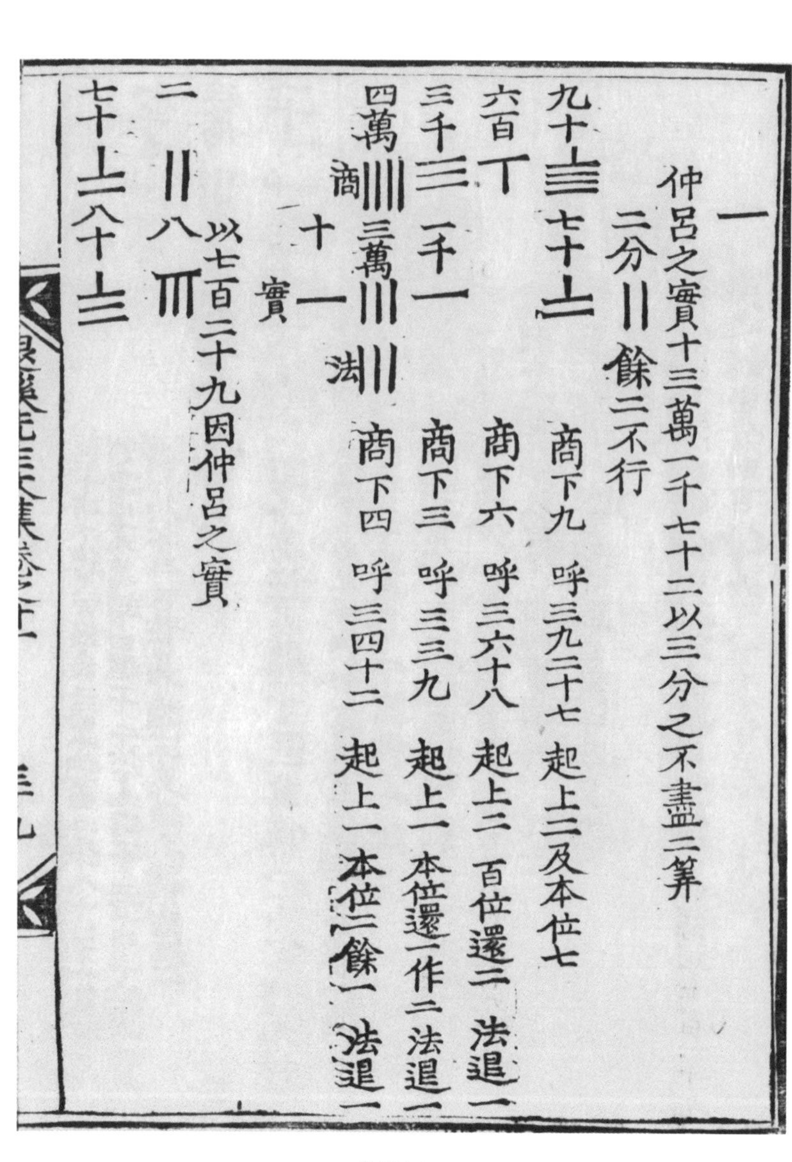

一
仲呂之實十三萬一千七十二以三分之不盡二算
二分 餘二不行
九十 七十 商下九 呼三九二十七 起上三及本位七
六百 商下六 呼三六十八 起上三 百位還二 法退一
三千二 一千一 商下三 呼三三九 起上一 本位還一作二法退一
四萬 三萬 商下四 呼三四十二 起上一 本位二餘一 法退一
十一 實
以七百二十九因仲呂之實
二 八 七十上六十三

律算圖 8

四百　一千　三萬　五萬　一十　五十三　五百　二十一　九千

二七十四千位下二百位下四三四十位下四二九八十位下一單位下八

〇七四十九萬位下四進二十千位下九進二十二七十四千位下一百位下

四九六十三百位下六進二十又進至萬法退一

一七十萬位下七進一十三萬位下二九九千位下九法退一

三七二十一首位下二百萬位下一二三六本位下六進一十

三九二十七十萬位下二萬位下七法退一

一七七首位下七一二三百萬位下二九九十萬位下九法退一

右因仲呂之實三分

二分六千三百七十萬〇〇〇〇九百九十二

一分三千一百八十五萬〇〇四百九十六

益一則一萬二千七百四十萬〇〇一千九百八十四

七百二十九歸之

置實一萬以下以變律黃鍾十七萬四千以下為商以七百二十九

除之餘小分四百八十六

律算圖 9

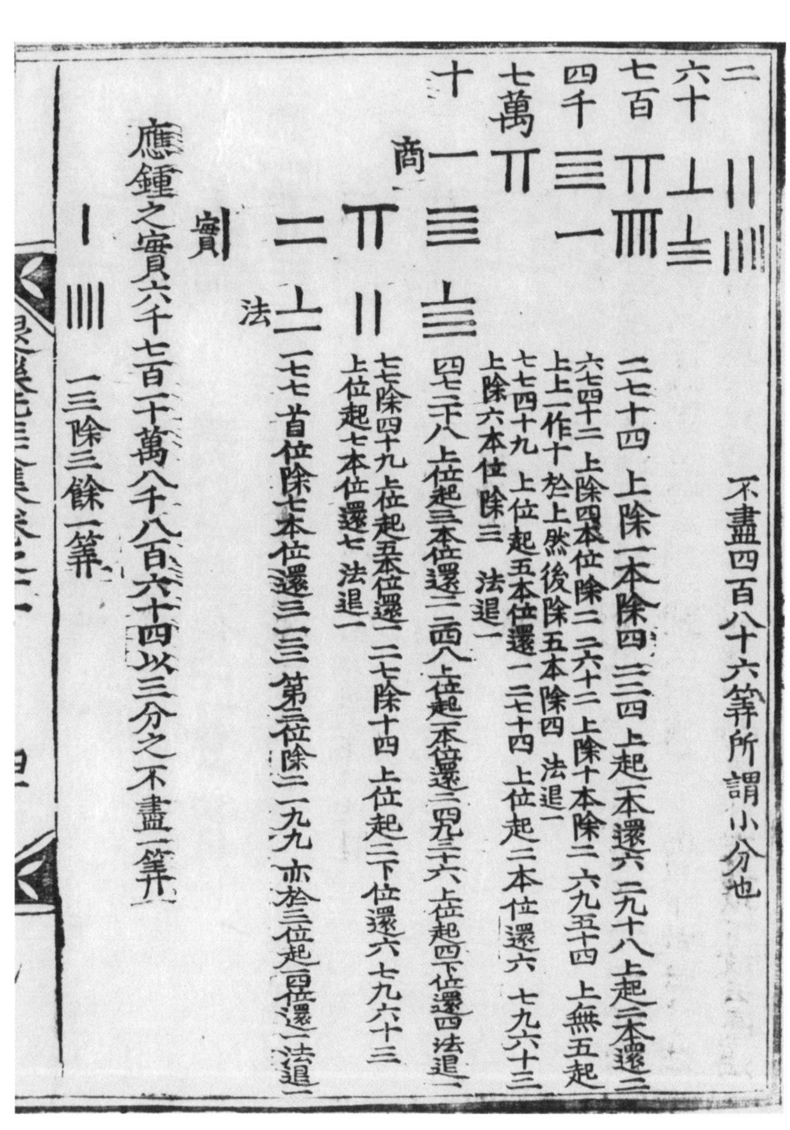

不盡四百八十六籌所謂小分也

二十　六十　七百　四千　十萬　商

二七十四　上除一本除四
二三四　上起二本還六
二九十八　上起二
六七四二　上上除四本位除二
二六十二　上除十本除二
六九五十四　上無起
上一作十於上然後除五本除四　法退一
七四十九　上位起五本位還一
二七十四　上位起
上除六本位除三　法退一
四□二十八　上位起三本位還二
四八　上位起本位還二
四二六　上位起四下位還四　法退一
二七七　首位除七本位還三三
第二位除二一九九　亦於三位起一四位還一　法退一

實
法
應鍾之實六千七百十萬八千八百六十四以三分之不盡一籌
一　三除三餘一籌

律算圖 10

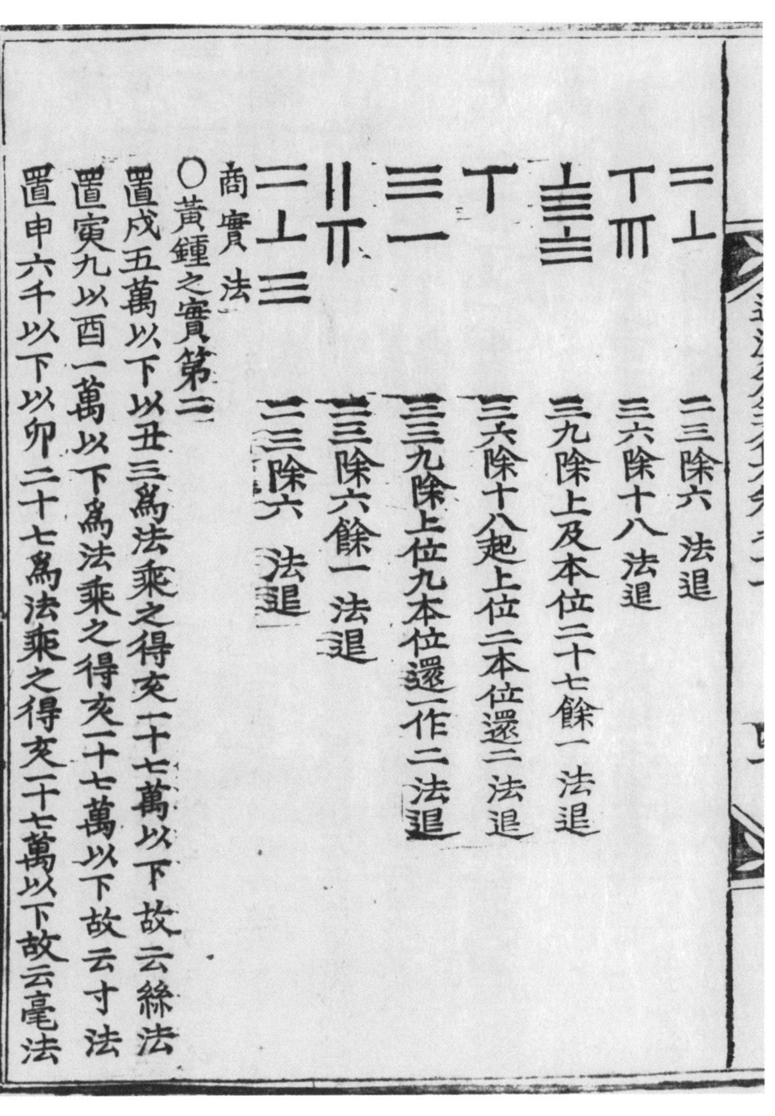

二三除六　法退

三六除十八　法退

三九除上及本位三十七餘一　法退

三六除十八起上位二本位還三　法退

三九除上位九本位還一作二　法退

三三除六餘一　法退

三三除六　法退

商實　法

○黃鍾之實第二

置戌五萬以下丑三為法乘之得亥十七萬以下故云絲法

置寅九以下酉一萬以下為法乘之得亥十七萬以下故云寸法

置申六千以下卯二十七為法乘之得亥十七萬以下故云毫法



律算圖 11

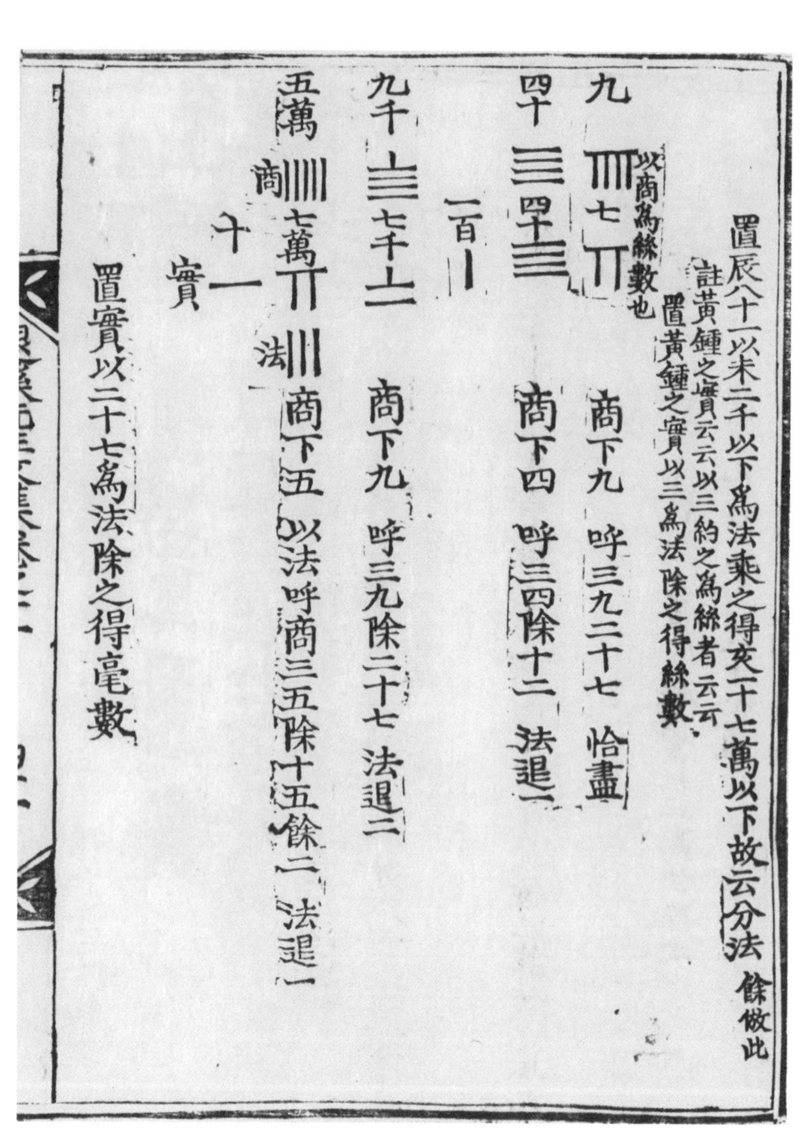

置辰八十一以末二千以下為法乘之得亥十七萬以下故云分法　餘倣此

註黃鍾之嬴貟云云以三約之為絲者云云

置黃鍾之實以三為法除之得絲數

以商為絲數也

九　商下九　呼三九二十七　恰盡

四十三　商下四　呼三四除十二　法退二

一百一

九千二百七十二　商下九　呼三九除二十七　法退二

五萬七萬二十二　商下五　以法呼商三五除十五餘二　法退一

十一　實

置實以二十七為法除之得毫數

律算圖 12

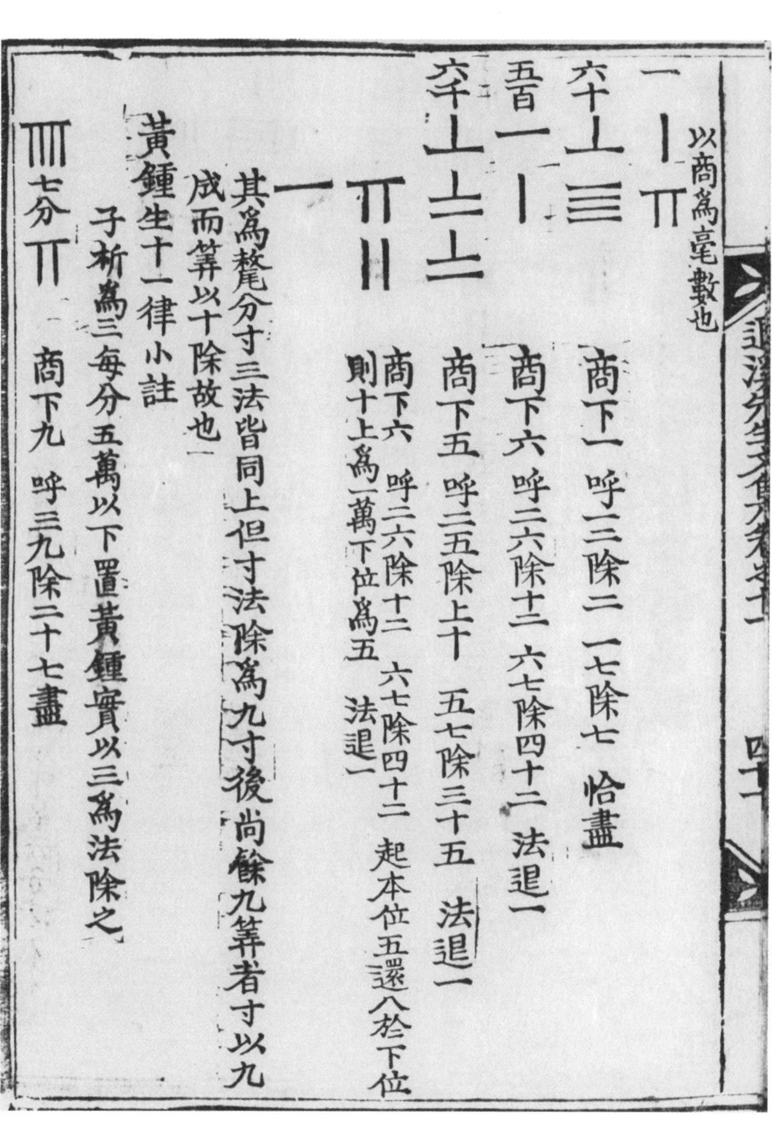



以商爲毫數也

商下一　呼三除二　一七除七　恰盡

商下五　呼二五除十二　六七除四十二　法退一

商下六　呼二六除十二　六七除四十二　法退一

商下五　呼二五除十　五七除三十五　法退一

商下六　呼二六除十二　六七除四十二　起本位五還八於下位
則十上爲一萬下位爲五　法退一

其爲氂分寸三法皆同上但寸法除爲九寸後尚餘九筭者寸以九
成而筭以十除故也

黃鍾生十一律小註

子析爲三每分五萬以下置黃鍾實以三爲法除之

商下九　呼三九除三十七畫

七分

律算圖 13

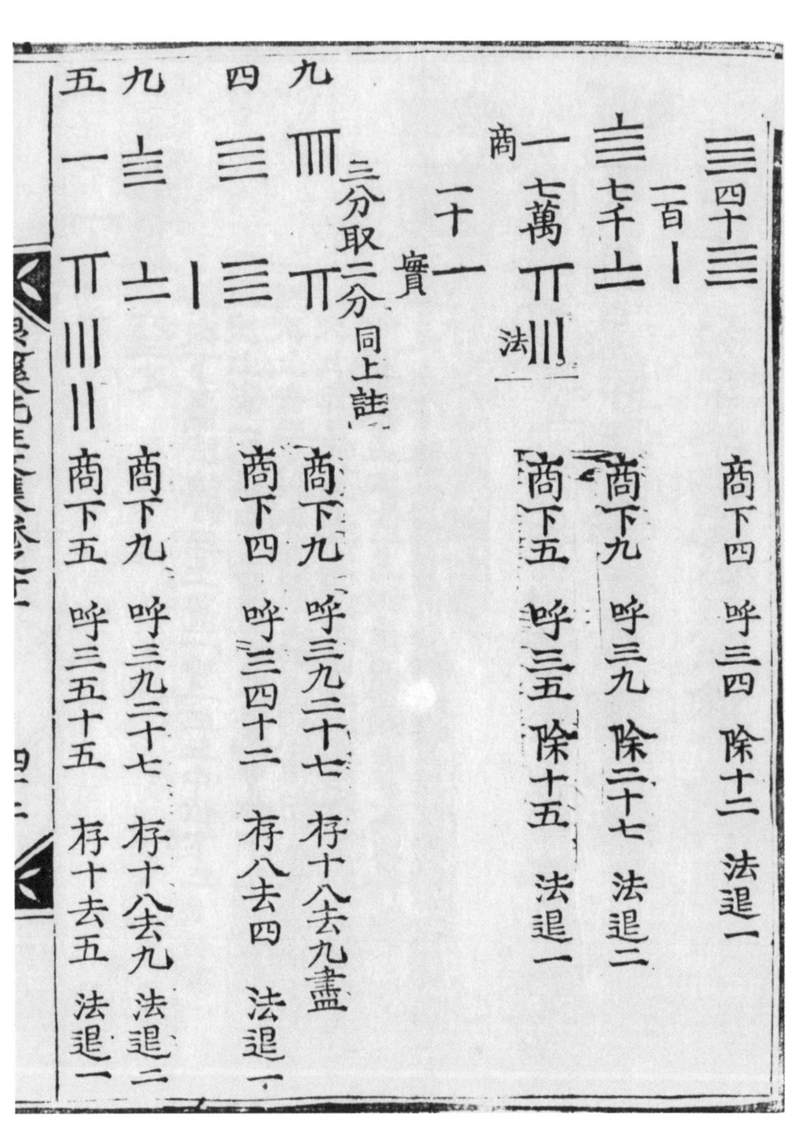


商下四　呼三四　除十二　法退一
商下九　呼三九　除二十七　法退二
商下五　呼三五　除十五　法退一
二分取二分同上註
實
法
商下九　呼三九二十七　存十八去九盡
商下四　呼三四二十二　存八去四　法退一
商下九　呼三九二十七　存十八去九　法退二
商下五　呼三五十五　存十去五　法退一

律算圖 14

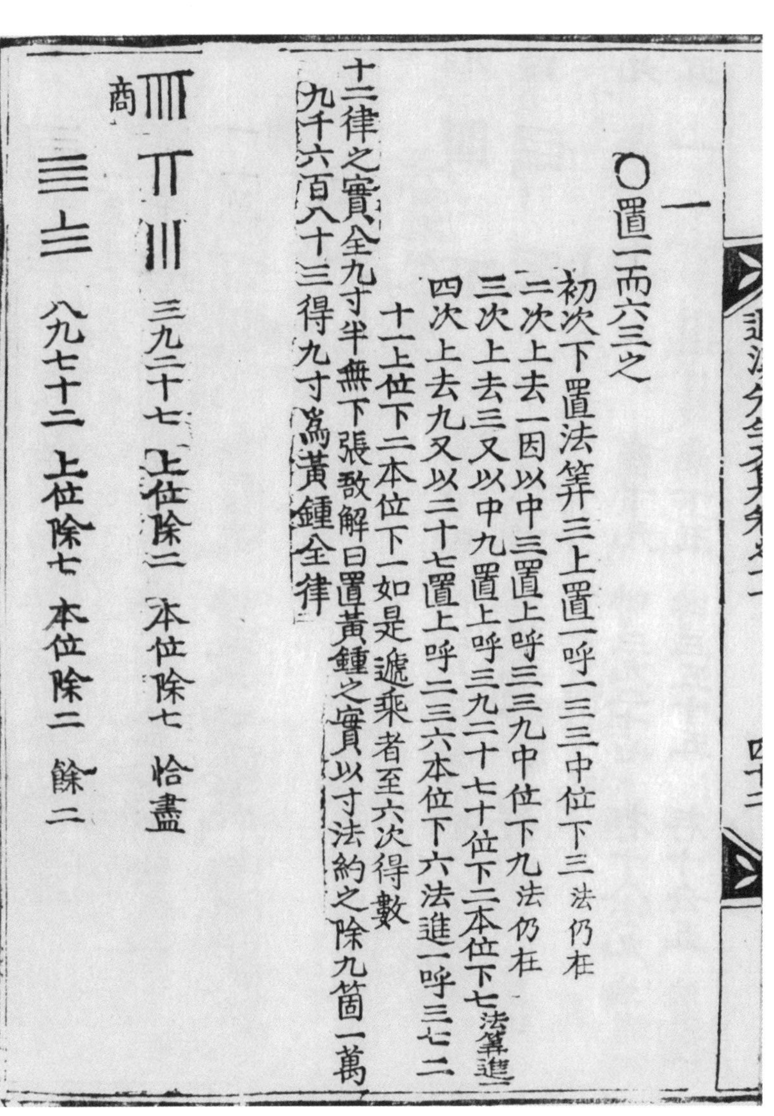

退溪先生文集卷之十一　四十二

一
○置一而六三之
初次下置法筭三上置一呼一三三中位下三法仍在
二次上去一因以中三置上呼三三九中位下九法仍在
三次上去三又以中九置上呼三九二十七位下二本位下七法筭進
四次上去九又以二十七置上呼二三六本位下六法進一呼三七二
十一上位下二本位下一如是遞乘者至六次得數
十二律之實全九寸半無下張敬解曰置黃鍾之實以寸法約之除九箇一萬
九千六百八十三得九寸爲黃鍾全律



律算圖 15

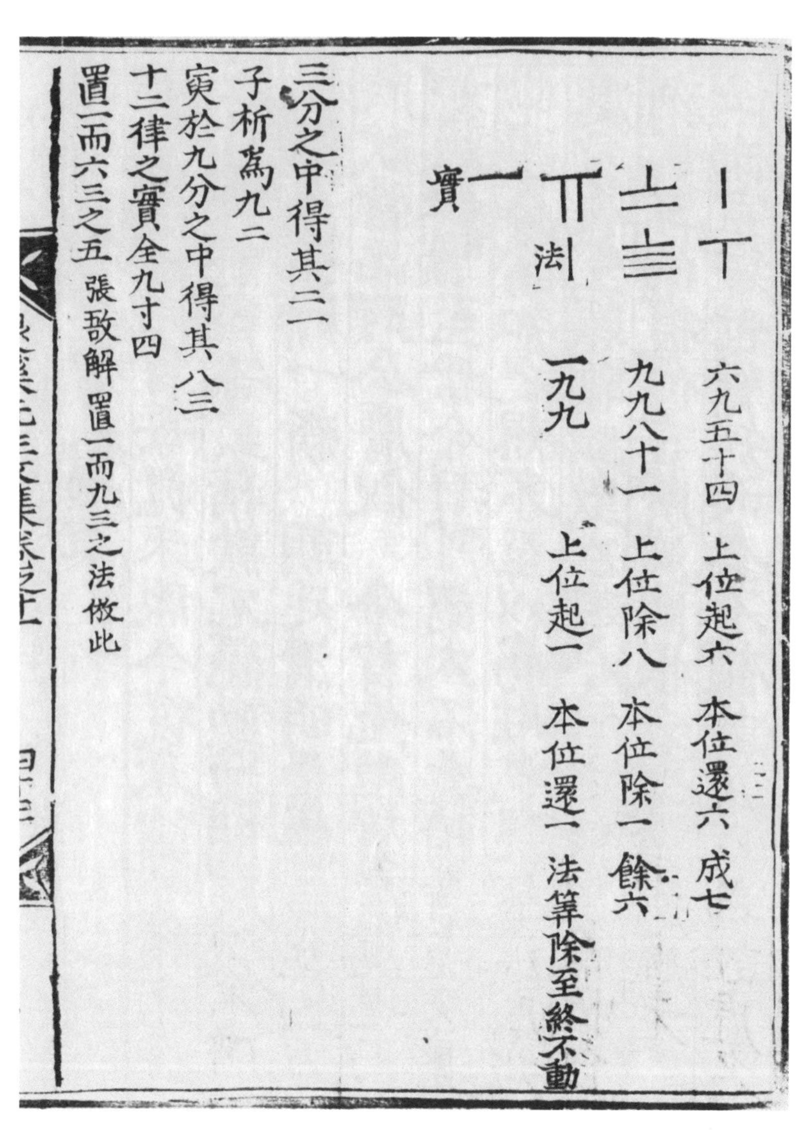

一丁

六九五十四　上位起六　本位還六　成七

山亠亖

九九八十一　上位除八　本位除一　餘六

實一

法

一九九　上位起一　本位還一　法算除至終不動

三分之中得其二

子析爲九二

寅於九分之中得其八三

十二律之實全九寸四

置二而六三之五　張敬解置一而九三之法倣此

律算圖 16

# 이중구에게 답하다 병인년(1566, 명종21, 66세)【6~7월 추정. 예안(禮安)】

答李仲久 丙寅

올해 여러 차례 편지를 받았으나, 답장하지 못한 것을 늘 부끄러워하고 있었습니다. 그런데 지금 정자정(鄭子精)[236]이 와서 전해 준, 5월 그믐 전에 쓴 편지를 다시 받고 봄에, 정다운 마음을 전해 준 것이 더욱 간절하였으니, 반복하여 펼쳐 읽음에 감사하기 그지없습니다.

성상께서 새롭게 결단을 내리심에 조정이 청명해지고 갇혔다 풀려난 자들이 무리지어 나옴에 사방 사람들이 기뻐하고 있습니다.[237] 이러한 때를 만나, 공이 서용(敍用)의 명을 받았으니,[238] 맨 먼저 달려가 축하해야 할 사람이 나입니다. 그런데 마치 귀머거리인양 벙어리인양 지내며 지금에 이르렀으니, 너무나 정리(情理)에 맞지 않다고 할 만합니다. 그러나 나의 심사는 공이 응당 알 것이니, 괴이하게 여기는 데 이르지는 않으리라 생각합니다.

나는 지려(智慮)가 부족하여 처신이 적절하지 못해서 점차 지나 지금의 낭패[239]가 있게 되었습니다. 오직 늘 스스로 책망할 뿐이니, 오히려

---

**236** 정자정 :【譯注】정탁(鄭琢, 1526~1605)으로, 본관은 청주(淸州), 자는 자정, 호는 약포·백곡(栢谷), 시호는 정간(貞簡)이다.

**237** 조정이……있습니다 :【攷證 卷4 朝廷淸明云云】을축년(1565, 명종20)에 정국이 바뀐 일을 가리킨다.【校解】을축년에 문정왕후가 승하한 뒤 이기(李芑)·윤원형(尹元衡) 등이 축출되자, 을사사화(乙巳士禍)에 연루되어 처벌받았던 이들이 신원되었다.

**238** 공이……받았으니 :【譯注】을사사화에 연루되어 관직에서 쫓겨났던 이담(李湛)이 1565년에 복관된 일을 가리킨다.【攷證 卷4 公膺敍命】살펴보건대, 공은 을사년(1545, 인종1)에 삭직되었고 정미년(1547, 명종2)에 멀리 귀양을 갔는데, 풀려나 돌아와서 그대로 한가롭게 지내다가 이때 이르러 서용되어 옥당(玉堂)에 들어왔다.

다시 무슨 말을 하겠습니까. 깊이 우려되고 안타까운 것은, 내가 질병이 쌓이고 노쇠하여 벼슬을 감당할 수 없음은 온 세상이 아는 바인데 전혀 이를 고려하지 않고 도리어 몹시 터무니없는 허명(虛名)을 가지고 보잘 것없는 이에게 중대한 책무를 맡겨 위로는 군부(君父)를 그르치며 아래로는 명기(名器)를 더럽히게 된 것입니다. 하찮은 이 사람이 죄를 짓게 되는 것은 말할 만한 것도 못되지만, 조정에서 적임자에게 관직을 맡기고 치세를 바라는 뜻은 어찌한단 말입니까.

　나는 중도에 낭패를 당해 돌아온 뒤로[240] 온갖 근심과 병이 있기에, 성상의 교지(敎旨)를 받들 때마다 혼비백산하여 심병(心病)의 증상이 더욱 극심해져서 거의 죽을 지경에 이르렀다가 겨우 살아나곤 하였습니다. 혹 조정의 고관(高官) 중 나를 아껴주는 두서너 공께서 편지를 보내 질책하여 갖가지로 깨우쳐 주셨으니,[241] 비록 어리석음을 일깨워준 후의(厚意)에 감사드리지만 속마음을 하소연하는 것이 어려움을 더욱 알겠습니다. 명성이 나에게 돌아옴에 비방이 모이는 것은 눈앞의 작은 우환이거니와, 비방이 쌓여 죄를 이룸에 우환이 심해져서 화(禍)가 될 것이니, 훗날 어떠한 지경에 이를지 알지 못하겠습니다.

---

**239**　지금의 낭패 : 【要存錄 卷11】 병으로 사직했으나 윤허 받지 못했으니, 공조 판서에 승배(陞拜) 되었을 때의 일이다. 권 상국(權相國 권철(權轍))·민 판서(閔判書 민기(閔箕))·박 참판(朴參判 박순(朴淳)) 등에게 답한 편지에 이미 자세한 내용이 보인다.

**240**　중도에⋯⋯뒤로 : 【要存錄 卷11】 선생께서 승직(陞職)되었다는 소식을 듣고 중도에 집으로 돌아오셨으니, 또한 위에 보인다. 【譯校】 이황은 1566년 1월에 소명(召命)을 받고 서울로 올라가던 중에 병이 심해져 사직 상소를 올리고 예천(醴泉)으로 와서 있었는데, 사직을 허락하지 않고 도리어 이황의 자급을 올려 자헌대부·공조 판서로 승진시킨다는 명을 듣고는, 예천에서 안동의 학가산 광흥사(廣興寺)로 돌아왔다. 《退溪先生年譜 卷2》《정석태, 퇴계선생연표월일조록3, 퇴계학연구원, 2005, 462~467쪽》

**241**　두서너⋯⋯주셨으니 : 【攷證 卷4 數三公移書云云】 권 상국(權相國), 민 판서(閔判書), 송태수(宋台叟 송기수(宋麒壽))와 같은 여러 공들이다.

사람들이 항상 말하기를 모두 "세상이 나를 알아주지 않는다."라고 하니, 나 또한 이런 탄식이 있습니다. 그러나 남들은 자신의 포부를 알아주지 않음을 탄식하는 것이요, 나의 경우는 나의 공소(空疎)함을 알아주지 않음을 한스러워하는 것입니다. 나의 공소함을 알지 못하는 자가 나를 추천하여 혹 궐에까지 이르게 되었는데, 그중 나의 공소함을 아는 자들이 바야흐로 코웃음 치며 마음속으로 나를 비난하고 있습니다. 그러니 내가 병든 몸을 이끌고 억지로 나아가는 때가 바로 그러한 경우에 해당된다고 할 수 있을 것입니다. 그러나 이는 또한 우연히 일단을 들어 말한 것일 뿐이니, 그 이외의 온갖 사연들은 어찌 붓으로 다 쓸 수 있겠습니까.

매화를 구경하자는 약속은 진실로 만에 하나라도 이루어지길 바라지만 공이 어사로 행차하시는 것[242] 또한 기대하고 있으니, 알지 못하겠습니다만 어느 때에나 이 바람을 이룰 수 있을지요? 시세(時世)를 위하여 더욱 몸을 보중하시어 멀리 있는 나의 정성에 부응하시기를 바랍니다. 불선(不宣).

---

**242** 어사로 행차하시는 것 : 【攷證 卷4 衣繡之行】《전한서》〈준불의전(雋不疑傳)〉에 "포승지(暴勝之)가 직지사(直指使)가 되어서 수의(繡衣)를 입고 도끼를 잡고 다스려, 위엄이 주군(州郡)에 떨쳤다."라고 하였다.

# 이중구에게 답하다 정묘년(1567, 명종22, 67세) 【1~3월. 예안(禮安)】

答李仲久 丁卯

정자중(鄭子中)[243]이 가져온 편지는, 해주신 말씀이 간곡함을 삼가 잘 알았으니, 지극한 뜻에 감사드립니다. 나의 미혹된 생각은 이전의 편지에서 대략 말했으니, 나머지 수많은 사연은 감히 다시 번거롭게 말하지 않겠습니다. 비록 말하더라도 또한 반드시 믿어주지는 않을 것이니, 어찌하겠습니까. 다만 병중에 오래된 책 상자를 한가로이 살펴보다가 종이 하나를 얻어 속매시(續梅詩) 절구 4수[244]가 있는 것을 보았으니, 모두 정취가 있는데 그 첫 번째 수가 더욱 운치가 있었습니다. 공도 일찍이 그 원고를 보관해 두었으리라 생각하니, 바라건대 때때로 꺼내 완미한다면 천 리 먼 곳에 떨어져 있으나 만나서 회포를 나누는 듯하다고 할 수 있을 것입니다.

---

**243** 정자중 : 【譯注】 정유일(鄭惟一, 1533~1576)로, 본관은 동래(東萊), 자는 자중, 호는 문봉(文峰)이다.

**244** 속매시 절구 4수 : 【譯注】 1561년에 이담(李湛)이 이황의 요청을 받고 매화를 읊어서 보낸 화답시를 가리키는 듯하다. 이담의 화답시는 남아 있지 않으나, 당시에 이황이 보낸 시는 《정본 퇴계전서》 권3에 다음과 같은 제목으로 수록되어 있다. 〈전날 이정존의 편지 말미에 "고개의 매화가 향기 내뿜을 때 가지 하나 보내 주시길"이라는 말이 있었다. 올해 이곳에는 절물이 다른 때와는 매우 달라서, 4월에 여러 꽃들이 비로소 만개했는데 매화도 그들과 동시에 피었다. 사람들 가운데는 혹 이것이 매화로서는 매우 유감이라고 하는 이도 있는데, 이는 참으로 매화를 아는 자가 아니니, 곧 처한 곳과 만난 때가 그러했을 뿐이다. 마침 이정존에게 답장하면서 그 편에 매화 꽃잎을 부치고, 아울러 이 절구 2수를 또한 좌우에 보여주지 않을 수 없다. 원컨대 정존과 함께 답장을 나에게 보내 주면 매형을 위해 그 비웃음을 해명하게 될 것이다〔前日靜存書 末, 有嶺梅吐芬時寄一枝之語, 今年此間, 節物甚異, 四月羣芳始盛而梅發與之同時, 人 或以是爲梅恨, 是非眞知梅者, 乃所處之地, 所遇之時然耳, 適答靜存書, 因寄梅片, 兼此 二絶, 亦不可不示左右, 願與靜存共惠瓊報, 庶幾爲梅兄解嘲也〕〉

# 이중구에게 보내다 정묘년(1567, 명종22, 67세) 【3월 26일 추정. 예안(禮安)】

與李仲久 丁卯

세월이 쏜살같이 흘러가고 소식이 오랫동안 끊겼으니, 벼슬길[245]의 풍파 속에서 어떻게 지내고 있습니까? 몹시 그리워하는 마음을 가눌 수 없습니다.

나는 숙병(宿病)인 담수(痰嗽)가 매년 두서너 차례 발병하여 혹은 증상이 가볍기도 하고 혹은 증상이 심하기도 했습니다. 그런데 올봄에 크게 발병하여, 의서에서 말하는 담(痰)을 동반한 온갖 증상들이 해독(害毒)을 끼치지 않는 것이 없기에, 몇 달 동안 병석에 누워 있어 지금도 아직 증상이 오락가락하니, 수척하고 쇠약해진 것이 지극합니다.

뒤늦게 제술관에 뽑혀[246] 소명(召命)이 마침 내렸으니, 처신이 난처한 것이 전보다 곱절은 더 심하므로 몹시 두렵고 속이 타들어 가 몸 둘 곳이 없습니다. 지금 한창 병을 다스리고 있으니 사신 행차 전에 증세가 어떠한지를 보고 처신하려 합니다. 그런데 그 사이에 혹여 더위나 추위를 무릅쓰고 가서 이 병이 다시 발병한다면 결코 몸이 온전할 리 없습니다.

---

**245** 벼슬길 : 【攷證 卷4 宦海】《계척집(雞跖集)》에 다음과 같은 내용이 있다. "어떤 도사가 안진경(顔眞卿)을 보고 '그대의 골상(骨相)은 속세를 초탈할 만하니, 벼슬길[宦海]에 몰두해서는 안 될 것이네.'라고 하였다."《御定佩文韻府 卷95》

**246** 뒤늦게 제술관에 뽑혀 : 【攷證 卷4 追參製抄 召命適下】《퇴계선생연보》권2에 "정묘년(1567, 명종22) 2월. 조사(詔使)가 당도하려고 하자, 대신(大臣)들이 '문학(文學)에 능한 선비를 불러 모아 수창(酬唱)에 대비해야 한다'고 계청(啓請)하였으니, 이로 말미암아 소명(召命)이 내렸다."라고 하였다. 선생의 가서(家書)를 살펴보건대, 당초 제술관(製述官)에 대해 의계(議啓)할 때 선생이 그 명단에 들어가지 않았는데, 이때 이르러 소명이 있었으므로 '추참(追參)'이라 한 것이다. 또《정본 퇴계전서》권6 〈기명언에게 보내다【정묘년】〔與奇明彦【丁卯】〕〉(KNL0571)에 보인다.

지난번 김 옥과(金玉果)[247]의 일이 경계로 삼을 만합니다. 미천한 이 목숨이야 진실로 걱정할 것도 못되지만, 쓰러져서 이런 지경에 이른다면 임금의 명을 욕되게 하는 것은 어찌한단 말입니까? 하소연할 곳이 없기에 평소 아끼는 그대에게 털어놓으니, 남에게 보여주지 않는다면 매우 다행이겠습니다.

지난해에 보내온 편지에서 말한 '아무런 보답 없이 녹만 축내고 있는 부끄러움'은 정리(情理)상 필시 부끄럽게 생각하시겠지만, 세상 사람들의 책망을 면하고서 한가롭게 지내며 세월을 보내는 것이 평소 뜻에 해가 되지는 않을 것이니, 무슨 겸연쩍어 할 것이 있겠습니까? 보여주시겠다는 〈산도(算圖)〉는, 나의 우매함이 이와 같으니 그것을 얻어라도 또한 무익할 것이지만, 그래도 삼가 기다리고 있겠으니 헤아려 살펴 주시기를 바랍니다. 간신히 힘을 내어 이렇게 씁니다. 불선(不宣).

---

**247** 김 옥과 : 【攷證 卷4 金玉果】 후계(后溪) 김범(金範, 1512∼1566)으로, 상주(尙州) 사람이다. 경서(經書)에 밝고 행실을 잘 닦아서 명묘조(明廟朝)에 옥과 현감(玉果縣監)에 발탁되었는데, 얼마 지나지 않아 졸하였다. 상께서 관원을 보내 그를 제사 지내 주었다.

# 이중구에게 답하다 【정묘년(1567, 선조 원년, 67세) 11월 초순 추정. 예안(禮安)】

答李仲久

정자중(鄭子中)[248]이 와서 공의 편지를 받아보았는데 안부를 묻고 위안해 주었으니, 감사하는 마음을 어찌 가눌 수 있겠습니까. 다만 죄지은 몸으로[249] 날마다 엄한 견책(譴責)을 기다리고 있던 와중에 뜻밖에 소명(召命)을 받으니 놀라고 두려우며 마음이 어수선하여 어찌할 바를 모르겠고, 몸은 차고 속은 뜨거워 담울(痰鬱)이 한창 고통스러워 거의 죽을 지경에 이르렀기에, 이리저리 생각해 보아도 답이 없어 끝내 다시 사직을 청하는 글을 올렸습니다. 그런데 또 이로 인해 소명을 어기고 지체한 죄를 거듭 지은 듯하여 석고대죄하며 앓아누워 있습니다.

보내온 편지에 언급된 다른 일들은 모두 답하지 못하지만, 그중 말씀하신 청릉(靑陵)의 비문(碑文)[250]에 대한 일은 어찌 감히 받들지 않겠습니까. 다만 나는 어려서부터 병이 깊고 또 스스로 보기에도 문재(文才)가 보잘것없어 후세에 전하는 문장에는 뜻을 둔 적이 없습니다. 이 때문에 평생토록 비명(碑銘)을 하나도 지은 적이 없어, 비록 지극히 절친하고 존귀한 집안으로부터 부탁을 받더라도 모두 그 부탁에 응하지 못했습니

---

**248**  정자중 : 【譯注】 정유일(鄭惟一, 1533~1576)로, 본관은 동래(東萊), 자는 자중, 호는 문봉(文峰)이다.

**249**  죄지은 몸으로 : 【攷證 卷4 方在罪累】 아마도 인산(因山) 전에 마음대로 고향으로 돌아온 일을 가리키는 듯하다. 【校解】 명종(明宗)이 붕어 했을 때 이황이 예조 판서 벼슬을 버리고 고향으로 돌아가자, 명종의 장례가 끝나기도 전에 이황이 고향으로 돌아간 것을 비난하는 이들이 있었다. 《宣祖修正實錄 卽位年 8月 1日》

**250**  청릉의 비문 : 【譯注】 청릉부원군(靑陵府院君) 심강(沈鋼, 1514~1567)의 비문을 가리킨다.

다. 하물며 청릉에 대해 기술하는 일은 관계된 바가 가볍지 않으니, 어찌 감히 앞뒤를 돌아보지 않고서 함부로 스스로 맡을 수 있겠습니까. 바라건대, 부디 이러한 뜻을 곡진하게 전해 주어 헛되이 부탁하는 일이 없게 해주신다면, 더할 나위 없이 다행이겠습니다.

나의 이런 일은 공 또한 일찍이 알고 있으리라 생각하니, 모름지기 공이 일찍이 들어 알고 있는 것으로 말씀드려야 믿어주겠지요. 다시 바라건대 부디 소홀히 여기지 마십시오. 병에 시달리고 있어 벗들의 편지에 모두 답하지 못했는데, 이 한 가지 일을 위해 우선 이렇게 대략 답장합니다. 《아울러 조량(照諒)해 주십시오. 삼가 답장을 보냅니다.》

# 별지[251]

別紙


기명언(奇明彦)[252]이 또한 편지를 보내와 매우 상세하게 가르쳐 주었는데, 병에 시달린 탓에 지금 아직 답장하지 못했습니다. 기명언의 편지 중 한 조목에서 계체복(繼體服)에 대해 논하여 내 설의 잘못됨을 논파한 것은, 전거를 인용한 것이 넓고 자세하며 증거를 댄 것이 명백하니,[253]

---

**251** 별지 : 【攷證 卷4 別紙】 살펴보건대, 이는 명종(明宗)의 상(喪)에 인성왕후(仁聖王后)가 입는 복제에 대해 논한 것이다.

**252** 기명언 : 【譯注】 기대승(奇大升, 1527~1572)으로, 명언은 그의 자이다. 본관은 행주(幸州), 호는 고봉(高峯)·존재(存齋), 시호는 문헌(文憲)이다.

**253** 계체복에……명백하니 : 【譯注】 계체는 친자가 아닌 사람이 들어가서 왕위를 계승한 경우를 말하며, 이런 경우에 입는 복을 계체복이라고 한다. 인종(仁宗)이 승하한 뒤에 인종의 이복동생인 명종이 왕위를 이었으므로, 인종의 비인 인성왕후(仁聖王后)는 명종에게 형수가 된다. 명종이 승하했을 때 인성왕후가 어떤 복을 입어야 하는지 논란이 되었는데, 이황(李滉)은 인성왕후와 명종이 수숙(嫂叔)의 관계에 있으므로 복이 없어야 한다고 했으나, 기대승은 자최 삼년복을 입어야 한다고 주장하였다.《定本退溪全書 권6 答奇明彦》《星湖僿說 卷11 繼體服》【攷證 卷4 繼體之服云云】 송(宋)나라 마단림(馬端臨)의 《문헌통고(文獻通攷)》 권113 〈왕례고(王禮考)8 국휼(國恤)〉에 다음과 같은 내용이 있다. "동진(東晉) 효무제(孝武帝) 영강(寧康) 연간에 숭덕태후(崇德太后) 저씨(褚氏)가 승하했는데, 숭덕태후가 효무제에게 종형수(從兄嫂)가 되므로 효무제가 어떤 복을 입어야 하는지에 대해 의론이 일었다. 박사 서조(徐澡)가 의론하기를 '아버지를 섬기는 도리로 임금을 섬김에 그 공경함이 같습니다. 또 《예기》에 「그 남편이 아버지의 항렬에 이어지는 자는 그 처가 모두 어머니의 항렬이다.」라고 하였으니, 그 남편이 임금의 반열에 해당하는 자는 그 아내 또한 후비(后妃)의 반열에 해당합니다. 그러니 숭덕태후를 위해 입는 복은 마땅히 아버지를 섬기는 의리로써 해야 합니다. 노나라에서는 역사(逆祀)를 비판하여 존귀한 이를 높이는 의리를 밝혔습니다. 금상(今上)께서 몸소 강제(康帝)·목제(穆帝)·애제(哀帝) 및 애정왕황후(哀靖王皇后)의 제사를 받들어 경의를 표하기를 군부(君父)에게 하는 것과 똑같이 하시니, 어찌 임금의 반열로 공경하시면서 본친(本親)에 대한 복은 폐해서야 되겠습니까? 응당 자최기년복

나로 하여금 그지없이 탄복하게 합니다. 옛날에 이른바 "군자가 없으면 어찌 나라를 잘 다스릴 수 있겠는가."[254]라는 말이 어찌 맞는 말이 아니겠습니까.

나는 당시에 단지 《의례경전통해(儀禮經傳通解)》의 〈군위신복도(君爲臣服圖)〉와 〈천자제후정통방기복도(天子諸侯正統旁期服圖)〉만 보고 방증하고 유추하여 '만약 형제라는 명목이 없어지지 않았다면 수숙(嫂叔) 관계에 해당하는 복(服)은 모두 고례(古禮)에 의거해야 한다'고 여겼으므로, 문득 함부로 그렇게 말한 것입니다. 그런데 고향으로 돌아올 때[255] 다른 이에게 《문헌통고(文獻通考)》[256]와 《통전(通典)》 등의 책을 빌려와서, 역대로 '계체복'에 대한 설이 있었음을 병중에 대략 살펴보고는 진실로 이미 놀랐고 또 전에 내가 한 말이 잘못되었음을 깨달았으나, 명언(明彦)처럼 박학다식하지는 못합니다.

나는 노쇠하고 우매하여 손에 닿는 일마다 입에서 나오는 말마다 번번이 이처럼 잘못을 저지르니, 바로 옛사람이 말한 '정신이 이상해지는 병이 있는 사람'[257]과 같습니다. 명언의 편지를 받은 뒤로 부끄러워 흐르는

---

(齊衰期年服)을 입어야 합니다.'라고 하였다. 이에 효무제가 자최기년복을 입었다." 당(唐)나라 두우(杜佑)의 《통전(通典)》에도 같은 내용이 있다.

**254** 군자가⋯⋯있겠는가 : 【攷證 卷4 不有君子其何能國】《춘추좌씨전》 문공(文公) 12년에 나오는 말이다.

**255** 고향으로 돌아올 때 : 【攷證 卷4 歸時】1567년 8월에 병으로 면직되어 고향으로 돌아올 때이다.

**256** 문헌통고 : 【攷證 卷4 文獻通攷】송나라 파양(鄱陽) 사람 마단림(馬端臨) 귀여(貴與)가 지은 것이다.

**257** 정신이⋯⋯사람 : 【譯注】《열자(列子)》〈주 목왕(周穆王)〉에 "진(秦)나라 사람에게 아들이 있었는데, 어려서 지혜로웠으나 장성해서는 정신이 이상해지는 병〔迷罔之疾〕이 있어, 노래를 듣고 곡하고, 흰색을 보고 흑색이라 하고, 향기를 맡고 더럽다고 여기고, 단것을 맛보고 쓰다고 여기고, 그릇된 것을 보고 옳다고 하였다."라고 하였다.

땀이 등을 적시는 것이 3일 동안 그치지 않았으니, 이에 "《서경》을 그대로 다 믿으면 《서경》이 없는 것만 못하다"[258]는 것을 알게 되었습니다. 《의례경전통해》는 오히려 미비한 점이 있으니 이것만 믿고 일을 판단해서는 안 되고, 세간의 잡다한 책들도 살펴보아 서로 참고하고 검증하여 취사하지 않아서는 안 됩니다.

---

**258** 서경을……못하다 : 【譯注】 책에 기록된 내용을 아무런 의심 없이 그대로 다 믿어서는 안 된다는 뜻이다. 주(周)나라 무왕(武王)이 은(殷)나라 주왕(紂王)을 정벌할 때 "피가 흘러서 절굿공이를 떠내려가게 했다.〔血流漂杵〕"는 내용이 《서경》〈무성(武成)〉에 실려 있는데, 맹자가 이에 대해 의문을 품고 "《서경》의 내용을 모두 믿는다면 차라리 《서경》이 없는 것이 나을 것이다. 나는 〈무성〉 편에서 두세 쪽만 취할 뿐이다.〔盡信書, 則不如無書. 吾於武成, 取二三策而已矣.〕"라고 하였다. 《孟子 盡心下》

# 이중구에게 답하다 【무진년(1568, 선조1, 68세) 7~12월 추정. 서울】

答李仲久

이 아래 두 통의 편지는 무진년에 도성에 있을 때 쓴 것이다.


《역서현상(易書賢象)》을 뜻밖에 보여주시니, 감사드리고 몹시 다행스럽습니다. 《수서(髓書)》[259]는 예전에 정정이(鄭靜而)[260]에게서 대략 보고서 또한 그중 한두 단락을 전사(傳寫)해 가지고 왔는데, 나중에 생각해 보니 멍하게 기억나지 않습니다. 지금 다시 보게 됨에 그대가 손수 베껴 쓴 것이 정묘(精妙)하니, 나로 하여금 마치 술에서 깬 듯이 마음이 상쾌해지게 합니다.

《주홀(朱笏)[261]은 이제 막 사 오게 하였으나 아직 오지 않았는데 또한 그대가 보내 주시니 지극히 감사드립니다. 나머지 사연은 남겨두고 만나서 말씀드리겠습니다.》

---

259 역서현상……수서 : 【攷證 卷4 易書賢象 髓書】둘 다 책 이름이다.

260 정정이 : 【譯注】정지운(鄭之雲, 1509~1561)으로, 본관은 경주(慶州), 자는 정이, 호는 추만(秋巒)이다.

261 주홀 : 【譯注】구두점을 찍거나 잘못된 곳을 바로잡는 데 사용하는 주묵(朱墨)을 가리킨다. 《退溪先生文集攷證 卷2 寄贈李仲久 一丸朱》

# 이중구에게 답하다 【무진년(1568, 선조1, 68세) 7~12월 추정. 서울】

答李仲久

〈심학도(心學圖)〉[262]를 부쳐 보내주시어 미처 알지 못했던 사실을 알게 되니 매우 다행입니다. 이 책의 득실은 쉽게 판단할 수 없지만, 다만 전해 내려오는 옥당본(玉堂本)을 누구의 작품으로 보는지 알지 못하겠습니다. 김이정(金而精)이 "일찍이 어떤 이가 이 책을 가지고 있는 것을 보았는데, 바로 전당(錢塘) 사람 이씨 원강(李氏元綱), 자가 백기(伯紀)인 사람이 지은 것이다."라고 하였습니다. 잘 모르겠습니다만 과연 그러한가요?

---

**262** 심학도 : 【攷證 卷4 心學圖】 이씨(李氏 이중구(李仲久))의 이 도판은 세상에 간행되지 않았다. 그러므로 지금 상고할 수 없다.

# 이중구에게 답하다 【무진년(1568, 선조1, 68세) 7~12월 추정. 서울】

答李仲久

450 譯註 退溪全書 6

사청(史廳)에서 뵈었으나 만나지 못한 듯 아쉬웠는데 편지를 받으니 위로가 됩니다. 말씀하신 일은 마땅히 그리하도록 하겠습니다. 살펴 주십시오. 삼가 답합니다.

# 이중구에게 보내다 기사년(1569, 선조2, 69세) 서울【1~2월 추정】

與李仲久 己巳在都

병으로 물러나는 것이 몹시 어려웠는데 다른 일로 물러날 수 있었다니 얼마나 다행입니까? 공에게 하례하려 했으나 근래 들어 심사(心事)가 좋지 못하여 하례하지 못하였으니 나의 불민함이 부끄럽습니다. 오늘 경연 자리에서 뜻밖에 또 몹시 온당치 않은 계청이 있었다는 말을 듣고서 황급히 물러났습니다. 일마다 이와 같으니 굴레를 벗고 쉴 데를 알지 못하겠습니다. 어이하겠습니까. 어이하겠습니까. 삼가 아룁니다.

# 이중구에게 보내다 【기사년(1569. 선조2. 69세) 3월 4일 추정. 서울】

與李仲久

452 譯註 退溪全書 6

도성에 들어와 여덟 달을 머무르다 떠나면서 한 번도 인사를 하지 못하였고, 게다가 영공이 병들었는데 손을 잡고 작별 인사조차 하지 못하니 한스러운 마음을 이길 수 없습니다. 어제는 영윤(令胤)을 보내어 곡진한 정을 전해주었는데, 객이 많아 애기할 겨를이 없어 소회를 다 말하지 못한 탓에 밤새도록 그리워하며 잠을 이루지 못하였습니다. 몸을 잘 보양하여 만중(萬重)하길 바랍니다. 불구(不具). 삼가 답합니다.

# 이중구에게 답하다 기사년(1569, 선조2, 69세) 【4월 21일 추정. 예안(禮安)】

答李仲久 己巳

지난달 16일 편지를 받고 편안히 잘 지내시는 줄 알았습니다. 광나루에서 헤어지던 날 저녁에 영공이 거센 바람과 매서운 추위를 무릅쓰고 돌아가시기에 몹시 걱정하였는데, 이제야 비로소 마음이 후련합니다. 저는 여강(驪江)을 지난 뒤로 풍우(風雨)에 시달려 병증의 여러 기미가 있었는데 충주(忠州)에 도착하여서는 배를 버리고 육지에 올라 다른 근심은 면할 수 있었고, 몸이 옛 거처로 돌아와 우러러 국은을 입으니 부끄러움과 두려움을 형언할 수 없습니다. 드릴 말씀은 다름이 아니라 헤어질 때 하셨던 말씀[263]이 평소 저를 아껴주던 뜻과는 몹시 달랐습니다. 제가 당시 준엄한 낯빛과 말로 대할 수밖에 없었으나 그래도 나를 생각해주어 장난삼아 한 말일 것으로 여겼을 뿐, 계핵(啓劾)에 거론되리라고는[264] 생각하지 못했습니다. 진실로 이런 말대로라면 성명(聖明)의 시대에 녹만 축내는 이 비루한 자를 억지로 붙잡아두어 부끄러운 마음을 품고 죽도

---

**263** 헤어질……말씀 : 【攷證 卷4 云云之說】《정본 퇴계전서》권2〈정존재 이중구가 병중에 내가 떠난다는 말을 듣고 가까스로 일어나 광진까지 따라와 작별하고 또 절구 3수를 이별의 선물로 주기에 차운하여 삼가 드리다〔靜存李仲久病中 聞余行 强起追別於 廣津 且以三絶見贐 次韻奉呈〕〉 시의 주석에 자세히 보인다.

**264** 계핵에 거론되리라고는 : 【攷證 卷4 發於啓劾】집의(執意) 권덕여(權德興)의 상소에 "이 모(李某)는 소장을 올려 걸해(乞骸)를 청하고 바야흐로 상의 명을 기다리고 있는데, 인견(引見)하는 날 승정원이 급작스레 말을 내어주자는 청을 아뢰었습니다. 《시경》〈소아(小雅) 백구(白駒)〉의 흰 망아지는 현자를 위한 것으로, 지금 흰 망아지를 잡아매 막는 사람이 있다는 말을 듣지 못했는데 도리어 말을 보내주자고 청하는 이유는 무엇입니까?"라고 하였다. 【校解】 승정원이 향리로 돌아갈 이황을 위해 인견을 마치기도 전에 말을 내어주자는 의견을 아뢰어 문제가 된 것이다.

록 해야만 마음이 기쁘시겠습니까? 이 일은 말을 하자면 너무 길어지니 지금은 그럴 겨를이 없습니다. 화답하신 여러 시편을 끝없이 애지중지하며 읊어보니 저를 외대(外待)하지 않는 뜻을 잘 알 수 있었습니다. 그런데 무슨 까닭으로 전날의 말씀은 도리어 그와 같았습니까? '고(皐)' 자운의 근체시를 경솔히 화운하여 별지에 적어 보냅니다. 한 번 웃으며 읽어보길 바랍니다. 만날 날을 기약하지 못하니 바라건대 만중(萬重)하길 힘쓰시어 멀리서 기원하는 바람을 위로해 주십시오. 《삼가 절하고 답합니다.》

퇴계선생문집

권 12

# 임사수[1] 형수 에게 보내다 【갑진년(1544, 중종39, 44세) 5월 추정. 서울】

與林士遂 亨秀

어제 외출하였다가 저녁에 돌아와 두고 가신 명함[2]을 보고서야 헛걸음하신 줄을 알게 되었습니다. 공교롭게도 만나지 못한 데 대해서는 옛사람도 이미 탄식한 바이니, 저는 망연자실할 뿐이었습니다. 보내신《행록(行錄)》[3] 뒤에 쓰인 시를 받고 나로서는 쌍금 백붕(雙金百朋)[4]의 선물도 이보다 더 좋을 수 없다고 여겼는데, 펼쳐서 내용을 읽고 난 다음에는 망연히 부끄러움만 더하니 내가 그대에게 바랐던 바와 다릅니다. 군자는 한마디 말로 인하여 지혜롭게 될 수도 있고 지혜롭지 못하게 될 수도 있는 법입니다. 그대는 어찌하여 나를 속이고 놀립니까? 어찌 자신을

---

**1** 임사수 : 【譯注】 임형수(林亨秀, 1504~1547)로, 본관은 평택(平澤), 자는 사수(士遂), 호는 금호(錦湖)이다. 1535년(중종30) 별시 문과에 급제하여 출사하였다. 1547년(명종2)에 양재역 벽서 사건(良才驛壁書事件)이 일어나자, 소윤(小尹) 윤원형(尹元衡)에게 대윤(大尹) 윤임(尹任)의 일파로 몰려 절도안치(絶島安置)된 뒤 곧 사사되었다.

**2** 두고 가신 명함 : 【攷證 卷4 留刺】:《후한서(後漢書)》 권80 〈예형열전(禰衡列傳)〉에 "예형이 허하(許下)에서 유람할 때 몰래 자(刺) 하나를 품에 지녔는데, 이미 더 소통할 데가 없어진 뒤로 자(刺)의 글자가 닳아 없어졌다.〔禰衡遊許下, 陰懷一刺, 旣無所通, 刺字漫滅.〕"라고 하였다. 원나라 음경현(陰勁弦)의 주석에 "옛날에는 종이가 없었기 때문에 대나무에 이름을 쓴 것을 자(刺)라 하였다."라고 하였다.

**3** 행록 : 【攷證 卷4 行錄】 살펴보건대, 임형수가 퇴계 선생의《영남관동행록(嶺南關東行錄)》 뒤에 제한 44구의 시가 있는데, 칭찬하여 말한 것이 매우 성대하다. 지금 편지에서 일일이 거론하면서 감당할 수 없다고 말한 것은 모두 이 시어에서 온 것이다.

**4** 쌍금 백붕 : 【攷證 卷4 雙金百朋】 송(宋)나라 장재(張載)의 〈사수시를 본뜨다〔擬四愁詩〕〉 시에 "고인이 내게 녹기금을 남겨 주셨는데, 어찌 쌍남금으로 갚겠는가.〔故人遺我綠綺琴, 何以報之雙南金?〕"라고 하였다.《시경》〈소아(小雅) 청청자아(菁菁者莪)〉에 대한 주자의 주(註)에 "공 씨가 '5패를 묶은 것이 1붕'이라고 하였다."라고 하였다.

소중히 여기지 않고 말을 경솔하게 하십니까? 큰 종은 짧은 대오리〔寸
筵〕를 위해 소리를 내지 않으며 천 균의 쇠뇌는 생쥐 때문에 방아쇠를
당기지 않는 법[5]인데, 그대는 참으로 병든 나를 어떤 사람으로 여기고
졸렬한 나의 시를 어떤 말로 여겼길래 과분한 칭찬이 이처럼 지극한 데
이르렀습니까? 이는 족하(足下)의 재주가 뛰어나고 글재주가 민첩한 터
에 착운(窄韻)을 만나자 재기(才氣)를 부려서 어려운 곳을 인하여 기교
를 드러내 거침없이 치달리기를 마치 바람을 받은 돛배, 군진(軍陣)의
내달리는 말이 한번 손을 놓으면 그칠 줄 모르는 것처럼 하되, 마음속으
로는 스스로 생각하기를 "아무개는 진실로 이런 말을 해주기에 부족하
고, 내가 단지 회포를 터놓아 마음을 달래며 뛰어난 솜씨를 드러내 희롱
해 본 것일 뿐이다."라고 할 터이니, 그렇다면 이는 나를 대하는 그대의
태도가 너무 소원한 것 아니겠습니까. 그대가 나를 대하는 것이 그러할
뿐 아니라 그대 스스로 하는 처신 또한 매우 소홀한 것입니다. 옛 군자들
은 자신의 처신과 남을 대하는 데 있어 아마 그렇지 않았을 것입니다.

　그리고 초명(鷦螟)[6]을 내세워 큰 붕새에 비기려 하면 초명의 작은 꼴만
보이게 되고 모모(嫫母)[7]를 단장시켜 서시(西施)[8]에게 내보내면 모모의

---


**5** 큰……법 : 【攷證 卷4 洪鍾…發機】 위나라 두습(杜襲, ?∼231?)의 시 내용이다.
○ 살펴보건대, 정(筵)은 대 조각을 세는 단위이다. 당(唐)나라 혜림(慧琳)의 《일절경
음의(一切經音義)》에 "생쥐〔鼫鼠〕는 이서(耳鼠)이니, 매우 작고 사람을 물어도 아프지
않다. 지금의 감구서(甘口鼠)이다."라고 하였다.

**6** 초명 : 【攷證 卷4 鷦螟】 제(齊)나라 안영(晏嬰)의 언행을 기록한 《안자춘추(晏子春
秋)》에 "초명(鷦螟)은 모기 속눈썹에 깃들인다."라고 하였다.

**7** 모모 : 【攷證 卷4 嫫母】 한(漢)나라 유향(劉向)의 《열녀전(列女傳)》에 "황제(黃帝)
의 비(妃)인데, 외모는 몹시 추했지만 성품은 매우 어질었다."라고 하였다.

**8** 서시 : 【攷證 卷4 西施】 오왕(吳王) 부차(夫差)를 유혹하여 망하게 했다는 월(越)나
라의 미녀이다. 송나라 악사(樂史)의 《태평환우기(太平寰宇記)》에 "월주(越州) 제기
현(諸暨縣)에 서시(西施)의 집이 있었다. 오나라가 월나라를 격파하니 월나라가 서시

못난 모습만 더욱 드러나게 하는 것이므로, 내가 부끄러움과 두려움 때문에 마치 술에 취한 듯 깬 듯 몽롱한 상태를 3일 동안이나 벗어나지 못했습니다. 다만 군자로서는 그 감당할 수 없는 것에 감히 잠시도 자처하지 않아야 하고 곧 마땅히 지니고 있다가 되돌려 보내는 것이 당연합니다만, 그 뛰어난 내용과 빛나는 문장이 암송할수록 암송하고 싶고, 씹을수록 맛이 나기 때문에 감히 몽매함을 무릅쓰고 받아둡니다. 아, 이 또한 어리석음이 지나친 것입니다.

그리고 또 한 가지 말할 것이 있습니다. 시인들이 쓴 말 중에는 진실로 상대를 말하여 이쪽을 드러내기도 하며, 남을 위하여 지은 시가 자신을 나타내기에 적당할 뿐인 경우도 있습니다. 무릇 그대가 사물을 끌어오고 비슷한 것을 연결하여 지극히 아름답게 찬양한 것은, 내가 보건대, 내게 비길 수 있는 것은 열 중에 두셋도 안 되고 그대에게 비길 수 있는 것은 열중에 여덟아홉입니다. 춘원(春苑)의 홍록(紅綠)이니, 곤양(昆陽)의 비호(貔虎)[9]니, 오릉(五陵)의 수욕(繡縟)[10]이니, 구절(九折)의 준마(駿馬)[11]니, 또한 바다에 떠가는 돛이니, 한수(漢水)에 나는 고니니, 맛 좋은

---

를 바치며 철군을 요청하자, 오나라가 허락하였다."라고 하였다.

**9** 곤양의 비호 : 【譯注】 곤양은 한나라 고을의 이름이다. 비호는 모두 맹수로서 용감한 장사(將士)를 비유하는데, 후한의 광무제(光武帝)가 왕망(王莽)의 대군을 곤양에서 격파한 고사에서 온 말이다.

**10** 오릉의 수욕 : 【攷證 卷4 五陵繡縟】 한나라 반고(班固)의 〈서도부(西都賦)〉에 "북쪽 오릉을 조망한다.〔北眺五陵〕"라고 하였는데, 청나라 구조오(仇兆鰲)의 《두시상주(杜詩詳註)》에 "오릉은 한나라 고제(高帝)의 장릉(長陵), 혜제(惠帝)의 안릉(安陵), 경제(景帝)의 양릉(陽陵), 무제(武帝)의 무릉(茂陵), 소제(昭帝)의 평릉(平陵)이다."라고 하였다. 당나라 두보(杜甫)의 〈이감댁(李監宅)〉 시에 "병풍엔 금 공작이 펼쳐져 있고, 이부자리엔 수놓은 부용이 은은하네.〔屛開金孔雀, 褥隱綉芙蓉.〕"라고 하였는데, 《보주두시(補注杜詩)》에 "이부자리의 무늬는 부용을 수놓아 만든다."라고 하였다.

**11** 구절의 준마 : 【譯注】 구절은 아홉 구비의 험한 산곡을 말하고, 준마는 훌륭한

술이니, 난초니, 송골매니 하는 것들은 모두 그대가 능한 일들이니, 그대를 스스로 진술한 거라 하여도 좋을 듯싶습니다. 곤옥(崑玉)처럼 찬란하다는 말에 이르러서는 내가 그 색깔도 갖춘 적이 없는데, 하물며 그 덕을 지녔겠습니까? 안기생(安期生)[12]처럼 세상을 초탈하는 것은 내가 그렇게 되고 싶기는 하나 그 방법은 잘 모릅니다. 풍성(豐城)에서 솟구치는 검기(劍氣)[13]가 예스럽기는 하나 광염의 세찬 기세는 아직 나로서는 능하지 못하며, 온갖 골짜기에서 나는 얼음이 차갑기는 하나 맑고 깨끗함은 아직 나로서는 능하지 못합니다. 또 곡기를 끊은 것처럼 수척하고, 두견새 울음처럼 애절하고, 물에 뜬 갈매기처럼 깨끗하다는 말에 대해서는 내가 진실로 일찍이 애쓰기는 하였지만 모두 다 가까이 이르지 못하였으니 이를 미루어 보면 나머지도 알 수 있습니다. 그런데도 그대는 나를 치켜올리고 미루어 인정하여 스스로는 그 아름다움을 차지하지 않고 남이 미치지 못하는 점은 아랑곳하지 않은 채 다만 붓 가는 대로 뒤섞어 쓰고 있으니 이상하지 않습니까. 더욱이 역대의 원로 풍소객(風騷客)을 열거하여 이속(吏屬)으로 만들고 신복(臣僕)으로 삼고자 하였으니, 이

말인데, 험한 길도 거침없이 달리는 기상을 뜻한다.

**12** 안기생(安期生) 【譯注】 전설상의 신선 이름인데, 한 무제(漢武帝) 때 방사(方士) 소군(少君)이 임금에게 "신이 일찍이 해상(海上)에 노닐면서 신선 안기생을 만나 보았는데, 그는 크기가 오이만 한 대추를 먹고 있었습니다.〔臣嘗游海上, 見安期生, 食巨棗, 大如瓜.〕"라고 말하였다. 《史記 卷28 封禪書》

**13** 풍성에서 솟구치는 검기 : 【攷證 卷4 劍發豐城】 오나라 때 북두성과 견우성 사이에 항상 붉은 기운이 있어, 장화(張華)와 예장(豫章) 사람 뇌환(雷煥)이 함께 누각에 올라 우러러보았다. 뇌환이 '보검의 기운이 위로 하늘을 뚫었다.'라고 하자, 장화가 이어서 '보검이 어디에 있는가?'라고 물으니, '풍성(豐城)에 있다.'라고 대답하였다. 장화는 곧 뇌환을 도와 그를 풍성의 수령이 되게 하였는데, 뇌환이 풍성현에 도착하여 곧바로 땅을 파서 돌로 된 함을 얻었다. 그 안에 쌍검이 있었는데 용천(龍泉), 태아(太阿)라고 각각 새겨져 있었다. 《晉書 卷36 張華列傳》

는 개미가 큰 나무를 흔들려고 하는[14] 격으로 도저히 해낼 수 없을 뿐 아니라 도리어 스스로 곤란하게 하는 것입니다. 이는 그대와 내가 다 같이 후세의 군자에게 마땅히 죄를 얻는 일이니, 몹시 두려워할 만하지 않겠습니까? 비록 그렇다 하더라도 그대는 아직 젊고 기력이 왕성하니 혹 나의 말로 인하여 분발해서 스스로 이루기를 도모한다면 그 결과는, 반드시 옛사람보다 훌륭하게 될 것이니 나도 장차 눈을 비비고 기다릴 것입니다. 나 같은 존재는 늙고 쇠약해진 데다가 병까지 더하여 날로 더 진보할 희망이 없으니, 그렇다면 날로 퇴보할 뿐입니다. 이 때문에 자신을 다독이며 크게 한탄합니다.

---

**14** 개미가……하는 : 【攷證 卷4 蚍蜉撼大樹】 당나라 한유(韓愈)의 〈장적을 조롱하다〔調張籍〕〉 시에 "개미가 큰 나무를 흔들려고 하니, 자기 역량을 모르는 게 가소롭구나.〔蚍蜉撼大樹, 可笑不自量.〕"라고 하였다.

# 노인보[15] 경린 에게 답하다 경신년(1560, 명종15, 60세) 【6월. 예안(禮安)】
答盧仁甫　慶麟○庚申

심부름꾼이 이르러 보내온 편지를 전해 받고 백성을 다스리는[16] 여가에 신명이 도와 체후의 청복(淸福)함이 평소보다 곱절이나 되는 줄 알았으니 기쁘고 위로되는 마음을 가눌 수 없습니다. 병으로 들어앉아서 다시는 나서 볼 희망도 없이 근근히 날을 보내는 나 같은 몸은 무어라 말할 것이 없습니다.

　지난달에 황중거(黃仲擧)[17]의 편지가 왔었는데, 정치를 잘한다는 그대에 관한 아름다운 명성과 서원을 설립하고[18] 선비를 기르는 일에 대해 매우 성대하게 얘기하였습니다.[19] 그 말을 듣자니 사모하는 마음이 솟구치고 사기(士氣)도 높아졌습니다. 이런 일은 근세에 우리나라에서 처음 보는 것이니 매우 가상하게 여길 만한데도 세속에서는 혹 괴이하게 여기지 않을 수 없으므로 수서양단(首鼠兩端)하는 자는 대개 그 책임을 맡으

---

**15** 노인보 : 【攷證 卷4 盧仁甫】노경린(盧慶麟, 1516~1568)으로, 본관은 곡산(谷山), 자는 인보, 호는 사인당(四印堂)이다. 해주(海州)에서 살았다.

**16** 백성을 다스리는 : 【攷證 卷4 撫牧】노인보는 당시 성주 목사(星州牧使)였다.

**17** 황중거 : 【譯注】황준량(黃俊良, 1517~1563)으로, 본관은 평해(平海), 자는 중거, 호는 금계이다. 이황의 문인이고, 이현보(李賢輔)의 손서(孫壻)이다. 문과에 급제, 내외의 관직을 두루 거쳐 1560년(명종15) 성주 목사(星州牧使)를 지내다가 1563년 병으로 사직하고 돌아오는 도중 예천(醴泉)에서 죽었다. 저술로《금계집》이 있다.

**18** 서원을 설립하고 : 【攷證 卷4 設院】곧 영봉서원(迎鳳書院)이니, 후에 천곡서원(川谷書院)으로 사액되었다.《정본 퇴계전서》권15〈천곡서원기(川谷書院記)〉에 보인다.

**19** 황중거의……얘기하였소 : 【攷證 卷4 黃仲擧書來云云】살펴보건대, 노인보가 영봉서원(迎鳳書院)을 창건할 때 황중거로 하여금 퇴계 선생에게 전품(轉稟)하게 하니, 선생이 기문과 편액을 써준 듯하다.

려 하지 않습니다. 그런데 이번에 그대가 비로소 용감하게 책임을 맡아 크게 시작할 수 있었으니, 사문(斯文)의 다행스러움을 이루 다 형언할 수 있겠습니까. 다만 기문(記文)을 나에게 부탁한다고 하니, 이는 그대의 과한 생각으로 나로서는 받아들이기 어려우므로 이미 이런 뜻을 황중거에게 자세히 알렸습니다. 이제 다시 편지를 보내어 이렇듯 정성스럽고 간곡하게 부탁하니 이는 아마도 황중거가 아직 나의 마음을 전하지 못했기 때문일 것입니다.

나도 서원의 일에 대해서는 진실로 거기에다 이름을 올려 영광과 행운으로 삼고 싶은 바람이 있지만, 다만 여러 해 동안 병에 찌들어 문사(文思)가 쇠락하였습니다. 더욱이 무더위에 정말 하어(河魚)[20]로 몹시 고생하는 중이라 더욱 붓을 잡고 글을 짓지 못하니 어찌해야겠습니까? 다만 이번에 심부름 온 사람이 "기다리는 시간의 길고 짧음을 생각지 않고 반드시 받아 가고자 합니다."라고 하였습니다. 그래서 부득이하게 우선은 머물러 기다리게 한 뒤 액자(額字)를 쓰고, 우연히 병세가 좋아진 틈을 타 몇 마디 말을 엮어 서원의 일을 기록하기는 했지만, 문사(文辭)가 평범하고 고루하여 쓸만하지 못할 것이니 서울에 올라가 다른 분을 찾는 편이 좋을 듯싶습니다. 만약 다시 구하는 데 시일은 걸리고 반드시 재임

---

**20** 하어 : 【譯注】 복통이나 설사를 말하는데, 물고기가 내장부터 썩는 데서 유래한 말이다. 【攷證 卷4 河魚】 춘추 시대 노(魯)나라 선공(宣公) 12년 겨울에 초(楚)나라 군대가 송나라의 소읍(蕭邑)을 포위하고 총공격을 감행하려 하였다. 그때 초나라 대부 신숙전(申叔展)과 송나라 대부 선무사(還無社)는 친구 사이라서 신숙전은 선무사에게 위급함을 알려주고 싶었지만 직접 말해 줄 수는 없었다. 그래서 신숙전은 선무사에게 몇 가지 암시를 하였지만 알아듣지 못하자 다시 "물고기 배가 상하면(배탈이 나면) 어찌해야 하는가?〔河魚腹疾, 奈何?〕"라고 물었다. 그제야 말뜻을 알아차린 선무사는 "마른 우물을 보거든 나를 구해주게."라고 대답하였다. 다음날 소읍이 함락되자 신숙전은 서로 약속한 표시를 해놓은 우물을 찾아 선무사를 구해주었다. 《春秋左氏傳 宣公 12年》

중에 일을 마무리 짓고자 하여 이 글을 사용한다면 이자발(李子發)[21] 영공(令公)께 부탁하여 정자(正字)로 써서 새기는 편이 좋을 것입니다. 나이 육십인 병든 내가 6월 더위에 땀을 흘리며 액자를 쓰고 글을 짓다 보니 전혀 기력이 남아 있지 않아서 반듯하게 써서 드릴 수 없으니 무척 안타깝습니다. 생각건대 가엾이 여겨 살펴주리라 믿습니다.

또 들으니 문열공(文烈公)[22]의 사당을 이미 서원 곁에 세웠다고 하는데, 이 또한 잘 조처한 훌륭한 일입니다. 내가 말하려는 건, 황중거가 "문열공의 화상은 손에 몇 알의 염주를 쥐고 있다."라고 하였다는데, 이는 곧 한 시대의 습상(習尙)이 그러했던 것이라 비록 현인이라도 풍속에서 벗어날 수 없었던 탓입니다. 그러나 지금 공부하는 서원 옆에 화상을 두는 건 참으로 후학들에게 본보기를 보이는 도리는 아닐 것입니다.

《영봉지(迎鳳志)》[23]는 황중거가 보내주어서 이미 다 보았습니다. 다만 나는 항상 《죽계지(竹溪志)》[24]가 조금 조악한 상태를 면치 못하는 점

---

**21** 이자발 : 【譯注】 이문건(李文楗, 1494~1567)으로, 본관은 성주(星州), 자는 자발, 호는 묵재(默齋)·휴수(休叟)이다. 23년 동안 유배지에 살면서 경사(經史)와 시문에 탐닉하였다. 뒤에 이황(李滉)·조식(曺植)·성수침(成守琛)·이이(李珥) 등이 그의 시문을 즐겨 읊었다.

**22** 문열공 : 【攷證 卷4 文烈公】 이조년(李兆年, 1269~1343)으로, 본관은 성주(星州), 자는 원로(元老), 호는 매운당(梅雲堂)·백화헌(百花軒)이다. 고려(高麗) 충선왕(忠宣王) 때 사람으로, 성산군(星山君)으로 봉해졌다. 조선 시대 이종휘(李種徽)의 《동사(東史)》에 "키와 몸집이 작으나 민첩하고 용감하였으며, 학문에 힘써 문장에 능하였다. 굳세고 확실하게 용감히 진언하였는데, 그가 알현하러 들어올 때마다 왕이 그의 발걸음 소리를 듣고는, '이조년이 온다.'라고 말하고 용모를 정돈하고 기다렸다."라고 하였다.

**23** 영봉지 : 【攷證 卷4 迎鳳志】 노인보가 편찬하였다. 【校解】 1559년(명종14) 영봉서원(迎鳳書院)을 건립하고 지은 서원지(書院志)로 현전하는 3종의 조선 전기 서원지 중 하나이다. 이황(李滉)이 지은 〈영봉서원기(迎鳳書院記)〉를 시작으로, 〈서원록(書院錄)〉·〈이씨행록(李氏行錄)〉·〈학규록(學規錄)〉 등 10편으로 이루어져 있다. 〈이씨행록(李氏行錄)〉에서 이조년·이인복(李仁復)·김굉필(金宏弼)의 행적을 다루었다.

을 문제로 여겼습니다. 그러니 지금은 다만 그 편찬 취지만 취하고 체제까지 다 본받지 않는 것이 어떻겠습니까? 초록한 〈위학(爲學)〉·〈입교(立敎)〉 부분은 또한 어지러이 뒤섞여 두서가 없으니 어떻게 하면 좋겠습니까? 《영봉지》는 이미 인쇄를 다 마쳤습니까? 《영봉지》에는 중국의 서원에 관한 내용이 다 기록되어 있으니 세인이 서원을 헐뜯으며 품는 의혹을 환히 풀어줄 수 있을 것입니다. 한 부를 얻고 싶으니, 잘 모르겠으나 줄 수 있겠는지요? 끝으로 오직 세상을 위하여 자중자애하길 바랍니다. 《경신년(1560, 명종15) 6월 황(滉)은 올립니다.》

---

**24** 죽계지 : 【譯注】 1544년(중종39) 10월에 주세붕(周世鵬)이 편찬하였다. 주자의 글을 가져와 〈존현록(尊賢錄)〉을 만들고, 학전(學田)·장서(藏書)에 관한 기록을 취하여 각각 〈학전록〉·〈장서록〉이라 하였는데, 이들을 잡록(雜錄)으로 분류하였다. 주세붕은 1541년(중종36) 7월 풍기 군수(豐基郡守)로 부임하여 이듬해 8월 문성공묘(文成公廟) 묘 착공식을 하고 다음해인 1543년 8월 백운동서원을 창건하였다.

## 노인보에게 답하다 【경신년(1560, 명종15, 60세) 7월 초순. 예안(禮安)】

答盧仁甫

《다시 멀리서 보내온 편지를 받고 근황이 매우 평안함을 알게 되니, 우러르는 마음에 매우 위로가 됩니다.》 보내온 편지에서 말한 김 선생(金先生)[25]을 사당에 봉향한다는 것은 매우 잘된 일입니다. 김 선생이 귀부(貴府)에 대해 처향(妻鄕)[26]이라고 하였으니 오가면서 노닐고 거처하던 곳에 반드시 사람들의 생각과 시에 남은 자취와 여향(餘香)이 있을 것입니다. 그렇다면 사당을 세워 현인을 높이는 일은 더욱 마땅히 이런 점을 우선해야 하고 다음으로 다른 일에 미쳐야 할 텐데, 어찌 오늘에 이르러서야 비로소 이런 논의가 있게 되었습니까? 이는 필시 귀부(貴府)의 문헌(文獻)들 사이에서 이 일을 감히 가볍게 여길 수 없어 오랜 뒤에야 비로소 발의하여 그대가 늦게 아는 바람에 논의가 늦어졌기 때문이겠지요. 이제 다행히 논의가 시작되었으니 정성스럽게 추앙하고 밝게 제사 지내면서 많은 선비에게도 권장될 터이니 다시 무엇을 의심하겠습니까.

다만 그중에 매우 난처한 문제가 있으니 김 선생의 도학의 연원은 참으

---

**25** 김 선생 : 【攷證 卷4 金先生】한훤당(寒暄堂) 김굉필(金宏弼, 1454~1504)이다. 【校解】그는 본관이 서흥(瑞興), 자가 대유(大猷), 호가 사옹(蓑翁)·한훤당, 시호가 문경(文敬)이다. 김종직(金宗直)의 문하에서 배우면서 《소학》에 심취하여 '소학 동자'라 자칭하였다. 1498년 무오사화(戊午史禍)가 일어나자 평안도(平安道) 희천(熙川)에 유배되었다. 그곳에서 조광조(趙光祖)를 만나 학문을 전수하였다.

**26** 처향 : 【攷證 卷4 妻鄕】《경현록(景賢錄)》〈한훤당 김 선생 행장(寒暄堂金先生行狀)〉에 "선생은 순천 박씨(順天朴氏)와 혼인하였는데, 처가가 경상도(慶尙道) 합천군(陜川郡) 야로현(冶爐縣) 말곡촌(末谷村)에 있었다. 선생은 혹〔贅〕 때문에 이곳에 우거하며, 서재의 당호를 한훤(寒暄)이라 하였다. ……"라고 하였는데, 여기에서 성산(星山)을 처향이라고 한 것은 근거가 무엇인지 알 수 없다.

로 후학이 감히 헤아릴 수 있는 것이 아니라는 점입니다. 하지만 선왕의
조정에서 사후에 포장한[27] 뜻으로 미룬다면 단연코 근세 도학의 종주라
할 것입니다. 두 이공(李公)[28]이 각각 한 가지 절의만을 취하여[29] 향현(鄕
賢)으로만 제향할 수 있는 점과 견주어보면, 그분의 덕업과 명성은 이미
같지 않은 점이 있으니 존숭하는 뜻 또한 다르게 하지 않을 수 없을 것입
니다. 그런데도 이와 같이하여 똑같이 향사한다면 아마도 상론(尙論)하
는 자들이 뒤에서 비판함을 면치 못할 것입니다.

또 위차(位次) 한 가지 일을 가지고 말하더라도 만약 그대가 보내온
편지의 "연대순으로 차례를 정하여 동·서로 마주 대하게 한다."라는 말처
럼 한다면 두 이공(李公)은 동쪽에 있고 의정(議政)[30]은 서쪽에 있어야
할 것입니다. 이는 비록 옳은 듯합니다만 그 남향의 자리는 비워놓고
단지 동·서의 자리만 쓴다면, 잘 모르긴 하지만 옛날 사당에도 이런 전례
가 있었습니까? 있었다면 괜찮지만 없었다면 아마도 의기(義起)[31]하기
는 어려울 듯합니다. 혹 이를 마땅치 않게 여겨서 남향의 자리를 주사(主
祀)[32]로 정하고 동·서를 배위(配位)로 삼는다면, 또 잘 모르겠지만 누구

---

**27** 선왕의……포장한 : 【攷證 卷4 先朝追奬】정축년(1517, 중종12)에 김굉필을 우의정
(右議政)으로 추증하고, 춘추중월(春秋仲月 2월과 8월)에 치제(致祭)하도록 명하였다.

**28** 두 이공 : 【攷證 卷4 二李】바로 이 문열공(李文烈公)과 이 문충공(李文忠公)이다.
문충공의 일은 〈영봉서원기(迎鳳書院記)〉 주석에 자세히 보인다. 【校解】문충공은 문
열공 이조년(李兆年)의 손자인 이인복(李仁復)이다.

**29** 한……취하여 : 【攷證 卷4 各取一節】또한《정본 퇴계전서》권15 〈영봉서원기(迎鳳
書院記)〉에 보인다.

**30** 의정 : 【譯注】한훤당(寒暄堂) 김굉필(金宏弼)을 가리킨다.

**31** 의기 : 【譯注】예문(禮文)에 없더라도 이치를 참작하여 새로운 예(禮)를 만드는
것이다. 【攷證 卷4 義起】《예기(禮記)》〈예운(禮運)〉에 "예(禮)라는 것은 의(義)의
실질이니, 의에 맞추어서 맞으면 예는 비록 선왕(先王) 때에 없던 것일지라도 의로써
새로 만들 수 있다.〔禮雖先王未之有, 可以義起.〕"라고 하였다.

를 주사로 삼고 누구를 배위로 삼아야 하겠소? 연대순으로 정하여 문열공(文烈公)을 주사로 삼아야 하겠습니까? 도의로써 정하여 의정을 주사로 삼아야 하겠습니까? 두 경우는 모두 온당치 않은 점이 있습니다. 또 만약 주사와 배위를 구분하지 않고 정남향의 자리를 다 같이 적용하게 하여 서쪽에서 동쪽으로 배열한다면 그 상하(上下)의 자리는 정하기 어려울 것이니, 역시 위에서 말한 대로 거리낌이 있기는 마찬가지입니다. 한스럽게도 나는 식견이 밝지 못하고 들은 것이 적으며 이곳 산중에는 또 고찰할 만한 문헌도 없습니다. 더욱이 이 서원에 사당을 세우는 일은 비록 조명(朝命)에 따른 것은 아니라 하더라도 마침내는 반드시 조정에 알려지게 될 터라, 예식(禮式)을 정하는 것은 사실상 매우 중대한 일이니 어찌 어리석은 자의 한때의 망령된 생각으로 정할 수 있겠습니까. 너무 빨리 이루려고 하는 데서 오는 폐단은 성인이 경계하신 것이니, 내 생각으로는 속히 성취하려 힘쓰지 말고 부(府)의 여러 어진 이들과 속속들이 더 상의하여 당장은 향사하는 일을 중단하고, 그대가 귀경하는 날까지 기다렸다가 전후의 사실을 모두 갖추어 당세의 명망 높고 예를 아는 이에게 자문하고, 고사(故事)에 있는지 없는지를 널리 참고한 다음에 결정한다면 전현(前賢)을 제향하고 후학이 사모하여 본받는 데 있어 모두 지극하지 않은 점이 없고, 후대에 물려주어 영구히 쇠퇴하지 않을 수 있을 것입니다.

　내가 지은 기문(記文)은 참으로 졸작이므로 본래 쓸만하지 못하고, 게다가 두 이공(李公)의 향사 문제로 인하여 도학(道學)을 위주로 하지 않는다면 서원 기문의 주된 뜻이 응당 어진 이를 향사하는 일에 있지

---

**32**　주사 : 【譯注】 사당에 모신 신위(神位) 중에서 으뜸이 되는 자리를 말한다. 주벽(主壁)과 같은 말로 쓰였다.

않게 되니, 이 때문에 다만 아우르는 말로 대략 지었을 뿐입니다.

그런데 지금 마침내 김 선생을 향사하기로 한다면 그 취지와 조사(措辭)가 반드시 이 기문과는 많은 차이가 있어야 하니, 보내온 편지에서 말한 대로 이른바 단지 몇 단락의 글자를 고치는 정도로는 충분치 않을 것입니다. 더욱이 위차(位次) 문제도 아직 논의가 정해지지 않았으니, 어찌 경솔하게 함부로 글자를 고치면서 반드시 쓰이기를 바라겠습니까. 감히 바라건대, 그대는 서두르지 말고 의론이 정해질 때까지 기다린 뒤에 후세에 유전(流傳)할, 대가의 기문을 따로 받아서 이 서원의 훌륭함을 빛나게 한다면 어찌 매우 다행한 일이 아니겠습니까.

이런 변변찮은 글은 서원지(書院志) 가운데 넣었다가 뒷날의 참고 자료로 비치해 둔다면 좋겠습니다. 만약 그렇지 않고 소홀히 고치기를 꼭 다시 요구한다면 한번 밑천이 바닥난 다음이라 다시 더 남은 힘이 없으니 어찌하겠습니까. 생각건대, 고명한 그대는 반드시 타인에게 곤란한 일을 강요하여 그 졸렬함을 더욱 드러나게 하지는 않을 것이라 믿습니다.

향사 문제가 아직 결정되지 않았으므로 묘호(廟號)를 고치는 것도 감히 대답할 수 없습니다. 서원 이름의 뜻은 삼가 명을 받들겠습니다.《영봉지(迎鳳志)》는 황중거(黃仲擧)로부터 왔으므로 이미 그에게 되돌려 주었는데, 황중거는 이미 서울에 갔다고 들었습니다. 살피고 헤아려주길 바랍니다.《경신년(1560, 명종15) 7월 상순, 황은 돈수합니다.》

# 노인보에게 답하다 【경신년(1560, 명종15, 60세) 7월 하순 추정. 예안(禮安)】
答盧仁甫

황(滉)은 말씀드립니다. 다시 이 편지를 받고서 나를 간곡하게 일깨우는 뜻을 알게 되니 저버리지 아니한 은혜에 매우 감사합니다. 내가 앞편지에서 세 분 현인의 위차(位次)를 결정하기 어렵다고 혐의하니, 보내온 편지에서 순황(荀況) 등이 송(宋)·원(元)의 여러 큰 유학자 윗자리를 차지한[33] 전례를 인용하여 증거를 댔는데, 이는 진실로 그렇기는 합니다. 그러나 사체(事體) 상 같지 않은 점이 있으니, 이미 문선왕(文宣王)을 주위(主位)로 삼고 사성(四聖)·십철(十哲)을 배위(配位)로 삼아 바르게 하였으니, 그렇다면 송·원의 제유(諸儒)는 모두 종사(從祀)의 서열에 있게 되는 것입니다. 그러므로 비록 순황 같은 부류를 윗자리에 두더라도 도학을 존숭하는 뜻은 흔들리지 않으니 단지 이 세 분의 현인만을 향사하면서 분별이 없는 것과는 다르지 않겠습니까?

또 "옛날 사당에 많은 사람을 함께 향사한 예가 있으니 어찌 다 그 학문의 순박(純駁)을 가려서 했겠습니까."라고 하였는데, 그 또한 그렇기는 합니다. 구주(衢州)의 경행당(景行堂)에 향현(鄕賢) 다섯 분을 향사하였는데[34] 일평(逸平) 서 선생(徐先生)[35]도 그중에 들었습니다. 일평

---

**33** 순황……차지한 : 【譯注】 순자(荀子, B.C.298~B.C.238)이다. 춘추전국 시대 조(趙)나라의 학자로, 성악설(性惡說)을 주장해 유자(儒者)들의 비판을 받았고, 강력한 예치주의(禮治主義)를 주장하였다. 【攷證 卷4 荀況…大儒之上】 살펴보건대, 문묘의 동무(東廡) 종향위(從享位)에, 순황이 정호(程顥)·정이(程頤)·소옹(邵雍)·사마광(司馬光) 등 제유의 윗자리에 모셔졌는데, 우리나라 숙종(肅宗) 때에 이르러 송나라 육현(六賢)을 전(殿)에서 승배(陞配)하도록 특명을 내렸다.

**34** 구주의……향사하였는데 : 【攷證 卷4 衢州…五人】 명(明)나라 이현(李賢)의 《대명

은 정씨(程氏)의 문인에게 수업하여 마음으로 체득하고 타인에게 이를 미루어 간 분이니, 이 경우는 도학자로서 다른 사람과 함께 향사된 예인데, 옛날에도 그런 일이 있었습니다. 그러나 이번 향사 문제와는 조금 같지 않은 점이 있으니, 경행당의 경우는 단순히 현인만을 향사한 것이지만 이곳의 경우는 서원이 있기 때문입니다.

대체로 학교를 설립할 때 누가 도학을 위하지 않겠습니까만 서원의 경우는 도학을 위하는 뜻이 더욱 전일하므로 현인을 향사하는 일은 도학을 위주로 하는 것이 좋습니다. 만일 적합한 사람이 없다면 그만이지만 다행히 그런 분이 있는데도 범연하게 특별히 드러내지 않는다면 도학을 숭상하고 존중하는 뜻을 보일 수 없는 것입니다. 내가 전날에 감히 그대의 부탁을 받아들일 수 없다고 편지에서 말한 것은 이 때문이었습니다. 그런데 이번에 보내온 편지로 인하여 마땅한 조처를 반복해 궁리해 보았으나 진실로 십분 □□[36]한 방안이 없으니, 그렇다면 다만 그대가 논의한 바대로 할 수밖에 없을 듯합니다. 대개 두 이공(李公)의 어짊은 이미 드러내어 향사할 만하므로 이미 사당을 세운 것인데, 이제 의정을 존숭하고자 하는 문제 때문에 두 분을 버려둬서야 되겠습니까? 이것이 혹자의 의론을 따를 수 없는 이유입니다. 의정의 학문은 이미 유학의 종주가 되었고, 그 고을에 유풍(遺風)이 존재하므로 마땅히 향사해야 한다는

---

일통지(大明一統志)》권43 〈구주부(衢州府)〉에 "경행당(景行堂)은 남송(南宋) 구주 강산현학(江山縣學)에 있었는데, 본래 이름은 삼현당(三賢堂)이었다. 읍인 주영(周穎)·서규(徐揆)·서존(徐存)을 향사하고 있었는데, 소호(邵浩)가 지사로 부임하여 모주(毛注)·모율(毛槃)을 추향하고 편액을 바꾸어 '경행'이라고 하였다. 주자가 기문을 지었다.

**35** 일평 서 선생 : 【攷證 卷4 逸平徐先生】 곧 서존(徐存, ?~?)이니, 양귀산(楊龜山) 문하에서 수업하였다. 은거하며 가르침을 폈는데, 따라 배우는 자가 천 명에 이르렀다.

**36** □□ : 【攷證 卷4 十分下缺】 아마도 '흡호(恰好)' 두 글자인 듯하다.

의론이 일어난 것이니, 또 어찌 두 이 공의 아랫자리에 있게 하기 어렵다는 이유로 중단시킬 수 있겠습니까. 더욱이 근세에 의정에 대한 추존이 이처럼 대단한데 말입니다. 내 생각에 하늘의 영령께서는 지극히 겸손을 좋아하시므로, 근심스레 감당할 수 없다는 생각을 가지지 않음이 없을 터인데, 이제 만약 또 도학을 높이 숭상한다는 뜻으로 두 이공의 윗자리에 둔다면 어찌 편안히 흠향할 리가 있겠습니까.

그렇다면 비록 지금은 우선 잠시 멈추도록 하였다가 당대의 예를 아는 군자에게 물어 정하더라도 아마 그 뜻이 이 정도에서 그칠 뿐 따로 선처할 방도는 없을 것입니다. 그래서 감히 더 이상 사양하지 못하고 삼가 전에 지은 기문에 글을 보태고 고쳐서 정성껏 부탁하신 데 대한 책임만 메웠을 뿐, 상론(尙論)하는 자들의 훗날의 논의는 미처 생각할 겨를이 없었습니다.

다만 보내오신 편지 끝에 "반드시 도학이 종주로 삼을 만해야 비로소 몽매한 사람들을 깨우칠 수 있다고만 말할 수는 없다."라고 하였는데, 이 말은 감히 받아들이기 어렵습니다. 귀머거리는 진실로 오음(五音)을 듣지 못하지만 그렇다고 어찌 이 때문에 함(咸)·영(英)·소(韶)·호(濩)[37]의 음악을 버릴 수 있으며, 소경은 진실로 오색을 분변하지 못하지만 그렇다고 어찌 이 때문에 보불(黼黻)[38]·문장(文章)을 없앨 수 있겠습니까. 대개 세상 사람 가운데 귀먹지 않고 눈멀지 않은 자가 어찌 한이

---

**37** 함·영·소·호 : 【攷證 卷4 咸英韶濩】 송(宋)나라 마단림(馬端臨)의 《문헌통고(文獻通考)》 권128 〈악고(樂考) 1〉에 "황제(黃帝)가 함지(咸池)를, 제곡(帝嚳)이 육영(六英)을, 순(舜)임금이 대소(大韶)를, 탕(湯) 임금이 대호(大濩)를 지었다."라고 하였다.

**38** 보불 : 【攷證 卷4 黼黻】 원(元)나라 웅충(熊忠)의 《고금운회거요(古今韻會擧要)》 권12에 "보는 흰색과 흑색이 잇따르는 문양이다. 서씨(徐氏 서막(徐邈))가 '형상은 도끼 모양인데, 위엄과 결단력을 취한 것이다.'라고 말하였다. 불은 흑색과 청색이 잇따르는 문양이다."라고 하였다. 《증운(增韻)》에 "두 문양은 서로 등진 형상이다."라고 하였다.

있겠습니까. 또 게다가 귀먹고 눈먼 자라도 마침내는 보고 들을 수 있을는지 어찌 알겠습니까. 다만 지난번 기문을 지을 적에 이미 이 점에 전적으로 중점을 두지 않았으므로 이번에 수정하더라도 말을 다 할 수 없으니 이것이 좀 걸릴 뿐입니다. 모르겠습니다만 공은 어떻게 생각하십니까? 병들고 게을러 이만 줄이니, 바람을 맞으며 회포만 달려갑니다. 황이 답장을 올립니다.

《추신.》 표충사(表忠祠)라는 사당 이름은 이제는 그대로 둘 수 없을 것 같습니다. 내 생각으로는 서원에 이미 이름을 붙이면 사당에는 굳이 이름이 필요 없는데, 만약 꼭 이름을 붙이려 한다면 어떤 이름을 원하십니까? 보내신 편지의 말씀대로, '삼현사(三賢祠)'라는 이름이 좋아 보이긴 합니다. 다만 고인은 수를 한정하여 당에 이름을 붙이는 것은 후예를 기다리는 뜻이 없는 것으로 여겨 옳지 않다고 하였으니,[39] '삼현사'라는 이름은 그대로 따를 수 없습니다. 지금은 다만 이름을 경현(景賢) 같은 따위로 바꾸면 어떻겠습니까? 새로 고친 기문(記文) 중에 이 문충공[40](李文忠公)의 일을 일컬은 것이 약간 지나치진 않습니까? 그러나 사서(史書)와 《동국여지승람(東國輿地勝覽)》[41] 같은 책

---

**39** 고인은……하였으니 : 【攷證 卷4 古人以限數云云】 주자의 〈경행당기(景行堂記)〉에 "석인(昔人)이 제사를 지내면서 세 분은 지내고 두 분은 빠뜨리는 데다 또 그 수를 제한하여 후세 사람들이 다시 애써 흠모하고 기급(企及)하려는 뜻을 가지지 못하게 하니, 소후(邵侯)가 당호를 바꾸고 제한을 철폐해 후예를 기다리는 듯 보였다. 운운." 하였다.

**40** 이 문충공 : 【譯注】 이인복(李仁復, 1308~1374)으로, 본관은 성주(星州), 자는 극례(克禮), 호는 초은(樵隱)이다. 성산군(星山君) 이조년(李兆年)이 조부이다. 1326년(충숙왕13) 문과에 급제하고, 원나라 제과(制科)에도 급제하였다. 귀국하여 여러 관직을 역임한 뒤 정2품인 찬성사(贊成事)에 이르렀고, 단성좌리 공신(端誠佐理功臣)에 훈봉되었다.

을 근거로 삼았을 뿐 낭설은 아닙니다. 이른바 "문학이 고고하다.〔文學 高古〕"라고 한 네 글자는 바로 목은(牧隱)이 지은 묘갈명 안에 있는 말입니다. 또 세 분 현인의 위차(位次)를 정한 내용을 기문 안에 넣고 자 하였으나 글 뜻과 문맥이 이미 처음부터 끝까지 정해져 이 의론의 전말(顚末)을 끼워 넣으면 군더더기가 될까 싶어서 그렇게 하지 못하 였습니다. 그러나 후세의 사람에게 오늘 주고받은 내용을 알게 하지 않을 수 없으니 잘 상의해서 처리하길 바랍니다. 혹 서원지(書院志) 안에서 언급하는 것은 어떻겠습니까?

---

**41** 동국여지승람 : 【譯注】《팔도지리지(八道地理志)》에 우리나라 문사(文士)들의 시 문(詩文)을 첨가하여 편찬한 관찬 지리서(官撰地理書)로 50권으로 이루어져 있다. 조 선 전기 지리지를 집대성한 것으로 평가된다. 【牧證 卷4 勝覽】무술년(1478, 성종9)에 노사신(盧思愼) 등에게 명하여 《동국여지승람》을 편찬하도록 하였다.

# 이자발[42] 문건 에게 답하다[43] 【계해년(1563, 명종18, 63세) 2월 22일. 예안(禮安)】

答李子發 文楗

심부름하는 사람이 멀리서 와 보내신 편지를 전해 받고서 요즈음 평소 곤궁한 처지에다 몸까지 불편하시긴 하였으나 이제 화평한 복에 신명의 도움이 있음을 자세히 알게 되니, 지극히 위로되는 마음 가눌 길 없습니다. 저는 다행스럽게도 여기에 몰래 칩거하며 구차하게 목숨만 부지하고 있는 형편인데 근년에는 늙고 병들어 지리한데다[44] 세월은 빨리 흘러 누워서 전에 놀던 친구들을 떠올려 봄에 샛별처럼 남은 이가 별로 없으니[45] 비록 옛사람의 천리명가(千里命駕)[46]를 본받고자 한들 또 어찌 쉽게

---

**42** 이자발 : 【譯注】 이문건(李文楗, 1494~1567)으로, 본관은 성주(星州), 자는 자발(子發), 호는 묵재(默齋)이다.

**43** 이자발……답하다 : 【攷證 卷4 答李子發】《금계집(錦溪集)》을 살펴보건대, 이 편지는 응당 계해년(癸亥年)에 보내진 것인데 제목 아래 연조(年條)가 빠졌다.

**44** 지리한데다 : 【攷證 卷4 支離】《장자(莊子)》〈인간세(人間世)〉에 "지리 소(支離疏)는 턱이 배꼽 아래에 숨어 있고, 어깨가 이마보다 높고, 상투는 하늘을 가리키고, 오장이 위에 있으며, 두 넓적다리는 옆구리에 닿아 있다.〔支離疏者, 頤隱於臍, 肩高於頂, 會撮指天, 五管在上, 兩髀爲脅.〕"라고 하였는데, 송나라 임희일(林希逸)의 주석에 "지리(支離)는 신체를 수습할 수 없는 모양을 말한다."라고 하였다. 【校解】 지리 소(支離疏)는 《장자(莊子)》에 나오는 가공의 인물로 이름이 소(疏)인데, 신체가 기형이어서 세상에 쓰이지 않고 천수를 누렸다고 하였다. 이황 자신도 병들어 쓰이지 않고 늙어간다고 한 것이다.

**45** 샛별처럼……없으니 : 【攷證 卷4 落落如晨星】 당(唐)나라 유우석(劉禹錫)의 〈과거를 보러 가는 장관을 보내며 쓴 시〔送張盥赴擧詩〕〉서(序)에 "이른바 함께 급제했던 벗들과 한창 시절 어울려 놀 적에는 말고삐를 나란히 하고서 마치 대로(大路)를 막는 병풍처럼 휩쓸고 다녔는데, 지금은 다들 세상을 떠나 새벽 별처럼 드물다.〔今來落落,

할 수 있겠습니까. 한탄스럽기만 할 뿐입니다.

보내오신 편지에서 서원(書院)의 향사(享祀)에 대해 전말(顚末)을 하나하나 서술하면서 옛일을 인용하여 현재의 일을 증명하기를 곡진하고 간절하게 하셨으니, 영공께서는 그 일에 대해 남보다 앞서가며 개인의 뜻을 주장하려는 게 아니고 다만 심한 무함(誣陷)을 씻어내고 잘못된 예(禮)를 바로잡아 인정과 사리의 합당함을 구하려 하실 뿐임을 진실로 알겠습니다. 그러나 저에게 말씀하여 그들을 좌지우지하려 한다면 안 되니, 이렇게 하면 보탬은 되지 않고 다만 남의 웃음만 사게 될 뿐입니다. 어째서이겠습니까? 보내신 편지에서 언급한 것들은 모두 제가 일찍이 저들에게 망발(妄發)하여 시험해보았으나 통하지 않았던 것이기 때문입니다. 한두 번의 망발도 이미 부끄러운 일인데, 하물며 서너 댓 번 거듭하면서 그만둘 줄을 몰라서야 되겠습니까. 그리고 황중거(黃仲擧)[47]가 이번에 보내온 편지에서 다만 말하기를 "유생들의 의견을 모아보니, 한훤당(寒暄堂)[48]만을 향사해야 한다는 자가 대부분이고 문충공(文忠公)[49]을

---

如晨星之相望.]"라고 하였다. 【校解】《고증》에는 시구 가운데 '병풍처럼 휩쓸고(若屛風然)'라는 구절이 빠져 있는데, 유우석의 《유빈객문집(劉賓客文集)》에 근거하여 보충하였다.

**46** 천리명가 : 【譯注】 멀리 벗을 찾아간다는 뜻이다. 《진서(晉書)》 권48 〈혜강열전(嵇康列傳)〉에 "삼국 시대 위나라 여안(呂安)과 혜강(嵇康)이 상대방이 그리워질 때마다 천 리 길을 멀다 않고 말을 달려갔다.〔每一相思, 輒千里命駕.〕"라고 하였다.

**47** 황중거 : 【譯注】 황준량(黃俊良, 1517~1563)으로, 본관은 평해(平海), 자는 중거, 호는 금계(錦溪)이다.

**48** 한훤당 : 【譯注】 김굉필(金宏弼, 1454~1504)로, 본관은 서흥(瑞興), 자는 대유(大猷), 호는 사옹(蓑翁)·한훤당, 시호는 문경(文敬)이다. 김종직(金宗直)의 문하에서 배우며 《소학》에 심취하여 '소학 동자'라 자칭하였다. 1498년 무오사화가 일어나자 평안도(平安道) 희천(熙川)에 유배되었는데, 그곳에서 조광조(趙光祖)를 만나 학문을 전수하였다.

배사(配祀) 하자는 자는 10여 명이었으니, 만약에 문열공(文烈公)[50]까지
향사하려 한다면 유생들은 모두 신발 끈을 졸라매고 떠나려고 할 것입니
다. ……." 하였습니다. 그 뜻을 보건대, 한훤당이나 문충공의 자리 순서
를 따지려는 것이 아니고 다만 내가 일찍이 지은 변변치 못한 기문(記文)
과 지금 정해진 방안이 상반되기 때문에 애오라지 그 까닭을 말하고,
또 나로 하여금 기문을 고치도록 하여 지금 정해진 방식에 부합하게 하고
자 한 것일 뿐입니다. 그런데 이번에 보내신 편지에서는 황중거의 말을
거론하며 '위차(位次) 문제는 내가 결정해주길 바란다.'라고 하였으니,
왜 황중거 편지의 취지와 같지 않습니까? 제가 황중거에게 답한 편지는
지금쯤 이미 거기에 도착했을 것이니 영공께서 이미 보셨으리라 생각하
는데, 영공의 생각은 어떠신지요? 문열공은 충의(忠義)라는 큰 절개가
있었음에도 제생(諸生)으로부터 배척되었으니, 그 후손들에게는 이미
몹시 불평을 살 만한 일입니다. 제가 또 문충공까지 아울러 우선 천천히
하자고 했으니 더욱 크게 유감을 갖도록 한 게 아니겠습니까.

 그러나 제가 그렇게 한 까닭은, 위차(位次)를 정하는 문제는 이에 앞서
오고 간 편지에서 충분히 논의되었을 뿐만이 아닌데도 저들의 중론을
일찍이 유념하여 들어주지 않았기 때문이니, 이제 어찌 또다시 말로써

---

**49**  문충공 : 【譯注】 이인복(李仁復, 1308~1374)으로, 본관은 성주(星州), 자는 극례
(克禮), 호는 초은(樵隱)이다. 성산군(星山君) 이조년(李兆年)의 손자이다. 1326년
(충숙왕13) 문과에 급제하고, 원(元)나라 제과(制科)에도 급제하였다. 귀국하여 여러
관직을 역임한 뒤 정2품인 찬성사(贊成事)에 이르렀고, 단성좌리 공신(端誠佐理功臣)
에 훈봉되었다.

**50**  문열공 : 【譯注】 이조년(1269~1343)으로, 본관은 성주(星州), 자는 원로(元老),
호는 매운당(梅雲堂)·백화헌(百化軒)이다. 천성이 결백 강직하고 특히 시문에 뛰어났
는데, 시조 한 수가 《청구영언(青丘永言)》 등에 실려 전해지고 있다. 충혜왕(忠惠王)의
사당에 배향되었다.

다툴 수 있겠습니까. 이미 다툴 수 없는데, 마음이 내키는 대로 중도를 잃는 일을 하였다가 만약 한훤당은 말한 대로 하지 못하고 문충공은 구차스레 모실 수 없게 된다면, 이는 차라리 우선 서두르지 말고 훗날 정론(定論)이 나올 때까지 기다리는 것만 못합니다. 이는 문충공의 입장을 살리기 위한 것이지 문충공을 부족하게 여겨서 그런 것이 아닙니다. 그런데 당시 논의한 몇 차례의 편지 내용에 대해 황중거가 옳게 여기지 않아서 사람들에게 보여 주지 않았다면, 영공께서는 필시 볼 수 없으셨겠지요. 그러나 그 말이 몹시 길어서 지금 자세히 밝힐 겨를이 없습니다. 그 대의를 말하면, 한훤당이 도학(道學)에 대하여 만약 자사(子思)·맹자(孟子)·정자(程子)·주자(朱子)와 같은 반열이라고 한다면 세대의 선후에 구애될 것 없이 매우 당당하겠지만, 생각해 보면 선생의 덕행이 비록 높다하더라도 논저(論著)에까지 이르지 못해 후세가 고찰하고 칭술(稱述)하여 도통(道統)을 곧바로 이은 적통임을 알 근거가 없는데, 다만 근세에 추승하는 것 때문에 서둘러 그 자리를 정하기로 한다면 선생은 겸허하신 훌륭한 덕을 지니셨으므로 반드시 편안히 계시지 못할 것입니다. 이 때문에 옛날 동무(東廡)에는 아무, 서무(西廡)에는 아무를 향사했던 전례를 따르려 한 것입니다. 비록 동·서에 향사할 수 있도록 사당을 다시 짓지 못한다고 해도 다만 현재 만들어진 묘중(廟中)에 동서로 자리를 띄워[東西隔位] 신주를 봉한다면 오히려 각각 그 존엄(尊嚴)을 온전하게 해 압존(壓尊)되어 굽히는 방애(妨礙)가 없을 것입니다. 이것이 어리석은 제 견해의 본뜻이었습니다. 그런데 지금은 이미 나의 뜻은 채택하지 않고 기문만을 고쳐서 지금 정한 대로 원칙 없이 영합하게 하려 하니, 이는 또 나의 견개(狷介)한 성정으로는 힘써 따를 수 없기에 우선 천천히 하자는 말로 대답했던 것입니다. 이는 또 한 차례 망발한 데 지나지 않는지라 바야흐로 몸 둘 바를 몰라 두려워하던 참이었는데, 보내신 편지에서 매우 알맞은 예로 처결하여 양쪽 입장을 살리는 방안을 정하게 해달라고 요청하셨으니, 그것을 어떻게 할 수 있겠습니까. 그래서 부탁하신 훌륭한 뜻을 결국 받들어 따르지 못하니 부끄러움을 무어라고 말할 수 없습니다.

그러나 한 가지 말할 것이 있으니, 제가 이미 스스로 시비(是非)하는 무리 중에 속하는 처지를 면치 못하니 외람되이 양쪽 입장을 살리는 논의를 세워 감히 억견(臆見)이지만 가부(可否)의 문제가 어찌 처리될지 대략 말해 보고자 합니다. 한훤당은 비록 이 고을 사람은 아니지만 이미 가천(伽川)[51]에 오고 간 자취가 있으니 그렇다면 도학자라는 이유로 추숭(推崇)하여 사당에 모시고 싶어 하는 대중의 여론은 좋은 것인데 영공은 옳지 않게 여기시니, 이는 영공께서 양쪽 입장을 다 살리려 하다가 한쪽으로 치우쳐 흘러간 것입니다. 또 한훤당이 진실로 도학을 일으킨 공이 있기는 하지만 도학을 전한 실제는 볼 수 없는데 심지어는 세대의 순서를 바꾸어 가면서 주사(主祀)와 배위(配位)를 정하려고 하니, 이는 사론(士論)이 비록 아름답긴 하지만 사실은 역시 한쪽으로 치우침을 면하지 못하는 것입니다.

옛날 서원은 똑같이 지어진 것이 아니라 사당이 있는 곳도 있고 사당이 없는 곳도 있으며, 도학자를 향사한 데도 있고 도학자가 아니면서 함께 향사한 사례도 있습니다. 영가서원(永嘉書院)[52] 같은 경우는 중앙에는

---

51  가천 :【攷證 卷4 伽川】경상북도 성주(星州) 남쪽 30리 지점에 있다.

52  영가서원 :【攷證 卷4 永嘉書院】명(明)나라 이현(李賢)의 《대명일통지(大明一統志)》〈온주부(溫州府)〉에 "절강성(浙江省) 온주부성(溫州府城) 서남쪽 영가현(永嘉縣)에 있는 서원으로, 남송(南宋) 순우(淳祐) 연간에 건립하였다."라고 하였다.【校解】중앙에 선성연거상(宣聖燕居像)을 모셔놓고, 동실(東室)에는 이락(伊洛)의 제현들을, 서실(西室)에는 향선현(鄕先賢)을 향사하였다.

선니(宣尼)[53]이고 동쪽은 이락(伊洛)[54]인데 서쪽에는 향현(鄕賢)을 향사
했으며, 오계서원(浯溪書院)[55] 같은 경우는 중앙에는 선성(先聖)이고 왼
쪽에 원결(元結)·안진경(顔眞卿)[56]을 향사하였으며, 태형서원(泰亨書
院)[57]은 뒤에 주문공(朱文公)을 향사하고서 고등(高登)[58]·진북계(陳北
溪)[59]를 배향하였는데, 이 같은 경우가 한둘이 아닙니다. 문열공(文烈公)

---

**53** 선니 : 【譯注】한(漢)나라 평제(平帝) 때 포성선니공(襃成宣尼公)이라는 시호를
받은 공자를 가리킨다.

**54** 이락 : 【譯注】송(宋)나라 정호(程顥)와 정이(程頤)를 가리킨다. 두 사람이 이수
(伊水)와 낙수(洛水) 사이에서 학문을 강론하였기 때문에 이렇게 부른다.

**55** 오계서원 : 【攷證 卷4 浯溪書院】호남성(湖南省) 영주(永州) 기양현(祁陽縣) 남쪽
에 있다. 원래 현위(縣尉) 증규(曾圭)와 그의 아들 증요신(曾堯臣)이 창건하였다. 【校
解】중앙에 대전(大殿)을 만들어 공자를 향사하고, 대전 왼쪽에 사(社)를 세워 원결(元
結)과 안진경(顔眞卿)을 제사하였다.

**56** 안진경 : 【攷證 卷4 顔眞卿】709~785. 자는 청신(淸臣), 호는 노군공(魯郡公),
시호는 문충(文忠)이다. 조정에 서서는 안색을 바로 하고, 강직하면서도 예가 있어
천하에서 노공(魯公)이라 칭하였다.

**57** 태형서원 : 【攷證 卷4 泰亨書院】명나라 이현의《대명일통지》〈소무부(邵武府)〉
에 "복건성(福建省) 장주(漳州) 장태현(長泰縣) 남쪽 등과산(登科山)에 있다."라고
하였다.

**58** 고등 : 【攷證 卷4 高登】?~1148. 자는 언선(彦先), 호는 동계(東溪)이다. 일찍이
진동(陳東)과 함께 육적(六賊)의 참수를 청하고, 또 오랑캐와 화친해서는 안 된다고
주장하였다. 송나라 고종(高宗) 소흥(紹興) 연간에 만언(萬言)의 상소를 올리자 진회
(秦檜)가 그 의론을 미워하여 정강부(靜江府) 고현령(古縣令)으로 좌천시켰다. 진회의
아버지는 일찍이 이곳의 읍재(邑宰)였는데, 지부(知府) 호순척(胡舜陟)이 진회의 아버
지 사당을 세우려 하자 고등이 강하게 반대하니, 호순척이 법을 걸어 중상하였다. 혹독
하게 신문과 매질을 당하고 관직을 삭탈당한 채 용주(容州)로 유배되어 그곳에서 죽었
다. 주자가 장주 태수(漳州太守)로 있을 때 그를 위해 소설(昭雪)을 청하여 포증(襃贈)
되었다.

**59** 진북계 : 【譯注】진순(陳淳, 1159~1223)으로, 자는 안경(安卿), 호는 북계, 시호
는 문안(文安)이다. 장주(漳州) 용계(龍溪) 사람인데, 주희(朱熹)가 장주 태수(漳州太
守)로 있을 때 그 문하에서 수학하였다.

의 대절(大節)은 이미 충분히 향사를 받을 만하고, 노인보(盧仁甫)[60]가 사당을 세우려 하는 것도 본래 이렇게 생각해서이니, 화상(畫像)을 제외하고 작은 흠은 덮어두고서 위패를 모셔 향사한다면 불가할 것도 없습니다. 그런데 격렬히 배척하는 사론(士論)이 여기에까지 이르렀으니, 이는 실로 우리 도(道)를 호위하고 이단을 배격하려는 아름다운 뜻이므로 비록 어찌할 수 없으나, 애석한 것은 세상에 드물게 있는 충의로운 분으로서 현인을 향사하는 일에서 배척을 당하게 되니, 그 후손인 이씨(李氏)들이 분개하는 것은 당연한 일입니다.

옛날 송나라 때 호 문정공(胡文定公)[61]을 위하여 사당을 세우고자 할 적에 어떤 이가 그의 소절처(小節處)[62]를 지적하며 의심하였는데, 주 문공(朱文公)은 그 사람이 매우 잘못한 것이라 하였습니다. 문열공은 진실로 호 문정공에 비길 바는 못 되지만 그 소절을 지적하여 대절(大節)을 버린다면 그 일이 자못 서로 비슷해질 것입니다. 그러므로 어리석은 제

---

**60** 노인보 : 【譯注】 노경린(盧慶麟, 1516~1568)으로, 인보는 그의 자이다. 본관은 곡산(谷山), 호는 사인당(四印堂)이다. 1539년 문과에 병과로 급제, 성균관 학유·박사를 거쳐 공조·예조·호조·형조의 낭관(郎官)을 역임하였다. 성주 목사로 있을 때 천곡서원(川谷書院)을 세웠다.

**61** 호 문정공 : 【攷證 卷4 胡文定】 호안국(胡安國, 1074~1138)으로, 자는 강후(康侯), 호는 무이 선생(武夷先生), 시호는 문정(文定)이다. 복건성(福建省) 건주(建州) 숭안(崇安) 사람이다. 사량좌(謝良佐)가 "강후는 엄동설한에도 홀로 빼어난 송백 같다."라고 하였다.

**62** 소절처 : 【攷證 卷4 小節處】 혹자가 호 문정공(胡文定公)이 진회(秦檜)와 친분이 두터운 까닭을 묻자, 주자가 "강후(康侯 호 문정공)에게 문한(文翰)의 관리로서 강연(講筵)하라는 명이 있으면, 이는 진회가 추천한 것이었다. 그러나 나아가려 하지 않는 평소의 뜻이 견고하였으니, 반드시 그 추천의 은미한 뜻에 대처하기 어려운 점이 있음을 간파하여, 이 때문에 노병(老病)을 이유로 사양하였다. 후일에 진회가 크게 멋대로 하였으니, 그렇다면 강후가 이미 세상을 떠난 후인 것이다. 혹 이것을 가리켜 말하는 것인가?"라고 하였다.

생각으로는, 지금 이렇게 각각 치우친 견해를 주장하면서 서로 논쟁하면 결코 결론이 정해질 날이 오지 않을 것입니다. 반드시 대현이요 군자로서 공평한 도리로 한 세대의 종사(宗師)가 될 만한 분이 나와서 이 일을 처리하여 서로 억압하고 눌리지 않도록 결정하고 각각 그 존위를 온전히 한다면 모든 유생이 이미 도학을 존숭하는 뜻을 잃지 않게 될 것입니다. 또 충의에 보답하고 겸허한 도리를 보존할 수 있게 되어 순서를 잃거나 구차스레 모시려는 병폐가 없을 것이라 여겨집니다. 잘 모르겠습니다만, 영공은 이에 대해 또 어떻게 생각하시는지요?

심부름을 온 사람은 서서 기다리고 병든 몸이라 말이 많이 막히므로 간략히 대강만 말하고, 깊은 내용은 다 언급하지 못하니 멀리서 편지를 보내신 뜻을 몹시 저버리는 셈이 되었습니다. 삼가 영공께서 헤아려 살펴주시기를 바랍니다. 불선(不宣).

# 유인중[63] 희춘 에게 답하다 【병인년(1566, 명종21, 66세) 9월 28일. 예안(禮安)】

答柳仁仲 希春

병인년(1566, 명종21) 9월 28일에 병으로 폐해진 이황(李滉)은 삼가 두 번 절하고 인중(仁中) 문계(文契)[64]에게 답장을 드립니다. 삼가 서신을 받고 이배(移配)된 곳에서 신명의 도움으로 평안한 줄 알았으니, 병의 고단함이 후련하게 풀리는 기쁨을 형언할 수 없습니다.

나는 일전에 다행스럽게도 오학양료(鼇鶴兩僚)[65]로서 공과 함께 주선한 적이 있는데, 구름처럼 한 번 흩어진 뒤에는 온갖 일을 겪으며 서로 멀리 떨어져서 소식을 주고받지 못한 것이 근 20년입니다. 성조의 새 시대를 맞아 그 은혜가 유배된 사람에까지 미쳐 공도 가까운 도(道)로 옮기게 되었지요. 손자 안도(安道)[66]가 관북 지방에서 돌아와 "여행 중에

---

**63** 유인중 : 【攷證 卷4 柳仁仲】유희춘(柳希春, 1513~1577)으로, 본관은 선산(善山), 자는 인중(仁仲), 호는 미암(眉巖), 시호는 문절(文節)이다. 해남(海南)에 살았다. 을사사화(乙巳士禍)로 제주(濟州)에 유배되었는데, 제주와 가향(家鄕)이 멀지 않다는 이유로 함경도 종성(鍾城)으로 이배(移配)되었다. 공은 이를 천명처럼 편안히 여겨 사색하고 저술하고 외우고 수초(手抄)하기를 밤낮없이 하였다. 을축년(1565, 명종20)에 충청도 은진(恩津)으로 양이(量移)되었다가 선조 즉위년(1567)에 풀려났다. 선조(宣祖)가 잠저(潛邸) 시절에 그에게 배웠기 때문에 매번 전교하기를 "나의 학문의 진보는 희춘에게 도움받은 것이 많다."라고 하였다. 특별히 부제학에 제수하였다.

**64** 문계 : 【譯注】 같은 학문을 하는 후배의 경칭이다.

**65** 오학양료 : 【攷證 卷4 鼇鶴兩僚】옥당(玉堂 홍문관)과 춘방(春坊 세자시강원) 두 곳에서 동료로 일한 것이다.

**66** 안도 : 【譯注】 1541~1584. 이황의 맏아들 준(寯)의 맏아들로, 퇴계 문집을 수집하고 연보를 초록하였다.

유공(柳公)을 뵈온 적이 있습니다."라고 하였습니다. 저는 이 말을 듣고서 마치 직접 만난 듯하여 매우 기쁘고 다행한 마음을 이길 수 없었습니다. 다만 편지를 보내 축하할 길이 없었는데 뜻밖에 지금 먼저 멀리 궁벽한 이곳까지 편지를 보내주니 감격하고 송구한 마음을 어찌 다할 수 있겠습니까. 다만 나를 크게 칭찬하고 책임을 맡겨야 한다는 말은 나의 실정과 크게 어긋나서 나로 하여금 놀라 땀을 흘리고 부끄러움에 움츠리게 하며 눈을 가려 감히 그 대목을 읽지 못하도록 합니다. 옛 친구에 대한 공의 대우가 어찌 한결같이 이처럼 뜻밖입니까?

나는 재야의 평범한 필부일 뿐입니다. 젊을 때는 병을 앓아 독서와 학문에 정진하지 못하다가 우연히 관직에 올라 준걸들의 뒤를 따른 지 여러 해가 지났는데, 잘한 일은 하나도 없고 병만 더욱 깊어짐을 스스로 알았습니다. 이를 인하여 물러나 숨어 분수를 지킬 계획을 세우지 않을 수 없었는데, 일이 뜻처럼 되지 않아 나아가고 물러가는 사이에서 종적이 몹시 어긋납니다. 다행히 한가한 날을 틈타고 마음을 바깥에서 흔드는 일이 달리 없기에 옛 성현의 심법을 헤아려 어리석은 허물을 스스로 고치려 했으나 경솔함을 천박하게 드러낼 뿐 공부에 깊이 침잠할 줄 몰랐습니다. 그리하여 도(道)의 한 부분도 대강 엿보거나 음미하지 못한 채 허황한 명성이 사방에 퍼지고 헛된 소문이 이미 세상에 넘쳐나게 되었습니다. 그리하여 시대의 어진 이들을 크게 속이는 데 점점 익숙해지고 위로 성상을 기만하게 되어 오늘날에 와서는 비틀거리면서 곤궁하고 절박한 처지에 빠져 몸 둘 바를 모를 지경인데, 눈을 부릅뜨고 지목하여 의심하고 비방하는 자들이 주위를 에워싸고 있습니다. 그중에 저를 아끼는 사람들이 또한 이를 우려하여 저를 깨우치고 꾸짖는 일이 날마다 생기니 백 번 헤아리고 천 번 생각해도 마땅히 처신할 바를 모르겠습니다. 이는 모두 내가 자초한 일이니, 누구에게 매달려 하소연하겠습니까? 오직 사실(私室)에서 석고대죄하면서 성상의 엄한 견책이 내려지길 기다릴 뿐입니다. 그런데 공이 보내신 편지에는 책선(責善)하고 미혹(迷惑)을 풀어주는 말은 한마디도 없고 바야흐로 크게 칭찬하고 외람되이 추중(推重)하는 말만 있으니, 어찌 충고하고 선을 권면하여 서로 이롭게 하는 붕우 간의 도리를 바랄 수 있겠습니까.

이른바 사단칠정(四端七情)의 논변은 의문 나는 일을 서로 강구(講究)한 것이고, 《논어석(論語釋)》[67]은 망각을 대비한 것인데 소략하고 빠진 부분이 많고, 이강이(李剛而)와 함께 《주시소간(朱詩小簡)》을 간행하여 한때 주고받은 일은 우연한 것으로 모두 일컬을 만하지 못합니다. 잘 모르겠으나 공은 이런 책들에서 무엇을 취하고서 그렇게 말씀하십니까? 군자는 한마디 말로 지혜롭게도 되고 한마디 말로 지혜롭지 못하게도 되는 법입니다. 공이 남을 허여하는 방식이 이같이 신중하지 않으니 어리석은 내가 감당하지 못할 뿐 아니라 사람들의 비웃음을 살까 염려만 됩니다.

보내온 《속몽구(續蒙求)》[68]를 읽고서 공이 학식이 넓고 성품이 단아하며 해박한 식견을 지닌 지 오래된 줄을 진실로 알았습니다. 하늘이 오랜 세월 공을 먼 변방에서 불운을 겪게 한 뜻은 공으로 하여금 이런 업적을 남기도록 하는 데 있었나 봅니다. 정말 감탄하여 우러릅니다! 다만 지금 막 입수하여 아직 자세히 살펴볼 겨를이 없었습니다. 더욱이 나는 본래 우둔하고 기억력이 없는 사람으로서 어려서는 이미 독서에 정진하지 못

---

**67** 논어석 : 【攷證 卷4 論語釋】 살펴보건대, 《퇴계선생언행록(退溪先生言行錄)》에서는 《논어강록(論語講錄)》이라고 하였다. 선생이 조카 이교(李𡩉)의 질문에 답하는 방식으로 강해(講解)한 것이다.

**68** 속몽구 : 【攷證 卷4 續蒙求】 미암(眉庵 유희춘(柳希春))이 지은 것이다. ○ 살펴보건대, 당(唐)나라 이한(李翰)이 경전(經傳) 속 선악 사실 가운데 비슷한 유(類)를 모아서 쌍쌍이 서로 나란히 놓아 운문으로 된 책을 편찬하고, 이름을 《몽구(蒙求)》라 하였다.

하였고 늙고 병들어 정신이 흐려진 뒤로는 책을 조금도 읽지 못해 고금의 인물과 사적(史蹟)이 머릿속에 하나도 남아 있지 않습니다. 이번에 이 책을 다행히 얻어 읽고자 하였지만 마치 새벽길에 짙은 안개를 만나 동서를 분간하지 못하듯 하고, 동쪽으로 가서 대양을 바라봄에 그 끝을 볼 수 없듯 하여 막막하기만 하니 참으로 가련합니다. 이 같은 형편인데도 공은 그 내용을 밝게 살펴 바로잡고 제발(題跋)을 써달라 부탁하니 참으로 친한 사이에 돈독한 우의를 서로 나누는 뜻이 아닙니다. 또 예로부터 자신이 어리석으면서 다른 사람을 일깨워줄 수 있는 경우가 어디 있었습니까. 내가 그동안 걸핏하면 자신을 헤아리지 못하여 함부로 한두 편의 글을 지은 적이 있는데, 나중에 스스로 살펴보니 오히려 만족스럽지 못했습니다. 그런데 하물며 안목을 갖춘[69] 사람의 눈에 들 수 있었겠습니까? 그 글들이 간혹 원근 각처에 유포되어 사람들의 구설에 오른 경우가 적지 않아서 붕우 가운데 다소 내실을 다지며 학문하는 이들이 그로 인해 저를 꾸짖고 경계하는 일이 많았기에, 지금은 스스로 입을 다물어[70] 뉘우치고 부끄러워합니다. 이미 편 것은 다시 오므리기 어려운 법이니 이제 어찌 걱정과 두려움 없이 뻔뻔하게 예전의 잘못을 다시 범하겠습니까. 오직 가까이 두고 즐기려는 욕심에 보내신 책을 바로 돌려보내지 못합니다. 삼가 궤상(机床)에 받들어 두어 미력이나마 뜻을 다해 탐구하고, 검

---

**69** 안목을 갖춘 : 【攷證 卷4 具眼】 명(明)나라 구여직(瞿汝稷)의 《지월록(指月錄)》 〈홍주 백장산 회해선사(洪州百丈山懷海禪師)〉에 "반드시 양척안을 갖추어 양두사를 조파해야 하나니〔須具兩隻眼, 照破兩頭事〕, 단지 일척안(一隻眼)을 가지고 일변(一邊)을 향해 행하지 말라."라고 하였다.

**70** 입을 다물어 : 【攷證 卷4 齰舌】 '齰'은 독음이 '책(策)'이니, '깨물다〔齧〕'라는 뜻이다. 한(漢)나라 사마천(司馬遷)의 《사기(史記)》 권107 〈위기무안후열전(魏其武安侯列傳)〉에 "위기후(魏其侯)라면 틀림없이 마음속으로 부끄러워하여 문을 닫아걸고 혀를 깨물어 자살〔齰舌自殺〕했을 것이다."라고 하였다.

토를 마치는 날을 기다려 안동(安東) 부사로 있는 윤공(尹公)[71]에게 부탁하여 전해드리려 하니, 잘 도착하리라 생각합니다.

　보여달라고 하신 《주자전서논석(朱子全書論釋)》에는 과연 사람들이 질의한 조목에 대한 대략의 답이 수십 조항 있었는데, 아이들이 돌려보다가 산일(散逸)되어 지금은 어디 있는지 모르니 찾아보라는 말씀에 부응하지 못합니다. 《주자연보(朱子年譜)》를 증보했다는 말은 잘못 전해진 말입니다. 이강이(李剛而)가 양산(梁山)[72]에서 그 책을 간행할 때 저에게 한두 차례 교정을 부탁했을 뿐 달리 한 일은 없습니다. 《주자실기(朱子實記)》 한 권은, 접때 이중구(李中久)가 부쳐 주어 대략 본 뒤 돌려준 일이 있는데 요사이 광주(光州)[73]에서 간행된 책이 그 판본이 아닌지요? 이 책이 널리 유포되는 것은 후학에게 다행한 일입니다. 드리고 싶은 말씀은 많지만 마침 객(客)이 찾아와 자세하게 설명하지 못합니다. 바라건대 부디 몸을 잘 살펴 만중(萬重)하여 시절 따라 복이 충만하시길 바랍니다. 《삼가 절하고 답장을 드립니다.》

　고쳐 보내신 《논어석(論語釋)》의 제발(題跋)은 잘 받아보았습니다. 그러나 분에 넘치는 칭찬을 감당할 수 없음은 전에 말씀드린 바와 같습니다. 어쩌겠습니까. 어쩌겠습니까.

---

**71**　안동 부사로 있는 윤 공 : 【攷證 卷4 尹安東】윤복(尹復, 1512~1577)으로, 본관은 해남(海南), 자는 원례(元禮), 호는 행당(杏堂)이다. 안동(安東)을 다스릴 적에 세 아들인 강중(剛中)·흠중(欽中)·단중(端中)을 퇴계 선생 문하에서 수업하게 하였다. 윤공이 장차 임무를 마치고 돌아갈 적에 선생이 시를 지어 부쳐 주었다.

**72**　양산 : 【攷證 卷4 梁山】경상좌도(慶尙左道)에 속한다. 또 다른 군명(郡名)은 양주(良州)·양주(梁州)·의춘(宜春)이다.

**73**　광주 : 【攷證 卷4 光州】전라좌도(全羅左道)에 속한다. 또 다른 군명은 광산(光山)·해양(海陽)이다.

# 유인중에게 보내다 병인년(1566, 명종21, 66세)【10~12월. 예안(禮安)】

與柳仁仲  丙寅

겨울 추위에 우거하는 곳에서 기거가 평안하리라고 생각합니다. 늙은 이 몸은 병으로 고달프고 정신이 혼몽할 뿐 달리 말씀드릴 일은 없습니다. 지난번 보낸《몽구(蒙求)》[74]는 비록 온 힘을 다해 끝까지 탐구했습니다만, 눈이 어른거리고 정신이 피로하여 열에 한둘 정도만 이해하고 나머지는 모두 몽매한 상태입니다. 그중에서도 의문이 없을 수 없는 사항 몇 가지를 별지에 적었으니, 잘 모르겠습니다만, 공의 견해는 어떠하신지요? 주제넘은 줄을 잘 압니다만, 나는 마음속 깊이 이 책을 좋아하고 있습니다. 좋은 곳은 십분 좋고 교묘한 곳도 그 교묘함을 이루 다 말할 수 없습니다. 만약 내가 말씀드린 의심 나는 대목을 빼고 아울러 탁마(琢磨)하고 정련(精鍊)하여 조금의 흠도 없도록 하여 옥구슬을 꿴 주련처럼 만든다면 어찌 사람들의 마음을 더욱 기쁘게 하지 않겠습니까. 또 세상에 전해질 줄을 어찌 다시 의심할 나위가 있겠습니까. 내가 혹 거론하지 않은 점이라 하더라도 이로써 유추해 나가면 다시 고칠 곳이 또한 반드시 발견될 터이니 꼭 깊이 살피시길 바랍니다. 만일 고견을 스스로 믿고 정본(定本)을 고치기를 꺼린다면 아마 후인들에게 지적당하고 책도 오래도록 전해지지 못할 수도 있으니 애석할 만한 일이 될 것입니다. 그러므로 감히 말씀드립니다. 덕업을 높고 깊게 쌓으시고 자중자애하시길 바랍니다. 불선(不宣).《삼가 절하고 올립니다.》

---

**74** 몽구 :【譯注】여기서는 유희춘의 저서인《속몽구》를 가리키는 것으로 보인다.

《보내신 책 4권은 안동 부사에게 부탁해 보내드렸는데, 잘 알지 못하
겠습니다만, 조만간 그대에게 도달하겠지요. 일일이 다 말씀드리지
못합니다.》

**별지** 【병인년(1566, 명종21, 66세) 10~12월. 예안(禮安)】
別紙


《속몽구(續蒙求)》 내용 가운데 의문을 가질 만한 대목


1권


"중화공규(重華恭揆)": '규(揆)' 자는 온당치 않으니, '기(己)' 자로 고치고, 또 위의 "흠명(欽明)"을 고쳐 '문사(文思)'로 하는 것이 어떻겠습니까?

"자사강의(子思剛毅)": 이미 두 개의 '자(子)' 자를 쓰는 상황을 피하고 증자(曾子)를 증여(曾輿)로 칭하였으니, 그렇다면 자사(子思)도 이에 대응하여 공사(孔思)로 칭하는 것이 어떻겠습니까?

요부(堯夫)[75]는 자(字)를 일컬은 것이니, 아래의 횡거(橫渠)[76]도 자후(子厚)로 칭하는 것이 어떻겠습니까?

군실(君實)[77]은 자(字)를 일컬은 것이니, 아래의 정균(鄭均)[78]도 마땅

---

**75** 요부 : 【譯注】 소옹(邵雍, 1011~1077)으로, 자는 요부, 호는 안락 선생(安樂先生), 시호는 강절(康節)·소강절(邵康節)이다.

**76** 횡거 : 【譯注】 장재(張載, 1020~1077)로, 자는 자후(子厚), 호는 횡거이다.

**77** 군실 : 【譯注】 사마광(司馬光, 1019~1086)으로, 자는 군실, 호는 제물자(齊物子), 시호는 문정(文正)이다. 온공(溫公), 속수 선생(涑水先生)으로 불리기도 한다. 주(周) 위열왕(威烈王) 23년(B.C.403)부터 후주(後周) 세종(世宗) 현덕(顯德) 6년(959)에 이르는 긴 역사를 아울러 494권의 《자치통감(資治通鑑)》을 편찬하였다.

**78** 정균 : 【譯注】 ?~?. 자가 중우(仲虞)이다. 후한(後漢) 때 사람으로 동평국(東平國) 임성현(任城縣) 출신이다. 청렴결백하여 조정에서 누차 벼슬로 불렀으나 사양하였다. 장제(章帝)가 순수(巡狩)하다 그의 집에 가서 《상서(尙書)》를 하사하고 평생 봉록을 주었기 때문에 당시에 '백의 상서(白衣尙書)'라 일컬었다.

히 중우(仲虞)로 일컬어야 합니다. 자(字)가 유명하지 않은 건 굳이 따질 필요가 없습니다.

악처(樂妻)[79]는 이미 성(姓)을 알지 못하니, 도적(陶翟)[80]도 반드시 성을 칭한 건 아니므로, '실(室)'이라고만 말하는 것이 어떻겠습니까?

아래 중엄(仲淹)[81]은 자를 칭하였으니, 위 의려(醫閭)[82]도 의당 극공(克恭)이라 말해야 합니다. 의장(義莊)[83]의 '의(義)' 자를 치(置)로 쓰면 '유(諭)'에 대응하는 글자로서 온당하니, 어떻겠습니까?[84]

단목(端木)[85]은 자공(子貢)이라 써서 직경(直卿)[86]과 대(對)를 이루도

---

**79** 악처 : 【譯注】후한(後漢) 사람 악양자(樂羊子)의 처를 말한다. 악양자가 공부하러 간 지 1년 만에 아내가 그리워 돌아오자, 처가 길쌈하던 것을 가리키며, "이 비단은 누에고치에서 실을 자아낼 때부터 조그만 수고가 모여 이루어진 것입니다. 만약 중간에 잘라 버린다면 비단은 완성될 수 없을 것입니다. 학문도 마찬가지입니다." 하니, 양자가 그 말에 감동하여 7년 동안 돌아오지 않고 학문에만 몰두하여 크게 성취하였다.《後漢書 卷84 列女傳 樂羊子妻》

**80** 도적 : 【譯注】도잠(陶潛, 365~427)과 그의 처 적씨(翟氏)를 말한다. 적씨는 도연명(陶淵明)과 빈한하게 은거하는 생활을 하면서도 태연하였다.

**81** 중엄 : 【譯注】범중엄(范仲淹, 989~1052)으로, 자는 희문(希文), 시호는 문정(文正)이다.

**82** 의려 : 【譯注】하흠(賀欽, 1437~1510)으로, 자는 극공(克恭), 호는 의려이다. 일찍이 진헌장(陳獻章)이 강론하는 것을 듣고는 즉시 벼슬을 내던지고 그를 스승으로 섬기면서 학문을 배웠다. 의무려산(醫巫閭山)으로 들어가서 이학(理學)에 전념하였다.

**83** 의장 : 【譯注】전장(田莊)을 두고 조(租)를 거두어 가난한 족인들을 구호하던 것이다. 송(宋)의 명상 범중엄(范仲淹)이 좋은 전지(田地) 수천 묘(畝)를 사들여 그 조를 거두어 저축해 두었다가 족인 중에 혼가(婚嫁)나 상장(喪葬)을 치르지 못하는 자에게 공급해 주었다.《宋史 卷314 范仲淹列傳》

**84** 아래……어떻겠습니까 : 【譯注】현전하는《속몽구(續蒙求)》에는 "하흠(賀欽)이 집을 두고 다투는 형제를 깨우치고, 범중엄(范仲淹)이 전장(田莊)을 설치하다.〔克恭諭屋, 仲淹置莊.〕"라고 되어 있다.

**85** 단목 : 【譯注】단목사(端木賜, B.C.520~B.C.456?)로, 자는 자공(子貢)이다. 공자의 제자로 말솜씨와 정치적 수완이 뛰어나 노(魯)나라와 위(魏)나라의 재상을 지냈

록 하는 것이 어떻겠습니까?

경여(敬輿)[87]는 육지(陸贄)라 써서 가의(賈誼)[88]와 대를 이루도록 하는 것이 어떻겠습니까?

"진번국수(陳蕃國叟)": '수(叟)' 자는 온당치 않으니 '구(耇)'로 고치는 것이 어떻겠습니까?

적량(狄梁)[89] 운운한 대목은, '적공문도(狄公門桃), 귀생[90]교형(歸生郊荊)'이라 고쳐 쓰는 것이 어떻겠습니까?

양웅(揚雄)[91]은 자운(子雲)으로 고쳐, 윤승(允升)[92]과 대를 이루도록

---

다.

**86** 직경 : 【譯注】황간(黃幹, 1152~1221)으로, 자가 직경이다. 어려서부터 주희(朱熹)를 사사(師事)하여 끝까지 스승으로 섬겼고, 그의 사위가 되어 학통을 이었다.《宋史 卷340 道學列傳 黃榦》

**87** 경여 : 【譯注】육지(陸贄, 754~805)로, 자가 경여이다. 하루에 조서(詔書) 수백 장을 썼으며, 그가 상주한 주의(奏議)는 후세까지 칭송되었다.

**88** 가의 : 【譯注】B.C.201~B.C.169. 서한(西漢) 때 낙양(洛陽) 사람으로, 시문에 뛰어나고 제자백가(諸子百家)에 정통하여 20세에 박사(博士)가 되었다가 태중대부(太中大夫)로 승진하였다. 정삭(正朔)과 복색(服色)을 고치고 법률을 제정하며 예악(禮樂)을 일으키려 하였으나, 주발(周勃) 등 당시 고관들의 시기로 장사왕(長沙王)의 태부(太傅)로 좌천되었다. 4년 뒤 복귀하여 양 회왕(梁懷王)의 태부가 되었으나 왕이 낙마하여 급서하자 이를 애도한 나머지 33세에 요절하였다.《漢書 卷48 賈誼傳》

**89** 적량 : 【譯注】적인걸(狄仁傑, 630~700)로, 자는 회영(懷英), 시호는 문혜(文惠)이다. 양국공(梁國公)으로 추존되었다.

**90** 귀생 : 【譯注】춘추 시대 채(蔡)나라 대부 공손귀생(公孫歸生)을 말한다. 호는 성자(聖子)이다. 초(楚)나라 오거(伍擧)의 장인 왕자모(王子牟)가 죄를 짓고 나라를 빠져나갔는데, 오거가 몰래 보내주었다고 혐의를 두고 치죄하려 하자, 오거가 정(鄭)나라를 거쳐 진(晉)나라로 망명할 즈음에 공손귀생과 만나 귀국할 일을 의논하였다. 이에 공손귀생이 초나라의 영윤(令尹) 자목(子木)을 만나 극진한 말을 해주며 설득한 결과, 자목이 마침내 왕에게 말해 오거의 작록(爵祿)을 더해주고 돌아오게 하였다.《春秋左氏傳 襄公 26年》

**91** 양웅 : 【譯注】B.C.53~A.D.18. 서한(西漢) 성제(成帝)로부터 왕망(王莽) 때까

하는 것이 어떻겠습니까?[93]

　“원량충파(元亮忠播)”: ‘충(忠)’은 ‘분(憤)’으로 고쳐 쓰는 것이 어떻겠습니까?

　“고종염매(高宗鹽梅)”: 이 구절은 이미 부열(傅說)을 칭하지 않고 고종(高宗)을 칭하였으니, 아래 구절도 원충(元沖)을 칭하지 않고 적량(狄梁)을 칭해야 비로소 들어맞습니다.[94] 어떻게 생각하십니까?

　공유(公瑜)[95]는 종근(鍾瑾)이라 칭하여 곽량(郭亮)[96]과 대를 이루도록 하는 것이 어떻겠습니까?

　“장열종악(張說從諤)”: ‘종악(從諤)’은 온당치 않으니 ‘거핍(拒逼)’으로 고치는 것이 어떻겠습니까?

　“문의담환(文誼談歡)”: 이 구절은 생소한 듯하니, ‘문자의론(文咨誼論)’으로 고쳐 말하고, 그렇게 하면 아래 구절도 부득이하게 ‘주환구락(朱歡歐樂)’으로 고쳐야 하는데, 어떻게 생각하십니까?[97]

---

지 활동한 학자로, 자는 자운(子雲)이다.

**92**　윤승 : 【譯注】 나흠순(羅欽順, 1465~1547)으로, 자는 윤승, 호는 정암(整庵), 시호는 문장(文莊)이다. 장재(張載)의 기일원론을 계승하였다.

**93**　어떻겠습니까 : 【譯注】 저본에는 없는데, 중본(中本)의 부전지 "以例推之, 當有‘何如’二字."라는 교감기 내용에 따라 보충, 번역하였다.

**94**　고종염매……들어맞습니다 : 【譯注】 현전하는 《속몽구》에는 "고종에게는 소금과 매실의 역할을 한 부열(傅說)이 있었고, 양공(梁公)에게는 약석(藥石)과 같은 원행충(元行沖)이 있었다.〔高宗鹽梅, 梁公藥石.〕"라고 되어 있다.

**95**　공유 : 【譯注】 종리근(鍾離瑾, 967?~1030)으로, 자가 공유이다.

**96**　곽량 : 【譯注】 133~? 후한(後漢) 환제(桓帝) 때 권신(權臣)인 양기(梁冀)에게 무고를 받고 죽임을 당한 태위(太尉) 이고(李固)의 제자로, 이고가 죽자 죽음을 무릅쓰고 스승인 이고의 시신을 장사지냈다. 《後漢書 卷63 李固列傳》

**97**　문의담환……생각하십니까 : 【譯注】 현전하는 《속몽구》에는 "문흔의론(文欣誼論), 주탄구락(朱歎歐樂)."이라고 되어 있다.

“전주증완(田畫贈完)”: ‘증완(贈完)’은 온당치 않으니, “순어원례(荀御元禮), 전증지완(田贈志完)”이라 고쳐 말하는 것이 어떻겠습니까?

치당(致堂)은 호인(胡寅)[98]으로 고치는 것이 어떻겠습니까?

선니(宣尼)는 ‘소왕(素王)’으로 고쳐 문공(文公)과 대를 이루도록 하는 것이 어떻겠습니까?


## 2권


경훈(敬訓)[99]의 분주(分註)에 나오는 “숙패복망추(塾佩服罔墜)”라는 구절은 어떤 책에서 나온 말입니까? 실제보다 혹 지나친 듯합니다. “지기(知記)”의 ‘지(知)’는 미흡한 듯하니 ‘선(善)’으로 쓰는 것이 어떻겠습니까?

여회(呂誨)[100]는 헌가(獻可)로 써서 회숙(晦叔)[101]과 대를 이루도록 하는 것이 어떻겠습니까?

“어구운가(禦寇雲歌)”: ‘어구(禦寇)’는 직접적이지 않으니 ‘설담(薛譚)’이나 혹 ‘진청(秦靑)’으로 고쳐 쓰는 것이 어떻겠습니까?[102]

---

**98** 호인 : 【譯注】 1098~1156. 자는 명중(明仲), 호는 치당(致堂)이다. 남송(南宋) 고종(高宗) 때에 금(金)나라 정벌을 강력하게 주장하였다. 화평론자인 진회(秦檜)가 정권을 전단(專斷)하게 되면서 신주(新州)에 적배되었다. 호안국(胡安國)의 조카이다.

**99** 경훈 : 【譯注】《속몽구》의 “주숙경훈(朱塾敬訓), 방자선기(方子善記)” 대목을 말한다.

**100** 여회 : 【譯注】 1014~1071. 자가 헌가(獻可)이다. 여회가 일찍이 사마광에게 “왕안석(王安石)이 반드시 천하를 어지럽히고야 말 것이다.”라고 하였으나 사마광이 믿지 않았는데, 여회가 죽은 뒤에 과연 그의 말대로 되었다. 《宋史 呂誨列傳》

**101** 회숙 : 【譯注】 북송(北宋)의 여공저(呂公著, 1018~1089)로, 자는 회숙, 시호는 정헌(正獻)이다. 사마광과 절친한 사이로 서로 협력하여 정치를 하였다.

안수(晏殊)[103]는 동숙(同叔)으로 칭하는 것이 어떻겠습니까?

송경(宋璟)[104]은 광평(廣平)으로 칭해야 요유(堯兪)[105]와 맞을 듯하니, 어떻겠습니까?

유후(留侯)[106]는 자방(子房)이라 칭하고, 이항(李沆)[107]은 태초(太初)로 칭하는 것이 어떻겠습니까?

"모옥(茅屋)·빙호(冰壺)": 글자는 대가 되지만 뜻은 대가 되지 않습니다. 어떻게 생각하십니까?

"문천중토(文遷中土)": '중토(中土)'는 '적현(赤縣)'[108]이라고 고쳐 '청구

---

**102** 어구운가……어떻겠습니까 : 【譯注】《속몽구(續蒙求)》에서 언급한 표제어 '어구운가(禦寇雲歌)'는 《열자》의 다음과 같은 고사와 관련이 있으므로 주인공들의 이름을 쓰는 것이 직접적이지 않겠냐고 말한 것이다. 옛날 진(秦)나라에 노래를 아주 잘했던 진청(秦靑)이라는 사람이 자기의 제자 설담(薛譚)을 전송하는 자리에서 손수 박자를 치며 슬피 노래하니, 구슬픈 노랫소리가 숲을 진동하고 메아리가 멀리 흘러가는 구름을 멈추게 하였다. 《列子 湯問》

**103** 안수 : 【譯注】991~1055. 자가 동숙(同叔)이다. 송나라 진종(眞宗) 때 신동(神童)으로 추천받고 시험을 거친 뒤 직사관(直史館)에 임명되었다. 범중엄(范仲淹)·구양수(歐陽脩) 등이 모두 그의 문하(門下)에서 공부하였다.

**104** 송경 : 【譯注】663~737. 자가 광평(廣平)이다. 당(唐)나라 때의 명상(名相)이다. 일찍이 광주 도독(廣州都督)이 되었는데, 백성들의 초가집에 자주 화재가 일어나자 기와를 구워 지붕을 얹도록 하여 불이 번지는 화를 막았다. 선정을 베풀어 백성들이 송덕비를 세워 기렸다. 《舊唐書 卷96 宋璟列傳》

**105** 요유 : 【譯注】부요유(傅堯兪, 1024~1091)로, 자는 흠지(欽之)이다. 송(宋)나라 영종(英宗)의 생부인 복안의왕(濮安懿王)을 추숭하는 일을 반대하다가 파직되었다.

**106** 유후 : 【譯注】장량(張良, ?~B.C.186)으로, 자가 자방(子房)이다. 한 고조(漢高祖) 유방(劉邦)을 도와 한나라를 건국하는 데 큰 공로가 있었으나 스스로 작은 땅인 유(留)를 달라고 자청하여 유후에 봉해졌다. 《漢書 卷40 張良傳》

**107** 이항 : 【譯注】947~1004. 자가 태초(太初)이다. 송나라 명상으로, 진종(眞宗)이 우선시해야 할 치도(治道)를 묻자, "경솔하고 천박하며 새로 벼슬하여 일 꾸미기 좋아하는 사람을 쓰지 않는 것이 가장 우선할 점입니다."라고 하였다. 《宋史 卷282 李沆列傳》

**108** 적현 : 【譯注】중국을 가리킨다. 전국 시대 제(齊)나라 추연(鄒衍)이 중원(中原)

(靑丘)'[109]와 대가 되도록 하는 것이 어떻겠습니까?

왕창(王昶)[110]은 자(字)로 칭하는 것이 어떻겠습니까?

"주운변병(朱雲變病)": 운(韻)에 얽매여 '병(病)' 자를 쓴 것이 큰 흠결이라 고치고 싶었지만 고치지 못하였습니다. 다시 꼭 유의해주십시오.[111]

최호(崔浩)[112]는 백연(伯淵)으로 칭하여 자(字)로 이름을 대신하는 게 어떻겠습니까?

"옥의(玉懿)"의 '의(懿)'는 '수(粹)'로 쓰는 게 어떻겠습니까?

건륭(建隆)은 예조(藝祖)로 칭하여 효장(孝章)[113]과 대를 이루도록 하는 것이 좋을 듯하니, 어떻겠습니까?

주성(周成)은 성왕(成王)이라고만 말하고 무성(武成)은 증자(曾子)라고만 말하는 것이 어떻겠습니까?

공자(孔子)는 선보(宣父)[114]라고 칭하여 둔옹(遯翁)[115]과 대를 이루도

---

지방을 '신주적현(神州赤縣)'이라고 일컬은 데에서 유래하였다.

**109** 청구 : 【譯注】 조선을 가리킨다.

**110** 왕창 : 【譯注】 ?~259. 자는 문서(文舒), 시호는 위목(爲穆)이다. 삼국 시대 위(魏)나라 장군이다.

**111** 주운변병……유의해주십시오 : 【譯注】 현전하는 《속몽구》에는 "오우관과(吳祐觀過), 주운개행(朱雲改行)"이라고 되어 있다.

**112** 최호 : 【譯注】 ?~450. 북위(北魏)의 정치가로, 자가 백연(伯淵)이다.

**113** 효장 : 【譯注】 한나라 장제(章帝, 56~88)를 말한다.

**114** 선보 : 【譯注】 공자의 존칭이다. 《신당서(新唐書)》 권15 〈예악지(禮樂志)〉에 "당태종(唐太宗) 정관(貞觀) 11년(637)에 조칙을 내려 공자를 선보로 높이고, 연주에 사당을 세우게 했다.〔詔尊孔子爲宣父, 作廟於兗州.〕"라고 하였다.

**115** 둔옹 : 【譯注】 주희(朱熹, 1130~1200)로, 자는 원회(元晦)·중회(仲晦), 호는 회암(晦庵)·회옹(晦翁)·운곡산인(雲谷山人)·창주병수(滄洲病叟)·둔옹(遯翁)이다. 선생이 만언(萬言)의 상소문을 초안했으나 주장한 말이 너무나 통절(痛切)하였다. 문인들이 충고하여 점(占)으로 결정하기로 했는데, 둔괘에서 동인괘(同人卦)로 옮겨가는

록 하는 게 온당하니, 어떻게 생각하십니까?

노숙(魯肅)[116]은 자경(子敬)이라 말하는 것이 어떻겠습니까?

장후(張厚)는 횡거(橫渠)라고 말하여 속수(涑水)[117]와 대를 이루도록 하는 것이 어떻겠습니까?

원결(元結)[118]은 차산(次山)이라고 말하여 교년(喬年)[119]과 대를 이루도록 하는 것이 어떻겠습니까?

좌웅(左雄)[120]은 백호(伯豪)라 말하는 것이 어떻겠습니까?

돈이(敦頤)[121]는 무숙(茂叔)이라 말하는 것이 어떻겠습니까?

점괘를 얻자 선생이 간언(諫言)하는 원고를 불사르고, 둔옹이라 자호(自號)하였다. 《朱子行狀》

**116** 노숙 : 【譯注】 172~217. 자가 자경(子敬)이다. 후한(後漢) 말기의 전략가이자 외교관이다.

**117** 속수 : 【譯注】 사마광(司馬光, 1019~1086)을 말한다. 자는 군실(君實), 호는 우수(迂叟), 시호는 문정(文正)이다. 죽은 후에 태사 온국공(太師溫國公)에 추증되었으므로 사마온공(司馬溫公)이라 하며, 줄여서 온공이라고 한다. 또 속수(涑水)에 살았기 때문에 속수(涑水) 선생이라고도 한다. 왕안석(王安石)의 신법에 반대하였으며 1086년에 재상이 되어 청묘법(靑苗法)·면역법(免役法)을 폐지하였다.

**118** 원결 : 【譯注】 719~772. 자는 차산(次山), 호는 만수(漫叟)·원자(元子)이다. 당나라 시인이자 정치인으로, 안녹산(安祿山)의 난을 평정하여 당나라를 중흥시킨 숙종(肅宗)의 공적을 찬양하기 위해 〈대당중흥송(大唐中興頌)〉을 지었다.

**119** 교년 : 【譯注】 주송(朱松, 1097~1143)으로, 주희(朱熹)의 부친이다. 자는 교년, 호는 위재(韋齋), 시호는 헌정(獻靖)이다. 복건성(福建省) 정화현위(政和縣尉), 저작랑(著作郞), 이부랑(吏部郞) 등을 지냈다. 간신 진회(秦檜)가 주도하는 금나라와의 화의(和議)에 반대하다가 폄출(貶黜)되었다. 나종언(羅從彦)에게 배웠다.

**120** 좌웅 : 【譯注】 ?~138. 자가 백호(伯豪)이다. 후한(後漢) 때 관료로 기주 자사(冀州刺史)를 거쳐 상서령(尙書令)이 되었다. 인재 등용과 천거에 관한 상소(上疏)를 여러 차례 올렸다.

**121** 돈이 : 【譯注】 주돈이(周敦頤, 1017~1073)로, 자는 무숙(茂叔), 호는 염계(濂溪), 시호는 원공(元公)이다. 그의 《태극도설(太極圖說)》은 228자의 짧은 글이지만, "무극이 태극이다.〔無極而太極〕"라는 명제를 제시하여 송대 도학의 '태극' 개념을 성리

이필(李泌)[122]은 장원(長源)이라 말하여 자(字)로 이름을 대신하는 것이 어떻겠습니까?


## 3권


신여(神與)[123]는 채발(蔡發)로 칭하는 것이 어떻겠습니까?

'구함(究涵)'[124]은 온당치 않으니 상하(上下)의 구절을 '정심유술(程心劉述), 주주김참(朱註金參)'이라 고쳐 말하고 싶은데, 어떻겠습니까?

유량(劉梁)[125]·도문(陶門)은 대(對)가 안 되니, '만산집경(曼山執經), 연명여람(淵明舁籃)'이라 고쳐 말하고 싶은데, 어떻겠습니까?

육지(陸贄)는 경여(敬輿)라 말하는 것이 어떻겠습니까?

유징(劉澄)[126]은 자징(子澄)이라 말하는 것이 어떻겠습니까?

---

학의 핵심 개념으로 정립하였다.

**122** 이필 : 【譯注】 722~789. 자는 장원(長源), 호는 현화(玄和), 봉호는 업후(鄴侯)이다. 당 현종(唐玄宗)은 태자인 숙종(肅宗)에게 이필과 포의교(布衣交)를 맺게 하여 그를 선생이라 부르게 하였는데, 왕위에 오른 숙종은 밖에 나갈 때는 말을 함께 타고, 잘 때는 탑(榻)을 마주하여 태자 때처럼 그를 대하였다.

**123** 신여 : 【譯注】 송나라 채발(蔡發, 1089~1152)로, 자가 신여이다. 만년에 호(號)를 목당노인(牧堂老人)이라고 하였다. 아들 원정(元定), 손자 연(淵)·원(沆)·침(沉), 증손자 격(格)·모(模)·항(杭)·권(權)은 남송의 대유(大儒)로, 이들을 아울러 "채씨사세구유(蔡氏四世九儒)"라고 불렀다.

**124** 구함 : 【譯注】 현전하는 《속몽구》의 "유현기수(劉絢記髓), 길보구함(吉甫究涵)" 대목을 말한다.

**125** 유량 : 【譯注】 ?~? 자는 만산(曼山)이며, 잠(岑)으로도 불린다. 후한(後漢) 말 인물로 양국(梁國) 종씨(宗氏)의 자손이고, 건안 칠자(建安七子) 중 한 명인 유정(劉楨)의 조부이다.

**126** 유징 : 【譯注】 유청지(劉淸之, 1134~1190)로, 자는 자징(子澄), 호는 정춘 선생(靜春先生)이다. 주자의 문인이다. 고종(高宗) 소흥(紹興) 27년(1157) 진사시에 급제

목강(穆姜)127은 정처(程妻)라 말하고, 당승(唐昇)은 당조(唐祖)라 말
하는 것이 어떻겠습니까?

옹공(翁功)128은 옹몽(翁蒙)이라 말하는 것이 어떻겠습니까?

중민(中敏)129은 이민(李敏)이라 말하는 것이 어떻겠습니까?

장원(長源)은 이필(李泌)이라 말하는 것이 어떻겠습니까?

원화(元和)130는 당헌(唐憲)이라 말하는 것이 어떻겠습니까?

광무(光武)131는 한광(漢光)이라 말하는 것이 어떻겠습니까?

마원(馬援)132은 문연(文淵)이라 말하는 것이 어떻겠습니까?

극공(克恭)은 의려(醫閭)라 말하는 것이 어떻겠습니까?

"목재133산곡(牧齋山谷)": 이 일은 아래 목욕(沐浴)의 일과 동류(同類)
가 아니니,134 어떻게 해야겠습니까?

---

하고 벼슬이 원주 지주(袁州知州)에 이르렀다.

**127** 목강 : 【譯注】 한(漢)나라 진문구(陳文矩)의 후처로, 이씨(李氏)이며 이름은 알
수 없다. 《후한서(後漢書)》에는 남편을 정문구(程文矩)라고 하였다.

**128** 옹공 : 【譯注】 송(宋)나라 병관(兵官) 옹몽지(翁蒙之, 1123~1174)로, 자는 자공
(子功)이다.

**129** 중민 : 【譯注】 당(唐)나라 문인 이중민(李中敏)으로, 자는 장지(藏之)이다. 두목
(杜牧)·이감(李甘)과 교유하였다.

**130** 원화 : 【譯注】 당나라 헌종(憲宗) 이순(李純, 재위 805~820)의 두 번째 연호이다.
806년 음력 1월부터 820년 음력 12월까지 15년 동안 사용되었다.

**131** 광무 : 【譯注】 후한 광무제(光武帝) 유수(劉秀, B.C.6~A.D.57)를 말한다.

**132** 마원 : 【譯注】 B.C.14~A.D.49. 자가 문연(文淵)이다. 후한의 정치가로 강족(羌
族)을 평정하였으며 교지(交趾)의 난을 진압하고 흉노족을 쳐서 공을 세웠다. 남방의
무릉만(武陵蠻)을 토벌하던 중 병으로 죽었다.

**133** 목재 : 【譯注】 분주(分註)의 설명으로 볼 때, 주자를 가리키는 듯하다.

**134** 목재산곡……아니니 : 【譯注】 현전하는 《속몽구》에는 "목재산곡(牧齋山谷), 선보
목욕(宣父沐浴)."이라고 되어 있다.

선보(宣父)는 선니(宣尼)로 칭하는 것이 어떻겠습니까?

정가(程家)는 정씨(程氏)[135]라 말하고, 왕성(王成)[136]은 왕생(王生)이라 말하는 것이 어떻겠습니까?[137]

이강(李絳)[138]은 심지(深之)라고 말하는 것이 어떻겠습니까?

"독주(櫝珠)·병미(瓶米)": 글자는 대를 이루지만 뜻은 대를 이루지 않으니, 어떻게 해야겠습니까?

한유(韓愈)는 창려(昌黎)라 말하는 것이 어떻겠습니까?

유우(劉虞)[139]는 백안(伯安)이라 말하는 것이 어떻겠습니까?

"광택미극(光澤味極)": '극(極)'은 '찰(察)'로 쓰는 것이 어떻겠습니까? '극'은 입성(入聲)으로 통압(通押)한 사례인데, 더욱이 주(注)에 "심미세찰(深味細察)"이라는 구절이 있지 않습니까.

무이(武夷)는 신안(新安)으로 쓰는 것이 어떻겠습니까? 무이 선생(武夷先生)은 일찍이 이것으로 자신의 호를 삼지 않았고, 또 호강후(胡康

---

**135** 정씨 : 【譯注】 분주(分註)의 설명으로 볼 때, 정호(程顥)를 가리키는 듯하다.

**136** 왕성 : 【譯注】 한나라 선제(宣帝) 때의 사람이다. 스승인 이고(李固)가 권신 양기(梁冀)의 비위를 거슬러 죽음을 당하자 이고의 아들 섭(燮)과 함께 서주(徐州)로 도망친 뒤 섭의 이름을 바꿔 주가(酒家)에서 심부름하게 하고 자신은 점쟁이 노릇을 하며 생활하였다. 그리고 암암리에 만나 학문을 전수하다가 대사령(大赦令)이 내리자 향리로 돌아가게 하였다. 이렇게 이고의 아들 섭은 부친의 문생인 왕성의 보살핌을 입어 난을 모면하고 죽지 않을 수 있었다. 《後漢書 卷63 李固列傳》

**137** 정가는……어떻겠습니까 : 【譯注】 현전하는 《속몽구》에는 "정씨성인(程氏成人), 왕생존치(王生存稚)"라고 되어 있다.

**138** 이강 : 【譯注】 764~830. 자가 심지(深之)이다. 당나라 때 명신(名臣)으로, 강직하고 진퇴(進退)가 분명하였으며, 직간(直諫)하는 강직함으로 유명하였다.

**139** 유우 : 【譯注】 ?~193. 자가 백안(伯安)으로 후한 말의 관료이다. 백성들에게 신망을 얻어 원소(袁紹)가 황제로 추대하였지만 거절하였고, 공손찬(公孫瓚)과 대립하다가 살해되었다.

侯)[140]의 호와 서로 혼동되기 때문에 고치고자 할 뿐입니다.


　　4권


　　"갈축(竭蓄)"은 온당치 않으니 '창주아탈(滄洲痾脫), 수사단갈(洙泗端竭)'이라 고쳐 말하는 것이 어떻겠습니까?

　　"허숙(許熟)"은 온당치 않으니, '마유탄성(馬劉坦成), 양이환득(楊李渙得)'이라 고쳐 말하는 것이 어떻겠습니까?

　　"안항(安恒)[141]"은, '소항(蘇恒)'으로 쓰는 것이 어떻겠습니까?

　　술고(述古)로 시작하는 두 구[142]는 '진양육영(陳襄育英), 이심오녕(李沈惡佞)'이라 고쳐 말하면 어떻겠습니까? 태초(太初)를 고치기 때문에

---

**140**　호강후 : 【譯注】 송나라 호안국(胡安國, 1074~1138)으로, 자는 강후(康侯), 호는 무이선생(武夷先生), 시호는 문정(文定)이다. 정이(程頤)를 사숙하고, 사양좌(謝良佐), 양시(楊時), 유작(游酢)과 교유하였다. 왕안석이 《춘추(春秋)》를 학관(學官)에서 폐지하자 춘추학이 쇠퇴하였다고 여겨 20여 년간 《춘추》를 연구하였다. 그가 지은 《춘추전(春秋傳)》 30권은 종래의 해석을 따르지 않고 오로지 존왕양이(尊王攘夷)의 관점에 입각하여 해설하였는데, 특히 주자학파에 의해 중시되면서, 전부터 전해 오던 《공양전(公羊傳)》·《곡량전(穀梁傳)》·《좌씨전(左氏傳)》과 함께 춘추 사전(四傳)으로 일컬어졌다.

**141**　안항 : 【譯注】 소안항(蘇安恒, ?~707)으로, 당나라 기주(冀州) 무읍(武邑) 사람이다. 박학하고 특히 《주관(周官)》과 《좌전(左傳)》에 밝았다. 무후(武后) 말기에 태자(太子 중종(中宗))가 무후에 의해 방주(房州)에 쫓겨나 있다가 동궁(東宮)으로 돌아오기는 하였으나 정사에 일절 참여하지 않아도 대신들은 재앙을 두려워하여 감히 말하지 못하였다. 소안항은 무후에게 두 차례나 상소하여 제위(帝位)를 이씨(李氏)이며 태자인 중종에게 전위(傳位)해야 한다고 극간하였다. 무후도 소안항을 죄주지 않고 뒤에 또한 제위(帝位)를 무씨(武氏)가 아니라 태종의 후손으로 이씨인 중종에게 전위(傳位)하였다. 《唐書 卷112 蘇安恒傳》

**142**　술고로……구 : 【譯注】 현전하는 《속몽구》의 "술고육영(述古育英), 태초오녕(太初惡佞)" 대목을 말한다.

위의 구(句)도 아울러 고쳐야 합니다.

호명(胡明) 한 단락은, '호원목장(胡元木長), 구가경영(歐賈鏡瑩)'으로 고쳐 말해야 하니, 원(元)·가(賈) 두 글자를 넣지 않으면 목(木)과 경(鏡)이 무슨 일을 가리키는지 알지 못합니다.[143]

"대림동청(大臨東聽)": '청(聽)'은 '록(錄)'으로 고치는 것이 어떻겠습니까?《동견록(東見錄)》이 있기 때문입니다.

"호작(呼雀)"은 온당치 않으니, '포수유서(逋羞諛書), 관척환술(瓘斥幻術)'로 고치는 것이 어떻겠습니까?

명중(明仲)은 치당(致堂)으로 써서 운곡(雲谷)과 대를 이루도록 하는 것이 어떻겠습니까?

육수(陸壽)[144]는 자수(子壽)로 쓰는 것이 어떻겠습니까?

조기(趙岐)[145]는 빈경(邠卿)으로 쓰는 것이 어떻겠습니까?

포증(包拯)[146]은 희인(希仁)으로 쓰는 것이 어떻겠습니까?

---

**143** 호명……못합니다 : 【譯注】현전하는《속몽구》에는 "호궁목장(胡窮木長), 구험경영(歐驗鏡瑩)"이라고 되어 있다.

**144** 육수 : 【譯注】육구령(陸九齡, 1132~1180)으로, 자는 자수(子壽), 호는 복재(復齋), 시호는 문달(文達)이다. 육구연(陸九淵)의 형이다.《송사(宋史)》에 "육구령은 아버지의 뜻을 계승하였는데 예학을 닦는 데 힘써 집안을 다스림에 예법이 있었다. 집안 식솔이 모두 100명이었는데 남녀들이 반열을 나누어 각자 자신의 직분을 다하니, 집안이 조정처럼 엄정하였다.〔九齡嘗繼其父志, 益修禮學, 治家有法. 閭門百口, 男女以班各供其職, 閭門之內嚴若朝廷.〕"라고 하였다. 주자와 학문적으로 교류하며 송대 성리학 확립에 역할을 하였다.

**145** 조기 : 【譯注】108?~201. 본명은 가(嘉)이고, 자는 태경(台卿)·빈경(邠卿)이다. 동한(東漢) 말기 대신(大臣)이자 경학자(經學者)이다. 당대의 학풍과 달리《논어》와 《맹자》를 높이 평가하였는데, 중상시(中常侍) 당형(唐衡)의 난을 피하여 성명을 바꾸고 떡을 팔다가 손숭(孫崇)의 도움을 받아 벽장 속에 숨어 지내며《맹자》공부에 힘썼다.《後漢書 卷94 趙岐傳》

**146** 포증 : 【譯注】999~1062. 자는 희인(希仁)이고, 보통 포공(包公)·포청천(包淸

간쟁(諫諍)의 경우는, "양성(陽城)[147]괴마(陽城壞麻), 범우[148]배목(范禹培木)."이라고 고치는 것이 어떻겠습니까?[149]

호인(胡寅)은 명중(明仲)이라 말하는 것이 어떻겠습니까?

송상(宋庠)[150]은 공서(公序)라 말하는 것이 어떻겠습니까?

장등(張登)[151]은 명척(明陟)이라 말하는 것이 어떻겠습니까?

위연(魏衍)[152]은 창세(昌世)라 말하는 것이 어떻겠습니까?

"진미주모(陳味朱謨)": '모(謨)'는 '구(劬)'로 고치는 것이 어떻겠습니까?

"자지무욕(紫芝無欲)": '무욕(無欲)'은 '음천(飮泉)'으로 쓰는 것이 어떻

---

天) 등으로 불린다. 북송(北宋)의 명신으로 청백리의 대명사이다. 별칭으로 포룡도(包龍圖)·포흑자(包黑子)·포흑탄(包黑炭) 등이 있다.

**147** 양성 : 【譯注】 당나라 간의대부(諫議大夫) 양성(736~805)이다. 덕종(德宗)이 육지(陸贄)를 내쫓고 간신(姦臣) 배연령(裴延齡)을 재상으로 삼으려 하자, 상소하여 배연령의 죄를 신랄하게 탄핵하고 육지를 변호하면서 공공연하게 말하기를 "배연령을 재상으로 삼으면 내가 백마(白麻)를 취하여 찢어 버리겠다."라고 직언하였다. 이 때문에 덕종이 끝내 배연령을 재상으로 삼지 못하였다. 《舊唐書 卷192 陽城列傳》

**148** 범우 : 【譯注】 범조우(范祖禹, 1041~1098)로, 자는 순부(淳夫)이다. 사마광을 따라 《자치통감(資治通鑑)》을 편수하는 일에 참여하였고, 철종(哲宗)이 즉위한 뒤 저작좌랑(著作佐郎)에 제수되어 《신종실록(神宗實錄)》을 편수하였는데, 편수 과정에서 신종을 비방하고 사마광이 신법(新法)을 변혁하는 데에 동조했다는 모함을 받아 좌천되었다. 《宋史 范祖禹列傳》

**149** 간쟁의…… 어떻겠습니까 : 【譯注】 현전하는 《속몽구》에는 "조우배목(祖禹培木), 최임격복(崔任擊蝮)."이라고 되어 있다.

**150** 송상 : 【譯注】 996~1066. 초명은 교(郊)이고, 자는 백양(伯庠)이었는데 나중에 공서(公序)로 고쳤다. 시호는 원헌(元憲)이다. 동생 송기(宋祁)와 함께 문학으로 이름을 떨쳐 '이송(二宋)'으로 불렸다. 송상이 대송(大宋)이고 송기가 소송(小宋)이다.

**151** 장등 : 【譯注】 분주(分註)에 "우계(尤溪) 고을의 수령 장등(張登) 명척(明陟)은 순박하고 성실하며 공정하고 청렴한 사람……"이라는 주자의 설명이 보인다. 반면 《주자어류(朱子語類)》에는 그를 "황등(黃登) 명척(明陟)"이라고 지칭하였다.

**152** 위연 : 【譯注】 송나라 서주(徐州) 팽성(彭城) 사람으로, 자는 창세(昌世)이다. 서재 이름이 곡굉헌(曲肱軒)이었으므로 곡굉거사(曲肱居士)라고 불렸다.

겠습니까?

"황이어각(黃李語刻)": '각(刻)'은 '록(錄)'으로 쓰는 것이 어떻겠습니까? 비록 위에 《동록(東錄)》의 '록(錄)'이 있지만, 이미 구절을 건너뛴 것이 많으니 첩운(疊韻)의 혐의는 없을 듯합니다.[153]

안연(顏淵)은 자연(子淵)이라 써서 대정(大程)과 대를 이루도록 하는 것이 어떻겠습니까?

안경(安卿)[154]은 북계(北溪)라 쓰는 것이 어떻겠습니까?

하공(何恭)[155]은 자공(子恭)이라 쓰는 것이 어떻겠습니까?


이상은 제 견해를 따라 고쳐 본 것이니 옳지만은 않을 줄 잘 알고 있습니다. 고쳐 나가는 중에도 온당치 않은 곳이 있었으니, 적공(狄公)·귀생(歸生)·원례(元禮)·지완(志完)은 모두 분명하지 않은 듯했습니다. 주운변병(朱雲變病) 위아래 두 구의 경우는 '관과오상(觀過吳相), 변절주령(變節朱令)'이라 고쳐 부르고, 이어서 그 주에 '주운은 일찍이 괴리령(槐里令)으로 있었다.〔雲嘗爲槐里令〕'라고 쓰려 하는데, 어떻게 생각하십니까?

"대림동청(大臨東聽)"의 '청(聽)'은 '록(錄)'으로 고치거나, 만약 이 아래로 어록(語錄)의 록(錄)이라는 글자가 첩운(疊韻)의 혐의가 있으면 청

---

**153** 황이어각……듯합니다 : 【譯注】 현전하는 《속몽구》에는 "황이어록(黃李語錄), 유윤강목(劉尹綱目)."이라고 되어 있다.

**154** 안경 : 【譯注】 진순(陳淳, 1159~1223)으로, 자는 안경(安卿), 호는 북계(北溪), 시호는 문안(文安)이며, 장주(漳州) 용계(龍溪) 사람이다. 주자가 장주 태수(漳州太守)로 있을 때 수학하여 황간(黃榦)과 함께 고제(高弟)가 되었다. 저서에 《북계자의(北溪字義)》 등이 있다.

**155** 하공 : 【譯注】 하기(何基, 1188~1269)로, 자는 자공(子恭), 호는 북산(北山), 시호는 문정(文定)이다. 주자의 문인인 황간(黃榦)으로부터 배웠다. 금화산(金華山) 북쪽에 은거하여 강학과 저술에 전념하며 주자학을 널리 전파하였다.

(聽)을 적(覩)으로 고치거나, 혹 글자를 첨가하는 것이 어떻겠습니까?[156]
또 대(對)를 이루는 구소(九韶)와 구향(仇香) 같은 경우는, 앞은 이름이
고 뒤는 성명이며,[157] 유은(劉殷)과 인걸(仁傑)은 앞은 성명이고 뒤는 이
름입니다.[158] 이런 유(類)가 매우 많으니 비록 너무 나쁜 것은 아니지만,
역시 정밀하고 적실하지는 못한 것입니다.

지금 하나하나 들어서 말씀드리지 못합니다.

---

**156** 대림동청의……어떻겠습니까 : 【譯注】 현전하는 《속몽구》에는 "언언북학(言偃北
學), 대림동청(大臨東聽)"이라고 되어 있다.

**157** 또……성명이며 : 【譯注】 현전하는 《속몽구》의 "구소효우(九韶孝友), 구향가정
(仇香家庭)." 대목을 말한다.

**158** 유은과……이름입니다 : 【譯注】 현전하는 《속몽구》의 "유은곡택(劉殷哭澤), 인걸
망운(仁傑望雲)." 대목을 말한다.

# 유인중에게 답하다 【병인년(1566, 명종21, 66세) 10~12월 추정. 예안(禮安)】
答柳仁仲

또 이어 안부 편지를 받고서 신명의 도움으로 기거가 시절 따라 평온하고 다복한 줄 잘 알았으니 기쁘고 다행한 마음을 어찌 형언할 수 있겠습니까. 나는 겨우 여명(餘命)을 이어가는 중인데 겨울 이래로 병든 몸이 추위의 공격을 많이 받아 평소보다 두 배나 병이 많아져서 눈이 어른거리고 귀가 윙윙거리는 등 여러 고통이 번갈아 생겨난 탓에 하루를 지내기가 몹시 어렵습니다. 이 또한 흔한 노인의 병이라 여기며 감수하고 있을 뿐입니다.

지난번에 손수 지어 보내준 《속몽구(續蒙求)》는 반복하여 살펴보았지만 끝내 요지를 파악하기 어려웠습니다. 더욱이 기력이 쇠약해져 충분한 노력을 들이지 못하고 가까스로 표주박으로 바닷물을 측량하듯[159] 하였습니다. 간혹 조금 지적할 만한 곳이 있으면, 두세 폭의 종이에 기록하였고 원본 4책, 내 편지 1통과 함께 안동 부사 윤공(尹公)에게 부쳐서 전해 주도록 부탁하여 이미 승낙을 얻었습니다. 이제 다시 온 심부름꾼에게 이를 알려 윤공에게 가서 받아 가게 하니, 내가 지적한 부분은 주제넘고 경솔하여 채택하기에 부족함을 잘 압니다. 그러나 혹 그 더욱 정밀한 경지를 구하는 데 작은 보탬이 없을 수 없을 터이니 부디 조금이나마 유념해주시면 어떻겠습니까? 옛사람이 "한번 지은 글을 고치지 않는

---

**159** 표주박으로 바닷물을 측량하듯 : 【譯注】 얕은 식견으로 사물과 사리를 헤아린다는 뜻이다. 한나라 동방삭(東方朔)의 〈답객난(答客難)〉에 "대롱 구멍으로 하늘을 엿보고, 바가지로 바닷물을 재며, 풀줄기로 종을 치는 격이다.〔以筦窺天, 以蠡測海, 以筳撞鍾.〕"라고 하였다. 《文選 卷45》

것[160]은, 대성(大聖)이 아니면 크게 어리석음을 면치 못하는 것이다."라고 하였으니, 이 말은 매우 음미할 만합니다.

《주문논설(朱文論說)》은 본래 볼 만한 내용이 없는데, 아이들이 돌려 보다 둔 곳을 알지 못하니 어찌 요구에 응할 수 있겠습니까. 다만 송구해서 땀만 더할 뿐입니다.

보내오신 편지에서 "남쪽 고향으로 옮겨 살았으면 하나 뜻대로 안 된다."[161]라는 탄식은 참으로 말씀한 대로이니, 전하여 들은 나도 기가 막힘을 느낍니다. 그러나 생각건대 두터운 성은이 오래지 않아 내릴 것이니, 더욱 몸을 잘 보중하여 성상이 내리시는 사면의 복을 받아서, 멀리서 비는 마음에 부응한다면 매우 다행이겠습니다. 《나머지 말씀은 앞 편지에 적었습니다. 초초(草草)하게 답합니다.》

《적객(謫客)도 남에게 선물하는 예(禮)가 있습니까? 부끄러운 나머지 소금에 절인 은어 두세 미(尾)를 애오라지 단지에 넣어 보내니 한 번 웃길 바랍니다.》

---

**160** 한번……것 : 【攷證 卷4 一作不改】 주자의 〈황직경에게 답한 편지〔答黃直卿書〕〉에 "겨우 한 설(說)을 얻으면, 종신토록 바꾸지 않는 자는 상지(上智)가 아니면 곧 하우(下愚)이다."라고 하였다.

**161** 남쪽……안 된다 : 【攷證 卷4 南徙未盡】 공이 남쪽인 충청도 은진(恩津)으로 이배(移配)되었지만, 가향(家鄉)은 더 남쪽에 있었다. 그러므로 "남쪽 고향으로 옮겨 살았으면 하나 뜻대로 안 된다."라고 한 것이다.

# 조정암[162]의 행장에 대한 유인중의 논의에 답하는 별지 【경오년

(1570, 선조3, 70세) 5월 하순 추정. 예안(禮安)】

答柳仁仲論趙靜菴行狀別紙

"재앙과 환난이 닥칠 때 지략으로 교묘히 면하려 해도 어찌 될 수 있겠는가.〔禍患之來, 雖欲以智計巧免, 烏可得耶?〕"

나는 본래 이 구절을 가지고 재앙과 환난은 지략으로 피하기 어렵다고 범범하게 말했을 뿐, 조정암(趙靜庵) 선생의 경우를 지적하여 말한 건 아닙니다. 그러나 여기에는 혐의의 소지가 없지 않으니, 말씀한 바가 참으로 그러합니다. 이제 "재앙과 환난이 닥칠 때〔禍患之來〕, 어찌 지략으로 면하기를 구할 수 있겠는가.〔烏可以智計求免耶?〕"라고 고쳤습니다.

"오늘날에 와서 그 실마리를 찾아 사람의 마음을 맑게 하고 바른 학문을 여는 길을 삼으려 해도 분명하게 근거로 삼을 만한 사실이 거의 없다.〔由

---

**162** 조정암 :【譯注】조광조(趙光祖, 1482~1519)로, 본관은 한양(漢陽), 자는 효직(孝直), 호는 정암(靜庵), 시호는 문정(文正)이다. 경전 연구에 《소학》·《근사록(近思錄)》 등을 응용하였으며, 성리학 연구에 힘써 김종직(金宗直)의 학통을 이은 사림파(士林派)의 영수가 되었다. 중종 14년(1519)에 종래 과거 제도의 폐단을 고치기 위하여 중국 한대(漢代)의 현량방정과(賢良方正科)를 본떠 현량과를 시행하였다. 그 방법은 대개 육조(六曹)·홍문관·사헌부·사간원의 관원과 관찰사·수령(守令) 등이 선비를 천거하여 예조에 알리면 종합하여 검토한 뒤에 합당한 자를 임금이 친림(親臨)하여 대책(對策)으로 시험하는 것이었다. 급진적인 개혁을 추진하다가 기묘사화 때 화를 입어 처형되었다.

今日欲尋其緖餘, 以爲淑人心開正學之道, 殆未有端的可據之實.]"

이 조목에 대한 말씀은 또한 옳습니다. 그러나 내 생각으로는 바로 타당한 견해라고 대번에 받아들여 모두 고칠 수는 없을 것 같습니다. 예로부터 성현이 후세에 길이 인심을 맑게 하고 바른 학문을 숭상하는 모범이 된 것은 전적으로 훌륭한 말씀을 남겨 후대에 드리워 그 터전을 만든 덕분입니다. 그렇지 않다면 비록 공자·맹자·정자·주자와 같이 위대한 덕을 지닌 분들이라도 후세들이 무엇을 따라 실마리를 찾아 그 학문을 조술(祖述)하겠습니까. 조정암 선생이 도학을 선양한 공은 참으로 크지만, 그러나 오늘날 그 실마리를 찾아 말미암으려 해도 무슨 책이나 무슨 말씀에 근거하여 공덕을 칭술(稱述)해야 할지 알 길이 없습니다. 제 생각으로는 선정(先正)을 추존할 때 비록 찬양하는 데 크게 힘써야 한다고 하지만, 그러나 또한 사실에 따라 말해야 하니 없는 사실을 날조하거나 능력을 과장하여 말을 꾸며서 후인을 속여서는 안 됩니다. 그러므로 위와 같이 말한 것입니다. 지금 비록 공의 가르침을 받았지만 따르지 못하니 황공하고 황공합니다. 다만 '실(實)'이라는 표현은 과연 적절하지 못한 듯합니다. 또 공의 가르침을 따라 반복해서 생각해 봄에 타당하지 못한 부분은 이 한 조목뿐만 아니라 마지막 부분에도 있으니, 세도의 폐단만 말하고 조정암 선생이 세도를 바로잡는 데 세운 공을 다시 환기하지 않은 것은 큰 잘못입니다. 따라서 아래와 같이 고치고 덧붙였으니, 잘 모르겠습니다만, 공의 생각은 어떠한지요?

"가거지실(可據之實)"의 '실(實)' 자는 지금 '처(處)' 자로 고쳤고, 끝 부분의 "역구지자야(力救之者也)"라는 구절 아래에 다음과 같은 내용을 첨가하였습니다. "그러므로 근래 들어 바꿔 옮기고 고쳐서 새롭게 하며 좋고 나쁨을 명백히 밝혀 준 게 한둘에 그치지 않는다. 세상의 선비들이 아직 왕도(王道)를 높이고 패도(霸道)를 천하게 여기며 바른 학문을 숭상하고 이단을 배척하며 세상을 다스리는 도가 쇄소응대(灑掃應對)와 응대 같은 수신을 바탕으로 하여 궁리(窮理)·진성(盡性)에 이르는 데 있음을 알아 점점 흥기하고 분발하여 큰일을 할 수 있었으니 이는 누구의 공덕이며 누가 시킨 일인가? 상천(上天)의 뜻을 여기에서 볼 수 있고 성상의 교화도 여기에서 무궁할 것이다."

# 박중보[163] 승임 에게 보내다 기유년(1549, 명종4, 49세) 【1~5월 추정. 풍기(豐基)】

與朴重甫 承任○己酉

일전에 계당(溪堂)에 왕림하신 건 실로 다행한 일이었는데, 내가 몹시 지쳐서 정담을 나누지 못하였으니 한스러운 생각이 그치지 않습니다. 그 뒤로 나는 종기가 재발하여 다시 침을 맞았고, 가아(家兒)도 종기가 나서 침을 놓아 터뜨렸습니다. 지금은 두 사람 모두 전보다 차도가 있어 예안(禮安)의 사찰에 갔었습니다. 나는 병을 앓는 가운데 또 병을 얻고, 병을 피하는 와중에 또 피해야 하니 애오라지 한번 웃을 거리를 부칩니다. 지척에서 지낼 때도 다시 얼굴을 보지 못하였는데 하물며 서로 다른 지방에 사니 말해 무엇하겠습니까. 동반(銅盤)에 새길 옛 맹세의 아름다운 글귀도 병으로 괴로운 몸이라 오래도록 지어 보내지 못합니다. 오직 부모님을 모시면서 청복(淸福)을 누리시길 바랍니다.

---

**163** 박중보 : 【譯注】 박승임(朴承任, 1517~1586)으로, 본관은 반남(潘南), 자는 중보(重甫), 호는 소고(嘯皐)·철진(鐵津)·수서옹(水西翁)·반계병통(蟠溪病侗) 등이다. 이황의 문인이다. 경상북도 영주 두서리(斗西里)에서 태어났다. 24세에 문과에 급제하여 1547년(명종2) 원접사 종사관이 되었다. 우부승지와 좌부승지를 거쳐 1569년(선조2) 동지 부사로 연경에 다녀왔다. 황해도 관찰사, 예문관 직제학 등을 역임하였다. 저서로 《소고집》이 있다.

# 박중보 승임 에게 답하다 【기유년(1549, 명종4, 49세) 6~7월 추정. 풍기(豐基)】

答朴重甫 承任

이황(李滉)은 돈수하고 말씀을 드립니다. 나는 본래 학문이 부족하여 보잘것없는데, 수년 전부터 평소의 학업을 폐기하였고 글을 쓰는 일은 더욱 멀리하였습니다. 지난번에 선숙인(先淑人)의 묘지문을 써 달라는 정성스런 부탁을 받고서 사양하였으나 받아들여지지 않아 대충 책임만 면하려 하였지만, 지금 생각해 보니 땀이 날 정도로 송구한 마음을 가눌 수 없습니다. 그래도 핑계댈 만한 것이 있긴 합니다. 아름다운 범절과 정숙한 행실은 비록 대단히 뛰어나더라도 예로부터 부인은, 공덕을 서술하는 것이 간략함을 귀하게 여기고 화려한 꾸밈을 숭상하지 않았고, 부치신 행장은 틀이 이미 갖추어져 있어서 그사이에 몇 구절만 보충하면 될 일이었기 때문입니다. 잘못하여 한 번 욕을 당해도 이미 후회할 만한 일인데 다시 잘못을 범하여 거듭 욕을 당하길 원하겠습니까.

삼가 보건대, 조상 때부터 절조 있는 행실과 풍도가 그처럼 우뚝 솟은 데다 두터운 덕의 전통이 오래 전해 와서 선대인(先大人)[164] 같은 덕행 있는 분이 있으며 또 우문(于門)[165]의 무궁한 복[166]이 있을 터인데, 어찌

---

**164** 선대인 : 【攷證 卷4 先大人】 이름이 박형(朴珩)이다. 퇴계 선생의 〈박상사 형에 대한 만사〔挽朴上舍 珩〕〉가 있다. 《정본 퇴계전서》 권3에 보인다.

**165** 우문 : 【攷證 卷4 于門】 우(于)는 곧 한(漢)나라 우정국(于定國)이다. 《정본 퇴계전서》 권2 〈남첨지에 대한 만사〔挽南僉知〕〉의 남첨지(南僉知) 조 주석에 보인다. 【校解】 한나라 우정국의 부친이 "문려(門閭)를 높고 크게 하여 네 마리 말이 끄는 높은 수레를 용납할 수 있게 할 일이다……내 자손이 반드시 흥왕하게 되리라."라고 하였다. 《漢書 卷71 于定國傳》

**166** 무궁한 복 : 【攷證 卷4 未艾之福】 원(元)나라 음경현(陰勁弦)의 《운부군옥(韻府

나처럼 용렬하고 거친데다 천박한 사람이 찬술할 수 있겠습니까. 나는 평소 일에는 어둡고 자신을 아는 것만큼은 약간 밝습니다. 이미 불가한 줄 알면서 다시 평소의 두터운 정에 이끌려 뻔뻔스럽게 그 일을 한다면 또 부탁하신 본의에도 어긋날 것입니다. 이와 같으니 비록 두 번 세 번 아니 열 번 명령하신다 해도 불가한 것은 여전합니다. 또한 나는 근래 섭생을 그르쳐 병이 곱절은 심해졌으니, 아침 이슬처럼 스러지지 않을까 은근히 두려워 조심스럽게 몸을 아끼고 있습니다. 삼가 바라건대, 부득이한 사정을 헤아려서 다시 독촉하지 않으면 매우 다행이겠습니다. 행장 두 건을 삼가 봉하여 돌려보내니 바라건대 너그러이 살펴 주십시오. 불선(不宣). 《삼가 절하고 말씀드립니다.》

輩玉)》에 "애(艾)는 지(止)이다."라고 하였다. 송(宋)나라 소동파(蘇東坡 소식(蘇軾))의 〈삼괴당명(三槐堂銘)〉에 "왕씨의 복은 아직 그치지 않았다.〔王氏之福, 蓋未艾也.〕"라고 하였다. 【校解】《고증》에는 송나라 구양수(歐陽修)의 문장이라고 하였는데 통행본 《동파전집(東坡全集)》에 근거하여 수정하여 번역했다.

# 박훈도[167] 승문·진사[168] 승건·개령[169] 승간·정랑[170] 승임 에게 답하다 【기유년(1549, 명종4, 49세) 8월 추정. 풍기(豐基)】

答朴訓導 承文 進士 承健 開寧 承侃 正郎 承任

작일(昨日)에 간절히 비는 마음으로 사양하여서 필시 들어주었으리라 생각했는데, 이제 다시 보내온 절박한 뜻을 받들고 보니 글을 지어주기를 굳이 바라는 듯합니다. 내가 돈독한 효성과 정성스러운 부탁을 몰라서 그사이에 망령되이 겉치레로 사양한 것이 아니니 부탁을 거두어 주길 바랍니다. 돌이켜보면 배움을 폐한 지 이미 오래라 몹시 거칠고 서툴고 잡되고 얕은 줄 스스로 알면서도 지난번에 끝내 사양하지 못한[171] 것을 마음으로 항상 자책하여 온 터에 이제 어찌 다시 전날의 후회를 반복할 수 있겠습니까. 또 한 사람이 한 집안의 미담을 거듭 서술한 경우는 예나

---

**167** 박훈도 : 【譯注】박승문(朴承文)으로, 본관은 반남(潘南)이다. 아버지는 진사(進士) 박형(朴珩)이며 어머니는 예안(禮安) 김씨(金氏) 김만일(金萬鎰)의 딸이다. 7남 중 장남이다. 선조(宣祖) 때 대사간(大司諫)을 지낸 박승임(朴承任)의 형이다. 【攷證 卷8 承文】살펴보건대, 퇴계 선생이 지은 〈제남계헌잠명후(題南季憲箴銘後)〉에 "박명보(朴明甫) 운운." 하셨는데, 명보는 아마도 바로 승문의 자(字)인 듯하다.

**168** 진사 : 【譯注】박승건(朴承健)으로, 자는 자강(子强)이다. 박승임과 형제간으로 찰방(察訪)을 지냈다. 【攷證 卷8 承健】승문의 아우이다.

**169** 개령 : 【譯注】박승간(朴承侃, 1508~1588)으로, 자는 자열(子悅), 호는 인암(忍庵)이다. 박승임과 형제간이다. 이황의 문인으로 1540년 문과에 급제하여 승문원 저작·성균관 사성·밀양 부사(密陽府使) 등을 역임하였다.

**170** 정랑 : 【譯注】박승임(朴承任, 1517~1586)으로, 자는 중보(重甫), 호는 소고(嘯皐)이다. 형(珩)의 7남 중 6남이다. 이황의 문하에서 수학하였고, 1540년(중종35) 문과에 급제하여 도승지·대사간 등을 역임하였다.

**171** 지난번에……못한 : 【攷證 卷8 前日不得終辭】퇴계 선생은 전에 앞서 이미 박공모부인(朴公母夫人)의 묘지명을 지었다.

지금이나 드무니, 세상에 어찌 사람이 없어 비루하고 졸렬한 내가 감히 다시 욕을 보이겠습니까. 일전에 "비록 열 번 명하더라도 할 수 없는 경우가 오히려 있다."라고 한 건 일부러 짐짓 준엄한 말을 해 본 것이 아니라 끝내 사양하는 나의 뜻을 그대에게 토로하고 싶기 때문이었습니다. 이 편지 한 편은, 내가 근래에 한질(寒疾)을 얻어 뒷덜미가 당기고 머리는 무겁고 눈이 어지러우며 천식이 심하고 열을 끼고 사는 터라 때로 심열까지 함께 발작하여 서로 다른 증상을 일으킬 적엔 식은땀이 절로 흐르고 멎으면 다시 열이 나 피곤이 극심하여 베개에 붙어 지내는 때가 있을 정도라 이미 감사에게 휴가를 청하여 놓고 쓴 것입니다. 이 병에 대해서는 예전부터 잘 아는데, 열흘 앓는 정도로 낫지 않을 것입니다. 차도가 있기를 기다리고자 한다면 장기(葬期)가 이미 임박해 더욱 감히 부탁을 받들 수 없습니다. 지난번 권계조 영공(權繼祖令公)[172]께서도 선친의 묘지문을 지어 달라 부탁하셨는데, 내가 고사하여 면할 수 있었지만 책망하는 말이 많이 있었습니다. 나는 어떤 사람이길래 이 때문에 타인의 비방을 들어야 합니까? 이것은 나의 잘못이 아니라 오히려 제공(諸公)이 잘못 보신 탓입니다. 부디 하해와 같은 아량으로 용서해주시기를 간절히 빕니다. 행장은 봉한 상태로 열어보지 않고 돌려보냅니다. 삼가 바라건대 너그러이 받아 주십시오. 《삼가 절하고서 답합니다.》

고루하고 과문한 나는 《동사(東史)》에서 반남공(潘南公)[173]의 사북(事

---

172 권계조 영공 : 【譯注】 권찬(權纘, ?~1560)으로, 본관은 안동(安東)이다. 중종 때 대사헌을 지낸 권민수(權敏手)의 아들이고, 중종의 아들인 덕양군(德陽君) 이기(李岐)의 장인이다.

173 반남공 : 【譯注】 고려 공민왕(恭愍王) 때의 충신 박상충(朴尙衷, 1332~1375)으로, 자는 성부(誠夫), 호는 반남, 시호는 문정(文正)이다. 예속(禮俗)의 문란을 바로잡

北)하는 태도를 쟁론하는 소(疏)[174]를 읽고서 마음이 매우 고무되었지만, 반남공이 여러분의 선조가 되시는 줄은 몰랐습니다. 어제 행장을 보고서야 실로 책심(責沈)[175]의 두려움을 느꼈습니다. 이런 좋은 소재를 얻었으니, 앞서 말씀드린 까닭이 아니라면 진실로 즐겁게 따를 것이니 어찌 사양하겠습니까. 다시 의심하지 말고 허물하지 마시길 바랍니다.

기 위하여 《사전(祀典)》을 만들어 예를 밝혔고, 후에 정몽주와 함께 배원론(排元論)을 주장하다가 장류(杖流)에 처해졌다.

**174** 사북하는……소 : 【譯注】 박상충이 원명(元明) 교체기에 북방 몽골족이 세운 원나라를 사대하는 조정의 움직임과 태도를 비판한 상소를 말하는 듯하다.

**175** 책심 : 【譯注】 현자(賢者)를 알아보지 못하는 것을 꾸짖는다는 뜻이다. 송나라 진관(陳瓘)이 지은 〈책심문(責沈文)〉은 당시 명현(名賢)이었던 정호(程顥)를 알아보지 못하고 범조우(范祖禹)에게 물은 것을 스스로 부끄럽게 여긴 나머지, 춘추 시대 섭공(葉公) 심저량(沈諸梁)이 공자가 어떤 분임을 모르고 자로(子路)에게 묻자, 자로가 대꾸하지 않았던 《논어(論語)》〈술이(述而)〉의 고사를 써서 지은 글이다.

# 박중보에게 답하다 【신해년(1551, 명종6, 51세) 9월 추정. 예안(禮安)】

答朴重甫

《소고집(嘯皐集)》에 보인다.

궁벽한 곳에서 병든 몸으로 지내면서 인사(人事)가 끊어진 지 오래라 크게 인정에 가깝지 못하였는데, 이제 손수 쓴 편지를 받아 봄에 그 뜻이 지성스럽고 간절하니 감사한 마음과 부끄러움이 함께 생겨납니다. 다행히 태만했다는 이유로 나를 멀리하지 않고 답장을 보내주어 남쪽 고을의 읍재가 되어 조정에 들어갈 기약이 있는 줄 알게 되었습니다. 이는 진퇴의 의리에 있어 비록 스스로 도모한 경우라도 허물할 수 없는데 하물며 본래 장차 나아가게 할 조짐이 있었기 때문이니 얼마나 기쁘고 다행한 일입니까.

병든 사람이 몹시 지치고 눈이 어두워 또한 글을 보지 못하고 바보처럼 앉아 시간을 보내며 멈춘 구름〔停雲〕[176]을 목을 빼고 바라봅니다. 주저앉은 채 만날 날을 기약하지 못하니 슬픈 마음이 어떻겠습니까?

부임하는 길에 증별(贈別)의 말을 청하시니 저를 잊지 않고 거두어 주는 뜻이 더욱 고맙습니다. 답장을 꼭 쓰려했지만, 심부름꾼이 급히 돌아가는 바람에 깊이 헤아려 충언하지 못하니 또한 몹시 부끄럽습니다. 조만간 응당 성의에 답하겠습니다.

---

**176** 멈춘 구름〔停雲〕: 【譯注】 멀리 있는 친한 벗을 그리워할 때 쓰는 말이다. 진(晉)나라 도연명(陶淵明)의 〈정운(停雲)〉에 "멈춘 구름은 뭉게뭉게 일고, 때맞춰 내리는 비는 자욱하여라.〔停雲靄靄, 時雨濛濛.〕"라고 하였는데, 그 자서(自序)에 "〈정운〉은 친우(親友)를 그리워하는 시이다."라고 하였다.

# 박중보를 위로하다 계축년(1553, 명종8, 53세) 【7월 추정. 서울】

慰朴重甫 癸丑

천만뜻밖에 찰방(察訪) 형[177]께서 갑자기 돌아가셨으니 부고(訃告)를 받고 놀랍고 애통하여 마음을 가눌 수 없었습니다. 알지 못하겠습니다만, 무슨 병환으로 이렇게 갑자기 세상을 떠나셨는지요? 전해 듣기로는 열병 때문이라고 하니, 열병이 어찌 이처럼 사납단 말입니까? 뜻과 행실이 아름다움에도 벼슬 없이 늙어감을 늘 애석해하였습니다. 마침 구하지 않고서도 벼슬길에 올라 매우 기쁘고 다행한 일이었는데, 하늘이 남겨 두지 않으시어 객(客)으로 타향(他鄕)에서 돌아가셨으니 형제 잃은 슬픔이야 더 말해 무엇하겠습니까?

전하는 말로는 곧장 와서 호상(護喪)한다 하였으니 생각건대 지금은 이미 장사를 다 지냈는지요? 최근 몇 년 사이에 이런 참화를 몸소 여러 번 겪었으니 넘쳐흐르는 눈물을 금치 못할 것입니다. 이어서 6월 기망(旣望)에 보낸 편지를 받았는데, 이때는 오히려 각기 편안하고 잘 지낸다고 했건만 열흘 사이에 오히려 이런 일이 있었으니 인사(人事)를 알 수 없음이 이 정도에 이른단 말입니까?

남쪽 지방은 한재(旱災)가 심하니 차마 듣지 못할 정도입니다. 듣는 것도 차마 하지 못하겠는데 하물며 수령이 되어[178] 조석으로 목도하는 처지는 오죽하겠습니까? 지금 법례로는 이미 관직을 돌려 줄 길이 없으

---

**177** 찰방 형 : 【譯注】 박승임(朴承任)의 형 박승건(朴承健)을 가리킨다. 《고증》 권8에서는 박승인(朴承仁)이라고 하였는데, 그는 박승임의 동생이다.

**178** 수령이 되어 : 【攷證 卷8 爲其慈仰】 공은 이때 현풍 현감(玄風縣監)으로 있었다.

니 어찌 두고 보는 참담함을 면할 수 있겠습니까. 금일 그곳에 직임을
받은 것이 참으로 불행하다고 할 만합니다.

어사군(御史君)[179]은 일찍이 병으로 사직하였고, 도감(都監)은 휴가를
달라 청하였는데 적사(籍事)[180]를 그대로 마치도록 하였습니다. 땅끝 객
지에서 벼슬을 살며 세월이 흘러 1년을 채우고도 여전히 체차(遞差)되지
못하였는데, 또 이런 슬픈 소식까지 들었으니 마음이 실로 견디기 힘들
것입니다. 나는 뜨거운 국에 데고서도 아직 냉채국을 불어서 먹을 줄
모르는 격이라[181] 근심과 걱정을 하던 나머지 병이 날로 심해지지만 이번
가을에도 여전히 돌아갈 방편이 없으니 결국 어떻게 될지 모르겠습니다.
오직 날마다 금대임(琴大任)[182]이 오기만을 기다릴 뿐입니다.

황경보(黃敬甫)[183]는 이미 세상을 떠났으니 다시 무슨 말을 하겠습니

---

**179** 어사군 : 【攷證 卷8 御史君】 박승임의 형 박승간(朴承侃)을 가리킨다. 당시 감군
어사(監軍御史)로 호남(湖南)에 있었다.

**180** 적사 : 【譯注】 군적(軍籍) 또는 호적(戶籍)의 일을 말하는 듯하다.

**181** 나는……격이라 : 【譯注】 원문의 징갱은 '징갱취해(懲羹吹薤)'의 준말로 뜨거운
국을 먹다가 속을 데고 나면 냉채국을 먹을 때도 불어서 먹는다는 말로, 어떤 일에
크게 혼이 나면 사소한 것도 겁을 먹어 경계하고 두려워한다는 뜻이다. 여기서는 이황
(李滉)이 스스로 경계하거나 두려워할 줄 몰라 사직했다가 다시 출사한 걸 후회한 것이
다.《신당서(新唐書)》권107〈부혁열전(傅弈列傳)〉에, 부혁(傅弈)이 한왕(漢王) 양
(諒)에게 아뢴 말 가운데, "끓는 국에 덴 자는 냉채를 불어 마시고, 화살에 상한 새는
굽은 나무를 보고도 놀란다.〔懲沸羹者吹冷薤, 傷弓之鳥驚曲木.〕"라고 하였다.

**182** 금대임 : 【譯注】 금축(琴軸, 1496~1561)으로, 본관은 봉화(奉化), 자는 대임이
다. 동래 현령(東萊縣令)을 지낸 금휘(琴徽)의 손자로, 1531년(중종26)에 생원시(生員
試)에 입격하고, 1540년(중종35) 권벌(權橃)에 의해 일사(逸士)로 천거되어 제릉 참봉
(齊陵參奉)에 임명되었다.

**183** 황경보 : 【譯注】 황효공(黃孝恭, 1496~1533)으로, 본관은 창원(昌原), 자는 경
보, 호는 구암(龜巖)이다. 1521년 문과에 급제하여 승문원 권지부정자, 형조 정랑,
황해도사(黃海都事), 사헌부 지평·장령, 사간원 사간 등을 역임하였다.

까? 바라노니, 더욱 면려하고 진중(珍重)하여 멀리서 그리워하는 마음에 부응하십시오. 불선(不宣). 《삼가 위로의 말씀을 올립니다.》

# 박중보에게 보내다 병진년(1556, 명종11, 56세) 【7월. 예안(禮安)】

與朴重甫 丙辰

가을이 왔는데 알지 못하겠습니다만, 기거하는 안부가 어떠한지요? 간절히 그립고 그립습니다. 나는 오늘 외숙모의 빈전(殯前)에 와서 제수(祭需)를 올리고 장사 지낼 일을 의논했는데, 상주(喪主)가 없는 데다가 두 조카가 하나는 곤궁하고 하나는 병들었기 때문에 일을 처리할 사람이 아무도 없어 이번 겨울에도 장사지내지 못할 듯하니 몹시 참담하고 근심스러운 마음을 이길 수 없습니다.

그중 조묘군(造墓軍)[184]을 더욱 준비하지 않을 수 없는데, 저는 부윤(府尹) 어른과 일면식이 없어서 감히 여쭙지 못합니다. 생각건대 공은 필시 아는 사이일 테니 모쪼록 형편을 따라 힘써 도모한다면 부윤(府尹)이 선심(善心)으로, 궁핍한 사람의 상(喪)을 구휼(救恤)하는 국법이 있는 이때, 어찌 따르지 않을 리 있겠습니까? 또 석회(石灰)는 평은(平恩)[185] 근처에서 난다고 하는데 다만 미약한 힘으로는 수운(輸運)하기가 지극히 어려우니, 공께서 성주(城主)께 꼭 고하여 도모한다면 일의 형세가 또한 어렵지 않을 듯합니다. 감히 고하니 모두 곡진히 살펴주면 매우 다행이겠습니다. 나머지 할 말은 많지만 출발이 임박하여 일일이 적지 못합니다. 삼가 아룁니다.

---

**184** 조묘군 : 【譯注】 분묘(墳墓)를 조성하는 인부를 말한다.

**185** 평은 : 【譯注】 경상북도 영주(榮州) 근방 고을이다.

# 박중보에게 보내다 【병진년(1556, 명종11, 56세)~무오년(1558, 명종13, 58세) 추정. 예안(禮安)】

## 與朴重甫

요사이 체후를 조섭(調攝) 하는 근황이 어떻습니까? 다른 사람을 통해 전해 듣기로는 전보다 건강하다니 매우 기쁩니다. 또 경하(慶賀)를 드립니다. 나는 날로 쇠약해져서 비록 때로 책을 보지만 마치 새는 그릇에 물을 채우는 것과 같아서 머리에 남지 않는 터라 젊은 날에 독서를 게을리한 것을 늘 탄식하며 후회합니다.

금대임(琴大任)[186]·황중거(黃仲擧)[187] 제군과 중간 지점 모처에서 한 번 모여 여러 날 정담을 나누고 싶지만 두 사람이 다 아프니 어찌 반드시 그렇게 할 수 있겠습니까? 새해를 맞아 더욱 복되길 바랍니다. 불선(不宣). 삼가 절합니다.

---

[186] 금대임 : 【譯注】 금축(琴軸, 1496~1561)으로, 본관은 봉화(奉化), 자는 대임이다.

[187] 황중거 : 【譯注】 황준량(黃俊良, 1517~1563)으로, 본관은 평해(平海), 자는 중거, 호는 금계(錦溪)이다. 이황의 문인이다. 문과에 급제하여 내외의 관직을 두루 거쳐 1560년 성주 목사를 지내다가 1563년 병으로 사직하고 돌아오는 도중 예천(醴泉)에서 죽었다. 문집으로 《금계집(錦溪集)》이 있다.

# 박중보에게 답하다 기미년(1559, 명종14, 59세) 【3월 하순 추정. 예안(禮安)】

答朴重甫 己未

지난번 만남은 매우 다행이었고, 헤어진 뒤로 그리움이 쌓였었는데 보내 주신 편지가 이르러 잘 지내는 줄 알게 되니 매우 위로됩니다. 나는 관직을 내려놓은 이래로 병세가 더욱 심해졌으니 사장(辭狀)을 올린 것은 부득이한 데서 나온 일인데 여전히 명(命)을 받지 못했으니 바야흐로 몹시 위태롭고 두려운 마음입니다. 감사(監司)께선 공이 맡은 군(郡)의 피폐한 실정을 알지 못하여 이렇게 제송(題送)이 있게 된 것인데, 내가 상황을 잘 알면서 염치를 무릅쓰고 받는 것이 어찌 마음을 편하게 할 수 있겠습니까. 공은 어찌 다른 물품으로 대신하지 않고 게다가 수량을 더하기까지 하셨습니까? 더욱 온당치 않습니다.

보내준 맵고 단 선채(仙菜)는 보배로 여깁니다. 《산법(算法)》은 출발이 임박하여 어지러운 초서로 베껴 오느라 상세히 교정할 겨를이 없었는데 갑자기 내게서 찾기에 외람되이 초본을 보내 드렸으니 보신 뒤에 돌려 주면 좋겠습니다. 삼가 살펴 주십시오. 나머지는 세상을 위해 몸을 아끼길 바랍니다. 일일이 적지 못합니다. 삼가 절하고 답합니다.

# 박중보에게 답하다 신유년(1561, 명종16, 61세) 【4월 초순 추정. 예안(禮安)】

答朴重甫 辛酉

봄에 전해 듣기로 상을 치르느라 애쓰는 와중에 조금 조섭(調攝)이 잘못
되었다고 하니 우러러 그리워하는 마음이 평소의 곱절이나 되었었습니
다. 이렇게 서찰을 보내고 또 심부름꾼을 보내 안부를 물어주어 이미
더욱 깨끗하게 좋아졌음을 알게 되니 어찌 기쁘고 경하하는 마음을 그칠
수 있겠습니까.

나는 노졸(老拙)한 상태가 날로 심해져 모든 미련이 다 사라졌는데
출처(出處)의 사이에서 낭패하여 어쩔 줄을 모르니 모두 병들고 고단하
기 때문입니다. 다행히도 성상께서 너그럽게 봐주신 덕분에 우선 이렇게
칩거하고 있었습니다. 그러나 결국엔 내리신 성지에 올라오라는 두 글자
〔上來〕가 있었으니 한편으론 사양하고 한편으론 나아가는 양쪽이 다 난
처한 상황입니다. 다만 중국 사신이 소식이 없기에 여기에서 구차하게
세월만 보내니 자고로 이와 같은 출처가 어디 있단 말입니까? 항상 스스
로 두려울 따름입니다. 공은 관직을 지키고 있고 나는 출처(出處)에 구애
되어 운신하기 어려움이 또 이와 같아 만날 길이 없으니 울적한 회포를
어찌 형언할 수 있겠습니까.

보내준 물품은 물목이 빽빽한데 청렴한 법도에 의당 있을 바가 아니니
감사하고 송구하기가 그지없습니다. 바라건대 살펴 주십시오. 끝으로
더워지는 이때 더욱 보중(保重)하길 바랍니다. 불선(不宣). 삼가 절하고
답합니다.

# 박중보에게 답하다 병인년(1566, 명종21, 66세) 【3월 3일. 안동(安東)】

答朴重甫 丙寅

재삼 안부를 물어주니 감사하는 마음을 무어라 형언할 수 있겠습니까? 나는 하늘을 속인 죄가 여기 이르니 몸 둘 곳이 없어서 사장(辭狀)을 이미 올리고서 움츠린 채 대죄(待罪)하고 있을 뿐 달리 할 바를 알지 못하겠습니다. 삼가 밝게 살펴주길 바랍니다. 황공합니다. 삼가 절하고 답합니다.

# 박중보에게 보내다 【병인년(1566, 명종21, 66세) 3월 초순 추정. 안동(安東) 봉정사(鳳停寺)】

與朴重甫

월초(月初)에 사장(辭狀)을 받들어 가는 사람이 떠날 때 편지 한 통을 올렸으니 생각건대 그대에게 도착하였겠지요. 그 사람이 아직 돌아오지 않았으니, 어떻게 답장을 주셨는지 모르겠습니다. 다만 지금 삼가 유지(有旨)를 보니 여전히 윤허를 받지 못하였고, 병고와 무상(無狀)함이 날로 심해지기에 부득이 다시금 사장(辭狀)을 올린 뒤 황공함을 감당치 못하고 있습니다. 매양 명을 기다리며 머무르는 것이 마치 차임(差任)되기를 기다렸다가 앞으로 나아가 은혜로운 명을 배수(拜受)할 뜻이 있는 것처럼 되니, 더욱 죄가 무거움을 느낍니다. 우선 한 걸음 물러나서 어떻게 될지 보고자 합니다. 일이 이치가 다하고 형세가 궁한 데서 발로 되었으니 위태롭고 절박한 심정을 이기지 못하겠습니다. 그러나 송(宋)나라 두범(杜範)[188]과 원(元)나라 오징(吳澄)[189]이 사직(辭職)을 청하고는 명(命)도 기다리지 않고 지레 돌아간 예(例)가 이미 있으니 이 또한 하나의 방도입니다. 별다른 길이 없으니 어쩌겠습니까, 어쩌겠습니까. 그렇지만 이 또한 그저 그대에게 사적인 마음을 터놓는 것이지 다른 사람

---

**188** 두범 : 【譯注】 1182~1245. 중국 송(宋)나라의 학자이다. 주희(朱熹)의 제자로, 직언(直言)을 잘했다.

**189** 오징 : 【譯注】 1249~1333. 송말 원초(宋末元初) 학자로, 자는 유청(幼淸)·백청(伯淸), 호는 초려(草廬), 시호는 문정(文正)이다. 주희의 사전제자(四傳弟子)로, 이학(理學)을 위주로 하면서 심학(心學)도 아울러 취하여 주륙(朱陸)의 사상을 조화시켰다.

에게는 말할 수 없으니 모두 너그럽게 받아 주십시오. 불선(不宣). 삼가
절하고 말씀드립니다.

에게는 말할 수 없으니 모두 너그럽게 받아 주십시오. 불선(不宣). 삼가
절하고 말씀드립니다.

## 박중보에게 보내다 【정묘년(1567, 명종22, 67세) 6~7월 추정. 서울】

與朴重甫

잠시 만난 뒤에 각자 분주함에 이끌려 남북으로 멀리 떨어져 살던 날들처럼 지내고 있으니 또한 사세(事勢)가 그렇게 만든 것입니다. 아쉬워한들 어쩌겠습니까. 보내준 소물(素物)은 감사하면서도 부끄럽습니다. 가아(家兒)가 태평관(太平館)에 가서 아직 답장하지 못하였으니 살펴주길 바랍니다. 이만 절하고 답합니다.

## 박중보에게 보내다 무진년(1568, 선조1, 68세) 【9월 추정. 서울】

與朴重甫 戊辰

관직을 버리고 돌아와 고향에 한가로이 누웠으니 생각건대 취미(趣味)가 날로 더욱 깊고 두터우시겠지요. 올 때 마침 다른 길을 경유하여 결국 만나보지 못했으니 지금까지도 아쉽습니다.

나는 엄하고 촉급한 부르심을 감당하지 못하여 처음에는 한 번 사은하고 곧 물러날 계획을 하였던 것인데, 어찌 복잡하게 얽혀 전혀 돌아갈 길이 없게 되어 일이 모두 감당하기 어려워지리라고 생각했겠습니까. 지금 또 추위가 다가오는데 출근도 하지 않고서 녹을 먹는 것은 더욱 난처한 까닭에 비록 몹시 간절히 빕니다만, 위아래로 믿음을 얻지 못한 터라 근심스럽고 부끄럽기가 그지없습니다. 어찌겠습니까.

하고자 하는 말은 다름이 아니라, 박량(朴樑)[190]이 강론을 들을 곳이 없어 내려가니 만약 예안(禮安)에서 스승을 찾지 못하면 필시 문하에서 배우러 찾아올 것이니 내쫓지 말아 주시길 바랍니다. 이 사람이 나이는 많은데 학문은 소루하니 염려스럽습니다. 삼가 잘 살펴 주십시오. 불선(不宣). 삼가 절하고 안부를 묻습니다.

---

**190** 박량 : 【譯注】 박려(朴欐, 1551~1592)로, 이황의 문인(門人)이자 손서(孫壻)이다. 초명은 박량(朴樑)이었으나 이황이 이름을 '박려'로 고쳐 주었다. 경기좌도 수운판관(京畿左道水運判官)을 지냈다.

# 박중보에게 보내다 기사년(1569, 선조2, 69세) 【7월 추정. 예안(禮安)】

與朴重甫 己巳

흙비가 내리고 무덥기가 여느 때와 다른데 체후가 어떠하십니까? 삼가 들기로 북경(北京)에 가는 사신으로 당차(當次)가 되었다[191]고 하는데 알지 못하겠습니다만, 사행은 언제로 정해졌는지요? 이별을 막을 길이 없으니 서쪽을 하염없이 바라봅니다. 나는 다행히도 여기서 자취를 감추고 있는데 노쇠함이 극심하고 또 흉년을 만나 향리(鄕里)에서 흥을 잃은 채 그저 시일만 보내고 있을 뿐입니다. 삼가 떠나는 길 만 가지로 진중하길 빕니다. 불선(不宣). 삼가 말씀드립니다.

---

191 북경에……되었다 : 【譯注】 박승임(朴承任)은 1569년(선조2) 8월에 동지부사(冬至副使)로 북경(北京)에 갔다가 이듬해 1월 환조(還朝)하였다.

# 백사위[192] 인걸 에게 답하다 【무진년(1568, 선조1, 68세) 9월 추정. 서울】
答白士偉 仁傑

가을 하늘은 높고 맑은데 세상의 굴레를 벗어 버리고 돌아가는 소매가 날아갈 듯함에 흥치(興致)가 아득하니, 사람으로 하여금 황곡(黃鵠)에 대한 땅벌레의 탄식[193]을 발하게 하는데, 부러운 마음을 어찌 그칠 수 있겠습니까. 제 경우에는 이미 높은 자리에 발탁될 만하지 않음을 알고 있어 반년째 사양하고 있으니, 끝까지 나오지 않았더라면 좋았을 텐데 어째서 이렇게 갑자기 나섰는지 알지 못하겠습니다. 조정에 아무런 도움도 주지 못하고 돌아갈 계획을 세우게 되었는데, 미미한 정성이 간절하면 간절할 수록 성상께서 들어주실 기약은 더욱 고원(高遠)하기만 하니, 온갖 병이 든 몸으로 삼동(三冬)에 하는 객지 생활이 어떻겠습니까. 사리를 통찰하지 못한 것이 몹시 부끄럽습니다.

---

**192** 백사위 :【譯注】백인걸(白仁傑, 1497~1579)로, 본관은 수원(水原), 자는 사위(士偉), 호는 휴암(休庵)이다. 조광조(趙光祖)의 문인으로 김안국(金安國)에게서도 학문을 배웠다. 특히 조광조를 존경해 그의 집 옆에 집을 짓고 사사하였다. 1519년(중종14) 기묘사화(己卯士禍)가 일어나자 비분강개해 금강산에 들어갔다가 돌아와 1537년(중종32) 문과에 급제하였다. 예조 좌랑을 거쳐 을사사화(乙巳士禍) 당시 사간원 헌납으로 극력 반대하는 직언을 굽히지 않다가 옥에 갇혔고 양재역 벽서사건(良才驛壁書事件)으로 안변(安邊)에 적배되었다.

**193** 황곡에……탄식 :【譯注】백인걸을 황곡에, 퇴계 자신을 땅벌레에 비유한 것이다. 전국(戰國) 시대의 연(燕)나라 사람 노오(魯敖)가 유람하기를 좋아하여, 천하에 자기보다 많은 곳을 유람한 자가 없다고 자부하였는데, 북쪽의 몽궐산(蒙闕山)에 올라 한 도사(道士)를 만나서 천상천하(天上天下)를 다 돌아다녔다는 말을 듣고는 "이 도사는 한 번의 날갯짓에 천 리를 나는 황곡(黃鵠)과 같고, 나는 땅을 기어가는 작은 벌레〔壤蟲〕와 같다."라고 탄식하였다. 《淮南子 道應訓》

물[水]이 천지가 생겨나는 근원[194]이라는 설(說)에 대해서는 간밤에 만나 뵙고 이미 다 논의하였는데, 공은 왜 의심이 오래도록 풀리지 않는지요? 이미 믿지 않고 계시니 지금 여러 말을 하더라도 이해할 리가 없을 듯하므로 옛말을 인용하여 설명해 보겠습니다. 공은 장차 말씀하여 주십시오. 소자(邵子 소강절(邵康節))가 말한 "일양이 처음으로 동하는 곳이요, 만물이 아직 생겨나지 않았을 때로다. 물맛은 바야흐로 담박하고, 대음(大音)[195]은 들을 수 없어라.〔一陽初動處, 萬物未生時, 玄酒味方淡, 大音聲正希.〕"라는 구절을 공은 어떻게 보는지요? 이것이 비록 1년의 동지(冬至)를 가리켜 말한 것이지만 일원(一元)의 자회(子會)[196] 첫머리에 유독 이러한 묘처(妙處)가 없었겠습니까. 만일 이러한 묘처가 없다고 한다면 이러한 이치를 말할 수 없을 것이고, 이러한 묘처가 존재한다면 알지 못하겠습니다만 이때 이미 천지가 먼저 있었겠습니까? 아니면 천지가 있기 전에 물이 먼저 있었겠습니까? 이미 "만물이 아직 생기지 않았다." 라고 하였으니, 그렇다면 어찌 이른바 천지라 해서 물보다 먼저 있을

---

**194** 물이……근원 :【攷證 卷4 水爲天地所由生】 주자가 "필경 하늘과 땅이 있기 전에 먼저 넘실넘실 일렁이는 물이 있었으니, 가볍고 맑은 물이 하늘이 되고 무겁고 탁한 물이 땅이 되었다."라고 말하였다.

**195** 대음 :【譯注】 대음은 우주가 운행하는 소리로 너무 커서 들리지 않는다. 《노자(老子)》 41장에 "큰 방은 모서리가 없고, 큰 기물은 늦게 이루어지고, 큰 소리는 들리지 않고, 큰 상은 형체가 없다.〔大方無隅, 大器晩成, 大音希聲, 大象無形.〕"라고 하였다.

**196** 일원의 자회 :【譯注】 우주 생성의 초기를 말한다. 일원은 송나라 소옹(邵雍)이 주장한 '원회운세(元會運世)'의 설에 나오는 말로, 이 세계가 생성했다가 소멸하는 1주기(周期)를 가리킨다. 그의 학설에 따르면 30년이 1세(世), 12세가 1운(運), 30운이 1회(會), 12회가 1원(元)이니, 일원은 모두 12만 9,600년이 되는 셈이다. 또 천지(天地)가 《주역(周易)》의 복괘(復卦)와 임괘(臨卦)에 해당하는 자회(子會)·축회(丑會)에 생성되었다가 박괘(剝卦)와 곤괘(坤卦)에 해당하는 술회(戌會)·해회(亥會)에 이르러 소멸한다고 하였다.

수 있었겠습니까. 대개 1년의 동지로만 본다면 천지가 있은 뒤에 이러한 묘처가 있다고 해도 괜찮겠지만 일원의 시발점으로 본다면, 이때에는 수기(水氣)만이 미미하여[197] 형상이 아직 나타나지 않은 상태에서 처음으로 생겨나고 다른 것은 존재하지 않았습니다. 공자(孔子)가 말한 "하늘은 일(一)로써 물〔水〕을 낳는다."라는 건 이를 가리켜 말한 것이므로 따라서 천지도 이것으로 말미암아 생긴 것이라고 하겠습니다. 공은 여기에 나아가 깊이 궁리하지 못하고 다만 이미 형성된 천지를 근거로 하여 말하니, 어떻게 조화와 변화의 무궁한 묘리를 통달할 수 있겠습니까. 《삼가 절하고 말씀드립니다.》

---

**197** 미미하여 : 【攷證 卷4 渺忽】 원(元)나라 웅충(熊忠)의 《고금운회거요(古今韻會擧要)》에 "묘(渺)는 미(微)의 뜻이다. 한 마리 누에가 토해낸 것이 홀(忽)이다."라고 하였다.

# 백사위에게 답하다 【기사년(1569, 선조2, 69세) 2월 10일 추정. 서울】

答白士偉

번연(飜然)히 일어나[198] 마음을 비우고 기다리시는 성상의 뜻에 부응하시니 깊이 축하드립니다. 물이 천지 생성의 근원이라는 설은, 그 뜻이 가없이 넓고 큰지라 다만 하백(河伯)이 해약(海若)을 향하여 발한 탄식[199]이 떠오를 뿐, 짧은 대화에서 내용의 일단도 간파하지 못하였으니, 비로소 어리석고 지혜로움의 차이가 다만 삼십리(三十里)에 그치지 않음[200]을 알았습니다.

---

**198** 번연히 일어나 : 【攷證 卷4 飜然崛起】 기사년(1569, 선조2) 1월에 백인걸(白仁傑)이 대사헌이 되었다. 처음에는 어명을 세 번 사양하고 부름에 달려가지 않았는데, 성상이 수찰(手札)을 보내 포유(襃諭)하자 이내 힘을 다하여 나아갔다. 《國朝故事》

**199** 하백이……탄식 : 【譯注】 하백(河伯)이 자신이 다스리는 하수(河水)의 물이 불어나자 의기양양하다가 북해(北海)에 이르러 끝없이 펼쳐진 물을 보고는 스스로 좁은 소견을 깨닫고 그만 북해의 귀신인 약(若)을 향해 탄식하였다. 《莊子 秋水》

**200** 어리석고……않음 : 【譯注】 어리석고 지혜로움의 차이가 작지 않다는 말이다. 후한(後漢) 한단순(邯鄲淳)이 효녀 조아(曹娥)를 위해서 지은 이른바 조아비(曹娥碑) 뒷면에 후한(後漢)의 채옹(蔡邕)이 '절묘호사(絶妙好辭)'라는 뜻으로 '황견유부외손제구(黃絹幼婦外孫虀臼)'라는 여덟 글자의 은어(隱語)를 써넣었는데, 조조(曹操)가 양수(楊修)와 함께 길을 가다가 이 은어를 보았을 때 양수는 곧바로 알아챘으나 조조는 그 의미를 생각하면서 30리를 더 가서야 깨닫고는 "알고 모르는 것이 30리나 차이가 난다.〔有智無智較三十里〕"라고 탄식하였다. 《世說新語 捷悟》

# 박택지[201] 운 에게 답하다 정사년 (1557, 명종12, 57세) 【8월 25일. 예안(禮安)】

答朴澤之 雲○丁巳

황(滉)은 머리 숙여 재배합니다. 삼가 공의 높은 절의를 들은 날이 오래 되었습니다. 근래에 해평(海平)[202]에 사는 이군(李君)[203]이 편지로 "함께 찾아뵙고자 한다."라고 하기에, 바야흐로 심히 몸 둘 바를 모르는 터였습니다. 먼 길을 나섰다가 뜻밖에 일이 생겨 중도에 그만두시고도 참으로 고맙게 서신을 보내 저를 이끌어주시는 성의는 얄팍하고 아둔한 제가 감당할 수 있는 바가 아닙니다. 또 함께 보내주신 《격몽편(擊蒙篇)》·《삼후전(三侯傳)》 두 책은 그 뜻과 가르침이 또 말학(末學)인 제가 엿볼 수 있는 바가 아닌지라 밤이 다하도록 받들어 읽음에 오직 감탄과 놀라움을 더할 따름이었습니다.

　저는 거칠고 허술한 본성이 스승과 벗의 훈도를 받지 못한 까닭에 일찍이 학문에 뜻을 두었다가 중도에 깊은 병이 들어 헛되이 세월을 보내면서

---

**201** 박택지 : 【譯注】 박운(朴雲, 1493~1562)으로, 본관은 밀양(密陽), 자는 택지(澤之), 호는 운암(雲巖)·지암(止庵) 등이다. 경상도(慶尙道) 선산부(善山府) 해평(海平)에 은거하였으며, 박영(朴英)의 문인이다. 《격몽편(擊蒙編)》·《자양심학지론(紫陽心學至論)》 등을 저술하였다. 구미(龜尾) 해평 낙봉서원(洛峰書院)에 배향되었다. 《격몽편(擊蒙編)》·《경행록(景行錄)》·《삼후전(三侯傳)》·《위생방(衛生方)》 등을 짓는 과정에서 이황과 활발하게 토론한 내용이 《정본 퇴계전서》 권5에 자세하게 나온다. 【攷證 卷4 朴澤之】 호는 용암(龍巖)이다. 묘갈명(墓碣銘)을 참고하라.

**202** 해평 : 【攷證 卷4 海平】 경상도 선산부(善山府) 동쪽 33리 지점에 있다.

**203** 이군 : 【攷證 卷4 李君】 이직재(李直哉, 1518~1580)로, 이름은 사청(思淸), 본관은 양성(陽城)이다. 자세한 내용은 《정본 퇴계전서》 권15 〈중훈대부이공묘갈명(中訓大夫李公墓碣銘)〉에 보인다.

늙고 쇠약한 노년에 이르렀습니다. 그리하여 산림에 몸을 감추고서 먼지 앉고 좀먹은 고서 가운데서 감동하고 분발하니 비록 깊은 흠모와 지극한 애락(愛樂)의 마음을 형용할 말이 없지만, 다만 기력이 몹시 쇠잔하여 공부에 각려(刻勵)하지 못하는 터라 아직 아득하고 끝이 없어서 하나도 적실히 본 곳, 실제로 발붙이고 걸어온 길이 없음을 깨닫게 되니 매번 일생을 허비해 버릴까 두렵습니다. 이제 두 책을 받아 보니 짧은 시간에 요점이 무엇인지 알 수 없는데, 하물며 책의 내용을 발휘하기를 공이 말씀하신 것처럼 할 수 있겠습니까. 그러나 외람되이 여기에 받들어 두고서 아침저녁으로 음미하고자 하는데, 오랜 뒤에야 혹 얻는 바가 있을 것이니 이것이 제가 바라는 바입니다. 그러므로 즉시 돌려드리지 못하니 너그럽게 이해하여 주시리라 생각합니다.

　이곳은 계신 곳과 거리가 매우 멀고 병든 몸으로 산을 나가지 못하여 만나 뵙고 정담을 나눌 길이 없으니 공을 향하여 내닫는 마음이 어느 때나 그칠는지요? 이군(李君)의 처소에 때때로 왕래하는 사람이 있으니 혹 서신을 계속 보내 어리석고 막힌 마음을 일깨워주시길 깊이 소망하는 바입니다. 꿩과 대추 등 귀한 선물은 성의에 감사합니다만, 어찌 사제 사이에 쓰는 ‘지(贄)’라는 글자를 친구 사이에 쓸 수 있겠습니까. 이제부터는 세상의 웃음거리가 될 병통이자 붕우 간의 의리에는 무익한, 이 같은 겉치레나 자잘한 예절은 청컨대 일체 버리시길 바랍니다. 다만 책선(責善)의 본분으로 서로 대하는 것이 그래도 피차간에 서로 유익할 것입니다.

　《산중에 물건이 없어 먹 한 홀(笏)을 애오라지 올리니 웃으며 받아 주십시오. 끝으로 오직 몸을 진중히 아끼시길 바랍니다. 불선(不宣). 삼가 절하고 답합니다.》

# 박택지에게 답하다 정사년 (1557, 명종12, 57세) 【10월 18일. 예안(禮安)】
答朴澤之 丁巳

황(滉)은 돈수(頓首)합니다. 이직재(李直哉)[204]가 계장(溪莊)을 찾아온 편에 보내주신 서찰을 받아 일상이 충만하며 신명의 도우심으로 다복한 줄 잘 알았으니 지극한 위로됨이 그지없습니다. 지난가을에는 공교롭게도 만날 기회를 놓쳤지만 보내주신 《격몽편(擊蒙篇)》·《삼후전(三侯傳)》 두 책은 그 대강을 엿보았습니다. 책을 통하여 삼가 간직하고 수양하신 바를 상상하여 맛보고서, 저를 면려(勉勵)하는 도움을 많이 받아 감동하고 분발하였으니 다행함이 이미 적지 않습니다. 이에 다시 《위생방(衛生方)》·《경행록(景行錄)》 등의 책을 부쳐 주심에 스스로 헤아려 보건대 얻은 것이 예전보다 더 많을 것입니다. 다만 용렬하고 얄팍한 제가 어찌 이렇게 귀한 가르침을 여러 번 앉아서 받기만 한단 말입니까.

다만 부탁하신 서발(序跋)은 받들어 맡지 못하겠지만 마음에 새기는 정성은 감히 다하지 않을 수 없습니다. 전에 보내주신 두 책[205]은 아직 다 읽지 못하였고, 그중 하나는 또 붕우(朋友)가 빌려서 보고 있는 까닭에 삼가 훗날을 기다려 돌려드리려 하니 삼가 헤아려주시길 바랍니다. 이직재가 곁에서 답장을 재촉하는 터라 마음속 말을 제대로 풀어내지 못합니다. 한 해가 저물고 날씨가 추워지니 바라건대 도(道)를 위해 더욱

---

**204** 이직재 : 【譯注】 이사청(李思清, 1518~1580)으로, 본관은 양성(陽城), 자는 직재이다.

**205** 보내주신 두 책 : 【譯注】《격몽편(擊蒙篇)》·《삼후전(三侯傳)》을 가리킨다. 박운(朴雲 박택지(朴澤之))이 이황에게 보내면서 교정과 서문을 부탁하였다. 《龍巖先生文集 卷2 與退溪書》

몸을 아끼시길 바랍니다. 《삼가 절하고 답장을 드립니다.》

《저의 자(字)는 경호(景浩)입니다. 공의 자는 나중에 꼭 알려주시길
바랍니다.》

# 박택지에게 답하다 【정사년(1557, 명종12, 57세) 11월 1일. 예안(禮安)】

答朴澤之

황(滉)은 돈수(頓首)하고 말씀드립니다. 보내주신 편지를 받고서 기체가 평안하심을 알았으니 헤아릴 수 없이 기쁘고 위로가 됩니다. 저는 지난 일에는 미칠 수 없고, 올 일은 도모할 길이 없습니다. 시골에서 조용하게 지냄에 비록 그간에는 서로 따르는 사람들이 있었지만 대부분 과거(科擧)와 세습(世習)에 매이고 빼앗겼으니, 그 뜻이 '길을 열고 익우(益友)를 기다린다.'[206]라는 의리에 매우 안 맞고 보탬이 되지 못하기에 갈팡질팡하며 매양 스스로 슬피 한탄합니다.

지난번부터 높은 의리에 대해 들었던 터에 다시 누차 저술하신 글 여러 편을 보내주시어 몽매하고 비루한 저를 조금이나마 깨우쳐주실 줄 어찌 알았겠습니까. 비록 함께 자리하는 즐거움은 이루지 못했으나 다행스러움은 실로 컸습니다. 다만 편지에서 말씀하신 내용의 보충과 서문(序文)의 집필 같은 일은 감히 바로 받들지 못하겠고, 그사이에 간혹 의문스러운 것이 없지 않으니 되도록이면 조목조목 열거하여 질의할 터이나, 병과 번다한 일이 지리하게 이어져 지금도 다 읽지 못했으므로 결국 여쭙지 못합니다. 태만한 죄를 또 용서하시길 빕니다.

발문(跋文)[207]은 본래 또한 김 동인(金同人)[208]을 염두에 두었는데 과

---

**206** 길을 ……기다린다 : 【譯注】 진(晉)나라 도연명(陶淵明)의 〈전거(田居)〉에 "평소 마음 정히 이와 같으니, 오솔길을 열어 익우(益友)를 맞으리라.〔素心正如此, 開徑望益友.〕"라고 하였다.

**207** 발문 : 【譯注】《구암집(久庵集)》 권3 〈부록(附錄) 제현기술(諸賢記述)〉에 따르면, 《격몽편(擊蒙篇)》의 발문을 가리킨다.

연 그렇게 됐습니다. 대개 인리(仁里)에는 학문하는 선비가 많으니, 이는 선배의 유풍이므로 매우 높일 만합니다. 이직재(李直哉)[209]의 심부름꾼이 집에 들러 답장을 독촉하기 때문에 한 자도 더 쓸 수가 없습니다. 삼가 바라건대 도를 위해 몸을 아끼시길 바랍니다. 《삼가 절하고 답장을 드립니다.》

208 김 동인 : 【譯注】 김취문(金就文, 1509~1570)으로, 본관은 선산(善山), 자는 문지(文之), 호는 구암(久庵)이다. 시호는 정간(貞簡)이었다가 문간(文簡)으로 바뀌었다. 1537년(중종32)에 문과에 급제한 뒤 호조 참의와 대사간을 지냈다. 성균관 사성(成均館司成)으로 있을 때 청백리에 뽑혔다. 【攷證 卷8 金同人】 아마도 김문지를 가리키는 듯하다.

209 이직재 : 【譯注】 이사청(李思淸, 1518~1580)으로, 본관은 양성(陽城), 자는 직재이다.

# 박택지에게 보내다 【무오년(1558, 명종13, 58세) 1월 추정. 예안(禮安)】

與朴澤之

황(滉)은 문안드립니다. 봄이 돌아와 편안히 지내시며 도(道)를 음미하여 복록(福祿)이 한층 깊어질 것을 멀리서 생각하니 날마다 사모하는 마음이 간절해집니다. 나는 몸을 휘감은 쇠병(衰病)이 겨울에 더욱 심해졌다가 봄이 되어 조금 나아졌습니다. 평소 분수에 따라 지내며 감히 학문을 폐하지는 않고 있지만, 곁에 도와주는 벗이 없어 혼자 힘으로 갈팡질팡하며 스스로 책려하다가 얼마 안 가서 지쳐 쓰러질 줄을 이내 깨닫습니다. 이 때문에 더욱 그리워하는 마음 간절합니다. 지난번에 보내주신 글 네 편[210]은 책상 위에 놓아두고 간간이 한두 가지를 훑어볼 수 있었습니다. 비록 병으로 시달려서 아직 그 깊은 의미까지 다 이해하지는 못하였으나 노둔하고 게으른 사람에게 경계하신 바는 대번에 헤아릴[211] 수 없습니다. 익자삼우(益者三友)[212]가 어찌 경개(傾蓋)를 기다린[213] 뒤에야 할 수 있는 말이겠습니까.

---

**210** 글 네 편 : 【譯注】 박운(朴雲)이 지은 《격몽편(擊蒙編)》·《경행록(景行錄)》·《삼후전(三侯傳)》·《위생방(衛生方)》을 말한다.

**211** 대번에 헤아릴 : 【攷證 卷4 遽數】 애공(哀公)이 유행(儒行)에 관해 묻자, 공자(孔子)가 "갑작스레 헤아려 말해서는 다 얘기할 수 없고, 자세히 다 얘기하려면 오래 머물러야 하니, 피곤하여 보좌하는 사람을 번갈아 세우더라도 다 말할 수 없습니다.〔遽數之, 不能終其物, 悉數之乃留, 更僕未可終也.〕"라고 하였다. 《禮記 儒行》

**212** 익자삼우 : 【譯注】 《논어》 〈계씨(季氏)〉에 "유익한 세 가지 유형의 벗이 있고 해로운 세 가지 유형의 벗이 있는데, 정직한 벗을 사귀고 진실한 벗을 사귀고 식견이 많은 벗을 사귀면 유익할 것이다.〔益者三友, 損者三友, 友直, 友諒, 友多聞, 益矣.〕"라고 하였다.

**213** 경개를 기다린 : 【譯注】 경개는 경개여고(傾蓋如故)의 준말이다. 《사기(史記)》

다만 서(序)와 발(跋)을 이 우매하고 고루한 사람에게 써 달라 부탁하고 싶어 하시니, 이는 저에 대해 잘 살피지 못한 것이어서 승낙하기 어려운 바가 있습니다. 예로부터 책을 저술한 사람이 몇천 몇만 명인지는 알 수 없으나 전해진 책은 얼마 없습니다. 전하는 것은 다만 그 책이 전할 만한 가치가 있는지에 달린 것이지 실로 서와 발에 무게가 실리는 것이 아닙니다. 그러나 이미 짓기로 하였다면 반드시 적임자를 얻은 뒤에 부탁해야 하니 어찌 경솔하게 해서야 되겠습니까. 네 편의 글을 살펴보건대 그 좋은 글의 이치와 지성스러운 뜻이 후세에 충분히 전할 만한 것임은 틀림없지만, 그런데도 혹 의심스러운 점이 있으니 어째서이겠습니까? 도는 크고 넓어 학자들이 그 문을 찾아 들어가기가 어려웠는데, 정자(程子)와 주자가 일어나 거경(居敬)과 궁리(窮理)[214]라는 두 단어로 만세(萬世)를 위하여 큰 가르침을 확립하였습니다. 《격몽편(擊蒙編)》은 실로 이것을 들어 보이는 것을 주된 뜻으로 삼고 여러 격언(格言)을 모아서 종류별로 적어 놓았습니다. 학자들이 이로 말미암아 성인의 도(道)에 들어감에 탄탄대로를 달려 대도(大都)에 들어가는 것처럼 확 트여서 풀이 우거진 지름길로 가는[215] 병통을 면하게 할 터이니, 도학에 얼마나

---

〈추양열전(鄒陽列傳)〉에 "흰머리가 되도록 오래 사귀었어도 처음 본 사람처럼 느껴질 때가 있고, 수레 덮개를 기울이고 잠깐 이야기했어도 오랜 벗처럼 느껴지는 경우가 있다.〔白頭如新, 傾蓋如故.〕"라고 하였다.

**214** 거경과 궁리 : 【譯注】 주자학파(朱子學派)가 중시하는 수양법이다. 거경은 내적인 수양법으로 자신을 반성하여 잠시도 게을리하지 않고 기거동작(起居動作)을 삼가는 것이며, 궁리(窮理)는 외적인 수양법으로 널리 사물의 이치를 궁리하여 정확한 지식을 얻는 것이다.

**215** 풀이……가는 : 【攷證 卷4 落草由徑】 주자가 보낸 〈손계화에게 답하다〔答孫季和〕〉 편지에 "문을 나서 바른길을 밟지 않고 문득 먼저 풀이 우거진 지름길로 가려는 계책부터 만들어……."라고 하였다. 밀암(密庵) 이재(李栽)의 《주서강록간보(朱書講錄刊補)》에 "'낙초유경'은 정도를 말미암지 않는 것을 비유한 것이다."라고 하였다. 【校解】

유익하겠습니까.

넓은 천하와 기나긴 역사 속에 선인(善人)과 군자가 이토록 많았지만, 사적(史籍)에 산재해 보이고 전기(傳記)에 여기저기 섞여 나와 사람들로 하여금 두루 다 살펴보기 어렵게 합니다. 《경행록(景行錄)》은 이것을 염려해서 수사(洙泗)[216]에서 시작하고 고정(考亭)[217]에서 끝맺어, 그 사이 수천 년 동안의 명신(名臣)과 석학(碩學)의 훌륭한 행동과 아름다운 공렬(功烈) 가운데 스승으로 삼아 본받을 만한 것을 수집하고 망라하여 눈앞에 모두 모아 놓되, 충(忠)과 효(孝), 절(節)과 의(義)에는 특히 더 마음을 쏟아 읽는 사람으로 하여금 공경하며 사모하여 선을 흥기하지 않는 자가 없게 하니, 또한 명교(名敎)에 공이 있다고 하겠습니다. 그럼에도 오히려 부족하게 여겨 한나라에서는 제갈공명(諸葛孔明)을 취하고, 당나라에서는 장 중승(張中丞)[218]을 취하며, 송나라에서는 문문산(文

---

'풀이 우거진 지름길로 갈 계책을 한다.'라는 것은 초야에서 은둔하는 행세를 지름길 삼아 높은 벼슬에 오르기를 꾀한다는 말이다.

**216** 수사 : 【譯注】 수수(洙水)와 사수(泗水)를 아울러 이르는 말이다. 이 두 강의 사이에서 공자가 제자를 데리고 학문을 강론했기 때문에 후세에 수사를 유가(儒家)를 대신하는 말로 삼았다. 《예기(禮記)》〈단궁 상(檀弓上)〉에 "내가 그대들과 수사의 사이에서 선생님을 섬겼다."라고 하였다.

**217** 고정 : 【譯注】 송(宋)나라 주희(朱熹)가 만년에 살았던 곳으로, 이종(理宗)이 고정서원(考亭書院)이라는 이름을 하사하고 사액(賜額)하면서 주희를 일컫는 말이 되었다.

**218** 장 중승 : 【攷證 卷4 張中丞】 장순(張巡, 709~757)으로, 당 현종(唐玄宗) 천보(天寶) 연간 말년에 안녹산(安祿山)이 반란을 일으키자 병력을 일으켜 토벌하였다. 수양성(睢陽城)이 포위되자 항복하길 원하는 제장(諸將)들은 목을 베어 조리 돌리고, 장사(將士)들이 대부분 굶어 죽자 애첩을 죽여 먹도록 하였다. 포위망이 더욱 급박하게 조여오자 서쪽을 향해 절하면서 "살아서는 폐하의 은혜에 보답하지 못하였지만, 죽어서는 여귀(癘鬼)가 되어 적을 소탕하겠습니다."라고 말하고 마침내 붙잡혀 피살되었다. 당나라 한유(韓愈)의 〈장중승전후서(張中丞傳後敍)〉에 자세히 보인다.

文山)[219]을 취하여, 따로《삼후전(三侯傳)》을 만들어서 그 순순한 충정과 대의(大義)가 천지를 진동하고 일월(日月)을 꿰뚫을 만한 것임을 표명하였으니, 그렇다면 세도(世道)를 위한 염려가 더욱 심원한 것입니다.《위생방(衛生方)》의 경우는 비록 학자의 급선무는 아니지만, 옛날 사람도 이따금 이에 대해 저술하였으니 어찌 진실로 쓰지 않겠습니까. 이것이 제가 이른바 후세에 전할 만한 가치가 이와 같다고 여기는 까닭입니다. 다만 그사이에, 제 생각에 의심이 없을 수 없는 것이 이따금 있습니다. 무릇 이미 도의(道義)로써 서로 기대하고 허여하였다면 의심나고 애매한 곳이 있을 때 마땅히 직언하고 경계하여 바로잡아야지 결코 아부하여 속여서는 안 되며, 의심나는 것을 빼놓고 허물을 감싸서도 안 됩니다. 또 학자가 성현의 말씀에 공력을 쏟을 수 있다면 한마디 말로도 충분하지만, 공력을 쏟지 않는다면 비록 많은 말을 실어도 무익할 것입니다. 비록 그렇지만 이제 이미 찬술하여 책을 펴내니 그렇다면 진실로 완비되길 바랍니다.《격몽편》에 실린 정자와 주자의 말에는 간혹 빠진 것이 있으니 아직 완비되지 못한 듯하고 수록한 것도 요점만 추리는 데 주의하여 더러 소략한 실수가 있는 듯합니다. 발췌할 때 이따금 자의(自意)로 글자를 넣기도 하였으니 이는 더욱 온당치 못하고, 한 자 두 자가 혹 빠지거나 잘못 쓴 곳이 한두 군데가 아니었으니 아마도 한 차례 초사(抄寫)하고 나서 다시 세밀하게 교감하고 정정하지 못했기 때문에 이런 문제가 생긴

---

219 문문산 :【攷證 卷4 文文山】문천상(文天祥, 1236~1283)으로, 자는 송서(宋瑞), 호는 문산이다. 길주(吉州) 여릉(盧陵) 사람이다. 신국공(信國公)으로 봉해졌다. 애산(崖山)이 격파된 뒤 장홍범(張弘範)에게 붙잡혀 연옥(燕獄)에 보내졌는데 절조가 오히려 더욱 굳건하였다. 죽음을 앞두고 찬(贊)을 지어 "공자는 '인을 이루라' 말씀하셨고, 맹자는 '의를 취하라' 말씀하셨는데, 의가 다하니 이에 인이 이르네. 성현의 책 읽으며 배운 바가 무엇인가. 지금 이후로는 부끄러움이 없길 바라네."라고 말하고 남쪽을 향해 재배한 뒤 죽었다.

듯합니다.

내가 외람되이 자신을 헤아리지 못하고 이미 편내(編內)의 의심나는 곳마다 쪽지를 붙여서 질정을 구하였습니다. 나머지 세 편은 병중이라 정력이 모자라 하나하나 교감하지 못하였으나, 《격몽편》으로 미루어 생각해 보고 또 잠깐 훑어보아 발견한 것으로 참고해 보면, 거기에도 간혹 탈자나 오자가 있다는 것을 알 수 있습니다.

또 성인은 만세의 표준이니, 성인의 일을 책의 첫머리에 둔 것에 어찌 의문을 품겠습니까. 다만 저는 일찍이 사서(四書) 이외에는 공자의 언행을 기록한 것이 전국 시대 간인(奸人) 가운데 기탄(忌憚)없는 자들이 가탁(假託)하여 제멋대로 한 것과, 진·한나라 때 곡사(曲士) 가운데 의리에 어두운 자들이 전해 들은 것을 가지고 서로 과장한 데서 많이 나왔기 때문에 그 말을 대부분 믿을 수 없다고 생각했습니다. 《춘추좌전(春秋左傳)》과 《사기(史記)》와 《예기(禮記)》에 기록된 것도 오히려 그러한데, 하물며 《공자가어(孔子家語)》[220]나 《설원(說苑)》[221]등의 잡서에 있어서야 더 말할 것이 있겠습니까. 이제 공자와 그 문인들의 일을 취한 것은 너무 잡박한 것 같아서 전혀 성현의 기상 같지 않은 게 많으니, 잘 모르겠습니다만 이 부분을 더 산삭할 수는 없겠습니까? 성현을 귀히 여김은 바로 이와 같은 데 있지 않으니 재량을 하여 산절(刪節) 한들 무슨 해로움이 있겠습니까. 역대 사람들의 시대적 선후는 비록 바뀌어도 관계없을

---

**220** 공자가어 : 【攷證 卷4 家語】공자가 당시 공경대부·제자들과 일찍이 묻고 답하신 것이다. 정실(正實)한 내용과 긴절(緊切)한 일을 취하여 따로 《논어(論語)》를 만들고, 그 나머지 기록을 모아 《공자가어(孔子家語)》를 만들었다.

**221** 설원 : 【攷證 卷4 說苑】한나라 유향(劉向)이 전기(傳記)와 백가(百家)의 말을 채집하여 권고하고 경계할 만한 내용을 엮어서 《설원》 20편을 지었다. 현전하는 것은 5권이다.

것 같지만 책을 편찬하는 체제는 차서(次序)를 가지런히 정리하여 볼 만하게 하는 것이 나으니, 어찌 고쳐서 바로 잡지 않을 수 있겠습니까. 그리고 악무목(岳武穆)²²²을 삼후(三侯)의 범주에서 빠뜨린 것도 또한 하나의 흠사(欠事)가 아니겠습니까.

사람의 한 몸에는 리(理)와 기(氣)가 겸비되어 있으니 리는 귀하고 기는 천합니다. 그러나 리는 작위가 없고〔無爲〕 기는 욕이 있기〔有欲〕 때문에 리를 실천하는 것을 위주로 하는 자는 기를 기르는 것이 그 가운데 있으니, 성현이 그런 분입니다. 기를 기르는 데 치우친 사람은 반드시 성(性)을 해치는 데 이르니, 노자(老子)와 장자(莊子)가 그런 사람입니다. 위생(衛生)의 도는 만약 그 극단까지 충족시키려면 비해(匪懈) 비궁(匪躬)²²³의 직분을 다 그만둔 뒤에야 가능할 것입니다. 그 도리를 무너뜨리고 올바름을 해치는 것이 이와 같으니, 본래 교훈으로 삼을 수 없는 것입니다. 만일 '기를 기르는 것이 또한 전혀 없을 수는 없다.'라고 하여 우선은 그 책을 놓아두는 것이 괜찮다면, 그중에 더욱 괴이하고 황당무

---

**222** 악무목 : 【攷證 卷4 岳武穆】악비(岳飛, 1103~1141)로, 자는 붕거(鵬擧)이고, 신국 무목왕(信國武穆王)에 봉해졌다. 어릴 적 《손오병법(孫吳兵法)》을 좋아하여 백 근(百斤)의 활을 당기고 결발(結髮)한 때로부터는 종군하여 반드시 중원을 차지하리라 는 염원을 품었다. 크고 작은 100여 번의 전투에서 일찍이 패한 적이 없었는데, 진회(秦 檜)가 '악비가 죽지 않으면 화의(和議)에 걸림돌이 되겠다.'라고 생각하여 그를 모살하 려 하였다. 조서(詔書)를 빙자하여 악비 부자를 불러 구금을 하였는데, 중승 하주(中丞 河鑄)에게 등을 보이자 옛날에 물들인 '진충보국(盡忠報國)'이라는 커다란 네 글자가 피부에 깊이 새겨져 있었다. 효종(孝宗)이 즉위하자 그의 관직을 추복(追復)하고 자손 들을 녹용(錄用)하였으며 악주(鄂州)에 사당을 세웠다.

**223** 비해 비궁 : 【譯注】임금을 잘 섬기는 것을 뜻한다. 《시경》〈증민(烝民)〉에 "밤낮 으로 게을리하지 아니하여 한 사람을 섬기도다.〔夙夜匪懈, 以事一人.〕"라고 하였고, 《주역》〈건괘(蹇卦) 육이(六二)〉에 "왕의 신하가 건건한 것은 자신을 위하기 때문이 아니다.〔王臣蹇蹇, 匪躬之故.〕"라고 하였다.

계한 데 가까운 것은 마땅히 제거해야 합니다. 이른바 안마법(按摩法)이라는 것은 몸을 혹 당기고 비틀고 다지고 밀며 꺾거나 끌어당기기도 하는 형세가 도인(導引)[224]하는 여러 방법에 비해 훨씬 힘이 드니, 아마 위백양(魏伯陽)이 비난한[225], 백맥(百脈)[226]이 끓고 뛴다는 해(害)가 바로 이를 두고 말한 것일 듯합니다. 이른바 부인을 어거(馭車)하는 법이라는 것도 도가(道家)에서 통렬히 나무라는 것이니, 버려야 할 것이 아니겠습니까. 무릇 이런 종류는 저의 얕은 소견으로도 미치는 것이 이미 이와 같은데, 그 미치지 못한 것들엔 어찌 잘못이 없겠습니까. 이것이 제가 후세에 전하기에 의심스럽다고 생각하는 점들이니, 책이 좋지 않다는 게 아니라 좋은 가운데에도 미진한 부분이 있으면 반드시 고치기를 기다린 뒤에야 다 훌륭해질 수 있어서 후세에 전하기에 의심이 없겠다는 말입니다.

  옛날에 정자(程子 정이천(程伊川))는 《역전(易傳)》을 지을 적에 남들에게 경솔히 내보이지 않으면서 말하기를, "아직 더 나아지기를 바란다."라고 하였습니다. 주자는 《집주(集註)》와 《장구(章句)》를 지을 때 완성한 이후에 스스로 그릇된 것을 알아 고친 것도 있으며, 문인의 질문과 논란으로 말미암아 고친 것도 있으며, 당시의 현명한 사대부(士大夫)에게

---

**224** 도인 : 【譯注】 도가(道家)에서 선인(仙人)이 되기 위하여 수련하는 양생법 가운데 하나이다. 정좌, 마찰, 호흡으로 온몸의 근육과 관절을 조절하여 모든 병을 물리친다고 한다.

**225** 위백양이 비난한 : 【攷證 卷4 魏伯陽所譏】 《주역참동계(周易參同契)》에 "정신과 몸이 날로 피로하여 황홀한 상태가 천치 같고, 백맥(百脈)이 서서 솟구치면 맑고 깨끗한 안정을 얻을 수 없다."라고 하였다. 【校解】 위백양은 후한(後漢)의 도술사로, 그의 《주역참동계(周易參同契)》는 연단양생(煉丹養生)의 이론을 《주역》의 형식을 빌려 지은 책이다.

**226** 백맥 : 【譯注】 인체 오장육부와 겉과 속을 연결하며 기를 나르는 모든 경맥으로, 구체적으로 열두 경락을 말한다.

질정하여 고친 것도 있습니다. 고치고, 고치고, 또 고쳤으니 종신토록 이렇게 한 것입니다. 그러므로 그 책이 나오자 천지에 세워도 어긋나지 않고 귀신에게 질정해도 의심이 없으며 백세(百世) 뒤의 성인도 의혹하지 않게 되었으니, 이것이 어찌 하루아침에 갑자기 한다고 될 수 있는 일이겠습니까.

우리 동방에는 문헌이 적어서 비록 간혹 문장의 대가가 나와 세상에 이름을 떨친 이도 있지만, 시문(詩文)과 사부(詞賦), 소설이나 희학(戲謔)한 글 외에 사문(斯文)에 대한 저술은 전혀 없다시피 하여 아주 드문데, 다행히 있는 것도 얻어서 읽어보면 혹 마음에 의문이 없을 수 없으니, 어찌 이러한 이유로 병통이 된 것이 아니겠습니까.

왕년에 상산(商山) 주경유(周景遊)²²⁷가 풍읍(豐邑)²²⁸에서 《죽계지(竹溪志)》를 찬(撰)하여 겨우 완성되자마자 출간하였습니다. 내가 사우(士友) 몇 사람과 자못 그 결점을 지적하여 고치기를 청하자 주경유가 스스로 옳다고 고집하며 듣지 않았는데, 지금 사람들이 그 책을 보면서 병통이 있는 것으로 여기지 않는 이가 없습니다. 대개 공정하게 시비를 가리는 것은 사람들 마음에 똑같은 것이니, 어찌 개인의 사견으로 배척해 낼 수 있겠습니까. 저와 같은 자는 도에 어둡고 학문에 어두우니 진실로 이것을 함께 의논하기에 부족합니다. 그러나 제가 또한 일찍이 망령되이 한두 가지 설을 지을 적에, '제공이 스스로 옳다고 고집하는' 병통을 경계하여 벗들의 충고를 받고자 시험 삼아 동지들에게 그 글을 보였는데, 뜻밖에 그들이 병통은 크게 지적하지 않고 이내 사람들 사이에서

---

**227** 주경유 : 【譯注】 주세붕(周世鵬, 1495~1554)으로, 경유(景遊)는 그의 자이다. 호는 신재(愼齋)·손옹(巽翁)·남고(南皐)이며, 시호는 문민(文敏)이다.

**228** 풍읍 : 【譯注】 한 고조(漢高祖)의 고향이 패현(沛縣)의 풍읍인 사실에서 유래하여 고향을 가리키는 말로 쓰인다.

돌려가며 보았습니다. 뒷날에 이르러 계속 수정할 것이 생기니 전날 남들에게 보였던 것과는 차이가 있었고, 지난번 것이 미진할 뿐 아니라 뒤에 고친 것조차도 서로 누가 되어 이미 스스로 후회스럽기 짝이 없던 일이 있었습니다.

오형(吾兄)은 전해 받은 학문이 있어[229] 일찍이 과거 공부를 버리고 험한 산 아래 은거하였으니 고요한 가운데 수양한 바가 당연히 다른 사람보다 월등할 것입니다. 제가 잘못 든 길에서 막 돌아온 소경 같은 소견으로 낭패를 꺼리지 않고 의견을 올린 것은 다름이 아니라, 하나는 오형에게 선(善)을 극진히 하기를 바라기 때문이고, 하나는 나의 병통을 드러내서 오형이 고쳐 주길 바라기 때문입니다. 훗날 개본(改本)이 완성되면 아낌없이 다시 보여 주십시오. 나의 어두운 소견을 혹 하늘이 인도하여 조금이라도 열어 준다면, 졸렬한 나의 글이 그다지 비중이 없다는 것을 알고 있지만, 행여라도 책 뒤에 이름을 올려 영구히 전해질 것이니, 이는 저의 큰 다행이고 바람입니다. 어찌 끝내 사양하겠습니까. 오형이 헤아리시길 바랍니다. 불선(不宣). 《삼가 절합니다.》

---

**229** 전해…… 있어 : 【攷證 卷4 學有所承】용암(龍巖 박택지(朴澤之))은 박송당(朴松堂)을 사사하였다. 【校解】박송당은 이름이 박영(朴英, 1471~1540)으로, 본관은 밀양(密陽), 자는 자실(子實), 호는 송당, 시호는 문목(文穆)이다.

# 별지

別紙

면재(勉齋) 황간(黃幹)[230]은 주자 문하에서 얻은 바가 매우 깊은 분이니 후학이 실로 감히 함부로 의론할 수 없습니다만 그러나 매번 이 조목을 읽을 때마다 의문이 없을 수 없었습니다. 무릇 사람이 태어날 때 이 기(氣)를 얻어 형(形)이 되고 이 리(理)를 갖추어 성(性)이 된다는 것은 면재의 설이 바꿀 수 없는 정론입니다.

그러나 그 '능히 허령지각(虛靈知覺)하여 마음이 된다.'라고 한 것은 곧 이 리(理)와 기(氣)가 합하여 능히 그러한 것이니 리와 기 밖에 이른바 허령지각이라는 것이 그중에 따로 있는 것이 아니거늘, 이제 체(體)와 성(性) 아래에 "또 반드시 그중에 허령지각이 있어 마음이 된다."라고 하셨습니다. 그렇다면 이는 아마도 사람들로 하여금 리와 기를 버리고 허령지각을 찾게 하려는 것 같습니다. 이는 그 말뜻 사이에 잘못이 없지 않아서 주자가 가르치신 명덕(明德)이나 마음〔心〕 등의 말과 전혀 같지 않습니다. 그 아랫글에 '허령지각이 감응하여 마침내 통한다.'라는 말에 이르러서는, 위아래의 문세(文勢)와 이치로 미루어 보건대 필시 빠진 글이 있음을 의심할 나위 없이 알 수 있으니, 무슨 까닭이겠습니까?

---

**230** 황간 : 【譯注】 1152~1221. 자는 직경(直卿), 호는 면재(勉齋), 시호는 문숙(文肅)이며, 주희(朱熹)의 고제(高弟)이다. 주희와 유청지(劉淸之)에게 수학하였는데, 주희가 그의 능력을 인정하여 학문을 전수하고 셋째 사위로 삼았다. 주희가 임종 때 심의(深衣)와 자신의 저서를 황간에게 주고 결별하는 편지에서 도(道)를 그에게 전했다. 저서에 《면재집(勉齋集)》·《예기집주(禮記集注)》 등이 있다. 주자의 《의례경전통해(儀禮經傳通解)》를 완성하였다.

윗글에서 이미 심성(心性)에 근원을 두어 논지를 세우고 아랫글에서는 또 적감(寂感)[231]을 풀어 언설(言說)을 다 하였으니 그렇다면 그 중간의 말뜻을 하나는 거론하고 하나는 버릴 수 없는[232] 것입니다. 마땅히 "사물을 접하지 않아 생각이 싹트지 않았을 때는 허령지각이 고요하여 움직이지 않고, 사물을 이미 접하여 생각이 막 싹트게 되면 허령지각이 감응해 마침내 통한다."라고 해야 하고, 그 아래에 '한 번 고요하고 한 번 감응한다.〔一寂一感〕'라는 말로 이어야 의미가 온전히 갖추어집니다.

만약 지금의 말이 옳다고 하면 금방 미발지전(未發之前)을 말했다가 곧바로 이발지후(已發之後)로 해당하게 하여 적연(寂然) 한 단락의 경계(境界)를 빠뜨리는 것입니다. 이는 면재의 본래 설이 꼭 이같이 잘못되지는 않았을 터이고 뒷사람들이 베껴 쓰다가 빠뜨렸는데 교정하는 사람이 없었기 때문일 것입니다. 지금 읽는 자들이 살피지 않아서는 안 되고 이 책[233]에서 이 조목을 끌어와 그 아래에 이런 뜻으로 주(註)를 달아야 마땅하겠는데, 어떻게 생각하십니까?

---

**231** 적감 : 【譯注】적연부동(寂然不動)과 감이수통(感而遂通)을 말한다. 적연부동은 고요히 아무 움직임이 없는 천지 운화(運化)의 신묘함을 본체 상에서 형용한 말이고, 감이수통은 감응하여 모든 이치에 통함을 현상 면에서 형용한 말이다. 《주역》〈계사전 상(繫辭傳上)〉에 "역은 생각이 없고 하는 것도 없어 고요히 움직이지 않다가, 느낌이 있을 때는 마침내 천하의 일을 통한다.〔易, 无思也, 无爲也, 寂然不動, 感而遂通天下之 故.〕"라고 하였다. 송대에 와서 성리학자들의 중요한 이론이 되었는데, 그 선구인 주돈이(周敦頤)가 《통서(通書)》에서 말하였다.

**232** 하나는……없는 : 【攷證 卷8 不能擧一】'능(能)'이 어떤 본(本)에는 '응(應)'으로 되어 있다.

**233** 이 책 : 【攷證 卷8 此書】곧 《격몽편(擊蒙編)》이다.

# 박택지의 격몽편을 논한 별지 《용암집(龍巖集)》에 보인다【무오년 (1558, 명종13, 58세) 1월 추정. 예안(禮安)】

論朴澤之擊蒙編別紙　見龍巖集


"경(敬)이란 대체 무엇인가?〔敬有甚物〕"라는 조목에서 인용한 여러 말씀은 어떤 때는 '소위(所謂)'라는 어구를 빼기도 하고, 어떤 때는 '지(之)' 자로 '소위(所謂)'를 대신하기도 하며, 어떤 때는 '소위(所謂)'로 '왈(曰)' 자를 대신하셨습니다. 또 본문에서 〈순전(舜典)〉의 전문(全文)을 직접 인용하셔야 하는데, 이제 이를 바꾸어서 "인심도심(人心道心), 정일집중(精一執中) 운운." 하셨으니 제 생각에는 온당치 않은 듯합니다. 만약 자기 생각대로 책을 쓴다면 그 안에 인용한 성현의 말씀은 간혹 글자를 고치거나 바꿔도 괜찮겠지만 지금 이 책은 여러 유자(儒者)의 격언(格言)을 찬집(纂輯)한 것이니, 스스로 지은 것이 아닌데 번번이 글자를 고치고 말을 바꾸는 것은 불가하지 않겠습니까?

　제가 지난해에 《주자대전(朱子大全)》을 읽을 때 그 내용이 방대한 것을 걱정하여 이에 그 번다함을 간략하게 하여 《주자서절요(朱子書節要)》 한 책을 만들었습니다. 비록 글을 추려 모으는 사이에 함부로 주제넘게 한 죄를 면치 못하겠지만 제 뜻대로 한 글자 한 구절도 대수롭지 않게 바꾸거나 고치지 않았습니다. 대개 글자를 바꾸고 구절을 고치는 것은 비록 성현의 본뜻을 잃지 않더라도 오히려 불가한데, 하물며 참으로 그 말뜻을 잃지 않으리라고 기필할 수 없는 경우이겠습니까? 이러한 곳들은 우선 본문(本文)을 그대로 두는 게 낫다고 생각합니다.

# 박택지에게 답하다 무오년(1558, 명종13, 58세) 【윤7월 2일. 예안(禮安)】

答朴澤之 戊午

몇 달 사이 안부를 묻지 못하여 그립고 사모하는 마음이 쌓였는데, 승려가 와서 전해준 편지를 받아 보고서 기거가 편안하신 줄 알게 되니 기쁩니다. 병들고 어리석은 저는 무료합니다. 장마를 벗어나자마자 또 가을 더위로 곤란을 당하는 터라 평소에 마음을 어지럽히는 일이 한둘이 아니니, 어찌 병의 힘은 강하고 학문의 힘은 약해서 그런 것이 아니겠습니까.

지난번 《격몽편(擊蒙篇)》 등의 서책을 돌려보낼 때 함부로 저의 생각을 말씀드리고 나서 경솔하다 비판받을까 몹시 두려웠습니다. 그런데 이제 보내주신 편지를 받음에 저의 의견을 지나치게 인정하여 이미 수정하여 고치고 또 받아들여 첨가한 내용이 다 저의 주제넘은 말에 따라 정리하신 것인 듯하니 잘 모르겠습니다만, 제가 어떻게 고명(高明)께 이런 우대를 받을 수 있겠습니까. 스스로 매우 부끄럽습니다.

《경행편(景行編)》에 실린 공자의 일에 관해서는 영공의 생각이 그럴 법하지만, 저의 생각에는 잡서에 기록된 성인의 언행 가운데는 싫어할 만한 것이 대체로 많습니다. 아마도 이런 얘기들은 전국(戰國) 시대나 진(秦)나라·한나라 때에 세속에 전하는 소문에서 나와서 부연하고 보태어 본의를 완전히 잃어버리는 데 이른 것이고, 단지 현란한 말재주를 부리는 습속을 형용해 낸 것일 뿐입니다. 리(理)를 봄이 깊어질수록 더욱 진실이 아님을 보게 되는 터라 지난번 편지에서 그렇게 말하였습니다. 그러나 그 가운데서도 정밀하게 가려낸다면 어찌 본받을 만한 곳이 없겠습니까. 또한 모름지기 사서(四書) 가운데 긴요한 몇 곳의 말을 뽑아 머리로 삼고서 그 내용을 뒤에 붙였으면 하는데, 알지 못하겠습니다만 어떻게 생각하시는지요?

악무목(岳武穆)은 《언행록》에 실린 내용이 많이 소략하진 않지만 그래도 미흡하니, 그의 전(傳)을 찾아 첨가하면 좋을 것입니다. 새롭게 보여 주신 〈심학편(心學篇)〉은 언뜻 보기에 자세한 내용을 알지 못하였지만 대개 절실하고 요긴한 것임을 알겠으니, 〈격몽편〉과 함께 다 두었다가 천천히 읽어본 뒤에 돌려드리겠습니다.

저는 지금 예순 살까지 겨우 두 해밖에 남지 않았고 또 오랜 병으로 보통 사람보다 특히 심하게 일찍 쇠하여 정신이 혼혼(昏昏)하기가 일흔, 여든이 된 노인 같으니, 비록 이런 뜻은 있으나 끝내 지난날의 잘못을 보완하여 새로운 공을 이룰 수 없습니다. 그래서 사학(斯學)에 대해 언급한 벗의 편지를 받을 때마다 땀으로 옷을 적시지 않은 적이 없습니다. 근래에는 다시 매우 불행한 일이 있어[234] 저의 행적이 낭패에 빠질 듯한 사세라 바야흐로 걱정하였는데 끝내 다른 일은 없었습니다. 생각건대 부당하게 여기는 여론이 일어 마침내 아무 일도 없게 된 것이라 제 분수에 좀 위로가 되었습니다.

〈악왕전(岳王傳)〉은 저의 집에 본래 없습니다. 주자서(朱子書)는 고칠 곳이 많아서 제때 작업을 마치지 못하였으니 조만간 마치게 되면 말씀대로 하겠습니다. 마침 좀 번다한 일이 있습니다. 오직 건강하시기만 바랍니다. 불선(不宣). 《삼가 답합니다.》

---

**234** 다시……있어 : 【攷證 卷4 復有不幸】 1558년(명종13) 6월 영의정 심연원(沈連源)과 대제학 정사룡(鄭士龍)이 올린 계청(啓請)을 말하는 듯하다. 퇴계 선생에게 경관직(京官職)을 제수하고 감사(監司)로 하여금 잘 설득하여 올려보내게 할 것을 건의하였다. 이미 앞에 보인다.

# 박택지에게 보내다 무오년(1558, 명종13, 58세) 【10월 13일. 서울】

與朴澤之 戊午

지금 이직재(李直哉)[235] 편에 기체(氣體)가 평안하심을 들었으니 기쁨과 위로가 어찌 끝이 있겠습니까. 저는 근년에 시골 생활에 성정(性情)이 이미 익숙해져서 더 이상 세상 생각이 없었는데 뜻밖에 사세(事勢)에 이끌려 염치없이 입조(入朝)하면서 폄훼와 비방이 뒤따랐습니다. 모두 원대한 식견이 없어 스스로 도를 잃어버려서 이렇게 낭패에 이른 것이니 오히려 무슨 말을 할 수 있겠습니까. 평소 세상일을 가까이하지 않으신 노형에게 매우 부끄럽습니다.

지난번에 보내신 두 책은 이곳에 가지고 온 터라, 이번에 이직재 편에 부쳐서 돌려보내려 했는데 아직 안타깝게도 다 읽지 못했으니 우선 여기에 두겠습니다. 내년에 만약 향리로 돌아가려는 계획이 이루어지면 돌아간 뒤에라도 전해드릴 수 있을 터이니 중간에 없어지진 않을 것입니다. 주서(朱書)는 보시고 어떻게 생각하셨습니까? 보신 뒤에 서울 오는 인편에 부쳐 주시거나, 혹 제가 향리로 돌아간 뒤에 보내주시거나 양쪽 다 괜찮습니다. 나머지는 이직재가 분명 잘 말씀드릴 것이니 생각건대 한바탕 웃으시고 또한 크게 탄식도 하실 것입니다. 불선(不宣).

---

**235** 이직재 : 【譯注】이사청(李思淸, 1518~1580)으로, 본관은 양성(陽城), 자는 직재이다.

# 박택지에게 답하다 기미년(1559, 명종14, 59세) 【3월 27일. 서울】

答朴澤之 己未

제가 한번 나갔다가 겨우 한 해를 넘기고는 병이 위중해져 돌아왔으니 낭패를 본 것이 몹시 부끄럽습니다. 향리로 돌아와 짐을 푼 지 보름이 된 무렵부터는 피곤이 더욱 심해져 형세상 서울로 돌아가기 어려운 탓에 부득이하게 사장(辭狀)을 올린 채 한창 두려운 마음으로 명이 내려올 날을 기다리고 있으니 종국에 어찌 될지 모르겠습니다.

보내주신 편지로 근래에 작은 질환이 있으신 줄 알았으나 신명이 도울 터이니 더욱 건강하게 되시리라 생각합니다. 직전에 보내신 편지는 서울에 있을 적에 받아 보았으니 기쁘고 다행스럽기 그지없었습니다. 다만 그 심부름꾼이 관서(關西) 지방으로 가서 돌아오지 않았기에 즉시 답장을 드리지 못했으니 매우 안타깝습니다. 그중 응당 답해드려야 할 것도 지금 인편이 급한 탓에 결국 세세히 말하지 못하니 불민함이 더욱 부끄럽습니다. 두 질(帙)은 삼가 이미 받았지만, 다만 이른바 "친절(親切)하지 못한 곳"이 있다고만 하시고 어느 조목인지는 지적하지 않으셔서 어리석은 사람으로 하여금 여전히 길을 헤매게 하니 이것이 흔쾌하지 않을 따름입니다. 병중에 마침 세속의 번다한 일을 만나 만 가지는 빠뜨리고 하나만 언급합니다.[236] 조량(照諒)하십시오. 삼가 절하고 답합니다.

---

**236** 만 가지는……언급합니다 : 【譯注】 어떤 일의 일부분만을 언급하고 전체는 빠뜨린다는 뜻으로, 주도면밀하게 처리하지 못하는 것을 말한다. 한유(韓愈)의 〈남산(南山)〉 시에 "여러 글을 모아 시험 삼아 들려 하나, 하나만 들고 만 가지를 빠뜨릴까 염려된다.〔團辭試提挈, 掛一念萬漏.〕"라고 하였다. 《韓昌黎集 卷1》

《회암서(晦菴書)》는, 다른 권(卷)을 다 서울의 벗이 빌려 가서 보고
있어 말씀하신 대로 보내드리지 못하니 몹시 유감입니다.

# 박택지에게 답하다 기미년(1559, 명종14, 59세) 【7월 8일. 예안(禮安)】

答朴澤之 己未

몇 달 사이 편지 왕래가 없다가 보내주신 수간(手簡)을 통해 건강이 아주 좋으시다는 근황을 자세히 알게 되니 매우 기쁘고 후련합니다. 저는 늙고 병들어 거의 죽을 지경인데 게다가 속병까지 얻어 비위(脾胃)가 이 때문에 허약해져서 먹고 마실 수 없습니다. 병상에 누워 여름을 지내느라 아직 서울에 올라가지 못하였고 체직(遞職)의 은명도 받지 못하여 근래 세 번 사장(辭狀)을 올렸는데, 결말이 어떻게 날지 몰라 몹시 걱정스럽고 두렵습니다. 어찌해야겠습니까?

하늘은 거듭 재앙을 내리고 바닷가 변경에서는 자주 놀라운 일이 생겨[237] 백성들이 지금 바야흐로 위태로우니 어떤 방법으로 구제할 수 있겠습니까? 칠실(漆室)의 근심[238]은 참으로 빈말이 아닙니다. 《해동명현록(海東名賢錄)》은, 지난날 상산(商山) 주경유(周景游)[239]가 집필에 뜻을

---

**237** 바닷가……생겨 : 【攷證 卷4 海徼屢警】《한서(漢書)》 권93 〈영행전(佞幸傳)〉에 "어떤 사람이 '등통(鄧通)이 몰래 동(銅)을 변방 밖으로 빼돌려 돈을 주조하였다.'라고 고발하였다.〔人有告鄧通, 盜出徼外鑄錢.〕"라고 하였는데, 당나라 안사고(顔師古)의 주석에 "요(徼)는 변경〔塞〕이라는 말이다. 동북쪽 변경을 새(塞), 서남쪽 변경을 요(徼)라 한다."라고 하였다. 살펴보건대, '자주 놀라게 한다.〔屢警〕'라는 건 왜구를 가리켜 말한 것이다. 이때 또 해서(海西 황해도)에 포악한 왜구가 출현하니 군호(軍號)로 많은 사람을 불러 모았지만 신통치 않아서 이들이 경기해(京畿海)와 해서 사이에서 출몰하였다.

**238** 칠실의 근심 : 【譯注】 분수에 지나친 근심으로, 나랏일을 걱정하는 마음을 나타내는 겸사로 쓰인다. 춘추 시대 노(魯)나라 칠실이라는 고을에 과년한 처자가 시집가지 못하는 건 걱정하지 않고 임금은 늙고 태자가 어린 건 걱정하여 기둥에 기대어 우니, 이웃집 부인이 비웃으며 "그 일은 노나라 대부가 할 근심이니 그대가 무슨 상관인가?"라고 하였다. 《列女傳 漆室女》

두었는데, 저도 권한 바 있지만 아직 이루지 못하여 마음으로 항상 아쉽게 여기던 것입니다. 이제 수집하여 책을 만든다면 이런 다행함이 어디 있겠습니까. 다만 우리나라에는 문헌이 드물어 그 사람이 탁월한 업적을 이루었더라도 죽고 난 다음에는 일의 자취가 없어져 따라서 확인할 길이 없으니 비록 여기저기서 모아 책을 만들었겠지만, 사람들의 마음에 차지 않을까 걱정이 됩니다.

말씀하신 몇 사람의 일[240]은 제 생각에도 또 잘 헤아려서 처리해야 할 듯하니 대번에 그들의 일을 꺼내어 옛사람이 말한 '화를 염려하는 방도'[241]를 어겨서는 안 될 듯한데 어떻게 생각하십니까? 두 편은 부탁하신 대로 돌려보냅니다. 〈격몽편(擊蒙篇)〉은 이전에 비해 훨씬 나아졌습니다만 병에 시달리느라 다 교정할 겨를이 없었습니다. 〈심학편(心學篇)〉은 〈격몽편〉에 비하여 더욱 긴절한지라 제 생각에 의심스러운 부분을 대략 표시하여 보내드리니 대조하여 비교해 보시는 것이 어떻겠습니까?

대개 공은 초록할 때 간략히 하려 힘쓰므로 이 때문에 절취하여 혹 너무 빠뜨리고 소략히 하는 잘못을 면하지 못하니 이것이 병통인 듯합니

---

**239** 주경유 : 【譯注】 주세붕(周世鵬, 1495~1554)으로, 경유(景遊)는 그의 자이다. 호는 신재(愼齋)·손옹(巽翁)·남고(南皐)이며, 시호는 문민(文敏)이다. 검열, 부수찬 등의 관직을 거쳐 풍기 군수에 부임하여 우리나라 최초의 서원인 백운동서원(白雲洞書院), 즉 소수서원(紹修書院)을 세워 유생들을 교육하고 향촌의 교화에 힘썼다.

**240** 몇 사람의 일 : 【攷證 卷4 數公之事】 살펴보건대, 박택지의 책은 추강(秋江) 남효온(南孝溫)과 주계군(朱溪君) 이심원(李沈源)의 일을 칠인전(七人傳) 뒤에 기록하여 넣으려 한 것이다. 이에 앞서 남추강이 이미 〈육신전(六臣傳)〉을 짓고서 또 정간(貞簡) 허후(許詡)의 전(傳)을 그 뒤에 별도로 붙였는데, 이 때문에 칠인전(七人傳)이라 불렀다.

**241** 화를 염려하는 방도 : 【譯注】 옛날에 성인(聖人)이 《춘추(春秋)》를 지으실 적에 이미 그 문사(文辭)를 심오하게 하였으나 오히려 공공연히 전하여 말하지 못하시고 제자에게 구두(口頭)로 전수하여 후세에 이르러서야 그 책이 나왔으니, 화를 염려한 방도〔慮患之道〕가 치밀하였다. 《重答張籍書》

다. 끝에 몇 마디 말을 붙이고자 하는 것은 저의 소견이 좀 진척되기를
바라기 때문일 뿐 아니라, 공께서도 거듭 고쳐서 온전히 훌륭한 작품을
이룬 뒤에 보면 어떨까 하는 바람 때문이니, 너무 급급할 필요는 없습니다.
《심부름꾼이 서서 기다리기 때문에 자세한 말씀을 다 드리지 못합니다.
몸을 잘 돌보시어 만중(萬重)하시길 바랍니다. 삼가 절하고 답합니다.》

# 박택지에게 답하다 경신년(1560, 명종15, 60세) 【1~7월 추정. 예안(禮安)】

答朴澤之 庚申

그사이 만나지 못하여 소식을 듣지 못하였는데 문득 보내오신 편지를 받고서 근황이 좋으심을 알았으니 기쁘고 후련한 마음을 비할 데 없습니다. 저는 우선 벼슬에서 물러나 지낼 수 있지만, 그래도 편치 않은 상황일 때가 많습니다. 노쇠함과 병세를 헤아려 봄에 달마다 다르고 해마다 같지 않아 비록 스스로 면려(勉勵)하고자 하지만 기력이 몹시 부족합니다. 옛사람이 말한 '궁려(窮廬)에서 슬피 한탄한다.'[242]라는 것을 예전에는 다른 사람의 일로 여겼는데 지금은 저 자신의 일이 되었습니다. 만나서 토론할 길이 없으니 편지를 쓰면서 망연하게 있습니다. 바라건대 힘써 명덕(明德)을 밝혀 후생(後生)의 바람을 위로해 주십시오. 삼가 답합니다.

---

**242** 궁려에서 슬피 한탄한다 : 【譯注】 한창때 공부하지 않았다가 뒤늦게 후회함을 말한다. 삼국 시대 촉나라 제갈량(諸葛亮)의 〈계자서(戒子書)〉에 "나이는 세월과 함께 들어가고 뜻은 해와 함께 사라져가서 마침내 그대로 시들게 되면, 궁려에서 슬피 탄식한들 장차 무슨 소용이 있겠는가?〔年與時馳, 意與歲去, 遂成枯落, 悲歎窮廬, 將復何及也?〕"라고 하였다. 《小學 卷5 嘉言》

## 박택지에게 답하다 【경신년(1560, 명종15, 60세) 7월 추정. 예안(禮安)】

答朴澤之

벗들과 떨어져 외로이 지내는[243] 터라 목을 빼고 풍도(風度)를 그리워하면서도 우러러 뵐 기약이 없었는데, 이직재(李直哉)의 인편에 보내주신 편지를 받고서 초가을에 지내시는 체후(體候)가 편안하심을 알게 되니 울울한 마음이 시원하게 트입니다.

저는 마냥 노쇠함과 병에 얽혀 있어 책을 읽기가 어렵습니다. 때로 한가한 중에 얻는 것이 있어도 함께 절차탁마할 벗이 없으니 이 때문에 영공을 향하는 마음이 더욱 남다를 뿐입니다. 보내온 시에 화답하는 참에 조금이나마 구구한 제 뜻을 보입니다.

---

**243** 벗들과……지내는 : 【譯注】 원문 구절은 이군삭거(離群索居)이다. 자하(子夏)가 아들을 여의고 상심하여 실명(失明)하자 증자(曾子)가 조문을 왔는데, 죄 없는 자신에게 불행을 주었다며 하늘을 원망하였다. 증자(曾子)가 나무라며 그의 잘못을 성토하니, 자하가 "내가 벗들과 떨어져 외로이 산 지가 너무 오래되었다.〔吾離羣而索居, 亦已久矣.〕"라고 하였다. 《禮記 檀弓上》

# 박택지에게 답하다 신유년(1561, 명종16, 61세) 【예안(禮安)】

答朴澤之 辛酉

지난해 상명(喪明)의 화(禍)[244]를 무망(無妄)[245] 중에 입으셨다고 전해 들고는 통탄하는 마음에 스스로를 가누지 못하였습니다. 이는 사람 마음에 더욱 견디지 못할 것이니 알지 못하겠습니다만, 어떻게 감당하시는지요? 병으로 만사를 폐하여 위로의 편지 한 통 쓰지 못하였는데 도리어 안부를 물어주시니 몹시 부끄러워 식은땀이 납니다.

저는 노쇠함과 병이 서로 얽혀 스스로 벗어날 수 없고 벗들과 떨어져 외로이 지내는 중에 나날이 둔하고 막힌 사람이 되지 않을까 걱정입니다. 언제쯤이나 한번 만나 이 회포를 풀 수 있겠습니까? 뵙지 못하는 동안 만 가지로 더욱 진중(珍重)하시길 바랍니다. 나머지는 이직재(李直哉)가 가는 편에 부치겠습니다. 삼가 위로의 답장을 올립니다.

---

**244** 상명의 화 : 【譯注】 자식을 잃는 화를 말한다. 《예기(禮記)》〈단궁 상(檀弓上)〉에 "공자의 제자인 자하(子夏)가 하나뿐인 아들이 먼저 죽자 지나치게 슬퍼한 나머지 실명(失明)하였다."라고 하였다.

**245** 무망 : 【譯注】 아무런 이유 없이 재앙을 받는 것을 말한다. 《주역》〈무망괘(无妄卦) 육삼(六三)〉 효사(爻辭)에 "뜻밖의 재앙이니, 설혹 소를 매어 놓았다 하더라도 행인(行人)이 얻음은 읍인의 재앙이로다.〔無妄之災, 或繫之牛, 行人之得, 邑人之災.〕"라고 하였다.

# 이군호[246]에게 답하다 【갑진년(1544, 중종39, 44세) 6월 14일. 서울】
## 答李君浩

고을 사람이 오는 편에 뜻밖에 보내신 편지를 받고서 몸이 편치 않았다가 기쁘게도 지금은 점차 회복 중인 줄 알았습니다. 저는 병이 많아 바쁜 업무를 감당하기 어려운 터라 근래에 성은을 입어 직강(直講)으로 체차(遞差)되었는데 한가한 편이라 조금 다행으로 여기고 있습니다.

말씀하신 곽판(槨板)에 관한 일은, 이전에는 형편이 어려워 마련하지 못했기에 지금 남해(南海)·삼가(三嘉) 두 고을에 서찰을 보내면서 또한 봉하여 그대에게도 보내니 모쪼록 본 뒤에 봉하여 전해 주십시오. 남해(南海)의 경우는 그대가 직접 가지 않으면 도움을 얻기 어려울 듯합니다. 이 때문에 그 서찰 말미에 그대가 호상(護喪)한다는 뜻을 함께 말하였으니 조량(照諒)하십시오. 더욱이 가덕(加德)에 진(鎭)을 설치하는 등의 일로 남쪽 열읍(列邑)이 평상시보다 곱절로 일이 많습니다. 이와 같아서 남의 급한 사정을 보살피기에는 겨를이 없을 듯하니, 그렇다면 이번 상(喪)을 잘 치르기 어려울까 더욱 염려됩니다.

본가(本家)는 역병이 물러가 평상을 되찾았다고 하니 기뻐할 만합니다. 그사이의 범사는 그대의 부친과 허공간(許公簡)[247]이 잘 조처한 데 오로지 의지하였을 뿐입니다. 전에 보내신 〈청향대팔영(淸香臺八詠)〉은, 나를 잊지 않고 시를 보내주신 뜻이 매우 고맙기에 화답하는 시를

---

**246** 이군호 :【譯注】이원(李源, 1501~1568)으로, 본관은 합천(陜川), 자는 군호, 호는 청향당(淸香堂)이다.

**247** 허공간 :【譯注】허사렴(許士廉)으로, 본관은 김해(金海), 자는 공간이다. 이황의 첫째 부인인 정경부인(貞敬夫人) 허씨(許氏)의 남동생이다.

꼭 지어 보내고 싶었지만 병과 용무가 많아 결국 하지 못하였습니다. 또 말씀하신 '옛날 비석'은 알지 못하겠습니다만, 어떤 비석인지요? 그 사실을 말씀해주시길 바랍니다. 바빠서 이만 줄입니다. 삼가 절하고 답합니다.

# 이군호 원 에게 답하다 갑진년(1544, 중종39, 44세) 【7월 3일. 서울】

答李君浩 源○甲辰

가을 더위에 알지 못하겠습니다만, 지내시는 체후(體候)가 어떠하신지요? 그립고 그립습니다. 저는 병으로 대각(臺閣)의 직무를 벗고[248] 지금은 전첨(典籤)이 되었습니다. 말씀드릴 것은 다음이 아니라, 가려(嘉麗)의 집에 역병의 기운이 사그라든다고 하니 아이가 들어가도 될지, 설제(設祭)해도 좋을지의 여부에 대하여 그대와 허공간(許公簡)[249] 등이 마땅한 가르침을 주어 후회가 없도록 해주시길 간절히 바랍니다. 다만 심하게 곤궁하여 범사에 모양새를 갖출 수가 없다고 하니 어쩌겠습니까, 어쩌겠습니까.

지난번에 상수(喪需)와 관련하여 삼가(三嘉)·함안(咸安) 및 본현(本縣) 등지에 서찰을 보냈는데 알지 못하겠습니다만, 어떻게 되었는지요? 곽판(槨板)에 관한 서찰은 남해(南海)·삼가(三嘉)에서 그대에게 써 보냈다고 하니 알지 못하겠습니다만, 도착이 되었는지요? 상사(喪事)는 집안 형편에 맞춰서 하는 것이 고례(古禮)입니다. 매사를 마땅한 쪽으로 지휘해 주시면 다행이겠습니다. 허공간이 서울에 온다고 합니다. 믿을 것은 오직 그대뿐이니 더욱 간절하고 간절합니다. 불선(不宣). 삼가 절하고 답합니다.

---

**248** 대각의 직무를 벗고 : 【譯注】 이황은 1544년(중종39) 4월 사헌부 장령(掌令)에 제수되었는데, 같은 해 6월에 병으로 사직하였다.

**249** 허공간 : 【譯注】 허사렴(許士廉)으로, 본관은 김해(金海), 자는 공간이다. 이황의 첫째 부인인 정경부인(貞敬夫人) 허씨(許氏)의 남동생이다.

# 이군호에게 답하다 【갑진년(1544, 중종39, 44세) 7월 12일. 서울】
答李君浩

누차 멀리서 온 편지를 받고서 체후(體候)가 편안하고 좋은 줄 알았으니 참으로 위안이 됩니다. 저는 염려해 주시는 덕분에 그럭저럭 지내고 있습니다.

가려(嘉麗)의 집에 돌던 역병이 그쳤다고 하니 기쁜 일입니다. 그간의 모든 일을 가아(家兒)[250]가 어찌 알 수 있겠습니까. 게다가 저는 여기에 있어 멀리서 요량하여 처리할 수 없으니 오직 믿고 의지할 사람은 그대와 허공간(許公簡)[251] 등뿐입니다. 상사(喪事)는 집안 형편에 맞춰서 치러야 하니 되도록 간편하게 하는 것이 좋겠습니다.

앞서 보낸 여러 서찰은 어떻게 처리하셨는지요? 지금 또 감사(監司)께 서장(書狀)을 올리는데 또한 마땅한 쪽으로 가르침을 주신다면 매우 다행이겠습니다. 도사(都事)에게도 만나 뵙고 간곡히 부탁드렸는데 허락하고 가셨습니다. 아울러 조량(照諒)하십시오. 회(灰)는 삼가(三嘉)에 요청하여 도모하는 것이 좋겠는데 제 생각에 석회(石灰)는 권도(權道)를 따라서 쓰지 않는 것이 좋을 듯하니, 어떻겠습니까? 신주(神主)와 만장(挽章)은 제가 응당 갖추어 보내겠습니다. 아울러 조량 하십시오. 불구(不具). 삼가 절합니다.

---

**250** 가아 : 【譯注】 이황의 둘째 아들 채(寀)를 말한다.

**251** 허공간 : 【譯注】 허사렴(許士廉)으로, 본관은 김해(金海), 자는 공간이다. 이황의 첫째 부인인 정경부인(貞敬夫人) 허씨(許氏)의 남동생이다.

# 이군호에게 답하다 【갑진년(1544, 중종39, 44세) 11월 29일(그믐). 서울】
答李君浩

성주(城主)[252]께서 서울에 오시는 편에 보내주신 편지를 받았으니 위로 되는 마음을 어디에 비하겠습니까. 지금 하늘이 무너지는 애통함[253]은 온 나라가 똑같은데 하물며 저 같은 경우는 말해 무엇하겠습니까. 병을 무릅쓰고 분주히 뛰어다니느라 예전의 병증이 덧나서 근심과 답답함이 번갈아 극에 달합니다.

드릴 말씀은 다름이 아니라, 장사(葬事)가 투시(偸時)[254]로 정해지고 성주께서 또한 이미 조묘군(造墓軍)을 내어주었다고 하니 그대의 힘에 의지하여 대사(大事)를 마칠 수 있기를 매우 바랍니다. 다만 그 마을에 크고 작은 역병이 번갈아 유행한다고 하니 만약 근처 마을에 크게 번진다면 민간에서 몹시 심하게 꺼릴 것이니 어찌하겠습니까. 모쪼록 형세를 헤아려 잘 조처해 주시기를 바랍니다. 바라건대 조량(照諒)하십시오. 삼가 절하고 답합니다.

---

**252** 성주 : 【譯注】 당시 예안 현감(禮安縣監) 임내신(任鼐臣)을 가리키는 듯하다. 이황의 문인으로, 1544년 3월에 예안 현감으로 부임했다가 1549년 1월에 황해 도사(黃海都事)에 제수되었다.

**253** 하늘이 무너지는 애통함 : 【譯注】 중종(中宗)의 승하를 가리킨다.

**254** 투시 : 【譯注】 홍만선(洪萬選)의 《산림경제(山林經濟)》〈선택(選擇)〉에 "대한(大寒) 후 10일, 입춘(立春) 전 5일인데, 다만 1일이 상길(上吉)이 되고 전 1일과 후 1일이 차길(次吉)이 되니, 연월일시의 극(克)을 받는 것은 헤아리지 않고 일을 하여도 해가 없다. 그러나 5일 안에 일을 끝마쳐야 한다."라고 하였다.

# 이군호에게 답하다 【을사년(1545, 인종1, 45세) 1월 15일. 서울】

答李君浩

작별한 이래로 어느덧 이미 해가 바뀌었는데 보내주신 편지를 받으니 감사와 위로가 평소의 곱절이 됩니다. 다만 조섭(調攝)이 잘못되셨다고 하니 지금은 어떠하십니까? 생각건대 이미 나으셨겠지요.

저는 다른 걱정은 그런대로 면하였지만 국상(國喪) 중에 가화(家禍)가 겹치니 가슴을 에는 듯한 애통함이 끝이 없습니다. 《장사(葬事)는 초팔일(初八日)에 이미 치렀습니까? 그대가 고을에 있는 날에 미쳐 행하는 것이 매우 마땅한 일이지만, 마을 안에 빈소 장막을 치는 문제뿐만 아니라 비자(婢子)와 행자(行者)[255]의 처 또한 아팠다고 하는데 그사이 장사를 주관하는 것이 몹시 순탄치 못했을 터이니 멀리서 염려하는 마음을 도무지 이길 수 없습니다.》

보내주신 약재와 대추 등의 선물은 매우 감사히 받았습니다. 〈청향팔영(淸香八詠)〉[256]은, 가을과 겨울이 교차하던 무렵부터 연달아 일이 있다가 끝내 알밀(遏密)[257]의 변고를 만나서 오랫동안 시를 짓지 않은 터라 이 때문에 오래 지체하였으니 유감입니다. 나중에도 응당 잊지 않겠습니

---

**255** 행자 : 【譯注】 장례 때 상제(喪制)를 모시고 따라가는 하인을 말한다.

**256** 청향팔영 : 【譯注】 본래 제목은 〈청향당팔영(淸香堂八詠)〉으로, 《남명선생집(南冥先生集)》 권1에 보인다.

**257** 알밀 : 【譯注】 임금이 승하해 온 세상에 음악 소리가 끊어져 고요하다는 말로, 중종(中宗)의 국상(國喪)을 가리켜 한 말이다. 《서경(書經)》 〈순전(舜典)〉에 "요임금이 돌아가시니 백성들은 부모를 잃은 것처럼 슬퍼하였고 삼 년 동안 온 세상에 음악 소리가 끊어져 고요하였다.〔帝乃殂落百姓如喪考妣, 三載四海遏密八音.〕"라고 하였다.〈순전(舜典)〉의 전(傳)에 "알(遏)은 끊음〔絶〕이고, 밀(密)은 고요함이다."라고 하였다.

다. 조량(照諒)하시기 바랍니다. 《삼가 절하고 답합니다.》

# 이군호에게 답하다 신유년(1561, 명종16, 61세) 【5월 4일. 예안(禮安)】

答李君浩 辛酉

금문원(琴聞遠)[258]이 돌아오는 편에 또 보내주신 편지와 화운(和韻)한 시를 받았으니 감사하고 기쁜 마음이 어찌 끝이 있겠습니까. 저는 염려 덕분에 그럭저럭 세월을 보내고는 있지만 쌓인 병마에 매여서 멀리 남쪽으로 갈 길이 없으므로 벗을 만날 기약이 까마득하니 몹시 쇠약함을 스스로 한탄합니다. 마침 성묘 때문에 보내주신 시에 미처 수답(酬答)하지 못하였으니 더욱 안타깝습니다. 진중히 몸을 아끼시길 바랍니다. 불선(不宣). 삼가 절하고 답합니다.

---

**258** 금문원 :【譯注】금난수(琴蘭秀, 1530~1604)로, 본관은 봉화(奉化), 자는 문원, 호는 성재(惺齋) 또는 고산주인(孤山主人)이다.

# 이군호 원 에게 답하다 갑자년(1564, 명종19, 64세) 【3월 13일. 예안(禮安)】

答李君浩 源○甲子

천 리 머나먼 길 승려가 오는 편에 편지를 보내리라고는 일찍이 생각지 못하였습니다. 봉함을 열어 자세히 읽어봄에 풍범(風範)을 직접 대하는 듯하니, 매우 다행스럽고 고마워서 위로되고 놓이는 마음을 비할 곳이 없습니다.

나 같은 경우는 편벽되고 고루하고 형편없는 몸으로 오랫동안 병석에 누워있어 육체와 정신이 조락하고 초췌하며 지업(志業)이 엉성하고 거칠어[259] 고인(古人)을 우러러보면 따라가기 어렵고, 오늘날에 처해서는 부끄러운 일이 많으니 항상 친구 가운데 누군가가 통렬하게 바로잡고 경계해주는 도움이 있기를 바랐습니다. 그런데 편지에서 하신 말씀은 저를 추중(推重)하고 극구 칭찬하여 나 같은 사람에겐 과분하니 사람으로 하여금 부끄럽고 위축되어 식은땀을 흐르게 하는지라 감히 감당하지 못하겠습니다. 공은 사람을 속이지 않는 분이라고 알고 있는데 무슨 까닭으로 이처럼 하십니까?

드릴 말씀은 다름이 아니라, 말씀하신 〈도산기(陶山記)〉는 병중에 적적한 마음을 달래려 우연히 한 번 장난삼아 써본 글일 뿐이었는데 뜻밖에 아들과 조카들이 서로 돌려보다가 잘못 세상에 유출된 것입니다. 학식

---

**259** 엉성하고 거칠어 : 【攷證 卷4 鹵莽】《장자》〈칙양(則陽)〉에 "임금이 정사를 펼 때 거칠어서는 안 되고〔爲政勿鹵莽〕, 백성을 다스릴 때 소홀해서는 안 된다. 예전에 내가 벼를 심어 보니 밭갈이를 엉성하고 거칠게 하면 열매도 나에게 대충 보답하고〔昔子 爲禾耕而鹵莽之〕, 김매기를 엉성하고 거칠게 하면 벼 이삭도 나에게 대충 보답하였다." 라고 하였다. 그 주(註)에 "노무(鹵莽)는 마음을 쓰지 않는 모양새이다."라고 하였다.

있는 선비들의 비웃음을 어찌 이루 다 말할 수 있겠습니까. 지금 공은 경박하다고 꾸짖지 않으시고 도리어 이런저런 말씀을 하시고자 하는 것은 무엇 때문입니까? 《이는 더욱 온당치 않습니다.

그러나 보내온 종이를 감히 빈 채로 돌려보낼 수 없기에 고시(古詩)를 써서 보내드리려 했지만 마침 질녀의 상을 당하여 슬프고 참담한 마음에 병이 덧나서 붓을 들 겨를이 없어 전해줄 승려를 빈손으로 돌아가게 하니 몹시 부끄럽습니다. 천천히 응당 완성토록 하겠습니다. 의령(宜寧)[260] 사람 편에 부쳐 보내드릴 터이니 조량(照諒)하시면 매우 다행이겠습니다. 다만 당지(唐紙)는 물이 스며 얼룩져서 쓸 수 없을 듯하고, 기발(記跋)을 짓는 문제는 또 제가 병들고 졸렬하여 능히 이룰 수 있는 바가 아닌 듯합니다.

또 보내오신 시(詩)에도 응당 화답해야 하는데 슬픔이 이와 같아서 결국 짓지 못하니 한스러운 마음을 형언하기 어렵습니다. 후일에 이 태만함에 대해 속죄하겠습니다.

보내주신 감 선물은 삼가 잘 받았으니 참으로 감사합니다. 납약(臘藥) 소봉(小封)과 안식향(安息香) 16매로 미미한 정성을 조금이나마 보이니 바라건대 웃으며 받아 주시면 어떻겠습니까? 끝으로 시대를 위하여 더욱 보중(保重)하시길 빕니다. 불선(不宣).》


《은거하는 고매한 남명(南冥)[261]은 신명의 도움으로 청복(淸福)을 누릴 것이라 생각합니다. 만나 볼 길 없으니 그리움만 더할 뿐입니다.》

---

260  의령 : 【譯注】 퇴계 선생의 처가(초취(初娶) 허씨 부인의 집)가 있는 곳이다.

261  남명 : 【譯注】 조식(曹植, 1501~1572)으로, 본관은 창녕(昌寧), 자는 건중(楗仲)·건중(健中), 호는 남명, 시호는 문정(文貞)이다.

# 이군호에게 답하다 【갑자년(1564, 명종19, 64세) 6월 10일. 예안(禮安)】
答李君浩

복날 더위에 근황이 어떠하신지요? 양쪽이 서로 소식을 주고받지 못하니 아득한 그리움을 어떻게 이기겠습니까. 저는 범사(凡事)가 여전합니다.

드릴 말씀은 다름이 아니라, 전에 보내오신 여러 폭의 종이에 글을 다 써서 오랫동안 두었는데 방편이 없어 곧바로 보내지 못하였으니 유감입니다. 또 그중 여섯 폭은 더럽혀져서 붓을 댈 만하지 못하니 또한 아쉬워할 만합니다. 편지의 말씀을 살펴보건대 아마도 병풍에 제가 도산(陶山)에서 지은 여러 시를 실으려 하신 듯합니다. 제가 지난해 한가한 중에 오언·칠언절구를 장난삼아 지어서 애오라지 스스로 회포를 풀고자 했던 것인데 뜻밖에 원근(遠近)에 졸작이 퍼진 것이 이미 몹시 부끄러운 터에, 지금 어찌 스스로 병장(屛障)에 시를 베껴 넣을 수 있겠습니까. 제가 비록 공의 명을 구차하게 따르고자 하더라도 남의 비웃음과 꾸짖음은 어떻게 하겠습니까? 그러므로 다만 고인(古人)의 시를 써서 올리니 나무라지 말아 주십시오.

말씀하신 자서전(自敍傳)은, 그 안에 또한 제 이름을 언급하셔서 저를 추중하려는 뜻이 있는 듯합니다. 이 같은 상황에서 제가 어찌 스스로 써서 남에게 보이겠습니까. 이 때문에 또한 말씀대로 하지 못하니, 부끄럽게 저버리는 일이 여럿입니다. 조남명(曺南冥)[262]의 절구(絶句) 한 수

---

**262** 조남명 : 【譯注】 조식(曺植, 1501～1572)으로, 본관은 창녕(昌寧), 자는 건중(楗仲)·건중(健中), 호는 남명, 시호는 문정(文貞)이다. 출사하지 않고 제자 양성에 힘썼으며 이황과 더불어 영남(嶺南) 사림(士林)을 대표한다.

와 그대의 절구 세 수는 별지에 차운하여 써서 올리니 웃으며 받아 주시
고 아울러 남명옹(南冥翁)에게도 보여드림이 어떻겠습니까? 조량(照諒)
해 주십시오. 불선(不宣). 삼가 절하고 올립니다.

# 이군호에게 답하다 을축년(1565, 명종20, 65세) 【1월 29일(그믐). 예안(禮安)】

答李君浩 乙丑

뜻밖에도 부치신 편지가 양양(襄陽 예천(醴泉))에서 왔고, 보내신 절구(絶句) 세 수를 겸하여 받고서 평안히 지내시는 근황을 잘 알게 되었으니 멀리서 매우 기쁘고 위안이 됩니다. 또 꿈속에서 이인(異人)을 만나 좋은 말을 들었다고 했는데 이는 필시 평소 기이함을 좋아하고 남다름을 숭상하는 마음이 잠자는 동안에 발현하여 그런 것이니, 선뜻 스스로 자랑하고 자부하지는 말아야 할 듯합니다. 요컨대 마땅히 그 호(號)에 걸맞기를 생각하여[263] 더욱 덕을 숨기고 은둔하여 내면의 수양에 힘쓰는 것이 좋겠습니다.

구사재(九思齋)로 명명(命名)하신 뜻은 또한 삼가 잘 들었습니다. 저에게 부탁하신 기문(記文)과 보내주신 시 등은 다 마땅히 받들어 화운하고 짓겠습니다. 다만 지난겨울의 한설이 유달리 혹독하여 한질(寒疾)에 심하게 걸리는 바람에 지금까지도 낫지 않아서 앓는 채로 누워 신음하며 정신이 시들고 소모되어 구상할 겨를이 없었으니, 말씀을 저버린 부끄러움을 어쩌겠습니까, 어쩌겠습니까.

들기로 남명(南冥)[264]이 지나가는 길에 들러 정담을 나누었다고 하니

---

**263** 그……생각하여 : 【譯注】 호가 청향당이므로 이렇게 말한 것이다. 박래오(朴來吾)가 지은 〈청향당 이 선생 행장(清香堂李先生行狀)〉에 "선생은 과거 공부를 그만두고 외사(外舍) 곁에 따로 당(堂)을 짓고 이름을 청향당이라 하였다. 당 앞에는 연못을 파고 연못 주변에는 화초를 심었는데, 청은가둔(清隱嘉遯)의 뜻을 부쳐서 자신을 청향거사(清香居士)라고 불렀다."라고 하였다. 《尼溪集 卷8》

알지 못하겠습니다만, 어떤 특이한 의논이 있었는지요? 말로는 뜻을 다 하지 못하니, 부디 보중(保重)하길 바랍니다. 일일이 적지 못합니다. 《삼가 절하고 답합니다.》

---

**264** 남명 : 【譯注】 조식(曺植, 1501~1572)으로, 본관은 창녕(昌寧), 자는 건중(楗仲)·건중(健中), 호는 남명, 시호는 문정(文貞)이다.

# 이군호에게 답하다 【을축년(1565, 명종20, 65세) 12월 29일(그믐). 예안(禮安)】

答李君浩

몇 달 전에 보내주신 편지를 받고서 의춘(宜春)[265]에 와서 제전(祭奠)하고 아울러 지구(知舊)를 방문한 줄 알았습니다. 저를 그리워하며 감개에 젖어 탄식하는 뜻이 시사(詩詞)에 넘치니 멀리서 부쳐주며 생각해주심에 깊이 감사드립니다.

　저는 다행스럽게도 여기서 한가롭게 은거하며 노쇠한 몸을 보전하고 있습니다. 그러던 중 내년 봄에 한번 남행(南行)을 해 볼까 하였었는데, 지금 다시 사세에 막혀서 계획이 이미 중단되었으니 잘 모르겠습니다만, 이 여행을 언제나 할 수 있을까요? 추운 집에 붓이 얼 정도라 일일이 적지 못합니다. 화운(和韻)한 시는 별지에 수록하니 웃으며 읽어보시고 부부(覆瓿)[266]로 삼아 주십시오. 오직 새해에 진중하길 바랍니다. 삼가 절하고 답합니다.

---

**265** 의춘 : 【譯注】 경상남도 의령(宜寧)의 옛 이름이다. 이황의 처가가 있었다.

**266** 부부 : 【譯注】《한서(漢書)》 권87 〈양웅전(揚雄傳)〉에 "유흠(劉歆)이, 양웅이 지은 《법언(法言)》을 보고 '왜 세상에서 알지도 못하는 글을 이토록 애써 지었을까? 나중에는 장독 덮개밖에 되지 않을 것 같다.'라고 했다."라고 하였다. 대개 자신이 지은 시문이 가치가 없는 하찮은 것임을 뜻하는 겸사(謙辭)이다.

# 이군호에게 답하다 병인년(1566, 명종21, 66세) 【윤10월 11일. 예안(禮安)】

答李君浩 丙寅

천 리 밖 승려가 오는 길에 보내주신 편지를 받아 보고 기거가 맑고 성대함을 알아서 울울하게 그리워하던 마음이 트이니 다행스럽고 고맙습니다. 지난봄에 과연 남행(南行)할 계획이 있었는데 끝내 어긋나게 되었습니다. 예전에 노닐던 곳을 다시 찾는 건 바라지도 않습니다만 마침내 갖가지 낭패를 보아 오늘날에 이르러 병은 더욱 심해지고 남들의 혐의와 비방은 그치지 않으니 어떻게 될지 모르겠는지라 사람으로 하여금 근심하고 두렵게 하니 어찌해야겠습니까.

남명(南冥)[267]도 예의 그물〔禮羅〕[268] 안에 들었으나 대처를 이미 마땅하게 하였으니 부럽고 부럽습니다. 보내주신 시는 매우 감사합니다. 다만 병풍에 써 달라 부탁하셨는데 공께선 어찌도 이렇게까지 잘못을 하신단 말입니까? 늙고 못난 제가 쌓인 병에 한창 시달려 눈이 뿌옇게 가려졌으니 어찌 감히 이런 일들을 할 수 있겠습니까. 생각건대 공은 병이 없으므로 동갑인 사람의 늙고 병듦이 이와 같은 줄 모르리니 어찌 미루어 헤아려달라고 할 수 있겠습니까. 그렇지만 멀리서 전한 뜻을 다 저버릴 수 없기에 엉성하게나마 써서 드리니 원하건대 혜량(惠諒)하면 다행이

---

**267** 남명 : 【譯注】조식(曺植, 1501~1572)으로, 본관은 창녕(昌寧), 자는 건중(楗仲)·건중(健中), 호는 남명, 시호는 문정(文貞)이다.

**268** 예의 그물 : 【譯注】그물로 새나 물고기를 잡듯이 예(禮)로써 인재(人才)를 맞아 들여 등용하는 것을 가리킨다. 당(唐)나라 대숙륜(戴叔倫)의 〈기선사사화상인(寄禪師寺華上人)〉에 "예라에 벽옥을 더해 와서, 훌륭한 인재를 천거해 구름과 나란히 올린다.〔禮羅加璧至, 薦鶚與雲連.〕"라고 하였다.

겠습니다. 공책(空冊)은 더욱 억지로 쓰기 어려우니 의아하게 여기지
않으시면 또한 다행이겠습니다. 보내주신 귤과 감은 매우 고마울 뿐입
니다. 초겨울 날씨에 자중자애하십시오. 불선(不宣). 삼가 절하고 답합
니다.

# 이군호에게 답하다 【기사년(1569, 선조2, 69세) 1월 18일, 서울】

答李君浩

지난해에 보내주신 편지와 두 편의 절구(絶句) 시를 받아 보고 오래도록 답장을 하지 못했습니다. 해가 바뀐 지금 그대의 건강은 더욱 좋으시리라 생각됩니다. 저는 속진(俗塵)의 그물 속에 한 번 떨어지자[269] 빠져나오려고 하면 할수록 더욱 걸려들었습니다. 병으로 겨울을 다 보내고 나니 하늘과 땅에 부끄럽고 두렵습니다. 세상에는 반드시 구름 위에 누워 아래를 내려다보며 비웃을 고사(高士)가 있을 것입니다. 칠십의 나이에 온갖 병으로 쇠잔한 몸이, 다시 이런 일을 보리라고는 생각하지 못하였습니다. 복숭아꽃 피고 봄물이 불어나는[270] 이때에 고향으로 돌아가는 배를 띄워야 할 텐데, 다만 몸을 빼낼 길이 쉽지 않음을 염려합니다.

남명(南冥)[271]은 반드시 이미 덕산(德山)[272]으로 돌아갔을 것입니다. 요즈음 경연에서 다시 부르자는 청이 있었지만, 또 남명의 심사(心事)를 잘 아는[273] 자가 있어 상황을 적절하게 잘 설명해준 덕분에 멈출 수 있었

---

**269** 속진의……떨어지자 : 【攷證 卷4 一墮塵網】 이는 당연히 기사년 도성에 있을 때이다. 제목 아래 연조(年條)가 빠져 있다.

**270** 복숭아꽃……불어나는 : 【攷證 卷4 桃花春漲】 송나라 진원정(陳元靚)의 《세시광기(歲時廣記)》에 다음과 내용이 있다. "중춘(仲春)의 달에 복숭아꽃이 피기 시작하는데, 이때 비가 내리면 내와 골짜기의 얼음이 녹아 물결이 불어난다. 그러므로 그것을 '도화수(桃花水)'라고 한다."

**271** 남명 : 【譯注】 조식(曺植, 1501~1572)으로, 본관은 창녕(昌寧), 자는 건중(楗仲), 호는 남명·남명(南溟)·산해(山海)·방장노자(方丈老子)·방장산인(方丈山人), 시호는 문정(文貞)이다.

**272** 덕산 : 【攷證 卷4 德山】 두류산(頭流山) 안에 있으니, 곧 남명이 만년에 거처하던 곳이다. 지금은 서원이 있다.

습니다. 남명을 위해서 매우 축하할 일입니다.

《약대추를 보내주시니 매우 감사합니다. 병중에 무료한데도 보내주신 시에 미처 화답하지도 못하였으며, 약은 요청하신 대로 구해 드리지 못하고 다만 납제(臘劑)274 몇 가지를 대략 올려드리니, 웃으며 받아주십시오. 삼가 절하고 올립니다.》

273 남명의……아는 : 【攷證 卷4 知南冥心事】 고봉(高峯) 기대승(奇大升)의 《논사록(論思錄)》에 다음과 같은 내용이 있다. "조식이 서울로 올라오는 일에 대하여 글을 내리셨는데 '비록 보고 싶은 마음은 매우 간절하나 현사(賢士)를 대우하는 도는 마땅히 넉넉해야 하기에 갑자기 재촉할 수는 없다. 만일 날이 추워 병에 걸렸다면 상황을 보고 올라오라. 다시 하유하겠다. 운운.'이라고 하였다."

274 납제 : 【譯注】 해마다 납일(臘日)에 임금이 가까운 신하들에게 나누어 주던 환약으로, 내의원(內醫院)에서 조제한 청심환(淸心丸)·안신환(安神丸)·소신환(蘇神丸) 등을 말한다.

# 이군호에게 답하다 【기사년(1569, 선조2, 69세) 4월 20일, 예안(禮安)】
答李君浩

갑자기 보내주신 편지를 받고, 산사(山寺)에서 피우(避寓)[275]하고 계시며 기미(氣味)가 좋으심을 알았으니 지극히 기쁘고 위로가 됩니다. 다만 물외(物外)의 청유(淸遊)를 함께 할 수 없는 것이 아쉬울 뿐입니다. 저는 봄부터 원기(元氣)의 허약함이 더욱 심해져 두문불출하며 조섭하고 있습니다.

일찍이 허공간(許公簡)[276]을 통해 그대가 함양 훈도(咸陽訓導)에 부직(付職)된 것을 들었는데, 누가 그것을 도모한 것인지는 모르겠습니다만, 매우 기쁘고 축하드립니다. 지금 온 편지에서는 제가 도모한 것이라고 하였는데, 이것은 전한 자가 잘못한 것입니다. 마땅히 다시 해조(該曹)에 허실을 물어 따져봐야 할 것입니다.

가아(家兒)가 병이 없다니 기쁩니다. 근래에 반드시 서울로 올 터인데 기다리기 어려울 뿐입니다. 살펴주시기 바랍니다. 불선(不宣). 삼가 답합니다.

---

**275** 피우 : 【譯注】 역질(疫疾) 등을 피하기 위해 다른 곳에 가서 임시로 사는 것을 말한다.

**276** 허공간 : 【譯注】 허사렴(許士廉)으로, 본관은 김해(金海), 자가 공간이다. 허찬(許瓚)의 아들이며 이황(李滉)의 처남으로, 1549년(명종4) 생원시(生員試)에 합격하였다.

# 주약지[277] 박 에게 보내다 갑자년(1564, 명종19, 64세)【6월 23일, 예안(禮安)】

與周約之 博○甲子

《문안드립니다.》 선생[278]의 시와 문장은 기이하며 장엄하고 자유로워서 용사(龍蛇)를 사로잡고 호표(虎豹)를 때려잡는 것[279] 같아 헤아릴 길이 없으니, 진실로 좁은 소견으로는 도달할 수 있는 경지가 아닙니다. 망양(望洋)의 탄식을 이길 수 없습니다. 다만 후세에 전하는 것에 대하여 논한다면, 그중에서 의심할 만한 것이 없을 수 없으니 모두 그대로 전할 필요는 없을 듯합니다. 그러므로 망령되이 사견으로 제목 위에 권점(圈點)으로 표시하였으니, 모르겠습니다만, 이처럼 버리고 취하는 것이 여러분 생각에는 어떨는지요? 예안공(禮安公)[280]과 상의하여 적합하지 않은 것을 고치고, 또는 혹 다른 안목 있는 사람에게 다시 질정하여 정본(淨本)으로 만들어 보관하여 훗날을 기다린다면 다행이겠습니다. 혹 전집(全集)을 취해서 간행하거나, 혹 본래 버렸던 것을 찾아서 취할 것을 가

---

**277** 주약지 :【攷證 卷4 周約之】주박(周博, 1524~?)으로, 본관은 상주(尙州), 자는 약지(約之), 호는 구봉(龜峯)이다. 신재(愼齋 주세붕)의 아들이다. 관직은 교리(校理)를 지냈다.

**278** 선생 :【譯注】주세붕(周世鵬, 1495~1554)으로, 본관은 상주(尙州), 자는 경유(景遊), 호는 신재(愼齋)·손옹(巽翁)·남고(南皐), 시호는 문민(文敏)이다.【攷證 卷4 先生】곧 신재를 가리킨다.

**279** 용사를⋯⋯때려잡는 것 :【攷證 卷4 捕龍蛇搏虎豹】당나라 유종원(柳宗元)의 〈한유가 지은 「모영전」을 읽은 뒤에 쓰다〔讀韓愈所著毛穎傳後題〕〉에 보인다.

**280** 예안공 :【譯注】주세붕의 종질(從姪)이다.【攷證 卷4 禮安公】주이(周怡, 1515~1564)로, 본관은 상주(尙州), 자는 사안(士安), 호는 이락당(二樂堂)이다. 일찍이 예안 현감(禮安縣監)을 지냈다.

릴 경우는 반드시 적합한 사람이 있고 시기가 적절해야 할 것입니다.

《감히 오래 가지고 있을 수 없었는데, 마침 오군(吳君)이 떠난다 해서 여섯 책을 부쳐 돌려드리니, 잘 받아주십시오. 삼가 말씀드립니다.》

# 소수서원[281]의 일을 논하여 영천 군수에게 보내고자 했던 글 병진년(1556, 명종11, 56세) 【12월 1일. 예안(禮安)】

擬與榮川守論紹修書院事 丙辰

군수 안상(安瑺)[282]은 곧 문성공(文成公)[283]의 후예이다.


황(滉)은 재배(再拜)합니다. 제가 듣건대 서원의 모든 유생들이 봄부터 흩어져 연말이 다 된 지금까지도 다시 모이지 않는다고 하니, 마음으로 한탄하면서도 계책을 마련할 방도를 모르겠습니다.

국가가 서원을 세우도록 허락한 이유가 무엇이겠습니까? 현자를 높이고 선비를 기르며 즐겁게 인재를 육성할 장소로 삼고자 한 것이 아니겠습니까? 김중문(金仲文)이 유사(有司)가 되었으면 마땅히 국가의 아름다운 취지를 따라 직분을 공경히 삼가 지켜서 많은 선비들이 즐겁게 오도록 하는 것이 옳습니다. 그런데 도리어 거만하고 뽐내며,[284] 유생들을 어린 아이처럼 보고 심지어 비루하고 천한 말까지 하였으니, 유생들이 격노하여 서원을 비우고 떠난 것이 어찌 유생들의 잘못이라고 할 수 있겠습니까. 조정에 청원하지도 않고 바로 김중문의 직임을 갈아치운 풍기 군수

---

281 소수서원 : 【譯注】 경상북도 영주시 순흥면에 위치한 서원으로, 1542년(중종37) 주세붕(周世鵬)이 창건한 백운동서원(白雲洞書院)이 그 시초이며, 1550년(명종5)에 '소수서원'이라 사액되었다. 안향(安珦)·안축(安軸)·주세붕(周世鵬) 등을 배향하였다.

282 안상 : 【譯注】 1511~1573. 본관은 순흥(順興), 자는 계진(季珍)이다. 【攷證 卷4 安瑺】 좌상(左相) 안현(安玹)의 아우로, 이산서원(伊山書院)을 창건하였다.

283 문성공 : 【譯注】 안향(安珦, 1243~1306)으로, 본관은 순흥(順興), 자는 사온(士蘊), 호는 회헌(晦軒), 시호는 문성이다.

284 거만하고 뽐내며 : 【攷證 卷4 倨傲鮮腆】 송나라 소식(蘇軾)의 〈유후론(留侯論)〉에 나오는 말로, 거만하게 굴며 그 예(禮)를 후하게 하지 않는 것을 이른다.

(豊基郡守) 한기(韓琦)[285]는 확실하게 잘못한 것입니다. 그러나 김중문이 그대로 직임을 맡는다는 것도 사실 또한 어렵습니다. 김중문을 위해서 생각해 본다면, 이때에 더욱 마땅히 참회하고 자책하며 지극히 성실하고 간절하게 자기를 굽히고 사과해야 했으니, 그랬다면 유생들의 마음도 확 풀리게 되었을 것이고 김중문은 오히려 선한 사람이 되었을 것이며, 서원에는 아무 일도 없었을 것입니다. 그러나 김중문은 그렇게 하지 않고, 원망과 한탄을 품고 시기와 악감을 지닌 채 유생들을 적대시하여, 반드시 죄의 그물에 그들을 넣으려고 하였습니다. 이로 말미암아 조정의 추문(推問)이 있게 되니 유관(儒冠)을 쓴 자들이 잡혀가서 조정에서 힐문을 당하게 되었을 뿐 아니라 그 자신도 옥에 갇히게 됨을 면하지 못했던 것입니다. 이렇게 하여 김중문의 잘못이 재차 더욱 커지는 데 이르렀으니, 자신을 위해서도 제대로 도모하지 못한 것입니다.

제가 듣건대, 잘못을 하고도 고치지 않는 것이 잘못이라고 하며, 또 듣건대 잘못을 하고도 능히 고친다면 잘못이 없게 된다고 합니다. 김중문은 거듭 잘못하였지만 고칠 수만 있다면 오히려 잘못이 없는 사람이 될 것입니다. 그런데 근래에 들으니 김중문은 아직도 뉘우칠 줄 모르고 팔뚝을 걷어 부치고 큰소리치면서 "내가 누구누구를 보면 몽둥이든 칼이든 가리지 않고 반드시 욕을 보이겠다."라고 하고 또 "이 일 때문에 끝내는 사림(士林)의 화가 있게 될 것이다."라고까지 한답니다. 아, 김중문이 정말 이런 말을 하였는가? 혹 그렇지 않고 전한 사람이 잘못 전한 것인가? 전한 사람이 잘못 전하였다면 김중문에게는 다행입니다만, 가사 진실로 이런 말을 하였다면 그가 능히 잘못을 고치고 선을 따르리라 기필할 수 있겠습니까. 김중문이 이렇게 폭위(暴威)를 떨치니,[286] 저 선비된 자

---

285 한기 : 【譯注】 ?~?. 본관은 청주(淸州), 자는 중온(仲溫), 호는 봉곡(蓬谷)이다.

들이 지난번에는 유관을 쓴 이들이 욕을 당하는 것을 보았고 그 뒤에는 위협하는 말을 들었으므로, 수치스럽게 여기는 마음을 갖게 되고 아울러 화를 두려워하는 염려까지 있게 되었습니다. 그러니 그들이 다시 서원에 들어오려고 하지 않는 것도 어찌 괴이할 게 있겠습니까.

성주께서 처음 영천 군수가 되셨을 때 사림은 서로 축하하며, 문성공(文成公)의 후손이 이웃 고을의 수령으로 왔으니 반드시 서원에 힘이 될 것이라고 여겼는데 지금은 크게 실망하였습니다. 그러나 사림은 성주가 서원에 힘을 쓰지 않는다고 말하는 것이 아니라, 힘을 다하는 것이 도리어 해가 된다고 말하는 것입니다. 왜냐하면, 김중문의 사람됨으로 말하면, 내가 처음에 그를 매우 환대(歡待)했던 것은 서원에 공로가 있었기 때문이었는데 지금은 그를 그르다고 하지 않을 수 없는 것은 그가 선비를 대우하는 도리를 잃고 서원의 일을 망치기 때문입니다. 생각건대 성주께서 김중문을 후하게 대하는 것도 서원 때문일 것입니다. 그렇다면 그가 선비를 대우하는 도를 잃고 서원의 일을 무너뜨리는 잘못에 대하여 성주께서는 어찌하여 잘못되었다고 하지 않고 도리어 옹호하십니까? 공(功)이 있으면 공이 있다고 하는 것이 공정하며, 잘못이 있으면 잘못이 있다고 하는 것이 공정합니다. 어찌 사사로운 마음을 용납하겠습니까. 한결같이 공정하게 할 뿐이니 어찌 선비들이 마음으로 불복할 것을 걱정하십니까?

또 저 김중문은 본래 일개 시골 사람일 뿐입니다. 문장이나 행실, 학식이 뛰어나서가 아니라 다만 서원의 일을 맡은 공로 때문에 주경유(周景

---

 폭위를 떨치니 :【攷證 卷4 鴟張】당나라 희종(僖宗) 건부(乾符) 3년 〈초적을 토벌하라는 조서〔討草賊詔〕〉에 "여우가 범의 위세를 빌리고 솔개가 날개를 펼친 듯이 하여〔狐假鴟張〕'날래고 용맹한 우리를 대적할 자가 없다'고 스스로 말한다."라고 하였다.《唐大詔令集 卷120 政事 討伐下》

遊)[287]의 인정을 받고 여러 재상에게 기억되고 성주의 후한 대접을 받게 된 것입니다. 이렇게 해 준 것이 어찌 그로 하여금 선비를 쫓아내어 서원을 텅 비게 하고, 세력에 가탁하여 제멋대로 행동해서 여러 군의 선비들[288]을 능멸하고 협박하게 하려 한 것이겠습니까. 김중문의 다른 잘못의 유무는 물을 필요도 없이, 이 한 가지 일에 대해서만 성주께서 공평한 마음으로 자세히 살펴보신다면 어찌 그 잘못을 꿰뚫어 알지 못하시겠습니까.

공자가 "사랑한다면 수고롭게 하지 않을 수 있겠는가? 충성한다면 깨우쳐주지 않을 수 있겠는가?〔愛之, 能勿勞乎? 忠焉, 能勿誨乎?〕"[289]라고 하였습니다. 성주께서 만일 김중문의 잘못을 알면서도 가르쳐 고치게 하지 않는다면 이는 김중문을 후하게 대하는 것이 바로 그를 박하게 대하는 것이 되고, 서원을 받드는 것이 바로 서원을 버리는 것이 됩니다. 성주께서는 어찌하여 "저 서원은 현자를 높이고 선비를 기르기 위하여 설치하였다. 김중문이 선비를 대우하는 도를 잃었는데 내가 김중문을 편들고 유생들을 틀렸다고 한다면 나 역시 잘못이다."라고 뒤집어서 생각하지 않으십니까? 또 이 마음을 미루어 김중문을 깨우쳐서 "저 서원은 현자를 높이고 선비를 기르기 위하여 설치하였다. 네가 유생들을 모멸하고 서원을 비게 만든다면 너의 과거 공적이 어디에 있겠느냐? 재상들이 너를 허여한 뜻이 또 어떠한가?"라고 하고, 반복해서 깊이 생각하여 "내가 이

---

**287** 주경유 : 【譯注】 주세붕(周世鵬, 1495~1554)으로, 본관은 상주(尙州), 자는 경유, 호는 신재(愼齋)·손옹(巽翁)·남고(南皋), 시호는 문민(文敏)이다.

**288** 선비들 : 【攷證 卷4 縫掖】 공자가 "저는 어려서 노(魯)나라에 살 때는 봉액의 옷을 입었습니다.〔衣縫掖之衣〕"라고 하였다. 《禮記 儒行》【校解】 '봉액'은 소매가 크며 겨드랑이를 터놓지 않은 도포로, 유생이 입었기 때문에 유학자를 뜻한다.

**289** 사랑한다면……있겠는가 : 【譯注】 《논어》〈헌문(憲問)〉에 보인다.

잘못을 고치게 하지 못한다면 나의 선조의 신령 앞에서 고할 말이 없고 국가에서 서원을 세운 뜻을 저버리게 된다."라고까지 하신다면, 중문도 틀림없이 보고 감동할 것입니다. 그리하여 갑자기 깨달아서 "내가 이 잘못을 고치지 않는다면 지하에서 주 선생(周先生)290을 뵐 낯이 없으며, 여러 재상이 나에게 후하게 대하여 주신 뜻을 저버리게 될 것이다."라고 할 것입니다. 이로써 지나간 잘못을 깊이 타일러 주고, 고칠 수 있는 방법을 열어 보여주십시오. 군자의 허물은 일식·월식과 같아서 허물이 있으면 사람들이 다 보고, 고치면 사람들이 다 우러러 본다291고 하니, 사림 가운데 누구인들 감격하여 성주의 높은 의리를 사모하지 않겠습니까.

이렇게만 하고 그칠 일이 아닙니다. 풍기(豐基)에는 황중거(黃仲擧)292가 있고 영주에는 박중보(朴重甫)293가 있습니다. 덕행과 학문이 뛰어난 선배는 후배들이 우러러 보는 대상이요 한 지역의 선창자입니다. 성주께서 이 두 사람에게 진심으로 몸소 달려가 간절하게 그들을 일어나게 하여 날짜를 정하여 서원에서 모이게 하시고, 이 두 사람도 각각 자기 읍의 선비들에게 글로써 고하여 그들을 불러들인다면, 선비들은 반드시 구름처럼 모여들어 감히 늦게 오는 자가 없을 것이요, 두 군의 선비가 이미 모이고 나면 원근에서 소문을 듣고 다투어 올 것입니다. 이와 같이 하여 크게 경장(更張)하여 서원의 규모를 더욱 빛나게 하고 넓힌다면 사람들이 애초에 바라던 희망에 거의 부응할 수 있을 것입니다.

---

**290** 주 선생 : 【譯注】 소수서원을 창건한 주세붕을 가리킨다.

**291** 군자의……본다 : 【譯注】《맹자》〈공손추 하(公孫丑下)〉에 보인다.

**292** 황중거 : 【譯注】 황준량(黃俊良, 1517~1563)으로, 본관은 평해(平海), 자는 중거, 호는 금계(錦溪)이다.

**293** 박중보 : 【譯注】 박승임(朴承任, 1517~1586)으로, 본관은 반남(潘南), 자는 중보, 호는 소고(嘯皐)·철진(鐵津)·수서옹(水西翁)·반계병통(蟠溪病侗)이다.

그렇지 않고 잘난 체하는 음성과 안색으로 움직이기 쉽고 제압하기 쉬운 이 한두 사람을 간혹 유인하여, 입학하여 푸대접[294]을 받으면서 구차히 생활하게 해 놓고는 "이 정도면 서원이라 하기에 충분하다."라고 한다면 서원이라는 이름은 있어도 서원의 실체는 이미 없어진 것입니다.

또 자신을 굽혀 선비에게 낮추는 것은 대부의 아름다운 일이요, 몸을 낮추어 녹이 있는 곳으로 나아가는 것은 선비가 부끄러워하는 바입니다. 지금 성주가 선비에게 자신을 굽히지 않고 선비가 몸을 굽혀 서원에 나오도록 하려 한다면, 이는 성주는 아름다운 것을 보고 취하지 않는 것이요, 선비는 부끄러운 일인 것을 알면서도 스스로 덮어쓰는 것이니, "사람이 각각 자기의 보물을 잃는다."[295]라는 옛말이 바로 이런 경우일 것입니다. 어찌 애석하지 않으며 어찌 상심하지 않겠습니까.

게다가 세월은 놓치기 쉽고 사람의 일은 기필하기 어렵습니다. 유생들의 뜻을 갑자기 돌리기도 전에 임기[296]가 이미 끝나버린다면 죽계(竹溪)[297]의 경치가 서늘해지고 큰 집에서 글 읽는 소리도 적막해져서 안개

---

**294** 푸대접 : 【譯注】《맹자》〈고자 상(告子上)〉에 "한 그릇 밥과 한 그릇 국을 얻으면 살고 얻지 못하면 죽더라도, 혀를 차고 꾸짖으며 주면 길 가는 사람도 받지 않고, 발로 차듯이 주면 걸인도 받으려 하지 않는다.〔一簞食一豆羹, 得之則生, 弗得則死, 嘑爾而與之, 行道之人弗受, 蹴爾而與之, 乞人不屑也.〕"라는 말이 나온다. 【攷證 卷4 嘑啐】한나라 조기(趙岐)의 《맹자주소(孟子注疏)》에 "호(嘑)는 혀를 차고 꾸짖는 모양〔咄啐之貌〕이다."라고 하였다.

**295** 사람이……잃는다 : 【攷證 卷4 人喪其寶】송나라 사람이 옥을 얻어 그것을 자한(子罕)에게 바쳤는데, 자한이 받지 않으며 "나는 탐하지 않는 것을 보배로 여기고 그대는 옥을 보배로 여기니, 만일 이것을 나에게 준다면 우리 모두 보배를 잃는 것이오.〔皆喪寶也〕"라고 하였다. 《春秋左氏傳 襄公 15年》

**296** 임기 : 【攷證 卷4 及瓜之期】제후(齊侯)가 연칭(連稱)과 관지보(管至父)로 하여금 규구(葵丘)를 지키게 하였는데, 그들이 오이가 나오는 때에 부임하므로 "내년 이맘때쯤 오이가 나오는 때에 교체해 주겠다.〔及瓜而代〕"라고 하였다. 《春秋左氏傳 莊公 8年》

와 풀로 덮이고 보는 사람들도 슬퍼하고 탄식하게 될 터이니, 그렇게 된다면 비록 김중문과 같은 사람이 열 명이 있다고 해도 묘우(廟宇)를 지키며 봄가을의 제사를 폐하지 않을 수 있겠습니까? 저는 문성공의 영령이 여기에서는 흠향하려고 하지 않을까 두렵고, 주경유의 영혼이 지하에서 눈물을 훔칠까 두렵습니다.

　제가 이 말을 올리고자 한 것은 오래 되었으나, 무인지계(無因之戒)²⁹⁸를 거울삼아 감히 발설하지 못하고 있었습니다. 마침 성주께서 이 고을을 지나가신다는 소식을 듣고 대략 위와 같이 말씀드립니다. 성주께서 저의 말을 어떻게 생각하실지 모르겠습니다. 가정(嘉靖) 35년(1556, 명종11) 12월 초하루에 황이 절하고 올립니다.

---

**297** 죽계 : 【譯注】 소수서원 앞쪽에 있는 시내의 이름이다.

**298** 무인지계 : 【攷證 卷4 無因之戒】《고증》 권1 〈규암 송미수가 동지부사로 명나라 서울에 가시므로 받들어 드리다〔奉贈圭庵宋眉叟以冬至副使赴京〕〉의 "칼을 만질까〔按劍〕" 주석에 보인다. 【校解】 한나라 추양의 〈옥중상서(獄中上書)〉에 "신이 듣건대, 명월주와 야광벽을 도로에서 몰래 사람들에게 던져 놓는다면, 누구든지 칼을 어루만지며 노려보지 않는 자가 없을 것입니다. 왜냐하면 아무 이유 없이 그것이 자기 앞에 던져졌기 때문입니다.〔無因至前也〕"라고 하였다.《史記 卷83 鄒陽列傳》"무인지계를 거울삼았다."는 말은 느닷없이 보내면 상대가 의아하게 여길까봐 보낼 수 없었다는 뜻이다.

# 서원의 일을 논하여 풍기 군수에게 보내고자 했던 글 정사

년(1557, 명종12, 57세) 【2월 16일. 예안(禮安)】

擬與豐基郡守論書院事  丁巳

군수는 김경언(金慶言)[299]이다.


황(滉)이 재배(再拜)합니다. 지난해 겨울에 유생 장모(張某)[300]가 와서 저에게 "서원은 지난봄에 유생들이 권당(捲堂)[301]을 하느라 일제히 나가 버린 뒤부터는 지금까지 한 사람도 들어오는 이가 없습니다. 영천 군수 (榮川郡守)가 -안상(安瑺)이다.- 굳이 저에게 먼저 가기를 요청하여, 유생 들이 그로 인하여 다시 모이기를 바라는데 저는 어떻게 처신해야 좋을지 모르겠습니다."라고 하였습니다. 저는 "영천 군수가 서원에 대하여 마음 을 씀이 이와 같음은 진실로 가상합니다. 그러나 거기에 미진한 바가 있는 것이 오히려 애석합니다."라고 하고, 이어서 대략 그 미진한 까닭을 말해주었습니다. 얼마 뒤에 들으니 영천 군수가 일이 있어 우리 현(縣)을


**299** 김경언 : 【攷證 卷4 金慶言】1521~1557. 본관은 순천(順天), 자는 언희(彦喜), 호는 눌재(訥齋)이다. 사마시에 합격하고 문과에 급제하여 관직이 군수에 이르렀다. 풍기(豐基)에서 졸하였다.

**300** 장모 : 【攷證 卷4 張某】곧 장수희(張壽禧, 1516~1586)로, 본관은 인동(仁同), 자는 우옹(祐翁), 호는 과재(果齋)이다.《정본 퇴계전서》권15 〈이산서원기(伊山書院 記)〉에 보인다.

**301** 권당 : 【攷證 卷4 捲堂】살펴보건대,《송사(宋史)》에 "태학(太學)의 유생들이 글을 올려 사숭지(史嵩之)의 간악함을 논하였으나, 임금이 비답(批答)을 내리지 않았 다. 그러자 태학에 방을 걸어 '승상이 아침에 들어가면 유생들은 저녁에 나가고, 승상이 저녁에 들어가면 유생들은 아침에 나간다.'라고 하였고, 권당문(捲堂文)을 지어 선성 (先聖)께 고하고 그 다음날 마침내 떠났다."라고 하였다. 이것이 '권당' 명칭이 생겨난 유래이다.《宋史紀事本末 卷25 史嵩之起復》

지날 것이라 하기에 그 일을 논한 편지 한 통을 써서 전달하려 하였습니다. 대략의 내용은 다음과 같습니다.

"유생들이 서원을 비운 것은 김중문(金仲文)의 일에 격분해서입니다. 족하가 김중문을 편들고 유생들을 비난하여 김중문으로 하여금 더욱 전횡하게 하여 유생들의 치욕은 더욱 심하게 되었습니다. 이제 유생들이 만일 아무 이유 없이 다시 모인다면, 이는 유생들의 거취가 분명치 못하고 서원의 체통이 가벼워지는 것입니다. 족하를 위해 계책해 보건대, 먼저 스스로에게 허물을 돌려 김중문을 꾸짖고 이런 지극한 정성으로 널리 제생들을 타이르고, 또 영천·풍기 두 고을에 살고 있는 박중보(朴仲甫)·황중거(黃仲擧) 같은 선달(先達)들을 직접 찾아가서 간절히 청하여 그들을 일으켜서, 그들로 하여금 기일을 정하여 서원에 나오도록 하여 유생들을 불러서 서원에 들어오게 하는 것 만한 방법이 없으니, 그렇게 되면 유생들이 감히 오지 않을 자가 없을 것입니다. 이와 같이 하면 족하는 선비에게 자신을 낮춘 아름다움을 지니게 되고, 유생들은 스스로 처신을 가볍게 한 부끄러움이 없게 될 것입니다. ……."

얼마 안 있어 영천 군수가 현에 들어왔다가 바로 돌아갔다는 것을 들은 데다 또 유생들이 점차 스스로 서원으로 가는 자가 많다는 것을 듣고서, 마침내 편지 초고를 없애버리고 감히 남에게 보여주지 않았습니다. 그리고는 "이렇게 내 견해가 좁고 내 말이 지나쳤구나! 영천 군수가 서원을 보호하려는 정성이 아직 변함이 없고, 서원의 새 유사(有司)가 -안구(安駒)[302]이다.- 또 선비를 예(禮)로 능히 길러서 먹을 것을 구하고 선비들에게 호령이나 하는 것에 비할 바가 아니니 선비들이 다시 서원에 가는 게 무슨 문제가 있겠는가."라고 하였습니다.

---

**302** 안구 : 【攷證 卷4 安駒】 알려지지 않았다.

그 뒤에 우리 집을 지나가는 어떤 손님이 저를 위하여 서원의 일을 말해주었는데 "선비 중에 청홍(淸洪)에서 온 이들도 있고, 용궁(龍宮)에서 온 이들도 있는데, 두 쪽 모두 형제가 함께 과거에 나란히 급제하였으며 매우 글을 잘합니다. 한쪽은 늘 의관을 갖추지 않고 지내니 제멋대로 행동하는 사람이고, 다른 한쪽은 조롱과 농담을 좋아하고 사람을 잘 꾸짖으며 호기 부리기를 좋아하는 사람입니다. 네 사람은 선비들이 우러르는 대상으로 한 사람이 선창하면 백 사람이 화답하여 서원이 이제는 쓸쓸하지 않습니다."라고 하였습니다. 저는 이 말을 듣고 나도 모르게 너무나 기뻤지만 또 그 행위에 대해서는 의심이 없을 수 없었습니다. 그런 뒤에 또 어떤 사람을 통해서 서원 내의 일을 자세히 들으니 사람으로 하여금 애통하여 어쩔 줄을 모르고, 한숨 쉬며 탄식하기를 그칠 수 없게 하였습니다.

서원이란 무엇 때문에 세워진 것이겠습니까? 어진 이를 높이고 도(道)를 강명하기 위해 세워진 것이 아니겠습니까? 송(宋)나라의 네 서원 이후로 남송(南宋) 때에 점차 흥성하여, 원(元)·명(明) 시대에 크게 성행하였습니다. 저 몇 대에 걸쳐 국학(國學)이나 향교(鄕校)가 없었던 것이 아닌데도 반드시 다시 서원을 세운 것은 무엇 때문이겠습니까? 국학과 향교는 과거(科擧)와 법령의 구속이 있으니, 서원이 어진 이를 높이고 도를 강명하는 아름다운 뜻에 전념할 수 있는 것만 못합니다. 이 때문에 혹은 사사로이 세운 것으로 인해 나라에서 훌륭하게 여겨 명을 내리는 경우도 있고, 혹은 나라가 명하여 세우고서 사람을 택하여 가르치고 양성하는 경우도 있습니다. 우리 동방에서는 당대(當代)에 이른 후에야 비로소 서원을 세우는 것을 허락하였으니, 이른바 사사로이 세운 것을 인해서 나라에서 훌륭하게 여겨 명을 내린 경우에 해당합니다. 성조(聖朝)의 뜻을 생각해 보건대 이 또한 저 몇 대의 유풍을 사모하여 그에 가깝게 하고자 한 것이 아니겠습니까? 그렇다면 장보(章甫)[303]의 관을 쓰고 봉액(縫掖)의 옷을 입고서 이 서원에서 유학하고 이 서원에서 밥을 먹는 자들은 스스로 처신함을 어떻게 해야 하겠습니까? 신재(愼齋) 주후(周侯)[304]가 이 위대한 사업을 시작하였는데, 그 일을 논하고 규범을 정한 것이 비록 뜻은 높으나 식견은 소루한 결점을 면치 못하였지만, 어진 이를 높이고 도를 강명하는 데 전념하는 뜻은 확고하여 바꿀 수 없는 것입니다. 그렇기 때문에 선비로서 여기에 와서 유학하는 자는 비록 과거 공부의 얽매임에서 벗어나지 못하고 또한 도를 강명하는 방법을 아직 깨닫지 못하였다 하더라도, 오히려 도의(道義)를 중히 여기고 예절과 겸양을 숭상할 줄은 알아서 빈빈(彬彬)하게 사군자(士君子)의 풍도를 익히는 것입니다. 이것이 바로 서원이 귀한 이유이며, 서원에 들어온 선비를 혹 삼신산(三神山)의 하나인 영주(瀛洲)에 오른 자에 비유하기도 하는 것도 그래서입니다.

불행히도 지난해 김중문이 유생을 욕되게 하고 서원을 무너뜨린 일로 인해 곤액을 당하였으니 사문(斯文)의 부끄러움이 망극합니다. 하물며 이제 옛 것을 회복하고 다시 새롭게 시작하는 때에 먼 곳의 명사들이 기약하지 않고도 함께 모였으니, 더욱 마땅히 그 몸가짐을 무겁게 하여 선비들에 솔선하여 행동을 단속하는 데 힘쓰고 서원의 기풍을 아름답게 하여야 서원을 세운 뜻을 잃지 않고 사문이 의지할 바가 있게 될 것입니다. 지금 몇 명의 군자들은 그렇지 않으니 어찌 그리도 생각하지 않음이 심하단 말입니까?

---

**303** 장보 :【攷證 卷4 章甫】공자가 "제가 송나라에 살 때에는 장보의 관을 썼습니다.〔冠章甫之冠〕"라고 하였다. 《禮記 儒行》

**304** 신재 주후 :【譯注】주세붕(周世鵬, 1495~1554)으로, 본관은 상주(尙州), 자는 경유(景遊), 호는 신재·손옹(巽翁)·남고(南皐), 시호는 문민(文敏)이다.

또 도의와 작질(爵秩)은 어느 것이 귀하고 어느 것이 천합니까? 어느 것이 무겁고 어느 것이 가볍습니까? 이치로 말하면 어찌 도의가 귀하고 무거울 뿐이겠습니까마는, 예로 말한다면 작질(爵秩)의 분등(分等) 또한 어찌 업신여길 수 있겠습니까. 옛 선비들은 진실로 남의 위세와 지위에 굽히지 않았습니다. 그러면서도 "저편이 자신의 부유함으로써 한다면 나는 나의 인(仁)으로써 하고, 저편이 자신의 벼슬로써 한다면 나는 나의 의(義)로써 한다."305라고 하며, 또 "저편에 있는 것은 모두 내가 하지 않는 것이며, 나에게 있는 것은 모두 옛날의 도(道)이다."306라고 하는 것에 불과할 뿐이니, 어찌 그 사람을 능멸하고 범하며 그 의관을 멸시하고 욕되게 함을 말하는 것이겠습니까. 부러워하지도 않고 붙좇지도 않으면 내가 저편에게 스스로 올바른 태도를 잃을 일이 없으며, 그 세력의 도움을 받지도 않고 그가 가진 것을 이롭게 여기지도 않는다면 저편이 나에게 세력을 믿고 교만하게 굴 수 없을 것입니다. 그러므로 필부로서 천자(天子)를 벗하여도 참람되지 않고, 왕공(王公)으로서 포의(布衣)에게 자신을 낮추어도 치욕이 되지 않는 것입니다. 이것이 선비가 귀히 여겨지고 공경받을 수 있는 까닭이며, 절의(節義)라는 말이 성립할 수 있는 까닭입니다.

지금 저 군수는 4품의 관직이요 또한 왕이 내린 벼슬입니다. 따라서 그 관대(冠帶)와 인부(印符)는 모두 왕이 명하여 준 것이니, 소홀히 여기고 욕되게 해서는 안 되는 것 또한 분명합니다. 선비는 예의의 종주이고 서원은 어진 이를 높이는 곳입니다. 저쪽이 어진 이를 예우하는 도로써 왔다면 그 정성스러움이 또한 지극한 것이니, 내가 함부로 부르고 손가락질하며 천대한다면 되겠습니까? 엄자릉(嚴子陵)이 황제의 배 위에 발

---

**305** 저편이……한다 : 【譯注】《맹자》〈공손추 하(公孫丑下)〉에 보인다.

**306** 저편에……도이다 : 【譯注】《맹자》〈진심 하(盡心下)〉에 보인다.

을 올린 것[307]은 친구로서 침소에 함께 들어갔기 때문이고, 도연명(陶淵
明)이 강주 자사(江州刺史)에게 다리를 뻗은 것[308]은 두 사람이 산속에
있었기 때문입니다. 지금 군수는 친구도 아니고 연회 자리에는 두 사람
만 있는 것도 아니며, 서원의 강당은 침소가 아니며 또한 산속도 아닙니
다. 또 거꾸로 매달고 주먹으로 치는 것은 본래 무부(武夫)의 거친 행동
에서 나온 것이며, 술과 밥을 강제로 추렴하는 것은 하류배의 천한 습속
에서 시작된 것인데, 어찌 이곳에서 이런 사람이 관원에게 이런 짓을
할 수 있단 말입니까? 지난번 좌중에 있던 선생[309]이 제지하지 않았다면
거의 이런 일을 감행했을 것이니 이는 또한 손상되는 바가 크지 않았겠습
니까? 이것은 제멋대로 행동한 잘못[310]입니다.

---

**307** 엄자릉이……올린 것 : 【譯注】 후한의 엄광(嚴光)과 광무제(光武帝)는 젊은 시절
동학하였는데, 후에 광무제가 제위에 올라 엄광을 수소문하여 찾았다. 궁중으로 불러서
며칠을 지내는데 하루는 함께 누웠다가 엄광이 발을 광무제의 배 위에 얹었다. 다음날
태사(太史)가 객성이 제좌(帝座)를 범하는데 상황이 매우 급함을 상주하니, 광무제가
웃으며 연유를 설명하였다. 엄광에게 벼슬을 내렸으나 그는 끝내 사절하고 초야에서
일생을 마쳤다. 《後漢書 卷83 逸民列傳 嚴光》

**308** 도연명이……뻗은 것 : 【譯注】 진(晉)나라 도잠(陶潛)이 벼슬을 버리고 향리에
있을 때 강주 자사(江州刺史) 왕홍(王弘)이 사귀려 하였으나 도잠이 만나주지 않으니
도잠이 여산(廬山)에 가는 것을 알고 도잠과 아는 이로 하여금 길목에서 술을 준비하고
기다리게 하였다. 도잠이 흔연히 술을 마실 때 왕홍이 합석하여 자연스럽게 함께 마시게
되었는데 도잠은 전혀 꺼리는 바가 없었다. 도잠이 신발이 없어 왕홍이 좌우에 명하여
도잠을 위해 신발을 만들게 하였는데 발의 치수를 물으니 도잠이 자사 앞에서 발을
뻗고 치수를 재게 하였다. 《晉書 卷94 隱逸列傳》

**309** 좌중에 있던 선생 : 【攷證 卷4 在座先生】 곧 금계(錦溪 황준량)인 듯하다. 【校解】
황준량(黃俊良, 1517~1563)은 본관이 평해(平海), 자가 중거(仲擧), 호가 금계이다.

**310** 제멋대로 행동한 잘못 : 【攷證 卷4 任達之過】 고씨(高氏)에게 미녀가 있었는데,
사곤(謝鯤)이 그녀를 유혹하려 하자 그녀가 베틀 북을 던져서 그의 치아 두 개를 부러뜨
렸다. 당시 사람들이 "예법을 무시하고 함부로 처신하기를 그치지 않더니, 유여(幼輿
사곤)가 이가 부러졌다."라고 하였다. 사곤은 길게 휘파람을 불면서 "그래도 나는 휘파

공자(孔子)는 "부모를 사랑하는 자는 감히 남을 미워하지 않고, 부모를 공경하는 자는 감히 남에게 함부로 하지 않는다."[311]라고 하였습니다. 또 《대학(大學)》의 전(傳)에 "말이 도리에 어긋나게 나간 것은 또한 도리에 어긋나게 들어온다."[312]라고 하였습니다. 늘 하는 말에 간혹 도리에 어긋나는 것이 있더라도 오히려 도리에 어긋나는 말을 듣는 치욕을 당할까 근심하는데, 하물며 일부러 남의 부모를 욕되게 하여 나의 부모를 욕되게 하는 것이겠습니까. 맹자는 "남의 아비를 죽이면 남이 또한 나의 아비를 죽일 것이요, 남의 형을 죽이면 남이 또한 나의 형을 죽일 것이니, 내 자신이 죽인 것은 아니지만 한 끗 차이일 뿐이다."[313]라고 하였습니다. 아! 저 남의 부모를 욕보이는 자는 이런 이치를 생각지 않는단 말입니까. 저 '종놈', '도적', '오랑캐', '짐승'이라는 호칭은 얼마나 천한 말입니까. 남의 자식을 내 자식이라고 부른다면 남의 부모를 얼마나 치욕스러운 지경에 처하게 하는 것입니까? 말이 입에서 나가면 소리가 귀로 들어오는 법입니다. 입에서 나간 폭언이 남의 부모에게 가해지자마자, 귀로 들어오는 추악한 말이 이미 우리 부모에게 미치는 것입니다. 그렇다면 자신이 직접 욕보인 것은 아니라 하더라도 어찌 겨우 한 칸의 간격만큼 가깝다 뿐이겠습니까! 말하는 자도 거리낌이 없고 듣는 자도 노하지 않아, 패역하고 오만하며 음란하고 외설스러움이 이르지 않는 바가 없어, 입으로는 말할 수 없고 귀로는 차마 들을 수 없으며, 몸이 떨리고 마음이 아프며, 하늘이 놀라고 귀신이 나무라는데도 안일하게 괴이히 여길 줄도

람을 불며 노래하는 것을 그만두지 않겠다."라고 하였다. 《晉書 卷49 謝鯤列傳》

**311** 부모를……않는다 : 【譯注】《효경(孝經)》〈천자장(天子章)〉에 보인다.

**312** 말이……들어온다 : 【譯注】《대학》 전(傳) 10장에 보인다.

**313** 남의……뿐이다 : 【譯注】《맹자》〈진심 하(盡心下)〉에 보인다.

모르며 또한 방자하게 스스로 기발한 생각을 내었다고 여깁니다. 물어보면 "지금 세상은 이렇게 시류를 따르고 더러움에 영합하지 않으면 몸을 보전할 수 없다."라고 하니, 아! 또한 미혹됨이 심합니다. 부모를 욕되게 하면 살고 부모를 욕되게 하지 않으면 죽는다 해도 진실로 양심이 있는 자는 그래도 부모를 욕되게 하여 삶을 구하려 하지는 않을 텐데, 하물며 부모를 욕되게 하지 않는 자가 반드시 죽지도 않음에 있어서이겠습니까? 욕됨이 남에게서 온 것도 자식된 자는 도리어 자신의 죄로 여겨야 마땅하거늘 하물며 나로 말미암아 욕되게 한단 말입니까? 이와 같은 자는 비록 본연의 마음을 잃지 않았다 하더라도 나는 믿지 못하겠습니다.

남녀관계는 인간의 큰 욕망이 깃들어 있는 곳이며 부부는 인륜이 시작하는 곳입니다. 그러므로 선왕의 가르침은 매양 그 근원을 막고 방비를 신중하게 하였습니다. 이제 무리지어 살면서 이야기하고 농담하는 것이 모두 욕망에 탐닉하는 일이라 더러운 생각이 늘 소매와 옷자락 속에 있고, 외설스러운 말을 규방에서도 꺼리지 않아 심지어는 편지로까지 써서 돌려보면서 칭찬하고 외우며 어깨를 치고 장단을 맞추어 시시덕거리면서 하루를 마치니,³¹⁴ 지난번 선생이 제지하지 않았다면 그 편지는 마침내 세상에 전해졌을 것입니다. 사람의 심술을 파괴하고 사람의 큰 윤리를 모독함이 또한 심하지 않겠습니까. 이는 호기를 숭상하는 것에서 나오는 허물입니다.

아아! 서원은 무엇 때문에 세워진 것입니까? 어진 이를 높이기 위하여

---

314 시시덕거리면서 하루를 마치니 : 【攷證 卷4 嗢噱終日】《운회(韻會)》에 "올걱(嗢噱)은 크게 웃는 것이다."라고 하였다. 진나라 혜강(嵇康)의 〈금부(琴賦)〉에 "오래도록 머물고 질탕하게 즐기면서 시시덕거리며 하루를 마친다."라고 하였는데 그 주석에 "'올'은 오(烏)와 골(骨)의 반절이며, '걱'은 거(巨)와 략(略)의 반절이다. 즐거움을 이기지 못하는 것을 '올걱'이라 한다."라고 하였다.

세워진 것이 아닙니까. 도를 강론하기 위하여 세워진 것이 아닙니까. 지난날 유생들이 남에게 치욕을 당한 것도 서원의 수치가 되는데 하물며 이제 유생들이 서로 이끌어 스스로 그 행실을 욕되게 함에 있어서이겠습니까. 선비로서 이와 같다면, 선비를 귀하게 여길 것이 무엇이겠습니까. 서원으로서 이와 같다면 서원을 귀하게 여길 것이 무엇이겠습니까. 더구나 이러한 풍속이 일어난 것이 하루아침 한 자리에서 그런 것이 아니고 그 유래가 오래되었습니다. 예의염치(禮義廉恥)가 무너짐이 마치 산이 옮겨지고 바다가 뒤집히듯 그침이 없어 일시의 풍속의 허물어짐이 이렇게 극에 달한 것입니다. 이는 자못 길하고 상서로운 조짐이 아니며, 단지 한 서원의 근심만도 아닙니다. 옛적에 오호(五胡)[315]의 난이 청담(淸談)[316]과 무슨 관계가 있었겠습니까만, 논의를 좋아하는 사람들은 왕이보(王夷甫) 등 여러 사람에게 허물을 돌렸습니다.[317] 하물며 지금 숭상하는 바는 또한 청담에 비할 바도 못 되니 어찌 세도(世道)의 성쇠와 관계가 없겠습니까?

족하는 군수이니 무릇 서원의 근심은 실로 군수의 근심입니다. 그리고 그 당일의 일을 족하가 목도(目睹)했으리라 생각되기에 잠시 이렇게 말

---

**315** 오호 : 【攷證 卷4 五胡】 살펴보건대, 유호(劉胡 흉노(匈奴))·석갈(石羯)·부저(符氏)·요강(姚羌), 모용 선비(慕容鮮卑)를 진(晉) 오호라고 하였다.

**316** 청담 : 【譯注】 중국의 위진 시대에 선비들이 세사를 버리고 산림에 은거하여 노장(老莊)과 주역(周易) 등의 이치를 논하던 것을 말한다. 이들은 노장사상에 경도되어 유교를 가벼이 여기고, 도덕을 무시하며 자연스러운 감정을 추구하여 유유자적하였는데, 그중에서 죽림칠현(竹林七賢)이 가장 유명하다.

**317** 왕이보……돌렸습니다 : 【攷證 卷4 歸咎王夷甫】 왕연(王衍)의 자는 이보(夷甫)인데 허무(虛無)를 숭상하고 다투어 청담(淸談)을 일삼아 오호(五胡)의 난이 일어나게 하였다. 환온(桓溫)이 누각에 올라 중원을 바라보고 탄식하면서 "신주(神州)로 하여금 육침(陸沈)하여 백 년 동안 폐허가 되게 하였으니, 왕이보 등 여러 사람이 그 책임을 지지 않을 수 없다."라고 하였다. 《晉書 卷98 桓溫列傳》

씀드리는 것입니다. 족하가 저의 말을 옳다고 여길는지, 옳지 않다고 여길는지 모르겠습니다. 옳지 않다고 여긴다면 저 또한 어찌할 수가 없습니다만, 만일 옳다고 여긴다면 급히 서원의 유생들에게 알리고 깨우쳐 고쳐주십시오. 그렇게 해주신다면 매우 다행이겠습니다.

또 듣기로는 몇몇 선비들이 그날 황중거(黃仲擧)의 말을 듣고서 깊이 스스로 뉘우치고 자책하며, 손으로 그 편지를 찢고 황중거의 집 앞에 가서 사죄하였다 하니 이는 범상한 사람이 미칠 바가 아닙니다. 이는 그 사람이 분명 허물을 고쳐 착한 데로 나아가는 데 용감한 것이니, 끝내 는 당세에 무엇인가 이루는 바가 있을 것입니다. 저 서원의 유생들도 몇몇 선비들의 이 같은 모습을 보고서 또한 반드시 서로 경계하여 전날의 잘못을 고칠 것이니, 다른 때를 기다리지 않아도 서원의 기풍이 이미 조금씩 변하여 저의 이러한 말이 마침내 무용하게 될 것입니다. 그렇게 만 된다면 더욱 다행이겠습니다. 대저 수령이 선비에게 자신을 낮추는 것을 부끄럽게 여기지 않고 뜻을 극진히 하여 어진 이를 높이며, 유생들 은 그 몸가짐을 스스로 무겁게 할 줄을 알고 분발하여 학문을 연구한다면 피차가 서로 할 일을 다하여 서원이라는 이름에 명실상부하게 될 것입니 다. 족하는 혜량(惠諒)하시기 바랍니다.

가정(嘉靖) 정사년(1557, 명종12) 2월 16일 이황(李滉)이 절하고 올 립니다. 《-편지는 다 썼지만 보내지 않았다.-》

# 성호원[318] 혼 에게 답하다 경오년(1570, 선조3, 70세) 【1월 30일(그믐) 추정. 예안(禮安)】

答成浩原 渾○庚午

지난겨울 저에게 보내준 편지와 손자에게 준 글을 받고 매우 감사하였습니다. 서울에 있을 때 아파서 몸이 여윈데다 손님을 응접하는 일이 번거로워서 비록 잠깐 뵐 수는 있었지만 뵙지 못한 것과 마찬가지였습니다. 그런데 갑자기 서울을 떠나셨으니 소매를 잡고 석별할 기회를 어찌 가질 수 있었겠습니까. 그때 중도에서 돌아온 것을 이제 알게 되니 더욱 마음이 슬퍼집니다. 제가 아직 관직에서 놓여나지 못했으니, 어찌 은퇴라고 이름할 수 있겠습니까. 이제 벼슬을 그만두고자 하는 글을 올렸으니 이로써 죄와 허물을 벗어날 수 있기를 바라며 불안한 가운데 기다리고 있습니다.

왕년에 저에게 선존(先尊) 선생[319]의 묘갈명(墓碣銘)을 부탁하셨는데 감히 짓기를 꺼렸던 것이 아니라 이를 감당할 수 없었기 때문입니다.

---

**318** 성호원 :【攷證 卷4 成浩原】성혼(成渾, 1535~1598)으로, 본관은 창녕(昌寧), 자는 호원(浩原), 호는 우계(牛溪), 또는 묵암(默庵)·청송자(聽松子)라고도 한다. 명나라 세종(世宗) 가정(嘉靖) 을미년에 태어났다. 가정에서 학업을 전수받았는데, 독실히 믿고 힘써 행하였다. 17세에 생원시와 진사시에 합격하였으나, 병 때문에 복시(覆試)에 가지 않았고 마침내 과거(科擧)를 포기하였다. 선조(宣祖) 초에 재차 참봉에 제수되었고 자급을 뛰어넘어 6품에 올랐으나 나아가지 않았다. 관직이 참찬(參贊)에 이르렀고 64세에 졸하였다. 율곡(栗谷 이이(李珥))과 뜻이 같고 도(道)가 합하였다. 인조(仁祖) 때 좌의정(左議政)에 추증되었다. 시호는 문간(文簡)이다.

**319** 선존 선생 :【譯注】성혼의 부친인 성수침(成守琛, 1493~1564)으로, 자는 중옥(仲玉), 호는 청송(聽松)·죽우당(竹雨堂)·파산청은(坡山淸隱)·우계한민(牛溪閒民), 시호는 문정(文貞)이다.

공께서는 어찌하여 잘못 부탁하신 것을 후회하지 않으시고 오래도록 더욱 심하게 청하여 사람으로 하여금 끝내 피할 수 없게 만드십니까? 지금 시험 삼아 완성한 초고는 이와 같이 거칠고 엉성하지만 감히 숨기지 못하고 부끄러우나마 보내드립니다. 다만 선덕(先德)의 숨은 광채가 저로 말미암아 파묻혀 매몰되지 않을까 걱정스러울 뿐입니다. 또 요즈음 조정의 고관들이 비갈문(碑碣文)을 청하는데 사절한 경우가 네댓 집 됩니다. 만약 이 일이 알려진다면 크게 욕을 먹을 것입니다. 간절히 바라옵건대 드러내지 마시고 거의 끊어져 가는 이 목숨을 비호하여 주신다면 정말 다행한 일이겠습니다. 종이가 다하여 격식을 다 갖추지 못합니다.

# 성호원에게 답하다 【경오년(1570, 선조3, 70세) 4월 20일 추정. 예안(禮安)】
答成浩原

《천리 먼 곳에서 심부름꾼이 가져온 편지를 받아보고서 근자에 중복(重服)을 만나신 것을 알게 되니, 너무나 놀라고 슬픈 마음 가눌 길 없습니다. 멀리서 생각건대 친애함이 더욱 융숭하였을 터이니, 애통함을 어찌 견디시겠습니까? 좌우께서 보통 사람과 달리 몹시 여위신 것을 평소 알고 있으니, 슬픔을 너그럽게 누그러뜨려 멀리서 걱정하는 마음에 부응해 주시길 바랍니다.》

　보내주신 편지에서 선공(先公)의 묘갈명 문장의 틀린 곳을 지적해 주셨고 겸하여 이숙헌(李叔獻)[320]의 비평한 것을 받았습니다. 과연 그와 같다면 저의 글이 잘못되었겠지요. 이것이 제가 전날 잘못 부탁하신 뜻을 감히 받아들이지 못한 까닭이니, 정말로 알지도 못하면서 글을 지으면 반드시 이와 같은 잘못을 면하지 못하여 선덕(先德)에 누를 끼칠 것이기 때문이었습니다. 마땅히 가르쳐 주신 것에 의거해서 고치고 삭제하여 큰 어그러짐이 없도록 하여야 되겠지요. 그러나 이미 완성해 놓고 뒤따라서 고친다면 비유컨대 솜씨 없는 목수가 집을 지은 후에 남들이 문제 있는 곳을 지적해 내는 것에 따라 도끼와 자귀를 대어서 남의 말에 부합하려고 하는 것과 같으니, 그 뒷손대어 깎은 흔적이 어찌 법도에 맞으며 남의 견해에 부합하겠습니까. 집을 망치게 될 것이 분명합니다. 더구나 말하자마자 고치려고 한다면 피멍 든 손과 땀 흐르는 얼굴로 서툴게 깎고

---

**320**　이숙헌 : 【譯注】 이이(李珥, 1536~1584)로, 본관은 덕수(德水), 자는 숙헌, 호는 율곡(栗谷)이다.

다듬다가 병이 날까 더욱 두렵습니다. 우선 찬찬히 하여서 후일의 인편을 기다려 보내겠습니다. 이 일을 숨기고 발설하지 않는 것은 저의 말을 기다리지 않고도 스스로 유의하고 계시리라 생각합니다.

다만 여기에 조그만 의심이 없을 수 없습니다. 이른바 "기미(幾微)를 살폈다."·"명철하게 처신하였다."라는 등의 말에 대하여 공과 숙헌이 힘써 분석하고 따졌는데, 그 뜻은 화를 피하려는 것은 바른 법도가 아니라 하고 곽임종(郭林宗)은 숭상할 바가 못 된다고 여겨서 그렇게 말한 듯합니다.[321] 제 생각으로는 이 일은 사람이 처한 상황에 따라 같지 않아, 올바르고 올바르지 않은 차이가 있는 것 같습니다. 기묘년간의 일의 경우는 저는 선공이 처신한 바가 올바르다고 여깁니다. 뭐 나쁠 게 있다고 꼭 말하지 않기를 바라십니까?

저는 지금 마음과 일이 크게 어그러져 비난과 칭찬 양쪽 모두에 놀라고 저의 처신이 형편없어서 마침내 수습하기 어려운 데 이르렀음을 스스로 탄식하고 있습니다. 듣건대 장원서(掌苑署)에 제수되고도[322] 오랫동안 숙배하지 않고 있다 하니 무엇 때문에 이런 것입니까? 말로 다 표현할 수 없으니 오직 재덕(才德)을 잘 보존하시기를 기원합니다.


《좋은 붓과 먹을 주시니 부끄럽기 그지없습니다. 연래에 쇠약하고 게을러져서 시문을 짓는 일과 점점 멀어졌는데 습관은 아직 다 없어지지 않았으니, "어떻게 하루라도 차군(此君) 없이 지낼 수가 있겠는

---

**321** 곽임종은……듯합니다 : 【攷證 卷4 郭林宗云云】곽태(郭泰, 128~169)가 비록 인물평을 좋아하긴 하였지만 소신대로 직언하거나 신랄하게 비평하지는 않았기 때문에, 혼탁한 세상에서 잘 처세할 수 있었고 원망이나 화(禍)가 그에게 미치지 않았다. 《後漢書 卷68 郭泰列傳》

**322** 장원서에 제수되고도 : 【攷證 卷4 苑除】성호원이 이때 장원서 관원에 제수되었다.

가."<sup>323</sup>라는 말이 비단 죽군(竹君)에만 해당되지는 않는다는 것을 알
겠습니다.

　모시 옷감은 이미 왔으니 조만간 돌려드려야 하겠습니다. 다만 저
번에 부쳐주신 선인(先人)<sup>324</sup>의 글씨와 비단 폭은 아이들이 잘못 부탁
하여 물에 젖어 못쓰게 되었습니다. 부끄럽고 안타까움을 말로 할 수
없습니다.》

---

**323** 어떻게……있겠는가 : 【譯注】 진나라 왕휘지(王徽之)가 대나무를 사랑하여 '차군'
이라 불렀다. 왕휘지가 주인이 없는 빈집에 잠시 거처할 적에 대나무를 빨리 심도록
다그치자, 사람들이 그 이유를 물으니, "어떻게 하루라도 차군이 없이 지낼 수가 있겠는
가?〔何可一日無此君耶?〕"라고 하였다. 《晉書 卷80 王徽之列傳》

**324** 선인 : 【譯注】 성혼의 부친인 성수침(成守琛, 1493~1564)으로, 본관은 창녕(昌
寧), 자는 중옥(仲玉), 호는 청송(聽松)·죽우당(竹雨堂)·파산청은(坡山淸隱)·우계한
민(牛溪閒民), 시호는 문정(文貞)이다.

# 최현숙[325] 응룡 에게 답하다 경오년(1570, 선조3, 70세)【9월 하순 추정. 예안(禮安)】

答崔見叔 應龍○庚午

보내주신 편지를 받으니 마치 만나서 다정하게 이야기를 나눈 듯하여 기쁨을 비할 데 없습니다. 저는 병든 몸을 겨우 보전하고 있습니다. 오랜 시간 서로 격조한 것은 형세가 그렇게 만드는 것이라 진실로 어쩔 수 없습니다.

지금 온 수재(秀才) 박영수(朴英秀)는 함께 지낼 만합니다. 이렇게 추운 때를 만나니 강사(江舍)는 병든 사람이 지내기엔 마땅치가 않아서 근간에 계사(溪舍)로 들어가려 했는데, 계상(溪上)에는 현재 있을 만한 곳이 없어서 종전에 온 네댓 사람이 모두 흩어져 떠날 형편입니다. 이런 사정 때문에 머무르게 할 수 없으니 너무나 부끄럽고 아쉽습니다. 조량해 주시기 바랍니다. 나머지는 수재가 돌아가는 편에 전하겠습니다.

---

**325** 최현숙 :【譯注】최응룡(崔應龍, 1514~1580)으로, 본관은 전주(全州), 자는 현숙, 호는 송정(松亭)이다.

# 최현숙 응룡 의 문목에 답하다 경오년(1570, 선조3, 70세) 【9월 추정. 예안(禮安)】

答崔見叔 應龍 問目 庚午

《심경(心經)》의 "자절사(子絶四)"[326]라는 구절의 부주(附註)에서 정자(程子)는 "경하면 곧 이것이 예이니, 이길 만한 사욕(私慾)이 없으나 처음에는 모름지기 이 네 가지를 끊어야 한다.〔敬卽是禮, 無己可克, 始則須絶四.〕"[327]라고 하였습니다. 이 말은 배우는 이를 위하여 한 말 같은데 "절사"의 아래에 부주로 붙은 것은 어째서입니까? 제 생각으로는 《논어(論語)》에서 "절사"라고 한 곳의 '절(絶)'은 '완전히 없음'을 말하는 것이어서 성인(聖人)이 아니면 감당할 수 없는데, 정자가 말한 "절사"의 '절'은 아마도 '끊어서 없앤다'는 뜻이어서 배우는 사람의 일인 듯합니다. 이른바 네 가지는 네 가지 예가 아닌 것〔四非〕[328]으로 보는 것이 어떠합니까?

---

**326** 자절사 : 【譯注】《논어》〈자한(子罕)〉에 "공자는 네 가지 마음이 전혀 없으셨으니, 의도함이 없고 기필함이 없고 고집함이 없고 사사로움이 없으셨다.〔子絶四, 無意, 無必, 無固, 無我.〕"라고 하였다.

**327** 경하면……한다 : 【譯注】《심경부주(心經附註)》권1《논어》〈자절사장(子絶四章)〉의 부주에 보인다.

**328** 네 가지……것 : 【攷證 卷4 四非】곧 《논어》〈안연(顏淵)〉에 나오는 '사물(四勿)', "예가 아니면 보지 말고, 예가 아니면 듣지 말며, 예가 아니면 말하지 말고, 예가 아니면 움직이지 말라.〔非禮勿視, 非禮勿聽, 非禮勿言, 非禮勿動.〕"라고 한 것을 말한다. 《심경부주》〈심경찬(心經贊)〉에 "사비를 모두 이기되 적을 공격하듯이 한다.〔四非皆克, 如敵斯攻.〕"라고 하였다.

정자(程子)가 말한 이 단락에 대해서는 이곳의 여러 벗들이 또한 의심하였습니다. 이제 《논어》에서 말한 것은 성인의 일인데, 정자의 말은 배우는 사람의 일도 바로 이와 같아야 한다는 것입니다. 다만 본래 성인의 일인데 아래로 낮추어 배우는 자의 일로 삼아서 말했다는 것은, 이 뜻에 이해할 수 없는 부분이 있습니다. 그리고 네 가지 예가 아닌 것으로 보는 설도 또한 그렇지 않을 듯합니다.

# 최현숙에게 답하다 【경오년(1570, 선조3, 70세) 9월 하순 추정. 예안(禮安)】
答崔見叔

보내온 편지마다 늘 속진(俗塵)의 일 때문에 공부를 못한다고 탄식하니, 이는 관직을 지닌 이들의 공통된 근심입니다. 또한 때와 일에 따라 마음을 잡아 지키고 몸소 살피는 공부를 놓지 말고, 만약 여가를 얻으면 책을 가까이하여 모름지기 자신이 종전에 노력을 기울이던 곳의 의리와 의미를 찾아 취하여서 마음과 가슴을 적시며 깊이 음미하고 푹 젖어서 그 속에서 노닐기를 하루에 하루를 더하여, 오래오래 차차 익히면 응당 힘을 얻는 때가 있을 것입니다.

나는 다행히 여기에 한가롭게 거처하여 바깥으로부터의 다른 방해가 없으니 참으로 덕과 학문을 닦기에 좋은 세월입니다. 그런데 늙음과 질병으로 정신이 흐리고 산란하여 이러한 일에 크게 힘을 기울일 수가 없으니 벗이 꾸짖고 격려하는 말을 들을 때마다 부끄러워서 땀이 등을 적시지 않는 적이 없습니다.

《심경(心經)》에 나오는 오초려(吳草廬 오징(吳澄))의 "사물이 외부에서 접촉하거든 막아서 그것이 내면을 범하지 않게 한다.〔物接乎外, 閑之而不干乎內.〕"[329]라는 한마디는 바로 주신 편지에서 말한 것과 같습니다. 대개 공자(孔子)가 '사특함〔邪〕'에 대하여 '막는다〔閑〕'는 말을 붙였으니[330] 이는 진실로 "내면을 범하지 않게 한다."라고 말할 수 있습니다.

---

**329** 사물이……한다 : 【譯注】《심경부주(心經附註)》 권1 〈한사존성장(閑邪存誠章)〉의 부주에 보인다.

**330** 사특함〔邪〕에……붙였으니 : 【譯注】《주역(周易)》 〈건괘(乾卦) 문언(文言)〉에 "사특함을 막고 그 성실함을 보존해야 한다.〔閑邪存其誠〕"라고 하였다.

이제 "사물이 접촉하거든……"이라고 하니 이는 어찌 불교의 선적(禪寂)이 아니겠습니까. 정자(程子)가 "귀는 모름지기 듣고자 하고 눈은 모름지기 보고자 한다.〔目須見, 耳須聞.〕"[331]라고 한 데에 대하여 의심한 바도 또한 옳습니다. 단지 이것을 자연스럽게 말하였다면 분명 두 개의 '수(須)' 자를 쓰지 않았을 것인데, 지금 든 예에서는 소병(蘇昞)[332]이 "고요한 가운데서는 들음도 없고 봄도 없습니까?"라고 물은 데 답하였기 때문에 부득이하게 두 개의 '수(須)' 자를 쓴 것입니다. 그러나 그 '수(須)' 자는 '필(必)' 자의 뜻으로 심각하게 볼 필요가 없고 단지 '당(當)' 자의 뜻과 같은 의미로 볼 것이니, "귀는 마땅히 들음이 있어야 하고 눈은 마땅히 봄이 있어야 한다."라는 말입니다. 잘 모르겠습니다만 고명(高明)은 어떻게 생각하십니까? 불선(不宣).

---

**331** 귀는……한다 : 【譯注】《심경부주》 권1 〈천명지위성장(天命之謂性章)〉의 부주에 다음과 같은 내용이 있다. 혹자가 말하기를 "정좌(靜坐)할 때에 앞에 지나가는 사물을 보아야 합니까? 보지 말아야 합니까?"라고 묻자, 정자는 다음과 같이 말씀하였다. "어떠한 일인가를 살펴보아야 하니, 만약 제사와 같은 대사(大事)에 면류관의 앞술이 눈을 가리고 귀막이 솜이 귀를 막고 있을 때라면 지나가는 모든 사물을 보지도 않고 듣지도 않아야 하지만, 만약 일이 없을 때에는 눈은 모름지기 보고자 하고 귀는 모름지기 듣고자 한다.〔若無事時, 耳須聞, 目須見.〕"

**332** 소병 : 【攷證 卷4 蘇昞】송나라 철종(哲宗) 때의 학자로, 자는 계명(季明)이다. 명나라 이현(李賢) 등의 《대명일통지(大明一統志)》 권33 〈서안부 하(西安府下)〉에 "무공(武功) 사람이다. 처음에 장재(張載)에게서 수학하였으나, 정호(程顥)·정이(程頤) 형제에게 배워 학문을 완성하였고, 태상박사(太常博士)가 되었다. 덕성(德性)이 순무(純茂)하였고, 힘써 배우며 뜻을 독실히 하였다."라고 하였다.

## 최현숙에게 보내다 【경오년(1570, 선조3, 70세) 9월 추정. 예안(禮安)】
與崔見叔

삼가 묻습니다. 영후(令候)는 어떠하신지요? 번거롭게 말씀드리려니 두렵고 두렵습니다. 제 아들 준(寯)[333]의 처가 종증(腫證)이 생겼는데, 치료약을 모르니 너무나 근심이 됩니다. 손자인 안도(安道)[334]를 보내니 삼가 바라건대 나의 간곡한 마음을 굽어살피셔서 약처방을 가르쳐 주시는 것이 어떻겠습니까? 잘 살펴 주시기 바랍니다. 나머지는 모두 안도 편에 부칩니다. 삼가 절합니다.

---

**333** 준 : 【譯注】 이준(李寯, 1523~1583)으로, 자는 정수(廷秀)이고 이황의 장남이다.

**334** 안도 : 【譯注】 이안도(1541~1584)로, 본관은 진성(眞城), 자는 봉원(逢原), 호는 몽재(蒙齋)이다. 이황의 장손이며 이준(李寯)의 아들이다.

# 최현숙에게 답하다 【경오년(1570, 선조3, 70세) 10월 추정. 예안(禮安)】

答崔見叔

누차 보내주신 편지를 받고서 기쁘게도 영감(令監)의 근황이 건승하심을 알게 되었습니다. 저는 근래에 너무 지쳐서 고달파 추위를 피하여 강사(江舍)를 떠나 계장(溪莊)에 들어가 칩거하고 있습니다.

　사천(泗川)[335]이 보내온 예전과 지금의 편지 두 통에 함께 답하여 보내니, 가지고 온 사람에게 명하여 주시기 바랍니다. 불구(不具). 삼가 절하고 답합니다.

---

**335** 사천 : 【譯注】 이정(李楨, 1512~1571)으로, 본관은 사천, 자는 강이(剛而), 호는 구암(龜巖)이다.

## 최현숙에게 답하다 【경오년(1570, 선조3, 70세) 10월 추정. 예안(禮安)】
答崔見叔

삼가 보내주신 편지를 받음에 편안하게 잘 지내신다고 하니 기쁘고 후련함이 그치질 않습니다. 저는 겨울 추위를 지레 걱정하여 계사(溪舍)에서 두문불출하며 그런대로 세월을 보내고 있습니다.

봉여(封餘)[336]는 감사드립니다. 옥천자(玉川子)[337]의 〈차를 읊은 노래〔茶歌〕〉에 "지존(至尊)께서 드신 나머지는 왕공(王公)에게나 적합하니, 어인 일로 곧 산인의 집에 이르렀나.〔至尊之餘合王公, 何事便到山人家?〕"라고 했으니, 참으로 그 말의 뜻을 알겠습니다. 삼가 절하며 답합니다.

---

**336** 봉여 : 【譯注】 임금에게 진상(進上)하는 물품 중에서 남는 것을 신하들이 나누어 갖는 것을 말한다.

**337** 옥천자 : 【譯注】 당나라 노동(盧仝, 775~835)으로, 제원(濟源) 사람이며, 호가 옥천자이다. 소실산(小室山)에 숨어 살면서 간의대부(諫議大夫)에 제수되었으나 나아가지 않았다.

# 최현숙의 문목에 답하다 【경오년(1570, 선조3, 70세) 11월 10일 추정. 예안(禮安)】

答崔見叔問目


《〈정자(程子)가 "여여숙(呂與叔)[338]이 6월에 구지(緱氏)에 오셔서 한가하게 거처할 때 내 일찍이 엿본 적이 있는데〔某常窺之〕 반드시 엄숙히 무릎 꿇고 앉아 계셨으니, 돈독하다고 이를 만하다."[339]라고 하였는데, '규(窺)' 자의 뜻이 어떠한지요? 《논어(論語)》에 "그가 사적으로 하는 행동을 살펴본다.〔省其私〕"라고 하였으니 '성(省)' 자를 쓰는 것이 좋을 듯한데 '규' 자를 썼으니, 기록한 자의 오기(誤記)가 아닐는지요? 아니면 '규' 자도 무방한 것입니까?〉》


《〈'규' 자에는 '조금 엿보다〔小視〕'의 뜻도 있습니다. 여기에서의 '규' 자는 단지 이 뜻으로 보아야 합니다. 그러나 '성' 자가 좋은 것만은 못하니, 틀림없이 기록한 자가 더 자세히 살피지 못한 것일 겁니다.〉》


난계 범씨(蘭溪范氏)[340]는 "마음이 비록 움직이지 않는 적이 없으나


---

338 여여숙 : 【譯注】 송나라 여대림(呂大臨, 1040~1092)으로, 자가 여숙이다. 철종(哲宗) 때 태학박사(太學博士)를 지냈다. 육경(六經)에 통달하고 특히 《예기(禮記)》에 밝았다.

339 정자가……만하다 : 【譯注】《이정전서(二程遺書)》 권18 《근사록(近思錄)》〈존양(存養)〉에 이 내용이 보인다.

340 난계 범씨 : 【譯注】 범준(范浚, ?~?)으로 남송의 성리학자이다. 난계 사람으로 향계 선생(香溪先生)이라 불렸다. 주자(朱子)가 그의 〈심잠(心箴)〉을 취하여 《맹자》를 주석하였다.

이른바 지극히 고요함[至靜]이라는 것이 있다. 그 속에서 어지러운 것은 들뜬 생각일 따름이요, 사특한 생각일 따름이요, 사물이 교접하여 이끄는 것일 따름이다. 비록 백 가지 생각이 분주하고 요동쳐도 이른바 지극히 고요함이란 실로 여전하다."[341]라고 하였습니다. 마음은 하나이니 이른바 '어지럽다[紛紜]'라고 하는 것은 무엇이며, 이른바 '지극히 고요함'이라 하는 것은 무엇입니까? 마음은 신령스럽고 밝아 헤아릴 수 없으며 변화하고 두루 흘러서, 잡으면 보존되어 고요하고 놓으면 흩어져 어두워지나니, 번잡하거나 산만한 것[342]은 아마도 잡고 놓는 두 가지 사이에 달린 듯하니, 마음은 둘이 아닙니다. 그가 "백 가지 생각이 어지럽게 요동쳐도 이른바 지극히 고요함이란 실로 여전하다."라고 하였으니, 이는 가슴속에 두 마음이 있다는 것인 듯합니다. 이 말은 어떻습니까? 늘그막에 공부를 하여 오로지 고요할 수가 없어서, 성실하지 못한 마음으로 무궁한 변화에 대응하니 비록 마음을 잡아 보존하려 하나 있는 듯 없는 듯하며 어릿어릿하고 흐릿하여, 인심(人心)과 도심(道心)이 서로 타는[乘] 기미를 분명하게 보지 못하여, 사려가 어지럽게 일어남에 망연히 의거하여 지킬 수가 없습니다. 정부자(程夫子)의 말에 "오직 그 일에 그쳐야 한다."라고 하였으니, 이 말이 마음을 잡아서 지키는 중요한 법칙이 될 수 있겠습니까?

범난계(范蘭溪)의 말은 주자(朱子)가 인용한 호문정(胡文定)[343]의 "수없

---

341 마음이……여전하다 : 【譯注】《심경부주(心經附註)》권3 〈우산지목장(牛山之木章)〉의 부주에 보인다.

342 번잡하거나 산만한 것 : 【攷證 卷4 或煩或散】 '번(煩)'은 '존(存)'의 오류인 듯하다.

343 호문정 : 【譯注】 송나라 호안국(胡安國, 1074~1138)으로, 자는 강후(康侯), 시호는 문정(文定)이다. 정이(程頤)를 사숙하고 정문(程門)의 학문을 규명하여 무이학파

이 일어나고 수없이 없어져도 마음은 실로 여전하다."<sup>344</sup>라는 설과 같습니다. 그런데 이 호문정의 설은 더욱 의심할 만합니다. 대개 한 번 움직이고 한 번 고요한 것은 마음의 체용(體用)이지, 어지럽고 들뜬 생각 속에서 지극히 고요하여 변함이 없는 또 다른 마음이 있는 것이 아닙니다. 보내주신 편지에서 말씀하신 것은 참으로 제가 평소에 의심하던 곳을 집어내었습니다. 이제 감히 경솔하게 설을 지어서 그대가 깊이 생각하신 문제에 대하여 함부로 아뢸 수가 없으니 마땅히 다시 자세히 연구하여 헤아린 뒤에 말씀드리려고 합니다.

생각이 어지럽게 요동치는 것은 예나 지금이나 배우는 이들의 공통된 근심입니다. 이제 이를 해결하고자 한다면 진실로 그대가 인용하신 정자(程子)의 "오직 그 일에 그쳐야 한다."라는 말보다 더 나은 것이 없습니다. 그러므로 《대학(大學)》에서는 "그칠 데를 안 뒤에 안정되며 고요하고 편안한 공효가 있다."<sup>345</sup>라고 한 것입니다. 비록 그렇긴 하지만 단지 이 한마디만을 지킨다면 또한 일을 이룰 수가 없습니다. 이에 주자의 문하에서는 '거경(居敬)'을 크게 여기고 '궁리(窮理)'를 귀하게 여겨서 학문의 제일의(第一義)로 삼았음을 알 수 있고, 정자도 또한 "학습은 전일할 수 있을 때에야 바야흐로 좋다."<sup>346</sup>라고 하였으니 이 말이 더욱 음미할 만합니다.

---

(武夷學派)를 창시하였으며, 《춘추(春秋)》를 20년 동안 연구하여 《춘추호씨전(春秋胡氏傳)》을 저술하였다.

**344** 수없이⋯⋯여전하다 : 【譯注】《심경부주》 권3 〈우산지목장〉의 부주에 보인다.

**345** 그칠⋯⋯있다 : 【譯注】《대학》 경(經) 1장에 "그칠 데를 안 이후에 안정됨이 있고, ⋯⋯고요한 이후에 편안할 수 있다.〔知止而后有定⋯⋯靜而后能安.〕"라고 하였다.

**346** 학습은⋯⋯좋다 : 【譯注】《근사록(近思錄)》 권4 〈존양(存養)〉에 나오는 정이(程頤)의 말이다.

# 최현숙에게 답하다 【경오년(1570, 선조3, 70세) 11월 하순 추정. 예안(禮安)】

答崔見叔

누차 존문(存問)을 받고 게다가 선물까지 뒤따라오니, 감사하고 송구하며 또 부끄럽습니다. 마침 며칠 전부터 담증(痰症)이 갑자기 발병해서 온몸이 아파 앉거나 눕는 것도 마음대로 할 수가 없습니다. 또한 며느리가 병이 중하므로, 한참 너무 걱정하고 애가 타서 보내주신 별지에는 미처 답장을 쓰지 못했으니, 마땅히 다음 인편을 기다려야 하겠습니다. 삼가 혜량해 주시기를 바랍니다. 초초히 쓰느라 격식을 다 갖추지 못합니다.

퇴계선생문집

권13

# 정정이[1] 지운 에게 답하다 경신년(1560, 명종15, 60세) 【2월 5일 추정. 예안(禮安)】

答鄭靜而 之雲○庚申

나는 홀로 장수의 물가에 누워 있으면서[2] 몸이 쇠약해지고 쓸쓸해지는 근심을 날마다 느끼니, 옛사람이 실로 내 마음을 알아주셨다는 걸[3] 알겠습니다. 임천(林泉)에 있으면서 물고기나 새를 보는 즐거움이 없었더라면 아마도 세월을 보내기 어려웠을 것입니다. 그대와 같은 사람들은 늘 도성 안에 있어서 이러한 즐거움을 모를 것이니 무엇으로 소일을 하며 지내는지 매양 생각합니다.

지난번 해군(海郡)의 행차[4]에 못 가게 한 것은 관아에 오래 머물면서 술에 취하여 덕을 잃을까 두려웠기 때문입니다. 이어서 듣기로는 천마산(天摩山) 등지에 가고자 한다는데, 정말 그렇게 하신다면 매우 좋고 나쁠

---

**1** 정정이 : 【攷證 卷4 鄭靜而】 정지운(鄭之雲, 1509∼1561)으로, 본관은 경주(慶州), 자는 정이(靜而), 호는 추만(秋巒)이다. 묘갈(墓碣)에 보인다.

**2** 장수의……있으면서 : 【譯注】 낙동강 가의 도산에서 와병(臥病) 중임을 뜻한다. 삼국 시대 위(魏)나라 유정(劉楨)은 문재(文才)가 뛰어나 왕찬(王粲), 공융(孔融) 등과 함께 건안칠자(建安七子)로 일컬어졌으나 병을 자주 앓았다 한다. 그의 〈오관중랑장에게 주다〔贈五官中郞將〕〉 시에 "내가 깊은 병에 걸린 채, 맑은 장수 물가에 몸을 숨겼노라.〔余嬰沈痼疾, 竄身淸漳濱.〕"라고 하였다.

**3** 옛사람이……걸 : 【譯注】 자하(子夏)가 "내가 벗을 떠나 쓸쓸히 홀로 산 지가 오래이다.〔吾離群而索居, 亦已久矣.〕"라고 하였다. 《禮記 檀弓上》 또한 《시경》 〈패풍(邶風) 녹의(綠衣)〉에 "고운 갈포며 굵은 갈포여, 바람이 싸늘하게 불어오도다. 내가 옛사람을 생각하노니, 실로 마음을 알아주도다.〔絺兮綌兮, 凄其以風. 我思古人, 實獲我心.〕"라고 하였다.

**4** 해군의 행차 : 【攷證 卷4 海郡之行】 공(公 정지운)의 부제(婦弟)인 안홍(安鴻)이 이때 풍덕 군수(豐德郡守)가 되었다.

것이 없습니다. 지금 편지를 보니 그 가운데 "행동거지에 낭패만 본다.〔動止狼狽〕"라는 말이 있어서 정자중(鄭子中)[5]에게 묻고는 자못 한두 가지 황당한 말을 들었으니 본시 괘념할 것은 못 됩니다만, 일이 생기기 전에 잘 처리하지 않을 수 없는지라, 일찍이 떠나서 구름 덮인 산속에 자취를 감추는 것만 못할 것입니다. 비록 가끔 도성에 들어가서 오래지 않아 다시 나오는 것을 면치 못할 것이나 그렇게 몇 해를 지내면 그 말은 저절로 사그라질 것입니다. 다만 그대는 술을 좋아하고 서책에는 뜻이 태만하여 오래도록 문을 닫고 들어앉아 조용히 지내지 못할까 두려우니, 이것이 큰 근심거리일 뿐입니다. 〈잠해(箴解)〉[6] 중에 선학(禪學)에 대해 논의한 곳은 매우 좋으니 마땅히 함께 적어 보내야겠습니다. 그 밖의 자세한 사정은 정자중이 반드시 잘 말할 것이니 여기에는 자세히 적지 않겠습니다.

기명언(奇明彦)[7]의 편지 두 장은 보고 잘 알았습니다. 근래에 또 특별히 사람을 보내 편지를 전해 왔는데,[8] 그 편지에서 논변한 내용이 거의 수천 여 언이나 되고 넓고 넓어 끝이 없으니 매우 칭찬할 만합니다. 그가 우리들의 실수를 지적한 것은 전적으로 틀린 것이 아니지만, 또한 전적으로 옳기만 한 것도 아닙니다. 내 학설 가운데 "선악이 정해지지 않았다"고 한 말 같은 것은, 내가 기명언의 글을 받아보기 전부터 이미 그 설이

---

**5**  정자중 : 【譯注】 정유일(鄭惟一, 1533~1576)로, 본관은 동래(東萊), 자는 자중, 호는 문봉(文峯)이다. 대사간과 승지 등을 역임하였다.

**6**  잠해 : 【譯注】 〈숙흥야매잠(夙興夜寐箴)〉의 해(解)를 말한다.

**7**  기명언 : 【譯注】 기대승(奇大升, 1527~1572)으로, 본관은 행주(幸州), 자는 명언, 호는 고봉(高峯)이다. 이황과 7년 동안 사칠논변(四七論辨)을 주고받았다. 이곳의 편지는 바로 이 가운데 첫 번째 두 편지이다.

**8**  기명언의……왔는데 : 【攷證 卷4 明彦書云云】 곧 사칠논변의 설이다.

온당치 않음을 알고 있었습니다. 이제 기명언의 공박을 받고는 온당치 않은 곳이 또한 한둘이 아니었음을 깨닫게 되었습니다. 이에 벗들끼리 토론하는 것이 큰 도움이 된다는 것을 더욱 잘 알게 되었으니 매우 다행입니다. 그의 말을 따라 고쳐 정한 것은 훗날 꼭 보내드리겠습니다. 다만 이른바 내 학설의 온당치 않은 곳이 글자의 흠이나 문장 흐름의 문제에 지나지 않는 것뿐이고, 대강의 의미는 옳지 않은 것이 아닙니다. 그런데 기명언은 반드시 전편(全篇)의 대의(大義)를 들어 모두 배척하고 공박하여 한 구절도 온전하게 놔두려 하지 않으니, 이것이 그의 한 병통입니다.

또 기명언이 전날에 스스로 학설을 만든 것이 처음에는 지극히 거칠고 어긋났었는데, 그 뒤에 개정한 것은 비록 전보다 조금 나아졌다고는 하나 대단히 그릇된 곳이 아직 많습니다. 그런데도 편지에서는 오로지 자기 과실은 모른 채 자기를 옹호하고 남을 공박하는 데만 힘을 쓰니, 이것이 또 그의 두 번째 병통입니다.

그러나 그의 변설은 폭포수가 쏟아지는 듯하고,[9] 우리들은 이처럼 졸렬하고 어눌하니, 어떻게 일일이 그와 더불어 논쟁하면서 이기기를 바랄 수 있겠습니까. 다만 마땅히 그 옳은 것은 따르고 잘못된 곳은 스스로 고쳐야 하며, 저쪽의 과실을 대략 거론하여 그가 따르고 따르지 않고는 그대로 내버려두되 아직 착수하지는 않고 있습니다. 나머지는 정자중에게 들으십시오. 재능을 감추고 면려(勉勵)하시길 바라마지 않습니다.

---

**9** 변설은……듯하고 : 【致證 卷4 辯口如懸河】 진(晉)나라 곽상(郭象)의 청담(淸談)이 폭포수가 쏟아지듯 오래도록 다함이 없었다. 《晉書 卷50 郭象列傳》

# 김성보[10] 덕곤 에게 답하는 별지 계해년(1563, 명종18, 63세)【예안(禮安)】

答金成甫 德鵾 別紙 ○癸亥

주자(朱子)의 〈무이도가(武夷櫂歌)〉 제9곡의 한 절구(絶句) 네 구의 뜻은 내 당초의 소견이 또한 주석의 뜻[11]과 같았으므로 처음의 한 절구에서 그렇게 말했던 것입니다.[12] 그 후에 그 절구를 이와 같이 고친 것[13]은 일부러 새로운 것을 천착하고 색다른 것을 지어보려 한 것이 아니요,

---

**10** 김성보 :【攷證 卷4 金成甫】김덕곤(金德鵾, 1525~1567)으로, 본관은 안동(安東), 자는 성보(成甫)이다. 운보(雲甫 김덕룡(金德龍))의 아우로 서울에 살았는데, 형과 함께 선생의 문하에 유학하였다. 과거에 급제하여 양사(兩司 사헌부와 사간원)의 관직을 역임하였는데, 늠연(凜然)히 간관(諫官)의 풍모가 있었다. 일찍이 평안도 평사(平安道評事)로서 어사(御史)를 겸임하였는데, 북경으로 가는 사신 일행을 으레 관할하도록 되어 있었다. 역관들이 금지된 물품을 많이 가지고 돌아오니, 공이 수색하여 모두 모아 불태워버렸다. 판서 홍인경(洪仁慶)이 듣고서 탄복하고는 천관랑(天官郎 이조의 낭관) 후보로 추천하였다.【校解】《고증》에는 '홍 판서 다경(洪判書多慶)'으로 되어 있으나, 《부계기문(涪溪記聞)》에 의거하여 수정하였다.

**11** 주석의 뜻 :【攷證 卷4 註意】살펴보건대, 원나라 구재(懼齋) 진보(陳普)가 "〈무이도가(武夷櫂歌)〉 구곡(九曲)의 우의(寓意)는 순전히 한 줄기 도(道)로 나아가는 차서(次序)로서 그 뜻이 진실로 구차하지 않으니, 단지 무이의 산수만을 읊은 것이 아니다."라고 하고, 마침내 《무이도가주해(武夷櫂歌註解)》를 지었다.

**12** 처음의……것입니다 :【攷證 卷4 初一絶云云】살펴보건대, 초본(初本)의 "구곡이라 올라와 본 때 도리어 망연하니, 참된 근원 어디길래 이 평천만 보이는가. 어찌 굳이 우로와 상마 있는 바깥에서, 산속의 일선천을 다시 물으랴.〔九曲來時却惘然, 眞源何許只斯川. 寧須雨露桑麻外, 更問山中一線天.〕"이다.

**13** 그 절구를……것 :【攷證 卷4 改作一絶】곧 "구곡이라 산세 열려 단지 드넓기만 한데, 인가와 촌락이 긴 시내 굽어보네. 권하노니 이곳이 유람의 극처라 말하지 마소, 묘처는 오히려 별천지를 기다려야 하리.〔九曲山開只曠然, 人烟墟落俯長川. 勸君莫道斯遊極, 妙處猶須別有天.〕"라고 한 것이다.

다만 본래 시의 뜻과 "제시(除是)"와 "별유(別有)"[14] 넉 자를 반복하여 자세히 음미해 보고는 응당 이와 같이 봐야 한다고 의심했던 것입니다. 그러나 나의 마음에서는 처음부터 또한 감히 스스로 확실하다고 기필하지 못하여 일찍이 그것을 기명언(奇明彦) 군에게 부쳐 보여준 적이 있었는데 기명언도 뒤에 쓴 시가 옳다고 여기지는 않았으니, 생각해보면 기명언의 뜻이 그대 편지의 뜻과 꼭 같습니다.

보내신 편지에서 본래 주석의 뜻을 말씀하신 것이 참으로 이와 같습니다. 다만 이와 같다면 '애평천(靄平川)'[15] 이상은 '내가 자득한 무궁한 의취(意趣)'로 보아야 할 것입니다. 그렇다면 그 아래에 나오는 "어부가 무릉도원의 별천지를 다시 찾는다."라는 말은 어떻게 보아야 하겠습니까? 만약 이것까지 아울러서 동일하게 '내가 자득한 곳'으로 본다면, 마땅히 도리어 다시 선경(仙境)의 길을 찾는데 이 인간세상을 제쳐두고 별천지가 있다는 말을 해서는 안 됩니다. 만약 이 두 구절로써 이단(異端)인 도가(道家)·불가(佛家)의 무리가 평상적이고 비근한 것을 싫어하여 공허하고 아득한 곳에서 도를 찾는 것이라고 본다면, 그 말은 마땅히 꾸짖고 배척하는 뜻이 있어야 할 것이니, 마치 흠모하고 부러워하는 뜻이라도 있는 것처럼 이와 같이 좋은 일로 삼지는 의당 않을 것입니다.

또 《연주시격(聯珠詩格)》[16]을 보면, 이 시의 마지막 구 아래에 있는

---

**14** 제시와 별유 : 【譯注】 송나라 주희(朱熹)의 〈무이도가〉 제9곡 "구곡도 다할 즈음에 눈앞이 활짝 열리니, 뽕과 삼은 우로에 젖고 평평한 시내 보인다. 어부가 다시 도원의 길을 찾으니, 인간 세상 아니고 별천지일세.〔九曲將窮眼豁然, 桑麻雨露見平川. 漁郞更覓桃源路, 除是人間別有天.〕"의 제4구에 나오는 말을 가리킨다.

**15** 애평천 : 【攷證 卷4 靄平川】《주자대전(朱子大全)》을 살펴보건대, '애'가 '현(見)'으로 되어 있다. 《연주시격(聯珠詩格)》의 주석에 "평천은 지명이다."라고 하였다.

**16** 연주시격 : 【攷證 卷4 聯珠詩格】 살펴보건대, 묵재(默齋) 우제(于濟)가 편집하고 채정손(蔡正孫)이 증보 편집한 책으로, 절구(絶句) 중에 자안(字眼)이 격에 맞는 것을

주석에 "선생이 일찍이 이 구절 때문에 비방을 받았다."[17]라고 하였으니, 그런 일이 있었는지 없었는지는 달리 고증할 길이 없거니와, 만약 정말 있었다면 이상의 양단(兩段)의 뜻으로 헤아려 볼 때 비방을 불러들였다는 것이 모두 당치 않습니다. 왜냐하면 만약 상단의 뜻과 같이 본다면 이른바 '별유천'이란 것은 곧 뽕과 삼이 우로에 젖는〔桑麻雨露〕 가운데 있는 것이요, 만물을 업신여기고 세상을 가볍게 보는 뜻이 있는 것이 아니니 무슨 비방할 것이 있겠습니까. 만일 하단의 뜻과 같이 본다면 이른바 '별유천'이란 것은 이단을 따르는 무리들을 가리키는 것이요, 선생 자신의 일과는 관계없는 것이니 또한 무엇 때문에 비방을 불러들이겠습니까.

대저 구곡(九曲)의 절구 열 수가 모두 애초부터 학문의 차제(次第)에 대한 의미는 없었는데, 주석을 하는 사람이 천착하고 견강부회하여 마디마디 끌어다 대었으니 모두 주 선생의 본 뜻이 아닙니다. 그러므로 나는 그 잘못을 분변한 적이 있었고 기명언도 그렇게 여겼던 것입니다. 다만 제9곡 시에 있어서 내가 나중에 고친 설과 기명언의 의견이 같지 않은 것은 대개 제8곡의 "이로부터 노니는 사람들이 올라오지 않았다.〔自是遊人不上來〕"부터입니다. 이 한 구절로 제9곡을 노래한 시 한 절구까지가 또한 본래 경치를 노래한 말이지만, 그 사이에 탁흥우의(託興寓意)한 곳이 없지 않습니다. 그러므로 비록 기명언의 박식한 변론도 주해가의 견강부회한 설에 흔들리지 않을 수 없어 그렇게 된 것입니다. 그래서 나의

예를 들어 뽑아 모아서 분류하니, 모두 300개의 부류에 천 편 남짓인데 평석(評釋)을 붙였다.

**17** 이 구절……받았다 : 【攷證 卷4 以此句召謗】송나라 심계조(沈繼祖)가 상소하여 주자(朱子)의 여섯 가지 죄를 논하였는데 그 하나가 바로 이 구절이었으니, "인간 세상에 어찌 별천지가 있겠는가. 그 말의 뜻이 원망에 그치지 않는다.……"라고 하였다.

생각에, "주 선생의 제9곡을 노래한 시 한 절구는 본디 다만 경물을 그려내기 위해 두었던 것이요, 제9곡 한 지경은 산세가 끝나고 시내가 평평한 곳일 뿐이니 평소 이곳에는 특별한 절경이 없다고 하는 평판이 있어, 아마도 유람할 흥취를 문득 끝나게 하는 곳일 듯하다. 그러므로 제9곡을 노래한 시의 앞 2구에서는 눈으로 본 경치를 직설적으로 기술하였고, 마지막 2구의 뜻은 '이 경계에 이르러 극지처(極至處)가 된다고 말하지 말라, 모름지기 진원(眞源)의 묘처(妙處)에 이르기를 구해야 할 것이다, 마땅히 이 범상한 인간세상 아닌 곳이 있을 것이요, 별도로 한 구역의 좋은 세상이 있을 것이다.……'라고 한 것과 같다."고 여긴 것입니다. 제현(諸賢)이 화운한 시[18]를 보건대 이러한 뜻에 화답한 것이 또한 많이 있었습니다. 예를 들면 방악(方岳)[19]은 "대나무 가마 타고 성촌[20] 길을 다시 물으니, 가서 시내 남쪽의 일선천을 보노라.〔筍輿更問星村路, 去看溪南一線天.〕"라고 하였고, 장헌(張憲)은 "늙은 눈을 문지르며 배를 끌고 가서, 봉호 골짜기 속의 하늘을 다 보노라.〔摩挲老眼挐舟去, 看盡蓬壺洞裏天.〕"라고 하였으며, 양사종(楊士倧)은 "참된 유람 여기에 와서 그친다 말하지 말고, 다시 여기로부터 가서 별천지를 찾으라.〔莫道眞遊來此止,

---

**18** 제현이 화운한 시 : 【攷證 卷4 諸賢和詩】살펴보건대, 〈무이도가〉시에 차운한 사람은, 송나라의 원길(元吉)·방악(方岳)이 있고, 원나라의 임석옹(林錫翁)·장중신(張仲信)이 있으며, 명나라의 유월(劉鉞)·정기(鄭紀)·주맹중(周孟中)·임성(林誠)·소현(蕭顯)·장헌(張憲)·장직(張稷)·유신(劉信)·이면(李冕)·사마인(司馬聖)·소정(蘇鉦)·임준(林俊)·유여(劉璵)·양사종(楊士倧)·임곡(任穀)·사간(謝諫)·진석(陳錫)·고응상(顧應祥)·간소(簡霄) 등이 있다.

**19** 방악 : 【譯注】송나라 사람으로, 자는 거산(巨山), 호는 추애(秋崖)이다. 【攷證 卷4 方岳】알려져 있지 않다.

**20** 성촌 : 【攷證 卷4 星村】《무이지(武夷志)》에 "대원(大源)의 물이 흘러 황촌(黃村) 시내에 이르고 성촌의 저자를 경유하여 빙빙 돌고 굽이굽이 꺾여서 군성(郡城)에 도달한다."라고 하였다.

更從此去覓壺天.]"라고 하였고, 고응상(顧應祥)[21]은 "다시 맑은 흥취를 가지고 기운 해를 보내며, 풍동에서 일선천을 거듭 찾노라.〔更將淸興消斜日, 風洞重尋一線天.〕"라고 하였습니다. -주(註)에 "풍동에 일선천이 있으니 바로 무이에서 가장 경치가 좋은 곳인데, 유람객들이 거리가 먼 것을 싫어하여 다들 가보지 않는다."라고 하였다.- 이와 같은 구절들이 모두 경치가 끝난 곳이기 때문에 다시 한 선경을 따로 찾아서 구경처(究竟處)로 삼고자 한 것입니다.

내 생각에 주 선생의 처음 뜻도 역시 이와 같았을 따름인데, 독자들이 풍영(諷詠)하고 완미(玩味)한 후에 그 의사(意思)가 초원(超遠)하여 무궁한 뜻을 함축하고 있음을 깨달았다면, 또한 도에 나아가는 사람의 심천(深淺)·고하(高下)와 억양(抑揚)·진퇴(進退)의 뜻이 되는 것으로 바꾸어 볼 수도 있겠습니다. 이는 마치 자공(子貢)이 아첨함이 없고 교만함이 없는 것을 지극함으로 삼고,[22] 증자(曾子)가 일에 따라 정밀하게 살피면서 힘써 행하고,[23] 안연(顏淵)이 박문약례(博文約禮)에 종사하여 그만두고자 하여도 그렇게 할 수 없었던 때가[24] 모두 〈무이도가〉 제9곡 시에

---

**21** 장헌은⋯⋯고응상 : 【譯注】 장헌은 원나라 사람으로, 자는 사렴(思廉), 호는 옥순생(玉筍生)이다. 양사종은 명나라 사람이다. 고응상은 명나라 사람으로, 자는 유현(惟賢), 호는 약계(箬溪)이다. 【攷證 卷4 張憲楊士倧顧應祥】 모두 알려지지 않았다.

**22** 자공이⋯⋯삼고 : 【譯注】 자공이 "가난하되 아첨함이 없으며 부유하되 교만함이 없으면 어떻습니까?〔貧而無諂, 富而無驕, 何如?〕"라고 하니, 공자가 "괜찮으나, 가난하면서도 즐거워하며 부유하면서도 예(禮)를 좋아하는 자만은 못하다."라고 하였다. 《論語 學而》

**23** 증자가⋯⋯행하고 : 【譯注】《논어》〈이인(里仁)〉의 '나의 도는 하나로 관철되어 있다.〔吾道一以貫之〕'에 관해 주희의 《집주(集註)》에 "증자는 그 쓰임에 대해 일마다 정밀히 살피고 힘써 행하였지만 그 본체가 하나임은 모르고 있었다. 부자께서는 참을 쌓고 힘을 쓴지 오래되면 장차 얻는 바가 있을 것임을 알기에 증자를 불러 고했던 것이다.〔曾子於其用處, 蓋已隨事精察而力行之, 但未知其體之一爾. 夫子知其眞積力久, 將有所得, 是以 呼而告之.〕"라고 하였다.

서 '안활(眼豁)'·'평천(平川)'을 지극한 곳으로 삼은 것과 같고, 자공이 공자에게 "가난하면서도 즐거워하고 부자이면서도 예를 좋아한다."는 말을 듣기에 이르고, 증자가 "나의 도는 하나로 일관한다."를 듣기에 이르고, 안연이 서 있는 바가 우뚝함을 보기에 이르러서는 모두 별유천의 의사에 도달한 것입니다. 그러나 이 뜻은 이 시를 보는 사람이 응당 옛사람이 시를 인용할 때 단장취의(斷章取義)한 예처럼 하여 이와 같이 보아야 할 것이니, 시의 본뜻은 바로 이것을 말하는 것이 아닙니다. 이것을 알면, 서 있는 바가 우뚝하다는 것을 힐문(詰問)하는 설(說)은 변론을 하지 않아도 명백해질 것입니다.

---

**24** 안연이……때가 : 【譯注】 안연이 크게 탄식하며 "……부자(夫子)께서 차근차근 사람을 잘 이끄시어 문(文)으로써 나의 지식을 넓혀주시고 예로써 나의 행동을 요약하게 해주셨다. 공부를 그만두고자 해도 그만둘 수 없어 이미 나의 재주를 다하니, 부자의 도(道)가 내 앞에 우뚝 서 있는 듯하다.〔欲罷不能, 旣竭吾才, 如有所立卓爾.〕그를 따르고자 하나 어디로부터 시작해야 할지 모르겠다."라고 하였다. 《論語 子罕》

# 홍응길 인우 에게 보내다[25] 【임자년(1552, 명종7, 52세) 7~8월 추정. 서울】

與洪應吉 仁祐

재청(齋廳)은 쓸쓸히 텅 비었는데 빗소리에 가을 상념이 일어 사람으로
하여금 자신을 성찰하게 하니,[26] 마주하고 정의(情誼)를 나눌 사람이 아
무도 없는 것이 아쉽습니다.

'야기(夜氣)'[27]와 '미발지중(未發之中)'[28]은 참으로 내가 전날 저녁에 이
야기한 것이 너무 거칠었으니 이는 진실로 본 것이 있는 게 아니라, 다만
한때의 상상으로 헤아려 말한 것이기에 부끄럽습니다. 그러므로 쉽게
말할 수 없는 것이 있다고 한 것이니, 지금 어찌 감히 다시 근거 없는
말을 하겠습니까. 마땅히 각각 때와 일에 따라 존양체찰(存養體察)의 공
부를 더하여 거의 참된 견식을 실제로 얻어서 서로 밝혀주어야만, 마침

---

**25** 홍응길……보내다 : 【譯注】홍은길은 홍인우(洪仁祐, 1515~1554)로, 본관은 남양
(南陽), 자는 응길(應吉), 호는 경재(敬齋)·치재(耻齋)이다. 【攷證 卷4 與洪應吉】살
펴보건대, 이 편지는 임자년(1552, 명종7) 도성에 들어간 후에 쓴 것이다. 제하(題下)
에 연조(年條)가 빠져 있다.

**26** 사람으로……하니 : 【攷證 卷4 令人發省】당나라 두보(杜甫)의 〈봉선사에서 노닐
다〔游奉先寺〕〉시에, "잠 깰 무렵에 새벽 종소리 들으니, 사람으로 하여금 깊이 성찰하
게 하는구나.〔欲覺聞晨鐘, 令人發深省.〕"라고 하였다.

**27** 야기 : 【譯注】야간의 평정하고 맑은 기상을 말한다.《맹자》〈고자 상(告子上)〉에
"일야(日夜)에 자라나는 바와 평단(平旦)의 맑은 기운에 그 호오(好惡)가 남들과 서로
가까운 것이 얼마 되지 않는데, 낮에 하는 소행이 이것을 곡망(梏亡)하니, 곡망하기를
반복하면 야기가 족히 보존될 수 없고, 야기가 보존될 수 없으면 금수와 거리가 멀지
않게 된다.〔梏之反覆, 則其夜氣不足以存, 夜氣不足以存, 則其違禽獸不遠矣.〕"라고 하
였다.

**28** 미발지중 : 【譯注】《중용장구》제1장에 "희로애락이 발하기 전을 중이라 한다.〔喜
怒哀樂之未發, 謂之中.〕"라고 하였다.

내 유익함이 있을 것입니다. 근래에 더위를 무릅쓰고 일을 쫓아다니다가 병만 갈수록 더해져 형세상 감당하기 어려운 바가 있으니 어찌해야겠습니까?

# 홍응길에게 답하다 【임자년(1552, 명종7, 52세) 7~8월 추정. 서울】

答洪應吉

잠시 좋은 이웃과 떨어져 멀리서 사모하는 마음만 있었는데, 보내주신 편지를 받으니 나의 답답한 마음을 풀어주는 것을 이루 다 말할 수 있겠습니까. 시간이 지나도 자리만 차지하고 있으니 조금도 보탬이 되지 않고, 오직 여러분에게 죄를 지은 것이 한둘이 아니라 매우 많아서, 돌아와 자리에 누워 있자니 부끄러움에 땀이 흘러 등을 적십니다. 언제쯤 어깨에 멘 짐을 벗고서 조금이라도 나의 분수를 편안히 할 수 있을지 모르겠습니다. 평소에는 나의 분수를 따라 어리석게 지내다가 매양 공(公) 등과 만나서 이야기할 때는 몽매함이 씻겨 없어짐을 깊이 느낀 적이 많았습니다. 다만 근래에는 오히려 자주 왕래한다는 경계[29]가 있어 아침저녁으로 찾아다닐 수가 없었는데, 지금 이렇게 조금 멀어지니 어찌 나의 오랜 바람에 부응할 수 있겠습니까. 이 때문에 마음이 서글퍼집니다.

《역해(易解)》는 매우 얻고 싶던 것이어서 마치 밝은 스승을 만난 것처럼 기쁘니, 감사하고 감사합니다. 부쳐온 종이는 우선 병세가 좀 나을 때를 기다려 장독대 덮개[30]로나 쓸 제 글씨를 부탁하신 뜻에 부응하겠습니다. 다만 〈숙흥야매잠(夙興夜寐箴)〉은 날마다 명륜당(明倫堂)에서 마

---

**29** 자주 왕래한다는 경계 : 【譯注】《주역(周易)》〈함괘(咸卦) 구사(九四)〉에 "왕래하기를 자주 하면 벗들만이 네 생각을 따르리라.〔憧憧往來, 朋從爾思.〕"라고 하였는데, 여기서는 자기 편끼리 자주 왕래한다는 비판을 받을까봐 조심한다는 뜻이다.

**30** 장독대 덮개 : 【譯注】 남의 인정을 받지 못한 채 허드레 물건으로 취급될 것이라는 뜻으로, 자기의 저술을 겸칭(謙稱)하는 말이다. 한나라 양웅(揚雄)이 《주역》에 견주어 《태현경(太玄經)》을 짓고, 《논어》에 견주어 《법언(法言)》을 지었는데, 유흠(劉歆)이 이 글들을 보고 나서 양웅에게 한 말에서 유래하였다. 《漢書 卷87 揚雄傳》

주하지만 오히려 기억하지 못하는 구절이 있고, 행장에 또한 검토할 수 있는 책이 없으니 마땅히 편의한 시간에 베껴두는 것이 괜찮을 듯합니다. 말씀해 주신 화폭(畫幅)은 일찍이 알지 못했던 것이니, 나도 모르게 목이 멥니다. 혹 마침내 나에게 보내주신다면 그처럼 다행한 일이 어디 있겠습니까.

# 홍응길에게 답하다 【임자년(1552, 명종7, 52세) 7~8월 추정. 서울】

答洪應吉

《 -원문 3,4자 결락- 방문해 주시니 아파서 울적한 나에게 매우 위로가 되었습니다.》 말씀하신 정암(整庵)[31]의 소견은 가장 근본이 되는 지점에서 어긋났고, 그 밖의 정밀하게 도달한 곳도 숭상할 만한 것은 못 되는 듯합니다.[32] 다만 근고(近古)의 중국 문헌들이 어떠한가를 보아야 하지만, 또한 오히려 왕양명(王陽明)[33]과 대립각을 세워 선학(禪學)의 잘못된 것을 다툰 사람이 바로 나정암입니다.

요사이 나의 종적[34]은 생각건대 두렵고 몹시 피곤하기도 해서, 추강(秋

---

**31** 정암 : 【攷證 卷4 整庵】명나라 학자 나흠순(羅欽順, 1465~1547)으로, 명나라 강서성(江西省) 태화(太和) 사람이며, 자는 윤승(允升), 호는 정암, 시호는 문장(文莊) 이다. 효종(孝宗) 홍치(弘治) 연간에 진사가 되었고, 관직은 이부상서(吏部尙書)에 이르렀다. 벼슬을 그만두고 집에서 20년 동안 칩거하면서 두문불출하고 책을 썼다. 저서에《곤지기(困知記)》가 있다.

**32** 가장……듯합니다. :【攷證 卷4 大頭腦錯了云云】치재(恥齋)의 편지에 "《곤지기》 는 그 공부한 것 중에 정밀한 곳이 많습니다. 그러나 그가 인심(人心)을 이발(已發)이 라 하고 도심(道心)을 미발(未發)이라 한 것은 가장 잘못된 부분이니, 어찌 양명(陽明) 의 어긋난 길을 변석하여 그를 무너뜨릴 수 있겠습니까?"라고 하였다.《恥齋遺稿 卷1 上退溪書》

**33** 왕양명 :【攷證 卷4 陽明】명나라 학자 왕수인(王守仁, 1472~1529)으로, 절강성 (浙江省) 사람이며 자는 백안(伯安), 호는 양명, 시호는 문성(文成)이다. 어려서부터 총명하였고 재치 있게 말을 잘하였다. 진사에 올랐다. 그의 학문은 양지(良知)를 지극히 하는 것을 학설로 삼았다. 세종(世宗) 가정(嘉靖) 초에 논공(論功)하여 신건백(新建 伯)에 봉했으나 얼마 안 있어 그 벼슬을 삭탈하였고, 또한 위학(僞學)으로 배척하여 천하에 방시(榜示)하였다.

**34** 요사이 나의 종적 :【攷證 卷4 近日蹤踪】살펴보건대,《퇴계선생연보》 권1에 "임자 년. 대사성(大司成) 자리가 비게 되자 대신들이 학문과 재행(才行)이 있는 사람을 택차

江)에서 전에 한 약속은 지키지 못할 듯하니, "돌돌(咄咄)" 글자를 허공에 쓸[35] 뿐입니다.

(擇差)하여 후보로 올리게 되었는데, 선생이 자급을 뛰어넘어 첫 번째로 올랐다."라고 하였으니, 아마도 이 일을 가리키는 듯하다.

**35** 돌돌……쓸 : 【攷證 卷4 咄咄書空】 진(晉)나라 은호(殷浩)가 제명되어 쫓겨나자 하루 종일 허공에 뭔가 글씨를 쓰고 있었는데, 그것은 '돌돌괴사(咄咄怪事)'라는 네 글자였다. 《世說新語 黜免》

# 홍응길에게 보내다 【임자년(1552, 명종7, 52세) 7~8월 추정. 서울】

與洪應吉

어제 저녁에 책상을 마주하고 이야기한 것은 참 다행이었습니다. 다만 나의 비루한 말에 대해서 저울질하고 분별하는 바 없이 모두 옳다고만 하니, 이것이 어찌 몽매하게 꽉 막힌 이 사람에게 도움이 되겠습니까. 이후로는 간절히 바라건대, 통렬히 따지고 꾸짖어 주셔야만 정밀한 이치에 거의 어긋남이 없게 될 것입니다.

　두 책[36]을 모두 드리는데, 다만 선학(禪學)은 기름과 같아서 가까이하면 곧 더럽혀지는 것이요, 양명(陽明)이 또한 뛰어난 변설로 그것을 구원하여, 더욱 쉽게 사람을 미혹시킵니다. 그러니 여러분들은 모름지기 경계하여서, 처음에는 밝지만 나중에는 혼매(昏昧)하면서도 스스로 터득했다고 여기는[37] 서왈인(徐曰仁)[38]의 무리처럼 되지 마십시오.

---

**36** 두 책 : 【攷證 卷4 兩書】 살펴보건대, 《치재일기(恥齋日記)》에 "퇴계를 통하여 왕양명(王陽明)의 《전습록(傳習錄)》에 대해 듣고는 책을 구해서 그 학문을 살펴보았더니, 대개 남다른 것을 좋아하기에 힘쓴 것이었다. 그래서 나흠순(羅欽順)이 《곤지기(困知記)》를 지어서 그 잘못을 공박하였다.……"라고 하였다. 여기에 근거해 보면 '두 책'은 곧 《전습록》과 《곤지기》이다.

**37** 처음에는……여기는 : 【攷證 卷4 始明…爲得】 《정본 퇴계전서》 권14 〈전습록논변(傳習錄論辯)〉에 보인다.

**38** 서왈인 : 【攷證 卷4 徐曰仁】 명나라 학자인 서애(徐愛, 1487~1517)로, 자는 왈인, 호는 횡산(橫山)이다. 왕양명의 제자로 그 스승의 말을 기록하여 《전습록》을 만들었다.

# 홍응길에게 보내다 【임자년(1552, 명종7, 52세) 8월 추정. 서울】

與洪應吉

허락받으신 서복재(徐復齋)[39]의 저작은 전해 받거든 보여주시기를 간절히 바랍니다. 정 선생(鄭先生)[40]의 저술은 임무백(任武伯)[41] 영공(令公)께서 그 후손에게서 찾아서 보여주실 것을 허락하셨습니다. 근래에 재삼 물어보니 임공(任公)이 답하기를 "남아 있는 것이라고는 다만 선생이 선유(先儒)들의 설(說)을 손수 초록(抄錄)한 것뿐이고 선생의 저술 같은 것은 없습니다."라고 하니 탄식할 일입니다.

《의려선생[42]집(醫閭先生集)》이란 것은 내가 새로 얻어 보았는데, 그 사람은 진백사(陳白沙)[43]를 스승으로 삼았지만 이 학문을 독실하게 믿어 진백사의 선학(禪學)에 완전히 떨어진 것은 아닌 것 같으니, 특히 기뻐할 만한 일입니다. 그대가 전에 이미 보았을지도 모른다고 생각되지만, 나

---

**39** 서복재 : 【攷證 卷4 徐復齋】곧 화담(花潭) 서경덕(徐敬德, 1489~1546)이다. 본관은 당성(唐城), 자는 가구(可久), 호는 복재·화담, 시호는 문강(文康)이다.

**40** 정 선생 : 【攷證 卷4 鄭先生】곧 일두(一蠹) 정여창(鄭汝昌, 1450~1504)이다. 본관은 하동(河東), 자는 백욱(伯勖), 호는 일두(一蠹), 시호는 문헌(文獻)이다.

**41** 임무백 : 【攷證 卷4 任武伯】곧 장례원 판결사(掌隷院判決事) 임호신(任虎臣, 1506~1556)이다. 본관은 풍천(豐川), 자는 무백, 시호는 정간(貞簡)이다.

**42** 의려선생 : 【攷證 卷4 醫閭先生】명나라 학자인 하흠(賀欽, 1437~1510)으로, 자는 극공(克恭)이다. 어려서 의려산(醫閭山)에서 독서하였으므로 인하여 자호로 삼았다. 헌종(憲宗) 성화(成化) 연간에 진사가 되었고, 급사중(給事中)에 발탁되었으며, 마침내 《논어》〈양화(陽貨)〉의 '비부가여사군(鄙夫可與事君)' 장을 벽에다 쓰고서, 자경문(自警文)으로 삼았다.

**43** 진백사 : 【譯注】명나라 진헌장(陳獻章, 1428~1500)으로, 광동성(廣東省) 백사(白沙) 출신이며, 자는 공보(公甫), 호는 백사·석재(石齋)이다.

는 다행히 보았기 때문에 알려드릴 뿐입니다. 서복재의 원고는 전에 보
내온 것을 보내드립니다.

# 홍응길에게 답하다 【계축년(1553, 명종8, 53세) 3월 2일경 추정. 서울】

答洪應吉

《요즈음 근황은 어떠십니까? 전에 온 집록(集錄)을 삼가 봉하여 돌려드리니 받아주시기 바랍니다.》

화담(花潭)[44]이 이른바 '황극경세수(皇極經世數)'[45]는 《끝내 무엇을 말하는 것인지 모르겠습니다.》 전에 약속한 대로 외지고 조용한 곳에서 만나 상론(商論)하여 그 대지(大旨)를 듣고 싶지만, 봄추위가 아직도 매서워서 실행에 옮기지 못하는 것이 아쉬울 뿐입니다. 내일이나 모레 사이에 제가 일이 있어서 어의동(於義洞)[46] 근처에 가려고 하니, 만일 그 근처에 모일 만한 빈집이 있다면 제가 그쪽으로 가겠습니다만, 요컨대 공과 남 상사(南上舍)[47]가 함께 온다면 참 좋겠습니다. 《그 여부를 알 수 없으니》 알려 주시기 바랍니다. 《남 상사의 자(字)도 알려 주시기 바랍니다. 삼가 여쭙습니다.》

《만일 적당한 장소가 없으면 남부동(南部洞)에 모일 만한 곳이 있으니, 훗날 내가 마땅히 다시 이 뜻을 알릴 것이고 아울러 남 상사에게도 전하겠습니다.》

---

**44** 화담 : 【譯注】 서경덕(徐敬德, 1489~1546)으로, 본관은 당성(唐城), 자는 가구(可久), 호는 복재(復齋)·화담, 시호는 문강(文康)이다.

**45** 황극경세수 : 【譯注】 서경덕이 《황극경세수해(皇極經世數解)》를 지었는데, 이 책은 북송(北宋) 소옹(邵雍)이 지은 《황극경세서(皇極經世書)》〈관물외편(觀物外篇)〉의 산술(算術) 계산을 연구하여 정리한 것이다.

**46** 어의동 : 【攷證 卷8 於義洞】 경부(京部)의 방명(坊名)이니, 곧 조양루(朝陽樓)가 있는 곳이다.

**47** 남 상사 : 【攷證 卷8 南上舍】 남언경(南彦經, 1528~1594)으로, 본관은 의령(宜寧), 자는 시보(時甫), 호는 동강(東岡)·정재(靜齋)이다.

# 홍응길에게 답하다 계축년(1553, 명종8, 53세) 【4월 초순 추정. 서울】

## 答洪應吉 癸丑

근래에는 병중에 가뭄 걱정까지 더해 좋은 일이 전혀 없어서 오래도록
서로 안부를 묻지 못하였더니, 편지를 받고 여흥(驪興)에 다녀온 줄을
비로소 알았습니다. 또 관동(關東)에 갈 계획을 세운다니 풍악산(楓岳
山)과 경포대(鏡浦臺)[48]는 평생토록 못 잊어 하면서도 가보지 못했는데,
그대의 손에 먼저 들어가게 되었으니 이 늙은이가 부러워함이 참으로
새장에 갇힌 학이 구름을 바라보고 푸드덕거리는 것 같을 뿐입니다. 그
래도 어찌하겠습니까. 남시보(南時甫)[49]도 같이 갑니까? 산림에 가고 싶
은 소원이 누군들 없겠습니까. 한 번 속진(俗塵)에 발을 잘못 디디면 그
소원을 이룰 수 있는 사람은 드물 것이니, 그대의 이번 여행은 놓쳐서는
안 될 기회입니다. 이 늙은이 또한 어찌 여기에 끝내 묻혀 버릴 수 있겠습
니까. 매양 명승지를 만나거든 나를 위해 잘 기다려 주시면서 내가 늦게
온다고 말해 주십시오.

　화담(花潭)[50]의 행록(行錄)[51]은 너무 소략한 것 같으니, 아무쪼록 아낌

---

**48**　경포대 :【攷證 卷4 鏡浦】강릉(江陵) 동북쪽에 있다. 주위가 이십 리이며, 물이
거울처럼 맑고, 깊지도 얕지도 않은 것이 사방과 중앙이 똑같으니 곧 관동팔경(關東八
景) 중의 하나이다.

**49**　남시보 :【譯注】남언경(南彦經, 1528~1594)으로, 본관은 의령(宜寧), 자는 시보,
호는 동강(東岡)·정재(靜齋)이다.

**50**　화담 :【譯注】서경덕(徐敬德, 1489~1546)으로, 본관은 당성(唐城), 자는 가구(可
久), 호는 복재(復齋)·화담, 시호는 문강(文康)이다.

**51**　화담의 행록 :【攷證 卷4 花潭行錄】서화담(徐花潭)의 《유금강록(遊金剛錄)》인
듯하다.

없이 두루 다 구경하여, 돌아와 속진의 답답함을 씻어 주면 매우 다행이
겠습니다. 남시보도 같이 가게 되거든 이 말을 당부하십시오.

# 홍응길에게 보내다 【계축년(1553, 명종8, 53세) 9월 10일. 서울】

與洪應吉

요사이 존장(尊丈) 선생[52]께서는 건강하고 복되게 지내시며, 그대는 부모님 모시는 외에 학문에도 날로 발전이 있으리라 생각합니다. 드릴 말씀은 《유록(遊錄)》의 후발(後跋)은 감히 완강히 사양하지는 못하겠지만, 《유록》을 빛나게 해주기에는 부족하고 누를 끼치기에 꼭 알맞으니 드리기가 무척 부끄럽습니다.

내 또 이 기록이 자세하고 풍부한 것이 마음에 들어 한 벌을 베껴놓고 훗날 근거하여 검토할 자료로 삼고자 합니다. 마침 자제들이 모두 나가서 대조하고 교정할 사람이 없어 아울러 드리니, 바라건대 두 분[53]이 마주 앉아 한번 읽어보고 틀리고 빠진 것을 바로잡아 돌려주는 게 어떻겠습니까? 그 사이에 자세히 보고서 온당치 못한 곳을 그때그때 내 생각으로 수정할 것이니, 수긍할지의 여부는 오직 그대의 아량에 달렸습니다. 아울러 거칠게 지은 죄를 너그러이 받아준다면 매우 다행이겠습니다.

남시보(南時甫)[54]에게 알려주십시오. 지난번에 "마음에 선악이 있다.〔心有善惡〕"라고 논한 말은 큰 착오입니다. 성(性)이 곧 리(理)이니 본디 선은 있고 악은 없는 것인데, 마음은 리기(理氣)가 합해진 것이니 악이

---

**52** 존장 선생 : 【譯注】 홍인우의 부친인 홍덕연(洪德演, 1493~1553)으로, 본관은 남양(南陽), 자는 숙용(叔容)이다.

**53** 두 분 : 【攷證 卷4 兩君】 홍응길과 남시보(南時甫)이다. 남시보는 곧 치재의 매서(妹壻)이다.

**54** 남시보 : 【譯注】 남언경(南彦經, 1528~1594)으로, 본관은 의령(宜寧), 자는 시보, 호는 동강(東岡)·정재(靜齋)이다.

있음을 면하지 못할 듯합니다. 그러나 그 시초를 궁구하여 논한다면, 마음 또한 선은 있고 악은 없는 것이니, 무엇을 말하는 것이겠습니까? 마음이 아직 발하지 않았을 때는 기(氣)가 아직 용사(用事)하지 않아서 오직 리(理)가 있을 뿐이니, 어찌 악이 있겠습니까. 오직 발동한 곳에서 리가 기에 가려져야 바야흐로 악으로 향하게 되니, 이것이 이른바 “기미가 선악으로 나누어진다.”라는 것이요, 선유(先儒)들은 그것이 두 가지가 있어 서로 대립하여 생기는 것이 아님을 힘써 밝혔던 것입니다. 조치도(趙致道)[55]의 〈성기도(誠幾圖)〉와 왕노재(王魯齋)[56]의 〈위미도(危微圖)〉[57]에서 이미 그것을 다 설명하였습니다. 전날에는 제가 잘 살피지 않고 경솔히 입을 열었으니, 뒤미처 생각하면 이마에 땀이 흐릅니다. 근래에 정정이(鄭靜而)[58]의 〈천명도(天命圖)〉를 얻었으니 그다지 쉽지는 않습니다. 다만 그 견해에 어긋난 부분이 여기에도 있고, 또 성(性)은 선이나 악으로 이름 붙일 수 없는 것이라고 하니, 이것도 잘못된 말입니다. 대개 의리의 정밀하고 은미함을 어찌 쉽게 말할 수 있겠습니까.

요청하셨던 정(靜)에 대한 이론은[59] 그대의 소견이 상당히 명백하니

---

**55** 조치도 : 【攷證 卷4 趙致道】 송나라 조사하(趙師夏, ?~?)로 조기도(趙幾道)의 아우이며, 주자(朱子)의 손서(孫壻)이다. 영종(寧宗) 가정(嘉定) 연간에 지남강군(知南康郡)에 제수되었다. 호는 원암(遠庵)이다.

**56** 왕노재 : 【譯注】 송나라 왕백(王柏, 1197~1274)으로, 금화(金華) 사람이며, 자는 회지(會之)·백회(伯會), 호는 노재, 시호는 문헌(文憲)이다.

**57** 성기도와 왕노재의 위미도 : 【攷證 卷4 誠幾圖危微圖】 모두 《심경(心經)》에 보인다.

**58** 정정이 : 【譯注】 정지운(鄭之雲, 1509~1561)으로, 본관은 경주(慶州), 자는 정이, 호는 추만(秋巒)이다.

**59** 요청하셨던……이론은 : 【攷證 卷4 所求靜說云云】 치재의 편지에 “이른바 정(靜)이란 것은 일용지간(日用之間)에 정을 주장하는 것을 바탕으로 하여 그 동(動)함을 제어하는 것입니다. 정을 주장하는 것은 지경(持敬)에 불과하니, 고목이나 식은 재가 아니기 때문에 정 안에 모름지기 물(物)이 있습니다.……”라고 하였다. 《耻齋遺稿 卷1 答退溪書》

내가 여기에 대해서는 더 이상 말할 것이 없습니다. 다만 보내온 편지가 말은 간결하면서도 생각이 주밀하여 제가 마음속으로 정말 좋아했기 때문에 애당초 거절하지 않고 받았던 것입니다. 그런데 다시 그 내용을 보니 내가 추앙받은 것이 너무 지나쳐서, 한 구절도 합당한 사실이 없습니다. 그럼에도 염치불구하고 이 편지를 받는다면 그것을 남에게 보여주지 않더라도 하늘이 또한 비난할 것이니, 애가 타고 마음이 편치 않아 감히 돌려드립니다. 아무쪼록 그 가운데에서 두세 줄 잘라버리고 다른 종이로 보충하여서, 도(道)를 향하고 옛 사람을 흠모하며 고지식하게 수양하고 힘써 노력하는 뜻으로 두어 구절만 대략 말하여 그쳐서 돌려보내 주신다면 무척 다행이겠습니다.

누가 학문을 한다는 이름이 나면 사람들이 반드시 온갖 책임을 그에게 돌리니 이것도 잘못된 도리인데, 하물며 자기들끼리 서로 내용 없는 말로 칭찬하고 인정하여 사람들의 비웃음과 분노를 불러들인다면 어떻게 되겠습니까?

# 홍응길에게 답하다[60] 【계축년(1553, 명종8, 53세) 9~10월 추정. 서울】

答洪應吉

심부름꾼이 《충암집(沖庵集)》과 귀고(貴稿)의 시책(試策)을 빌려옴에 나를 잊지 않고 기억해줌을 알 수 있으니, 깊이 감사하고 또한 다행스럽게 여깁니다. 요 전에는 다만 김공(金公)[61]이 '고봉(孤峯)'을 호(號)로 삼은 것만 들었고 다시 '충(沖)' 자 호가 있는 줄은 알지 못했는데, 지금 그대 덕분에 비로소 그것을 알게 되었으니 참으로 심제량(沈諸梁)에 비겨 죄줄 만합니다.[62] 우선 두고 열람하되 시일을 지체하지 않고 그대의 시책(試策)과 함께 돌려드리겠습니다. 《분부대로 입수하자마자 곧바로 돌려드리지 못하오니,》 지체함을 너그럽게 양해해 주시기 바랍니다.

아파서 쓸쓸한 마음으로 지내고 있으니, 추위가 조금 풀리는 날을 택하여 방문해주시기를 간절히 바랍니다. 삼가 절하고 답장드립니다.

---

**60** 홍응길에게 답하다 : 【譯注】 이 편지는 홍응길의 《치재유고(耻齋遺稿)》에도 실려 있는데, 이황의 편지에 대한 홍응길의 답서(答書)로 되어 있다. 앞서 보낸 이황의 편지는 다음에 나오는 〈홍응길에게 보내다〔與洪應吉〕〉(KNL0185)이다.

**61** 김공 : 【譯注】 김정(金淨, 1486~1521)으로, 본관은 경주(慶州), 자는 원충(元沖), 호는 충암(沖庵)·고봉(孤峯)이고, 시호는 문간(文簡)이다.

**62** 참으로……만합니다. : 【譯注】 공자(孔子)가 어떠한 사람인지 몰라서 자로(子路)에게 물은 초(楚)나라 섭현의 심저량(沈諸梁)의 고사에 비의하여, 자신이 김정에 대해 제대로 몰랐음을 부끄럽게 여긴다는 뜻이다.

# 홍응길에게 보내다 【계축년(1553, 명종8, 53세) 9~10월 추정. 서울】

與洪應吉

요즈음 추위가 얼어붙을 듯한데, 부모님 모시고 있으면서 학문을 진전시키는 데 가호가 있어 청복(淸福)이 더하시리라 생각합니다. 저번에 보내온 책문(策文)의 초고는 자질(子姪)들이 돌려 읽는 바람에 여러 날 돌려드리지 못하다가 이제야 비로소 돌려보내니 지체된 것이 부끄럽습니다.

당초에 책문의 제목을 보고서 제 생각에 대책(對策)을 쓰는 사람이 충분한 데까지 설명하기가 어렵지 않을까 걱정이 되었는데, 훌륭한 대책을 보게 되어서는 의론이 자유롭게 펼쳐지며 필세(筆勢)가 거침없어서 읽는 사람으로 하여금 망양지탄(望洋之歎)[63]을 자아내게 하고 우리들의 기세를 펼쳤으니, 참으로 성스러운 조정을 위해 훌륭한 사람을 얻은 것을 기꺼이 축하드릴 만합니다. 그 가운데 "전할 수 없는 것이 만물의 밖에 숨어 있다.〔不可傳者, 藏於萬物之表.〕"라는 말 같은 것은 고상하고 심원한 듯하고, "그러한 까닭〔所以然〕"과 "마땅히 그러해야 하는 것〔所當然〕"도 또한 조금 서로 뒤바꾸어서 말한 것이 있으니, 생각건대 짧은 시간 동안 붓을 빨리 놀려서 잘 검토하지 못한 병통이므로 응당 이미 스스로 잘 알고 있을 것입니다.

《충암[64]집(冲菴集)》5권은 우선 여기에 두도록 하겠습니다. 이 또한

---

**63** 망양지탄 : 【譯注】 자신보다 역량이 훨씬 뛰어난 상대를 만난 경우에 쓰는 말이다. 《장자》〈추수(秋水)〉에 황하의 신인 하백(河伯)이 자신이 다스리는 하수(河水)의 물이 불어나자 의기양양하다가 북해에 이르러서는 그 끝없이 펼쳐진 물을 보고는 그만 탄식하면서 "내가 길이 대방지가(大方之家)에 비웃음을 사겠다."라고 하였다.

**64** 충암 : 【攷證 卷4 冲庵】 김정(金淨, 1486~1521)으로, 본관은 경주(慶州), 자는

자제들에게 베끼도록 하였으니, 다 베끼고 나면 마땅히 조심해서 돌려드리겠습니다. 이 사람의 학문을 자세히 살펴보니 처음에는 비록 노장(老莊)에 빠졌지만 나중에는 그 소견이 실로 남보다 한 등급 높습니다. 그의 귀양소(歸養疏)나 사직소(辭職疏)는 지극히 참된 마음에서 나온 것입니다. 이러한 견식을 가지고 있었는데 그의 뜻과 같이 되지 못하고 끝내 큰 화를 당했으니 어찌 슬프지 않겠습니까, 어찌 슬프지 않겠습니까.

나의 병은 추위 때문에 더욱 심해져서 차가운 방에 웅크리고 누워 있으니, 날이 풀려서 따뜻해지기를 기다렸다가 한 번 왕림해주셔서 이 깊은 시름을 씻어 주십시오.

---

원충(元沖), 호는 충암·고봉(孤峯)이고, 시호는 문간(文簡)이다. 보은(報恩) 사람이다. 명나라 헌종(憲宗) 성화(成化) 병오년에 태어났고, 22세 때 문과에 장원급제하였다. 장중(莊重)하여 말이 적었으며 의표가 고상하고 행동이 준엄하였다. 문장을 지음에는 정심(精深)하고 호악(灝噩)하였다. 중종(中宗)이 매우 아껴서 형조 판서에 발탁하였다. 기묘년(1519, 중종14)에 북문(北門)의 화(禍)에 휘말려서, 신사년(1521, 중종16)에 사사(賜死)되었다.

# 홍응길에게 보내다[65] 【계축년(1553, 명종8, 53세) 10월 추정. 서울】

與洪應吉

《-앞부분이 조금 빠져 있다.- 살피니,》 의령(宜寧)에 계신 장모님이 병을 얻으셔서 약을 구하고 의원을 찾아가 약도 지어오려고 했는데 겨를이 없었습니다. 그래서 어제 저녁에 사람을 보내어 도성을 언제쯤 나가실지 알아보게 하였는데, 심부름꾼이 돌아와서 편지를 받아보고는 병세가 아직 차도가 없다는 것을 알았으니, 너무나 근심스럽습니다.

사람의 노소(老少)와 허실(虛實)이 같지 않으니 성인(聖人)이 이미 상례(喪禮)를 만들어서 그 지극함을 극진히 한 것이요, 또 상황에 맞추어 적절하게 대처하여 사람의 생명을 온전케 하니, 지나치고 미치지 못함이 모두 효를 다하는 도리가 아닙니다.

제가 이에 앞서 그대 부친 상(喪) 때문에 심히 걱정이 되어 잠시 말을 꺼냈으나 감히 할 말을 다하지는 못했으니, 지금 또한 어찌 내가 운운하기를 기다릴 필요가 있겠습니까. 진실로 효성스러운 생각은 환히 아는 바이니, 비록 저의 말은 믿지 않는다 해도 어찌 성인의 말을 믿지 않겠습니까. 곡진히 헤아려주기를 바랍니다. 떠나는 날짜를 이미 늦추었으니 훗날 나아가 뵙기를 도모해야겠습니다. 삼가 이렇게 알려드립니다. 《황(滉)은 절합니다.》

---

**65** 홍응길에게 보내다 : 【譯注】 이황이 이 편지를 보냈을 즈음 홍응길은 부친상을 당하였다.

## 홍응길에게 보내다 《치재집(耻齋集)》에 보인다 【계축년(1553, 명종8, 53세) 10월 추정. 서울】

與洪應吉

반걸음의 거리도 서로 막혀 있으니 자못 망연자실합니다. 오늘 심부름꾼이 처음 전해준 소식은 과연 틀렸고 다시 전한 것은 틀리지 않았습니다. 누차 초대하는 말을 하고 싶었으나 기거하는 곳이 낮고 비좁은 터라 답답하여 결국 초대하지 못했으니, 만일 조금 시원하고 넓은 곳을 얻는다면 날마다 마주보아도 진실로 싫증나지 않을 테지만 어찌 그런 곳이 있겠습니까.

# 김백순[66] 극일 에게 답하다 계해년(1563, 명종18, 63세) 【3~4월 추정. 예안(禮安)】

答金伯純 克一○癸亥

심부름꾼이 와서 그대의 편지를 받았는데 말씀이 진중하고 간절하여서 사람으로 하여금 정신을 차리고 다시 보게 하니, 옛사람이 이른바 "이인(異人)을 만나지 않았다면 분명히 이서(異書)를 얻은 것이다."[67]라는 말이 참으로 빈 말이 아닙니다.

　나는 다행히 이즈음에 별 탈은 없으나[68] 노쇠함이 날로 심해지는 것을 느낍니다. 성주 목사(星州牧使)-황준량(黃俊良)[69]이다.-의 부고를 듣고 나

---

**66**　김백순 : 【譯注】 김극일(金克一, 1522~1585)로, 본관은 의성(義城), 자는 백순(伯純), 호는 약봉(藥峰)이다.

**67**　이인을……것이다 : 【攷證 卷4 不見異人當得異書】 포박자(抱朴子)에 "후한(後漢)의 왕충(王充)이 《논형(論衡)》85편을 지었는데 채옹(蔡邕)이 오(吳) 땅에 들어가 처음 그것을 입수하고는 남몰래 읽고 음미하면서 담화의 자료로 삼았다. 당시 사람들이 그 재주가 나아진 것을 칭찬하면서 '이인을 만나지 않았다면 분명히 이서를 얻은 것이다.'라고 하였다. 그의 장막 안을 뒤져보니 과연 《논형》이 나왔다."라고 하였다. 《御定佩文韻府 卷6 異書》

**68**　나는……없으나 : 【攷證 卷4 幸此無他】 살펴보건대, '他'는 마땅히 '它'가 되어야 할 듯하다. 송나라 나원(羅願)의 《이아익(爾雅翼)》에 "蛇' 자는 옛날에 다만 '它'로 썼고 독음은 '타(拖)'였다. 벌레와 비슷하지만 길다. 상고 시대에는 풀숲에 살아서 뱀을 근심하였으므로 '뱀이 없는가?'라고 서로 물었다. 지금의 글자에는 그 옆에 '충(蟲)'이 더해졌고 그 독음도 변하였다."라고 하였다. 송나라 황정견(黃庭堅)의 〈고자면의 시에 차운하다〔次韻高子勉〕〉10수 중 제4수에 "재주가 높은지는 잘 모르겠지만, 한 해가 저물어 가매 기쁘게도 다른 근심은 없도다.〔才高殊未識, 歲晚喜無它.〕"라고 하였다. 【校解】《고증》에는 송나라 소식(蘇軾)의 시로 되어 있으나, 통행본 《산곡내집시주(山谷內集詩注)》에 의거하여 수정하였다.

**69**　황준량 : 【譯注】 1517~1563. 본관은 평해(平海), 자는 중거(仲擧), 호는 금계(錦

서는 한 번 통곡한 후에 몸의 병이 더욱 심해져서 겨우겨우 세월을 보내고 있을 뿐입니다. 이 사람이 느지막에 이 학문을 좋아하니 매우 가상한 일이었는데, 불행히도 갑자기 이런 지경을 당하니 사우(士友)의 애통함이 모두 같을 것이라 생각합니다. 《돌려보내주신 《주자서절요(朱子書節要)》는 삼가 잘 받았습니다. 금 상사(琴上舍)[70]의 저서 3책도 또한 마땅히 곧 전해드리도록 하겠습니다.》

보내주신 편지에 "지난날의 잘못을 지금 깨달았으니 불행은 이미 지나가고 지극한 행운이 이제 막 다가왔다."라고 하였습니다. 오직 더욱 유의(留意)해야 할 것이니 조금 얻었다고 만족하지 말고, 또한 하다 말다 하는 것을 깊이 경계하여, 경박한 풍속 때문에 변질되지 말아서 오래도록 노력하면 어찌 끝내 얻음이 없을까봐 근심을 하겠습니까. 만약 그렇게 하지 않아서 전에 다른 사람의 행동이 그 자신의 말을 못 따라가는 것을 보고 큰 병통이라고 생각했던 것이 문득 도리어 나에게 있다면, 이것이 더욱 두려워할 만한 일입니다.

나 같은 사람은 늙고 병들어 거의 죽을 나이가 되어서야 비로소 도의 한 부분만을 보고서 그저 수고롭게 우러러 생각하고 흠모하기만 하고 실로 얻는 바가 없습니다. 그래서 매양 벗들의 편지를 받을 때마다 몹시 두렵고 근심하였습니다.

《요청하신 《주자서절요》 사본(寫本)은 앞의 두 책과 끝의 한 책 모두 세 책을 보내온 상자에 그대로 넣어서 보내드립니다. 그 나머지는 금(琴)·조(趙) 두 사람[71]이 또한 주석의 취하고 버릴 것을 살펴서 교정하느

溪)이다.

**70** 금 상사 : 【譯注】 금응협(琴應夾, 1526~1596)으로, 본관은 봉화(奉化), 자는 협지(夾之), 호는 일휴당(日休堂)이다.

라 아직 돌려받지 못했습니다. 끝내는 가져와서 인편을 만나는 대로 부쳐 드리겠지만 늦을지 빠를지는 알 수 없습니다. 또한 그 각주 역시 온전히 갖추어지지 않았고 간혹 당연히 주석을 달아야 하는데 달지 못한 것이 더욱 많아서 성에 차지 않으니 아쉬울 뿐입니다. 때마침 벗들이 와서 모이는 바람에 미처 다 자세히 말씀드리지는 못합니다. 오직 벼슬과 학문이 모두 넉넉하여<sup>72</sup> 멀리서 기대하는 제 마음에 부응해 주시기를 바랍니다.》

---

**71** 금·조 두 사람 : 【譯注】 금응협과 조목(趙穆, 1524~1606)을 가리키는 듯하다. 조목의 본관은 횡성(橫城), 자는 사경(士敬), 호는 월천(月川)이며 예안(禮安) 출신이다.

**72** 벼슬과……넉넉하여 : 【譯注】 공자의 제자 자하(子夏)가 "벼슬을 하고서 여가가 있으면 학문하고, 학문을 하고서 여가가 있으면 벼슬하라.〔仕而優則學, 學而優則仕.〕"라고 하였다. 《論語 子張》

# 김백순에게 답하다 기사년(1569, 선조2, 69세) 【10월 추정. 예안(禮安)】
答金伯純 己巳

지난번 멀리서 찾아와주심에 헤어진 후 그리워하는 마음을 일일이 말씀
드릴 길이 없었는데, 이렇게 보내주신 편지를 받음에 완연히 다시 만나
마주한 듯하니 다행하고 감사함이 참으로 끝이 없습니다.

　나는 이번 겨울 추위가 보통 때와 다른 탓에 예전에 앓던 담증(痰證)이
발병하여 흉격의 열〔膈熱〕과 입이 마르는 증세가 간간이 일어나니, 차가
운 서재에서 거북이처럼 움츠리고 지내며 세월을 보내는 것이 몹시 괴로
울 뿐입니다.

　보내주신 편지에서 말씀하신 천곡서원(川谷書院)[73]의 종사(從祀)에 참
봉(參奉)과 장군(葬軍)에 관련한 일은 삼가 모두 잘 알았습니다. 당지(唐
紙)로 만든 책은 곧 저를 생각해서 주신 것인데, 정갈하게 장정(裝幀)까지
하여 보내주시니 깊이 감사드립니다. 산을 유람하면서 지으신 작품은
미처 볼 수 없었던 것이 아쉬웠는데, 이번에 이렇게 기록하여 보여주시니
저번에 남겨놓으신 시편들과 더불어 읊고 완미하며 규복(圭復)[74]한 후에

---

**73** 천곡서원 : 【譯注】 조선 명종(明宗) 때 경상도 성주(星州)에 건립된 서원이다.
1558년(명종13) 창건되고, 1573년(선조6)에 사액되었으며, 숙정자(叔程子)·주자(朱
子)·김굉필(金宏弼)·이언적(李彦迪)·정구(鄭逑)·장현광(張顯光) 등을 배향하였다.

**74** 규복 : 【譯注】《시경》〈대아(大雅) 억(抑)〉의 "흰 구슬의 티는 갈아 없앨 수 있거니
와, 말의 허물은 어찌할 수가 없다.〔白圭之玷, 尙可磨也, 斯言之玷, 不可爲也.〕"라고
한 것을 남용(南容)이 세 번씩 되풀이하여 읽었던 데서 온 말로, 상대방의 시문을 정성
스럽게 읽는 것을 말한다.《논어》〈선진(先進)〉에 "남용이 백규의 글을 세 번씩 되풀이
하여 읽거늘, 공자가 형의 딸을 그의 아내로 삼아 주었다.〔南容三復白圭, 孔子以其兄之
子妻之.〕"라고 하였다.

는 나도 모르게 노혼(老昏)과 병울(病鬱)이 완전히 씻겨나갔습니다.

　전에 말한 《계몽익전(啓蒙翼傳)》[75] 3책을 지금 온 사람에게 부쳐 보내드립니다. 다만 다시 살펴봄에 이 책은 주석을 많이 달아야 하니 공력이 참으로 많이 들어가서 쉽게 이루어지지 못할 듯하고, 또 《계몽(啓蒙)》과 함께 간행하는 것은 그 일을 시작하는 것이 더욱 쉽지 않을 터이니 차라리 대제학 박순(朴淳)[76]이 있는 곳에 보내어 서관(書館)으로 하여금 인출(印出)하게 함이 더 편리하지 않겠습니까? 모름지기 살펴보고 헤아려서 조만간 이 고을의 서역(書役)을 맡은 사람이 돌아올 적에 가부(可否)를 알려주시기를 바랍니다. 양판(兩板)이 빠진 곳에 찌를 붙여 표시한 것은 유성룡(柳成龍)[77]에게 이미 부탁하여서 연경(燕京)의 서점에서 완질을 구하여 오도록 했으니, 가져올 수 있을지는 모르겠습니다.

---

**75** 계몽익전 : 【譯注】 송말 원초의 경학가 호일계(胡一桂)가 주희의 《역학계몽(易學啓蒙)》을 해설한 《주역계몽익전(周易啓蒙翼傳)》을 가리킨다. 부친 호방평(胡方平)의 《역학계몽통석(易學啓蒙通釋)》을 한층 더 발전시킨 것으로, 내편(內篇) 3권에서는 모두 주희의 설을 발명하는 것을 주로 삼았고, 외편에서는 경방(京房)·양웅(揚雄)·사마광(司馬光)·소옹(邵雍)의 설 등을 부록으로 소개하였다.

**76** 박순 : 【譯注】 1523~1589. 본관은 충주(忠州), 자는 화숙(和叔), 호는 사암(思菴), 시호는 문충(文忠)이다.

**77** 유성룡 : 【譯注】 1542~1607. 본관은 풍산(豐山), 자는 이현(而見), 호는 서애(西厓)·운암(雲巖), 시호는 문충(文忠)이다. 그는 1569년(선조2) 10월, 감찰로서 성절사(聖節使) 이후백(李後白)의 서장관(書狀官)이 되어 연경(燕京)에 갔다.

# 권경수[78] 대기 에게 답하다 정묘년(1567, 명종22, 67세) 【6월 6일. 예안(禮安)】

答權景受 大器○丁卯

지난번에 그대가 여기에 올 마음이 있다는 것을 들었고 이어서 그대가 눈병이 났다는 소식을 들었으니, 만일 그렇다면 어찌 더위를 무릅쓰고 올 수 있겠습니까. 지금 보내온 편지를 봄에 내가 생각했던 것과 같으니 어찌 억지로 올 수 있겠습니까. 나는 미적거리다가 이런 지경에 이를 것이라 생각지도 못했는데, 병을 안은 채로 열기에 노출되어 천릿길을 간다면 이미 몸을 보존하기 어렵고 이윽고 도착해서도 또한 더욱 난처한 점이 있을 것이니 어찌하겠습니까? 숫양의 뿔이 울타리에 걸린 형세[79]라서 자유롭게 지낼 수 없으니 불쌍한 일이지요. 조량(照諒)해 주십시오. 불선(不宣). 삼가 절하고 답장합니다.

---

**78** 권경수 : 【譯注】 권대기(權大器, 1523~1587)로, 본관은 안동(安東), 자는 경수(景受), 호는 인재(忍齋)이다. 면진재(勉進齋) 금응훈(琴應壎)의 사위이다.

**79** 숫양의……형세 : 【譯注】 진퇴양난(進退兩難)의 곤경에 빠지는 것을 말한다. 《주역》 〈대장괘(大壯卦) 상육(上六)〉 효사(爻辭)에 "숫양의 뿔이 울타리에 걸려 물러가지도 못하고 나아가지도 못한다.〔羝羊觸藩, 不能退, 不能遂.〕"라는 말에서 유래한 것이다.

# 권경수에게 답하다 【기사년(1569, 선조2, 69세) 2월 28일. 서울】

答權景受

정군(鄭君)이 오는 편에 보내주신 편지를 받으니 한가로운 중에 전해진 소식이 나의 마음에 족히 위로가 됩니다. 졸렬한 이 사람은 시위소찬(尸位素餐) 하면서 해를 넘김에 일마다 모두 구차하니, 눈이 녹은 물에 배가 다니게 되자 떠나고 싶은 마음을 막기가 어렵습니다. 날짜가 내달 초로 잡혀 있지만 혹 마(魔)가 낄까 두려워서 지금은 노심초사하고 있을 뿐입니다. 나머지는 말할 만한 것이 없습니다. 자애(自愛)하시길 바랍니다. 불구(不具).

# 권경수 대기 에게 답하다[80] 【기사년(1569, 선조2, 69세) 10월 4일. 예안(禮安)】

答權景受 大器

《영윤(令胤)이 와서 보내주신 편지를 받아보게 되니 감사드립니다. 저는 늙음과 병을 짝하고 있지만 다행히 다른 어려움은 없습니다.》

말씀하신 용궁(龍宮)[81]의 장사(葬事)에 대한 일은 진작 들었습니다. 내 생각으로는 지극히 가슴 아픈 유언[82]의 뜻을 마땅히 따르는 것이 의심할 바 없다고 봅니다. 왜냐하면 관(棺)만 있고 곽(槨)이 없는 것은 공자께서 아들 리(鯉)를 장사지낸 법이었으니, 안연(顔淵)이 죽었을 때 리(鯉)를 장사지낸 법이 예에 맞았던 것처럼 하지 못함을 탄식하셨기 때문입니다.[83] 《가례(家禮)》에 장사지낼 때 곽(槨)을 쓰지 않는 것은 또한 명문(明文)이 있으니,[84] 가난하면서 예(禮)를 지키는 사람은 오히려 이것을 본받

---

**80** 권경수……답하다 : 【攷證 卷4 答權景受】 살펴보건대, 이 편지는 마땅히 기사년(1569, 선조2)에 있어야 한다. 제목 아래 연조(年條)가 빠졌다.

**81** 용궁 : 【攷證 卷4 龍宮】 곧 김팔원(金八元, 1524~1569)으로, 본관은 강릉(江陵), 자는 순거(舜擧)·수경(秀卿), 호는 지산(芝山)이다. 일찍이 용궁 현감(龍宮縣監)을 지냈다.

**82** 지극히……유언 : 【攷證 卷4 遺命至痛】 임종 때에 곽(槨)을 쓰지 말라고 유언을 하니, 대개 모부인(母夫人)의 상(喪)이 난리 중에 나가게 되어 장사하는데 곽이 없었기 때문이다. 장례를 행할 적에 혹자가 의론하여 난리 중의 일을 영원한 규식(規式)으로 삼는 것은 불가하다고 하면서 유언을 따르지 않으려고 하니 노선생(老先生)이 친한 이에게 편지를 보내 이렇게 말씀하셨다. 《芝山集 卷2 行狀》

**83** 안연이…… 때문입니다 : 【譯注】 안연이 죽자 문인(門人)들이 후히 장사지내려 하니 공자(孔子)가 "옳지 않다."고 하였다. 문인들이 후히 장사지내자 공자가 "안회(顔回)는 나 보기를 아버지처럼 여겼는데 나는 그를 자식처럼 보지 못했으니, 나의 잘못이 아니라 저희들이 한 짓이다."라고 하였다. 아들 공리(孔鯉)가 죽었을 때, 공자가 당시의 형편에 따라 관(棺)만을 갖추어 장례를 치렀기 때문에 이렇게 말한 것이다. 《論語 先進》

아야 합니다. 하물며 이 사람은 평소에 지극히 애통한 마음을 품고 이러한 유언을 남겼는데, 집안사람이나 친구들이 상정(常情)을 따르고 유언을 버리고자 한다면 대단히 이치에 맞지 않는 일이 될 것입니다. 그래서 전에도 이렇게 이야기했던 것입니다. 지금 듣건대 또 회곽(灰槨)을 쓰려 한다고 하니 이에 이르러서는 나도 결단하기 어렵습니다. 그대들이 마땅히 그 유언의 치란(治亂)을 살펴서[85] 적절하게 잘 처리해야 하겠습니다. 그러나 지극히 선한 치명(治命)을 따르지 않고 어쩌다가 나온 난명(亂命)을 따르는 것은 지인과 벗들이 그의 미덕을 이루어 주는 지극한 뜻이 아니게 될까 염려됩니다. 대개 이것은 모두 내가 멀리서 결정할 일이 아니니, 아무쪼록 곁에 있으면서 잘 처리하는 것이 좋겠습니다. 《나머지는 희정(希程)·정회(庭檜)와 영윤이 돌아가는 편에 부칩니다. 삼가 답장합니다.》

---

**84** 가례에……있으니 : 【譯注】《가례》〈치장(治葬) 작회격(作灰隔)〉에 "광을 파는 일이 끝나면 먼저 숯가루를 광의 바닥에 깔아 두께 2, 3치를 쌓아 다진다. 그 후에 석회와 가는 모래와 황토를 골고루 섞어 그 위에 까는데, 석회 3푼에 모래와 황토는 각각 1푼의 비율이 좋다. 두께 2, 3자로 쌓아서 다지고 별도로 얇은 판을 사용하여 회격을 만드는데 곽의 형상처럼 한다.……대개 곽을 사용하지 않았다면 역청을 바를 데가 없으므로 이 제도를 쓰는 것이다."라고 하였다.

**85** 유언의 치란을 살펴서 : 【譯注】유언이 치명(治命), 즉 운명할 무렵에 맑은 정신으로 한 것인지, 난명(亂命), 즉 죽으면서 흐린 정신으로 두서없이 남긴 것인지 잘 판단해야 한다는 뜻이다.

# 권경수에게 답하다 경오년(1570, 선조3, 70세)【5월 27일. 예안(禮安)】
答權景受 庚午

이번에 보내주신 안부편지를 받음에 실로 깊이 감사드립니다. 내가 산에서 살면서 병을 조리하며 그런대로 지내고 있는 것은 과연 성은의 넉넉한 허여가 있어서입니다. 다만 벼슬을 내놓고 물러나고자 한 소청을 이루지 못하여 어깨와 등에 여전히 무거운 짐을 지고 있으니 조석으로 두려워하고 있을 뿐입니다.

현윤(賢胤)이 여기에 온 것이 여러 날이 되었는데 내가 도움이 되지 못하는 것이 스스로 부끄럽습니다. 살펴주시기 바랍니다. 삼가 답장합니다. 불구(不具).

# 이전인[86]에게 답하다 임술년(1562, 명종17, 62세) 【7월(혹은 10~12월) 추정. 예안(禮安)】

## 答李全仁 壬戌

지난가을에 다행히 서로 만남에 완연히 선장(先丈)의 모습을 대하는 듯 했는데, 이제 편지가 와서 그대의 뜻을 잘 알게 되니 기뻐하기도 하고 탄식하기도 하면서 마음을 어찌할 수가 없습니다.

아직까지 글을 올리지 못한 일[87]은 형편이 본디 이에 이른 것이니, 비록 남긴 충정을 아직 나라에 바치지 못하였고 지극한 뜻이 아직 이루어지지 못했다고 하더라도, 그 불행이 도리어 다행함이 될 수도 있으니 아무쪼록 한스럽게 생각하지 마시고 종전대로 간직해 두고 기다리는 것이 좋겠습니다.

보내준 《연의(衍義)》 책[88]은 그 일을 시작한 곳이 이미 이와 같았으되

---

**86** 이전인 : 【譯注】 회재(晦齋) 이언적(李彥迪)의 서자이다. 【攷證 卷4 李全仁】 1516~1568. 본관은 여주(驪州), 자는 경부(敬夫), 호는 잠계(潛溪)이다. 강계(江界)의 적소(謫所)에서 아버지를 시측(侍側)하면서 그 들은 바를 기록하여 《관서문답(關西問答)》 한 편을 남겼다. 선생의 상(喪) 때 돌아와서 널 앞에서 노복(露伏)하니, 보는 이들이 눈물을 뿌렸다. 예빈시 정(禮賓寺正)에 추증되었다.

**87** 아직까지……일 : 【攷證 卷4 未上云云】 〈진수팔규(進修八規)〉를 가리킨다. 【校解】 〈진수팔규〉는 이언적의 사후에 아들 이전인에 의해 올려진 글로, 그 내용은 첫째 도리를 밝히는 일, 둘째 큰 근본을 세우는 일, 셋째 천덕(天德)을 체득하는 일, 넷째 전대의 성인을 본받는 일, 다섯째 총명(聰明)의 범위를 넓히는 일, 여섯째 인정(仁政)을 베푸는 일, 일곱째 천심(天心)에 순응하는 일, 여덟째 중화(中和)를 극진히 하는 일이다. 《明宗實錄 21年 9月 4日》

**88** 연의 책 : 【攷證 卷4 衍義書】 이언적이 지은 《중용구경연의(中庸九經衍義)》를 말한다.

마침내 미완성의 책이 되었으니, 하늘의 뜻은 참으로 알 수가 없는지라 책을 어루만지며 깊은 탄식이 나오는 것을 금할 수가 없습니다. 보내신 편지에 우매한 이 사람으로 하여금 뒤를 이어 완성하게 하고자 하신다는 대목에 이르러서는, 또한 감히 만분의 일이라도 전혀 기대할 수 없습니다. 이미 감당할 수 없는 일에 대해 돌려드리는 것이 마땅한데 오직 얻어서 볼 수 있는 것을 다행으로 여기고 우선 여기에 남겨두어서 나의 몽매함을 조금이라도 깨우쳐 감히 실추하지 않도록 할까 합니다. 《조량(照諒)해 주시기 바랍니다. 나머지는 십분 더욱 힘써서 선인의 뜻을 무너뜨리지 않도록 한다면 매우 다행이겠습니다. 부윤(府尹)이 돌아옴에 급하게 답장을 하니 격식을 다 갖추지 못합니다. 황(滉)은 절합니다.》

# 이전인에게 보내다 병인년(1566, 명종21, 66세)【9월 하순 추정. 예안(禮安)】

與李全仁  丙寅

서리 내리는 날씨에 시봉(侍奉)하며 잘 지내고 계신지요? 앞서 현윤(賢胤)을 통해 그대가 오래 앓던 병이 꽤 심해졌다고 들어서 몹시 마음이 쓰입니다.

말씀드릴 것은 다름이 아니라, 부탁하신 행장(行狀)의 일은 나의 어리석음으로는 선생이 남기신 공렬(功烈)을 기리기에 부족하다는 것을 스스로 알고 있습니다만, 그 덕풍(德風)을 우러르고 그리워하기에 그냥 그만둘 수는 없습니다. 그런데 그 사이에 의문점이 많이 있어서 작은 종이에 적어서 가져가니 자세히 살펴보시고 회답해 주십시오.

염려되는 바는 내가 늙고 병든 것이 이와 같아서 밖으로 나다니기 어려운 터라, 그것을 완성할 수 있을지의 여부는 지금 기필할 수가 없으니 안타깝습니다. 불구(不具). 황(滉)은 절합니다.

# 이전인에게 답하다 병인년(1566, 명종21, 66세) 【10월 18일 이후 추정.

예안(禮安)】

答李全仁 丙寅

지난번에 인편으로 답장이 와서 그대의 말씀을 잘 알았습니다. 지금과 옛날을 더듬어 보면 개탄을 금할 수가 없습니다. 마침 고군(高君)[89]이 그곳에 가려 한다는 말을 듣고서 한두 가지 대략 이야기하였으니, 다만 고군이 찾아가면 그 편에 알려 보내주기를 바란 것이었습니다. 그런데 뜻하지 않게 그대의 전팽(專伻)[90]이 추위를 무릅쓰고 멀리서 왔으니 그것도 지극히 고생스러운 일인데 또 전후로 모두 먹을 것을 보내주시니 어찌 산속에 살면서 검소하게 생활하는 사람이 할 일이겠습니까. 내가 마음이 부담스러워 편치 못합니다. 감사하지만 이후로는 그만두시어 내 마음을 편하게 해 주시기를 간절히 바랍니다.

행장(行狀)은 내가 본래 감당할 수 없는 것인데 의리상 거절하기 어려운 바라, 삼가 이미 초고(草稿)는 해놓았지만 혹 잘못되거나 빠진 곳이 있을까 두려워 신중히 하고 감히 가벼이 내놓지 못할 일입니다. 또한 생각건대, 그대에게 보내지고 나서 마침내 전해져 나가게 되면 세인들이 보았을 때 호오(好惡)를 예측하기 어려운지라, 시끄러운 말썽을 일으키지나 않을까 하는 걱정도 없지 않으니 우선은 훗날을 기다려도 늦지 않을

---

**89** 고군 : 【譯注】 고응척(高應陟, 1531~1605)으로, 본관은 안동(安東), 자는 숙명(叔明), 호는 두곡(杜谷)·취병(翠屛)이다. 【攷證 卷4 高君】 숙명을 가리킨다. 손자 안도 (安道)에게 보낸 편지에 보인다.

**90** 전팽 : 【譯注】 서찰이나 물건을 전하기 위해 전적으로 보내는 심부름꾼을 뜻하는 말로, 전족(專足)·전인(專人) 혹은 전인(耑人)·전팽(耑伻)이라고도 한다.

것입니다. 유고(遺稿)도 이미 다 읽고 다시 한 번 교감하려고 했으나 근래에 연이어 다른 일이 있어서 그렇게 하지 못했으니 모두 마땅히 훗날을 기다렸다가 돌려보내야겠습니다.

보내온 종이는 모두 진작 글씨를 써두었는데, 이제 심부름 온 사람에게 주어 보냅니다. 다만 큰 글씨로 쓴 것은 새길 만한 곳에 새기면 좋을 것이나, 우리나라 돌의 성질은 으레 거칠고 무디어서 잘 새겨지지 않으니, 혹 한데 모아 병풍 하나로 만들어서 두고 보는 것도 괜찮을 것입니다. 습유시(拾遺詩)는 잘 받았습니다.

《지금 그대의 병증이 아직 완쾌되지 못했음을 알게 되니, 말할 수 없을 정도로 걱정이 됩니다. 추위에 삼가 조심하시기 바랍니다. 일일이 다 적지 못합니다. 삼가 답장합니다.》

# 별지

別紙

一. 여주(驪州)에서 경주(慶州)로 옮겨 간 것은 몇 대조(代祖) 때였습니까?

一. 〈전주상소(全州上疏)〉의 일강십목(一綱十目)을 모두 써서 그 조목을 보여주십시오.

一. 자헌대부(資憲大夫)에 오른 것은 몇 년 몇 월이었습니까?

一. 본도 감사(監司)가 된 것은 몇 월이었습니까?

一. 〈정부서계십조(政府書啓十條)〉[91]는 이따금씩 서울에 있을 때 베껴서 보여주는 사람이 있었는데, 그가 "모두 선생께서 초안을 쓰신 것입니다."라고 하더니 지금 그 말을 살펴보니 과연 선생이 아니라면 다른 사람은 미칠 수가 없는 내용입니다. 그러므로 요점을 추려서 그것을 실었으니, 모르겠습니다만 선생께서 일찍이 이런 내용을 언급하셨는지요?

一. 갑진년(1544, 중종39)에 감사(監司)에서 체직되어 판윤(判尹)이 된 것은 몇 월이었습니까?

一. 선생께서 녹훈(錄勳)과 봉군(封君)에 참여했을 때, 어떤 벼슬로 봉군된 것입니까? 그 녹공(錄功)과 봉군은 정확히 몇 월에 있었습니까?

---

**91** 정부서계십조 : 【譯注】 1545년 명종(明宗)이 어린 나이로 즉위하고 문정왕후(文定王后)의 수렴청정(垂簾聽政)이 시행되자, 곧바로 의정부에서 10개 조항의 건의를 명종과 문정왕후에게 올린 것을 말한다. 이황이 쓴 〈회재 행장(晦齋行狀)〉에 의하면, 이때 올린 서계(書啓)는 대부분 이언적이 썼다고 되어 있다. 《晦齋集 卷13 政府書啓十條, 附錄 行狀》

一. 〈수렴청정이 옳지 않다고 한 차자[不宜垂簾箚子]〉92에 "판중추부사
　(判中樞府事)"라고 하였으니, 모르겠습니다만 몇 월에 무슨 일로 이
　상(貳相)에서 체직되어 판부사가 되신 겁니까? 이 차자는 또한, 모르
　겠습니다만, 몇 년 몇 월에 올린 것입니까? 병오년(1546, 명종1) 봄
　에 아직 정사(呈辭)하기 전이거나 혹은 을사년(1545, 명종 즉위년)
　겨울쯤에 올린 것인 듯한데 끝내 어느 때인지 모르겠습니다.

一. 파직은 병오년 가을쯤 윤서원(尹瑞原)93이 대사헌(大司憲)이 되었을
　때의 일인 듯한데, 몇 월인지, 누가 계청(啓請)을 한 것인지, 그 죄명
　이 무엇이었는지 모르겠습니다. 양사(兩司)에서 계청한 것입니까,
　대신(大臣)이 계청한 것입니까?

一. 정미년(1547, 명종2)에 무뢰배들이 이름을 숨기고 나라를 비방하는
　변94이 9월에 있었으니, 강계(江界)로 유배된 것은 이 일 때문이었습
　니다. 지금 시집을 보니 관서(關西)를 향해 가면서 지은 시95 제목
　아래 주석에 "정미 중추(仲秋)"라고 하였으니, "중(仲)"을 "계(季)"로

---

**92** 수렴청정이……차자 : 【譯注】《회재집(晦齋集)》 제10권에 실려 있다. 이때 명종이
어려 대왕대비인 문정왕후가 발을 드리우고 정사를 듣게 되자, 예조에서 대왕대비가
왕과 함께 신하들을 접견하는 때의 의절(儀節)을 논하면서 왕의 자리 앞에도 대왕대비
처럼 발을 드리우기를 청하였으므로 이에 대해 반대한 것이다.

**93** 윤서원 : 【譯注】 윤원형(尹元衡, 1503~1565)으로, 본관은 파평(坡平), 자는 언평
(彦平)이다. 중종 계비(繼妃) 문정왕후(文定王后)의 동생이다. 소윤(小尹)의 영수로
을사사화(乙巳士禍)와 정미사화(丁未士禍)를 일으켜 대윤(大尹) 등 반대파를 숙청하
고 공신에 책록되었다. 이조 판서·우의정·영의정 등을 지냈고, 서원부원군(瑞原府院
君)에 봉해졌다.

**94** 무뢰배들이……변 : 【譯注】 윤원형 일당이 조작한 양재역 벽서사건(良才驛壁書事
件)을 가리킨다.

**95** 관서를……시 : 【譯注】 정미년(1547, 명종2) 윤9월 이언적이 강계로 유배 가면서
지은 수편의 시로, 《회재집》 제4권의 〈서천록(西遷錄)〉 앞부분에 실려 있다.

바꾸어야 하는 것 아닙니까?

一. 손공(孫公) 중돈(仲暾)[96]은 사환(仕宦)을 무슨 벼슬에서 마쳤습니까?

一. 대부인(大夫人)의 존부군(尊府君) 휘(諱) 숭부(崇阜)[97]의 관직 유무
　　와 향관(鄕貫)을 써서 보여주십시오.

一. 그대의 몇 자녀들에 대해서도 아울러 써서 보여주십시오.

---

**96** 손공 중돈 : 【譯注】 1463～1529. 조선 성종(成宗)～중종(中宗) 때의 문신으로,
본관은 경주(慶州), 자는 대발(大發), 호는 우재(愚齋), 시호는 경절(景節)이다. 판서·
도승지·대사헌·관찰사 등 내외의 관직을 두루 거쳐 우참찬(右參贊)에까지 이르렀으며
청백리로 선발되었다. 경주의 동강서원(東江書院)과 상주(尙州)의 속수서원(涑水書
院)에 제향되었다.

**97** 숭부 : 【譯注】 박숭부(朴崇阜)로 본관은 함양(咸陽)이다. 이언적은 18세 때 선무랑
(宣務郞) 박숭부의 딸을 부인으로 맞아들였다.

# 이전인에게 답하다 정묘년(1567, 명종22, 67세) 【10월 24일. 예안(禮安)】

答李全仁 丁卯

《사람이 와서 전해준 편지를 보고 예전의 병이 아직 완쾌되지 않았음을 알게 되니 마음이 쓰이는 것을 금할 수 없습니다. 다만 편지의 내용을 자세히 살펴보니 근래에 천은(天恩)이 크게 내려 죽은 사람과 산 사람의 원한을 다 씻어주신 일[98]을 아직 듣지 못한 듯하였는데, 지금은 이미 들었을 것이라 생각합니다.》

생각건대, 존선고(尊先考) 회재(晦齋) 선생[99]에 대해 정신(廷臣)들이 입계(入啓)한 내용에 일대(一代)의 유종(儒宗)이라는 말이 있었고, 또 관작을 복직시켜 주십사고 청하였으니 더욱 영광입니다. 천도(天道)는 돌고 도는 법이니 시비(是非)의 공정함은 결코 사라져 버릴 리가 없다는 것을 이번에 증험한 것입니다. 나라를 위해서나, 개인을 위해서나, 유림(儒林)을 위해서나, 사문(斯文)을 위해서 경하하고 기뻐하는 마음을 말로 형용하기 어렵습니다.

병든 이 몸은 지난여름에 심한 더위를 무릅쓰고 도성에 들어갔는데 마침 큰 변고[100]를 만나 분주히 왕래하고 심히 호곡(號哭)하였더니 병세가 갑자기 나빠져서 신명(身命)을 보전할 수 없을 정도가 되었습니다. 하는 일 없이 녹(祿)이나 먹으면서 죽는 것을 바라지 않기에 낭패한 채로

---

**98** 죽은……일 : 【譯注】 양재역 벽서사건(良才驛壁書事件)에 연루된 사람들이 모두 신원(伸冤)된 일을 말한다.

**99** 회재 선생 : 【譯注】 이언적(李彦迪, 1491~1553)으로, 본관은 여주(驪州), 자는 복고(復古), 호는 회재·자계옹(紫溪翁), 시호는 문원(文元)이다.

**100** 큰 변고 : 【譯注】 명종(明宗)의 승하를 가리킨다.

고향에 돌아왔는데, 당시의 여론은 산릉(山陵)의 일이 끝나기도 전에 돌아갔다고 크게 책망하니, 부끄럽고 두려운 마음이 깊어집니다. 그런데 오늘 또 부르심을 받으니 이런 엄동설한에 어떻게 임금의 부름에 달려갈 수 있겠습니까. 그래서 할 수 없이 또 사퇴를 빌게 되었으니 이와 같은 일이 마침내 어떻게 결말이 지어질지 모르겠습니다. 이에 걱정과 번민이 끝이 없습니다.

《지금 그대의 병 또한 우연이 아님을 다 알았으니 비록 만나보고자 해도 형편상 그럴 수가 없는지라 어찌하겠습니까.》 전에 말한 행장(行狀)은 초고(草稿)가 완성된 지는 이미 오래되었으나 아직 정사(正寫)하지 못해서 돌아가는 인편에 부치지 못하니 대단히 유감입니다. 이어서 곧 선사(繕寫)하여 인편에 보내드릴 것이니, 다음 달 보름 전후하여 도착할 수 있을 듯합니다. 머지않아 선왕(先王)의 실록청(實錄廳)이 설치되면 반드시 본가(本家)에 내려가서 행장과 모든 자료를 거두어들일 터이니, 그대는 모름지기 이를 미리 준비해야 할 것입니다. 나머지는 별지(別紙)에 자세히 쓰겠습니다. 불선(不宣). 《삼가 답장합니다.》

# 별지

別紙


一. 유고(遺稿)는 외람되이 표점을 찍었으니, 그대는 마땅히 몇 벌을 다시 베껴서 잘 간직하여 두었다가 혹 조정에서 올려 보내라는 말씀이 있거나,[101] 혹 당대의 어진 사람이 보고 간행하자고 하면 이에 응하는 것이 좋을 것입니다. 다만 이번에 지은 행장(行狀) 가운데 혹 다시 상고할 일이 있을 듯하므로 우선은 가지고 계십시오. 이소(二疏)[102] 도 또한 그렇게 하십시오.

一. 서(序)를 짓는 것은 감히 경솔하게 할 수 없는 일입니다. 유고를 정사(正寫)하고 나서 그것을 가지고 당대의 이름난 사람에게 다시 구하는 것이 좋겠습니다.

一. 중국의 사신이 우리나라에도 심학(心學)을 잘 아는 사람이 있는지

---

**101** 조정에서……있거나 : 【攷證 卷4 朝旨取上云云】《국조고사(國朝故事)》에 "집의(執義) 기대승(奇大升)이 이언적(李彦迪)이 남긴 글을 표장(表章)할 것을 계청하니 임금이 그대로 따랐다. 이에 이전인(李全仁)이 소를 올려 〈진수팔규(進修八規)〉를 바쳤다."라고 하였다. 【校解】〈진수팔규〉는 이언적이 강계에 안치된 1550년에 명종에게 올리기 위하여 지은 글로서, 임금의 학문에 도움이 되는 8개 조목으로 명도리(明道理), 입대본(立大本), 체천덕(體天德), 법왕성(法往聖), 광총명(廣聰明), 시인정(施仁政), 순천심(順天心), 치중화(致中和) 등을 말하였다. 이 글은 이언적이 죽은 후 1566년에 아들 이전인(李全仁)에 의해 임금에게 올려졌다. 《晦齋集 卷8 進修八規》

**102** 이소 : 【攷證 卷4 二疏】〈진수팔규(進修八規)〉와 〈십조소(十條疏)〉이다. 【校解】〈십조소〉는 1545년 명종(明宗)이 어린 나이로 즉위하고 문정왕후(文定王后)의 수렴청정(垂簾聽政)이 시행되자, 곧바로 의정부에서 10개 조항의 건의를 명종과 문정왕후에게 올린 것을 말한다. 이황이 쓴 〈회재 행장(晦齋行狀)〉에 의하면, 이때 올린 서계(書啓)는 대부분 이언적이 썼다고 한다. 《晦齋集 卷13 政府書啓十條, 附錄 行狀》

없는지를 묻기에 예조(禮曹)에서 몇 사람을 열거하여 답하였는데,
존선고(尊先考) 선생께서도 그 가운데 있었습니다.[103] 또 망기당(忘
機堂)[104]이 무극태극(無極太極)을 논한 것에 대해 답하신 네다섯 통
의 편지[105]가 정자(程子)·주자(朱子)의 은미한 뜻을 얻었다고 여겨서
그것을 써서 보여주었습니다. 다만 사신이 보고나서 어떻게 생각하
였는지는 모르겠습니다.

一. 독락당(獨樂堂)[106]의 산수 경치를 대략 갖추어 보여주십시오. 이는
행장에 넣고자 하는 것이 아니요, 그 승경의 대략을 알아서 애오라지
제영시(題詠詩)를 지어 앙모(仰慕)하는 마음을 달래고자 하는 것일

---

**103** 중국의……있었습니다. : 【攷證 卷4 中朝使臣云云】 명나라 목종(穆宗) 융경(隆
慶) 정묘년(1567, 선조 즉위년)에 조사(詔使) 위시량(魏時亮)이 동방(東方)에 공맹(孔
孟)의 심학(心學)을 잘 아는 자가 있느냐고 물었다. 예조에서 우탁(禹倬)·정몽주(鄭夢
周)·김굉필(金宏弼)·정여창(鄭汝昌)·조광조(趙光祖)·윤상(尹祥)·이언적(李彦迪)·
서경덕(徐敬德) 등 여러 선생을 써서 보여주었다.

**104** 망기당 : 【攷證 卷4 忘機堂】 조한보(曹漢輔, 14??~15??)로, 본관은 창녕(昌寧),
호는 망기당이며, 동경인(東京人)이다. 진사(進士)에 합격하였다. 일찍이 무극태극(無
極太極)의 뜻을 논한 적이 있는데, 회재(晦齋)가 편지를 써서 그것을 변증하였다.

**105** 또……편지 : 【譯注】 조한보가 이언적의 외숙인 손숙돈(孫叔暾)과 '태극무극(太極
無極)'에 대한 논변을 벌였는데, 이 글을 본 이언적이 1517년 〈망재와 망기당의 무극태
극설 뒤에 쓰다〔書忘齋忘機堂無極太極說後〕〉라는 글을 지어 그 주장을 비판하면서 태
극무극 논변이 이언적과 조한보 사이로 옮겨졌다. 이듬해인 1518년 이언적과 조한보는
편지를 주고받으며 논변을 벌였는데, 조한보의 편지는 남아 있지 않고 이언적이 조한보
에게 답한 편지 4편이 〈망재와 망기당의 무극태극설 뒤에 쓰다〉와 함께 《회재집》 권5
잡저(雜著)에 수록되어 있다.

**106** 독락당 : 【譯注】 이언적은 40세(1530, 중종25) 때 사간원 사간(司諫院司諫)이
되었는데, 김안로(金安老)에게 세자를 가르치고 돌보는 일을 맡기자고 한 조정 여론에
홀로 반대하다가 성균관 사예(成均館司藝)로 좌천되었고, 얼마 후 탄핵을 받고 파직되
었다. 이후 귀향하여 경주 자옥산(紫玉山) 기슭에 독락당(獨樂堂)을 짓고 학문에 전념
하였다. 【攷證 卷4 獨樂堂】 경주부(慶州府) 서북쪽에 있다. 지금의 옥산서원(玉山書
院) 상류의 5리 지점이다.

뿐입니다. 다만 병들고 늙은 몸이라 구애되는 것이 많아 내 뜻을 이룰 수 있을지의 여부는 지금 기필할 수 없습니다.

一. 무릇 관직을 지낸 연월은 굳이 다 적을 필요는 없을 것 같습니다. 그러나 또한 부득이 써야 하는 것도 있고, 더러는 쓰지 않더라도 말뜻 중에서 몰라서는 안 되기에 긴요치 않게 말한 것도 있습니다. 그래서 상세한 것을 알고자 하는 것입니다. 다만 관교(官敎 왕이 직접 내리는 임명장)가 없어서 상고할 수 없을까 염려되니, 그 대개(大槪)를 자세히 조사하여 써서 보여주십시오.

一.《구경연의(九經衍義)》·《구인록(求仁錄)》·《대학장구갱정(大學章句更定)》·《속혹문(續或問)》 등의 책은 질(帙)을 갖추어서 왔던 심부름 꾼에게 부쳐 보내십시오. 만약 조정에서 찾거든 올리는 것이 좋겠습니다.

# 이전인에게 답하다 【정묘년(1567, 명종22, 67세) 11월 초순 추정. 예안(禮安)】

答李全仁

《뜻밖에 현윤(賢胤)이 온 편에 편지를 받고서 예전의 병환에서 아직 쾌차하지 못하고 있다는 것을 알았으니, 늘 심히 염려가 됩니다. 나는 추위가 무서워 움츠린 채 칩거하면서 겨우 조석을 보내고 있습니다. 지난겨울부터 추위를 무릅쓰고 출두하여 임금의 명령에 달려가다가 길에서 죽을 수는 없는지라 정녕 부득이하게 글을 올려 사직을 청하였는데 지금까지 유음(兪音)을 받지 못하여 근심을 이길 수가 없습니다. 봄이 온 뒤의 일은 미리 걱정할 겨를도 없으니 어찌하겠습니까.

말씀드릴 것은 다름이 아니라,》 존선고(尊先考) 선생께서 누명을 씻고 복직(復職)된 일[107]은 지난번에 심부름꾼이 편지를 가지고 왔을 때 비로소 소식을 듣게 되어 답장에 이러저러하다고 말씀드렸습니다. 그 다음날 저보(邸報) 한 장을 얻어 보니, 승정원(承政院)에서 성은(聖恩)을 입은 사람들이 전교를 받았을 때에 모모 등 서너 사람은 지난해《-몇 년이었는지는 잊어버렸습니다.-》에 이미 전교를 받들었기 때문에 이번에는 이 일을 입계(入啓)하지 않았다고 하기에, 곧 선생께서는 복직의 명이 있었던 지가 오래 되었다는 것을 알았습니다. 늦게야 들어서 알게 된 것을 스스로 부끄럽게 여깁니다. 지금 여기에 온 현윤[108]의 말을 들으니 본댁에서도

---

**107** 존선고……일 : 【譯注】 이언적은 1546년(명종1) 9월 이기(李芑)·윤원형(尹元衡)에 의해 훈작(勳爵)이 삭탈되었고, 1547년(명종2) 윤9월에는 양재역벽서사건(良才驛壁書事件)으로 인해 강계부(江界府)에 안치되었으며, 1553년(명종8)에 유배지에서 졸하였다. 그의 사후 1566년(명종21) 8월, 아들 이전인이 〈진수팔규(進修八規)〉를 올렸고, 이어 복작(復爵)되었다.

알지 못하였다고 하는데 어떻게 이럴 수가 있습니까? 참으로 괴이한 일입니다. 아무쪼록 사람을 보내어 이조(吏曹)에서 직첩(職牒)을 받아오게 하는 것이 좋겠습니다.

석물(石物) 등의 일에 대해서는 선생의 유의(遺意)는 비록 이것을 원하지 않으실 터이지만, 지금 조정의 의논이 저러하고 관찰사(觀察使)[109] 또한 힘써 성사시키려고 하니 어떻게 거스를 수 있겠습니까. 다만 비문을 나에게 부탁하였는데, 편지 가운데 억지로 비유한 여러 말들이 나에게는 너무 가당치 않으니, 그 잘못됨이 어찌 그리도 심한 것입니까? 나는 평소에 남에게 비문을 하나도 지어준 적이 없는데, 지금 이 일을 어찌 감히 홀로 감당하겠습니까. 이 뿐만 아니라 행장을 이미 외람되이 지었으니 감히 감추지 못하는 것이라 이제 베껴 보내드립니다. 그러나 비문을 짓는 것은 똑같은 사람이 연이어서 짓는 것이 진실로 온당하지 않으니, 아무쪼록 이 행장을 가지고 당대(當代)의 명사에게 비문을 구하여 영구히 보전할 계책을 도모하십시오. 내 생각으로는 집의(執義) 기명언(奇明彦)[110]에게 부탁할 수 있을 것이요, 마땅히 그도 굳이 사양하지는 않을 것입니다. 《나머지는 별지와 현윤이 돌아가는 편에 말씀드렸습니다. 삼가 답장합니다.》

---

**108** 여기에 온 현윤 : 【攷證 卷4 來胤】이준(李浚, 1540~1623)으로, 본관은 여주(驪州), 자는 청원(淸源)이다. 무과(武科)에 급제하였고 군수(郡守)를 지냈다. 《雙峯集 卷4 郡守李公墓碣銘》

**109** 관찰사 : 【攷證 卷4 道主】박계현(朴啓賢, 1524~1580)으로, 본관은 밀양(密陽), 자는 군옥(君沃), 호는 관원(灌園)·근사재(近思齋)이다.

**110** 기명언 : 【譯注】기대승(奇大升, 1527~1572)으로, 본관은 행주(幸州), 자는 명언, 호는 고봉(高峯)·존재(存齋)이다.

# 별지

別紙

《유집(遺集)》 2권과 〈진수팔규(進修八規)〉·〈십조소(十條疏)〉 등을 영식(令息)에게 부쳐 방백(方伯)에게 보내니, 방백이 조정의 전지[111]를 받들어 선사(繕寫)해서 올리자고 했기 때문입니다. 그러나 베낀 후에 모름지기 방백에게 청하여 두 번 세 번 자세히 교정을 한 뒤에 올려 보내는 것이 좋겠습니다. 그렇지 않으면 공무로 바쁜 와중에 누가 자세하고 꼼꼼하게 교정을 하겠습니까?

《구인록(求仁錄)》·《대학갱정(大學更定)》·《속혹문(續或問)》 등의 책은 조정이 그 유고(遺稿)를 올리라고 요구하니, 응당 올려야 할 것입니다. 그 가운데 《봉선잡의(奉先雜儀)》는 내 생각에 널리 전하여 퍼뜨리기를 간절히 바라고 방백도 역시 그렇게 말했다고 들었으니, 아울러 올리는 것이 좋겠습니다.

다만 《중용구경연의(中庸九經衍義)》 책은 공을 가장 많이 들였고 의론(議論) 또한 좋은데 아직 완성을 못했으니 지극히 안타까운 일입니다. 이번엔 비록 올리지 못하더라도 역시 한 벌을 베껴두어 추후에 아뢰어 올리는 것이 또한 마땅할 듯하니, 이것은 방백이 어떻게 헤아려 처분하느냐에 달려 있을 뿐입니다. 지난번에 '이어서 완성하고 싶다'고 한 바에 대해서는, 이 근처에 좌랑(佐郎) 정유일(鄭惟一)[112]이 있으니 오늘날의

---

**111** 조정의 전지 : 【攷證 卷4 朝旨】 정묘년(1567, 명종22) 11월, 전지(傳旨)를 내리기를 "이언적(李彦迪)의 저술은 중국 사신에게 보여줄 만하였다. 그 집안에 남아 있는 유서(遺書)를 찾아내어 후학들이 본보기로 삼게 하라."라고 하였다. 《晦齋集 文元公晦齋先生年譜》

이름 있는 선비입니다. 이 책을 보고서 늘 나에게 계속 이어서 이 일을 완성하라고 권했습니다만 내가 노쇠하고 병들어 이 일을 맡아 감당하지 못하겠기에 문득 정군에게 권했는데 정군도 역시 감당할 수 없다고 했습니다. 이 일은 아마도 역시 기명언(奇明彦)[113]이라야 감당할 수 있을 것 같습니다만, 그가 하려고 할지는 모르겠습니다. 실록청(實錄廳)에서 찾을 때 틀림없이 무슨무슨 글을 올려 보내라는 말이 있을 것이니, 그 말대로 올려 보내도록 하십시오. 대개 이번에 올린 행장(行狀)과 찬술(纂述)과 문집 등은 매우 긴요하고, 초고(草稿)의 서문(序文)도 또한 가벼이 논의할 수 없는 것이니, 우선 조정의 의논을 기다린 뒤에 다시 의논하는 것이 좋겠습니다.

대정(臺亭)의 제영(題詠)은 비록 짓고 싶은 마음이 없지 않지만 나는 이렇듯 병들고 게으르고 어리석어서 짓는다 하더라도 어찌 보잘 것이 있겠습니까.

실록청에서 찾는 묘지(墓誌)는 또한 마땅히 올려야 할 것입니다. 다만 정 사인(丁舍人)[114]이 지은 지문(誌文)은 온당치 못한 곳이 자못 많아서 올려 보내기는 곤란할 듯하니, 어떻게 생각하십니까?

앞서 보낸 편지에서 판부사(判府事)를 제수 받은 것이 병오년(1546, 명종1)에 시골로 내려간 뒤의 일이었다고 했습니다. 그런데 을사년(1545, 인종1) 정월에 인종이 이상(貳相)으로 임명할 때 누차 사양했으

---

112　정유일 :【譯注】1533~1576. 본관은 동래(東萊), 자는 자중(子中), 호는 문봉(文峯)이다.

113　기명언 :【譯注】기대승(奇大升, 1527~1572)으로, 본관은 행주(幸州), 자는 명언, 호는 고봉(高峯)·존재(存齋)이다.

114　정 사인 :【攷證 卷4 丁舍人】정황(丁熿, 1512~1560)으로, 본관은 창원(昌原), 자는 계회(季晦), 호는 유헌(游軒)·환주(還珠), 시호는 충간(忠簡)이다.

나 허락을 받지 못해서 여름에 대궐에 나아가 봉직하였으니, 7월에 명종이 즉위하여 녹공(錄功)할 때에 역시 이상(貳相)으로서 간 것입니다. 이듬해 병오년에 이르러 여러 장계(狀啓)와 차자(箚子)에서 모두 좌찬성(左贊成)이라 하였는데 중간에 〈수렴청정(垂簾聽政)이 옳지 않다고 한 차자[不宜垂簾箚子]〉[115]에서는 판중추(判中樞)라고 운운하였으니, 수렴청정을 의논한 일이 어찌 병오년에 시골로 내려간 뒤의 일이겠습니까. 이는 틀림없이 을사년 가을과 겨울 사이의 일일 것입니다. 그렇기 때문에 이해 가을과 겨울 사이에 일찍이 어떤 일로 판중추부사(判中樞府事)를 잠깐 지내셨다가 곧 의정부로 돌아왔던 것 같으니, 이 일은 직첩(職牒)을 받아와서 상고한 뒤에 그 사실을 알 수 있을 것입니다. 우선은 행장 안의 수렴청정에 대한 차자에서 운운한 것에 의거하였으니 아무쪼록 다시 살펴보는 것이 좋겠습니다.

---

**115** 수렴청정이……차자 : 【攷證 卷4 不宜垂簾箚子】 병오년(1546, 명종 원년) 3월, 정사(呈辭)하고 근친하였다. 7월에 체차되어 판중추부사가 되었다. 이때 예관(禮官)이 당저(當宁)에도 발을 드리우기를 청하였는데 선생이 듣고 차자를 올려 그것이 잘못된 일임을 말하였다. 《晦齋集 文元公 晦齋先生年譜》

# 이전인에게 답하다 무진년(1568, 선조1, 68세) 【1월 10~17일 추정. 예안(禮安)】

答李全仁 戊辰

심부름꾼이 멀리 와서 전해준 편지를 열어 보고 말씀하신 것을 잘 알게 되니 매우 위안이 되고 기뻤습니다. 나는 아직도 묵은 병을 지니고서 새 봄을 맞이하는데, 세상의 근심거리에 얽히고 걸려들어 빠져나갈 길이 없습니다. 앞서 내린 교지(敎旨)는 받들기가 너무 어려웠습니다. 그런데 자핵(自劾)한 상소 한 통이 조정에까지 들어가지 못하고 또 급히 부르심을 받았기에 부득이하게 다시 사장(辭狀)을 올려서 석고대명(席稿待命)하니 끝내 어떻게 될지 예측하지 못하는 터라, 근심과 두려움만 날로 깊어지니 어찌하면 좋겠습니까. 이 몸의 일이 이와 같으니, 설사 서울로 길을 나서지 않는다 하더라도 어떻게 그대들과 같은 먼 곳 사람들을 초대하여 구름 낀 산과 안개 낀 강물 사이에서 서로 좇아 노닐어 그로 인해 세간의 괜한 손가락질을 야기할 필요가 있겠습니까.

행장의 고친 곳은 고치고 나서 또한 진작에 방백(方伯)에게 통보하였는데, 회답은 아직 보지 못했습니다. 그러나 고친 곳이 비록 그다지 긴요하지는 않다고 하더라도 이미 틀린 곳을 알고 있는데 예전대로 놓아두고 고치지 않는 것은 매우 불편한 일입니다. 방백이 끝내 어떻게 처리할지 모르겠습니다.

신주(神主)의 제주(題主)를 고치는 데 있어서는 함중(陷中)[116]의 것은

---

**116** 함중 : 【譯注】 신주의 뒤쪽 면을 직사각형으로 파서 망인(亡人)의 성명, 관직 등을 기록하던 부분을 말한다. 그 표면은 목판으로 덮게 되어 있다.

고치지 않는 법이니 고례(古禮)가 그러합니다. 지금 비록 시호(諡號)를 추증했다 하더라도 역시 함중의 것은 고치지 않을 뿐입니다. 비석(碑石)과 표석(表石)은 다만 크기의 대소(大小)와 내용의 자세하고 소략한 것으로 그 명칭을 달리하고 그 쓰임을 구별하는 것입니다. 비(碑)는 마땅히 묘도(墓道)의 동남쪽에 세워야 하고 지형의 편의에 따라야 합니다. 요즈음 사람들이 묘의 왼쪽에 세우는 것은 그 또한 동남쪽에 세워야 하는 뜻을 취한 것인 듯합니다.

《인정(人情)이 모두 원혼(遠婚)을 어렵다고 여기는 것은 구한 바가 양쪽 집에서 이루어지지 않기 때문이니, 필시 이 때문일 것입니다. 칭호는 두 가지 다 좋지만[117] 선생께서 평소에 비록 산 이름으로 자호(自號)하지 않으셨으나 후인(後人)들의 우러러봄이 모두 이 산을 경모(景慕)하니, 그 지은 서원도 또한 조정에서 편액을 내림에 산 이름으로 호칭하지 않을 줄 어찌 알았겠습니까. 그러므로 그대는 마땅히 이 호를 피하되 다만 계산(溪山) 가운데 한 언덕, 한 골짜기, 한 바위, 한 못, 한 굽이, 한 모퉁이 중에 애상(愛賞)하기에 가장 아름다운 곳을 취하여 호로 삼는 것이 곧 온당합니다.[118] 보내주신 음식은 매우 감사합니다. 잣을 조금 보내니 웃고 받아주십시오. 황(滉)은 절합니다.》

---

**117** 칭호는……좋지만 : 【譯注】 이전인이 일찍이 '옥봉(玉峯)'·'옥계(玉溪)' 두 가지 호를 써서 편지로 이황에게 의견을 물은 일이 있다. 《潛溪遺稿 自序》

**118** 계산……온당합니다 : 【譯注】 이전인은 이황의 충고를 받아들여 부친 이언적이 활동했던 독락당(獨樂堂)의 북쪽 상류 계곡인 면천(眠川)의 다른 이름 '잠계(潛溪)'를 자신의 호로 삼았다. 《潛溪遺稿 自序》

# 이달·이천기[119]에게 답하다 【연월미상】

答李達李天機

논한바 "마음이 탁 트이고 매우 공정하며 사물이 오면 거기에 순응한다."[120]
는 뜻은 아마도 그렇지 않은 것 같습니다. 대체로 이야기하면, 천하의
사물 그 어느 것이 외물(外物)이 아니겠습니까. 〈정성서(定性書)〉[121]에서
외물을 밖의 것으로 여기는 것은 잘못이라고 극언하여,[122] 반드시 안과
밖을 다 잊은 연후에야 성(性)을 안정되게 할 수 있다[123]고 함은 어째서입니

---

**119** 이달·이천기 : 【攷證 卷4 李達李天機】이달(1539~1612)은 본관이 홍주(洪州)이
고, 자는 익지(益之), 호는 손곡(蓀谷)이다. 서울에 살았으며 시(詩)로 세상에 이름이
났다. 이천기(1545~?)는 자세하지 않다. 두 사람 모두 퇴계의 문인이다.【校解】이천
기는 본관이 전주(全州), 자가 자운(子雲)이다.

**120** 탁 트이고……순응한다 : 【攷證 卷4 廓然…順應】〈정성서(定性書)〉에 있는 말이다.

**121** 정성서 : 【攷證 卷4 定性書】정명도(程明道)가 장횡거(張橫渠)에게 답한 편지이
다.【校解】송나라 정호(程顥)가 장재(張載)에게 회답한 편지로, 그의 스승인 주돈이
(周敦頤)의 〈태극도설(太極圖說)〉과 표리 관계를 이룬다는 평가를 받고 있다. 그 내용
은 대략《근사록(近思錄)》〈위학(爲學)〉 4장에 보인다.

**122** 외물을……극언하여 : 【譯注】장재가 정호에게 "성(性)을 안정〔定〕시키려 해도
마음이 움직이지 않을 수 없어서 오히려 외물에 영향을 받으니, 어떻게 해야 합니까?"라
고 물었다. 정호는 "이른바 안정이라는 것은 움직임에도 안정되고, 고요함에도 안정된
상태이니, 뒤따라가거나 맞이함이 없고, 안과 바깥의 구별도 없는 것이다. 만일 자기
밖의 사물을 외재적인 것으로 여겨 자신을 끌어다가 그것을 쫓는다면, 이는 자신의
성에 내외가 있다고 여기는 것이다. 또한 성을 바깥의 사물을 쫓는 것으로 여긴다면,
밖에 있을 때를 당해서는 어떤 것이 안에 있겠는가? 이는 외부의 유혹을 끊는 데에
뜻을 두어 성이 내외가 없음을 모르는 것이다. 이미 내외를 두 가지 근본으로 여긴다면,
또한 어찌 갑자기 안정됨을 말할 수 있겠는가?"라고 하였다.《近思錄 卷2 爲學》

**123** 반드시……있다 : 【譯注】정호는 "밖은 그르고 안을 옳다고 하기보다는 안과 밖을
모두 잊는 것이 낫다. 둘 다 잊으면 마음이 맑아 아무 일이 없을 것이다.〔與其非外而是
內, 不若內外之兩忘也. 兩忘則澄然無事矣.〕아무 일이 없으면 안정되고, 안정되면 밝아

까? 사물은 비록 일만 가지로 달라도 이치는 하나이니, 오직 그 이치가 하나이기 때문에 성에 안과 밖의 구분이 없는 것입니다. 군자의 마음이 능히 탁 트이고 매우 공정한 까닭은 그 성을 능히 온전히 하여서 안과 밖의 구분이 없기 때문이고, 사물이 오면 능히 순응할 수 있는 까닭은 한결같이 그 이치를 따라서 피차(彼此)의 구분이 없기 때문입니다. 만약 한갓 사물이 밖이라는 것만 알고 이치에 피차의 구분이 없다는 것을 모르면, 이는 이치와 일을 나누어 두 가지로 여기는 것이니 참으로 옳지 않습니다. 만약 사물이 밖이 아니라는 것만 인식하고 이치를 준칙(準則)으로 삼지 않는다면, 이는 안에 주인이 없어서 외물이 마침내 주인 자리를 빼앗는 것이니 역시 옳지 않습니다. 오직 군자는 성이 안과 밖의 구분이 없음을 알아 사물에 응함이 한결같이 이치에 맞습니다. 그러므로 아무리 날마다 외물을 접하더라도 사물이 내게 해(害)가 되지 못하여, 마음이 맑은 채로 아무 일이 없어 성(性)이 안정되는 것입니다. 그래서 마지막 장(章)에 "능히 성낼 만할 때에 문득 그 성냄을 잊고 이치의 옳고 그름을 본다."라고 하였으니, "문득 그 성냄을 잊는다."는 것은 외물을 잊는다는 것을 말함이고, "이치의 옳고 그름을 본다."라고 한 것은 한결같이 이치를 따르는 것을 말하는 것입니다. 〈정성서〉 한 편을 모름지기 이러한 뜻으로 읽어야 그 요지를 깨달을 것입니다. 만약 말씀하신바 "배고프면 먹을 것을 생각하고 목마르면 마실 것을 생각한다."는 그런 것들은, 참으로 사물이 밖의 것이 아니라는 것만 인식하고 이치를 준칙으로 삼지 않는 병통이니, 아마도 본지(本旨)와는 더욱 멀어질 것입니다. 어떻게 생각하십니까?

지고, 밝아지면 어찌 사물에 응하는 것이 해가 되겠는가?"라고 하였다. 《近思錄 卷2 爲學》

태극에 동(動)과 정(靜)이 있음은 천명(天命)이 유행(流行)하는 것입
니다. …… 이치가 주인이 되어 천명을 유행하게 하는 것입니까?

태극에 동과 정이 있음은 태극이 스스로 동하고 정하는 것이요, 천명이
유행하는 것은 천명이 스스로 유행하는 것이니 어찌 다시 그렇게 시키는
것이 있겠습니까. 다만 무극(無極)과 음양(陰陽) 오행(五行)이 묘합(妙
合)하여 엉겨서 만물을 화생(化生)시키는 곳에 나아가 본다면 마치 주재
(主宰)하고 운용하여 그것을 이와 같이 하게 하는 것이 있는 듯하니, 곧
《서경(書經)》〈탕고(湯誥)〉에 이른바 "위대한 상제께서 아래 백성들에게
치우침 없는 덕을 내려주셨다.〔惟皇上帝, 降衷于下民.〕"라고 한 것이나,
정자(程子)가 이른바 "주재하는 입장에서 말할 때에는 상제라 한다.〔以主
宰謂之帝〕"[124]라고 한 것이 그것입니다. 대개 하늘이 리(理)와 기(氣)를
합하여 만물을 생성할 때 그 신묘한 작용이 스스로 이와 같을 뿐이니,
천명이 유행하는 곳에 또한 그렇게 시키는 자가 따로 있다고 말할 수는
없습니다. 이 리(理)는 지극히 높아서 상대가 없으니 사물을 명할 뿐 사
물로부터 명을 받지 않기 때문입니다.

리기(理氣)가 서로 감응합니다.

---

**124** 주재하는……한다. : 【譯注】《주역》〈건괘 괘사(卦辭)〉의 정전(程傳)에 "대저 천
은 전지(專指)하여 말하면 도이니, 하늘도 어기지 못한다는 것이 이것이다. 그러나
나누어 말한다면, 형체를 가지고 말할 때에는 하늘이라 하고, 주재하는 입장에서 말할
때에는 상제(上帝)라 하고, 공용의 측면에서 말할 때에는 귀신이라 하고, 묘용의 시각에
서 말할 때에는 신이라 하고, 성정을 가리켜 말할 때에는 건이라 한다.〔夫天, 專言之則
道也, 天且弗違是也. 分而言之, 則以形體謂之天, 以主宰謂之帝, 以功用謂之鬼神, 以妙
用謂之神, 以性情謂之乾.〕"라는 정이(程頤)의 해설이 나온다.

서로 감응하는 것[交感]은 마땅히 두 기(氣)로써 말해야 하니, 리(理)자를 아울러 말하면 안 됩니다.

어떤 기가 밝고 강하며, 어떤 기가 어둡고 약합니까?

품부 받은 기가 사람마다 같지 않은 까닭은《대학혹문(大學或問)》[125]의 명덕(明德)을 논한 곳에서 상세히 논하였습니다. 지금 묻는 바를 가지고 대략 말한다면, 양기(陽氣)를 얻은 자는 밝고 강하고, 음기(陰氣)를 얻은 자는 어둡고 약하니 대개는 그러하나 그중에는 또 각각 얻은 바의 청탁(清濁)·순박(純駁)과 분수의 많고 적음에 따라 선악이 일정치 않습니다. 그렇기 때문에 주염계(周濂溪)[126]가 "강선(剛善)·강악(剛惡)·유선(柔善)·유악(柔惡) 가운데에 그친다."[127]라고 논한 것입니다.

리(理)가 기(氣)를 이깁니까? 기가 리를 이깁니까? 리가 기를 이길 때에 기는 어찌하여 약해집니까? 기가 리를 이길 때에 리는 어찌하여 약해집니까?

리는 본래 존귀하여 상대가 없는 것이어서 사물을 명하고 사물에게서

---

**125** 대학혹문 :【譯注】송나라 주희(朱熹)가 지은 문답 형식의《대학》해설서이다.

**126** 주염계 :【譯注】주돈이(周敦頤, 1017~1073)로, 자는 무숙(茂叔), 호는 염계, 시호는 원공(元公)이다. 도주(道州) 영도(營道) 출신이다.

**127** 강선……그친다 :【譯注】주돈이는 사람의 기품(氣稟)의 성(性)은 강유 선악(剛柔善惡) 중에서 벗어나지 않는다고 하면서 강선은 의(義)·직(直)·단(斷)·엄의(嚴毅)·간고(幹固)이고, 강악은 맹(猛)·애(隘)·강량(强梁)이며, 유선은 자(慈)·순(順)·손(巽)이고, 유악은 나약(懦弱)·무단(無斷)·사영(邪佞)이라고 하였다.《通書 卷上》

명을 받지는 않으니, 기가 응당 이길 수 있는 것이 아닙니다. 다만 기로써 형태를 이룬 뒤에 문득 이 기가 리의 터전이 되고 재료·도구〔材具〕가 되는 것입니다. 그러므로 모든 일이 시작되고 운용되며 응접함에 대개 기가 용사(用事)하는 것이 많으니, 기가 능히 리에 순응할 때에는 리가 저절로 드러나는 것이지 기가 약해지는 것이 아니니 이것이 곧 순응하는 것이며, 기가 만약 리를 거스를 때에는 리가 도리어 숨는 것이지 리가 약해지지 않는 것이 아니니 이것이 곧 형세입니다. 예를 들어 왕에 비유한다면 본래 존귀하여 상대가 없지만, 강한 신하가 발호(跋扈)하는 데 이르러서는 도리어 그와 더불어 혹 승부를 가리기도 하니, 이는 신하의 죄이지 왕은 어찌할 수가 없는 것입니다. 그러므로 군자가 학문을 함은 기질이 편벽된 것을 바로잡아 물욕(物慾)을 막고 덕성(德性)을 높여서 대중지정(大中至正)의 도[128]에 돌아가는 것입니다.

혼명(昏明)은 어둠을 먼저 말하고 밝음을 나중에 말하며, 강약(强弱) 은 강함을 먼저 말하고 약함을 나중에 말합니다.

이는 우연히 각자 그 말의 순서를 따른 것일 뿐이니, 반드시 정자(程子) 가 논한 길흉시비(吉凶是非)[129] 같은 것으로 따질 필요는 없습니다.

---

**128** 대중지정의 도 : 【譯注】 도덕의 표준을 뜻한다. 주희(朱熹)의 《중용장구(中庸章句)》 서문(序文)에 나오는 말이다.

**129** 정자가 논한 길흉시비 : 【攷證 卷4 程子論吉凶是非】 정자가 "무릇 길흉을 말할 때에는 모두 길을 먼저 말하고 흉을 뒤에 말하며, 시비를 말할 때에는 모두 시를 먼저 말하고 비를 뒤에 말한다."라고 하였다.

# 김사겸[130] 희우 에게 답하다 【연월미상. 예안(禮安)】

答金思儉 希禹

전날에 만났다가 헤어지고 나니 이별의 아쉬움에 매인 듯하였는데, 그 다음날 아침 머슴아이가 돌아와서야 산사(山舍)에 묵고 계시다는 것을 알았습니다. 달을 보고 거문고 소리를 들으면서 하룻밤 담소를 나누지 못하였는데, 여관에서 편지를 써서 다시 이렇게 사람을 보내 안부를 물으실 줄은 생각도 못했으니 감사하고 부끄러운 마음이 한꺼번에 일어나서 어찌할 줄을 모르겠습니다.

보내신 편지에서 자문하신 몇 가지 내용의 경우는 모두 선유(先儒)들이 이미 확정해 놓은 것이니, 우매한 내가 어떻게 족히 그것을 알겠습니까. 그러나 일찍이 듣건대 도(道)는 하나일 뿐인데 성현들이 가리켜 말한 것이 더러 다른 것이라고 하니, 일관(一貫)의 도는 전체의 대용(大用)을 들어서 말한 것이요, 솔성(率性)의 도는 사람과 사물이 따르는 바를 가리켜 말한 것입니다. 증자(曾子)는 성인의 충서(忠恕)를 말했기 때문에 다만 이것으로 도를 삼았고,[131] 자사(子思)는 학자의 충서를 말했기 때문에 "도와의 거리가 멀지 않다."라고 하였던 것입니다.[132] 그렇다면 이른바

---

**130** 김사겸 : 【譯注】 김희우(金希禹, 1519~?)로, 본관은 김해(金海), 자는 사겸, 호는 적송헌(赤松軒)이다. 【攷證 卷4 金思儉】 퇴계의 문하에서 공부하였다. 사적(事蹟)은 자세하지 않다.

**131** 증자는……삼았고 : 【譯注】 공자(孔子)가 제자 증삼(曾參)을 불러서 "나의 도는 하나의 이치로써 모든 일을 꿰뚫고 있다.〔吾道一以貫之〕"라고 하자, 증삼이 "예, 그렇습니다."라고 곧장 대답하고는, 다른 문인에게 "부자의 도는 바로 충서일 뿐이다.〔夫子之道, 忠恕而已矣.〕"라고 하였다. 《論語 里仁》

**132** 자사는……것입니다 : 【譯注】 공자가 "충서는 도와 거리가 멀지 않으니〔忠恕違道

도라는 것을 어찌 다른 데에서 구할 필요가 있겠습니까. 충서에 나아가 그 이치를 다하면 충서가 곧 도이고, 인의예지(仁義禮智)에 나아가 그 이치를 다하면 인의예지가 곧 도입니다. 지금 충서로써 도를 삼는다고 하면 도에 미진하다고 하고, 인의예지로써 도를 삼는다고 하면 도라고 이름 붙이기는 곤란하다고 하면서 따로 다른 것을 찾아서 도로 삼으려 하니, 이것은 나같이 학식이 천루(淺陋)한 사람이 더욱 미칠 바가 아닙니다.

그 끝에서 또 "도에 종사하고자 한다면 무엇을 먼저 해야 합니까?"라고 하였는데, 도는 사람과 멀리 떨어져 있지 않으므로[133] 잠시도 떠날 수가 없는 것이니, 지경(持敬)과 집의(集義)가 가장 중요한 법도입니다. 학식이 부족한 나에게 이미 물어보셨으니, 내가 감히 아무 말도 하지 않을 수 없었습니다. 얼굴을 마주대하지 않아 말을 다 할 수 없습니다. 몸을 보중하시기를 간절히 바랍니다.

---

不遠〕, 자기 몸에 베풀어보아 원하지 않는 것을 나 또한 남에게 베풀지 말아야 한다."라고 하였다. 《中庸章句 第13章》

**133** 도는……않으므로 : 【譯注】 공자가 "도는 사람과 멀리 떨어져 있지 않다. 따라서 사람이 도를 행하면서 사람을 멀리한다면, 그것은 도라고 할 수 없다.〔道不遠人, 人之爲 道而遠人, 不可以爲道.〕"라고 하였다. 《中庸章句 第13章》

# 송과우[134] 언신 에게 답하다[135] 경오년(1570, 선조3, 70세) 【9월 추정. 예안(禮安)】

答宋寡尤 言愼○庚午

황(滉)은 돈수(頓首)합니다. 나는 멀리 자취를 숨기고서 병으로 인사를 폐하고 있어, 비록 상(喪)을 당했다는 소식을 들었지만 오랫동안 조문을 하지 못하였으니 그대를 저버린 것이 부끄러워 몸 둘 바를 모르겠습니다. 문득 보내주신 편지를 받고서야 이미 졸곡(卒哭)이 지났으며 효후(孝候)가 건승함을 알았으니 걱정하던 마음이 너무도 후련히 풀렸습니다.

나는 치사(致仕)하고자 하는 청원이 아직 윤허를 받지 못하여 몸은 둘 곳이 없고 죄는 도망칠 곳이 없는 터라, 늙음과 병이 날로 심해지니 끝내 청의(淸議)의 말단에 스스로 참여할 길이 없을 듯합니다. 밤낮으로 근심하고 두려워하면서도 묘안이 떠오르질 않으니, 어찌하면 좋겠습니까.

말씀드릴 것은 다름이 아니라, 자문하신 여러 조목은 모두 우매한 내가 미칠 바 아닌데 갑자기 물어보시니 어리둥절하여 어떻게 대답해야 할지를 알지 못했습니다. 그렇긴 하지만 이미 외람되이 물어봐 주셨으므

---

**134** 송과우 : 【攷證 卷4 宋寡尤】송언신(宋言愼, 1542~1612)으로, 본관은 여산(礪山), 자는 과우(寡尤), 호는 호봉(壺峯)이다. 약관(弱冠)에 상소를 올려 보우(普雨)를 주살(誅殺)할 것을 청하였다. 사친이효(事親以孝)로 이름이 났다. 처음에는 미암(眉巖 유희춘(柳希春))·초당(草堂 허엽(許曄))·소재(蘇齋 노수신(盧守愼))의 문하에서 공부하다가 나중에 선생을 스승으로 모셨다. 과거에 급제하여 벼슬이 이조 판서(吏曹判書)에 이르렀다.

**135** 송과우……답하다 : 【攷證 卷4 答宋寡尤】살펴보건대, 이 편지는 마땅히 기명언(奇明彦)에게 보낸 을축년(1565, 명종20) 별지(別紙)(KNL0565A)와 참조해서 보아야 한다.

로 우선 한두 가지 소견을 말해보고자 하니, 명석한 그대가 취택하시기
바랍니다.

　내 생각에, "장자(長子)에게 아들이 없으면 차자(次子)의 아들이 승중
(承重)<sup>136</sup>한다."는 것은 응당 적통(適統)의 자손을 가리켜 말하는 것이니,
비록 첩의 소생이 있더라도 곧바로 대신 승중할 수는 없을 듯합니다.
총부(冢婦)가 봉사(奉祀)하여<sup>137</sup> 응당 대신할 이가 제사를 받지 못하면
제사에 주인이 없어 일마다 모두 난처하게 되니 이는 행할 수 없는 바이
고, 국법에 송사를 판결하는 데에 대개 총부봉사법(冢婦奉祀法)을 쓰고
있습니다. 중간에 윤언구(尹彦久)<sup>138</sup>가 대사헌(大司憲)이 되어서 그 법
을 고치고자 했습니다. 나는 윤언구에게 "이 법은 진실로 고치는 것이
옳지만, 경박한 습속이 의리가 없으니 장자가 죽어 몸이 채 식기도 전에
혹 총부를 몰아내어 돌아갈 곳이 없게 되는 경우가 있다면 어찌해야 되겠
습니까? 그러니 이번에 만일 이 법을 고치고자 한다면 반드시 총부가
돌아갈 곳이 있도록 하는 법을 아울러 세운 뒤에라야 옳을 것이오."라고
말했습니다. 윤언구도 내 말을 아주 맞다고 여겼는데 그 후에 마침내
잘 고쳤는지 여부는 모르겠습니다.

---

**136**　승중 : 【譯注】 적장자가 죽으면 적장자의 아들이 적손(適孫)이 되어 아버지를
대신해서 참최(斬衰) 3년의 할아버지 복을 입는 것을 말한다.

**137**　총부가 봉사하여 : 【譯注】 '총부'는 적장자의 아내, 즉 종가(宗家)의 맏며느리를
가리킨다. 직계 비손이 없을 경우는 부인이나 딸들이 제주를 맡았는데, 죽은 장자의
부인이 제사를 지내는 것을 총부봉사(冢婦奉祀)라고 칭했다.

**138**　윤언구 : 【攷證 卷4 尹彦久】 윤춘년(尹春年, 1514~1567)으로, 본관은 파평(坡
平), 자는 언구, 호는 창해(滄海)이다. 관직은 이조 판서를 지냈다.《국조고사(國朝故
事)》에 "윤춘년이 윤원형(尹元衡)에게 붙어서 윤원로(尹元老)를 죽였고, 이 일을 계기
로 앞길이 열리게 되었다. 윤원형이 패망하자 윤춘년 또한 발열(發熱) 증세로 죽었다."
라고 하였다.

할머니와 어머니가 살아 계신데 손자가 제사를 받들게 되면 가묘(家廟)의 신주(神主)를 체천(遞遷)하는지에 대한 의문은 세상 사람들이 또한 많이 가지고 있습니다. 그러나 진실로 이와 같다 하여 고칠 수 없다면 《가례(家禮)》에서는 대상(大祥) 전 1일에 무슨 까닭으로 할머니 혹은 어머니가 생존해 있는지 없는지 따지지 않고 곧바로 개제(改題)[139]하여 체천(遞遷)의 예를 행하도록 했겠습니까? 대저 소목(昭穆)의 차례를 잇는 것은 더없이 중요한 일이지만 혹은 아들, 혹은 손자가 이미 제주(祭主)가 되면 세대가 변하는 것은 이미 어쩔 수 없는 것입니다. 아무리 큰 슬픔이 있더라도 또한 따라서 개제하여 체천하지 않을 수 없는 것입니다.

사대부는 삼대(三代)를 제사지낸다는 것이 곧 지금 나라의 제도[140]이니 본디 마땅히 준수해야 할 것이나, 사대(四代)를 제사하는 것 또한 대현(大賢)이 의기(義起)한 예(禮)[141]이니 행해서 안 될 것은 없습니다. 지금 세상에는 효경(孝敬)하여 예(禮)를 좋아하는 집에서 더러 삼가 사대봉사(四代奉祀)를 행하는데, 이는 나라에서 금하지 않는 바이니 어찌 아

---

**139** 개제 : 【譯注】 죽은 이의 관직명이나 봉사손의 이름 등 신주에 기록된 사항을 고쳐 쓰는 것으로, 추증이나 삭탈 등 관직에 변동이 있게 되거나 친진(親盡)하여 봉사손이 바뀌었을 경우에 개제한다.

**140** 사대부는……제도 : 【譯注】《경국대전(經國大典)》에 "문무관 6품 이상은 삼대를 제사지내고, 7품 이하는 이대를 제사지낸다.〔文武官六品以上祭三代, 七品以下祭二代.〕"라고 규정되어 있다.

**141** 대현이 의기한 예 : 【譯注】 '의기'는 《예기(禮記)》〈예운(禮運)〉에 "예(禮)라는 것은 의(義)의 실질이니, 의에 맞추어서 맞으면 예는 비록 선왕(先王) 때에 없는 것일지라도 의로써 새로 만들 수 있다.〔禮也者, 義之實也, 協諸義而協, 則禮雖先王未之有, 可以義起.〕"라고 한 데서 온 말로 예문(禮文)에 없더라도 이치를 참작하여 새로운 예(禮)를 만드는 것을 뜻한다. 【攷證 卷4 大賢義起之禮】 정자(程子)는, 천자(天子)로부터 서인(庶人)에 이르기까지 다섯 가지 상복〔五服〕이 일찍이 다르지 않았고, 모두 고조(高祖)까지 상복을 이미 이처럼 입었으며 제사 역시 모름지기 이와 같아야 한다고 하였는데, 주자(朱子)도 그것을 옳게 여겼기 때문에 이렇게 말한 것이다.

름다운 일이 아니겠습니까. 다만 그 소삭(疎數)[142]이 같지 않다는 말은, 옛날에는 사당을 각각 하나씩 만들었기 때문에 이처럼 할 수 있었습니다. 지금은 한 당 안에 함께 봉안하되 오직 고조(高祖) 한 위(位)에게만 드문드문 거행하는 것은 그 일이 이치에 어긋나는 점이 많으니, 그대는 어떻게 생각하십니까? 제사의 의절(儀節)과 찬품(饌品)은 예문(禮文)을 따르는 것이 마땅하나, 옛날과 지금이 옳게 여기는 것이 달라서 또한 하나하나 예문을 그대로 따를 수 없는 곳이 있으니 선조들이 행한 바를 따른다면 불가함이 없을 듯합니다.

　부녀자가 제사에 참례하는 문제는 그대가 말한 대로 하는 것이 매우 좋겠습니다. 신주(神主)의 방제(旁題)[143]를 왼쪽에 쓰느냐 오른쪽에 쓰느냐 하는 문제는 옛날에도 두 가지 설이 있었습니다.[144] 그러나 내 생각에는 《가례(家禮)》의 주자(朱子)의 제도나 《대명회전(大明會典)》[145]·《오례의(五禮儀)》[146]의 지금의 제도가 모두 신주의 왼쪽에 쓰니, 이제

---

**142** 소삭 : 【譯注】 제사를 드물게 또는 자주 올리는 것을 뜻한다. 【攷證 卷4 疎數】 주자(朱子)가 왕 상서(汪尙書)에게 답한 편지에 "제사는 반드시 고조(高祖)까지 지내야 합니다만, 소삭의 같지 않음은 있습니다. 제법(祭法)에 월제(月祭)와 시향(時享)의 구별이 있으니, 옛날에는 제사를 나에게서 대수(代數)가 멀고 가까운 것으로 소삭을 정했습니다."라고 하였다.

**143** 방제 : 【譯注】 신주 아래 왼쪽에 봉사자(奉祀者)의 이름을 쓰는 것이다.

**144** 옛날에도……있었습니다 : 【攷證 卷4 古有兩說】 살펴보건대, 하씨(何氏 하사신(何士信))의 《소학도(小學圖)》와 《사림광기(事林廣記)》에는 모두 신주(神主) 왼편에 제(題)를 한다고 하였다. 선생은 그것이 잘못되었음을 극론하였는데, 〈정자중에게 답한 별지(答鄭子中別紙)〉에 그 내용이 보인다.

**145** 대명회전 : 【攷證 卷4 大明會典】 명나라 효종(孝宗) 홍치(弘治) 정사년(1497, 연산군3)에 내각의 한림(翰林) 유신(儒臣)에게 명하여 찬수(纂修)하게 하였다.

**146** 오례의 : 【譯注】 《국조오례의(國朝五禮儀)》를 말한다. 조선 성종(成宗) 5년에 완성한 책으로 군빈가혼상(軍賓嘉婚喪)에 관한 예를 규정한 내용을 담고 있다.

마땅히 이에 의거해서 써야 할 것입니다. 근래에 또 《염락풍아(濂洛風雅)》[147]를 보니 장남헌(張南軒)의 〈무후찬(武侯贊)〉 아래에 주자(朱子)의 발문(跋文)을 적었는데, 거기에 "그 왼편에 쓰노라."라고 하였습니다. 이 또한 틀림없이 사람의 왼쪽을 가리켜 한 말일 것이니, 또한 분명한 증거가 되지 않겠습니까.

"벗을 구하다가 욕을 당한다.〔求友取辱〕"는 말에 이르러서는 그대가 무슨 뜻으로 이 말을 하였는지 모르겠습니다. 내 생각으로는, 내가 진실로 저에게서 유익함을 구하고자 한다면 오직 마땅히 내가 할 도리를 다하여서 그와 사귀어야 합니다. 어찌 먼저 그 예절을 차리는 사이에 있어서 자신에게 후하게 대하는지 박하게 대하는지, 공경히 대하는지 소홀히 대하는지를 미리 헤아려 보고서 모욕을 당했다고 싫어하는 마음을 발끈 일으켜서야 되겠습니까. 또 논한 바를 자세히 보면 저쪽과 나의 경계를 세우고, 낮고 못하고를 따지는 말 아닌 것이 없으니, 이런 마음으로 남에게서 교정받기를 구하고자 하면 당연히 나에게 유익함이 없을 것이요, 다만 저에게 곤욕만을 받게 되는 것입니다. 내가 아무리 저들에게 충고를 하려 해도 저들이 나를 시기하고 방해하는 일이 없을 수 있겠습니까. 맹자(孟子)가 "행하고도 얻지 못함이 있거든 모두 자기에게 돌이켜 찾아야 한다."[148]라고 하였으니, 이 말은 마땅히 깊이 음미해 보아야 할 것입니다.

벼슬을 구하는데 반드시 과거(科擧)를 통해서만 하는 것이 아님은 옛

---

**147** 염락풍아 : 【譯注】 주돈이(周敦頤)·정호(程顥)·정이(程頤) 이하 왕백(王柏) 등에 이르는 48명의 시 작품을 모은 책이다. '염락(濂洛)'은 이들이 살던 곳에서 유래된 명칭이다. 【攷證 卷4 濂洛風雅】 원나라 학자 인산(仁山) 김이상(金履祥)이 기록하고, 석천(石泉) 당양서(唐良瑞)가 편차하였다.

**148** 행하고도……한다 : 【譯注】 《맹자(孟子)》 〈이루 상(離婁上)〉에 "행하고도 얻지 못함이 있거든 모두 자신에게 돌이켜 찾아야 하니, 자신이 바루어지면 천하가 돌아오는 것이다.〔行有不得者, 皆反求諸己, 其身正而天下歸之.〕"라고 하였다.

사람도 이미 말한 것이요, 집이 가난하고 어버이가 늙었을 때 녹봉을 받기 위해 벼슬을 하는 것은 성현도 달갑게 하던 일입니다. 다만 오늘날 다른 경로로 벼슬자리에 들어온 사람은 나라에서도 그를 대우하는 데 지나치게 구별을 두고 있으며, 그 사람들이 스스로 처신하는 것도 또한 유난히 외잡(猥雜)하여 끝내는 명절(名節)이 땅을 쓴 듯 없어진 데에 귀결된 자가 아주 많으니 매우 안타까운 노릇입니다. 이 문제는 당사자 스스로 능히 타락하지 않을 수 있겠는가의 여부를 헤아려서 처리하는 데에 달려 있으니, 어찌 다른 사람이 권하거나 말려서 마땅함을 얻을 수 있겠습니까. 호강후(胡康侯)는 "출처(出處)에 대해서는 다른 사람과 상의할 수 없다."라고 하였으니,[149] 바로 이를 두고 한 말입니다.

 '일 벌이기를 좋아하여 잠잠히 있지를 못하는 버릇'이나 '이상한 것을 내세워 명성을 구하는 병'은 세상 사람들이 매양 그것으로써 학업에 나아 간 사람을 비난하니, 세상이란 본래 이처럼 험난합니다. 그러나 오늘날 소위 학문에 뜻을 두었다는 사람을 자세히 보면 학문에 얻은 바가 있기도 전에 벌써 이러한 버릇과 이러한 병통에 먼저 빠져든 사람이 과연 많이 있으니, 이는 참으로 후생이 절실히 경계할 바입니다. 그러나 어찌 이러 한 것을 징창(懲創)한다면서 속된 유행에 동화되고 더러움 속에 합류하 는 행동을 하고자 한단 말입니까. 소강절(邵康節)의 타괴법문(打乖法 門)[150]은 이미 사법(師法)으로 삼기는 어렵거니와, 이연평(李延平)의 세

---

**149** 호강후는……하였으니 : 【譯注】 호강후는 송나라 호안국(胡安國, 1074~1138)으로, 자는 강후(康侯), 호는 무이선생(武夷先生)이다. 【攷證 卷4 胡康侯云云】 주진(朱震)이 출처(出處)에 대해 묻자 호 문정공(胡文定公)이 "이것은 마치 사람이 먹고 마시는 일과 같으니, 배고프고 배부르고 춥고 따뜻한 것은 반드시 스스로 짐작해야 할 일이지, 다른 사람에게 의지하여 결정할 수 없으며 또한 남이 결정해 줄 일도 아니다."라고 하였다. 《宋史 卷435 儒林列傳 胡安國》

**150** 타괴법문 : 【譯注】 타괴는 세상과 어그러지는 일을 한다는 뜻이다. 송나라 소옹(邵

상과 단절하고 정좌(靜坐)하는 것[151]도 만일 그것만을 오로지 표준으로 삼는다면 또한 한쪽으로 치우치는 폐단에 흐르게 될 것입니다. 오직 모든 잡된 것들을 쓸어 없애고 전일한 마음으로 '박문약례(博文約禮)'[152]의 가르침과 '충신독경(忠信篤敬)'[153]의 교훈을 오로지 일삼아서, 능히 그것을 규구(規矩)로 삼아 스스로 다스린다면 바로 공경하는 마음이 이기게 될 것이니, 어찌 게으른 마음이 이길 것을 근심하겠습니까.[154] 능히 순숙

---

雍)이 〈안락와중호타괴음(安樂窩中好打乖吟)〉이란 시를 지어 자신이 세상과 어긋나는 삶을 살면서 유유자적한다는 뜻을 말하였다.

**151** 이연평의……것 : 【譯注】이연평은 송나라 이통(李侗, 1093~1163)으로, 자는 원중(愿仲), 호는 연평(延平), 시호는 문정(文靖)이다. 【攷證 卷4 延平絶世靜坐】이통이 나종언(羅從彦)을 찾아뵈었는데, 나종언이 정좌(靜坐)하기를 좋아하였다. 이통이 물러나 방 안으로 들어가서 그 역시 정좌하였다. 이윽고 산전(山田)으로 물러나 살면서 세상일을 끊고 지낸 지가 40년이 되었는데, 밝은 얼굴로 유유자적하였다. 《通鑑續編 卷15》

**152** 박문약례 : 【譯注】《논어》〈옹야(雍也)〉에 "군자가 글을 널리 배우고 예로써 요약한다면 또한 도에 어긋나지 않을 것이다.〔君子博學於文, 約之以禮, 亦可以弗畔矣夫.〕"라고 하였다.

**153** 충신독경 : 【譯注】자신의 뜻이 세상에 행해지게 하려면 어떻게 해야 하느냐고 자장(子張)이 묻자, 공자(孔子)가 "서 있을 때에도 그것이 앞에 참여하고 있는지 살펴보고, 수레를 탔을 적에도 그것이 멍에에 걸려 있는지 살펴보아야 한다.〔立則見其參於前也, 在輿則見其倚於衡也.〕"라고 대답하였다. 《論語 衛靈公》이에 대해서 주희(朱熹)는 "그것이란 충신과 독경을 가리켜서 말한 것이다.〔其者, 指忠信篤敬而言.〕"라고 하고, 또 "충신과 독경에 대하여 잊지 말고 계속 생각하면서 어디에 있든 간에 항상 눈에 보이는 것처럼 해야 한다는 말이다.〔其於忠信篤敬, 念念不忘, 隨其所在, 常若有見.〕"라고 해설하였다.

**154** 공경하는……근심하겠습니까 : 【譯注】주 무왕(周武王)이 그의 사부(師傅)인 강태공(姜太公) 여상(呂尙)으로부터 "공경하는 마음이 태만해지는 마음을 이기면 길하고, 그 반대가 되면 멸망하게 되며, 대의가 욕심을 이기면 뜻대로 되고, 그 반대가 되면 흉하게 된다.〔敬勝怠者吉, 怠勝敬者滅, 義勝欲者從, 欲勝義者凶.〕"라는 등의 말을 듣고는, 두려워하는 마음으로 침석(寢席)의 사면을 비롯해서 궤(几)·감(鑑) 등 13군데에 명(銘)을 새겼다고 한다. 《荀子 議兵》

(純熟)에 이르기만 하면 바로 덕(德)으로 들어가게 될 터이니, 어찌 덕을 어지럽히는 것으로 귀결된다고 하겠습니까. 오직 힘쓰는 데에 달렸을 뿐이니 스스로의 처신하고 세상에 대응하는 방식을 안배하고 준의(準擬)하기를 기다리지 않고도, 저절로 모두 중도(中道)를 얻어서 한쪽으로 치우치는 지경에 떨어지지 않을 것입니다.

　정명도(程明道)는 "자제들의 온갖 취미는 모두 뜻을 잃게 만든다.〔子弟凡百玩好, 皆喪志.〕"[155]라고 하여 비록 글씨를 쓰는 일이라도 또한 좋아하려 하지 않았으니, 여러 가지 재예(才藝)에 관심을 두는 것이 옳지 않음을 알 수 있습니다. 그러나 '예(藝)에서 노닌다'[156]는 말은 성인의 가르침에서 나왔으니 또한 완전히 금할 것만은 아니고, 거기에 탐닉하고 집착하면 해가 되는 것을 염려할 뿐입니다. 주회암(朱晦菴)은 진부중(陳膚仲)[157]에게 집안일이 산적해 있는 것을 공부의 현장으로 삼으라[158]고 하였

---

**155**　자제들의……만든다 : 【譯注】 정명도(程明道)는 "자제들의 온갖 취미는 모두 뜻을 빼앗으니, 글씨와 편지에 이르러서는 학자의 일에 가장 가까우나 한결같이 이것을 좋아하면 또한 스스로 뜻을 잃는다.〔子弟凡百玩好, 皆奪志, 至於書札, 於儒者事最近, 然一向好著, 亦自喪志.〕"라고 하였다. 《程氏遺書》

**156**　예에서 노닌다 : 【譯注】《논어》〈술이(述而)〉에 "도에 뜻을 두고, 덕을 굳게 지키며, 인에 의지하고, 예의 세계에서 노닐어야 한다.〔志於道, 據於德, 依於仁, 游於藝.〕"라고 하였다.

**157**　진부중 : 【攷證 卷4 陳膚仲】 송나라 진공석(陳孔碩)으로, 자는 부중, 호는 북산(北山)이며, 후관(侯官) 사람이다. 효종(孝宗) 순희(淳熙) 연간에 진사(進士)가 되었고, 관직이 비각 수찬(秘閣修撰)에 이르렀다. 저서에 《용학강록(庸學講錄)》이 있다.

**158**　집안일이……삼으라 : 【譯注】 주희(朱熹)가 60세 때 진공석(陳孔碩)에게 답한 편지 가운데 "집안일이 산적하여 학문에 방해가 되는 것을 근심하고 있다는 편지를 받았으니, 이는 그야말로 어떻게 할 수 없는 일입니다. 그러나 이 또한 바로 공부를 하는 현장일 따름이니, 매사에 도리를 꿰뚫어 데면데면 지나치지 않게 하고, 다시 그 속에서 평소의 병통을 간파하여 통렬하게 잘라버리면 학문을 하는 방도가 무엇이 이보다 더하겠습니까.〔承以家務叢委妨于學問爲憂, 此固無可奈何者. 然亦只此便是用功實

고, 범백숭(范伯崇)[159]을 경계하여 "관청의 일이 번거로우나 틈나는 겨를에 잘 거두고 살피면 큰 근본을 세울 수 있다."[160]고 하였으니, 인사(人事)로 공부를 폐하는 것은 나쁘다고 할 수 없음을 알 수 있습니다. 진실로 능히 때에 따르고 일에 따라 공부를 그치지 않으면 인사가 비록 많더라도 공부하는 실제가 아닌 곳이 없을 것입니다.

독서는 참으로 돌이켜서 요약적으로 말할 수 있게 해야 하니,[161] 편지에서 운운한 말씀이 모두 이미 그것을 깨닫고는 있으되, 다만 그 말을 그대로 실천하기는 혹 쉽지 않을 듯합니다. "책은 모름지기 외워야 한다."는 말은 장자(張子)의 격언이므로[162] 전날에 내가 그대에게 말한 것이니, 아마도 또한 천하의 모든 책을 다 외우고자 함을 말하는 것은 아닐 터이요, 성현의 글 가운데 나의 공부에 절실한 것을 외우되 그 외우는 것이 또 오늘날 과거에 응시하려는 자가 입술이 썩고 이빨이 빠질 지경으로

---

地, 但每事看得道理, 不令容易放過, 更于其間, 見得平日病痛, 痛加剪除, 則爲學之道何以加此?〕"라고 하였다. 《朱子大全 卷49 答陳膚仲》

**159** 범백숭 : 【攷證 卷4 范伯崇】송나라 범염덕(范念德)으로, 자는 백숭이며, 건양(建陽) 사람이다. 주자(朱子)의 동서(同壻)이다. 주자가 일찍이 그의 학문이 크게 진전되었음을 칭찬하였고, 죽음에 임해서는 예서(禮書)를 수정(修整)하는 일을 부탁하였다.

**160** 관청의……있다 : 【譯注】송나라 주희(朱熹)의 《회암선생주문공문집(晦庵先生朱文公文集)》 권39 〈범백숭에게 답하다〔答范伯崇〕〉에 나오는 내용이다.

**161** 돌이켜서……하니 : 【譯注】《맹자》〈이루 하(離婁下)〉에 "널리 학습하면서 상세히 해설하는 목적은 장차 이를 돌이켜서 요약적으로 말할 수 있게 하기 위해서이다.〔博學而詳說之, 將以反說約也.〕"라고 하였다.

**162** 책은……격언이므로 : 【譯注】장자(張子)는 송나라 장재(張載, 1020~1077)로, 자는 자후(子厚), 호는 횡거(橫渠)이다. 그가 일찍이 "글은 모름지기 암송해야 하고, 정밀하게 생각함은 대부분 밤중이나 혹 조용히 앉았을 때 깨달음이 있는 것이다. 기억을 못하면 생각이 일어나지 않으니, 다만 큰 근원을 관통하고 난 뒤에 글도 쉽게 기억이 되는 것이다.〔書須成誦, 精思多在夜中或靜坐得之. 不記則思不起, 但通貫得大原後, 書亦易記.〕"라는 말을 하였다. 《近思錄 卷3》《張子全書 卷6 義理》

하는 것과는 같지 않습니다.

　한천정사(寒泉精舍)[163]의 양식은 어떠한지 상세히 알 수 없으나 선생[164]이 매양 분암(墳庵)[165]이라 일컬었으니 창주정사(滄洲精舍)가 오로지 도(道)를 강학하기 위해서 설립된 것과는 같지 않음이 분명합니다. 하물며 창주정사에서 석전(釋奠)의 예(禮)를 거행한 것[166]은 곧 선생이 만년에 도통(道統)의 전수(傳授)로 자임하지 않을 수 없었으므로 이 예를 거행하면서 망설이지 않았던 것이니, 만약 보통 사람이 흉내를 내고자 한다면 그는 크게 어리석은 사람 아니면 대단히 망령된 사람일 것입니다. 그가 날마다 선성(先聖)께 배알했던 것[167]은 비록 석전에 비할 바는 아니지만 또한 함부로 해서는 안 될 듯합니다. 내가 이곳에서 매양 이 일에 뜻을 두었으나 감히 하지 못하였으니, 이 일은 사람들과 더불어

---

**163**　한천정사 :【攷證 卷4 寒泉精舍】건양현(建陽縣) 숭태리(崇泰里)에 있다. 청나라 왕무횡(王懋竑)의《주자연보(朱子年譜)》에 "경인년(1170) 정월에 모친 축 유인(祝孺人)을 건양현(建陽縣) 뒷산 천호(天湖)의 남쪽에 장사 지내고 그곳을 한천오(寒泉塢)라고 명명했다."라고 하였다.

**164**　선생 :【譯注】여기서는 송나라 주회를 말한다.

**165**　분암 :【譯注】분묘(墳墓)를 수호하기 위한 집이라는 뜻이다.

**166**　창주정사에서……것 :【攷證 卷4 滄洲釋奠之禮】청나라 왕무횡(王懋竑)의《주자연보(朱子年譜)》에 "갑인년(1194), 창주정사(滄洲精舍)를 낙성하고 선사 공자(先師孔子)에게 석채례(釋菜禮)를 행하였으며, 안자(顔子)·증자(曾子)·자사(子思)·맹자를 배향하고, 주돈이(周敦頤)·정이(程頤)·소옹(邵雍)·장재(張載)·사마광(司馬光)·이통(李侗)을 종사(從祀)하였다."라고 하였다. ○ 살펴보건대, 원나라 진호(陳澔)의《예기집설(禮記集說)》에 "석전(釋奠)은 다만 제사 지내는 물건을 갖다 놓을 뿐이요, 시동(尸童)이 없고 수작(酬酢)하는 등의 일이 없으니, 그 예(禮)를 행함을 주장하고 공로(功勞)에 보답함이 아니기 때문이다."라고 하였다.【校解】창주정사는 주회가 건양(建陽)의 고정(考亭)에 서당을 세우고 강학하던 죽림정사(竹林精舍)를 고쳐 부른 이름이다.

**167**　날마다……배알했던 것 :【攷證 卷4 日拜先聖】《주자행장(朱子行狀)》에 "날이 밝기 전에 일어나 심의(深衣)와 복건(幅巾)과 방리(方履)의 차림으로 가묘(家廟)에 배알하고 선성(先聖)에게까지 미쳤다."라고 하였다.

이야기하기가 쉽지 않은 것입니다.

늙은이가 여러 가지 질환이 있어 눈은 어둡고 정신은 혼미하여 문자 사이에 번잡한 것을 견디지 못합니다. 심부름 온 사람을 오래 머물러 두기 어려운지라, 보내오신 편지의 허다한 내용에 대해 스스로 힘을 내서 하루 밤낮 사이에 답장을 쓰고 보니, 말에 비속하고 소략한 것이 많고 글자는 모두 거칠기만 합니다. 미루어 살펴주신다면 매우 다행이겠습니다.

# 별지

別紙

편지 가운데 내 뜻에 미진한 점이 있기로 다시 여기에 대략 적습니다. '소탄(疎誕)' 두 글자는 무슨 까닭으로 그대에게 돌려보냈는지 몰라서, 처음에는 매우 괴이하게 여겼습니다. 그런데 보내준 편지의 내용을 자세히 살펴보니 비록 실제로 '소탄'이라 이를 수는 없으나 비슷한 것은 없지 않은 듯합니다. 아마도 해롭지 않다고 여겨 바로잡을 방도를 생각지 않는다면 마땅하지 않을 것입니다.

대저 지난번에 그대를 보았을 때 지기(志氣)가 자못 많은 데다 격앙(激昂)하고 의기양양하니,[168] 격앙하고 의기양양한 것은 참으로 활기가 없고〔委靡〕 무너지는〔頹塌〕 것보다야 낫겠지요. 그러나 진실로 이를 믿고 자부하여 나만한 사람은 아무도 없다고 한다면, 필시 뽐내고 제멋대로 행동하게 되어서 궤도를 따르지 않고 거드름을 피우며 세상을 가볍게 여길 것입니다. 그렇게 세상을 살아간다면 끝없는 병통과 근심거리가 있게 될 것인데, 오히려 스스로 반성할 줄 모르고, 또 겸손한 마음으로 머리를 숙여 긴절하고 돈독하게 이 학문에 노력을 더하려 하지 않는다면 한쪽으로 치우친 폐습을 변화시킬 수 없을 것입니다. 이는 '소탄' 두 글자가 평소에 좋지 못한 빌미가 되었는데 왜 그러한지 알지 못하는 까닭입니다. 이 때문에 옛날의 군자들은 격앙하고 의기양양한 것을 귀히 여기지 않았으니, 이러한 지기를 갖고 있으나 의리의 학문에 공력을 쌓아 혈기

---

**168** 의기양양하니 : 【攷證 卷4 軒輊】 앞에 있으면 사람으로 하여금 낮게 할 수 없고, 뒤에 있으면 사람으로 하여금 높게 할 수 없다. 《後漢書 卷24 馬援列傳》

의 치우친 폐습을 녹여냈던 것이 숭상할 만한 태도일 뿐입니다. 모르겠습니다만, 능히 유의하고 있는지요? 허튼소리를 두서없이 하고 있자니 매우 송구합니다.

보내온 지초(紙綃)의 공첩(空帖)은 일일이 써서 돌려보내려 했지만, 지난번에 과연 나의 졸렬함을 생각지 못하여 더러 무익한 기량을 부리기도 했으니, 이젠 늙음과 병이 심한지라 요구하는 사람이 너무나 번거롭게 하니 늙은 몸을 편안하게 하는 도리가 전혀 아닙니다. 상자에 가득하고 시렁에 넘치니 모두 그냥 돌려보내야 할 형편입니다. 그대의 부탁 또한 말씀하신 대로는 다 할 수 없을 듯하니, 어찌하면 좋겠습니까? 또 천리나 먼 길에 편지를 부치려면 인편에 부탁하여 전할 수도 있을 것인데, 마침내 이처럼 전팽(專伻)[169]이 멀리서 옴에 힘들게 수고만 하고 빈손으로 돌아가니 또한 공연스레 일만 번거롭게 해드린 것 같아 마음이 편치 않습니다.

주자서(朱子書)는 읽어보았습니까? 학문을 하고자 한다면 이보다 긴절한 것은 없을 것입니다.

---

**169** 전팽 : 【譯注】 서찰이나 물건을 전하기 위해 전적으로 보내는 심부름꾼을 뜻하는 말로, 전족(專足)·전인(專人) 혹은 전인(耑人)·전팽(耑伻)이라고도 한다.

# 이자수[170] 희 에게 보내다 병인년(1566, 명종21, 66세)【예안(禮安)】

與李子修 憙○丙寅

한 달 동안 곁에 머물면서 겨우 잠깐 동안만 정담을 나누었으니 부끄럽고 유감스러운 나머지 다만 창망(悵惘)함을 느낄 뿐이었는데, 편지를 보내 안부를 물어주심에 또 매우 감사한 마음을 이기지 못하겠습니다.

나의 병은 공(公)이 떠난 이후부터 오히려 오랫동안 낫질 않으니 참으로 괴로웠습니다. 여러 가지 방법으로 치료하여 근래에는 비로소 차도가 있으나, 아직도 여독(餘毒)이 풀리지 않아 대문 밖을 나가지 못하고 있습니다.

보내온 글에서 운운한 것은, 아픈 이 사람은 스스로 공력(功力)이 없으니 어찌 사람을 감동시킬 수 있겠습니까. 오직 뜻이 있어 노력하는 자만이 또한 이와 같이 할 수 있을 따름입니다.[171] 보내주신 율무〔薏苡〕는 매우 감사합니다. 베개에 엎드려 초초히 답장을 씁니다. 불구(不具).

---

**170** 이자수 :【譯注】이희(李憙, 1532~1592)로, 본관은 연안(延安), 자는 자수(子修), 호는 율리(栗里)이다.

**171** 오직……따름입니다 :【譯注】이황 자신은 능력이 없으니 그대가 뜻을 두고 노력하면 된다는 말이다. 안연(顔淵)이 "순 임금은 어떤 사람이며 나는 어떤 사람인가? 순 임금이 되려고 노력하는 자는 또한 순 임금같이 될 것이다.〔舜何人也, 予何人也? 有爲者亦若是.〕"라고 하였다. 《孟子 滕文公上》

# 이자수[172] 희 에게 보내다 무진년(1568, 선조1, 68세)【1월 추정. 예안(禮安)】

與李子修 憙○戊辰

헤어진 후로 세월은 쏜살같이 흘렀는데 문득 서찰을 받으니 오래 그리워하는 마음에 무척 위안이 됩니다.

나 같은 사람은 세상의 우환에 몰림을 괴롭게 받으니, 연전에 낭패를 본 일[173]은 그대도 직접 들은 바일 것입니다. 이로 말미암아 허물과 비난이 천지간에 가득 차서 바야흐로 적벌(謫罰)을 기다리고 있는 즈음에, 도리어 은혜로운 소명(召命)을 거듭 받고 탁월하게 특별한 대우를 받게 되니 황공하여 몸 둘 바를 모르겠습니다. 자고로 하늘을 속이고 세상을 속이는 데 있어 저 같은 사람이 또 있겠습니까. 그러나 내가 스스로 취한 것 아닌 것이 없으니 어디에다 허물을 돌리겠습니까. 밤낮으로 근심하고 두려워하여 병이 몸을 감고 있으니 어찌하겠습니까.

학문에 진전이 없음은 걱정되는 것이 본래 그러하지만, 나에게 있어서는 더욱 심하니 어떻게 공(公)을 위해 도움을 주겠습니까. 매양 생각건대 왕년에 시냇가 집에서 추위를 참으며 날마다 서로 이웃해 지내면서도

---

**172** 이자수 :【攷證 卷4 李子修】이희(李憙, 1532~1592)로, 본관은 연안(延安), 자는 자수(子修), 호는 율리(栗里)이다. 예천(醴泉)에서 살았다. 명나라 세종(世宗) 가정(嘉靖) 임진년(1532, 중종27)에 태어났다. 퇴계 선생의 문하에서 공부하였다. 과거에 급제하여 관직이 군수(郡守)에 이르렀다. 지절(志節)이 굳세었다. 임진왜란 때 행재소에 왔는데, 왜적을 만나 굴복하지 않고 죽었다.

**173** 연전에 낭패를 본 일 :【譯注】이황은 66세(1566, 명종21) 1월에 소명(召命)으로 영천(榮川)까지 갔다가 병으로 사직하고 풍기(豐基)에서 대명한 적이 있었으며, 67세 8월에는 병으로 예조 판서를 사직하고 고향으로 돌아왔다.

병으로 미처 오순도순 이야기해 보지 못했으니, 지금까지도 그때를 저버린 것이 부끄럽습니다.

안도(安道)[174]에게 맡기신 공첩(空帖)은, 병을 무릅쓰고 글씨를 써 놓았으나 부치려 해도 인편이 없었는데 이제야 심부름 온 사람에게 부쳐 보내니, 왕년에 저버린 부끄러움을 사과하는 뜻입니다. 부디 남에게는 보이지 말 것이니, 또한 이로 인해 허물을 초래하고 불러들일까 저어하여서입니다.

윤 선정(尹先正)[175]의 이학(理學)의 연원(淵源)은 고증할 곳이 없음이 한스러운 일이나 점필재(佔畢齋)[176]와 사가정(四佳亭)[177] 및 《동국여지승람(東國輿地勝覽)》 등의 여러 책에서 찬양한 바가 이와 같으니, 그분은 세상 사람들과는 남다른 취할 점이 분명히 있을 것입니다. 그렇기 때문에 위 천사(魏天使)[178]가 심학(心學)을 물은 데 대하여 답한 말 가운

---

**174** 안도 : 【譯注】 이안도(李安道, 1541~1584)로, 본관은 진성(眞城), 자는 봉원(逢原), 호는 몽재(蒙齋)이다. 이황(李滉)의 장손이다.

**175** 윤 선정 : 【譯注】 윤상(尹祥, 1373~1455)으로, 본관은 예천(醴泉), 자는 실부(實夫), 호는 별동(別洞)이다. 【攷證 卷4 尹先正】 곧 별동이다.

**176** 점필재 : 【譯注】 김종직(金宗直, 1431~1492)으로, 본관은 선산(善山), 자는 효관(孝盥)·계온(季昷), 호는 점필재, 시호는 문충(文忠)이다.

**177** 사가정 : 【攷證 卷4 四佳】 서거정(徐居正, 1420~1488)으로, 본관은 대구(大丘), 자는 강중(剛中)·자원(子元), 호는 사가정, 시호는 문충(文忠)이다. 명나라 성조(成祖) 영락(永樂) 경자년(1420, 세종2)에 태어났다. 네 번 현량과(賢良科)에 올라 다섯 조정을 두루 섬겼으며, 육조(六曹)의 판서를 모두 지냈다. 재차 사헌부의 장이 되었고, 다섯 번 황비(黃扉)에 들어갔으며, 45년간 경연(經筵)에 입시(入侍)하였다. 문형(文衡)을 23년 동안 맡았고, 23차례 과거에서 선비들을 뽑았다. 관직이 좌찬성(左贊成)에 이르렀고, 달성군(達城君)에 봉해졌다. 【校解】 '황비'는 정승을 뜻한다. 옛날 승상이나 삼공(三公) 등 고관(高官)의 집 문에 황색 칠을 한 데서 유래하였다.

**178** 위 천사 : 【譯注】 명나라 위시량(魏時亮, 1529~1591)으로, 1567년 목종(穆宗)이 등극하였을 때 병과 급사중(兵科給事中)으로서 한림 검토(翰林檢討) 허국(許國)과 함

데 또한 윤공(尹公)의 이름을 거론했던 것입니다. 사람들은 더러 의심도 했지만 내 생각에 그분이 이렇듯 남다른 점이 있다면 서원(書院)에 모시는 것이 어찌 불가하겠습니까. 너무 마음이 어수선해서 초초히 쓰느라 격식을 다 갖추지 못합니다.

께 반조(頒詔)의 사명을 띠고 조선에 왔다.

# 이자수에게 답하다 【무진년(1568, 선조1, 68세) 5월 하순 추정. 예안(禮安)】

答李子修

안부를 묻는 편지를 보내주심에 체후가 매우 복되심을 알게 되니, 기쁘고 위로가 됩니다.

나는 요사이 이직(貳職)에서 체직시켜 장차 본품(本品)으로 강수(降授)하라는 명을 받았으니,[179] 성상께서 돌아봐 주시는 뜻이 매우 성대하므로 이 때문에 부득이하게 서울로 갈 계획을 세웠습니다. 그런데 마침 무더위를 만나 병이 심해져 골골한 터라 여러모로 염려가 됩니다. 게다가 강수하지 않고 그대로 준직(准職)을 제수한다는 소식을 들으니, 그렇게 되면 나의 소원을 들어주셔서 감사하는 마음에 아무런 유익이 없고, 벼슬에 나아가고 물러나는 즈음에 처신하기 더욱 어려운 점이 있게 될 것이니 어찌하면 좋겠습니까.

주자서(朱子書)를 얻은 것은 매우 잘된 일이지만, 나의 상황이 이와 같으니 비록 서울로 가지 않는다 해도 그대가 어찌 와서 함께 교제할 수 있겠습니까. 다만 마땅히 즐겨 읽고 깊이 생각한다면 깨닫지 못할 이치가 없을 것이니, 부지런히 힘쓴다면 매우 다행이겠습니다. 삼가 절하고 답장합니다.

---

**179** 이직에서……받았으니 : 【譯注】 이해 5월 16일, 의정부 좌찬성에서 체직시켜 판중추부사 겸 지경연춘추관사에 임명하고 부른 선조(宣祖)의 명이 있었다.

# 이자수에게 답하다 【기사년(1569, 선조2, 69세) 1월 추정. 서울】

答李子修

지난해의 편지에 지금 비로소 답장하니, 병중이라 인사를 챙기지 못한 까닭입니다. 생각건대 이제 새해를 맞아 여러모로 잘 지내시겠지요.

주자서(朱子書)를 한 번 다 읽었다고 하니 매우 좋습니다. 이와 같다면 필시 흔연히 마음에 꼭 맞는 곳이 있을 터인데, 무슨 이유로 아직도 갈팡질팡하며 바람을 사로잡고 그림자를 묶어 둔 것[180]처럼 말하는 것입니까? 그러나 사람의 병통은 자기가 터득함이 없다는 것을 모르는 것이라, 이 때문에 종신토록 터득하는 바가 없는 것입니다. 그대는 능히 스스로 아는 것이 이와 같으니, 반드시 분발하고 힘을 써서 자득함을 기약하여, 미적대며 일생을 허비하지 않을 수 있을 것입니다.

나는 마음과 일이 어긋나서, 땅을 굽어보고 하늘을 우러러보며 부끄러워하고 한스럽게 여기니, 장차 사퇴하고 떠날 생각입니다. 삼가 답장합니다.

---

**180** 바람을……둔 것 : 【譯注】 원문의 '포풍계영(捕風繫影)'은 '포풍착영(捕風捉影)'이라고도 하는데, 매우 근거가 없어 허황된 말을 뜻한다. 정호(程顥)가 왕안석(王安石)에 대하여 "참정(參政 왕안석)의 학문은 마치 바람을 잡고 그림자를 잡는 것과 같다.〔參政之學, 如捕風捉影.〕"라고 하였다.

# 이자수에게 답하다 【기사년(1569, 선조2, 69세) 11월 11~19일 추정. 예안(禮安)】
答李子修

그리운 마음이 지극하던 터에 문득 보내주신 편지를 받고 반궁(泮宮)에서 강독(講讀)하면서 신상(神相)이 맑고 여유롭다는 것을 알게 되었습니다. 게으르고 못난 내 손자가 이택(麗澤)[181]의 도움을 받게 되니, 깊이 위로되고 다행함을 표현할 길이 없습니다.

나는 병과 서로 버티면서 또 나이까지 한 살 더 먹으려 하니, 다른 것은 말할 만한 게 없습니다. 손자가 급보(急報)할 일이 있었는데, 귀댁의 창두(蒼頭) 덕분에 소식을 전하였으니 감사합니다.

마침 이곳에 온 객을 만나서 초초히 쓰느라 격식을 다 갖추지 못합니다. 조량(照諒)해 주시기 바랍니다. 삼가 답장합니다.

손자의 편지에 대해 마땅히 이참에 답장을 해야 하지만 지금 답장을 부치지 못하니, 부디 그것을 알려 주십시오.

---

**181** 이택 : 【譯注】 붕우(朋友)가 함께 학문을 강습하여 서로 이익을 줌을 뜻한다. 《주역(周易)》〈태괘(兌卦) 상(象)〉에 "두 못이 연결되어 있는 형상이 태(兌)이니, 군자가 이를 본받아 붕우 간에 강습한다."라는 말에서 유래하였다.

# 김문경[182] 기보 에게 답하다 【경신년(1560, 명종15, 60세) 가을 추정. 예안(禮安)】

答金文卿 箕報

병중에 편지를 받고 잘 돌아가신 줄을 알게 되니 매우 위안이 됩니다. 지난번에 그대가 다시 관동(關東) 지방에 간다는 말을 듣고, 옛사람이 말한 "득의한 곳에는 두 번 다시 가지 말라.〔得意之處, 勿再往..〕"는 경계를 어기는 것이라 여겼습니다. 지금 보내온 시를 봄에 소득이 이와 같으니, 헛걸음은 아닌지라 깊이 축하를 드립니다.

〈적구[183]관우(狄丘關雨)〉[184] 같은 고풍(古風)은 풍자하는 뜻이 심원하니, 가령 이 시대의 목민관이 이를 본다면 척연(惕然)히 부끄럽고 두려운 마음이 없을 수 있겠습니까. 경포(鏡浦) 장편[185]은 사어(辭語)가 청아하

---

**182** 김문경 :【譯注】김기보(金箕報, 1531~1588)로, 본관은 안동(安東), 자는 문경(文卿), 호는 창균(蒼筠) 또는 금산(金山)이다.

**183** 적구 :【攷證 卷4 狄丘】서울 근처 지역에 있는 듯하다. 《창균집(蒼筠集)》에 관동에서 집으로 돌아오면서 적구에 이르러 회포를 쓴 작품이 있다.

**184** 적구관우 :【譯注】김기보의 《창균유고(蒼筠遺稿)》에는 시의 제목이 〈초가을 초하룻날 관동에서 집으로 돌아오다가 적구에 이르러 비를 만나 삼일 동안 머물며 회포를 쓰다〔初秋初吉自關東還家到狄丘逢雨留三日書懷〕〉로 되어 있다. 모두 90구 630자로 이루어진 칠언 장편 고시이다. 제하주에 이황의 본 편지 내용이 기재되어 있다.

**185** 경포 장편 :【譯注】김기보의 《창균유고》에 수록된 〈경포대 시에 차운하다〔次鏡浦臺韻〕〉 시는 다음과 같다. "물결 잠잠한 동경에 대광주리 무늬가 희미한데, 대나무 섬과 꽃 언덕이 사방을 에워쌌네. 해 저무는 삼신산에 철적 소리 들리니, 표연히 이 몸은 바람 타고 나는 듯하여라.〔波恬銅鏡簞紋微, 竹島花岡面面圍. 日暮三山吹鐵邃, 飄然身世御風飛.〕" 이 시의 제하주에 이황의 본 편지 내용이 있고, 아울러 "이 시는 장편이 아니니, 혹 유실되어서 다 기록하지 못한 것인가?〔此非長篇, 或遺失不盡錄歟?〕"라는 설명이 부기되어 있다.

고 높아서 몇 번이나 다시 읊고 음미함에 마치 내 몸이 강문교(江門橋)[186] 위에 있으면서 자리 아래에서 서늘한 기운이 생겨나는 듯하니 자못 외롭고 울적한 마음에 위로가 됩니다. 매우 다행한 일입니다. 천부(天賦)의 자질이 이렇게 고명한데, 전혀 용기 있게 떨쳐 일어나지 못하고 기꺼이 하류들과 무리를 지어서 구차하게 세월을 보내고 있으니, 그대를 위해 매우 애석하게 여깁니다. 훗날 벼슬길에 낭패를 당하게 된다면 응당 내 말이 생각날 것이니, 지금 세세한 말은 쓰지 않겠습니다.

《또 근행(覲行)을 간다고 들었는데, 병중이라 전별하지 못하니 몹시 미안합니다. 가을바람 부는 대관령에 잘 다녀오십시오.》

---

**186** 강문교 : 【攷證 卷4 江門橋】 강릉 경포(鏡浦)의 입구에 있다.

# 김문경 기보 에게 보내다 【임술년(1562, 명종17, 62세) 9월 추정. 예안(禮安)】

與金文卿 箕報

《근자에 이곳으로 오는 인편이 없으니, 잘 모르겠지만 애리(哀履)[187]가 어떠하신지요. 멀리서 몹시 그리워하고 있습니다. 병들고 졸렬한 나는 예전 그대로입니다.》

여기 도산(陶山)에서의 내 기(記 〈도산기(陶山記)〉)는 무료한 중에 써서 상자 속에 보관해 두어, 비록 나의 자제(子弟)라 할지라도 또한 꺼내 보는 것을 허락하지 않았는데, 그대를 몹시 아끼는 마음에 그것을 꺼내서 보여준 것이니, 그대가 사림(士林)에 전파하리라고 어찌 생각이나 했겠습니까. 요사이 정랑(正郎) 이담(李湛)[188] 씨가 편지를 보내서, 기문(記文) 속의 오자를 질문해왔는데 경탄을 금치 못했습니다. 그대가 처음에 임당(林塘)[189]의 집에 퍼뜨려서 결국은 사람마다 그것을 아는 지경에 이르렀음을 알겠더군요. 그것을 보는 자는 그저 비웃을 뿐만 아니라 또한 반드시 성내는 자도 있을 것이니, 더욱 부끄러움과 두려움을 이기지 못하겠습니다. 게다가 전하여 베껴 쓰는 와중에 필시 잘못된 글자가 있는 것을 면치 못하여 문리(文理)가 되지 않았을 터인데, 그대는 어찌하여 남의 잘못된 점을 가려주지 않고 도리어 그것을 퍼뜨렸단 말입니까? 모름지기 속히 원본을 찾아내서 즉시 병정(丙丁)[190]으로 부쳐 시끄러운 비

---

187 애리 : 【譯注】 서간문에서 상대방이 상주일 때 쓰는 존칭어이다.

188 이담 : 【譯注】 1510~1574. 본관은 용인(龍仁), 자는 중구(重久), 호는 정존재(靜存齋)이다.

189 임당 : 【譯注】 정유길(鄭惟吉, 1515~1588)로, 본관은 동래(東萊), 자는 길원(吉元), 호는 임당이다.

난을 면하게 해야 할 것이니, 그렇게 된다면 매우 다행이겠습니다.

《벽오(碧梧)[191] 및 여러 어르신은 모두 건강하십니다. 그저 효리(孝履)가 만길(萬吉)하시기를 빕니다.》

---

**190** 병정 : 【譯注】남쪽을 말한다. 십간(十干)을 오방(五方)에 배합할 때에 갑을(甲乙)은 동방(東方), 병정(丙丁)은 남방(南方), 무기(戊己)는 중앙(中央), 경신(庚辛)은 서방(西方), 임계(壬癸)는 북방(北方)에 배치한다.

**191** 벽오 : 【譯注】이문량(李文樑, 1498~1581)으로, 자는 대성(大成), 호는 벽오 또는 녹균(綠筠)이다.

# 김문경에게 답하다 【임술년(1562, 명종17, 62세) 9월~무진년(1568, 명종23, 68세) 2월 추정. 예안(禮安)】

答金文卿

편지를 받고서 외롭고 적적한 마음에 깊이 위로가 되니, 얼마나 다행스러운 일입니까. 참외만 한 대추를 또 보내주시니 매우 감사합니다. 만약 오강(吳剛)이 나무를 찍어내고 동방삭(東方朔)이 도둑질을 하지 않았다면[192] 어떻게 인간 세상에서 이런 선과(仙果)를 그릇에 한가득 얻을 수 있겠습니까.

그대의 원통하고 답답한 마음을 시원하게 쏟아낼 수 있으니, 그날 다투었던 여러 군자들에게 마땅히 이러한 마음을 자세히 전할 생각입니다. 껄껄 웃습니다.

---

192 오강이⋯⋯않았다면 : 【譯注】 오강은 전설상의 선인(仙人)으로, 일찍이 선도(仙道)를 배우다가 잘못을 하여 달 속으로 귀양 가서 항상 계수나무만 찍고 있다고 전한다. 또 한나라 동방삭(東方朔)은 선계(仙界)에 가서 서왕모(西王母)가 심은 반도(蟠桃)의 열매를 훔쳐 먹었다고 한다. 여기서는 대추를 선과(仙果)에 비유하기 위해 이러한 고사를 차용한 것이다.

# 김문경에게 답하다 【무진년(1568, 선조1, 68세) 3월 10일 추정. 예안(禮安)】
答金文卿

편지를 받고서 중국에 사행가게 된 것을 알았으니, 탄복하고 탄복합니다. 상공(相公)께는 사리에 밝은 자제가 없으니, 그대가 모시고 가는 것은 아주 잘 된 일입니다.

늙고 졸렬한 이 몸은 홀로 산촌을 지키고 있으면서 고루(孤陋)함이 날로 심해지거늘, 그대가 또 멀리 가게 되어 그 높은 의론과 뛰어난 말을 오랫동안 듣지 못할 것이니, 이것이 탄식하고 탄식할 일입니다. 중국에서 돌아오고 나면 흥회와 안목이 반드시 넓어져서 이미 지난날의 아몽(阿蒙)이 아닐 것이니,[193] 비단주머니에 거두어온 시고(詩稿)를 아끼지 말고 열어 보여주어서 나의 어리석음을 깨우쳐주기를 바라고 바랍니다.

어제 서울에서 편지가 왔는데, 준(寯)이 교외에서 호종(扈從)을 하다가 말이 달아나서 안장까지 함께 잃어버린 사실을 알았습니다. 말은 신섭(申暹)[194]의 말이라, 아무리 새옹(塞翁)이 말을 잃었던 상황으로 치부한다 해도 모두 객지생활 중이니 그 곤액이 작지 않습니다. 너무 우습고도 탄식이 나옵니다.

가까운 시일에 반드시 벽오(碧梧)[195]에게 와서 작별할 것이니, 그때

---

**193** 이미……것이니 : 【譯注】 삼국 시대 오(吳)나라 여몽(呂蒙)이 군무(軍務)에만 종사하다 손권(孫權)의 권유로 열심히 독서하여 노사숙유(老士宿儒)보다 나을 정도의 학식을 쌓았다. 노숙(魯肅)이 도독(都督)으로 와서 여몽과 담론해 보고는 "이미 예전의 오나라의 아몽이 아니구려.〔非復吳下阿蒙〕"라고 하였다. 《三國志 卷54 吳書 呂蒙傳注》

**194** 신섭 : 【譯注】 1539~1594. 본관은 평산(平山), 자는 예중(詣仲), 호는 북헌(北軒)이다.

술잔을 잡고 이별의 회포를 풀 수 있겠지요. 지금은 일일이 다 쓰지 못합
니다.

# 김문경에게 답하다 【경오년(1570, 선조3, 70세) 9월 추정. 예안(禮安)】

答金文卿

가을장마가 개이고서 비로소 도산(陶山)으로 나왔는데, 새로 만든 연못의 계단이 거센 장맛비에 모두 부서지고 정우(淨友)[196]도 역시 물살에 휩쓸려 가라앉아 버렸습니다. "백인(伯仁)이 나 때문에 죽은 것"[197]이라, 그 쓸쓸한 모습을 슬퍼서 차마 말할 수 없습니다. 한탄스럽습니다. 또 너무나 괴이한 일이 있으니, 계단 앞에 심었던 것은 모두 노란 국화〔江城黃〕였는데 지금 꽃이 핀 것을 보니 반은 정홍(顏紅)입니다. 이것은 무슨 이치입니까? 그대는 서울에서 나고 자라서 견문이 분명 많을 것이니, 또한 일찍이 이런 일을 본 적이 있습니까? 만일 중대한 일이 없거든 고맙게도 한 번 찾아오는 수고를 아끼지 말아서 나의 의혹을 풀어준다면 매우 다행이겠습니다.

---

**196** 정우 : 【譯注】 연꽃을 가리킨다. '정우당(淨友塘)'은 도산서당 앞의 네모난 연못으로, 이황이 연꽃을 심어 깨끗한 친구로 벗하고자 하는 뜻을 담아 정우당이라 하였다.

**197** 백인이……죽은 것 : 【譯注】 간접적으로 살인한 것을 말하는데, 여기서는 자신의 불찰로 연꽃이 모두 물에 잠긴 것을 뜻한다. 동진(東晉) 원제(元帝) 때 외척(外戚) 왕돈(王敦)이 반역을 꾀하자, 왕돈의 종제인 왕도(王導)가 종족(宗族)을 인솔하고 대각(臺閣)에 나와서 대죄(待罪)하였는데, 주의(周顗)가 왕도의 충성을 들어 극력 구원하였고, 또 상소하여 왕도의 무죄를 밝혔으나, 왕도는 그 사실을 모르고 있었다. 마침내 왕돈이 석두성(石頭城)에 웅거하고서 왕도에게 주의의 인망(人望)에 대해 물었을 적에 왕도가 아무런 대답을 하지 않자, 드디어 주의를 죽였다. 후에 왕도가 자신의 목숨을 구해 준 주의의 상소를 보고는 "내가 백인을 죽이지 않았지만 백인이 나로 말미암아서 죽었다.〔我雖不殺伯仁, 伯仁由我而死.〕"라고 하였다. 백인은 주의의 자이다. 《晉書 周顗列傳》

# 김형언[198] 태정 의 문목에 답하다 기사년(1569, 선조2, 69세) 【윤6월 27일. 예안(禮安)】

答金亨彦 泰廷 問目 己巳

오늘날 사람들은 여묘(廬墓)가 습속을 이루어서 장례를 치르고 반혼(返魂)[199]하지 않습니다. 그러므로 졸곡(卒哭)[200] 다음날에야 부(祔)[201]를 하여 대체로 예문(禮文)대로 하지 못하고 심지어 대상(大祥)을 마치고 반혼(返魂)을 한 뒤에까지 연기하는 것은 정자(程子)의 "상(喪)에는 모름지기 삼 년을 기다려서 부(祔)한다."라는 설과 명목은 같지만 실제로는 큰 차이가 있습니다. -그 잘못은 삼년 만에 '부'한다는 데 있는 것이 아니요, 장례 후에 반혼을 하지 않는다는 그 사실에 있습니다.- 오늘날 상례를 신중히 하는 집에서 만약 능히 고례(古禮)에 의거하여 반혼한다면 일이 모두 순리에 맞는 것이지만 이미 그렇게 하지 못하여 대상 후에 부(祔)하니, 날을 받지 말고 응당 반혼하여 집에 이른 날에 거행해야 할 것입니다. -편지에서 담제(禫祭)[202]를 지낸 날에 부해야 한다고 의심한 것은 잘못이요, 또 시제일(時祭日)에 부해야

---

**198** 김형언 : 【攷證 卷4 金亨彦】 김태정(金泰廷, 1541~1588)으로, 본관은 광주(光州), 자는 형언(亨彦)이다. 서울에서 살았으며 퇴계의 문하에서 수학했다. 알성과(謁聖科)에 급제하였고, 관직은 전라도 관찰사(全羅道觀察使)를 지냈다. ○ 살펴보건대, 이 편지의 마지막 조목은 《정본 퇴계전서》 권5의 〈노이재에게 답하다[答盧伊齋]〉(SNL0076A)라는 편지와 참조해서 보아야 한다.

**199** 반혼 : 【譯注】 신주를 모시고 사당으로 돌아오는 것을 말한다.

**200** 졸곡 : 【譯注】 삼우제(三虞祭)를 지낸 뒤 석 달 만에 정일(丁日)이나 해일(亥日)을 택해 지내는 제사이다.

**201** 부 : 【譯注】 신주를 사당에 모시는 것을 말한다.

**202** 담제 : 【譯注】 3년의 상기(喪期)가 끝난 뒤 상주가 평상으로 되돌아감을 고하는

한다고 의심한 것도 잘못입니다. ○《오례의(五禮儀)》를 살펴보건대, 대상의 제사는 영좌(靈座)[203]에서 행하고, 마치면 곧 사당에 나아가 부제(祔祭)를 행하는 것입니다.-

당(堂)은 같고 실(室)은 다른데 여러 신주(神主)를 모두 옮기면서 홀로 할아버지 한 신위만 부(祔)하는 것은 주자(朱子) 또한 별 의미는 없으나 그래도 예를 사랑하여 존양(存羊)의 뜻으로 그것을 남겨두어야 한다고 여겼으니[204] 지금도 마땅히 따라야 할 것입니다. 다만《가례(家禮)》에는 부제(祔祭)가 졸곡(卒哭) 뒤에 있으니 천묘(遷廟)[205]는 오히려 더 지나서 해도 괜찮을 것입니다. 지금은 대상 뒤에 있으니 바로 여러 신위를 체천하는 날에 해당합니다. 그런데 다른 신위에까지 미치지 않는 것은 더욱 합당하지 않습니다. -《오례의(五禮儀)》에 증조할아버지와 증조할머니 이하는 합제(合祭)한다 하였으니 아마도 응당 이와 같이 해야 할 것입니다.-

제주(題主)에 체천을 고하는 것은 대상 하루 전에 행하는 것[206]이 예입니다. 만약 묘가 멀어서 하루에 오고 가고 할 수가 없고, 또 상주가 시묘

---

제례의식이다. 일반적으로 부모상일 경우 대상(大祥) 후 3개월째, 즉 상 후 27개월이 되는 달의 정일(丁日) 또는 해일(亥日)에 지낸다.

**203** 영좌 : 【譯注】 영위(靈位)를 모셔 놓은 자리이다.

**204** 주자……여겼으니 : 【譯注】 '존양(存羊)'은 구례(舊例)를 버리지 않고 그대로 두는 일을 뜻한다. 노 문공(魯文公)이 종묘에 삭일(朔日)을 고유(告由)하는 제사에 참석하지 않으므로, 자공(子貢)이 그 제사에 소용되는 양(羊)마저 없애려 하니, 공자가 "사(賜)야, 너는 그 양을 아끼느냐? 나는 그 예를 아끼노라."라고 하였다. 제물에 양이라도 있으면 그런 예가 있었다는 것을 알지만, 양마저 없애면 그 예는 드디어 없어지게 되는 까닭이다.《論語 八佾》【攷證 卷4 朱子亦以爲云云】 주자의 〈섭미도에게 답하다(答葉味道)〉 편지에 보인다.

**205** 천묘 : 【譯注】 제사 지내는 대수(代數)가 다한 신주(神主)를 다른 곳으로 옮기는 것을 말한다.

**206** 제주에……행하는 것 : 【攷證 卷4 告遷題主大祥前日行之】 살펴보건대, 대상(大祥) 전날 술과 과일을 가지고 체천을 고하는 것은《개원례(開元禮)》에서 나왔고《서의(書儀)》에서 그대로 따랐는데,《가례(家禮)》에서 미처 고치지 못하였다.

를 하고 있는데 다른 사람에게 대신 시킬 수 없으면, 기한 며칠 전에 와서 제주에 고하고 돌아가 상제(祥祭)에 미쳐서 다시 오는 것은 형세상 부득이한 경우이니 어떻게 생각하십니까? 편지에 말씀한 대로 반혼(返魂)한 다음날 행하는 것도 안 될 것은 없겠지만, 다만 예문(禮文)에 의거하여 기일 전에 행하려 하기 때문입니다.

이상의 몇 단락에서 대상 후에 부(祔)를 옮기는 문제를 논하였는데 《가례》의 본문과 구씨(丘氏)의 《가례》[207]및 《오례의》의 사대부 부례(祔禮)에 의거하여 참작해서 말한 것입니다. 그 절문(節文)은 《오례의》에 상세히 나와 있으니 이는 지금 우리나라의 제도이므로 상고하여 행하는 것이 좋겠습니다.

만약 주자가 학자에게 보낸 편지[208]에서 운운한 설을 따라서 협제(祫祭)[209]를 기다려 천묘(遷廟)의 예를 행하고자 하면, 대상 전에 체천을 고하고 제주(題主)를 바꾸는 등의 예를 모두 우선 반혼일(返魂日)까지 미뤄

---

**207** 구씨의 가례 : 【攷證 卷4 丘氏家禮】 명나라 학자인 구준(丘濬, 1421~1495)으로, 자는 중심(仲深), 호는 경산(瓊山), 시호는 문장(文莊)이다. 《가례의절(家禮儀節)》을 지었다.

**208** 주자가⋯⋯편지 : 【攷證 卷4 朱子與學者書】《회암집(晦菴集)》 권63 〈답이계선(答李繼善)〉에 "횡거가 말하기를 '삼년이 지난 뒤에 태묘에서 협제를 지내는데, 그 제사를 마치고 나서 신주를 되돌릴 적에, 마침내 조주(祧主 원조묘(遠祖廟)의 신주)를 받들어 협실로 되돌리고, 천주와 신주는 모두 그 사당으로 되돌리는 것이 예에 맞을 듯하다.'라고 하였고, 정씨(鄭氏 정현(鄭玄))는 《주례(周禮)》의 주석에서 '대종백(大宗伯)이 선왕을 제향하는 곳에도 이러한 뜻이 있는 듯하다.⋯⋯'라고 하였습니다. 다만 일단 상제를 지낸 뒤에는 궤연을 철거하니, 그 신주(神主)를 조부의 사당에 부(祔)했다가, 협제가 끝나기를 기다린 뒤에 옮겨야 합니다."라고 하였다.

**209** 협제 : 【譯注】 제사 의식의 하나로, 조상의 제사를 합하여 지내는 것이다.

두며 부제(祔祭) 역시 다만 부제에 해당하는 신주만 모셔 내겠다고 청하고, 제사를 마친 뒤에 새 신주를 받들어 그 조(祖)의 실(室)에 따라 들여놓고 상례를 마친 후 협제 하루 전에 술과 과일을 차려 놓고 체천을 고하고 제주를 바꾸되, 각각 예전 그 실에 그대로 들여놓고 다음날 합제(合祭)를 마칩니다. -새로 들어오는 신주도 함께 제사합니다.- 합제를 마치고 신주를 도로 모실 때는 주자와 양씨(楊氏)의 설210에 의하여 행할 것입니다.

  내가 주자의 뜻을 자세히 살펴보건대, 처음에 《가례》를 찬술할 때 오직 술과 과일을 가지고 체천을 고한다고 한 것은, 삼년상 동안은 제사를 안 지내는 것이 예이지만 여러 감실(龕室)에 합제하는 것은 제사 중에 큰 것이거늘 상중에 거행할 수 없기 때문이 어찌 아니겠습니까. 뒤에 와서 또 세차(世次)가 바뀌고 소목(昭穆)을 이어 나가는 것은 그 일이 지극히 중요한데, 단지 술과 과일만으로 고하고 갑자기 체천을 행하는 것은 인정이나 예에 합당치 않다고 여긴 것입니다. 그러므로 장자(張子)의 말과 정씨(鄭氏)의 주석(註釋)211을 인용하여 예는 마땅히 이와 같아야 한다고 하였던 것입니다. 이는 옛사람이 말한바 "예는 비록 선왕 때에는 없었던 것일지라도 의(義)로써 새로 만들 수 있다."212라는 것입니다.

---

**210** 양씨의 설 : 【攷證 卷4 楊氏說】 '양씨'는 송나라 양복(楊復, ?~?)으로 자는 지인(志仁), 호는 신재(信齋)이다. 《의례도(儀禮圖)》·《가례잡설(家禮雜說)》 등의 책을 지었다. ○ 양씨는 "길제(吉祭) 하루 전에 체천(遞遷)함을 고하고 신주(神主)를 체천하는 것이 끝나면 이어서 신주를 개제(改題)하고, 그 다음날 합제(合祭)를 마치면 신주를 받들어서 묘소에 묻고 천주(遷主)와 신주(新主)를 받들어 각각 사당으로 들인다."라고 하였다.

**211** 정씨의 주석 : 【攷證 卷4 鄭氏註】 한나라 정현(鄭玄)의 《예기주소(禮記註疏)》 권12 〈왕제(王制)〉에 "노(魯)나라의 예(禮)에, 삼년상을 마치면 태조(太祖)의 묘(廟)에서 협제를 지내고 다음해 봄에 군묘(群廟)에서 체제(禘祭)를 지낸다."라고 하였다.

**212** 예는……있다 : 【譯注】 《예기(禮記)》 〈예운(禮運)〉에 "예(禮)라는 것은 의(義)의 실질이니, 의에 맞추어서 맞으면 예는 비록 선왕(先王) 때에 없는 것일지라도 의로써

그 마음 씀이 곡진하고 예의 아름다움을 얻었으니 지금 위와 같이 행한다면 부(祔)에 있어서 이미 "손은 조에 부한다.〔孫祔于祖〕"[213]라는 예문에 어긋나지 않으며, 천묘(遷廟)에 있어서도 또한 세대의 순서가 바뀌고 소목의 차례를 계승하는 일의 중요함을 볼 수 있을 것이요, 또한 고금의 마땅함이 달라서 행하기 어려운 그러한 일은 없을 것이니, 사람이 택하는 것에 달려 있습니다.

이른바 "삼 년 뒤에 협제(祫祭)를 지낸다."라고 한 것에서 삼 년이란 담제(禫祭)를 지낸 뒤를 이른 것입니다. 담제를 지내지 않았으면 상을 마쳤다고 말할 수 없으며, 또한 길복(吉服)[214]으로 사당에 들어갈 수 없기 때문에 담제가 끝난 후를 기다려 협제를 지냅니다. 다만 사대부협례(士大夫祫禮)는 상고할 수 없으니 이제 시제(時祭)로 그에 해당시킵니다.

사당에 있는 세 개의 감실을 늘려서 네 개의 감실로 만들려 하는데 비좁은 것이 걱정이니 동쪽 벽에다 감실 하나를 더 만드는 것보다는, 내 생각에는 서쪽 벽에 감실 하나를 더 만드는 편이 좋을 것 같습니다. 대개 서쪽 벽이 동향인 것은 본래 시조(始祖)가 거존(居尊)하는 자리이니, 지금 고조(高祖)의 감실로 삼으면 다만 거존의 의미만 있는 것이 아

---

새로 만들 수 있다.〔禮也者, 義之實也, 恊諸義而恊, 則禮雖先王未之有, 可以義起.〕"라고 하였다. 예문(禮文)에 없더라도 이치를 참작하여 새로운 예(禮)를 만들 수 있음을 뜻한다.

**213** 손은 조에 부한다〔孫祔于祖〕: 【譯注】《예기》〈잡기 하(雜記下)〉에 "조부가 죽어서 아직 연제와 대상을 지내기 전에 손자가 또 죽더라도 그대로 왕부(조부)에게 부제한다.〔王父死, 未練祥, 而孫又死, 猶是附於王父也.〕"라고 보이는데, 소주에 엄릉 방씨(嚴陵方氏 방각(方慤))가 "조부의 상에 비록 연제와 대상을 지내지 않았으나 손자를 부묘할 수 있는 것은 소목이 같기 때문이다.〔王父雖未練祥, 而孫得祔者, 以昭穆同故也.〕"라고 하였다.

**214** 길복 : 【譯注】상복이 아닌 정상적 복장을 말한다. 상중에는 길복을 입을 수 없는데, 사당에 들어갈 때 길복을 입어야 하므로 곤란하다는 뜻이다.

니요 체천하여 서쪽으로 보내는 차례를 잃지 않은 것이니 안 될 것이
없습니다. 고비(考妣)의 신주가 동쪽에 있어 서쪽을 향하게 되는 것은
고례(古禮)에 근거할 만한 것이 없습니다.

# 황군거[215] 수량 에게 답하다 갑자년(1564, 명종19, 64세)【12월 1일 ~17일 추정. 예안(禮安)】

答黃君擧 遂良○甲子

《(지난달에 길을 가는 도중에 부쳐주신 편지를 받았는데, 보여주신 뜻을 잘 알았으니 이미 제 마음을 깊이 위로해 주었습니다. 그런데 이제 다시)》 전팽(專伻)을 통해 편지를 보내주시고 아울러 전에 금계(錦溪)[216]와 주고 받은 나의 서간들을 모아 권첩(卷帖)을 만들어주시니, 봉함을 뜯고 봄에 완연히 그 당시의 심회와 얼굴을 마주 대하여 다정하게 묻고 수응(酬應) 하는 듯했습니다. 그 때문에 목이 메도록 슬프고 침통하여 마음을 가눌 수 없었습니다. 이에 금계공의 나를 향한 뜻이 그와 같음을 알았는데 내 편에서는 족히 도움을 주지 못함이 이와 같으니, 또한 부끄럽고 유감 스러움을 이길 수 없습니다.

또 저번 편지에서, 이이성(李而盛)[217]의 뜻이 행장 가운데 한두 곳을 고쳤으면 한다[218]고 했는데 그것도 좋겠습니다. 그러나 그런 상황은 일체

---

**215** 황군거 :【攷證 卷4 黃君擧】황수량(黃遂良)으로, 본관은 평해(平海), 자는 군거 (君擧), 호는 금간(錦澗)이다. 금계(錦溪) 황준량(黃俊良)의 아우이다.

**216** 금계 :【譯注】황준량(黃俊良, 1517~1563)으로, 본관은 평해(平海), 자는 중거 (仲擧), 호는 금계이다.

**217** 이이성 :【譯注】이지번(李之蕃, 15??~1575)으로, 본관은 한산(韓山), 자는 형 백(馨佰), 호는 성암(省菴)·사정(思亭)·구옹(龜翁)이다.《토정비결(土亭秘訣)》을 지 은 이지함(李之菡)의 형이며, 선조 때 영의정을 지낸 이산해(李山海)의 아버지이다. 선조 즉위 후에 청풍 군수를 지냈다.

**218** 행장……한다 :【攷證 卷4 狀中改處】같이 진사에 합격한 사람 중에 비방하는 말이 있었음을 가리키는 듯하다.【校解】이황이 지은 〈성주 목사 황중거에 대한 만사〔黃 星州仲擧挽詞〕〉의《고증》에 다음과 같은 내용이 있다. "살펴보건대, 선생이 지은 공의

드러내면 안 되니 우선은 말을 하지 않는 것이 좋겠습니다.

전에 보내온 유고(遺稿)는 거의 다 교열을 했는데, 다만 문집 가운데 여러 편지들은 빼고 넣고를 정하기 어려운 것이 있어 오래도록 결말을 짓지 못하였으니, 그것을 돌려보내게 됨에 나의 불민함을 몹시 부끄러워할 따름입니다. 《보내주신 책은 우선 또한 가지고 있다가 훗날 마땅히 말씀하신 대로 돌려드리겠습니다.》

금양정사(錦陽精舍)[219]는 황폐해지지나 않았습니까? 그 사람을 생각하면서도 그 기문(記文)을 짓지 못하고, 그가 마음을 붙이고 학문을 닦던 곳을 한 번 가서 보고 싶어도 갈 기회를 얻지 못하였으니 서글픈 마음을 또 어찌 이길 수 있겠습니까. 오직 바라건대, 그대는 평소의 학업을 더욱 돈독히 하여서 문호(門戶)를 지켜 나가고, 사윤(嗣胤)[220]도 학문에 힘써서 선인의 뜻을 완성한다면 천만 다행이겠습니다.

《나는 늙고 병드는 것이 날로 심해지는데 마침 한질(寒疾)까지 더해진 상황이라, 밤에 이 편지를 쓰는데 하고 싶은 말을 다 할 수가 없어 거칠게 쓰는 것이 부끄럽습니다. 삼가 절하고 답장합니다.》

행장에서 '동진사(同進事)들이 이간하는 말이 있었다.'라고 하였으며, 또 '학유(學諭) 동명인(同名人)의 일로 헐뜯는 말이 분분하였다.'라고 하였다."

**219** 금양정사 : 【攷證 卷4 錦陽精舍】 풍기군(豐基郡) 북쪽 5리 지점에 있다. 퇴계 선생이 쓴 〈금양정사완호기문(錦陽精舍完護記文)〉이 있다.

**220** 사윤 : 【攷證 卷4 嗣胤】 황영(黃瑛)으로, 황군거의 아들이며 금계 황준량의 후사가 되었다.

# 황군거 수량 에게 보내다 병인년(1566, 명종21, 66세) 【9월 25일. 예안 (禮安)】

與黃君擧 遂良 ○丙寅

선생의 10대손 휘부(彙溥)의 집에 소장된 것이다.


근래에 상사(上舍) 주약지(周約之)[221]를 통해 잘 있다는 소식을 들으니 위로가 됩니다. 말씀드릴 것은 다름이 아니라, 금계(錦溪)[222]의 행장 중 몇 단락은 지난번 이이성(李而盛)[223]이 가지고 나온 것으로 인하여 그대의 뜻 역시 그것을 고치고자 함을 알았습니다. 내 생각에는 모두가 사건을 따라서 직서(直書)한 것이요, 계옹(溪翁)이 저들에게 요구하여서 이루어진 것이 아니니 고치지 않아도 무방할 듯합니다. 주약지가 옴에 또한 여러분의 뜻에는 반드시 그것을 고치는 것이 좋겠다고 여김을 알았으니, 별지에 간략하게 수록(修錄)할 수밖에 없겠습니다. 모르겠습니다만, 여러분은 어떻게 생각하시는지요? 만일 안 될 것이 없다면, 다른 날 또한 그것을 이이성에게 통지하여도 좋겠습니다. 그러나 이것은 실로 비방과 원망을 불러들이는 길이니 절대 비밀로 하여 주십시오.


**221** 주약지 : 【譯注】 주박(周博, 1524~1588)으로, 본관은 상주(尙州), 자는 약지, 호는 구봉(龜峰)이다. 할아버지는 주문보(周文俌)이고, 아버지는 주세곤(周世鵾)인데, 백운동서원(白雲洞書院)을 설립한 작은 아버지 주세붕(周世鵬)에게 입양되었다. 이황(李滉)의 문인이다.

**222** 금계 : 【譯注】 황준량(黃俊良, 1517~1563)으로, 본관은 평해(平海), 자는 중거(仲擧), 호는 금계이다.

**223** 이이성 : 【譯注】 이지번(李之蕃, 15??~1575)으로, 본관은 한산(韓山), 자는 형백(馨佰), 호는 성암(省菴)·사정(思亭)·구옹(龜翁)이다. 《토정비결(土亭秘訣)》을 지은 이지함(李之菡)의 형이며, 선조 때 영의정을 지낸 이산해(李山海)의 아버지이다. 선조 즉위 후에 청풍 군수를 지냈다.

# 황군거에게 답하다 정묘년(1567, 명종22, 67세) 【1월 중순 추정, 예안 (禮安)】

答黃君擧　丁卯

정월이 되어 봄기운이 일어나는 이때 곤궁하고 늙은 나를 멀리서 생각하여 새해를 경하하는 문안 편지를 보내주시니 후의(厚意)에 매우 감사합니다.

나는 나이가 들어 여생이 줄었으나 예나 지금이나 똑같아서 흥취가 많지는 않습니다. 그런데 감기로 인해 담수(痰嗽) 증상까지 생겨서 며칠 동안 괴롭게 신음하다가 지금 겨우 고개를 들고 일어났습니다. 그런데 후유증이 아직도 심하니 매우 근심스럽습니다.

중거(仲擧)[224]의 행장(行狀)을 고쳐주신 것은 말씀하신 대로 해야겠습니다만 그 외의 잡다한 논란은 아직 종식되지 않았습니다. 오자강(吳子強)[225]에게 전해 들으니, 그 당시에 실로 다른 사람이 잘못을 저지르고서 황중거에게 그 잘못을 덮어씌운 일이 있었는데 이를 들은 사람들이 제대로 살피지 않고 죽은 사람에게 잘못을 돌린 것이 적지 않다고 하니 매우 통탄스러운 마음을 이기지 못하겠습니다.

홍시는 어떻게 지금까지 잘 보관하고 계셨습니까? 보내 주셔서 매우 감사합니다. 병중에 손이 떨리고 눈이 침침하여 대강 적었으니 매우 부끄럽습니다.

---

**224** 중거 : 【譯注】황준량(黃俊良, 1517~1563)으로, 본관은 평해(平海), 자는 중거, 호는 금계(錦溪)이다.

**225** 오자강 : 【譯注】오건(吳健, 1521~1574)으로, 본관은 함양(咸陽), 자는 자강, 호는 덕계(德溪)이다.

# 이순[226]의 문목에 답하다

答李淳問目

조부를 계승한 소종(小宗)은 본래 감히 증조부를 제사 지내지 못하는
데, 만약 대종(大宗)과 다른 곳에 살 때 제철 음식을 조부에게만 제사
지내는 것은 온당치 못한 듯하니, 어찌해야겠습니까?

조부만 제사 지내는 것이 비록 온당치 못하지만 조부를 넘어 증조부까지
제사 지내는 것은 더욱 온당치 못한 듯합니다. 지자(支子)라면 비록 권도
(權道)로 예(禮)를 감쇄하여 부친의 사당에 제사를 지낼 수는 있으나 또
한 조부까지 제사를 지내서는 안 됩니다.

은혜와 사랑이 친부와 다름없는 숙부가 후사가 없으므로 시양자(侍養
子)에게 제사를 지내게 해서 계절마다 지내는 제사에 지방(紙榜)으로
조부의 사당에 부제(祔祭)를 지내려고 합니다. 어떻습니까?

이미 시양자에게 제사를 지내게 하였다면 부제를 지내는 것은 온당치
못하니, 물건을 보내 제사 지내는 것을 도와주고 수시로 제사에 참여하
는 것만 못합니다.

부모님의 산소가 외조부와 같은 산에 있다면 누구에게 먼저 제사 지내

---

**226** 이순 : 【譯注】 1530~1606. 본관은 고성(固城), 자는 자진(子眞), 호는 야로당(野
老堂)이다.

야 합니까?

외조부께 먼저 제사 지내야 합니다.

역관(驛館)이나 사찰의 벽에 선인(先人)의 필적이나 성명이 있다면 절하는 것이 어떻습니까?

단지 공경하고 흠모하는 마음만 다하면 되니, 절하는 것은 지나칩니다.

상기(祥期)는 이미 지났고, 장례는 아직 마치지 못했다면 상복을 벗지 말아야 합니까?

상복을 벗지 말아야 합니다.

아들이 없고 형제와 조카와 사위가 있다면 상례(喪禮)와 장례(葬禮)의 축문(祝文)은 누구의 이름을 써야 합니까? "새벽에 일어나 밤늦게 잠들 때까지 조심스러운 마음으로 두려워하고" 등의 말은 무어라 해야 합니까?

그 가운데 반드시 상례를 주관하는 사람이 있을 것이니 그 사람의 이름을 써야 하고, 축문은 잘 헤아려 알맞게 고쳐야 합니다.

아들이 없는데 아내의 상을 당한다면 비록 조카와 사위가 있더라도 남편이 스스로 고해야 합니까?

남편이 고해야 합니다.

시집가기 전에 요절한 경우에도 부묘(祔廟)합니까?

어찌 부묘하지 않겠습니까? 이미 시집을 갔다면 '요절[殤]'이라고 해서는 안 됩니다.

아버지가 아들의 상을 치를 때에도 절해야 합니까? 아들에게 아들이 없다면 아버지가 고해야 합니까?

《예기(禮記)》에 "함께 산 사람은 그 아내와 자식의 상을 주관한다."라고 하였는데, 주(註)에 "아내에게는 절해야 하고, 아들에게는 절해서는 안 된다."라고 하였습니다.

만약 젖먹이 아이가 있다면 아이의 이름으로 고합니까?

아이의 이름은 섭행(攝行)하여 주관하는 사람이 고합니다.

숙부가 조카를 제사 지낼 때도 절을 해야 합니까?

역시 절해서는 안 됩니다.

세상에 칠촌 생질과 혼인한 사람이 있으니 이는 의리를 끊고 친족의 관계를 깨뜨린 것입니다. 이와 같은 경우에는 단지 현재 혼인한 양가의 친속(親屬) 관계만 따져야 합니까?

이성(異姓) 칠촌은 가족의 의리를 두지 않는 것이 옛날의 법도입니다. 가족의 의리가 이미 다하였으므로 통혼을 합니다. 단지《예율(禮律)》에 근거해 여전히 존비의 항렬을 따져 만일 같은 항렬이 아니라면 혼인을 허락하지 않습니다.[227] 같은 항렬이라는 것은 육촌, 팔촌의 형제자매 사이로 항렬이 같은 경우를 말합니다. 항렬의 존비가 같지 않다는 것은 칠촌, 구촌의 숙부, 조카 사이의 경우를 말합니다. 이를 잃으면 인륜을 어지럽힌다고 하여 금지하였는데, 지금 풍속에서는 모두 따지지 않습니다.

---

**227** 같은……않습니다 : 【攷證 卷4 非同行不許昏】 당(唐)나라 두우(杜佑)의《통전(通典)》 권60 〈외속은 상복을 입지 않더라도 항렬의 존비가 같지 않으면 통혼하지 않는 것에 대한 논의〔外屬無服尊卑不通昏議〕〉에 "이건우(李乾祐)가 '당(唐)나라 영휘(永徽) 원년(650)에 정선도(鄭宣道)가 이현의(李玄義)의 누이에게 장가들어 아내로 맞이하였는데, 곧 정의도의 당이모(堂姨母)라고 합니다. 당고모(堂姑母)나 당이모는 내종(內從)과 외종(外從)의 친족으로 구별은 된다고 하지만, 부당(父黨)과 모당(母黨)으로서 골육(骨肉)의 은정은 같습니다. 금수(禽獸)도 오히려 어미를 아는데 어찌 어머니의 당매(堂妹)로 하여금 자기에게 낮추어 아내로 맞이할 수 있겠습니까. 외속(外屬)은 상복(喪服)을 입지 않지만, 항렬이 차이 나는 경우 혼인을 할 수 없는 것은 한 조목에 그치지 않습니다. 청컨대 이를 관원들에게 맡겨서 상세히 의논하게 하여 길이 후세의 법이 되도록 하십시오. 좌위대장군(左衛大將軍) 기왕신(紀王愼) 등이 의논하여 아버지의 누이 및 당이모, 부모의 고모와 삼촌과 자매, 당조카 외조카는 모두 외척과 인척으로 상복을 입지는 않지만 혼인하지 못하게 해달라고 청합니다.'라고 하자, 천자가 조서를 재가하였다."라고 하였다. 【校解】 '기왕신(紀王愼)'은《고증》에 '기왕신(紀王信)'으로 되어 있다.《통전》 권60 〈외속은 상복을 입지 않더라도 항렬의 존비가 같지 않으면 통혼하지 않는 것에 대한 논의〔外屬無服尊卑不通昏議〕〉 및《신당서(新唐書)》 권80 〈기왕신열전(紀王愼列傳)〉에 근거하여 수정하였다.

# 남시보[1]에게 답하다 【계축년 (1553. 명종8. 53세) 10월 추정. 서울】

答南時甫

추운 아침 병으로 웅크리고 있으면서 여러분들이 바야흐로 우환 중에 있음을 염려하였는데, 문득 보내주신 편지를 받고서 그제야 홍응길(洪應吉)[2]이 산소에서 돌아왔다는 것을 알았으니, 위로되는 마음 금할 길 없습니다.

자세히 듣건대 대부인(大夫人) 이하로 상례를 치르며 예(禮)에 지나친 것이 많아 이로 인해 심신이 상하게 됨을 면치 못하였다고 하니, 나는 매우 온당치 못하다고 생각합니다. 여러분들은 모두 예에 밝고 효를 극진히 행하니 고집을 부려서 성인의 경계를 어겨서는 안 됩니다. 외직에 나가계신 존형(尊兄)의 병환이 이로 인해 심해지진 않을지 삼가 걱정됩니다. 삼가 바라건대, 하찮은 나의 말을 부디 받아들이셔서 홍응길과 제위(諸位)께 전하여 면려하시는 것이 어떻겠습니까?

또 홍응길에게 '살펴보건대 고인은 상복을 입는 중이더라도 학문을 강론하여 편지를 왕래하는 것을 그만둔 적이 없었다'고 말씀해 주십시오. 근래에는 장례를 치르기 전이었기 때문에 나 역시 경솔히 번거롭게 말씀드리지 않았습니다. 이 이후로는 여막(廬幕)에 있더라도 바라건대 서로 안부 묻는 것을 그만두지 마십시오.

《관서(關西)로 가게 된 것은 편지를 보고 알았으니, 매우 다행스럽습

---

**1** 남시보 : 【譯注】 남언경(南彦經, 1528~1594)으로, 본관은 의령(宜寧), 자는 시보(時甫), 호는 동강(東岡)·정재(靜齋)이다.

**2** 홍응길 : 【譯注】 홍인우(洪仁祐, 1515~1554)로, 본관은 남양(南陽), 자는 응길(應吉), 호는 치재(耻齋)이다. 홍인우는 남시보의 처남이다.

니다. 《충암일록(沖菴日錄)》은 보내드리겠습니다.

《주역(周易)》의 현토는 뭉그적거리느라 단지 상경(上經)만 살펴보았습니다. 근일에 날짜를 정해서 모두 살펴보고서 다른 사람을 통해서 보내드릴 것이니, 책 바보가 책을 돌려주지 않을 리는 없습니다. 나를 위해 그 주인에게 말하여 열흘 정도 기한을 늘려주신다면 매우 다행이겠습니다. 영남(嶺南)에서는 책을 구하기 어려우므로 책을 구했다가 또 헛되이 돌려준다면 애석한 일이기 때문입니다.

기량(伎倆)에 대해 말씀해 주신 것은 듣고서 의문이 풀렸으니, 매우 다행입니다.》

# 남시보 언경 에게 답하다 병진년(1556, 명종11, 56세)【6월. 예안(禮安)】

答南時甫　彦經○丙辰

지난봄에 편지 한 통을 보낸 뒤에 다시 문안 편지를 보내려고 하였으나, 여기에서 서울을 왕래하는 사람들이 대부분 김천(金遷)[3] 방향 길을 경유하므로 인편을 만나지 못해 그렇게 하지 못했습니다. 심부름꾼이 와서 보내주신 편지와 두 수의 시를 받고 근황을 알게 되었습니다. 전날 공께서 마음의 병을 앓으신 것은 바로 우환으로 인해 생긴 것입니다. 지금은 시일이 오래되어 지난 일이 되고 상황이 바뀌었는데, 어찌하여 여전히 낫지 않고 있는 것입니까?

나는 늙고 병이 중하여 이치상 날로 쇠약해지는 것이 마땅하니, 전에 서로 종유하던 때에 비해 또 배로 심할 뿐만이 아닙니다. 수염과 머리가 듬성듬성해질수록 정신이 피로하고 눈이 침침해지는 등 여러 증상이 번갈아 생깁니다.

지난번에 거듭 은혜롭게 소명(召命)을 받았을 때[4] 마침 더위를 먹어 힘이 없어서 움직이지 못하겠기에 부득이 재차 사장(辭狀)을 올려 파직해 주시기를 간절히 청하였습니다. 사람들이 매우 그릇되게 여겨서 비방하는 의론이 들끓어 무거운 견책을 받게 되었는데, 다행히 밝으신 성상께서 긍휼히 살펴주셔서 전지(傳旨)를 내려서 온화한 말로 타일러 주신 덕분에 옥당(玉堂)에서 체직(遞職)되었고 이어서 첨지중추부사(僉知中

---

**3** 김천 :【攷證 卷4 金遷】충주부(忠州府) 서쪽 10리 지점에 있으니, 바로 북진(北津)의 하류이다.

**4** 거듭……때 :【要存錄 卷14】《퇴계선생연보》권1에 "이해 5월에 상이 어찰로 부르고 식물을 하사하였다. 얼마 뒤에 부제학(副提學)에 제수하고 또 불렀다."라고 하였다.

樞府事)에 부직(付職)되었습니다. 비록 초야에 있는 사람이 조정의 직함을 지니는 것은 분의(分義)에 크게 그릇된 일이지만, 이는 어찌할 수 없습니다. 성상께서 미천한 신을 포용해 주셔서 마침내 관직에서 물러날 수 있게 되었으니 감격과 부끄러움이 끝이 없습니다.

보내주신 편지를 자세히 읽어보고 앓고 있는 병환이 또한 우연이 아니라는 것을 알게 되었으니, 정말 조섭을 소홀히 해서는 안 됩니다. 모두 내가 평소에 몸소 겪은 것이니 그 내용을 대략 별지에 적어 두었습니다.

응길(應吉) 일가의 사정[5]은 듣고서 측은하여 눈물을 삼켰습니다.

벗들이 모두 무탈하다니, 편지를 보내 알려주셔서 멀리 있는 내 마음을 위로해 주심에 매우 감사합니다. 다만 나의 행적이 이와 같아서 죽은 이에게 있어서는 상주를 위문하지 못하고 남은 이에게 있어서는 만날 날이 없으니 한탄스럽습니다.

---

**5** 응길 일가의 사정 : 【攷證 卷4 應吉云云】 살펴보건대, 《정본 퇴계전서》 권3 〈상사 홍응길에 대한 만시〔挽洪上舍應吉〕〉(KWP0854)에 "한 해 동안 군의 집안이 여섯 번의 상을 당하였다.〔一歲君家有六喪〕"는 구절이 있다. 아마도 이때 치재(恥齋)가 작고한 뒤로 연달아 상을 당하였을 것이다. 남시보가 보낸 편지에서 그 집안의 가련한 상황을 말하였기 때문에 말한 것이다.

# 별폭

別幅


심기(心氣)의 병환은, 바로 이치를 살피는 데에 투철하지 못하여 헛된 것에 집착하여 억지로 찾으며, 마음을 잡는 방도에 어두워 알묘조장(揠苗助長) 하느라 나도 모르게 마음을 수고롭게 하고 힘을 다 써서 이런 지경에 이르게 된 것입니다. 이는 또한 초학자의 공통된 병통이므로 회옹 선생(晦翁先生 주희(朱熹))께서도 처음에는 이러한 병통이 없지 않았습니다. 만일 이미 이와 같음을 알아서 곧장 고친다면 더 이상 근심할 것 없겠지만, 오직 일찍 알아서 빨리 고치지 못하면 그 병환이 마침내 생기게 될 것입니다. 내가 평소에 앓던 병의 근원이 바로 여기에 있었습니다. 지금은 마음의 병환이 전과 같은 지경에 이르지 않았지만 다른 질병이 이미 심하니, 이는 나이가 들었기 때문입니다.

공처럼 기운이 왕성한 청년은 진실로 초장에 이러한 증상을 서둘러 고치고 조섭하는 방도를 갖춘다면, 어찌 종신토록 괴로워할 일이 있겠으며, 어찌 다른 증상이 끼어들 일이 있겠습니까. 대저 공이 전날에 하던 공부로 말하자면 이치를 궁구할 때는 깊고 현묘한 이치를 너무 파고들고 실천에 힘쓸 때는 자부하며 너무 급박하게 하는 것을 면치 못하여 억지로 파고들고 조장하여 병의 근원이 이미 이루어졌습니다. 그런데 마침 다시 우환까지 더해져 차츰 더 위중해졌으니, 어찌 염려하지 않을 수 있겠습니까. 치료하는 방도는 공께서 스스로 알고 계십니다. 무엇보다도 먼저 반드시 세간의 궁달(窮達), 득실(得失), 영욕(榮辱), 이해(利害)를 일체 치지도외(置之度外)하여 마음에 누를 끼치지 말아야 합니다. 이미 이런 마음을 먹었다면 병환은 이미 반 이상은 사라진 셈입니다. 이와 같이

하면서 일상생활에서 수작(酬酢)을 적게 하고 기욕(嗜慾)을 절제하여 한가롭고 기쁘게 시간을 보내며, 도서·초목의 완상 거리나 산천·어조(魚鳥)의 즐거움처럼 진실로 마음을 즐겁게 하고 뜻에 맞는 것이라면 싫증 내지 말고 늘 접하여 마음이 어지러워져서 화날 일이 없게끔 심기를 항상 순경(順境)에 있게 해야 하니, 이것이 바로 그 요법(要法)입니다.

책을 볼 때는 마음이 수고롭게까지는 하지 말며 많이 보는 것을 일절 삼가서 다만 마음 가는 대로 그 맛을 음미하며, 이치를 궁구할 때는 반드시 날마다 평이하고 명백한 곳에 나아가 간파하고 익숙하게 하여 이미 알고 있는 것에 깊이 잠심해야 합니다. 오직 마음에 둔 것도 아니고 두지 않은 것도 아닌 사이에서 잘 살피고 잊지 않으면 오래도록 쌓인 뒤에 절로 이해되어 터득하게 될 것이니, 특히 집착하고 얽매어서 빠른 효험을 얻으려고 해서는 안 됩니다.

보내주신 편지에서 '함양(涵養)과 체찰(體察)은 우리 유가의 종지(宗旨)요, 천리(天理)와 인사(人事)는 본래 두 가지 이치가 아니다.'라고 하신 것은 매우 좋은 말씀입니다. 다만 '깨닫다〔悟〕'라는 한 글자를 힘써 주장하여 말씀하셨는데, 이는 총령(葱嶺)에서 가져온 돈오(頓悟)와 초월(超越)을 추구하는 불가의 법이니,[6] 우리 유가의 종지에 이러한 것이 있다는 말은 들어보지 못했습니다. 그렇다면 지난번에 이른바 억지로 파고들고 조장하는 병환은 아마도 전과 같이 면하지 못하게 될 것입니다. 나는 이 병을 직접 경험하여 잘 알고 있어서 의심 없이 말씀드릴 수 있습니다. 조섭하는 방도는 내가 아직 효과를 보지 못하였으니 외람

---

**6** 이는……법이니 : 【譯註】 주자가 육구연(陸九淵)에 대해 한 말로, 그의 학문이 순간에 진리를 깨닫는 것을 지향하는 불교의 돈오에 가깝다고 비판한 말이다. 총령(葱嶺)은 서역에 있는 산 이름으로 선학(禪學)을 가리켜 말한 것이다. 《정본 퇴계전서》 권5 〈답이중구문목(答李仲久問目)〉(KNL0090A)에 자세히 설명되어 있다.

되이 말하는 것이 매우 부끄럽습니다. 다만 같은 병에 걸린 사람끼리 서로 가엾게 여기고, 같은 우환을 가진 사람끼리 서로 구제하는 법이니 말씀드리지 않을 수 없었습니다. 바라건대 사람됨 때문에 그 말까지 버리지 않으신다면 공에게 보탬이 없지는 않을 것입니다.

《회암서(晦菴書)》는 7책이 완성되었으니, 무궁한 사업이 모두 그 가운데 있습니다. 다만 한결같이 힘을 다하지 못하였는데 시간은 기다려주지 않으니, 수십 년 전부터 이 공부를 하지 않은 것이 한스럽습니다. 바라건대 공께서는 나를 경계로 삼아 한때의 병고(病故) 때문에 중년에 스스로 그만두어 만년의 후회를 남기지 마십시오.

보내주신 시에서 고풍(古風)은 뜻이 매우 깊지만 절구는 의심할 만한 구절이 없지 않습니다. 이를 본받아 시를 지어 보내니 천 리 밖에서 한번 웃으십시오.

사형(士炯)[7]이 이미 묘향산(妙香山)[8]에 들어간 뒤에 공도 그의 뒤를 따라가서 장대하게 노닐 뜻을 이루었다고 하니 매우 부럽습니다. 이제는 더욱 멀어지게 되었으니, 내년 봄 돌아오신 뒤에 나를 찾아주실지는 참으로 알 수 없습니다. 혹 안부 편지가 끊기지 않는다면 매우 다행이겠습니다.

---

**7** 사형 : 【譯注】 한윤명(韓胤明, 1526~1567)으로, 본관은 청주(淸州), 자는 사형, 호는 형암(炯菴)이다.

**8** 묘향산 : 【攷證 卷4 妙香】 산 이름이다. 평안도(平安道) 영변부(寧邊府) 동쪽 10리 지점에 있다. 일명 태백산(太白山)이라고도 한다.

# 남시보에게 답하다 무오년(1558, 명종13, 58세) 【1월 1일 추정, 예안(禮安)】

## 答南時甫 戊午


관서(關西)로 간 뒤로 소식이 끊어지고 해가 바뀌었는데, 이번 정월 초하루에 문득 편지를 받고서 중간에 유람하며 지난 곳과 돌아다닌 곡절의 상세한 사정을 잘 알게 되었으니, 매우 기쁜 마음을 금치 못하겠습니다. 또 예전에 앓던 병이 갑자기 다 나았다고 하니, 이제부터 새로운 공부를 볼 수 있게 될 것이므로 기쁘고 다행스러운 마음이 더욱 절절합니다.

 내가 전부터 앓고 있던 숙환이 발병하고 호전되는 것이 일정치 않은 것은 본래 부여받은 자질이 박하여 일찍 쇠한데다 나이만 먹었기 때문입니다. 지난가을 이후로는 눈이 더욱 침침해져 사물을 전혀 분별하지 못하여 서책을 볼 수 있는 정력이 없기에 비록 낮에 때때로 책을 조금 보기는 하지만[9] 끝내 자주 중단하여 내 것으로 만들지 못하니 어찌해야겠습니까. 보내주신 편지에 '그냥저냥 세월만 보내고 있으니 어찌 일을 이룰 수 있겠는가.'라고 한 탄식은, 그대에게 있어서는 반드시 그렇지는 않을 것이지만 내게는 그러한 점이 있으니 늘 깊이 두려워하고 있습니다.

 지난날 그대 및 응길(應吉)[10] 등 여러 사람과 종유하던 날엔 간곡히 권면해 주어 도움 되는 것이 매우 많았습니다. 내가 노년에 뜻을 진작시

---

**9** 책을……하지만 : 【譯注】 원문은 '일반반점(一斑半點)'이다. 《진서(晉書)》 권80 〈왕희지전(王羲之傳)〉에 "요즘 사람들은 대나무 구멍으로 표범의 문채를 보는데, 때로는 아롱진 무늬를 보기도 한다.〔時生亦管中窺豹, 時見一斑.〕"라고 한 데서 온 말로, 여기에서는 책을 보는 것을 비유한 말이다.

**10** 응길 : 【譯注】 홍인우(洪仁祐, 1515~1554)로, 본관은 남양(南陽), 자는 응길, 호는 경재(敬齋)·치재(恥齋)이다.

키는 공부는 오로지 여기에 의지하였는데 몇 년 사이에 죽거나 흩어져서 더 이상 지난날과 같은 일이 없게 되었습니다. 향리(鄕里)에 비록 유사(儒士)들이 많지만 대부분 세속에 뜻을 빼앗겨 평소에 이러한 일을 더불어 논할 사람이 없기에 내 마음이 날로 외로워지게 되었으니, 어찌 우리 동인(同人)들의 풍도(風度)를 깊이 그리워하지 않을 수 있겠습니까.

이곳의 거처는 궁벽하여 비록 산수가 있지만 올라서 바라볼 만한 승경은 없습니다. 근래에 별도로 한 곳에 터를 잡았는데 자못 경관이 좋았기에 한 칸의 서실(書室)을 지어 편안히 앉아서 여생을 마치고 싶었지만 괴롭게도 재력이 없으니 그 뜻을 이룰 수 있을지는 기필할 수 없습니다. 이룰 수 있다고 하더라도 그대처럼 마음 맞는 벗과 함께하지 못하면 누구와 함께 즐기겠습니까. 시 가운데 대략 말해두었고 다른 것은 다 말씀드리지 못합니다.

바라건대 새로운 복을 더욱 받으시어 학문을 진전시키고 자중자애(自重自愛)하십시오.

# 남시보에게 답하다 【무오년(1558, 명종13, 58세) 1~2월 추정. 예안(禮安)】

答南時甫

보내주신 유산록(遊山錄)[11]은 매우 고맙게도 저를 비루하게 여기지 않으신 것입니다. 먼 곳에서 보내 주어 모르던 것을 알려주셨으니 이보다 더 큰 다행은 없습니다. 지난번에 홍응길(洪應吉)의 유산록[12]을 볼 기회를 얻었는데, 그때는 우리나라에서 금강산과 아름다움을 다툴 산은 더 이상 없을 거라 여겼습니다. 그런데 지금 이 유산록을 보니 묘향산의 웅장하고 기이한 경관이 금강산보다 나은 듯합니다. 이에 천하의 큰 구경거리가 무궁무진하다는 것을 알았는데, 공은 유독 어떻게 자신을 수양하였길래 이런 위대한 일을 겸하실 수 있게 되었습니까? 우물 안의 개구리 같은 소견을 지닌 제가 문밖을 벗어나지 않고서도 이 나라의 강역이 크다는 것을 알았으니, 공이 저에게 베풀어주신 은혜가 매우 두텁지 않겠습니까. 말씀하신 대로 이 유산록을 돌려드리고자 하여 며칠 동안 서둘러 베꼈으나 아직 다 끝마치지 못했습니다. 잠시 이곳에 더 두어 다 베낄 수 있게 해주신다면 응길의 유산록과 함께 책상 위에 두고 자주 읽으면서 누워서 노니는[13] 즐거움 거리로 삼을 생각입니다. 훗날 이 유산

---

11 유산록 : 【譯注】 남언경이 묘향산을 유람하고 지은 글인데 현존하지 않고, 이에 대하여 이황이 지은 〈남시보의 묘향산 유람록 뒤에 쓰다[書南時甫遊香山錄後]〉(SNP1006)라는 시가 《정본 퇴계전서》 권3에 실려 있다.

12 홍응길의 유산록 : 【譯注】 '응길'은 홍인우(洪仁祐, 1515~1554)의 자로, 그는 본관이 남양(南陽), 호가 경재(敬齋)·치재(恥齋)이다. '유산록'은 1553년(명종8) 4월에 남언경·허충길(許忠吉)과 함께 금강산을 유람하고 지은 《관동일록(關東日錄)》인데, 이에 대하여 이황이 지은 〈상사 홍응길의 금강산 유람록에 대한 서[洪應吉上舍遊金剛山錄序]〉(KNW120)가 《정본 퇴계전서》 권15에 실려 있다.

록을 돌려드리면 누락된 처음 부분과 끝부분을 반드시 보완하여 보기 드문 명승지의 모습을 완벽히 갖추시기를 간절히 바랍니다.

도성에 있는 옛 벗들의 소식이 아득히 끊어졌는데, 편안하다는 소식을 지금 들으니 직접 그들을 만난 듯합니다. 다만 잘 모르겠습니다만, 그들은 초심을 변치 않을 수 있겠습니까? 김백헌(金伯獻)[14]은 유독 젊은 나이에 요절한 것이 애석할 뿐 아니라, 듣자니 상례를 제대로 치르지 못했다고 하니 이는 더욱 한탄스럽습니다. 응길의 딸들은 모두 좋은 혼처에 시집갔다고 하는데 아마 홍응길도 구천에서 기뻐할 것입니다. 보내주신 시는 고아하여 이치와 정취가 모두 지극합니다. 유람을 통하여 수양한 바에서 얻은 내용이 이와 같으니 매우 훌륭합니다. 게을러 쓸모없는 저도 오히려 흥취를 돋구게 되니, 공이 지은 시의 운자에 따라 화답시[15] 몇 편을 지어 보내 한바탕 웃음을 자아내고자 합니다.

'제갈공명(諸葛孔明 제갈량(諸葛亮))이 세상에 나아가서는 안 되었다'[16]

---

**13** 누워서 노니는 : 【攷證 卷4 臥遊】 살펴보건대, 남조(南朝) 송나라 종병(宗炳)이 산수(山水)를 좋아하고 멀리 노닐기를 좋아하여 서쪽으로 형산(荊山)과 무산(巫山)에 오르고 남쪽으로 형산(衡山)에 올랐는데 병이 들어 강남으로 돌아오게 되자, "늙음과 질병이 함께 몸에 닥치니 명산을 두루 관람하기 어렵겠구나. 마음을 맑게 하고 도(道)를 관조하면서 누워서 노닐어야겠다."라고 탄식하고는 이전에 유람했던 명승지를 모두 그림으로 그려 방안에 붙여놓았다. 《宋書 卷93 宗炳列傳》

**14** 김백헌 : 【譯注】 김성벽(金成璧)으로, 본관은 언양(彦陽), 자는 백헌이다. 안처순(安處順)의 아들인 안전(安瑑)의 장인이며, 별좌(別座)와 훈도(訓導)를 역임하였다. 《松江別集 卷1 竹巖安公墓碣銘 幷序》《玉溪集 卷3 承訓郞守奉常寺判官安公行狀》《호남기록문화유산 홈페이지》이황이 보낸 〈김생 백헌에게 주다〔贈金生伯獻〕〉 시와 김인후(金麟厚)가 보낸 〈백헌 김성벽에게 주다〔贈金伯獻【成璧】〕〉 시가 남아 있다. 《定本 退溪全書 卷1》《河西集 卷7》 유희춘(柳希春)은 "담양(潭陽)의 김성벽이 죽었다고 들었는데, 그는 본받을 만한 벗이었다."라고 하였다. 《眉巖集 卷12 日記 1574年 閏12月 24日》

**15** 화답시 : 【譯注】〈남시보의 시에 차운하다. 8수〔次時甫韻八絶〕〉를 이른다. 《定本 退溪全書 卷3》

는 의논은 예전에 김효선(金孝善)[17]도 이런 논의를 한 것을 보았는데,
저의 좁은 소견으로는 이와 다른 점이 있습니다. 제갈공명은 세상을 잘
다스릴 재능을 지닌 사람이었습니다. 자신이 살아 있을 때에는 한(漢)나
라가 보전되었고, 자신이 죽은 뒤에도 한나라는 오히려 10년 뒤까지 이
어지다가 멸망했습니다. 후대에 영원히 천하 사람들로 하여금 해와 달처
럼 대의(大義)를 명확히 알게 하였으니, 그가 세상에 나아간 것을 어찌
잘못이라고 할 수 있겠습니까. 상산사호(商山四皓)는 단지 유관(儒冠)을
벗겨 오줌을 누어 치욕을 주는 일[18]이 피할 만한 일이라는 것만 알고,
포악한 황후(皇后 여후(呂后))와 횡포한 외척[19]의 초청이 부끄러워할 만한
일이라는 것은 몰랐습니다. 그래서 경솔히 빈객으로서 세상에 나와 그들
을 따라 들어가 황제의 잔치에 시립(侍立)했는데, 고제(高帝 유방(劉邦))
가 괴이하게 여겨 누구인지 물어본 뒤에야 비로소 그들이 사호인 줄을
알게 되었습니다. 그러니 비록 나라의 근본인 태자를 안정시킨 공적이

---

**16** 제갈공명이……안 되었다 : 【攷證 卷4 孔明不當出】 당나라 설능(薛能)이 〈가주의
후계에서 노닐다〔游嘉州后溪〕〉 시에서 "그 당시에 제갈량이 무슨 일을 이루었나? 종신
토록 와룡이 되었어야 하지.〔當時諸葛成何事? 只合終身作臥龍.〕"라고 조롱하였다.

**17** 김효선 : 【攷證 卷4 金孝善】 김진종(金振宗, 1496~1557)으로, 본관은 선산(善
山), 자는 효선, 호는 신재(新齋)·문암(文巖)이다. 헌납(獻納)을 역임하고, 을사년
(1545, 명종즉위년)에 사사(賜死)되었다. 【校解】 김진종은 전적(典籍)으로 있을 때
을사사화가 일어나 파직되어 귀향했다가 1547년 순창(淳昌)으로 귀양 가서 11년 동안
머물다가 세상을 떠났다.

**18** 유관을……일 : 【譯注】 멸시와 모욕을 주어 치욕스럽게 만드는 것이다. 한나라 고조
유방(劉邦)은 유학자를 매우 싫어하여 손님 가운데 유관(儒冠)을 쓰고 오는 자가 있으
면 그 유관을 벗기고는 그 안에 오줌을 누었다. 《史記 卷97 酈生陸賈列傳》

**19** 횡포한 외척 : 【譯注】 한나라 고조의 부인 여후(呂后)의 오빠 여택(呂澤)과 그의
아들 여산(呂産)·여태(呂台), 둘째 오빠 여석지(呂釋之)와 그의 아들 여록(呂祿)을
이른다.

있으나, 그들이 여덟 자를 굽혀 한 자를 펴는 짓[20]을 한 것은 그야말로 너무 심합니다. 더구나 애초에 이미 잘못 세상에 발을 들인 자취가 이와 같으니, 뒤에 만약 여산(呂產)과 여록(呂祿)의 계책[21]이 성공하고 이 네 사람이 죽지 않았다면 당나라 두목(杜牧)의 이른바 '유씨(劉氏)를 안정시킨 사호가 바로 유씨를 망쳤네.〔四皓安劉是滅劉〕'[22]라고 한 그 형벌을 어찌 피할 수 있겠습니까. 그러므로 애오라지 공의 시구의 뜻에 따라 이 점에 대해 언급했는데,[23] 잘 모르겠으나 고명(高明)께서는 어떻게 생각하십니까?

---

**20** 여덟……짓 : 【譯注】 잃는 것은 많고 얻는 것은 적다는 뜻이다. 《맹자》〈등문공하(滕文公下)〉에 "만일 이익만 가지고 따진다면, 여덟 자를 굽혀 한 자를 펴서 이익이 되는〔枉尋直尺而利〕 경우라도 할 수 있는가?"라고 하였다.

**21** 여산과 여록의 계책 : 【譯注】 '여산'과 '여록'은 한나라 고조의 여후의 조카들이다. 혜제(惠帝)가 죽자 여후가 수렴청정하면서 그들을 여왕(呂王)과 조왕(趙王)에 책봉했는데, 여후가 집정한 지 8년 만에 죽자 여씨를 왕으로 세우려는 계책으로 반란을 일으켰다가 주발(周勃)과 진평(陳平) 등에 의해 주살되었다. 《史記 呂太后本紀》

**22** 두목의……망쳤네 : 【譯注】 태자로 있던 한나라 혜제를 상산사호(商山四皓)가 도와 등극하게 했으나, 뒤에 혜제가 일찍 죽고 그 어머니 여후가 나라를 혼란하게 만든 것을 비판한 것이다. 두목의 시는 〈상산사호의 사당에 제하다. 절구 1수〔題商山四皓廟一絶〕〉이다.

**23** 애오라지……언급했는데 : 【攷證 卷4 聊因雅句云云…】《정본 퇴계전서》 권3 〈남시보의 시에 차운하다 절구 8수〉(KWP0827)에 보인다. 【校解】〈남시보의 시에 차운하다 절구 8수〉의 여덟 번째 시에서 "왕을 보좌할 재주 지닌 공명이, 다급한 마음으로 한나라 종친을 도우려 했지. 잘못 출사한 사람이 어찌 공명이겠는가, 상산사호야말로 정말 잘못 출사한 것이지.〔孔明王佐才, 纓冠救同室. 誤出豈隆中, 商山眞誤出.〕"라고 하였다.

# 남시보에게 답하다 【무오년(1558, 명종13, 58세) 9월 21일 이전 추정. 예안(禮安)】

答南時甫

보내신 편지가 아침에 왔는데, 마침 오래 헤어져 있다가 갑자기 만난 고향 친척이 있어 정담을 나누고, 이 밖에 또 때에 맞춰 조처할 일이 있었기 때문에 한 명뿐인 하인이 온종일 겨를이 없어 즉시 답장을 쓰지 못했습니다. 이는 정리에 매우 어긋나니 부끄럽습니다.

말씀하신 내용이 자세하니, 요즘 힘쓰는 일의 진보한 측면과 절실히 점검한 부분을 충분히 엿볼 수 있습니다. 그러므로 매번 공의 편지를 받을 때마다 저도 모르게 마음이 열리고 눈이 밝아져 스스로 단속함이 소략하고 거친 줄을 더욱더 잘 알게 됩니다. "힘을 전혀 쓰지 않는 경지는 인위적인 안배에 의해 막히고, 막을 수 없는 천기는 누적된 습성에 의해 가려진다."라고 하셨으니, 공이 스스로 병통이라고 말씀하신 '안배'와 '누습'은 모두 저의 병통에 해당하는 것입니다. 그렇다면 제가 어찌 공에게 그 병통을 해결할 침이나 약을 줄 수 있겠습니까. 해결할 방안을 알려달라고 하신 공의 말씀은 지나친 것입니다. "담연하고 순일하며 맑고 밝은 본체가 위아래로 천지와 더불어 함께 유행한다."라고 말씀하신 부분은 참으로 그러합니다만, 공은 이 점에 대하여 너무 성급히 말씀하신 듯합니다. 또 "이른바 '힘을 쓴다'는 것은 의도도 없고 욕구도 없는 상태를 두고 한 말일 뿐이다."라고 하셨는데, '의도도 없고 욕구도 없는' 경지는 바로 성인(聖人)의 경지에 해당하는 일이니, 한 번 훌쩍 뛰어오르는 것으로는 아마 이런 경지에 도달하기 어려울 듯합니다.[24] 이 단락의 말뜻을

---

**24** 훌쩍……듯합니다 : 【譯注】 단번에 높은 수준에 오를 수 없으니 점진적으로 노력해

자세히 살펴보면 약간 선미(禪味)가 있으니, 아마 진헌장(陳獻章)의 《백사자집(白沙子集)》과 왕수인(王守仁)의 《전습록(傳習錄)》을 읽으면서 필연적으로 나쁜 영향을 조금 받은 측면이 있을 것입니다.

연평(延平 이통(李侗))의 이른바 "태극이 동(動)해서 양(陽)을 낳는 것은 이발(已發)로 보면 안 된다."[25]라는 말씀에 대하여 저는 아직 이해하지 못하고 있습니다. 그리고 지금 공이 인용해 증명한 부분에 대해서도 역시 깨닫지 못하겠습니다. 부디 몇 마디 말로 저를 깨우쳐 몽매함을 제거하여 주십시오. 만약 갑작스럽게 일러줄 수 없다면 훗날 대면하여 논의할 날을 기다리겠습니다.

자로(子路)가 공자에게 귀신을 섬기는 것에 대해 묻자, 공자께서 "사람을 제대로 섬기지 못한다면 어떻게 귀신을 섬길 수 있겠는가.〔未能事人, 焉能事鬼?〕"[26]라고 하셨습니다. 우리들은 사람이 지켜야 할 떳떳한 윤리와 환히 드러난 천륜에 대해서도 깨닫지 못하는 점이 많으니, 어찌 감히 아득하고 불분명하게 귀신에 대해 말할 수 있겠습니까. 다만 격물(格物)의 공부는 유명(幽明)을 확연히 두 길로 나누어서 한쪽을 버려두고 전혀 강구하지 않는 것도 옳지 않기 때문에 우선 보내신 편지에서 거론한 선유(先儒)의 설명에 근거하여 논의하겠습니다.

정자(程子)의 이른바 "귀신이 있다고 말하면 우선 가서 찾아보라."[27]는

---

야 한다는 뜻이다. 송나라 주희(朱熹)가 "학문은 역시 단번에 단계를 뛰어넘어 곧바로 높은 경지에 들어갈 이치가 없으니〔無箇一超直入之理〕, 단지 조금씩 조금씩 쌓아 나아갈 뿐이다."라고 하였다. 《朱子語類 卷105》

**25** 태극이……안 된다 : 【攷證 卷4 太極…已發】주자의 《연평답문(延平答問)》에 보이는 내용이다. ○ 살펴보건대, 《정본 퇴계전서》 권8 〈정자중에게 보낸 답장의 별지〔答鄭子中別紙〕〉(KNL1035)에서 이 의미에 대해 자세히 논의했으니 참고하여 읽어야 한다.

**26** 사람을……있겠는가 : 【譯注】《논어》〈선진(先進)〉에 보이는 내용이다.

**27** 귀신이……찾아보라 : 【攷證 卷4 道有來但去尋討】어떤 사람이 "귀신이 있습니까?"

말씀은 귀신이 정말 있다는 뜻이 아닙니다. 이는 있다고 해도 옳지 않고 없다고 해도 옳지 않다는 뜻이니, 있고 없음의 중간에 붙여두어야 한다는 의미일 뿐입니다. 그런데 화담(花潭)[28]은 귀신이 정말 있다고 여겼습니다. 그래서 그 물질이 모이면 사람이 되고 그 물질이 흩어지면 허공에 있게 되어 생성과 파괴를 번갈아 반복하되 이 물질은 영원히 소멸하지 않는다고 하니, 불가(佛家)에서 주장하는 대윤회(大輪廻)[29]와 무엇이 다릅니까. 이는 제가 감히 망령된 말을 지어낸 것이 아니니, 본래 선유들이 횡거(橫渠 장재(張載))의 주장에 대하여 비판한 말씀[30]입니다. 공자께서 재여(宰予)에게 대답하신[31] 말씀이 《예기(禮記)》에 보이는데 혹 지극히

---

라고 물으니, 정명도(程明道 정호(程顥))가 "너에게 없다고 한다면 네가 어찌 믿을 수 있겠느냐. 너에게 있다고 말하면 너는 우선 가서 찾아보라."라고 하였다. 《二程外書 卷12 傳聞雜記》

**28** 화담 : 【譯注】서경덕(徐敬德, 1489~1546)으로, 본관은 당성(唐城), 자는 가구(可久), 호는 복재(復齋)이다.

**29** 대윤회 : 【攷證 卷4 大輪迴】불가에서는 사람이 죽어도 정신은 사멸하지 않고, 이어서 다시 형체를 받는다고 한다. 《後漢紀 卷10》○ 살펴보건대, 주자가 "장횡거(張橫渠 장재(張載))는 불교의 윤회설을 배척했으나 그가 주장한 '모이고 흩어지며 굽혀지고 펴진다[聚散屈伸]'는 부분은 도리어 대윤회설에 해당한다."라고 하였다. 《朱子語類 卷99》

**30** 횡거의……말씀 : 【攷證 卷4 議橫渠】장자(張子)가 "형체가 모이면 물체가 되고 물체가 무너지면 근원으로 돌아가니, 이것은 떠돌아다니는 혼이 비로소 변한 것이다. 〔形聚爲物, 物潰反原者, 其遊魂爲變乎.〕"라고 하였다. ○ 살펴보건대, 주자는 "장자에게 '형체가 무너지면 근원으로 돌아간다〔形潰反原〕'는 주장이 있는데 정자(程子)께서 여러 번 그 주장이 옳지 않다고 변박하셨다. 《동견록(東見錄)》 가운데 이른바 '굳이 이미 돌아간 기운을 가지고 다시 막 펴지는 기운으로 삼을 필요는 없다.'라는 말씀이 있으니, 이러한 종류를 고찰할 수 있다."라고 하였다. 《晦菴集 卷61 答林德久》【校解】 정이(程頤)는 "코로 숨을 쉬어 호흡할 때 굴신왕래(屈伸往來)의 이치를 볼 수 있으니, 이치로 말하면 굴신왕래가 저절로 그치지 않고 기운으로 말하면 이미 굽혀진 기운을 가지고 막 펴지는 기운으로 삼는, 석씨(釋氏)가 말한 윤회와 같은 것이 아니다."라고 하였다. 《二程遺書 卷15 入關語錄》

순정(醇正)하다고 할 수는 없는 점이 있습니다. 다만 주자께서 이미 《중용장구(中庸章句)》에 이 말을 취하셨고,[32] 또 스스로 '양양생활(洋洋生活)'[33] 등의 말씀도 하셨으니, 이는 참으로 의심할 만한 점이 있습니다. 저의 천박한 소견이 성현의 경지에 미치지 못하는 부분이 바로 이런 데에 있습니다. 지금은 알 수 있는 내용을 근거로 삼아 알 수 없는 오묘한 이치를 차츰차츰 찾아야 하니, 비슷한 내용을 끌어다가 견강부회하여 사문(師門)[34]의 잘못된 주장을 증명해서는 안 될 듯합니다.[35] 나머지 내용은 별폭(別幅)에 있습니다.

---

**31** 공자께서 재여에게 대답하신 : 【攷證 卷4 孔子之答宰予】 재아(宰我)가 "저는 귀(鬼)와 신(神)이라는 명칭은 들어보았으나, 무엇을 말하는지 모르겠습니다."라고 하니, 공자가 "뭇 생명체는 반드시 죽고 죽으면 반드시 땅으로 돌아가니, 이것을 일러 귀라고 한다. 뼈와 살이 아래에서 썩어 땅속에 묻혀 들의 흙이 되면 그 기가 위로 발양하여 영험이 밝게 드러나며, 쑥 향기가 위로 올라가 사람을 감촉하고 사람의 마음을 두렵게 하니, 이것은 온갖 물건의 정기(精氣)요 신(神)이 드러난 것이다."라고 하였다. 《禮記 祭義》

**32** 주자께서……취하셨고 : 【譯注】 《중용장구》 제16장에 "귀신은 천하 사람으로 하여금 재계하고 깨끗이 하며 의복을 성대히 하여 제사를 받들게 하고는 충만한 상태로 유동하여 그 위에 있는 듯하며 그 좌우에 있는 듯하다."라고 했는데, 주희는 주석에서 《예기》〈제의〉의 '그 기가 위로 발양하여 영험이 밝게 드러나며, 쑥 향기가 위로 올라가 사람을 감촉하고 사람의 마음을 두렵게 하니, 이것은 온갖 물건의 정기요 신(神)이 드러난 것이다.'라는 공자의 말을 인용하였다.

**33** 양양생활 : 【攷證 卷4 洋洋生活】 《예기》〈중용〉의 '귀신은 사물의 본질이 되어 사물이 빠뜨릴 수 없다〔體物不可遺〕'라는 구절에 대한 공영달 소(疏)에 보인다. 【校解】 《회암집(晦菴集)》 권47 〈여자약에게 답하다〔答呂子約〕〉에 "이른바 '빠뜨릴 수 없다'라는 것은 누락이나 누설이 없다고 말하는 것과 같으니, 항상 스스로 충만한 상태로 활발히 유동하여〔常自洋洋生活〕 회명(晦明)이 교체될 때도 중단되지 않는 것이다."라고 하였다.

**34** 사문 : 【攷證 卷4 師門】 서화담을 가리킨다.

**35** 비슷한……듯합니다 : 【譯注】 남언경(南彦經)이 정이의 말과 공자의 말을 끌어다가 자기 스승인 서경덕의 주장을 증명하려고 한 것에 대하여 비판한 말이다.

사람들이 간혹 제가 유생들과 교유하는 것을 비난합니다. 저는 본래 일개 한미한 유생이니, 유생으로서 유생과 교유하는 것에 무슨 죄가 있겠습니까. 다만 함부로 교유하면 안 될 뿐입니다. 그러나 저에 대한 이런 비난은 매우 두려워할 만하니, 공도 알지 않으면 안 됩니다.[36]

---

**36** 다만……안 됩니다 : 【譯注】 정학(正學)에 위배되는 공부를 하는 자들과 교유하지 말라는 뜻으로 한 말이다.

# 남시보에게 답하다 【무오년(1558, 명종13, 58세) 9월 21일 이전 추정. 예안(禮安)】
答南時甫

《일전에 주신 물음에 대해 대충 답장을 보냈는데, 이어서 병세가 오락가락하면서 지금까지도 낫지 않아 오랫동안 정식 답장을 보내지 못했으니 매우 부끄럽고 아쉽습니다. 결핵은 요즘 어떻습니까? 나는 이전에 그 증세가 있어 발작하려 한 적이 여러 번이었기 때문에 자못 그 원리를 압니다. 대체로 기(氣)가 막히면 발동하고 기가 통하면 잠복하니 심력(心力)을 과도하게 사용하면 절대 안 됩니다. 지나치게 우려하지도 말고 소홀히 하지도 마십시오. 그러면 매우 다행일 것입니다.》

잘 모르겠으나 《황극경세서(皇極經世書)》[37]의 〈관물내편(觀物內篇)〉에서 공이 보고자 하는 내용은 어느 부분입니까? 지난해에 나는 민경열(閔景說)[38]이 새로 구입해 온 〈관물내편〉과 〈관물외편〉 도합 10여 책을 빌려 왔는데, 풍성(豊城) 사람 주은로(朱隱老)[39]가 주해한 책입니다. 그 주해는 화려하기만 하고 실질적인 내용이 부족하니, 그야말로 벽을 사이에 둔 채로 듣고 신발을 신은 채로 발바닥을 긁는 격[40]이라서 정곡을 찌르

---

**37** 황극경세서 : 【譯注】 송나라 소옹(邵雍, 1011~1077)의 저작으로, 1~6권은 〈원회운세(元會運世)〉 34편, 7~10권은 〈성음율려(聲音律品)〉 16편, 11권은 〈관물내편(觀物內篇)〉 12편, 12권은 〈관물외편(觀物外篇)〉 2편인데, 〈관물외편〉은 소옹의 제자가 기술한 것이다.

**38** 민경열 : 【譯注】 민기(閔箕, 1504~1568)로, 본관은 여흥(驪興), 자는 경열, 호는 관물재(觀物齋)·호학재(好學齋), 시호는 문경(文景)이다.

**39** 주은로 : 【攷證 卷4 朱隱老】 미상이다. 【校解】 주은로(?~1357)는 원나라 예장(豫章) 풍성(豊城) 사람으로, 자는 자방(子方), 호는 첨봉(瀋峯)이고, 주선(朱善, 1314~1385)의 아버지이다. 저서로 《황극경세서해(皇極經世書解)》 18권이 있다.

지는 못하였습니다. 그러나 얻어 보게 된 것을 다행으로 여겨 대략 그 유례(類例)를 채 반이 못 되게 초록했는데, 얼마 뒤에 또 여본(余本)<sup>41</sup>이 주해한 〈관물외편〉 4책을 빌려 왔습니다. 여본의 주해를 기반으로 하여 주은로의 주해를 비교해 보니 하늘과 땅만큼 차이가 날 뿐만이 아니었습니다. 그래서 주은로의 주해를 제쳐두고 여본의 주해를 초록하였으나, 아쉽게도 여본의 주해에는 또 낙장이 많았습니다. 이 두 책과 《성리대전(性理大全)》<sup>42</sup>은 장(章)과 절(節)의 선후가 서로 잘못 들어가 있어 결국 하나로 확정하여 정리하기가 어려웠습니다. 게다가 그 이치가 심오하고 그 수(數)를 시험 삼아 계산해 보니 맞기도 하고 틀리기도 했습니다. 지난해 겨울부터 올해 봄 사이에 이 일로 허다한 날을 보냈는데도 결국 그 언저리도 엿보지<sup>43</sup> 못한 채 공연히 병든 사람의 정력만 소모했으니,

---

**40** 벽을……격 : 【譯注】 언뜻 보면 좋은 것 같지만 이치로써 자세히 따져보면 오류가 많다는 뜻이다. 【攷證 卷4 隔壁聽隔靴爬】 정이천(程伊川 정이(程頤))이 "후사성(侯師聖)의 의론은 단지 벽을 사이에 두고 들어야 한다."라고 하였다. 《四書或問 卷4》○ '벽을 사이에 두고 듣는다'는 것은 절실하지 않다는 말이니, '신발을 신은 채로 발바닥을 긁는다'는 뜻과 비슷하다.

**41** 여본 : 【攷證 卷4 余本】 살펴보건대, 《주자대전》과 《주자대전 별집》은 여사로(余師魯)가 편집한 책이다. 【校解】 여본에 대하여 《고증》에서 '여씨의 판본'이라고 이해한 것은 오류이다. 여본(1482~1529)은 명나라 절강(浙江) 은현(鄞縣) 사람으로, 자는 자화(子華), 호는 남호(南湖)·수우(守愚)이다. 정덕(正德) 6년(1511)에 진사에 합격하여 편수관(編修官)이 되고, 광동 제학부사(廣東提學副使)를 거쳐 남경 우통정(南京右通政)이 되었다. 저서로 《남호문록(南湖文錄)》과 《황극석의(皇極釋義)》가 있다.

**42** 성리대전 : 【攷證 卷4 性理大全】 명나라 학자 호광(胡廣)·양영(楊榮)·김유자(金幼孜) 등이 편찬하였다.

**43** 언저리도 엿보지 : 【攷證 卷4 窺藩籬】 주자의 〈우계현 학관의 대각〔尤溪縣學觀大閣〕〉 시에 "사물과 내가 근원을 함께 하는 곳 살펴야 하니, 울타리를 쪼개버리면 바로 대학자가 되지.〔應觀物我同根處, 剖破藩籬卽大方.〕"라고 하였다. 【校解】 《고증》에 '方'이 '家'로 되어 있는데, 《회암집(晦菴集)》 권4에 의거하여 수정하였다.

뒤미처 생각해 보자 모골이 송연해져 혼자 쓴웃음을 지었습니다. 게다가 힘이 소진되어 초록을 끝내지 못할 것을 스스로 알고서는 곧바로 주은로 주해의 전질을 민공에게 돌려보내고, 지금은 여본의 주해서 4권만 남겨 두었습니다.

다만 여본의 주해서는 공과 응길(應吉)[44]이 일찍이 빌려 본 것이니, 이 책을 말하는 것은 틀림없이 아닐 것입니다. 그래서 단지 제가 초록한 두 책을 보냅니다. 이것은 제가 개인적으로 보기 편하게 초록한 것으로, 그 책의 원본이 아니니 남에게 보여주어서는 안 됩니다. 또 이처럼 난해한 책을 읽으려면 반드시 극도로 심력을 쏟아야 하니 실로 병세에 해를 끼칠까 염려스럽습니다. 모름지기 매우 경계하여 무리하지 않으시기 바랍니다.

귀신의 이치는 보고 들은 지식이나 마음으로 헤아린 추측으로는 알 수 있는 바가 아니기 때문에 여러 번 질문을 주셨으나 대답할 길이 없어 보내신 편지에서 거론한 두 가지 조목으로 말씀드렸으니, 과연 공의 견해와 같지 않은 듯합니다. 그러나 주자께서 '굽혀짐〔屈〕 가운데 또 펴짐〔伸〕이 있는 것'에 대하여 '귀(鬼)에 영(靈)이 있다'라고 하셨는데,[45] 이는 꼭 '이미 굽혀진 기(氣)가 되돌아와서 형체로 드러난 것이 귀(鬼)의 영(靈)이다'라고 하셨다고는 할 수 없습니다. 다만 굽혀지고 있는 기(氣)에 역시 영(靈)이 있으니, 그 영(靈)이 있는 곳에 대하여 '굽혀짐 가운데의 펴짐'이

---

**44** 응길 : 【譯注】 홍인우(洪仁祐, 1515~1554)로, 본관은 남양(南陽), 자는 응길, 호는 경재(敬齋)·치재(耻齋)이다.

**45** 주자께서……하셨는데 : 【譯注】 주희가 "두 개의 기(氣)로 말하면 귀(鬼)는 음의 영(靈)이고 신(神)은 양의 영이며, 하나의 기로 말하면 이르러 와서 펴지는 것이 신이고 돌아가 굽어지는 것이 귀이다."라고 하고, 또 "한창 펴지고 있는 기에도 펴짐과 굽혀짐이 있고, 이미 굽혀진 기에도 굽혀짐과 펴짐이 있다."라고 하였다. 《朱子語類 卷63》

라고 하는 것은 괜찮다고 하신 것일 뿐입니다. 어찌 '물이 얼어 얼음이 되고 얼음이 녹아 물이 되어 한 번 가고 한 번 돌아오는 것이 수레바퀴가 빙글빙글 도는 것과 같다'[46]는 설명과 동일시할 수 있겠습니까.

이로 인해 화담공(花潭公 서경덕(徐敬德))의 소견을 생각해 보면 기수(氣數) 한쪽 길로만 너무 익숙합니다. 그가 주장한 내용은 리(理)를 기(氣)라고 여기는 오류를 면치 못했으며, 또한 간혹 기를 가리켜 리라고 한 경우도 있습니다. 그래서 지금 여러분도 역시 더러 그 주장에 익숙해져 있기에 기필코 기를 고금에 걸쳐 항상 존재하고 소멸하지 않는 물건으로 간주하려고 하는 것입니다. 그러다가 부지불식간에 이미 불가(佛家)의 견해에 빠지게 되었으니, 여러분의 견해가 참으로 옳지 않습니다. 그러나 저도 전에는 기가 흩어지면 즉시 없어진다고 생각했었는데, 요즘 곰곰이 생각하니 이 또한 편견으로써 완벽한 생각은 아닙니다.

무릇 음과 양이 가고 오며 소멸되고 생성되는 것은 어떤 경우든 모두 점진적이니, 이르러 펴지고 돌아가 굽혀지는 것이 모두 그렇습니다. 그렇다면 이미 펴진 뒤에 굽혀지는 상태로 돌아갈 때 그 펴진 것의 나머지가 갑자기 사라지는 것은 아니고 당연히 점진적으로 사라질 것입니다. 이미 굽혀져 완전히 없어진 상태에 이를 때도 그 굽혀진 것의 나머지가 역시 갑자기 없어지는 것은 아니니 어찌 점진적이지 않겠습니까. 그러므로 사람이 죽어 생기는 귀신은 모든 경우에 애당초 대번에 없어지지 않고 점차로 없어지니, 옛날에 죽은 사람을 섬기되 산 사람을 섬기는 것처럼 하고, 사망한 사람을 섬기되 생존한 사람을 섬기듯이 한 것〔事死如事生, 事亡如事存.〕[47]은 그런 이치가 없는데 우선 이렇게 해서 상주의 마음을

---

**46** 물이 얼어 ……같다 : 【攷證 卷4 氷水…周轉】아마 서화담(徐花潭 서경덕(徐敬德))의 귀신설(鬼神說) 가운데 있는 말인 듯하다.

위로한다는 의미가 아니고 이치가 참으로 이와 같기 때문입니다. 이런 관점으로 본다면, 공자께서 재아(宰我)의 질문에 대답하신 내용도 역시 의심스러운 점이 없습니다.[48] 눈앞에 보이는 사물로 말한다면, 화로 안에 있는 불이 이미 꺼진 뒤에도 화로 안에는 여전히 훈기가 남아 있어 한참 뒤에야 비로소 없어지고, 여름에 해가 이미 졌는데도 남은 열기가 여전히 남아 있어 밤이 되어 음기가 왕성해진 뒤에야 비로소 식으니, 모두 동일한 이치입니다. 오래 지속되어 항상 존재하는 것은 전혀 없고, 또한 이미 굽혀진 기를 가지고 이제 막 펴지는 기라고 할 수도 없습니다. 저의 좁은 소견으로는 대의가 이와 같은데, 잘 모르겠습니다만 공은 어떻게 생각하십니까? 만약 이치에 맞지 않는다면 제대로 일러 주어 어리석은 의혹을 깨뜨려 주시기를 몹시 바랍니다.

담증(痰症)이 심한 나머지 머리가 무거워 몽당붓을 잡고 아무렇게나 쓰다 보니 글씨가 엉망입니다.[49] 감사(監司)[50]가 보내온 율시(律詩)도 병세 때문에 베껴 보내지 못합니다만, 역시 성가시게 알려드릴 만한 것이 못 됩니다. 다만 그 가운데 "성상의 막중한 은혜 갚을 길 없고, 몽매한 학문 계발하기 어렵다. 시골 승려는 먼 길 떠날[51] 생각하고, 갇힌 새는

---

**47** 죽은……것 : 【譯注】《중용장구》 제19장에 보이는 내용이다.

**48** 공자께서……없습니다 : 【譯注】 이황은, 공자가 재아(宰我)의 질문에 대답한 《예기》〈제의(祭義)〉의 내용에 대하여 "지극히 순정(醇正)하다고 할 수는 없는 점이 있다."라고 했는데, 다시 생각하니 의심할 바가 없다고 한 것이다.

**49** 글씨가 엉망입니다 : 【攷證 卷4 不成字林】 살펴보건대, '자림'은 사림(詞林)·서림(書林)과 같은 종류이다.

**50** 감사 : 【譯注】 오겸(吳謙)을 이른다. 그는 1558년(명종13) 1월 9일에 경상도 관찰사에 제수되었다. 《明宗實錄 13年 1月 9日》

**51** 먼 길 떠날 : 【攷證 卷4 遠錫】 송나라 승려 도성(道誠)의 《석씨요람(釋氏要覽)》에 "승려가 길을 떠날 때는 반드시 석장(錫杖)을 지니고 간다."라고 하였다.

깊은 새장에서 번민하네.〔無計酬恩重, 難圖發學懵. 野僧思遠錫, 羈鳥憫深
籠.〕"라는 구절이 있습니다. 이 두 구절은 사실의 기록인데, 보는 사람들
이 그다지 그 뜻을 이해하지 못합니다.

《황이 침상에서 초초히 씁니다.》

# 별지
別紙

이 학문은 전적으로 벗들끼리 절차탁마하는 힘에 도움을 받아야 하는데 우리 고을의 사우(士友)들 가운데 학문에 뜻을 둔 사람은 대부분 다른 일 때문에 학문에 전심하지 못하니 내게 전혀 경계와 보탬이 되지 못합니다. 산골에 우두커니 앉아 있자니 무뎌지고 정체된다는 근심만 날마다 밀려와 매번 예전에 서울에서 서로 교유하던 즐거움을 생각하지만 그런 즐거움을 얻을 길이 없으니 이는 참으로 보내주신 편지에서 말씀하신 바와 같습니다.

다만 지난날 강론한 내용은 대부분 아득하고 산만했는데 근래에《회암서(晦菴書)》를 읽어 절실한 의미를 엿보고서야 비로소 그 잘못을 깨달았습니다. 대개 일상생활 속에서 충만한 이 이치는 단지 움직이고 멈추고 말하고 침묵하는 사이나 이륜(彛倫)을 응접할 때 있어서 평이하고 명백하며 세미한 곡절은 언제나 어디서나 그렇지 않음이 없어 눈앞에 드러나 있으나 흔적도 없는 곳으로 신묘하게 들어갑니다. 초학자들은 이런 점을 버리고 대뜸 고원하고 심대한 경지에 종사하며 지름길로 가서 얻고자 하니 이것은 자공(子貢)도 할 수 없었던 바[52]인데 우리가 할 수 있겠습니까. 그래서 단지 찾아다니느라 고생만 할 뿐 실천하는 데는 아득히 근거할 만한 실질이 없습니다. 이연평(李延平 이통(李侗))이 "이 도리

---

**52** 이것은……바 : 【譯注】 자공(子貢)이 "선생님의 위의와 문사 등 겉으로 드러나는 일에 대해 말씀하시는 것은 누구나 들을 수 있으나, 인간의 본성과 우주의 본질에 관한 말씀은 아무나 들을 수는 없었다.〔夫子之文章, 可得而聞也; 夫子之言性與天道, 不可得而聞也.〕"라고 한 부분에 대하여 한 말이다. 《論語 公冶長》

는 전적으로 일상생활에서 익숙히 하는 것이 관건이다.'[53]라고 하였으니,
이 말씀이 참으로 훌륭합니다.


<hr>

**53** 이……관건이다 : 【譯注】 송나라 이유무(李幼武)의 《송명신언행록(宋名臣言行
錄)》 외집(外集) 권12의 주희 항목에서 인용된 〈이연평이 그의 벗 박문 나종례에게
보낸 편지〔延平與其友羅博文宗禮書〕〉에 나오는 말이다.

# 남시보에게 답하다 【경신년(1560, 명종15, 60세) 1월 초순 추정, 예안(禮安)】

答南時甫

돌아오는 인편을 통해 보내주신 편지를 받고서 헤어진 뒤에 북쪽으로 근친(覲親)을 다녀오고 남쪽으로 유람 다니면서 많은 것을 두루 구경하여 답답하던 마음이 문득 풀렸으며, 맡고 계신 침랑(寢郞)의 직임[54]이 평온하여 책을 읽는 데 재미가 있으시다는 것을 잘 알았으니, 매우 위로되고 기쁩니다.

이른바 근독(謹獨)이 일상생활의 절실한 공부라는 것은 참으로 명확한 논의입니다. 또 모름지기 이 이치의 유행이 어느 사물에건 있지 않음이 없고 어느 때인들 그렇지 않음이 없으므로 우리의 공부도 어느 때나 어느 곳이나 힘을 쓰지 않음이 없어야 함을 알아야 합니다. 이는 대개 수작(酬酌)하는 곳에서 항상 경계하고 삼감은 물론 홀로 있는 곳을 더욱 삼가야 함을 말한 것이니, 저것은 소홀히 하고 단지 이것만 삼가면 된다고 말한 것이 아닙니다.

대저《대학(大學)》이라는 한 책은 한 번 눈을 들고 한 번 발을 내디디면 정조(精粗)와 본말(本末)이 모두 그 안에 있으니, 사람들은 힘을 쓰지 못하는 것을 근심할 따름입니다. 진실로 끊임없이 노력한다면 성현의 경지에 이르지 못할까 근심하지 않아도 되는데 지금 우리는 이처럼 지리멸렬하니 득력하지 못하는 것을 괴이하게 여길 것 없습니다. 주 선생(朱先生 주희(朱熹))이 일찍이 문인들이《대학》을 읽으면서도 득력하지 못함을 탄식한 것을 보았는데 이는 이상한 일입니다.

---

**54** 침랑의 직임 : 【要存錄 卷14】 남시보가 이때 헌릉 침랑(獻陵寢郞)에 제수되었다.

검암(劍巖)이라는 당호의 편액을 써달라고 한 것[55]은 의도는 매우 좋습니다. 그러나 회암(晦菴)이 여산(廬山)을 매우 좋아하였고 동파(東坡)가 나부산(羅浮山)을 매우 좋아하였지만 모두 당호로 삼지 않았으니, 이는 어찌 저것이 실로 자신과는 관계가 없으니 억지로 끌어와 자신에게 귀속시켜 호로 삼아서는 안 된다고 여겼기 때문이 아니겠습니까. 그렇다면 멀리 검암을 취하는 것이 도리어 가까이 공이 왕래하며 바라보기에 절실한 월악(月嶽)을 취하는 것만 못하니,[56] 어떻게 생각하십니까?

《주자서절요(朱子書節要)》2책은 잘 받았습니다. 3책은 편지에서 말씀하신 대로 하는 것이 좋겠습니다.

매미 소리[蟬聲]에 대한 한 조목은 말씀하신 뜻이 타당한 듯합니다. 그러나 대수롭지 않게 본다면 대수롭지 않은 말이 되고, 긴절(緊切)하게 본다면 어찌 긴절한 말이 아니겠습니까. 우는 학[鳴鶴]이 《주역(周易)》에서 한 번 일컬어지자 감응하는 고사의 명언이 되었고,[57] 나는 올빼미[飛鴞]가 〈노송(魯頌)〉에서 한 번 일컬어지자 변화하는 고사의 명언이 되었으니,[58] 그 가운데 모두 무궁한 좋은 의미가 있습니다. 매미는 사물

---

**55** 검암이라는……것 : 【攷證 卷4 需劍巖】수(需)는 구한다는 뜻이다. 검암은 충주(忠州) 수교(水橋)에서 10리 떨어진 곳에 있다.

**56** 월악을……못하니 : 【要存錄 卷14】남시보가 일찍이 충주(忠州)에 우거하였기 때문에 말한 것이다.

**57** 우는……되었고 : 【譯注】《주역》〈중부괘(中孚卦) 구이(九二)〉에 "우는 학이 그늘에 있으니 그 새끼가 화답하네. 나에게 좋은 벼슬이 있으니 내가 너와 함께 나누어 가지리.〔鳴鶴在陰, 其子和之. 我有好爵, 吾與爾靡之.〕"라고 하였다. 그윽한 곳에 있으면서도 신의를 잃지 않았으므로 동류들이 서로 응함을 말한 것이다.

**58** 나는……되었으니 : 【攷證 卷4 飛鴞…變著】삼국 시대 오(吳)나라 육기(陸機)의 《육씨시소광요(陸氏詩疏廣要)》에 "올빼미가 오디를 먹으면 그 소리가 변하여 아름다워진다."라고 하였다. 【校解】《시경》〈노송(魯頌) 반수(泮水)〉에 "이리저리 나는 저 올빼미, 저 반궁의 나무숲에 모였도다. 우리 뽕나무 오디를 먹고 좋은 소리로 날 회유하누

가운데 매우 맑고 깨끗한 것이기에 대현(大賢)께서 사물을 통해서 사람을 그리워할 때 이를 일컬으셨고 그리워하는 대상도 대현이었으니, 이 때문에 사람을 그리워하는 고사의 명언이 되었습니다. 그 안에 담긴 좋은 의미가 어떠한지요?

일찍이 보건대, 선가(禪家)에서는 그 조사(祖師)의 말을 칭술(稱述)할 적에 만일 한 단락이라도 비유하는 말이 있으면 칭양(稱揚)하지 않음이 없었고, 시인 묵객(詩人墨客)의 경우에는 표절하고 과장하여 고사의 명언에 비겼습니다. 우리 정자(程子)·주자(朱子) 등 현인께서 말씀은 마치 콩과 조 같고 베와 비단 같아서 사람이 일상 생활하는 데 절실한데 사람들은 도리어 그 귀함을 알지 못합니다. 그러니 하물며 칭양하여 고사의 명언으로 삼을 줄 아는 것이야 더 말할 것이 있겠습니까. 다른 사람들이 알지 못하는 것은 굳이 말할 것 없지만 공과 같은 사람에 이르러서도 그 귀함을 알지 못하고 대수롭지 않은 말로 여기니 어째서입니까?

대저 《주자서절요》는 중점이 학문에 있으니, 모두 훈계하고 책려(責勵)하는 뜻을 위주로 취해야 합니다. 그러나 한결같이 이런 점만 취한다면 사람으로 하여금 구속되고 위축되어, 관대하고 화평하며 앙모하고 흥기하는 뜻이 없게끔 하는 데에 가깝지 않겠습니까. 그러므로 그 가운데 비록 이 조목의 부류처럼 훈계하고 경계하는 말과 관계되지 않은 것이라도 또한 많이 취하였으니, 대현께서 평소 말씀하고 거동하며 휴식하는 사이와 사람을 대하고 사물을 접할 때에 감흥과 정미(情味)가 어떠한지 보고서 눈으로 그려보고 마음으로 생각하고자 한 것입니다. 그렇게 한다면 완연히 한때에 문하에 모인 사람들과 함께 한 집에 모여 조용히 선생

나.〔翩彼飛鴞, 集于泮林. 食我桑黮, 懷我好音.〕"라고 하였다. 교화에 감화를 받아 흉포함을 고치고 착하게 되었다는 것을 말한다.

님을 모시고 주선하며 응수하는 것과 같을 것이고, 혹 때때로 이러한 경치, 이러한 사물, 이러한 사람, 이러한 일을 만나면 마치 몸소 가르침을 듣고 직접 행동의 모범을 본 듯하여 나도 모르게 깨닫고 기뻐하는 뜻이 있을 것입니다. 그러니 고인을 사모하고 도를 향하여 그치지 않고 점점 나아가려는 마음이 들게 하는 데 도움이 되는 것이 어찌 적겠습니까. 편지의 말단에서 창포(菖蒲)의 안부를 묻는 것[59] 따위를 취한 것도 이와 같습니다. 공께서는 필경 어떻게 생각하십니까?

주자께서 경(敬)에 대해 논하신 한 단락은 말의 뜻이 매우 합당하고, 태휘(太輝)[60]에게 답하신 말은 변론하신 것이 매우 통쾌합니다. 그런데 태휘는 아직도 스스로 옳다고 여기며 승복하지 않고 있습니까? 태휘도 쉽게 얻지 못할 사람인데 그 병통이 이와 같아 나를 실망하게 하니 어쩌면 좋단 말입니까.

유 판서(柳判書)[61]가 조섭을 잘못하여 벼슬을 그만두기까지 하였다고 하니, 걱정과 근심을 이기지 못하겠습니다. 그는 우리 형과 교분이 매우 두텁고 나도 그와 여러 번 동료로 교분을 맺었습니다. 이번에 떠나올 때 매우 간절한 마음으로 병이 깊어 세간의 물의에 어려움을 겪게 된 것을 안타깝게 여겼습니다. 지금 말씀하신 두 정승의 말뜻을 유 판서가

---

**59** 창포의……것 : 【攷證 卷4 菖蒲安問】주자가 섭영경(葉永卿)에게 답한 편지에 있는 말로, 해석은 《정본 퇴계전서》 권7 〈이강이의 문목에 답하다〔答李剛而問目〕〉(KNL0755)에 보인다. 【校解】주희가 편지에서 오당경(吳唐卿)의 안부를 물으면서 창포의 안부까지 함께 물은 적이 있다. 《朱子大全 別集 卷26 葉永卿吳唐卿周得之李深子書》

**60** 태휘 : 【攷證 卷4 太輝】허엽(許曄)의 자이다. 본관은 양천(陽川), 호는 초당(草堂)이다. 서울에 거주하였고, 정덕(正德) 정축년(1517, 중종12)에 태어났다. 대사헌을 지냈고 화담(花潭 서경덕(徐敬德))의 문인이다.

**61** 유 판서 : 【譯注】유진동(柳辰仝, 1497~1561)으로, 본관은 진주(晉州), 자는 숙춘(叔春), 호는 죽당(竹堂)이다.

내심 달갑게 여기지 않았더라면[62] 어찌 이것을 듣고 다시 전하여 알려줄 수 있었겠습니까. 매우 감개무량합니다. 유 판서를 가서 만나 뵐 때 잊지 말고 감사의 뜻을 전달해 주시기를 간절히 바랍니다.

구룡연(九龍淵)에서 나온 새 벼루[63]는 발묵(發墨)이 잘 되며 붓에 먹이 잘 묻어서 먹물을 첨가하지 않아도 됩니다.[64] 그 색은 생각건대 옛날에 말한 단계연(端溪硯)의 저간색(豬肝色)[65]이 바로 이 색과 같을 것이니, 참으로 가품(佳品)입니다. 이제야 비로소 나왔으니, 천지 사이의 지극한 보배는 결국 숨길 수 없어서 반드시 발현할 때가 있음을 알겠습니다.

다만 보건대, 공의 필법이 근래에 매우 진전되었는데 어찌 이를 남겨 두어 임지(臨池)의 흥취[66]로 삼지 않고 나처럼 눈이 흐려 붓을 놓은 늙은

---

**62** 두 정승의……않았더라면 : 【攷證 卷4 兩相…論及】이준경(李浚慶)과 권철(權轍)을 가리키는 듯하다. 《정본 퇴계전서》 권5 〈이 상국에게 답하다〔答李相國〕〉(KNL0004)에서 유 판서가 편지를 보낸 일을 말하였다.

**63** 구룡연에서……벼루 : 【攷證 卷4 九龍神硯】살펴보건대, 구룡연은 의주(義州)에서 북쪽으로 8리 떨어진 곳에 있다. 구룡연에서 나는 돌로 벼루를 만든 것이다.

**64** 발묵이……됩니다 : 【攷證 卷4 發墨云云】송(宋)나라 구양수(歐陽脩)의 《연보(硯譜)》에 흡주(歙州)의 벼루는 용미계(龍尾溪)에서 나는 돌로 만드는데, 그 돌이 단단하여 대체로 발색이 잘된다. 송나라 채양(蔡襄)이 "단석(端石) 중에 봉망(鋒鋩)이 있는 것은 더욱 발색이 좋다."라고 하였다. 송나라 소식(蘇軾)의 〈단석연명(端石硯銘)〉에 "먹과 함께 들어가면 옥령의 먹이가 된다."라고 하였는데 발묵(發墨)이 잘 되고 윤기가 나는 것을 말한 것이다. 진(晉)나라 부현(傅玄)의 〈수귀명(水龜銘)〉에 "윤택하다 저 검은 묵"이라고 하였다. 【校解】《고증》에는 "與墨爲玉靈之石"이라고 되어 있는데, 〈단석연(端石硯)〉에 의거하여 수정하였다.

**65** 단계연의 저간색 : 【攷證 卷4 端溪猪肝色】송나라 구양수의 《연보》에 "단계에서 나는 돌로 만든 벼루이다. 수중에서 나는 돌은 그 색이 푸르고 산 중턱에서 나는 돌은 그 색이 붉으며 산꼭대기에서 나는 돌은 더욱 윤기가 돌아 돼지 간의 색이 난다."라고 하였다.

**66** 임지의 흥취 : 【譯注】글씨를 쓰는 즐거움을 말한다. 임지는 후한(後漢) 때 초성(草聖)으로 일컬어졌던 장지(張芝)가 글씨를 익힐 적에 자기 집안에 있는 모든 의백(衣帛)

사람에게 주어서 끝내 무용지물로 만드십니까. 날마다 책상을 마주하여 멀리 그대의 훌륭한 덕을 그려내자니 할 말은 많지만 지면이 다하여 자세하게 말씀드릴 수 없습니다.

겨울이 지나고 봄이 돌아온 이때 바라건대 더욱 보중(保重)하시고, 또 때때로 편지 한 통 보내주셔서 병든 이 사람을 위로해 주십시오. 나는 베개를 밀쳐두고 초초히 적습니다.


사형(士炯)[67]이 관직을 얻었다고 하니 매우 축하할 만합니다. 다만 근년에 붕우들이 점차 모두 이 길을 따라가고 있으니, 조은(朝隱)의 계책으로 삼는 것이라면 도리어 이 길이 매우 좋다는 것을 알지만, 지업(志業)을 닦지 않으면 마침내 비루하게 되어 더 이상 구제할 기약이 없게 될 것입니다. 어떻게 생각하십니까? 공과 같은 사람도 오히려 이 일에 마음을 놓지 못하고 계십니다. 살펴보건대 사형의 뜻은 바로 고인이 이른바 장사(長沙)에 있을 때가 이미 남강(南康)에 있을 때만 못하다는 것과 같은데,[68] 지금 또 세속의 일에 몰두하고 있으니 그 마음을 변치 않으리라 보장할 수 있겠습니까? 바라건대 공께서는 그가 스스로 웅덩이와 구렁텅이에 빠졌는데도 계책을 얻었다고 여기지 말도록 깊이 권면해 주십시오.

---

에다 반드시 글씨를 쓴 다음에 다시 빨곤 했으므로, 그를 일러 "못가에서 글씨를 연습하여 못 물이 다 검어졌다.〔臨池學書, 池水盡黑.〕"라고 한 데서 온 말이다.

**67** 사형 :【譯注】한윤명(韓胤明, 1526~1567)으로, 본관은 청주(淸州), 자는 사형, 호는 형암(炯菴)이다.

**68** 장사에……같은데 :【譯注】뜻이 전만 못함을 뜻하는 말이다.【攷證 卷4 長沙時云云】《주자서절요(朱子書節要)》에 "유공도(劉公度)가 전에 장사에 있을 때 이미 뜻이 남강(南康)에 있을 때만 못하다는 것을 깨달았는데, 뒤에 또 크게 나아가지 못함을 깨달았다."라고 하였다.

# 남시보에게 답하다 【경신년(1560, 명종15, 60세) 8월 하순 추정, 예안(禮安)】
答南時甫

근래 정자중(鄭子中)[69]이 계장(溪莊)에 와서 묵으면서 그대의 봄여름 사이의 동정을 꽤 말해 주었기에, 자못 그리워하는 마음에 위로가 되었습니다. 오늘 다시 황중거(黃仲擧)[70]가 찾아와 보내주신 서찰을 전해 주며 누차 성심껏 대접해 주셨다고 하였는데, 마치 얼굴을 뵙고서 흉금을 터놓는 듯하였습니다. 매우 감사합니다.

나는 숙환(宿患)과 생사를 함께하는 것을 분수로 여기니, 퇴지(退之)가 궁귀(窮鬼)를 전송하다가 다시 맞이한 것[71]과 같지 않습니다. 다만 늙어버린 뒤로 매우 정신이 혼몽하고 몸이 피로한 탓에 때로 글 속에서 의리를 엿볼 때 잠깐의 기쁨이 있기는 하지만 끝내 정력이 뒷받침하지 못하니 내 것으로 만들기 어려울까 몹시 걱정스럽습니다.

《주자서절요(朱子書節要)》는 사람들이 간혹 뜻을 두어 가져다 보기는 하지만 한두 권도 다 보기 전에 번번이 싫증을 내서 의미를 파악하여 몇 권이라도 연구한 사람이 아무도 없습니다. 지금 이처럼 여기에 뜻을 두고 있다고 하시니, 이는 필시 억지로 힘쓰거나 겉으로만 하는 체하는

---

**69** 정자중 : 【譯注】 정유일(鄭惟一, 1533~1576)로, 본관은 동래(東萊), 자는 자중, 호는 문봉(文峯)이다.

**70** 황중거 : 【譯注】 황준량(黃俊良, 1517~1563)으로, 본관은 평해(平海), 자는 중거, 호는 금계(錦溪)이다.

**71** 퇴지가……것 : 【譯注】 퇴지는 한유(韓愈)로, 그의 〈송궁문(送窮文)〉에 궁귀(窮鬼) 다섯을 내쫓으려다가 포기하고 그들을 상좌(上座)에 앉혔다는 이야기가 나온다. 《古文眞寶 卷3》

것이 아닐 것입니다. 매우 축하드립니다. 《주자서절요》 마지막 두 권은 박군(朴君)에게 있다가 이미 돌려받아 지금은 허국선(許國善)[72]에게 있습니다. 만약 보고 싶으시면 국선에게서 찾는 것이 좋겠습니다. 현재 책상에 있는 세 권은, 국선이 보고 싶어 하면 보내 줄 것이니, 다 본 뒤에 우리 집에 돌려주라고 부탁하여 거의 잃어버릴 일이 없게 하십시오.

말씀드린 백사(白沙)에 재사(齋舍)를 지은 사람을 살펴보고 알려주시겠다고 하시니, 매우 다행입니다. 그 조목은 《백사시교해(白沙詩敎解)》[73]에 있지 않고 문집의 거의 마지막 부분에 있으니, 끝에서부터 거슬러 올라가다 보면 그래도 10여 판 이전에는 있을 것으로 생각됩니다.

태휘(太輝)[74]가 말한 것은 비록 감히 가볍게 의론할 수는 없지만, 화담(花潭)[75]이 어찌 감히 백사(白沙 진헌장(陳獻章))에 미치기를 바라겠습니까. 백사가 또한 비록 허탕하게 선굴(禪窟)로 들어가 버렸지만 그의 인품은 고매하고 맑으며 시 역시 고묘(高妙)합니다. 화담의 경우에는, 자품이 질박한 듯하지만 실제로는 허탄하고, 학문이 고원한 듯하지만 실제로는

---

**72** 허국선 : 【攷證 卷4 許國善】 허충길(許忠吉, 1516~?)로, 본관은 양천(陽川), 자는 국선, 호는 남계(南溪)이다. 서울에 살았고, 문과에 급제하였다. 일찍이 성균관에 있을 적에 을사사림(乙巳士林)이 입은 화의 원통함을 극언하다 잡혀서 국문을 받고 유배되었다. 임신년(1572, 선조5)에 영천 군수(永川郡守)에 제수되었는데, 선생의 위판을 이산 서원(伊山書院)에 봉안하였다.

**73** 백사시교해 : 【攷證 卷4 詩敎】 진백사(陳白沙)의 저서이다. 【校解】 진백사는 명(明)나라 진헌장(陳獻章, 1428~1500)으로, 자는 공보(公甫), 호는 석재(石齋)·백사(白沙)이다. 그의 학풍은 정좌(靜坐)하여 마음을 깨끗이 함으로써 이치(理致)를 직관(直觀)하는 것으로, 주자(朱子)의 학풍과는 대치되었다.

**74** 태휘 : 【譯注】 허엽(許曄, 1517~1580)으로, 본관은 양천(陽川), 자는 태휘, 호는 초당(草堂)이다.

**75** 화담 : 【譯注】 서경덕(徐敬德, 1489~1546)으로, 본관은 당성(唐城), 자는 가구(可久), 호는 복재(復齋)이다.

박잡(駁雜)하며, 이기(理氣)를 논한 부분은 성현에게 누를 끼칠 정도로 맞지 않아 그 논리가 전혀 분명하지 않습니다. 근본이 되는 이기설이 이와 같으니, 하학(下學)에 해당하는 나머지 학문도 유추해 알 수 있습니다. 그 시문(詩文)은 좋은 곳은 좋지만 좋지 않은 곳도 많습니다. 그러니 백사에 비긴다면 아마도 등급이 잘못될 것입니다.

대저 근세의 사람들은 사문(師門)에 대해 극도로 추존하기만을 힘쓰고 타당한지 타당하지 않은지는 더 이상 따져보지 않은 채 이로써 세속에 장려하여 빛내려고 하니, 그 마음 씀씀이가 공정하지 않은 것이 이와 같습니다. 일반 사람도 속일 수 없는데, 하물며 후세에 어찌 진위를 꿰뚫어 볼 수 있는 안목을 갖춘 사람이 없겠습니까. 매우 두려워할 만합니다. 그러므로 옛날 사람들이 사문(師門)을 존경함이 극진하지 않은 것은 아니었지만, 오봉(五峯)의 《지언(知言)》[76]의 잡박한 곳을 남헌(南軒 장식(張栻))이 숨기지 않았고[77], 귀산(龜山 양시(楊時))의 말 중에 불가나 노자의 사상과 관련된 곳을 회암(晦菴 주희(朱熹))이 숨기지 않았습니다.[78] 남헌

---

**76** 오봉의 지언 : 【攷證 卷4 五峯知言】호굉(胡宏, 1105~1161)으로, 자는 인중(仁仲), 호는 오봉이다. 호정문(胡定文)의 아들이다. 《지언》을 저술하였다. 선유들이 "《지언》이라는 책은, 말은 간략하고 뜻은 광대하니 도학의 핵심이자 통치의 길라잡이다."라고 하였다.

**77** 남헌이 숨기지 않았고 : 【攷證 卷4 南軒不諱】살펴보건대, 장남헌이 "《지언》은 성(性)을 논하면서 '선은 성을 명명하기에 부족하다.'라고 하였는데, 참으로 온당치 못하다."라고 하였고, 또 "심무사생장(心無死生章)은 응당 산삭해야 한다."라고 하였고, 또 "'세상의 유자들은 선악을 성(性)이라고 하니, 아득하고 요원하다.'라고 하였는데, 이 한 단락은 뜻이 치우치고 말이 박잡하다."라고 하였다. 《회암집(晦菴集)》 권73 〈지언의의(知言疑義)〉에 보인다.

**78** 귀산의……않았습니다 : 【攷證 卷4 龜山…不隱】주자가 "양귀산이 불씨의 세력을 장황하게 말한 것은 또한 이업(李鄴)이 금(金)나라를 장황하게 말한 것과 같다."라고 하였고, 또 "양귀산의 후학들은 모두 선학에 빠져버렸다. 다만 〈논어서(論語序)〉만 보더라도 알 수 있다."라고 하였다.

은 오봉의 문인이고 회암에게는 귀산이 원류(源流)였습니다. 귀산뿐만
이 아니라 연평(延平 이통(李侗))의 말일지라도 조금의 오류가 있으면 회
암이 또한 두둔하지 않았으니,[79] 이는 이치가 지극히 공정하여 터럭만큼
이라도 사사로운 뜻을 개입시킬 수 없었기 때문입니다. 송당(松堂)[80]의
이학(理學)은 또한 의심할 만한 곳이 있는데 문인들이 실상보다 지나치
게 추존한 듯합니다.

　일찍이 망령되이 이에 대한 하나의 설을 지었는데[81] 지금 어디 두었는
지 잊어버려 보내드릴 수 없습니다. 태휘는 자신의 견해를 고집하기를
좋아하니 내 말을 들으면 아마도 매우 성을 내며 괴이하게 여길 것입니
다. 모름지기 그가 평정심을 가지고 심사숙고하여 일시적인 계책을 세우
지 말도록 권면해야 하니, 그가 하는 말이 있다면 자세히 알려주십시오.
바라건대 양찰(諒察)해 주십시오. 만나볼 길이 없으니 편지를 쓰며 매우
아쉬워할 따름입니다. 불선(不宣).

---

**79** 연평의……않았으니 : 【攷證 卷4 延平…不回護】 주자가 "희노애락이 발하기 전에
이른바 중(中)을 구하는 것은 공부를 하는 데 있어 조금 치우친 점이 있다."라고 하였고,
또 "일찍이 《정몽(正蒙)》을 볼 적에 이 선생이 매우 허여하지 않았다. 이 선생이 끝내
사정(邪正)을 잘 변론하지 못하였으니, 이는 바로 널리 배우고 상세하게 설명하는 공부
에 부족했기 때문이다."라고 하였다.

**80** 송당 : 【攷證 卷4 松堂】 박영(朴英, 1471~1540)으로, 본관은 밀양(密陽), 자는
자실(子實), 호는 송당이다. 선산(善山)에 살았고, 명(明)나라 헌종(憲宗) 성화(成化)
신묘년(1471, 성종2)에 태어났다. 어려서 무과에 급제하였는데 하루아침에 관직을 버
리고 귀향하여 뜻을 새롭게 세워 독서하였다. 신당(新堂) 정붕(鄭鵬, 1467~1512)이
성리서를 가르쳐 주자 침잠하여 완미하며 깊이 깨달아 후진을 권면하고 장려하였다.
관직이 아경(亞卿)에 이르렀다.

**81** 망령되이……지었는데 : 【攷證 卷4 妄有一說】 바로 《정본 퇴계전서》 권7 〈황중거가
《백록동규집해》를 논한 것에 답하다〔答黃仲擧論洞規集解〕〉(KNL0673)의 후설(後
說)이다.

# 남시보에게 답하다 【연월 미상】

答南時甫

보내주신 편지에 "황홀하여 앞에 있는 것 같다가도 뒤에 있어[82] 보존하기가 지극히 어렵습니다."라고 말씀하신 것은, 내가 딱 그러한 상황에 스스로 빠져 있으니 어찌 공을 위해 무어라 말씀드릴 수 있겠습니까. 그러나 공께서 이미 사의(私意)와 사욕(私欲)이 해가 된다는 것을 알고 있다면 단지 응당 때와 일에 따라서 극치(克治)의 공부를 힘껏 하여 잊지도 말고 조장하지도 말아서 경(敬)과 의(義)를 아울러 지키면서 조금도 끊김이 없게 하는 것이 가장 긴밀하고 절실한 공부입니다. 주자(朱子)가 "만약 그 병통을 알아서 제거하고자 한다면 바로 이 제거하고자 하는 마음이 곧 제거할 수 있는 약이다.'[83]라고 하셨고, 또 "남에게 의지하지 말고 훗날을 기다리지 말라.'[84]고 하셨으니, 바로 이것을 말씀한 것입니다.

장자(莊子)의 칼날이 무뎌지지 않는다는 설[85]은 참으로 기발합니다.

---

**82** 황홀하여…… 있어 : 【譯注】《논어》〈자한(子罕)〉에 안연(顏淵)이 공자(孔子)의 도(道)에 대해서 크게 탄식하며, "우러러볼수록 더욱 높고 뚫을수록 더욱 견고하며, 바라볼 때 앞에 있더니 홀연히 뒤에 있도다.〔仰之彌高, 鑽之彌堅, 瞻之在前, 忽焉在後.〕"라고 하였다.

**83** 만약……약이다 : 【譯注】송나라 주희(朱熹)의《회암집(晦菴集)》권59〈이처겸에게 답하다〔答李處謙〕〉에 나오는 말이다.

**84** 남에게……말라 : 【譯注】《주자어류(朱子語類)》권8에 나오는 말이다.

**85** 칼날이……설 : 【譯注】《장자(莊子)》〈양생주(養生主)〉에 "지금 내가 칼을 잡은 지 19년이나 되었고 잡은 소만도 수천 마리를 헤아리는데, 칼날이 지금 숫돌에서 금방 꺼낸 것처럼 시퍼렇기만 하다. 소의 마디와 마디 사이에는 틈이 있는 공간이 있고 칼날은 두께가 없으니, 두께가 없는 것을 그 틈 사이에 밀어 넣으면 그 공간이 널찍하여 칼을 놀릴 적에 반드시 여유가 있게 마련이다.〔今臣之刀十九年矣, 所解數千牛矣, 而刀

그러나 그의 잘 비유한 말을 빌려서 우리의 관물(觀物)의 오묘한 이치를 깨닫는 것은 괜찮지만, 장주(莊周) 역시 잊지도 않고 조장하지도 않는 학문을 알았다고 한다면 옳지 않습니다. 그의 세상을 떠나고 사물을 버리면서 사지를 어그러뜨리고 총명을 내치는 것은 바로 잊는 것의 극치이니, 어찌 이를 우리의 경학(敬學)과 같다고 할 수 있겠습니까.

'하늘이 뚫어 주어'[86] 등의 말은 내가 《장자》를 본 지 이미 오래되어 무슨 의미인지 기억하지 못합니다. 대저 우리 도(道)로도 충분하니 어찌 굳이 이단의 학문으로 기어가서 끌어다가 합치하기를 구하겠습니까.

지난번에 공께서 《장자》를 보고자 하셨는데 나는 범범하게 보고서 널리 배우는 데 밑바탕으로 삼으려는 것이리라 생각했습니다. 그런데 지금 이미 이처럼 중독되었음을 알게 되었으니, 이단의 학문이 쉽게 사람들을 변화시키는 것을 매우 두려워할 만합니다. 간절히 바라건대 절실히 경계하십시오.

---

刀若新發於硎. 彼節者有間, 而刀刃者無厚, 以無厚入有間, 恢恢乎其於遊刃, 必有餘地矣.」라고 하였다.

**86** 하늘이 뚫어 주어 : 【攷證 卷4 天之穿之】《장자》〈외물(外物)〉에 "하늘이 사람의 몸에 구멍을 뚫어 막힘없이 통하게 하는 것은 밤낮으로 멈추는 일이 없는데 사람이 도리어 그 구멍을 막아서 통하지 않게 한다."라고 하였는데, 송(宋)나라 임희일(林希逸)의 주석에 "인심에 있는 천리가 밤낮으로 그 구멍에서 발현되니, 발현되는 곳에 어찌 멈추거나 쉼이 있겠는가."라고 하였다.

# 남시보와 남장보[87] 언기 에게 답하다 갑자년(1564, 명종19, 64세)

【12월 30일 추정. 예안(禮安)】

答南時甫·張甫 彦紀○甲子

《《오래도록 서로 소식을 듣지 못하였는데 김이정(金而精)[88]이 오는 편에 두 분의 편지를 받으니 매우 기쁘고 다행입니다. 다만 시보가 비뉵(鼻衄) 증상을 앓고 있다는 것을 알게 되어 이정에게 자세히 물어보고 매우 놀라서 듣다가 이어서 그때 이미 병이 나았다는 것을 알게 되었습니다. 생각건대 지금은 다시 더욱 잘 조섭하여 건강하실 것이니, 그리워하는 마음을 이기지 못하겠습니다. 이 늙은이는 묵은 병과 새 병이 번갈아 오가는 터라 손님을 대접하기가 어렵습니다. 이정이 여기에 왔을 때 달리 본 것은 없고 주인이 병고에 괴로워하는 것만 실컷 보았습니다.》》

《회암서(晦菴書)》에 뜻을 두신다고 말씀하신 것은 매우 좋습니다. 간혹 알기 어려운 부분이 있는 것은 또한 진실로 피할 수 없는 일입니다. 주 선생(朱先生 주희(朱熹))의 글은 하늘의 밝은 해와 같아서 본디 조금의 가림도 없지만, 다만 의리가 깊고 은미하며 심오하니 학자들이 깊이 유의하지 않고 익숙하게 공부하지 않으면 갑자기 터득해 들어가기 어려운 부분이 많습니다. 요컨대 공부를 오래 하고 심원하게 해서 참되게 쌓고 오래도록 힘쓴 뒤에 의리가 어떠한지를 보아야 할 따름입니다.

허 윤(許尹)[89]은 근래 그의 서찰을 받아보았더니 일없이 한가로이 관

---

**87** 남장보 : 【譯注】 남언기(南彦紀, 1534~?)로, 자는 장보·계헌(季憲), 호는 고반(考槃)·정재(靜齋)이다.

**88** 김이정 : 【譯注】 김취려(金就礪)로, 본관은 안산(安山), 자는 이정, 호는 잠재(潛齋)·정암(靜庵)이다.

직에 있는 터라 기필코 한번 만나고 싶다고 하였으나 이미 마음대로 자리를 비우고 먼 길을 떠나서는 안 된다는 뜻으로 사양했습니다.

말씀하신 여러 설[90]은 과연 나도 의심할 만하다고 생각합니다. 두 분께 부탁을 받았으니 각각 조금 변론하지 않을 수 없습니다. 후에 이정이 돌아갈 때 두 분께 드리고자 하였는데 뜻밖에 이정이 그 가운데 하나의 설을 가져다가 허 윤에게 보냈더니 그가 아주 엄하게 물리쳤습니다. 그 기상을 보건대, 더불어 쟁론하기는 어려울 듯합니다.

그러나 괴이한 것은, 도리가 대로처럼 평탄한데 굳이 이것을 버리고 옆길을 따라 덤불로 들어가려는 것은 어째서입니까?

섣달그믐날에 여러분에게 모두 경사가 있기를 바랍니다. 불선(不宣). 《삼가 절하고 말씀드립니다.》

---

**89** 허 윤 : 【攷證 卷4 許尹】 허엽(許曄)으로, 본관은 양천(陽川), 자는 태휘(太輝), 호는 초당(草堂)이다. 당시 경주 부윤(慶州府尹)이었다.

**90** 말씀하신 여러 설 : 【攷證 卷4 所喩諸說】 아래에 있는 엄하게 물리쳤다〔峻却〕는 말은 아마도 화담(華潭)의 글에 대해 논변한 것인 듯하다.

# 남장보에게 답하다 을축년(1565, 명종20, 65세) 【2월 추정. 예안(禮安)】
答南張甫 乙丑

《지난겨울에 형제가 함께 보낸 편지를 받고서 일찍이 간략하게 답장을 적어서 김이정(金而精)[91]의 하인 편에 부쳐서 보냈는데, 정월 초 10일과 23일에 보내신 두 통의 편지를 보니 모두 아직 내가 보낸 답장을 보지 못하신 듯합니다. 어째서입니까? 저 하인이 서울에 들어갔던 날 마침 그 집에 초상이 났으니, 황급히 서두르다 잃어버려 전하지 못한 것이 아니겠습니까.

시보(時甫)[92]가 앓고 있던 병증은 지금 이미 평상시처럼 회복되었습니까? 이것이 가장 듣고 싶은 소식인데 두 통의 편지에서 말씀하지 않으셨으니 마음이 쓰입니다. 이정이 잘못 계획하여 멀리까지 왔다가 변고를 만난 것이 매우 참혹하니 생각할 때마다 애달프기 그지없습니다.》

소련(少連)이 몸을 욕되게 하였다는 설[93]에 대해 말씀하신 것은 의심한 바가 과연 옳습니다. 그러나 여기에서 '욕(辱)'이라고 한 것은 바로 '몸이 곤욕에 처하였다〔身處困辱〕'고 할 때의 욕이니, '도가 굽혀져 치욕을 당하였다〔道屈玷辱〕'라고 할 때의 욕이 아닙니다. 옛날의 성현께서

---

91 김이정 : 【譯注】 김취려(金就礪)로, 본관은 안산(安山), 자는 이정, 호는 잠재(潛齋)·정암(靜庵)이다.

92 시보 : 【譯注】 남언경(南彦經, 1528~1594)으로, 본관은 의령(宜寧), 자는 시보, 호는 동강(東岡)이다.

93 소련이……설 : 【譯注】《논어》〈미자(微子)〉에서 공자는 옛날의 일민(逸民)으로 유하혜(柳下惠)와 소련(少連)을 평하여 "자신의 생각을 낮추고 자신의 몸을 욕되게 하였지만, 그 말이 윤리에 들어맞고 그 행동이 사려 깊어 인심에 부합되었으니, 이것만으로도 훌륭하다고 할 것이다.〔降志辱身矣, 言中倫, 行中慮, 其斯而已矣.〕"라고 하였다.

자신이 곤욕에 걸려드는 것을 피하지 않으신 것은 바로 도를 펼치고자 했기 때문입니다. '도를 굽혀 굴욕을 당한다〔枉道屈辱〕'라고 할 때의 욕과 상반되니 무슨 문제될 것이 있겠습니까.

"무극이면서 태극이다〔無極而太極〕"라는 것에 대해서는 전후로 편지를 보내 말씀하신 것이 모두 타당합니다. 혹자가 말하는 '궁극이 없다〔無窮極〕'는 설을 주자(朱子)께서 이미 일찍이 그르다고 하셨으니,[94] 지금 어찌 다시 그 오류를 답습해서야 되겠습니까. 그러나 극의 뜻은 '지극'만을 말하는 것이 아니니 모름지기 가운데 서서 사방에서 바름을 취하는 것이라는 '표준'의 뜻을 겸하여 보아야 비로소 모두 미진한 뜻이 없게 될 것입니다.

"가함도 불가함도 없다〔無可無不可〕"는 것은 역시 설명에 오류가 없지만 이른바 호씨(胡氏)의 설[95]에 같지 않은 곳이 있다는 것은 무엇을 가리켜 말하는 것인지 모르겠습니다. 그러므로 감히 억측하여 대답하지 못합니다.

나는 숙환과 새로운 병환으로 평온할 때가 없습니다. 오늘 마침 한담(寒痰)을 앓고 있어 이 편지를 힘들게 쓰기 때문에 글씨가 제대로 써지지 않고 말도 뜻을 다 전달하지 못하니, 바라건대 거친 것을 통해서 정밀함에 들어가고 하나에 근거해서 열을 추측하셔야 할 것입니다.

---

94 궁극이……하셨으니 : 【攷證 卷4 無窮極…非之】 송(宋)나라 주희(朱熹)의 〈육자정에게 답한 편지(答陸子靜書)〉에 "노자는 다시 무극으로 돌아갔다.'라고 한 것의 무극(無極)은 곧 무궁(無窮)이란 뜻이니, '장생(莊生 장주(莊周))이 무궁의 문에 들어가서 무극의 들판에 놀았다.'라는 것과 같고, 주자(周子 주돈이(周敦頤))가 말한 뜻과 같지 않습니다."라고 하였다. 《晦菴集 卷36》

95 호씨의 설 : 【攷證 卷4 胡氏說】 송(宋)나라 호인(胡寅, 1098~1156)의 설이다. 호인은 자가 명중(明仲), 호가 치당(致堂)이다. 《논어집주》〈미자(微子)〉 8장 주소(注疏)에 보인다.

지난겨울 편지에서 말씀하신 대여섯 조목은 모두 일찍이 설명하였으
니,[96] 이정이 조만간 필시 드릴 것입니다. 삼가 절합니다.

---

**96** 말씀하신······설명하였으니 : 【攷證 卷4 所云五六條云云】 이전에 보낸 편지에서
말한 각각 조금 변설하지 않을 수 없다고 했던 여러 조목을 가리키는 듯하다.

# 이숙헌[97] 이 에게 답하다 무오년(1558, 명종13, 58세) 【4월 추정. 예안(禮安)】

答李叔獻 珥○戊午

지난달 김자후(金子厚)[98]의 인편이 돌아오는 편에 편지를 받고서 북평(北坪)[99]에 잘 도착하여 학문하시는 근황이 좋다는 것을 알게 되어 울적한 마음에 위로가 되었습니다. 돌아가는 인편을 만나지 못하여 답장을 제때 보내지 못하였는데, 자후가 돌아오는 편에 또 편지와 시를 보내주시고 또 무지한 사람에게 질문해 주시니 감사하고 부끄러운 마음이 그지없습니다.

나는 궁벽한 고을에서 지내다 보니 벗할 사람이 적어 더불어 학문할 사람이 없고, 병중에 책을 보다가 때때로 마음에 맞는 곳이 있지만 막상 체행(體行)하는 데에는 어긋나 뜻대로 안 되는 경우가 많습니다. 나이가 많고 힘이 없어 다시 사방에서 벗을 구하여 스스로를 보익(補益)하지 못하므로 항상 그대의 말씀을 간절히 기다리고 있었는데, 보내주신 두 통의 편지에서 외려 따끔한 가르침은 주지 않고 도리어 귀머거리 같은 이 사람의 견해를 들으려고 하시니, 어째서입니까? 두렵고 조심스러워 감히 말씀을 받들 수 없지만, 아무 말씀도 드리지 않으려 하는 것도 서로

---

**97** 이숙헌 : 【譯注】 이이(李珥, 1536~1584)로, 본관은 덕수(德水), 자는 숙헌, 호는 율곡(栗谷)이다.

**98** 김자후 : 【譯注】 김전(金㙉, 1538~1575)으로, 본관은 광산(光山), 자는 자후, 호는 구봉(九峰)이다.

**99** 북평 : 【攷證 卷4 北坪】 강릉부(江陵府)에서 북쪽으로 10리 지점에 있으니 바로 이숙헌(李叔獻)의 외가가 있던 곳이다.

함께하는 도리가 아니기에 끝내 감히 진심을 숨기지 못합니다.

앞 편지에서 지난날 배움의 길을 잃은 것을 매우 탄식하였는데, 그대는 겨우 약관(弱冠)의 나이인데도 이처럼 뛰어나시니 배움의 길을 잃었다고 할 수 없습니다. 그런데도 이렇게 말씀하시는 것은 어찌 배운 바에 어긋남이 있는 것을 배우지 않은 것과 똑같다고 여겨서가 아니겠습니까. 지난날의 잘못을 깨달아 고치기를 생각하며 또 이치를 궁구하고 경(敬)에 거하는 실제의 학문에 종사할 줄 알고 있으니, 잘못을 고치는 데 용감하고 도를 향하는 데 간절하여 그 방도를 잃지 않았다고 할 수 있습니다.

성인과의 거리가 멀어져 말씀이 묻히자 이단이 참된 것을 어지럽혔습니다. 옛날에 총명하고 재주가 뛰어난 선비들 가운데 시종 미혹되어 이단에 빠진 자들이야 진실로 논할 것도 못 되지만 또한 처음에는 정도(正道)를 지키다가 끝에는 사도(邪道)에 빠진 자도 있으며, 가운데 서서 양쪽 모두 옳다고 한 자도 있으며, 겉으로는 배척하면서 속으로는 숭상한 자도 있었습니다. 비록 그 사람들이 빠져든 것에 정도의 차이는 있지만 하늘을 속이고 성인을 기망하여 인의(仁義)를 막은 죄는 동일합니다.

오직 정백자(程伯子 정호(程顥))·장횡거(張橫渠 장재(張載))·주회암(朱晦菴 주희(朱熹)) 등 여러 선생께서는 처음에는 불가에 조금씩 출입한 적이 없지는 않았으나 이내 그것이 틀렸다는 것을 깨달았습니다. 아! 천하의 큰 지혜와 큰 용기를 소유한 분이 아니라면 그 누가 거대한 물결을 벗어나 참된 원류로 회귀할 수 있겠습니까.

지난번에 그대가 불서(佛書)를 읽다가 자못 거기에 빠져들었다는 다른 사람의 말을 듣고는 내심 애석해한 지가 오래되었습니다. 지난 번에 나를 보러 왔을 때 그 실상을 감추지 않고 불서의 그릇됨을 잘 말하였고, 지금 두 통의 편지의 뜻이 또 이와 같음을 보니 그대는 더불어 도로 나아갈 수 있는 사람임을 알겠습니다. 두려운 것은 새롭게 맛 들이려는 것은 달지 않은데 익숙한 것은 잊기 어려워 오곡의 열매가 익기도 전에 돌피가 익는 철이 이르게 될까 하는 것입니다. 만약 이를 면하고자 한다면 또한 다른 데서 구할 것 없이 오직 이치를 궁구하고 경에 거하는 공부에 십분 힘써야 합니다. 이 두 가지의 방도는 《대학》에서 드러내었고, 《장구(章句)》에서 밝혔으며, 《혹문(或問)》에서 남김없이 말하였습니다.

그대가 한창 이 책을 읽고 있으면서도 오히려 얻은 바가 없을까 걱정하니, 이는 글 뜻만 보고 신심(身心)·성정(性情) 사이에서 보지 못하여서가 아니겠습니까. 비록 신심과 성정에 대해 보았더라도 혹 절실하게 체험하고 참으로 기름진 맛을 맛보지 못해서가 아니겠습니까. 두 가지가 비록 서로 수미(首尾)가 되지만 실제로는 두 가지 공부이니, 일절 단(段)을 나누는 것을 걱정하지 말고 오직 반드시 병행해 나가는 것을 방법으로 삼아야 합니다. 머뭇거리지 말고 지금 당장 공부해야 하며, 지체하거나 의심하지 말고 어디서나 힘을 써야 합니다. 마음을 비우고 이치를 보아서 자신의 견해를 먼저 정해두어 고집하지 말아야 하며, 점차 쌓아나가 완전히 숙련되게 해야지 짧은 시간에 효과를 바라지 말아야 하며, 터득하지 못하면 그만두지 말아서 곧장 종신의 사업으로 삼아야 합니다.

이치가 융회(融會)되고 경이 전일(專一)한 경지에 이르게 된 것은 모두 도에 깊이 나아간 끝에 자득하게 된 것일 따름입니다. 어찌 단박에 깨달아 즉시 성불(成佛)한 자가 어슴푸레하고 어두운 곳에서 어렴풋하게 영상(影像)을 보고서 곧장 일대사(一大事)가 이미 끝났다고 하는 것과 같겠습니까.

그러므로 이치를 궁구하여 실천에서 징험해야 비로소 참으로 아는 것이 되고, 경을 위주로 하여 두셋으로 분산됨이 없어야 실제로 얻은 것이 됩니다. 지금 비록 이치를 보면서도 얕고 묽음을 면치 못하며 경을 견지하다가도 혹 잠깐 사이에 놓친다면 일상의 응접하는 사이에 뒤이어 무너뜨리는 것이 끝없이 밀려올 것이니, 어찌 단지 이른바 사려(思慮)와 식색(食色)과 한담(閑談)이 해가 될 뿐이겠습니까.

비록 그렇지만 처음 학문할 때 이치를 보는 것이 참되지 못하고 경을 견지하다가 자주 놓치는 것은 또한 사람들의 공통된 병통입니다. 나 같은 사람은 처음 학문할 때만 그랬던 것이 아니라 백발노인이 되어서도 더욱 심하였으므로 항상 내 삶이 헛되이 지나가 버린 것을 근심하였습니다. 그리하여 같은 시대를 살아가는 군자들에게 바라는 것이 내가 굶주리고 목마르듯이 아주 간절할 뿐만이 아니었습니다.

다만 일찍이 이로써 같은 시대를 살아가는 사람들을 살펴보니, 그 재주가 빼어나고 지식이 뛰어난 자는 한둘로 헤아릴 수 없을 만큼 많지만 영달하지 못하면 과거에 마음을 빼앗기고 영달하면 이해를 헤아리는 데 골몰하며, 비록 간혹 뜻이 있더라도 용감하게 행하지 못하는 자가 많았습니다.

그대가 보존하고 있는 것은 이와 다르니, 일찍이 잘못되었던 행동을 어렵지 않게 끊어버린 것을 통해 알 수 있었습니다. 그대가 진실로 불가를 과감하게 끊어버린 마음을 미루어 세상에서 행하신다면, 비록 과거(科擧)와 이해가 목전에 있다 하더라도 다른 사람들과 똑같이 휘둘리지 않으리라는 것은 의심할 나위 없습니다. 이것이 내가 그대에게 마음을 두는 바가 있는 까닭입니다.

다만 뛰어난 자질을 가진 그대는 쉽게 강해(講解)하기에 말할 때는 분비(憤悱)[100]를 말미암지 않고, 미루어 행동할 때는 간절한 마음이 부족

---

100 분비 : 【譯注】 분은 마음속으로 뭔가를 통해 보려고 애쓰는 것을 말하고, 비는 입으로 말을 해 보려고 애쓰는 것을 말한다. 《논어》〈술이(述而)〉에 "마음속으로 통하려고 애쓰지 않으면 열어 주지 않고, 입으로 말해 보려고 애쓰지 않으면 말해 주지 않았다.〔不憤不啓, 不悱不發.〕"라고 하였다.

한 듯합니다. 참으로 그만두지 않고 계속 이렇게 한다면 끝내 세습(世習)에 변화되지 않을 것이라 보장할 수 없을 듯합니다. 그러므로 내게도 이런 점이 있는지 없는지를 헤아리지 않고 곧장 말씀드립니다.

후서(後書)에 물어보신 것은 또한 별지에 대강 썼으니, 이것도 잘 살펴보시기를 바랍니다. 불선(不宣).

# 별지

別紙

주자(朱子)가 "처하는 곳마다 편안해진 뒤에 정밀하게 생각할 수 있다는 것은 안자(顔子)가 아니면 할 수 없을 것이다."[101]라고 한 것에 대해서는 참으로 의심하신 것과 같습니다. 그러나 성인의 말은 위로도 통하고 아래로도 통하여 정밀한 것과 거친 것이 모두 갖추어져 있어서 사람의 학문의 수준에 따라서 모두 적용할 수 있습니다. '처하는 곳마다 편안해진 뒤에 정밀하게 생각할 수 있다'는 것은, 거친 수준에서 말하자면 중인 이하의 사람들도 오히려 힘써 나아갈 수 있지만, 극도로 정밀한 수준에서 말하자면 대현(大賢) 이상이 아니면 본디 제대로 할 수 없습니다. 주자의 이 말은 바로 극도의 수준을 가지고 말씀하신 것일 따름입니다. 이것을 구실로 삼아 핑계를 대면서 스스로를 포기하는 자의 경우에는 그 사람의 식견과 지취(志趣)가 이미 함께 도를 논의하기에 부족하니, 어찌 그가 핑계를 댈까 근심하여 우리의 설을 낮추어 나아가서야 되겠습니까. -'핑계를 댄다〔藉口〕' 두 글자는, 조금이라도 이러한 마음이 있으면 곧 요순(堯舜)의 도에 함께 들어갈 수 없다는 것입니다.-

아무 일이 없을 때는 마음을 잘 보존하고 성(性)을 길러 항상 깨어있어야 할 따름이요, 학문을 강습하고 사물을 응접할 때에 이르러서는 바야흐로 의리(義理)를 생각하고 헤아리기를 진실로 이와 같이 해야 하니,

---

**101** 처하는……것이다 : 【譯注】《회암집(晦菴集)》 권32 〈장경부의 문목에 답하다〔答張敬夫問目〕〉에서 《대학(大學)》 경(經) 1장의 '정(定)', '정(靜)', '안(安)'을 설명하면서 "처하는 곳마다 편안해진 뒤에 정밀하게 생각할 수 있다.〔安而後能慮〕"에 대해 한 말이다.

의리를 생각하자마자 마음이 이미 동(動)하여 벌써 정(靜)할 때의 범주에 속하지 않게 되기 때문입니다. 그러나 이 뜻이 분명하여 알기 어렵지 않은 듯하지만 사람들 가운데 이를 참으로 아는 자는 적습니다. 그러므로 정할 때 생각하지 않는 것을 곧 멀고 아득하여 적멸한 것으로 인식하고, 동할 때 생각하고 헤아리면 또 어지러이 사물을 쫓아가느라 생각이 모두 의리에 있지 않게 됩니다. 이는 명색이 학문을 한다고 하면서 끝내 학문에 득력하지 못하는 까닭입니다. 오직 경(敬)을 주로 하는 공부가 동정(動靜)을 관통하고 있어야, 거의 공부를 하는 데에 어긋남이 없게 될 것입니다.

궁리(窮理) 공부의 방법은 여러 가지이므로 하나의 방법에 얽매여서는 안 됩니다. 한 가지 일을 궁구하다 알아내지 못하면 곧 싫증내고 게으름을 피워 마침내 더 이상 궁리 공부를 하지 않는 자는 시일을 미루며 도피하는 것이라고 말할 수 있습니다. 그렇지 않고 궁구하는 일이 혹 복잡하게 얽혀 있어 힘써 찾아도 통할 수 없는 상황에 봉착하거나, 혹 나의 본성이 우연히 여기에 어두워 억지로 밝혀내기 어려우면 우선 이 일을 놓아두고 따로 다른 일에 나아가 궁구해야 합니다. 이렇게 궁구하고 궁구하여 쌓여서 깊어지고 익숙해지면 자연히 마음이 점차 밝아져 의리의 실체가 점차 눈앞에 드러나게 될 것입니다. 그렇게 되면 때때로 다시 지난번에 궁구해내지 못했던 것을 끄집어내어 세심하게 실마리를 찾아내어 이미 궁구한 도리와 함께 참고하고 징험하여 대조해 보면 자신도 모르는 사이에 전에 궁구해내지 못했던 것까지도 일시에 서로 발명하여 깨닫게 될 것입니다. 이것이 바로 궁리의 활법(活法)이니, 궁구해내지 못해서 마침내 내버려둔다는 말이 아닙니다.

"하나의 일에 대한 의혹이 완전히 해결된 뒤에 순서에 따라 조금씩 나아가야 한다."[102]라는 연평(延平 이통(李侗))의 설은, 바로 궁리의 상규

(常規)가 응당 이와 같아야 한다는 것이니, 그 의미가 더욱 심원(深遠)합니다. 정자(程子)의 말과 애초에 배치되지 않으니, 격암(格庵 조순손(趙順孫))이 논한 것[103]은 의심할 것 없습니다.

'오만함과 게으름〔敖惰〕'에 관한 설은 호씨(胡氏 호병문(胡炳文))가 일반 사람들을 위해 말하였다고 한 것이 옳습니다. 그러므로 장의 처음에서 '인(人)'이라는 한 글자로 말하였는데, 주자도 풀이하기를 "'인(人)'은 일반 사람을 말한다."라고 하였고, 또 "일반 사람의 마음은 오직 자기 감정이 향하는 대로만 가고 더 살펴보지 않는다."라고 하였으니,[104] 본디 군자를 위해서 말한 것이 아님을 알 수 있습니다. 그러나 일반 사람의 병통을 말한 것은 바로 군자를 깨우쳐 그들이 병통을 알고 치우친 것을 바로잡아 중도(中道)에 이르게 하기 위함이었습니다. 그러므로 '오만함과 게으름〔敖惰〕' 두 글자는 또한 군자의 입장에서 어떻게 처신해야 하는지 논하지 않을 수 없습니다.

일반 사람으로 말하자면, 사람에 따라서는 오만할 수 있다거나 또한

---

**102** 하나의……한다 : 【譯注】《대학혹문(大學或問)》에 나오는 말이다.

**103** 격암이 논한 것 : 【攷證 卷4 格庵所論】 격암 조씨가 "정자는 '만약 하나의 일을 궁구해내지 못하면 따로 다른 일에 나아가 궁구해야 한다.'라고 하였고, 연평은 '하나의 일을 추구하여 탐색해서 완전히 분석된 뒤에 다른 일을 궁구해야 한다.'라고 말하였으니 그 말이 같지 않다. 정자는 인심의 명암을 가지고 밝은 곳에 나아가 미루어 간다면 힘쓰기 쉽다는 것이지 하나의 일도 궁구해내지 못하면서 두 가지 세 가지 일을 궁구해도 된다는 것이 아니고, 연평의 말은 오로지 하나를 위주로 하지 못하는 자에 대한 경계이니, 독자는 말로써 뜻을 해쳐서는 안 된다."라고 하였다.

**104** 장의……하였으니 : 【譯注】《대학장구(大學章句)》 전(傳) 8장에 "사람은 친히 하고 사랑하는 바에 편벽된다.〔人之其所親愛而辟焉.〕"라고 하였는데, 주자 주에서 "사람은 일반 사람을 말한다.……일반 사람의 감정은 오직 자기감정이 향하는 대로만 따르고 더 살펴보지 않으니, 그리되면 반드시 편향된 감정에 빠져서 몸이 수양되지 않을 것이다.〔人謂衆人.……常人之情, 惟其所向而不加察焉, 則必陷於一偏, 而身不修矣.〕"라고 하였다.

인정상 있을 수 있는 일이라고는 하지만 그래도 흉덕(凶德)에 관련됨을 면치 못하는 것은 한쪽으로 빠졌기 때문입니다. 군자에게 있어서는 그 사람이 평범하기 때문에 내가 그들을 간략하게 예우하는 것이 바로 사리의 당연한 법칙이며, 또한 한쪽으로 향하는 생각에 깨끗하게 한 점도 걸리는 것이 없어 그 혼후(渾厚)하고 정성스러우며 중정(中正)하고 화평한 기상이 전과 다름없이 그대로입니다.

주자가 비파를 끌어당겨 연주하고[105] 안석에 기대어 누웠다는 것[106]으로 증명한 것은 실로 공자(孔子)와 맹자(孟子)가 오만하고 게을렀다는 것을 말한 것이 아니요, 오만하고 게으름이 성현의 처사에 있어서는 이와 같았다고 말한 것일 따름입니다. 그렇다면 어찌 똑같이 오만하고 게으름으로 귀결되는 데에 혐의가 있겠으며, 또한 어찌 배우는 자가 남에게 오만하고 세상을 가볍게 여길 것을 염려하겠습니까. -'오(敖)' 자는 흉덕(凶德)을 의미하는 '오(敖)'와 본래 글자만 같고 뜻이 다른 것이 아닙니다. 군자를 두고 말할 때 그 의미가 조금 달라집니다.-

온공(溫公 사마광(司馬光))은 이미 격물(格物)의 격(格)을 막는다는 의미로 오해하였으니 그의 설은 진실로 정자·주자와 같을 수 없습니다. 그러나 그가 범범하게 학문에 대해 논한 것은 의리에 어긋나지 않으니, 이른바 천품(天稟)이 순수하고 아름다워 은연중에 도의 오묘함에 합하는 자입니다.

---

**105** 비파를 끌어당겨 연주하고 : 【譯注】 유비(孺悲)가 공자를 찾아오자, 공자가 몸이 불편하다고 이를 거절한 뒤에 비파를 연주하여 노래를 부르면서 일부러 거절한 뜻을 밝힌 일을 말한다. 《論語 陽貨》

**106** 안석에……것 : 【譯注】 맹자가 일찍이 제(齊)나라를 떠날 적에 주(晝) 땅에서 유숙하였는데, 이때 제왕(齊王)을 위해 맹자를 못 떠나게 만류하려는 자가 맹자를 뵙고 앉아서 말하였으나, 맹자는 아무런 대꾸도 하지 않고 안석에 기대어 누워 버린 일을 말한다. 《孟子 公孫丑下》

보내주신 편지에서 "사물의 이치가 모두 눈앞에 모이니 가(可)한 것을 배운다."[107]라고 한 단락을 격물에 가깝다고 하며 "가한 것을 배운다."라는 설을 깊이 배척하여 잘못되었다고 하였습니다. 내가 전날에 만나서 논한 것이 어떠하였는지 기억하지 못하지만 지금 생각으로는 아마도 그대가 말씀하신 것과 같지 않을 듯합니다.

대개 일찍이 그 위아래의 문의(文義)를 반복하여 살펴보고 지(知)·행(行)의 설로 헤아려보건대, 이른바 "인의(仁義)의 근원을 엿보고 예악(禮樂)의 실마리를 탐색한다."라는 것은 바로 격물(格物)의 일이요, "사물의 이치가 모두 눈앞에 모인다."라는 것은 곧 치지(致知)의 공효입니다. "가한 것을 배운다."라는 것은 역행(力行)의 일이 되어야 하고, "가한 경지에 이르지 못하였다."라는 것은 또 행함이 아직 이르지 못하여 스스로 힘쓴다는 말입니다. 무릇 "천하의 이치가 모두 눈앞에 모인다."라는 것은 궁리가 깊지 못하면 그럴 수 없습니다. 오직 궁리가 이미 깊어졌으므로 천하의 모든 이치가 한눈에 다 파악이 되는 것이니, 어느 것이 가한지 어느 것이 가하지 않은지를 알아서 가한 것을 배우는 것은 아는 바를 인하여 몸소 실천하는 것입니다.

"가(可)하다"라는 것은 선(善)하다는 말과 같고, "배운다〔學〕"라는 것은 행한다는 말과 같습니다. "가한 것을 배우되 가한 경지에 이르지 못하였다."라는 것은 하나의 선을 얻으면 정성껏 마음에 새겨두지만 오히려 지선(至善)의 경지에는 이르지 못하였다고 말하는 것과 같습니다.

만일 "가한 것을 배운다."라는 것도 격물의 일로 삼는다면, 위 문장의 "엿본다", "탐색한다", "앞에 모인다"라는 몇 구에서 이미 지(知)를 말하였

---

**107** 사물의……배운다 : 【攷證 卷4 事物之理…可者學之】 사마온공(司馬溫公)의 〈독락원기(獨樂園記)〉에 나오는 말이다.

으니 재차 이 한 구까지 지를 말한 것으로 친다면 지를 말하는 것이 중복
됩니다. 아래 문장에서 한마디도 행(行)을 언급한 곳이 없는데 갑자기
"가한 경지에 이르지 못하였다."라는 한 구절을 뜬금없이 이르지 못하여
스스로 힘쓴다는 뜻으로 설명한다면, 행을 말한 곳이 또 두서가 없게
됩니다. 온공의 학문이 비록 전수되지는 않았지만 응당 이처럼 엉성하지
않았을 것입니다.

더구나 이 두 구는 나의 설처럼 그 뜻을 구해보면, 바로 사마온공의
배우기를 미치지 못할 듯이 하면서도 행여 잃을까 두려워하여 부지런히
노력하여 이 즐거움이 있는 줄만 알고 그 밖의 것은 알지 못한 뜻을 알
수 있습니다. 그러므로 그 아래에 "어찌 남에게서 더 알기를 구할 것이며
어찌 외물에서 더 알기를 기다리겠는가."라는 말로 연결하였으니 이는
바로 사마온공이 홀로 즐긴 실제 일이고, "마음이 게을러지고〔志倦〕" 이
하에 이르러서는 바로 즐거움의 여사(餘事)일 따름입니다. 그렇다면 이
몇 구는 오류가 없을 뿐만 아니라 참으로 지론(至論)입니다.

사물의 이치는 그 근본을 따라 논하면 진실로 지선(至善)이 아님이
없으나, 선이 있으면 악이 있고 옳음이 있으면 그름이 있는 것은 또한
필연적인 일입니다. 그러므로 격물과 궁리는 그 시비와 선악을 강명(講
明)하여 취사하려는 것일 따름입니다. 이것이 상채(謝上蔡 사량좌(謝良
佐))가 옳은 것을 구하는 것으로 격물을 논한 까닭입니다.

지금 "사물의 이치는 지선이 아님이 없으니 어찌 일찍이 불가한 것이
있겠습니까."라고 하셨는데, 이것으로써 온공의 "가한 것을 배운다."라는
설을 비난한다면 이와 같은 논리가 장차 한쪽으로 치우치게 되어 내외
(內外)가 일치하는 학문이 아니게 될 것입니다.

"다리를 베는 것〔割股〕"에 대해서는 선유(先儒)들께서 논한 것이 지극
합니다. 매우 절박하여 이미 다른 사람에게서 구할 수 없게 된 이상 혹

권도로 대처하지 않을 수 없다는 것은, 대개 이 외에 다른 도리가 없으니 차라리 신체를 훼손해서라도 부모님의 목숨을 구하겠다는 것이 또한 자식의 지극히 애통해하는 심정이라는 것입니다. 그러나 끝내 이것을 사람들에게 효라고 가르쳐서는 안 됩니다. 그러므로 주자께서 다만 효에 가깝다고 하시고[108] 지선이라고 하지는 않았습니다. 무릇 일이 어찌할 수 없는 상황이 되어 좋은 방도가 없다면 부득이 차선을 택하여 따르는 것이 바로 이른바 권도(權道)이자 또한 이러한 때에 응당 머물러야 할 곳입니다. 그러나 더욱 잘 살펴야 하니 그렇지 않으면 혹 어그러지고 편벽되어 도를 어지럽히는 죄에 빠지게 될 것입니다.

"한 가지를 위주로 하여 옮겨감이 없다〔主一無適〕"와 "만 가지 변화에 대응한다〔酬酢萬變〕"에 대해 논하신 뜻은 매우 좋습니다. 주자의 "사물에 따라 응할 뿐 이 마음속에 애초에 이러한 일이 있지 않다.〔隨物隨應 此心元不曾有這物事〕"[109] 및 방씨(方氏)[110]의 "속은 비어 있으나 주재함은 있다.〔中虛而有主宰〕"[111] 등의 말을 인용한 것은 더욱 적확합니다. 오직 이 이치는 알기 어려운 것이 아니라 행하기 어렵고, 행하기 어려운 것이 아니라 능히 참되게 쌓고 오래도록 힘쓰는 것이 더욱 어렵습니다. 이는

---

**108** 주자께서……하시고 : 【攷證 卷4 朱子止謂庶幾】 혹자가 "허벅지 살을 자른 일은 어떠합니까?"라고 묻자, 주자가 "본래 옳지 않지만 만약 성심으로 허벅지 살을 베면서 다른 사람들이 알아주기를 구하지 않는다면 또한 효에 가까울 것이다. 그러나 지금은 이것으로 명예를 구하는 자들이 있다."라고 하였다. ○ 살펴보건대, 이 뜻에 대해서는 또 《정본 퇴계전서》 권10 〈우경선의 문목에 답하다(答禹景善問目)〉(KNL1491)에 보이니, 참고해서 보아야 한다.

**109** 사물에……않다 : 【譯注】 《주자어류(朱子語類)》 권16에 나오는 말이다.

**110** 방씨 : 【攷證 卷4 方氏】 송나라 방봉신(方逢辰, 1221~1291)으로, 자는 군석(君錫)·성석(聖錫), 호는 교봉(蛟峰)이다.

**111** 속은……있다 : 【譯注】 《대학》 전 7장 교봉 방씨(蛟峰方氏) 소주(小註)에 나오는 말이다.

늙고 졸렬한 내가 깊이 두려워하는 것이자 또한 고명한 그대를 위해서
두려워하지 않을 수 없는 것입니다.

# 이숙헌에게 답하는 별지

答李叔獻別紙

사호(四皓)[112]의 출처에 대해서는 보내주신 편지와 시 세 수가 전에 만나서 논한 내 뜻과 서로 꼭 부합합니다. 진실로 내 뜻을 유념하고 경청하지 않았다면 어찌 이와 같을 수 있겠습니까. 그대에게 매우 송구스럽습니다. 매우 은혜롭게도 화답시를 보내 주셨는데 모두 화답할 겨를이 없으니, 부끄럽고 아쉽습니다.

---

**112** 사호 : 【譯注】 상산사호(商山四皓)를 말한다. 진(秦)나라 말기에 난을 피하여 상산에 은거(隱居)한 동원공(東園公)·하황공(夏黃公)·녹리 선생(甪里先生)·기리계(綺里季)를 이른다. 《史記 卷55 留侯世家》

# 이숙헌에게 답하다 【무오년(1558, 명종13, 58세) 11월 23~30일(그믐) 추정. 서울】

答李叔獻

지난번 도성에 들어와 무료하던 중에 영명(英明)한 그대를 만나니 묵은 때를 벗겨낸 것처럼 후련했습니다. 이어서 손자를 보내 그대를 문후하게 하였는데 길을 나서기도 전에 그대가 이미 남쪽으로 떠나버렸습니다.[113] 그러므로 한 통의 편지를 써서 뜻을 전하려고 하였으나 인편을 만나지 못해 그렇게 하지 못하였는데 보내주신 편지가 먼저 도착하니 불민함이 매우 부끄럽습니다. 이어서 날씨가 추운 이때 학문하시는 체후가 평안하심을 알았습니다.

　나는 병이 몸에 붙어 다녀서 여기저기서 문제가 생깁니다. 지금 이미 사진(仕進)하지 않고 있다가 체직되어 깊이 문을 걸어 닫고 칩거하면서[114] 밖으로 한 발자국도 나가지 않고 있습니다. 이러한 전후의 사정을 살펴보건대, 어찌 감히 외람되이 여기에 오래도록 머물러 있을 수 있겠습니까. 다만 편의대로 돌아갈 수 없어서 항상 낙심하고 있을 따름입니다. 일신의 거취도 오히려 이처럼 스스로 도모하지 못하는데 다른 것이야 무슨 취할 것이 있겠습니까. 그런데도 성대하게 칭찬의 말씀을 하시는 것은 아마도 족하께서 나를 시험해 보려는 뜻이 아니겠습니까. 비록 그렇지만 족하가 이런 말을 나에게 하는 것은 잘못이지만, 족하의 마음

---

**113** 남쪽으로 떠나버렸습니다 :【攷證 卷4 南行】바로 성주로 행차하였던 것인 듯하다. 당시 숙헌의 장인 노인보(盧仁甫)가 성주 목사(星州牧使)가 되었다.

**114** 칩거하면서 :【攷證 卷4 龜殼】바로 거북이처럼 몸을 감춘다는 뜻이다.

이 진실로 이처럼 배우기에 간절하다면 사서(四書)에서 찾아보면 스승이 얼마든지 있을 것이고 정자(程子)와 주자(朱子)의 글에서 찾아보면 공부할 여지(餘地)가 있을 것입니다. 옛사람이 "젊은 나이에 과거에 급제하는 것은 하나의 불행이다."[115]라고 하였으니, 족하께서 이번 과거에 급제하지 못한 것은 아마도 하늘이 크게 성취시키려는 것인 듯합니다. 족하께서는 더욱 힘쓰십시오.

사인공(四印公)[116]이 사당을 세우고 서원을 건립하시는 일은 지난가을에 우리 아이 준(寯)이 남쪽 고을에서 돌아와 이야기하기에 알게 되었습니다. 그러므로 족하를 만난 날에 또한 대강 그 내용을 말했던 것입니다. 이공(李公)[117]은 난세에 태어나 몸소 혼군(昏君)을 섬기며 변고를 겪고 험한 일을 겪었으나 지조가 금석(金石)과 같았으므로 충직한 풍도(風度)가 당세를 진동시키고 후세에 우뚝하였습니다. 그러니 고을의 현인으로 삼아서 제사 지내는 것이 어찌 안 될 것 있겠습니까. 오직 이인복(李仁復)[118]은 특별히 서술할 만한 행적이 없으니 의심할 만한 듯합니다. 또 이공에게 비록 이러한 아름다운 행적이 있으나 경술과 도학으로 일컬어

---

**115** 젊은……불행이다 : 【譯注】《소학집주(小學集註)》〈가언(嘉言)〉에 정이천(程伊川)이 "사람에게는 세 가지 불행이 있다. 젊은 나이에 고과(高科)에 오르는 것이 첫 번째 불행이다.〔人有三不幸, 少年登高科, 一不幸.〕"라고 하였다.

**116** 사인공 : 【攷證 卷4 四印公】노경린(盧慶麟, 1516~1568)으로, 본관은 곡산(谷山), 자는 인보(仁甫), 호는 사인당(四印堂)이다. 【校解】1557년(명종12)에 이이(李珥)를 사위로 맞았다. 노경린은 성주 목사로 있으면서 향현(鄕賢)인 이조년, 이인복(李仁復), 김굉필(金宏弼)을 모시기 위해 영봉서원(迎鳳書院)을 세웠다.

**117** 이공 : 【譯注】이조년(李兆年, 1269~1343)으로, 본관은 성주(星州), 자는 원로(元老), 호는 매운당(梅雲堂)·백화헌(百化軒)이다. 고려(高麗) 충선왕(忠宣王) 때 사람으로, 성산군(星山君)으로 봉해졌다.

**118** 이인복 : 【譯注】1308~1374. 본관은 성주(星州), 자는 극례(克禮), 호는 초은(樵隱)이다. 조부는 성산군(星山君) 이조년(李兆年)이다.

지지 못했으니, 이것이 조그만 흠결입니다. 모르겠습니다만, 본 고을의 이름난 관리나 외지에서 와서 우거한 사람 중에 경술과 도학으로 세상에 이름을 떨친 사람이 있습니까? 만약 있다면 그 사람을 주위(主位)로 모시고 이공을 배향하는 것이 더욱 좋지 않겠습니까? 이 뜻을 사인공과 상의하여 처리하십시오.

심부름하는 사람이 서서 기다리고 있는 데다가 또 손님이 왔기에 미처 사인공에게까지는 편지를 보내지 못하니, 편지를 대강 적은 것이 부끄럽습니다. 만일 이 승지(李承旨)[119]를 만난다면 또한 이 뜻을 전달해 주시는 것이 어떻겠습니까? 삼가 답장을 보냅니다.

---

[119] 이 승지 :【攷證 卷4 李承旨】이문건(李文楗, 1494~1567)으로, 본관은 성주(星州), 자는 자발(子發), 호는 묵재(默齋)·휴수(休叟)이다.

# 이숙헌에게 답하다 갑자년(1564, 명종19, 64세) 【4~6월 추정, 예안(禮安)】
答李叔獻 甲子

지난번 손자 안도(安道)[120]가 도성에서 돌아오는 편에 문안 편지를 받았고 겸하여 외람되이 성 징군(成徵君)[121]의 묘지명을 부탁받았는데, 이는 내가 감당할 수 있는 일이 아닙니다. 놀랍고 송구한 나머지 곧장 보내주신 행장(行狀)을 돌려보내고 이유를 갖추어 사양하려고 했는데 적당한 인편을 만나지 못하여 오래도록 답장을 지체하였습니다. 뜻밖에 이번에 효사(孝嗣)로 하여금 나같은 사람에게 잘못 기대하여 천 리 길에 사람을 보내 제군들의 매우 간절한 편지까지 보내어 이처럼 간곡하게 강권하시었습니다. 그리하여 더욱 나로 하여금 매우 두렵고 부끄러움에 땀을 흘리며 몸 둘 곳이 없게 하였습니다.

무릇 그 사람의 독실한 행실과 고고한 의리를 기록하여 전하는 책무를 어찌 경솔하게 맡겨서야 되겠습니까. 가사 그 효사가 잘못 그러한 생각을 가졌더라도 제군들은 늙고 졸렬한 나의 불초함을 익히 알고 있으니, 더욱 부탁을 감당할 수 없다는 뜻을 분명히 고하여 억지로 맡길 수 없는 사람에게 효성을 헛되이 쏟지 말고 일찌감치 당대의 뛰어난 문장가에게 부탁하여 그 망극(罔極)한 정성을 이루게 했어야 합니다.

삼가 보내오신 편지를 보고 겸하여 효사의 뜻을 생각해 보건대, 나의 글을 얻으려고 하는 것은 어찌 내가 산야에 자취를 숨기고 있어서 은군자

---

**120** 안도 : 【譯注】 1541~1584. 본관은 진성(眞城), 자는 봉원(逢原), 호는 몽재(蒙齋)이다. 이황의 장손이다.

**121** 성 징군 : 【攷證 卷8 成徵君】 성수침(成守琛, 1493~1564)으로, 본관은 창녕(昌寧), 자는 중옥(仲玉), 호는 청송(聽松)이다.

(隱君子)의 심사(心事)가 어떠한지 알 것이라고 생각하였기 때문이 아니겠습니까. 사람의 심사를 알아서 덕행(德行)을 잘 말하여 후세에 전하는 것은 다만 그 사람의 풍의(風義)와 문장이 어떠한지에 달려 있을 따름이니, 어찌 조정에 있는지 초야에 있는지를 가릴 것 있겠습니까. 만약 기어코 조정 가운데서 구하려 하지 않는다면 보내온 행장의 글이 절로 숨은 덕을 밝히고 그윽한 빛을 드러내기에 충분하니 단지 이것을 조금 다시 다듬어서 묘지(墓誌)의 체제로 만들고 그 아래에 명(銘)을 붙이면 될 것입니다. 이는 아마 고명한 그대가 스스로 감당할 수 있을 것이니 남에게 미루어서는 안 됩니다.

내가 그 일을 맡기 어려워하는 이유는 한둘이 아닙니다. 글이 서툰 것이 첫 번째이고, 걸핏하면 비방을 받는 것이 두 번째이고, 분수를 헤아리지 않아서는 안 된다는 것이 세 번째입니다. 지난번 정군(鄭君)[122]의 묘갈문은 몇 사람의 너무나도 간곡한 부탁을 받아 애오라지 옛정을 서술한 것일 따름이었으니, 남에게 퍼트리지 않기를 간절히 바랐습니다. 그런데 지금 제군들이 모두 이미 알고 있으니 숨기려고 하였던 뜻이 어디에 있습니까.

더구나 성청송(成聽松)은 온 나라에서 추앙하는 사람이므로 자취를 감춘 정군과 같지 않습니다. 그러니 한번 찬술하게 되면 곧 사방으로 퍼져서, 잘못을 지적하고 헐뜯으며 논란하는 사이에 그의 고풍(高風)에 누를 끼칠 일이 반드시 많을 것입니다. 단지 미천한 내가 비방을 받는 것이 걱정스러울 뿐만이 아닙니다. 이 때문에 감히 승낙하지 못하는 것이니 너무 부끄러워 죽을 지경입니다.

---

**122** 정군 : 【攷證 卷8 鄭君】 정지운(鄭之雲, 1509~1561)으로, 본관은 경주(慶州), 자는 정이(靜而), 호는 추만(秋巒)이다.

보내주신 행장을 곧장 돌려보내야 하겠지만 전에 보내주신 행장과 차이 나는 곳을 교정하려고 하므로 우선 남겨둡니다. 초가을쯤 집의 아이가 일이 있어서 서울로 갈 것이니 그때 아이가 올라가는 편에 부쳐서 돌려드리겠습니다.

보내주신 붓과 먹은 감히 받을 수 없습니다. 효사에게 이 뜻을 전해주시면 이보다 더 큰 다행이 없겠습니다. 끝으로 바라건대 힘써 진중하시고 날로 진보하십시오. 불선(不宣).

# 이숙헌에게 답하다 경오년 (1570, 선조3. 70세) 【4월 20일 추정. 예안(禮安)】
答李叔獻 庚午

성군(成君)[123]의 하인이 내려오는 편에 보내주신 편지를 받고서 이미 관동(關東)에서 서울로 돌아갔다는 것을 알았습니다. 또 한 통의 편지를 정 사간(鄭司諫)[124]의 여소(廬所)에서 보내왔는데, 바로 임영(臨瀛 강릉(江陵))에 있을 때 남긴 것이었습니다. 이로 인하여 그대의 외조모께서 끝내 돌아가셨다는 것을 알게 되었으니, 그대의 의리와 사랑을 멀리서 생각해 보건대 아프고 찢어지는 마음이 깊고 간절하여 견디기 힘들 것입니다.

지금은 장례가 지나서 어명을 받들어 조정에 가는 일을 피할 수 없을 것이니, 전후 사정을 생각해 보건대 참으로 개탄스럽습니다. 그러나 또한 어찌할 수 없으니 직분상 근심해야 할 일을 생각하여 때에 따라 처의(處義)하여 배운 바를 저버리지 않기를 생각함만 못합니다. '저버리지 말라〔無負〕'라는 두 글자는, 바로 보내주신 편지에서 말씀하신 삼즉(三則)[125]의 사이와 같이 처신하기가 실로 쉽지 않은데, 그 '잡아두고 허락하

---

**123** 성군 : 【攷證 卷4 成君】 성혼(成渾, 1535~1598)으로, 본관은 창녕(昌寧), 자는 호원(浩原), 호는 우계(牛溪)·묵암(默庵), 시호는 문간(文簡)이다. 성수침(成守琛)의 아들이다.

**124** 정 사간 : 【攷證 卷4 鄭司諫】 정유일(鄭惟一, 1533~1576)로, 본관은 동래(東萊), 자는 자중(子中), 호는 문봉(文峰)이다. 【校解】 정유일은 1569년(선조2)에 사간에 제수되었고, 같은 해에 부친상을 당하였다. 《文峯集 附錄 行狀》

**125** 삼즉 : 【要存錄 卷12】 《율곡전서(栗谷全書)》 권9 〈퇴계 선생께 올리다〔上退溪先生〕〉에 "벼슬에 나아가면 배운 것을 시행할 수 없고, 물러나면 돌아갈 곳이 없고, 녹봉을 받기 위해 벼슬하고자 하면 잡아두고 허락하지 않을 것이다.〔進則無學可施, 退則無地

지 않는 경우'는 더욱 처신하기 어렵습니다. 옛날에 이러한 상황에서 잘 처신했던 자가 어떤 사람인지 모르겠지만, 지금 이러한 상황에서 잘 처신하지 못하는 사람은 바로 나입니다.

이제 백발의 노인으로 장차 죽을 날이 머지않아 이미 물러나 쉬기를 청하였는데 도리어 조정으로 불러들이는 사단을 야기하여 칭찬과 비방이 산처럼 쌓이게 되었는데 양쪽 둘 다 모두 경악스러운 일이라 어디에 몸을 두어야 할지 모르겠습니다. 어찌해야겠습니까. 바야흐로 미로 속에 있으면서 나침반을 구하고자 하니 우스울 따름입니다.

성청송(成聽松)[126]의 묘갈문(墓碣文)은 본디 감당할 수 없는 것이었습니다. 지금 과연 잘못 쓴 부분이 많으니 부끄러운 마음을 어찌 다 말하겠습니까. 한번 말씀하신 대로 고쳐보려고 하였으나 마침 조금 번다한 일이 생겼으니 추후에 어떠한지 보겠습니다. 그러나 틀림없이 결국은 무용지물이 될 것임을 알고 있으니, 굳이 다시 여러 말 할 것 없습니다.

앞 편지에서 의심나는 것을 강론한 것에 대해서는 오래도록 답장을 드리지 못하였는데 지금 또 질문하셨으니, 지금 모두 답변을 드릴 겨를이 없습니다. 역시 뒷날의 인편을 기다리겠습니다. 바라건대, 진중하시고 높고 깊은 경지에 이르십시오. 불선(不宣).

可歸, 欲爲祿仕則拘執不許.]"라고 하였다.

**126** 성청송 : 【譯注】 성수침(成守琛, 1493~1564)으로, 본관은 창녕, 자는 중옥(仲玉), 호는 청송, 시호는 문정(文貞)이다.

# 이숙헌의 문목에 답하다 【경오년(1570. 선조3. 70세) 5~6월 추정. 예안(禮安)】
答李叔獻問目


### 〈중용독법(中庸讀法)〉 주(註)에 대하여


진서산(眞西山 진덕수(眞德秀))의 설[127]은 주자(朱子 주희(朱熹))의 뜻과 조금 다른 부분이 있습니다. 그러나 주자가 '본래 독공(篤恭)의 지극한 경지는 신묘함이 이와 같으니, 소리도 없고 냄새도 없는 신묘함이 독공을 말미암아 그렇게 된 것임을 알 수 있다'라고 하였습니다. 그렇다면 서산도 '독공으로 말미암아 이러한 신묘함이 있다'라고 한 것일 따름이니, 어찌 독공으로 말미암아 힘써 행하여 점차 진전되어 저기에 이르게 된다고 말한 것이겠습니까. 서산의 학문이 이처럼 엉성하지 않을 것이니 말로 뜻을 해치지 않는 것이 좋겠습니다.

요씨(饒氏 요로(饒魯))의 설[128]에서 운운한 것에 대해 :《대학(大學)》은 사람을 가르치는 법이므로 학문하는 것은 응당 이러이러해야 한다고 말하였고, 《중용》은 도(道)를 전하는 책이므로 이 도는 이러이러하다고 하였습니다. 두 책의 주된 뜻이 본래 같지 않기 때문에 각각 해당하는 바가 있다고 말하였으니, 요씨의 설은 틀리지 않습니다. 지금 보내주신

----

**127** 진서산의 설 :【攷證 卷4 眞西山說】진덕수(眞德秀)의 《서산문집(西山文集)》권31 〈태극 중용의 뜻을 묻다〔問太極中庸之義〕〉에 "……반드시 독공(篤恭)한 뒤라야 능히 소리도 없고 냄새도 없는 경지에 나아갈 수 있다."라고 하였다.

**128** 요씨의 설 :【要存錄 卷12】《중용장구(中庸章句)》〈독중용법(讀中庸法)〉쌍봉 요씨(雙峯饒氏) 소주(小註)에 "《대학》은 학문을 말하였고 《중용》은 도를 말하였으니, 《대학》을 투철하게 이해하면 학문이 어긋나지 않고 《중용》을 투철하게 이해하면 도가 어긋나지 않는다."라고 하였다.

편지에서 학(學)과 도(道)를 둘로 나눈 것이 온당하지 않다고 하였으니, 이는 바로 공이 스스로 잘못 본 것입니다. -일찍이 주 선생(朱先生)이 여자약(呂子約)에게 답한 편지[129]의 능(能)과 소능(所能)의 설을 본 적이 있습니까? 도(道)와 행(行), 학(學)과 의리가 온축된 것[義理之蘊]이 같지 않은 점을 분석한 것이 매우 정밀합니다. 이것을 보면 공이 스스로 잘못 본 것임을 알 수 있습니다. 대개 학(學)은 능(能)이고 도(道)는 소능(所能)이니, 그것을 섞어서 하나의 설로 만들어서는 안 됨은 더욱 분명합니다. 그 편지는 《주자대전(朱子大全)》 제48권 27장(張)에 있는데, 모름지기 그 앞의 25장과 26장의 편지의 설과 연관해 보아야 비로소 그 의미를 알 수 있습니다.-

〈중용장구서(中庸章句序)〉의 주(註)에서 물재 정씨(勿齋程氏)[130]가 운운한 것에 대해 : 보내주신 편지에서 이 설이 온당치 못하다고 하셨는데, 그렇다면 정(靜)할 때의 공부는 어떤 일입니까? 당초에 순(舜)이 말한 인심(人心)과 도심(道心)은 모두 이발(已發)에 나아가 말한 것이기 때문에 '정일집중(精一執中)'은 모두 그 발한 것으로 인하여 공부하는 일이고, 정할 때의 공부까지는 말하지 않았습니다. 지금 마땅히 본설(本說)에 의거하여 강구(講究)하고 체행(體行)해야 하니, 어찌 억지로 없는 것을 가져다 쓸데없는 말을 보태어 원래의 설과 합하여 하나의 공부로 만들어서야 되겠습니까. 이것이 이른바 "바깥에서 끌어온 의리(義理)를 많이

---

**129** 주 선생이……편지 : 【譯注】《회암집(晦菴集)》 권48 〈여자약에게 답하다[答呂子約]〉 소주(小註)에 "불교 서적에 능과 소능에 관한 말이 있는데, 능은 사람이 하는 것을 이르고 소능은 사람이 한 일을 이릅니다.[佛書有能與所能之說, 能謂人所做作, 所能謂人所做作底事.]"라고 하였다.

**130** 물재 정씨 : 【攷證 卷4 勿齋程氏】정약용(程若庸, ?~?)으로, 자는 봉원(逢原), 호는 물재·휘암(徽庵)이다. 【要存錄 卷14】《중용장구》〈중용장구서(中庸章句序)〉의 물재 정씨 소주에 "사물에 감응하여 동(動)하면 비로소 인심과 도심의 구분이 생기니, '정밀하게 살피고 전일하게 지켜 중도를 잡는 것'은 모두 동할 때의 공부이다.[感物而動, 始有人心、道心之分焉, 精一執中皆是動時工夫.]"라고 하였다.

삽입하여 본문(本文)의 올바른 뜻을 어지럽힌다."[131]라는 것이니, 독서의 가장 큰 병통이므로 주자께서 깊이 경계하셨습니다.

만약 보내주신 설과 같다면, 공자(孔子)가 말하지 않은 것을 맹자(孟子)가 말하고 맹자가 말하지 않은 것을 정자(程子)와 주자가 말한 것이 많으니, 지금 어찌 뒤에 나온 설을 가지고 매번 앞의 성현들이 말하지 않은 곳에 견강부회(牽强附會)하여 뭉뚱그려 하나의 설로 만들어 완비되기를 구해서야 되겠습니까.

'마음의 허령지각〔心之虛靈知覺〕'에 대해서 격암 조씨(格菴趙氏 조순손(趙順孫))가 운운한 것[132]에 대해 : 이 또한 보내주신 편지에서 하신 말씀이 잘못되었습니다. 무릇 혈기(血氣)가 있는 것은 본디 모두 다 지각이 있으나 새나 짐승의 치우치고 막힌 지각이 어찌 우리 인간의 가장 허령한 지각과 같을 수 있겠습니까. 더구나 여기에서 말한 지각은 실로 성인들이 전한 심법[133]인 '위태하고 은미하고 정밀하고 한결같다.〔危微精一〕'는 뜻을 인하여 '지각' 두 글자에 허령을 아울러 말하여, 인심(人心)의 체(體)와 용(用)의 묘리를 발명(發明)한 것입니다. 읽는 자가 마땅히 자기 마음의 지각에 나아가 올바른 뜻을 완미하고 체인(體認)하여야 비로소

---

**131** 바깥에서……어지럽힌다 : 【譯注】《회암집(晦菴集)》 권34 〈여백공에게 답하다(答呂伯恭)〉에 "바깥에서 끌어온 의리를 삽입한 것이 너무 많고 또 문세를 연결시키려고 하여 억지로 말한 곳이 있었는데, 근일에 간득한 것이 어떠합니까? 또한 말씀해 주시기를 바랍니다.〔大抵揷入外來義理太多, 又要文勢連屬, 不免有彊說處, 不知近日看得如何? 亦望垂喩也.〕"라고 하였다.

**132** 격암 조씨가 운운한 것 : 【要存錄 卷14】《중용장구》〈중용장구서〉의 격암 조씨 소주에 "지각의 지는 그 소당연을 아는 것이며, 각은 그 소이연을 깨닫는 것이다.〔知是識其所當然, 覺是悟其所以然.〕"라고 하였다.

**133** 성인들이 전한 심법 : 【譯注】요(堯)·순(舜)·우(禹)가 전한 심법인 "인심은 위태롭고 도심은 은미하니, 정밀하게 하고 한결같이 해야 실로 그 중도를 잡을 것이다.〔人心惟危, 道心惟微, 惟精惟一, 允執厥中.〕"라고 한 것을 말한다. 《書經 大禹謨》

어긋나지 않고 진실되게 볼 수 있을 것입니다. 어찌 멀리 조수(鳥獸)의 지각을 끌어다가 올바른 뜻을 어지럽혀서 의심해서는 안 될 곳에 의심을 두어서야 되겠습니까.

무릇 일반 사람들의 지각이 성현과 다른 것은 곧 기(氣)에 구애되고 욕심에 어두워서 스스로 잃어버린 것이니, 또 어찌 이를 가지고 인심(人心)은 알지도 못하고 깨닫지도 못한다고 의심하겠습니까. -보내주신 편지에서 "지각은 아마 이렇게 해석할 수 없을 듯하다. 이제 일반 사람에서 새와 짐승에 이르기까지 모두 지각이 있는데, 이들이 어찌 그 소당연(所當然)을 알고 소이연(所以然)을 깨달을 수 있겠는가."라고 하였습니다.-


《중용(中庸)》


요씨(饒氏)가 "드러나는 것과 나타나는 것이 모두 도(道)이다.〔見與顯皆是道〕"[134]라고 하였는데, 보내주신 편지에서 "어두운 곳과 미세(微細)한 일에는 사(邪)도 있고 정(正)도 있으니, 어찌 모두 도라고 말할 수 있겠는가."라고 한 것에 대해 : 주자 및 여러 사람들의 설을 살펴보건대, 모두 선악(善惡)의 기미(幾微)로 말하였으니, 요씨의 설은 과연 온당치 못합니다. 대개 자사(子思)와 주자의 뜻은 '본래 도는 있지 않은 데가 없고, 은미함이 드러나게 되는 것은 가릴 수 없다. 그러므로 혼자 있을 때를 삼가야 하니 이는 도를 보존하는 방법이다'라고 한 것이지, 드러나고 나


---

**134** 드러나는……도이다 :【要存錄 卷12】《중용장구》제1장 3절 소주에 쌍봉 요씨가 "자사가 '도라는 것은'이라 하여 '도' 자를 제기하였으니, 아래 문장의 '은미한 것보다 더 드러나는 것이 없고 세미한 것보다 더 나타나는 것이 없다.'의 드러남과 나타남이 모두 이 도라는 것을 알 수 있다.〔子思云'道也者', 提起道字. 見得下面'莫見乎隱, 莫顯乎微'見與顯, 皆是此道.〕"라고 하였다.

타나는 것이 도라고 말한 것은 아닙니다.

요씨가 "《대학》은 계구를 말하지 않았다.〔大學不言戒懼〕"[135]라고 하였
는데, 이에 대해 보내온 편지에서 운운한 것에 대해 : 이 단락에서 의심하
신 것은 바로 '정일집중(精一執中)은 정할 때의 공부가 없다'라는 설과
같은 문제입니다. 대개《대학》에서는 본디 계구를 말하지 않았으므로
주자도 정심장(正心章)의 주에서 또한 단지 '찰(察)' 자만을 들어서 곧장
본문의 바른 뜻을 해석하였고, 오직 '보아도 보이지 않고〔視不見〕'의 주에
서 비로소 '존(存)' 자와 '경(敬)' 자를 끄집어내어 말하였지만, 또한 전을
쓴 자를 인하여 무심(無心)의 병통을 말한 것[136]입니다. 그러므로 이것으
로 그 병통을 구제하였으나 계구의 공부는 은연중에 말하지 않은 가운데
들어 있습니다. 운봉 호씨(雲峯胡氏 호병문(胡炳文))의 전념후사(前念後
事)에 대한 설[137]도 그 뜻이 이와 같으니, 모두 일찍이 정심장에서 '계구'

---

**135** 대학은……않았다 :【要存錄 卷14】《중용장구》제1장 3절 소주에 쌍봉 요씨가
"《대학》은 단지 신독만을 말하였고 계구를 말하지 않았으니, 처음 배우는 선비 또한
동처에서 공부를 하도록 한 것이다.〔大學只言愼獨, 不言戒懼. 初學之士, 且令於動處做
工夫.〕"라고 하였다.

**136** 전을……것 :【譯注】《대학》전 7장에서 "마음이 없으면 보아도 보이지 않고, 들어
도 들리지 않고, 먹어도 그 맛을 알지 못한다.〔心不在焉, 視而不見, 聽而不聞, 食而不知
其味.〕"라고 말을 하였기 때문에 이로 인하여 불교에서 주장하는 무심(無心)의 문제점
을 말했다는 의미이다. 즉 무심을 말하고자 해서 한 것이 아니라《대학》의 전을 인하여
무심의 문제점을 말했다는 것이다.

**137** 전념후사에 대한 설 :【攷證 卷4 前念後事之說】《대학장구》전 7장 1절 운봉
호씨(雲峯胡氏) 소주에 "《중용》첫 장에서는 존양(存養)을 먼저 말하고 성찰(省察)을
뒤에 말하였는데《대학》성의장(誠意章)에서는 성찰만을 말하고 존양을 빠트렸다고
간혹 의심한다. 이는 이 장에 바로 존양성찰의 공부가 있다는 것을 전혀 알지 못한
것이다. 노여워하고 두려워하는 등의 감정이 발하기 전에는 먼저 기대하는 마음이 있어
서는 안 되고, 그러한 감정이 발할 때는 편벽되어 얽매인 마음이 있어서는 안 되고,
그러한 감정이 이미 발한 뒤에는 여전히 남아 있는 마음이 있어서는 안 된다. 사물이
바야흐로 올 때와 생각이 바야흐로 싹틀 때는 성찰할 때이고, 앞의 생각은 이미 지나가

를 설명하였다고 말한 적이 없습니다. 그런데 지금 보내주신 편지에서 곧장 정심장을 '계구'에 해당시켰으니, 이는 잘못입니다. -보내주신 편지에서, "계구 공부가 없다면 어떻게 명덕(明德)을 밝힐 수 있겠는가."라고 하였는데, 이 말은 맞습니다. 그러므로 주자가 "고인(古人)이 본원을 함양하는 공부는 《소학》에서 이미 극진하게 다루었기 때문에 《대학》에서는 바로 격물(格物)·치지(致知)를 급선무로 삼았다."라고 하였고, 또 후세 사람들이 그렇게 하지 못할 것을 걱정하여 '경(敬)' 자로 《소학》에서 빠진 공부를 보완하였으니, 지금 단지 이에 따라 공부해야 합니다. 또 《대학》에서 계구를 말하지 않았지만 '고시(顧諟)'라 하고 '경지(敬止)'라 하였으니 그 속에 절로 계구의 뜻을 겸하고 있고, '정(定)'이라 하고 '정(靜)'이라 하였으니 지지(知止)의 공효이지만 정(靜)할 때의 공부도 여기에서 벗어나지 않는다는 것을 알아야 합니다. 이와 같이 말하면 되는데, 어찌 말하지 않은 바를 억지로 이미 말한 것처럼 만들어서야 되겠습니까.-

진씨(陳氏 진력(陳櫟))가 "치중은 곧 천명의 성이다.〔致中卽天命之性〕"[138] 라고 하고 한 것에 대해 : 진씨의 설은 '치중의 중은 하늘이 명한 성이고 치화(致和)의 화는 본성을 따르는 도이다'라고 말하는 것과 같은데 지금 단지 이렇게 운운하였으니 말이 분명하지 못합니다. 보내주신 설이 옳습 니다.

진씨가 또 "중(中)의 큰 근본은 천명(天命)의 성에 근원한다.〔中之大 本, 原於天命之性.〕"[139]라고 하였는데, 보내주신 편지에서 "중의 큰 근본

고 뒤의 일이 아직 오지 않을 때는 존양하는 때이다. 존양은 이 마음의 본체가 바름을 보존하는 것이고, 성찰은 이 마음의 용이 혹 바르지 않게 될까 두려워하여 구하여 바르 게 하는 것이다."라고 하였다.

**138** 치중은……성이다 : 【譯注】《중용장구》 제1장 5절 진씨(陳氏) 소주에 나오는 말 이다.

**139** 중의……근원한다 : 【譯注】《중용장구》 제1장 5절 신안 진씨(新安陳氏) 소주에

은 바로 천명의 성이니, 만약 근원이라고 말한다면 이것은 큰 근본 위에 또 성(性)이 있는 것이다."라고 한 것에 대해 : 진씨의 설은 동자(董子 동중서(董仲舒))가 말한 "도의 큰 근원이 하늘에서 나온다."의 뜻과 같습니다. 대개 '중의 큰 근본'이란 사람이 가진 소유한 바로써 말한 것이요, '천명(天命)의 성'이란 하늘이 부여한 바로써 말한 것입니다. 그러므로 이렇게 말할 수 있습니다.

보내주신 편지에 "요씨(饒氏)가 《중용》의 첫 장을 성정(性情)을 함양하는 요체라고 하였으니, '성찰(省察)'이라는 글자가 빠진 것 같다."라고 한 것에 대해 : 이는 그렇지 않습니다. 일찍이 제유(諸儒)의 설을 보건대, 존양(存養)을 성찰에 대응하여 말할 때는 동(動)과 정(靜)을 두 가지 일로 나누었고, 단지 함양만을 말할 때는 동과 정을 겸하여 말한 곳이 많았습니다. 요씨의 이 설은 흠결이 없는 듯합니다.

《중용》의 첫 장에 대해 《중용혹문(中庸或問)》에 진씨(陳氏)[140]가 "중화와 위육[141]은 성신(聖神)의 능사(能事)이니, 가르침을 통하여 그 경지에 들어간 자가 과연 중화의 공부를 극진히 다하게 된다면……〔中和、位育、聖神之能事, 由敎而入者, 果能盡致中和之功……〕"이라고 운운하였는데, 보내주신 편지에서 운운한 것에 대해 : 어찌 중화를 극진히 하였는데도 오히려 천지가 제자리를 얻고 만물이 생육되는 데 미진한 경우가 있겠

---

나오는 말이다.

**140** 진씨 : 【攷證 卷4 陳氏】진역(陳櫟, 1252~1334)으로, 자는 수옹(壽翁)·정우(定宇), 호는 동부노인(東阜老人)이며, 신안(新安) 사람이다. 7세에 과거 공부에 통달하였고, 15세에 향인들이 모두 스승으로 여겼다. 송나라가 망하자 개연히 분발하여 음미하고 탐색하여 고금의 학문에 널리 통하였다. 사는 집에 '정우(定宇)'라고 이름을 써 붙였다.

**141** 중화와 위육 : 【譯注】《중용장구》 제1장에 "중과 화를 지극히 하면 천지가 제자리에서 편안하고, 만물이 생육될 것이다.〔致中和, 天地位焉, 萬物育焉.〕"라고 하였다.

습니까. 다만 천지가 제자리를 얻고 만물이 생육되는 경지에 가까워지는 것은 현인(賢人)의 공부로 비록 '공을 이루는 데 미치게 되는 것은 동일하다'고는 하지만, 성인의 신묘한 조화와 작용의 경지를 논하는 데 이르러서는 공자의 편안하게 해주면 이에 따라오고 감동시키면 이에 화하게 되는 경지[142]에 어찌 안자(顔子)나 증자(曾子)가 대번에 미칠 수 있겠습니까.

제2장에서 요씨(饒氏)가 운운한 것[143]에 대해 보내주신 편지에서 "중화(中和)와 중용(中庸)은 안과 밖으로 나눌 수 없다.……"라고 한 것에 대해 : 중화와 중용을 리(理)로서 말한 것이니 본디 두 가지 일이 아닙니다. 그러나 나아가 말한 지두(地頭)로서 논한다면 어찌 다르지 않겠습니까. 지금 유씨(游氏)[144]의 설로 보건대, 성정(性情)으로서 말할 때는 중화라고 한다고 하였으니, 이미 성정이라고 말했다면 안이 아니겠습니까. 덕행(德行)으로서 말할 때는 중용이라고 한다고 하였으니, 이미 덕행이라고 말하여 성정과 상대되게 하였다면 어찌 밖이라고 말할 수 없겠습니까. -덕(德)은 도(道)를 행하여 얻음이 있는 것을 말하는 것이니, 이미 안과 밖을 겸하

---

**142** 공자의……경지 : 【譯注】 성인이 덕으로 사람들을 감화시키는 것을 말한다. 《논어》〈자장(子張)〉에 자공(子貢)이 공자를 찬양하며 "편안하게 해주면 이에 따라오고, 감동시키면 이에 화하게 된다.〔綏之斯來, 動之斯和.〕"라고 하였다.

**143** 요씨가 운운한 것 : 【要存錄 卷14】《중용장구(中庸章句)》제2장 장하주(章下註) 소주에 쌍봉 요씨(雙峯饒氏)가 "중과 화를 다하는 자는 그 경계하고 두려워하고 홀로를 삼가서 성정을 함양하고자 하고, 중용을 실천하는 자는 그 선을 가려 굳게 잡아서 사리에 합치되기를 구하고자 하니, 이 두 가지는 안팎으로 서로 함양하는 도이다.〔致中和者, 欲其戒懼愼獨, 以涵養乎性情; 踐中庸者, 欲其擇善固執, 以求合乎事理. 二者, 內外交相養之道也.〕"라고 하였다.

**144** 유씨 : 【攷證 卷4 游氏】 유작(游酢, 1053~1123)으로, 자는 정부(定夫), 호는 광평(廣平), 시호는 문숙(文肅)이며, 건양(建陽) 사람이다. 정자 문하의 고제(高弟)이다.

여 명명한 것입니다. 행(行)이란 오로지 날마다 볼 수 있는 자취를 가지고 말하는 것이니, 어찌 밖이 아니겠습니까.- 그러므로 요씨는 유씨의 설에 근본을 두고 미루어 부연하여 설명하였으니, 옳지 않은 곳이 있음을 보지 못하였습니다. 만약 보내주신 편지의 설과 같다면, 자기의 뜻에 맞는 것은 좋아하고 맞지 않는 것은 싫어하는 병통이 있음을 면치 못하여, 끝내 자사(子思)의 본의(本意)가 어디서나 정미하고 적확하게 표현된 것을 참으로 볼 수 없게 될 것입니다. -첫 장에는 '중용'이라는 글자를 쓸 수 없고, 2장 이후에는 '중화'라는 글자를 쓸 수 없습니다.-

제4장에서 요씨(饒氏)가 "행이란 사람이 도를 행하는 것을 말한 것이 아니라……〔行不是說人去行道云云〕'라고 하였는데, 보내주신 편지에서 "도가 행해지고 행해지지 않는 것과 밝아지고 밝아지지 않는 것은 다 사람에게서 말미암은 것입니다.……"라고 한 것에 대해 : 본디 사람이 도를 행하지 않아서 도가 행해지지 않는 것이며, 사람이 도를 밝히지 않아서 도가 밝아지지 않는 것입니다. 그러나 여기에서 말한 행해지지 않음은 도가 행해지지 않는 것을 가리켜서 말한 것이지, 사람이 행하지 않음을 말한 것은 아니며, 여기에서 말한 밝아지지 않음은 도가 밝아지지 않는 것을 가리켜 말한 것이지 사람이 밝히지 않는 것을 말한 것은 아닙니다. 요씨의 설은 정밀하고 타당하니 잘못되었다고 할 수 없습니다.

제10장에서 요씨가 네 번의 '강재(强哉)'라는 말에 차례가 있다[145]고

---

**145** 요씨가……있다 : 【要存錄 卷14】《중용장구》제10장 5절 소주에 쌍봉 요씨가 "네 가지 또한 차례가 있으니, 뒷전으로 갈수록 점점 더 어려워진다. '가운데에 서서 치우치지 않는다.'라는 것은 '함께하되 휩쓸리지 않는다.'라는 것보다 어렵고, '나라에 도가 있어 벼슬할 적에 현달하지 못했을 때에 지키던 바를 변하지 않는다.'라는 것은 또한 위의 두 가지보다 어렵다. '나라에 도가 없을 적에는 죽음에 이르더라도 절개를 변하지 않는다.'라는 것은 이른바 '은둔하여 남이 알아주지 않아도 후회하지 않음이니, 오직 성인만이 능할 수 있다.'라는 것이다. 이는 가장 어려운 부분이다.〔四者亦有次第, 一件

한 것에 대해 : 억지로 끌어다 붙여 말한 병폐가 있습니다. 보내주신 말이 옳습니다.

제12장에 대해 보내주신 편지에서 "요씨가 '도는 떠날 수 없다.〔道不可離〕'는 것에 대해 어느 때나 그렇지 않음이 없다고 하고, '비은(費隱)'에 대해 어떤 사물이든 있지 않음이 없다고 하였다.……"라고 한 것에 대해 : 주자(朱子)가 '도는 떠날 수 없다.'라는 대목에서 이미 어떤 사물이든 있지 않음이 없다는 것을 아울러 말하였는데, 요씨가 도리어 이렇게 분배하였으니 지나치게 세분한 것입니다. 그리고 그가 '안을 곧게 하고 밖을 바르게 한다.〔直內方外〕[146]'를 구분한 것은 이처럼 말할 수 없는 것은 아니지만, 자사(子思)의 원래 말에 꼭 그런 뜻이 있는 것은 아니니 모두 군더더기 말입니다. 보내주신 설이 간명하고 타당합니다.

운봉 호씨(雲峯胡氏)가 "비(費)는 솔성의 도〔率性之道〕를 말한 것이고, 은(隱)은 천명의 성〔天命之性〕을 말한 것이다."[147]라고 한 것에 대해 : 만약 오직 이 두 구만을 말하였다면 또한 군더더기 말일 듯하지만, 다만 운봉의 이 단락은 바로 전편(全篇)에서 도(道)를 말한 것이 모두 솔성의 도로부터 말한 것임을 상세하게 설명한 것입니다. 그러므로 그

---

難似一件. 中立不倚, 難於和而不流; 國有道不變塞, 又難於上二者. 國無道至死不變, 卽所謂遯世不見知而不悔, 惟聖者能之, 此最是難處.〕라고 하였다.

**146** 안을……한다 : 【譯注】《주역》〈곤괘(坤卦) 문언전(文言傳)〉에 "군자는 경으로 내면을 곧게 하고 의로써 외면을 바르게 한다.〔君子敬以直內, 義以方外.〕"라고 하였다.

**147** 운봉 호씨가……것이다 : 【要存錄 卷14】《중용장구》 제12장 3절 소주에 운봉 호씨가 "《중용》에서 말한 도 자는 모두 솔성의 도에서 나온 것이다. '비란 용의 넓음이다.'라는 것은 솔성의 도를 말하며, '은이란 체의 미세함이다.'라는 것은 천명의 성을 말한 것이다. 비를 말하면 은이 곧 그 가운데 있고, 솔성의 도를 말하면 천명의 성이 곧 그 가운데 있으니, 두 가지가 있는 것이 아니다.〔中庸言道字, 皆自率性之道說來. 費, 用之廣也, 是說率性之道; 隱, 體之微也, 是說天命之性. 才說費, 隱卽在其中; 才說率性之道, 天命之性卽在其中, 非有二也.〕"라고 하였다.

설이 이러하지 않을 수 없습니다. 이는 바로 주자가《중용혹문》에서 성(誠)을 통론한 대목에서 곧장 천명의 성으로부터 말을 시작한 것과 같으니, 무방할 듯합니다.

제13장에서 원씨(袁氏)[148]가 "사람을 다스린다고 말하지 않고 ……〔不曰我治人云云〕"라고 하고, 또 "너무 심하게 남을 꾸짖으면 하늘의 법칙에 위배된다.〔責人已甚, 違天則矣.〕"라고 하고서 이 말로 인하여 아울러 '도와의 거리가 멀지 않다.〔違道不遠〕'고 말한 것에 대해 : 모두 본문의 뜻과 상응하지 않으니, 보내주신 편지에서 잘못이라고 한 것은 타당합니다.

요씨(饒氏)의 "도는 천리이고, 충서는 사람의 일이다.〔道是天理, 忠恕是人事.〕"[149]라는 설에 대해 : 예전에도 늘 의심했는데, 지금 보내주신 편지에서 이 설을 그르다고 하고 주자(朱子)의 "인(仁)은 도(道)이고 충서(忠恕)는 배우는 자가 공부하는 곳이다."[150]라는 말을 인용하여 증명하였으니, 뜻이 매우 좋습니다.

제16장에서 주자(朱子)가 "귀신이란 다만 기가 굴신하는 것이다.〔鬼神只是氣之屈伸〕"라고 말한 한 조목에 대해 : 후씨(侯氏 후중량(侯仲良))의 설과 다른 점을 보지 못하였는데《중용혹문》에서 후씨의 설을 심히 배척하였으니, 도무지 이해할 수 없습니다. 다시 자세히 살펴보건대, 주자가 귀신의 덕(德)을 물은 문인들의 질문에 답하기를 "여기에서는 귀신의 실

---

**148** 원씨 :【攷證 卷4 袁氏】원기중은 송나라 원추(袁樞, 1131~1205)로, 자는 기중, 호는 매암(梅巖)이다.【校解】"내가 남을 다스린다고 말하지 않는다."라는 말은 송나라 원보(袁甫)의《몽재중용강의(蒙齋中庸講義)》권2에 수록되어 있으며,《중용장구》제13장 2절 소주에도 몽재 원씨의 말로 되어 있다.《고증》에서 원씨를 원추라고 한 것은 오류인 듯하다. 참고로, 원보는 자가 광미(廣微), 호가 몽재(蒙齋)이다.

**149** 도는……일이다 :【譯注】《중용장구》제13장 3절 쌍봉 요씨 소주에 나오는 말이다.

**150** 인은……곳이다 :【譯注】《중용장구》제13장 3절 소주에 나오는 말이다.

제로 그러한 이치〔實然之理〕를 말한 것이니 사람의 덕을 말할 때 사람은 절로 한 물체가 되고 그 덕은 절로 덕이 된다고 말할 수 없는 것과 같다. 후씨가 '귀신은 형이하자(形而下者)이고 귀신의 덕은 형이상자(形而上者)이다.'라고 하니, 또 중용의 덕을 말할 때 중용은 형이하자이고 중용의 덕은 형이상자라고 할 수 없는 것과 같다."[151]라고 하였고, 쌍봉(雙峯)도 "이른바 덕이라는 것은 귀신을 가리켜 말한 것이다."라고 하였습니다.

이를 통해 보건대, 주자는 단지 형이하인 귀신의 성정(性情)과 공효(功效)의 실제 그러한 곳을 가리켜서 덕이라고 하였으니 바로 그 리(理)이며 성(誠)입니다. 후씨는 귀신을 형이하의 한 물건으로 보고 그것이 갖춘 바의 이치를 가리켜 형이상의 한 물건이라고 보았으니, 이 때문에 귀신과 덕을 판연히 두 가지 것으로 인식한 것입니다. 주자가 그르다고 한 이유는 바로 여기에 있습니다. 그렇다면 주자가 "그 덕은 천명(天命)의 실제적인 이치이다."[152]라고 한 말 등은 그 말뜻의 곡절에 또한 헤아림이 부족한 듯하니, 기록하는 자가 본지를 잃은 듯합니다.

제26장에서 요씨(饒氏)가 "사람의 성에는 지극함과 지극하지 못함이 있다. 성인은 성의 극치이므로 지성이라고 말할 수 있고, 천지는 지극함과 지극하지 않음이 없다.……〔人之誠有至與不至, 聖人, 誠之至. 故可說至誠, 天地無至不至云云.〕"라고 하였는데, 보내주신 편지에서 "성인과 천지는 다 같이 지성(至誠)이니, 만약 '지극함과 지극하지 않음이 없다'고 한다면, 석씨(釋氏)의 성인도 없고 범인도 없다는 설에 가까울 것입니다."라고 한 것에 대해 : 내 소견으로는 요씨의 설도 일리가 있으니, 석씨

---

151 여기에서는……같다 : 【譯注】《주자어류》 권63 103조, 131조에 보인다.

152 그 덕은……이치이다 : 【譯注】《회암집》 권47 〈여자약에게 답하다〔答呂子約〕〉에 나오는 말이다.

의 설이 공(空)과 무(無)로 귀결된 것과는 같지 않습니다. 그러나《논어
(論語)》일관장(一貫章)의 주(注)에 "천지는 지극히 성실하고 쉼이 없다
〔天地之至誠無息〕"는 말이 있으니, '지성(至誠)'이라는 글자는 주자가 천
지에 대해서도 사용하였습니다. 요씨가 '유구(悠久)'라는 것을 외면(外
面)을 가리킨 것으로 여겼으니, 그의 소견이 이와 같습니다. 그러나 주자
의 내외(內外)를 겸하였다는 설은 본디 주편(周徧)합니다.


　《심경(心經)》


왕노재(王魯齋 왕백(王柏))의 〈인심도심도설(人心道心圖說)〉에서 "정(正)
자와 사(私) 자는 모두 외면에 나타난 것이다."[153]라고 하였는데, 그 뜻은
이 두 심(心) 자를 모두 이발(已發)로써 말하였기 때문에 밖에 나타난다
고 한 것일 따름입니다. 이 구절은 이해할 수 없는 것이 아닙니다. 그
아래 이어서 "그러므로 인심(人心)은 인욕(人欲)이라고 말할 수 없다."라
고 하였는데, 이는 이해할 수 없는 부분입니다. 대저 이 도설에는 설명할
수도 없고 이해할 수도 없는 부분이 많습니다. 그러므로 이곳의 벗들이
서로 더불어 감정(勘定)하여서 그것을 볼 필요는 없다고 결론을 내렸습
니다.


　성정심의(性情心意)


"성(性)이 발하여 정(情)이 되고, 심(心)이 발하여 의(意)가 된다."라고


---

**153** 정……것이다 : 【譯注】《심경부주(心經附註)》 권1 〈인심도심장(人心道心章)〉 주
석에 나오는 말이다.

한 것은 보내주신 설이 물론 옳습니다. 대저 이렇게 명칭과 이치를 분속(分屬)하는 것은, 바로 의리를 강명(講明)하여 십분 정밀한 수준에 이른 뒤에 각각 그 뜻의 실마리가 서로 유사한 것과 맥락이 유래한 곳을 미루어 따져서 무엇은 응당 무엇이 되어야 하고 무엇은 응당 무엇에 속해야 한다고 하는 것일 따름입니다. 만약 한 번 여기에 속하면 단연코 다른 것과 관계되거나 호응하지 않는다고 한다면, 이는 어리석은 사람 앞에서 꿈 이야기를 하는 것[154]입니다.

---

**154** 어리석은……것 : 【攷證 卷4 癡人前說夢】 송나라 황산곡(黃山谷 황정균(黃庭堅))이 "도연명(陶淵明)의 〈자식들을 나무라며〔責子〕〉 시에서 그 자상함과 해학을 상상해 볼 수 있다. 그런데 세상의 사람들은 곧장 도연명의 아들들이 모두 불초하여 도연명이 시로 근심하고 탄식한 것이 시에 드러난 것이라고 여긴다. 이는 이른바 어리석은 사람 앞에서 꿈 이야기를 할 수 없다는 것이다."라고 하였다. 《陶淵明集 卷3 責子》

# 이숙헌에게 답하다 【경오년(1570, 선조3, 70세) 5~6월 추정. 예안(禮安)】

答李叔獻

중화(中和)와 중용(中庸)을 내외로 나눈 요씨(饒氏)의 설에 대해서 재차 가르침을 받았는데 오히려 공께서 남을 질타하시는 것이 혹 너무 지나친 듯하였습니다.[155] 살펴보건대, 요씨는 "이것은 내면 공부이고 저것은 외면 공부이다."라고 하지 않고, 단지 "내외가 서로 함양하는 도이다."라고 하였습니다. 이는 중화를 지극히 하는 일[致中和]에도 또한 중용을 실천하는 일[踐中庸]이 있고, 중용을 실천하는 일에도 중화를 지극히 하는 뜻이 있어서 서로 보탬이 된다고 말한 것입니다. 그러므로 '서로 함양한다'고 하였을 따름입니다. 내외를 완전히 분리하여 각각 한 방면의 공부로 만들었다면 서로 함양하는 의미가 어디에 있겠습니까.

게다가 보내주신 편지에서 "중화(中和)를 지극히 한다는 것은 성정을 덕행에 포괄하여 말한 것이니, 중(中)은 중화의 뜻을 겸하여 덕행을 성정에 겸하여 말한 것이다."라고 하였습니다. 이미 이것으로 저것을 포괄하였다고 하고 또 저것으로 이것을 겸하였다고 하였으니, 또한 어찌 내외

---

**155** 중화와……듯하였습니다 : 【譯註】 이이(李珥)가 《중용장구(中庸章句)》 제2장 장하주(章下註) 소주에서 중화(中和)와 중용(中庸)을 내외로 나눈 쌍봉 요씨(雙峯饒氏)의 설을 비판하자, 이황이 〈이숙헌의 문목에 답하다[答李叔獻問目]〉에서 "성정으로 말하면 중화라고 하고, 덕행으로 말하면 중용이라고 한다."라는 유작(游酢)의 설을 거론하여 중화와 중용을 내외로 나누어 말할 수 있다고 하며, 요씨가 유작의 설에 근본을 두고 부연하였다고 반박하며 그를 두둔하였다. 이이는 〈퇴계 선생께 올린 문목[上退溪先生問目]〉에서 유작의 설은 인정하면서도 치중화[致中和]와 천중용[踐中庸]을 내외로 나눈 요씨의 설은 타당하지 않다고 반박하였다. 《定本 退溪全書 卷5 上退溪先生問目》《栗谷全書 卷9 上退溪先生問目》

가 서로 함양하는 뜻이 아니겠습니까. 내 생각을 말해보건대, 보내주신 설과 요씨의 설이 그다지 큰 차이가 없는데 요씨에 대해 유독 더욱 혹독하게 배척하시니 너무 요씨를 인정하지 않는 것이 아니겠습니까.

〈서명(西銘)〉의 영봉인(穎封人)·신생(申生)[156] 등에 대한 당초 장자(張子 장횡거(張橫渠))의 뜻은 이 사람들이 도를 다하였다고 말한 것이 아니라 그 일을 특별히 빌려서 하늘을 섬기는 사람의 분수에 나아가 말한 것입니다. 그렇다면 응당 그 도를 다했다고 말해야지, 순(舜)·우(禹) 등과 그 사람의 품등(品等)을 나누어 도를 다하지 못했다는 뜻까지 섞어서 말하여 하늘을 섬기는 사람이 이런 일을 만날 경우에도 하나로 뭉뚱그려서 그 도를 다하지 못하도록 해서는 안 됩니다. 임은(林隱 정복심(程復心))은 이 뜻을 알았기 때문에 아울러 도를 다하였다고 말하였을 따름입니다. 보내주신 편지에서 "장자는 다만 한 가지 일만 취하였다.……"라고 하니, 참으로 또한 장자의 본의(本意)가 이러한 데 있었다는 것을 아신 것입니다. 그렇다면 임은의 〈서명도(西銘圖)〉도 응당 이러한 뜻으로 보아야 하는데, 어찌 굳이 유독 임은이 과도하게 사람을 허여하였다고 비판하십니까.

〈심학도(心學圖)〉에 대해 의론하신 설들은 더욱 감히 납득하지 못하겠습니다. 숙헌의 설과 같다면 이는 당시 정씨(程氏 정복심(程復心))가 이 〈심학도〉를 만든 것이 어리석은 사람에게 꿈 이야기를 하는 것과 무엇이 다르겠습니까.[157] 견해가 투철하지 못하면서 남을 공격하기를 좋아하는

---

**156** 서명의 영봉인·신생 : 【譯注】〈서명〉에 "맛있는 술을 싫어함은 숭백(崇伯)의 아들〔禹〕이 부모의 봉양을 돌본 것이고, 영재를 육성함은 영봉인〔穎考叔〕이 동류에게 선을 준 것이다. 노력을 게을리하지 않아 기뻐함에 이르게 한 것은 순임금의 공이요, 도망갈 곳이 없다 하여 팽형을 기다린 것은 신생(申生)의 공손함이다.〔惡旨酒, 崇伯子之顧養; 育英才, 穎封人之錫類. 不弛勞而底豫, 舜其功也; 無所逃而待烹, 申生其恭也.〕"라고 하였다.

**157** 어리석은……다르겠습니까 : 【譯注】어리석은 사람을 대해서 꿈 얘기를 해 주면

저 세상 사람들이 운운하는 것이야 진실로 괴이할 것 없지만, 고명하고 초탈한 견해를 가진 숙헌도 또한 이 〈심학도〉를 보는 데에 이처럼 구애되고 얽매일 줄 생각지도 못했습니다. 가령 정씨가 이에 대해 "도심(道心)을 온전히 하고자 한다면 반드시 먼저 대인심(大人心)이 있어야 하고, 대인심을 갖고자 한다면 반드시 먼저 본심(本心)을 얻어야 한다."라고 하고, 또 "풀어 놓은 마음을 찾고자 한다면 반드시 먼저 마음을 제자리에 있게 해야 하고 마음을 제자리에 있게 하고자 한다면 반드시 먼저 극기복례(克己復禮) 해야 한다."라고 말했다면, 숙헌이 이처럼 기력을 내서 공박하고 변론하여 없애고자 하는 것이 옳습니다. 그런데 지금 그 설이 이렇게 말하는 데 그쳤으니, 어찌 모두 숙헌이 공박하신 것처럼 공부하는 차례를 하나하나 선후로 나눈 것이겠습니까.

심권(心圈)의 상하좌우에 있는 여섯 개의 심은, 단지 성현이 심을 설명한 것이 각각 이처럼 가리키는 바가 있다고 하여 본연의 선을 양심(良心)이라 하고, 본래 가지고 있는 선을 본심(本心)이라 하며, 순일(純一)하여 거짓이 없을 뿐인 것을 적자심(赤子心)이라 하고, 순일하여 거짓이 없으면서 온갖 변화에 통달할 수 있는 것을 대인심(大人心)이라 하며, 형기(形氣)에서 생겨난 것을 인심(人心)이라 하고 성명(性命)에 근원한 것을 도심(道心)이라 하였습니다. 이에 양심과 본심은 그 뜻이 서로 가까우므로 위쪽의 좌우에 마주 놓았고, 적자심·대인심과 인심·도심은 그 본래의 어휘가 서로 상대되므로 가운데와 아래의 좌우에 마주 놓았으니, 이 여

그 어리석은 사람은 그 말을 사실로 잘못 알아듣게 된다는 뜻이다. 가룡삭(伽龍朔)이라는 기승(奇僧)에게 어떤 사람이 무슨 성〔何姓〕이냐고 묻자 하성(何姓)이라고 대답하고, 어느 나라 사람〔何國人〕이냐고 묻자 하국인(何國人)이라고 대답하였는데, 당(唐)나라 이옹(李邕)이 비문을 쓰면서 그 말뜻을 이해하지 못한 채 '대사의 성은 하씨요, 하나라 사람이다.'라고 한 데서 온 말이다. 《冷齋夜話》

섯 가지는 바로 주자가 〈서명〉의 전반부 한 단락을 바둑판과 같이 여긴 것[158]과 같습니다. 바둑판으로 설명할 때에 어찌 공부를 선후로 나눌 수 있겠습니까. 그러므로 정씨가 스스로 말한 것이 이와 같음에 그쳤고 일찍이 공부와 공효의 선후에 대한 설에는 미치지 않았으니, 지금 편지에서 운운하신 내용은 어찌 정씨에게 비웃음 받지 않겠습니까. -대인심이 사람들과 공효를 비교하고 고하(高下)를 다투는 것이라면, 맹자가 어찌 적자와 병칭하였겠습니까. 다만 성취한 대인에 나아가 그 마음이 이와 같음을 가리켜 말한 것입니다. 그러므로 주자가 일찍이 "적자의 마음은 순일하고 거짓이 없고 대인의 마음도 순일하고 거짓이 없지만, 적자는 무지하고 무능한 순일하고 거짓이 없음이고 대인은 지각이 있고 능력있는 순일하고 거짓이 없음이다."라고 하였습니다. 지금 모름지기 이러한 설을 세밀하게 생각해 보면, 정복심의 〈심학도〉의 뜻은 대인의 공부 경지가 응당 여기에 있어야 한다고 말한 것이 아니라 단지 마음이라는 물건이 적자에게는 어떠하고 대인에게는 어떠하다고 말하여, 성현이 마음을 논한 것이 이러이러하다는 것을 드러내어, 사람들로 하여금 이쪽에서 체인(體認)하고 저쪽에서 완미(玩味)하여, 여러 방면으로 체인하고 완미한 끝에 거의 서로 증험하고 융회관통(融會貫通)하여 마음의 체용(體用)을 알아서 정일(精一) 이하의 공부할 곳을 삼을 수 있게 하고자 한 것임을 알 수 있습니다.

　내가 어렸을 적에 《심경(心經)》을 읽을 때 이 〈심학도〉를 좋아하였는데, 여섯 개의 심(心) 자가 있는 곳에 대해 이해하지 못하여 오래도록 마음속으로 의심을 품고 있었습니다. 그러다가 10여 년 전에 비로소 정임은의 원래 그림과 원래 설을 구하여 읽고 나서야 그 정밀하고 은미(隱微)한 뜻을 깨닫게 되었습니다. 대개 여섯 개의 심을 두 갈래로 나누어 설명하였는데 그 이치와 맥락이 절로 분명하고 관통되어 공부와 공효의 선후가 있다는 설에 빠지지 않았습니다. 그 견해가 얕지 않으니, 경솔하게 입론하여 능가하기란

---

**158** 주자가 ……것 : 【譯注】《성리대전서(性理大全書)》 권4 〈서명(西銘)〉에 "주자가 '〈서명〉의 전반부는 바둑판과 같고 후반부는 사람이 바둑을 두는 것과 같다.〔朱子曰, 西銘前一段如棊盤, 後一段如人下棊.〕'라고 하였다." 하였다.

쉽지 않을 듯합니다.-

유정(惟精)과 유일(惟一) 이하에서 바야흐로 공부하는 것에 대해 말하였으니, 또한 〈서명〉의 후반부 한 단락이 바둑을 두는 것과 같다고 하는 것과 동일합니다. 인욕(人欲)을 막는 것과 천리(天理)를 보존하는 것을 상대되는 공부로 여긴 것은 숙헌도 그르다고 하셨지만, 이것이 상대된다고 하는 것은 오늘날만 그러한 것이 아니라 그 연원이 오래되었습니다. 진서산(眞西山 진덕수(眞德秀))도 "극치(克治)와 존양(存養) 둘 다 공부를 지극히 해야 한다."[159]라고 하여 이렇게 상대로 들어 말하였으니, 어찌 안 될 것 있겠습니까.

그 공부는 유정과 유일이 극진하며, 계구(戒懼)와 근독(謹獨)도 주밀합니다. 공자(孔子)가 극기복례(克己復禮)로 인(仁)을 행하는 것을 말한 것과 맹자(孟子)가 조존(操存)으로 야기(夜氣)를 논한 것이 이미 충분하니, 이 몇 가지를 거론한 다음 곧장 종심(從心)과 부동심(不動心)으로 끝마치는 것이 어찌 불가하겠습니까. 굳이 그 나머지를 하나하나 열거하여 말한 것이 어찌 반드시 이 한 단계를 통해서 저 한 단계에 이르고 또 저 한 단계를 계제로 삼아 다시 위로 몇 번째 단계에 이른다고 한 것이겠습니까. 이는 대개 성인께서 심법(心法)을 논하신 곳이 한둘이 아니어서 혹은 이렇게도 말하고 혹은 저렇게도 말했다고 하여 낱낱이 가리켜 사람들에게 보여 모두 알지 못해서는 안 되고 모두 공력을 쓰지 않아서도 안 된다고 한 것입니다. 위로부터 아래로 배치한 것은 또한 그림을 그리는 형세상 그렇게 하지 않을 수 없었기 때문이니,《대학》의 조목(條目)처럼 공부 과정에 선후가 있다고 말한 것이 아닙니다. 그러므

---

**159** 극치와……한다 : 【譯注】《심경부주(心經附註)》〈심경찬(心經贊)〉에 나오는 말이다.

로 정씨의 설은 단지 신독(愼獨) 이하를 가지고 인욕을 막는 공부로 삼은 다음 부동심으로 마쳤고, 계구(戒懼) 이하를 천리를 보존하는 공부로 삼은 다음 종심(從心)으로 마쳤을 따름이니, 어찌 일찍이 "어떤 것을 하려면 먼저 어떤 것을 해야 하고, 혹은 먼저 어떤 것을 통해야 어떤 것에 이른다."라고 한 적이 있겠습니까.

구방심(求放心)이 네 번째에 있는 것은 여기의 학자 중에도 비판하는 사람이 있습니다. 대저 이 세 글자에 대해서 대략적인 소견으로 거칠게 논해보건대 반드시 모두 보내주신 편지에서 말씀하신 것과 같을 것이니, 비단 지금의 논의가 이와 같을 뿐만이 아니라 전현(前賢)의 논의에도 이와 같은 것이 있습니다. 그러나 만약 그 이치와 그 일이 이 정도에 그칠 뿐이라면, 맹자께서 응당 "학문을 시작할 때 그 풀어놓은 마음을 찾아야 한다."라고 하면 충분한데, 어찌 "학문의 방도는 다름이 아니라……"[160]라고 하셨겠습니까. 명도(明道)도 응당 "성현이 사람을 가르칠 때 처음에 먼저 사람들에게 장차 이미 풀어놓은 마음을……"이라 하면 충분한데, 어찌 "성현(聖賢)의 천 마디 말씀과 만 마디 말씀이 단지 사람들로 하여금 이미 풀어놓은 마음을 가져다가 묶어서 되찾아 다시 몸에 들어오게 하고자 한 것이다."[161]라고 하셨겠습니까.

지금 만약 이 구를 가지고 단지 범범하고 거칠게 학자가 처음 공부를 시작할 때 한 번 거쳐야 하는 길로 만들고, 이것을 지난 이후에는 모두 필요 없는 것으로 여겨서 나의 정밀한 공부와 상관없게 만든다면, 이는

---

**160** 학문의……아니라 : 【譯注】《맹자》〈고자 상(告子上)〉에 "학문하는 도리는 다른 것이 없다. 그 놓아 버린 마음을 찾는 것뿐이다.〔學問之道, 無他. 求其放心而已矣.〕"라고 하였다.

**161** 성현의……것이다 : 【譯注】《이정전서(二程全書)》 권1에 나오는 말로《맹자집주》〈고자 상(告子上)〉 제11장 4절의 주석으로 인용되어 있다.

맹자의 "학문은 다름 아니라"라는 말과 정명도의 "천 마디가 다만 이것이다."라는 말이 모두 허무맹랑하게 사람을 속이는 말이 됩니다. 만약 '안자(顏子)의 지위에 이르면 공부가 이미 정밀하고 세밀하여 더 이상 한 터럭만큼도 풀어놓은 마음을 말할 만한 곳이 있지 않다'고 한다면, '잠시라도 잘못이 있으면 곧 알았다'[162]라는 말이 맞지 않게 되며, '성인도 생각하지 않으면 광인이 된다'[163]라는 것이 실로 그러한 일이 없는데 성인이 부질없이 쓸모없는 말을 해서 천하 후세 사람들을 속인 것이 될 것입니다. 예로부터 성인과 현인이 그 학문이 이미 지극하고 그 지위가 이미 높으면 곧 마음을 편안하게 하고 뜻을 마음대로 펼쳐서 더 이상 전전긍긍하며 임리(臨履)하는 마음[164]이 없어도 되었을 것입니다.

주자가 평소에 매번 학자를 위해 도성선장(道性善章)과 이 장을 가지고 면려한 것은, 알지 못하겠습니다만 그 뜻이 단지 학자들이 처음에 범범하고 거친 상태이므로 우선 이 일단의 공부를 빌려 한 번 묵고 가는 객사(客舍)로 삼으려 한 것이겠습니까? 아니면 시작도 진실로 여기에서

---

**162** 잠시라도……알았다 : 【譯注】《논어집주》〈옹야(雍也)〉 제2장에서, 애공(哀公)이 공자에게 제자 중에 학문을 좋아하는 사람을 묻자 공자가 안연(顏淵)이라고 답하며 "노여움을 남에게 옮기지 않으며 잘못을 두 번 다시 저지르지 않았다.〔不遷怒, 不貳過.〕"라는 말을 하였다. 이에 대해 주에서 정자가 "안자의 경지와 같으면 어찌 선하지 않음이 있겠는가. 이른바 선하지 않다는 것은 다만 약간의 잘못이 있는 것이니, 잠시라도 잘못이 있으면 곧 알았고, 알기만 하면 곧 다시는 싹터 나오지 않게 한 것이다.〔如顏子地位, 豈有不善? 所謂不善, 只是微有差失. 纔差失, 便能知之; 纔知之, 便更不萌作.〕"라고 하였다.

**163** 성인도……된다 : 【譯注】《서경》〈주서(周書) 다방(多方)〉에 "성인도 제대로 생각하지 않으면 광인이 될 수 있고, 광인도 제대로 생각하면 성인이 될 수 있다.〔惟聖罔念作狂, 惟狂克念作聖.〕"라고 하였다.

**164** 전전긍긍하며 임리하는 마음 : 【譯注】 조심스러운 마음으로 매사를 신중히 처리하는 것을 말한다. 《시경》〈소아(小雅) 소민(小旻)〉에 "전전긍긍하여 심연에 임하듯, 얇은 얼음을 밟듯 한다.〔戰戰兢兢, 如臨深淵, 如履薄氷.〕"라고 한 데서 온 말이다.

하고 마치는 것도 이것으로 마쳐야 한다고 여기게 해서 성현의 천 마디 만 마디 말을 알게 하는 기반과 터전을 만들고자 한 것이겠습니까? 그러 므로 내 생각에는 이 말에 대해 대략 거칠게 말하고 인하여 이 도설(圖說) 로 헤아려볼 때 진실로 혹자처럼 의심할 수 있겠지만, 맹자와 명도의 말로써 그 지극한 데까지 미루어 세밀히 논해보면 안자의 멀리 가지 않아 되돌아온다[165]는 것을 또한 여기에 비겨서 말할 수 있을 것입니다. 그렇 다면 정씨가 나열한 뜻도 대번에 폄하하고 논박해서는 안 될 듯합니다.

심재(心在)·심사(心思)·진심(盡心)·정심(正心)의 위치가 뒤바뀌었 다는 것은 보내주신 말씀이 일리가 있는 듯합니다. 그러나 마음은 성찰 이 아니면 무엇으로 말미암아 존재[在]하고 생각[思]하며 대체를 세우겠 습니까. 그러니 이것이 어찌 함양이 아니겠습니까. 그렇다면 두 가지를 분속하는 것은 애초에 또한 무방할 것입니다. 분치(忿懥)와 공구(恐懼) 등은 하나라도 있는데 살피지 않으면 욕(欲)이 동(動)하고 정(情)이 우 세해진다[166]라고 운운하였으니, 정심(正心)이 어찌 꼭 함양에만 속하겠 습니까. 진심이 비록 지(知)에 속한다고 하지만, 이 도설은 지(知)와 행 (行)으로 나눈 것이 아니라 단지 알인욕(遏人欲)과 존천리(存天理)로 나

---

**165** 안자의……되돌아온다 : 【譯注】《주역》〈복괘(復卦) 초구(初九)〉에 "멀리 가지 않고 되돌아오니, 후회하는 일이 없을 것이다. 크게 길하다.〔不遠復, 无祗悔, 元吉.〕"라고 하였는데, 〈계사전 하(繫辭傳下)〉에 "안씨의 아들은 도의 경지에 거의 도달하였다. 선하 지 못한 일이 있으면 그것을 모르는 일이 없었고, 그것을 알고 나서는 반복해서 행하는 일이 없었다.〔顔氏之子其殆庶幾乎! 有不善, 未嘗不知, 知之未嘗復行也.〕"라고 하였다.

**166** 분치와……우세해진다 : 【譯注】《대학장구》전 7장 1절 주에 "분치는 노(怒)함이 다. 이 네 가지는 모두 마음의 용(用)이니, 사람이 없을 수 없는 것이다. 그러나 한 번 이것을 두고 살피지 못하면, 욕심이 동(動)하고 정(情)이 치우쳐서, 그 용(用)의 행하는 바가 혹 올바름을 잃지 않을 수 없을 것이다.〔忿懥, 怒也. 蓋是四者, 皆心之用而 人所不能無者. 然一有之而不能察, 則欲動情勝, 而其用之所行, 或不能不失其正矣.〕"라 고 하였다.

누었을 따름입니다. 진심(盡心)에 대해서 해석하시기를 "심(心)의 전체(全體)를 지극히 하여 다하지 않음이 없는 자는 반드시 리(理)를 궁구하여 알지 못함이 없다."[167]라고 하셨으니, 이것을 리 쪽에만 배속시키는 것이 어찌 안 될 것 있겠습니까. 정씨가 분속한 것은 그 의도가 아마도 이와 같을 것입니다.

그러므로 나는 삼가 생각건대, 전현(前賢)이 저술한 것에 만일 혹 의리가 크게 어긋나 후세 사람들을 그르칠 만한 것이 있다면 변론하여 정도(正道)로 귀결시키지 않을 수 없지만, 지금 논한 것처럼 저쪽은 본래 어긋나지 않는데 우리 견해가 미진한 경우라면, 진실로 억지로 의론해서 취사하고자 해서는 안 됩니다. 혹 은미한 글의 정미한 뜻을 저쪽과 이쪽으로 분속시켰을 때 양쪽이 어그러지지 않는 곳은 우선 그 이루어진 것을 따라서 변동하지 말아야 하고, 이어서 모름지기 그 내용을 기준으로 이 일이 자신의 안에 있는지 없는지 이 일에 능한지 아닌지를 점검하여서 날마다 채찍질하고 권면하는 것이 중요하니, 반드시 때를 씻고 흉터를 찾아[168] 변동하고 취사하는 것은 아마도 급선무가 아닐 듯합니다.

주 선생(朱先生)이 유계장(劉季章)에게 답한 편지에 "이른바 '보는 데마다 시비하는 마음이 생긴다'라는 구절은 독서의 병통을 가장 잘 말한

---

**167** 심의……없다 : 【譯注】《맹자집주》〈진심 상(盡心上)〉 제1장 1절 주에 "사람이 가지고 있는 이 마음은 전체 아님이 없으나 리(理)를 궁구하지 않으면 가리어진 바가 있어 이 심의 역량을 다하지 못하는 것이다. 그러므로 심의 전체를 지극히 하여 다하지 않음이 없는 자는 반드시 리를 궁구하여 알지 못함이 없는 자이다.〔人有是心, 莫非全體. 然不窮理, 則有所蔽而無以盡乎此心之量. 故能極其心之全體而無不盡者, 必其能窮夫理而無不知者也.〕"라고 하였다.

**168** 때를……찾아 : 【攷證 卷4 洗垢索瘢】후한 조회(趙壹)의 〈자세질사부(刺世嫉邪賦)〉에 "좋아하는 자에게는 가죽을 뚫고 털과 깃이라도 내어 줄 듯이 하고, 미워하는 자에게는 때를 씻고 흉터를 찾아내듯 한다."라고 하였다. 《後漢書 卷80下 趙壹》

것이다. 대개 이치에는 갖추어지지 않은 것이 없고 하나의 일에는 반드시 두 가지 길이 다 있으니, 지금 저가 낮을 말하는 것을 보자마자 자기는 곧 밤의 도리를 찾아서 반박하여 각각 한쪽만 말하면서 서로 지지 않으려 하면 더 이상 마칠 기약이 없을 것이다. 지금 사람들이 문난(問難)하는 것은 대체로 이와 같으니 매우 우습다."[169]라고 하였습니다. 무릇 독서를 통해 시비를 분별하는 것은 바로 궁리(窮理)의 요체인데 지금 주자께서 이처럼 말씀하셨으니, 이는 필시 계장의 병통을 인하여 치료하신 것일 겁니다.

내가 감히 숙헌에게 이러한 병통이 있다고 말하는 것이 아닙니다. 그대가 지금까지 논변할 때 매번 선유(先儒)의 설을 가져다 반드시 먼저 그 옳지 않은 곳을 찾아서 폄하하고 배척하는 데 힘써서 상대방을 더 이상 반박할 수 없게 만든 뒤에야 그만두는 것만 보았고, 옳은 곳을 찾아 구명(究明)하고서 이 명백하고 평실(平實)하며 정당한 도리를 따라 착실하게 공부해 가려는 뜻은 전혀 보지 못하였습니다. 혹 이런 상태가 오래되면 바른 식견을 가지고 착실하게 실천하는 데 매우 지장이 생길 것입니다. 이 때문에 내가 이렇게 말하면서 남의 밭을 김매는 경계[170]를 스스로 범하고 있다는 것을 깨닫지 못하는 것이니, 너무나도 부끄러워 땀이 납니다.

내가 또 일찍이 생각해 보건대 고인이 명칭과 이치를 분속시키는 것에

---

**169** 이른바……우습다 : 【譯注】《회암집(晦菴集)》 권53 〈유계장에게 답하다〔答劉季章〕〉에 나오는 말이다.

**170** 남의……경계 : 【譯注】 자신의 병통은 제대로 돌아보지 못하면서 남의 병통을 지적하여 고치기를 요구하려 한다는 겸사이다. 《맹자》〈진심 하(盡心下)〉에 "사람들의 병통은 자기 밭을 버려두고 남의 밭을 김매는 데에 있으니, 남에게 요구하는 것은 중하고 스스로 책임지는 것은 가볍다.〔人病, 舍其田而芸人之田, 所求於人者重, 而所以自任者輕.〕"라고 하였다.

서 때때로 단지 대개 그 뜻만 취할 뿐 그다지 구애받지는 않았습니다.
《중용》의 도중용(道中庸)과 숭례(崇禮)는 존심(存心)을 말한 것인 듯
한데[171] 도리어 치지(致知)에 소속시켰으니, 지금 어찌 《장구》의 잘못
을 분속한 것을 바꾸어 놓을 수 있겠습니까.

"〈인설도(仁說圖)〉는 〈심학도(心學圖)〉 앞에 있어야 한다."라고 하신 말씀
은 매우 좋으니, 견해가 매우 뛰어납니다. 내가 지난해 향리(鄕里)로 돌아
온 뒤에 비로소 이렇게 해야 한다는 것을 알았는데, 보내주신 편지를
보고서 더욱 확신하게 되어 곧장 이미 말씀대로 바꾸어 두었습니다. 그
외에 바꾼 곳은 또한 네댓 곳을 밑돌지 않습니다. 좋지 않은 곳이 있으면
따라서 고쳤으니 비록 많더라도 꺼리지 않았습니다. 다만 진상한 뒤에
번거롭게 자주 아뢰는 것은 매우 어려운 일입니다. 강학(講學)이 평소
밝지 못하여 이처럼 스스로 죄고(罪辜)에 빠지게 되었으니 두려운 마음이
한층 더합니다. 스스로 글을 올려 진달하고 아울러 처벌을 기다리고자
하는데, 내가 치사(致仕)한 일이 아직 마무리되지 못하여 다른 일에 미칠
겨를이 없어 실행하지 못하니, 부득이 일이 마치길 기다린 뒤에야 할
수 있을 것입니다. 고친 여러 설은 모두 김성일(金誠一)[172]·김취려(金就
礪)[173] 등에게 있으니 가져다 보십시오.

---

**171** 말한 것인 듯한데 : 【攷證 卷4 匹似】《운회(韻會)》에 "'필(匹)'은 짝하는 것〔偶〕이
며, 합하는 것〔合〕이다."라고 하였다. 《정본 퇴계전서》 권10 〈오자강의 문목에 답하다
(答吳子强問目)〉(KNL1593)에 보인다.

**172** 김성일 : 【譯注】 1538~1593. 본관은 의성(義城), 자는 사순(士純), 호는 학봉(鶴
峯), 시호는 문충(文忠)이다.

**173** 김취려 : 【譯注】 1526~?. 본관은 경주(慶州), 자는 이정(而精), 호는 정암(靜
庵)·잠재(潛齋)이다.

# 이숙헌에게 답하다 【경오년(1570, 선조3, 70세) 6월 추정. 예안】

答李叔獻

삼복더위에 생각건대, 홍문관[174]의 높고 맑은 자리가 풍진과 멀리 떨어져 있을 것이니[175] 그리운 마음 그지없습니다. 늙고 졸렬한 나는 아직도 편안히 처할 곳을 얻지 못하였으니 어찌해야겠습니까.

지난번에 보내주신 여러 설은 차일피일하면서 오래도록 답장을 드리지 못하다가 이제야 비로소 생각나는 대로 써서 보내드리니 터무니없고 잘못된 곳이 많을 것입니다. 부디 질정해 주셔서 어둡고 현혹됨을 조금이라도 제거해 주십시오.

드릴 말씀은 다름이 아니라, 얼핏 들으니 지금의 현인들이 모두 내가 더 이상 벼슬길에 나아갈 리 없다는 것을 알고 있으나 오히려 왕왕 탑전(榻前)에서 내 이름을 끄집어낸다고 합니다. 그리하여 내가 이렇게 낭패를 보게 되었으니, 매우 근심스럽고 답답하지만 어찌할 수 없습니다. 지금 상황에서 시속의 논의에서 벗어나 고의(古義)를 근거로 들어 성상께 분명하게 진달(陳達)하여서 이렇게 얽매여 있는 형세를 구제해 줄 수 있는 것은, 오직 공만이 그렇게 하실 수 있습니다. 그런데 어찌하여 늙고 병든 벗이 깊은 우물에 빠진 것을 물끄러미 바라보기만 하면서 한번

---

**174** 홍문관 : 【譯注】 원문의 "영선(瀛仙)"은 본래 영주관(瀛洲館)을 가리킨다. 영주관은 본래 당 태종(唐太宗)이 세운 문학관(文學館)인데, 홍문관의 별칭이다. 이이는 1570년(선조3) 4월에 홍문관 교리(校理)에 제수되었다. 《栗谷全書 卷33 年譜》

**175** 높고……것이니 : 【攷證 卷8 地位…風雨】 원문의 "지위청고격풍우(地位淸高隔風雨)"는 당(唐)나라 시인 노동(盧仝)의 〈다가(茶歌)〉 시에 나오는 구절이다. 여기에서는 홍문관을 선계에 비유한 말이다. 《唐百家詩選 卷15》

손을 당겨서 꺼내주지 않으십니까. 매우 간절히 바랍니다. 마음이 여기
에 다급하여 다른 것은 길게 말씀드리지 못합니다.

퇴계선생문집

권15 상

# 허태휘[1] 엽 에게 답하다 【갑인년(1554, 명종9. 54세) 9월 17일경 추정. 서울】

答許太輝　曄

《지난번 경솔히 질문하였는데 엄준하게 물리치는 답신을 받았으므로 두려워하며 매우 의아하게 여겼습니다. 교분을 맺은 사이에 어찌 이렇게까지 하십니까?》

　보내주신 편지에서 청주 목사(淸州牧使)[2]가 《연평서(延平書)》[3]를 간행하였다고 하니, 어찌 그리도 일 처리가 빠릅니까. 우리들이 축하할 일입니다. 서발(序跋)은 일찍이 나에게 부탁하였는데 내가 감히 그 일을 맡을 수 없어서 누차 사양하였으니, 필시 그대에게 이 일을 다시 부탁할 것입니다. 이 일은 비록 쉽게 여겨서는 안 되지만 또한 모두 사양하고 하지 않아서 이 책이 끝내 서발(序跋) 없이 세상에 유통되게 해서도 안 됩니다. 만일 이미 초고를 쓰셨으면, 바라건대 아끼지 말고 부쳐 보여주셔서 우매함을 깨우쳐 주십시오. 그렇게 해 주신다면 매우 다행이겠습니다.

　나도 끝내 사양하는 것이 마음이 편안치 않아 근래에 바야흐로 원고를 썼는데 마치 천지(天地)를 그리는 듯하여[4] 전혀 걸맞지 않으므로 보내드

---

**1** 허태휘 : 【譯注】 허엽(許曄, 1517~1580)으로, 본관은 양천(陽川), 자는 태휘, 호는 초당(草堂)이다.

**2** 청주 목사 : 【攷證 卷5 淸牧】 이정(李楨, 1512~1571)으로, 본관은 사천(泗川), 자는 강이(剛而), 호는 구암(龜巖)이다.

**3** 연평서 : 【攷證 卷5 延平書】 《연평답문(延平答問)》이다.

**4** 마치……듯하여 : 【譯注】 글 재주가 부족하여 서발문을 제대로 쓰지 못하였다는 말이다. 한유(韓愈)의 〈진찬평회서비문표(進撰平淮西碑文表)〉에, "천지의 모습과 일월의 광채를 그려낼 수 없음을 잘 알면서도 뻔뻔스레 글을 지어서 분부에 답하는 바입니

려 가르침을 구하려고 하였습니다. 그러나 병들고 피로하여 정서(淨書)할 겨를이 없어 실행하지 못하였으니 아쉽습니다.

향관(鄕貫)[5]을 물어본 것은 이 글에 쓰고자 해서였습니다. 대개 이 책은 본래 공께서 희정(希正)·언구(彦久)[6]와 돌려 보던 것이므로 나도 인하여 그 책을 보았습니다. 이강이(李剛而)에게 부탁하여 간행하게 된 것은 또한 박희정 덕분입니다. 무릇 서발은 반드시 그 책의 내력과 간행 경위를 말하여야 하므로 그것을 알고자 하였을 따름입니다.

문장(文章)은 공기(公器)이니, 응당 전할 만한 것을 취하여 전하여야 합니다. 공께서는 내 초고가 있다는 이유로 마침내 글을 숨기지 마십시오. 게다가 고서(古書)의 서발은 많게는 3~5편에 이르는데도 모두 전해지지 않습니까. 《공의 글이 매우 보고 싶으니, 명일 사람을 보내겠습니다. 조량(照諒)해 주십시오. 삼가 답장합니다.》

---

다.〔乾坤之容, 日月之光, 知其不可繪畵, 强顏爲之, 以塞詔旨.〕"라고 하였다.

**5** 향관 :【攷證 卷5 鄕貫】살펴보건대, 발문을 근거해 볼 때 향관은 응당 박희정(朴希正)의 향관을 말하는 듯하다.【校解】박희정은 박민헌(朴民獻, 1516~1586)으로, 본관은 함양(咸陽), 자는 희정, 호는 정암(正庵)이다.

**6** 언구 :【攷證 卷5 彦久】윤춘년(尹春年, 1514~1567)으로, 본관은 파평(坡平), 자는 언구, 호는 학음(學音)·창주(滄洲)이다.

# 허태휘 엽 에게 답하다 갑인년[7](1554, 명종9, 54세) 【9월 18일경 추정. 서울】

答許太輝 曄○戊午

내 원고를 보내드렸으니, 바라건대 부디 통렬히 산삭하고 보충하며, 남겨둘 만하지만 정밀하지 않은 곳을 아울러 비평하고 논박하여 보내 주시면 매우 다행이겠습니다. 바라건대 부디 귀하의 원고를 아끼지 말고 보여주시어 몽매함을 씻어주시면 더욱 다행이겠습니다. 또 내 글이 쓸 만하다면 응당 발문으로 삼아야 할 것이니, 공이 모름지기 서문을 써서 책의 첫머리에 두시기를 바랍니다.

지난번에 남시보(南時甫)[8]가 전한 내 말에 대해 말씀하셨는데 그 내용이 대체로는 맞습니다. 그러나 '심사(甚似)' 두 글자는 시보가 어순을 살피지 않고서 글자를 너무 과중하게 놓은 것입니다. 내 생각은 당초에 단지 '약사(略似)'라고 여겼는데, 실제로 글자를 넣은 곳은 또한 너무 맞지 않는 듯합니다. 삼가 여쭙습니다.

이 글에는 이미 직함을 써서도 안 되고 또 성명만 써서도 안 되기 때문에 관향(貫鄕)을 알고자 한 것입니다. 희정(希正)[9]의 관향이 금성(錦

---

**7** 갑인년 : 【校解】 중본(中本)과 번본(樊本)에서 이 편지 제하(題下)에 '무오(戊午)'로 작성 연대를 기록해둔 것은 '갑인(甲寅)'의 오류로 추정된다.《정석태, 퇴계선생연표월일조록2, 퇴계학연구원, 2005, 265쪽》

**8** 남시보 : 【譯注】 남언경(南彦經, 1528~1594)으로, 본관은 의령(宜寧), 자는 시보, 호는 동강(東岡)이다.

**9** 희정 : 【譯注】 박민헌(朴民獻, 1516~1586)으로, 본관은 함양(咸陽), 자는 희정, 호는 정암(正庵)이다.

城)이 맞는지를 아울러 알려주십시오.

# 허태휘에게 답하다 【무오년(1558, 명종13, 58세) 12월 17일. 서울】

答許太輝

여러 해 동안 도성 밖에 있었으니 소식이 끊긴 것은 괴이할 것 없으나, 내가 도성으로 들어가자 또 공이 외직으로 나가게 되었으니 창망한 마음을 어찌 견디겠습니까. 편지를 받고 체후가 좋지 않으시다는 것을 알게 되었으니 몹시 걱정됩니다.

나의 숙환이 달마다 더해지고 해마다 심해져 겨우 목숨만을 보전하고 있음은 세상이 다 아는 바인데 여전히 척퇴(斥退)하는 사람들 사이에 끼지 못하였으니, 너무도 분수에 맞지 않습니다. 지금 다시 특은(特恩)을 입었기에 재차 사직을 청하였으나 나의 간청을 들어주지 않으시니, 애타는 마음을 이기지 못하겠습니다. 그저 탄핵 상소를 기다릴 뿐입니다.

보내주신 선물은 잘 받았습니다. 다만 붕우 간에 이러한 일이 있으면 난처할 것을 늘 근심하였는데 공께서도 이렇게 하시니 너무 온당치 못한 것이 아니겠습니까. 다만 편지로 안부를 묻는 정도면 충분하니 선물까지 주실 필요는 없습니다. 공께서는 괴이하게 여기지 않으실 것이기에 말씀드립니다.

# 허태휘에게 답하다 【갑자년(1564, 명종19, 64세) 11월 25일. 예안(禮安)】

答許太輝

심부름꾼이 와서 보내주신 편지를 받으니 기쁘고 위안됨이 한량이 없습니다. 다만 앓고 계신 학질의 증세가 오래도록 떨어지지 않는다고 하니 매우 걱정이 됩니다. 본부(本府)에 근래 적체된 업무가 많음을 매양 생각하노라면, 알지 못하겠습니다만 공께서는 이 업무를 어찌 감당하시며 또 어느 겨를에 천 리 밖의 사람에게 문안 편지를 보내시는지요?

우 상사(禹上舍)[10]가 돌아갈 때 마침 형의 아들 완(完)[11]이 도망친 노비를 잡는 일로 편지를 가져간 지 오래되지 않았기에, 짧은 편지도 쓰지 않았습니다. 그런데 이윽고 조카 완에게 사정이 생겨 가지 못하게 되어 마침내 양편(兩便)으로 모두 편지를 보내지 못하게 되었으니, 정말로 아쉽습니다.

김이정(金而精)[12]이 멀리 나를 찾아와 주니 그 뜻이 매우 가상하지만 나는 의탁할 만한 사람이 아니니, 이른바 몸은 부지런하지만 일이 잘못되었다는 것입니다. 우습고 부끄럽습니다. 하물며 영공도 수령으로서 임지(任地)의 경계를 넘어 멀리까지 오고자 하시는데, 어찌 들을 만한 것이 있겠습니까. 내 생각에 가볍게 행동해서는 안 될 듯하니, 신중히

---

**10** 우 상사 : 【譯注】 우성전(禹性傳, 1542~1593)으로, 자는 경선(景善), 호는 추연(秋淵)·연암(淵庵)이다.

**11** 완 : 【譯注】 이완(李完, 1512~1596)으로, 본관은 진성(眞城), 자는 자고(子固), 호는 요산(樂山)·기암(企庵)이다. 퇴계(退溪) 이황(李滉)의 둘째 형 이도(李遵)의 아들이다.

**12** 김이정 : 【譯注】 김취려(金就礪)로, 본관은 안산(安山), 자는 이정, 호는 잠재(潛齋)·정암(靜庵)이다.

생각하여 처리하시면 다행이겠습니다.

보내주신 큰 물고기는 매우 감사합니다. 이정이 객지에서 은혜를 받은 것은 또 매우 다행한 일입니다. 못다한 마음을 다 쓰지 못합니다. 오직 바라건대 영공께서는 더욱더 보중하십시오.

# 허태휘에게 답하다 【을축년(1565, 명종20, 65세) 2월 19일, 예안(禮安)】
答許太輝

834 譯註 退溪全書 6

지금 영공께서 병으로 사직하여 돌아가시면서 이쪽 길을 경유하지 않아 만날 수 없음을 알게 되었으니, 매우 아쉽습니다. 그렇지만 돌아가려는 계획을 세우신 것은 매우 좋습니다.

당초에 영공께서 작은 병이 없지는 않은데 경주 부윤(慶州府尹)이 되기를 구하여 왔다는 말을 듣고 내심 매우 온당치 못하다고 여겼습니다. 구하여 온 것이 비록 잘못되기는 했지만 떠나가는 것이 매우 마땅하니, 어찌 다른 것을 따지겠습니까.

지금 우 상사(禹上舍)[13]가 떠나는 편에 대강 안부 편지를 써서 보냅니다. 불선(不宣). 오직 바라건대 가는 길에 몸조리 잘하십시오.

---

**13** 우 상사 : 【譯注】 우성전(禹性傳, 1542~1593)으로, 자는 경선(景善), 호는 추연(秋淵)·연암(淵庵)이다.

# 허태휘에게 답하다 【을축년(1565, 명종20, 65세) 7월 11일, 예안(禮安)】

答許太輝

경선(景善)[14]이 오는 편에 6월 12일에 보내신 편지를 받고서 말씀하신 뜻을 잘 알았으니, 감격스럽고도 위로됩니다. 내 병이 노환과 서로 도모하여 오래도록 일신에 남아 있는 것은 진실로 마땅한 일입니다. 영공께서는 의당 그렇지 않을 듯한데 학질 등의 증상이 오래도록 시일을 끌면서 아직도 쉬이 낫지 않는 것은 어째서입니까? 그러나 또한 잘 조섭하는 데 달려 있을 따름이므로 증세가 호전되기를 간절히 기원합니다.

내가 과연 영공의 선친(先親)과 외람되이 동년에 급제한 사실은 있기는 하나[15] 전부터 영공께서 나를 과도하게 예우하시니, 이런 이유 때문에 영공이 그러시는 것이라 생각하지만 여전히 감당하지 못하겠습니다. 지금 보내주신 편지에서 또 이와 같이 말씀하시니, 비록 영공께서 이 사실을 일찍 알았더라도 다시 내게 무슨 예를 갖출 게 있겠습니까.

내 편지[16]는 경선이 급박해하기에 그저 장난삼아 부응한 것인데, 뜻밖

---

**14** 경선 : 【譯注】 우성전(禹性傳, 1542~1593)으로, 본관은 단양(丹陽), 자는 경선, 호는 추연(秋淵)·연암(淵庵), 시호는 문강(文康)이다. 허엽(許曄)의 사위이다.

**15** 영공의……하나 : 【攷證 卷5 尊先年分】 살펴보건대, 허태휘의 아버지 봉사(奉事) 허한(許澣, 1492~1532)으로, 이황과 함께 정해년(1527, 중종22) 사마방(司馬榜)에 입격하였다. 【校解】 허한은 본관은 양천, 자는 호부(浩夫)이다. 군자감 부봉사(軍資監 副奉事)를 지냈다. 《이암유고(頤庵遺稿)》 권4 〈증이조참판허공신도비명(贈吏曹參判 許公神道碑銘)〉에는 허한이 무자년(1528, 중종23) 생원시에 입격하였다고 되어 있다.

**16** 내 편지 : 【攷證 卷5 鄙書】 《정본 퇴계전서》 권10 〈우경선에게 답하다〔答禹景善〕〉(KNL1488A) 병인년(1566, 명종21, 66세)의 제2 별지를 근거해 볼 때, 이는 〈도산십이곡(陶山十二曲)〉을 말한다.

에도 영공도 보시게 되었다니 부끄럽습니다.

　"인심(人心)은 이발(已發)이고 도심(道心)은 미발(未發)이다."라고 한 것[17]이 잘못되었다고 논하신 것은 매우 좋습니다. 대저 정암(整庵 나흠순(羅欽順))이 큰 근원인 곳에 견해가 투철하지 못하였는데 과회(寡悔)가 정암을 지나치게 존경하며 신봉하였으므로 과회의 논의에도 이러한 잘못이 있게 되었으니[18] 애석합니다. 지난번에 남언기(南彦紀)[19]가 이 설에 대해 물었을 때 자못 상세하고 정밀하게 답하여 그로 하여금 모름지기 미루어 알게 하였습니다. 이를 통해 내 뜻을 잘 알 수 있을 것이기에 지금 길게 말씀드리지 않습니다.

　그러나 "무릇 심(心)을 말한 것은 모두 이발을 가리켜 말한 것이다."라는 것은, 정자(程子)도 일찍이 이러한 말을 하였으나 곧 옳지 않다고 스스로 말하였고, 주자(朱子)도 처음에는 앞의 설을 취하였다가 뒤에 그 잘못됨을 깨달았습니다. 그런데 지금 보내주신 편지에서 이 설을 인용하

---

**17** 인심은……것 : 【譯注】 명나라 나흠순(羅欽順, 1465~1547)의 《곤지기(困知記)》에 "도심은 성이요, 인심은 정이다. 마음은 하나인데 두 가지로 말하는 것은 곧 동과 정의 구분과 체와 용의 구별이 있기 때문이다.〔道心, 性也; 人心, 情也. 心一也而兩言之者, 動靜之分, 體用之別也.〕"라고 하였고, "도심을 이발이라고 한다면 무엇을 대본으로 삼을 수 있겠는가?〔若認道心爲已發, 則將何者以爲大本乎?〕"라고 하였다. 나흠순은, 자는 윤승(允升), 호는 정암(整庵), 시호는 문장(文莊)이다. 장재(張載)의 기일원론(氣一元論)을 계승하였다. 저서로는 《곤지기》·《정암존고(整庵存稿)》·《정암속고(整庵續稿)》 등이 있다.

**18** 과회가……되었으니 : 【譯注】 과회는 노수신(盧守愼, 1515~1590)으로, 본관은 광주(光州), 자는 과회(寡悔), 호는 소재(穌齋)이다. 《소재집(穌齋集)》〈인심도심변(人心道心辨)〉에서 "인심이 인욕이 되면 도심은 이발이 되어야 하고, 인심이 선악이 되면 도심은 미발이 되어야 한다.〔人心爲人欲, 則道心爲已發, 可也; 人心爲善惡, 則道心爲未發, 可也.〕"라고 하였다.

**19** 남언기 : 【譯注】 1534~?. 본관은 의령(宜寧), 자는 장보(張甫)·계헌(季憲), 호는 고반(考槃)·정재(靜齋)이다.

여 과회의 잘못을 증명하고 있으니, 또한 온당치 못합니다. 아울러 참조 (參照)해 주시기를 바랍니다.

# 허태휘에게 답하다 병인년(1566, 명종21, 66세)【10월 10일. 예안(禮安)】

答許太輝 丙寅

삼가 문안 편지를 받아 보니 진퇴의 의리를 말씀하여 길을 잃고 헤매는 사람에게 길을 알려주신 것이 지극하다 할 만합니다. 매우 감사합니다. 다만 예로부터 사람들이 이러한 때에 처하면 진실로 이와 같이 하였습니다. 내가 헛된 명성으로 세상을 속여 성상까지 잘못 오해하게 만든 탓에 처벌을 받지 않고 과분한 은혜를 입는 일이 또 힘써 사직한 끝에 나왔습니다. 내가 만약 슬쩍 부끄러움을 무릅쓰고 조정에 나가서 받는다면, 관자(管子 관중(管仲))가 근심했던 사유(四維)가 신장되지 않는 환난[20]이 나로 말미암아 일어나게 될 것입니다. 그러므로 감히 사사로운 계책으로 처리하지 못합니다.

더구나 수고롭고 병든 사람은 밝으신 성상을 가까이하면 안 된다는 것은 예로부터 그런 말이 있는데, 나는 여기에다 마음의 병까지 앓고 있으니 이 때문에 더욱 황송합니다. 이렇게 매우 난처한 상황에 빠져 석고대죄해야 할 뿐 가르쳐 주신 성대한 뜻에 부응하지 못하니 매우 죽을 죄를 지었습니다. 《삼가 바라건대 영공께서는 양찰(諒察)해 주십시오.》

---

**20** 관자가……환난 :【譯注】사유(四維)는 국가를 다스리는 네 가지 요령으로, 예(禮)·의(義)·염(廉)·치(恥)를 가리킨다. 《관자》〈목민(牧民)〉에 "예·의·염·치는 나라의 사유이니, 사유가 신장되지 않으면 나라가 망한다.〔禮義廉恥, 國之四維, 四維不張, 國乃滅亡.〕"라고 하였다.

# 허태휘에게 답하다 【병인년(1566, 명종21, 66세) 10월 22일. 예안(禮安)】

答許太輝

《삼가 답장을 받고 인재를 기르며 한가하게 지내신다는 것을 잘 알게 되었으니, 매우 기쁘고 축하드립니다. 나는 숙환에서 벗어나지 못한 데다 또 풍을 앓느라 이명이 들리고 귀가 어두워 곱절로 근심스럽습니다.

우경선(禹景善)[21]이 높은 등수를 차지한 것은 기쁘지만 끝내 강경(講經)에서 낙방하였으니, 매우 안타깝습니다.

보내주신 청향(淸香)은 썰렁한 서재에서 화로를 끼고 지낼 때 외로움과 적적함을 달랠 수 있으니 매우 감사합니다.

드릴 말씀은 다름이 아니라,》 보내주신 가르침과 질문의 뜻이 매우 성대합니다. 나는 스스로를 구제하기에도 겨를이 없는데 어찌 감히 망령되이 답할 수 있겠습니까. 다만 조금 마음이 쓰이는 것은 풍문으로 전해 들은 함장(函丈)[22]께서 논하신 경전의 뜻[23]에 아마도 의심할 만한 곳이 많은 듯하다는 점이니, 여기에 주의를 기울여 고치기를 생각하여 거의 후학을 그르치지 않도록 하지 않아서는 안 될 듯합니다.

무릇 문의를 보고 도리를 강구하는 것은 반드시 먼저 마음을 비우고

---

**21** 우경선 : 【譯注】 우성전(禹性傳, 1542~1593)으로, 자는 경선(景善), 호는 추연(秋淵)·연암(淵庵)이다.

**22** 함장 : 【攷證 卷4 函丈】《예기》〈곡례(曲禮)〉에 "강석(講席)에 스승과 제자의 앉는 거리가 한 발[丈]쯤 용납할 만하다.〔席間函丈〕"라고 하였다. 그 주석에 "함장이라는 것은, 생각건대 강론하는 곳의 객석까지의 규격은 길이가 3자 3치 3푼 3리이다. 양쪽에 빈 곳까지 아울러 모두 한 발이다."라고 하였다.

**23** 논하신 경전의 뜻 : 【攷證 卷4 所論經義】 허태휘가 제자와 논의한 경전의 뜻을 가리킨다.

한 발짝 물러서서 사적인 견해를 주장하지 말고 고인(古人)과 금인(今
人)을 막론하고 오직 옳은 곳을 따라야 비로소 그 진실하고 합당한 곳을
얻게 될 것입니다. 만일 이와 반대로 하면 반드시 자신을 그르치고 남을
그르치는 것이 많을까 심히 걱정됩니다. 절실히 유의하시길 바라니, 이
는 작은 일이 아닙니다. 《눈이 어둡고 병으로 노곤하여 대강 써서 삼가
답장합니다.》

《우경선이 상을 당하였다고 들었는데 인편이 바쁜 탓에 위장(慰狀)을
쓰지 못하였으니, 아쉽습니다.》

# 허태휘에게 답하다 정묘년(1567, 명종22, 67세) 【3월 2일. 예안(禮安)】
## 答許太輝 丁卯

정자중(鄭子中)[24]이 오는 편에 보내주신 편지를 받고서 벼슬을 내려놓으신 이유를 자세히 알게 되었습니다. 그대가 한번 학질에 걸린 뒤로 잠잠하다가 다시 도지는 것이 여러 해 동안 그러하니, 매우 염려됩니다.

나는 봄에 담울(痰鬱)이 크게 발병하여 몇 개월 동안 누워 지내며 안방을 나가지 못하였는데 회복되자마자 갑자기 소명(召命)을 받으니 놀랍고 황송하기가 그지없습니다. 전에 내리신 과분한 은혜를 이미 감당하지 못했는데 지금 이렇게 으레 소명을 내리시니 이를 또 사양하고 피하고자 한들 진실로 아뢸 말씀이 없습니다. 또 듣건대 천사(天使)가 올 날이 많이 남은 듯한데 그사이에 조리하여 다행히 죽지 않는다면 억지로 한 번 나아감을 면치 못할 듯하니 매우 걱정되고 근심스러운 마음을 이기지 못하겠습니다.

말씀하신 초당(草堂)의 새로운 편액은 나로 하여금 멀리서 상상하며 공경하는 마음이 일어나게 합니다. 다만 졸렬한 사람에게 한마디 말을 얻어 날로 새로워지는 공부에 도움이 되게 하려 하시니, 영공의 잘못된 계책을 나는 감히 받들 수 없습니다. 더구나 큰 병을 앓은 뒤라 정신이 쇠약하니, 어찌 경솔히 함부로 글을 써서 고명한 그대 거처의 아취(雅趣)를 더럽힐 수 있겠습니까. 이는 실로 나의 진심이니 부디 너그럽게 조량(照諒)해 주시고 꾸짖지 마십시오.

---

**24** 정자중 : 【譯注】정유일(鄭惟一, 1533~1576)로, 본관은 동래(東萊), 자는 자중, 호는 문봉(文峯)이다.

서향(書香)·필묵(筆墨)·납제(臘劑), 《이문공집(李文公集)》 등의 선물은 삼가 받았는데, 보답할 것이 없으니[25] 부끄럽고 감사한 마음만 깊습니다. 화창한 봄에 진중하시고 다복하시기를 바랍니다. 불선(不宣).

---

**25** 보답할 것이 없으니 : 【譯注】 원문의 '목리(木李)'는 모과를 말한다. 나에게 좋은 선물을 보내 주었는데 보답할 만한 오얏과 같은 변변찮은 물건도 없다는 말이다. 《시경》 〈위풍(衛風) 목과(木瓜)〉에 "나에게 오얏을 던져 주매, 아름다운 옥으로 보답하네.〔投我以木李, 報之以瓊玖.〕"라고 한 데서 온 말이다.

# 허태휘에게 답하다 【정묘년(1567, 명종22, 67세) 3~4월 추정. 예안(禮安)】
## 答許太輝

퇴계선생문집 권15상

문안 편지를 보내주시니 매우 감사합니다. 나는 몸이 상하고 피로한 것이 특히 심하여 병상에 누워 날을 보내고 있습니다. 찾으신 태극(太極) 등의 설은 다른 사람에게 베껴 써 달라고 부탁하여 원본을 가지고 갔습니다. 베껴 오면 보내드릴 것이니 늦는 것을 조량(照諒)해 주십시오. 삼가 답장합니다.

# 허태휘에게 답하다 무진년(1568, 선조1, 68세) 【11월 추정. 서울】

答許太輝 戊辰

《나는 지난밤 한질(寒疾)이 또 도져 겨우 스스로 치료해서 증세가 멎었으니 걱정스럽습니다. 보내주신 문안 편지를 받았으니 감사합니다. 또한 영공의 체후가 아직도 완전히 편안하지는 않다는 것을 알게 되었으니, 겨울철 병무(兵務)를 수행하시면서 부디 신중히 대처하시를 바랍니다.》

보내주신 연방(蓮坊)[26]의 편지는 삼가 잘 알았습니다. 선배를 경솔하게 의론하는 병통에 대해 말씀하신 것[27]은 매우 좋습니다. 이는 반드시 이유가 있어 하신 말씀이실 것입니다. 나는 아마도 혹 이 병통을 면치 못할 때가 있을 것이니 두렵습니다. 응당 생각하여 고쳐야겠습니다. 다만 주 선생(朱先生)이 비록 이에 대한 경계를 두셨으나, 도학(道學)의 착오를 논변함에 미쳐서는 털끝만큼도 버려두고서 지나치지 않아서 선배라고 덮어준 바가 있지 않았습니다. 여기에는 필시 의도가 있으실 것입니다. 어떻게 생각하십니까?

---

**26** 연방 : 【攷證 卷4 蓮坊】종성령(鍾城令) 이구(李球)로 본관은 전주(全州), 자는 숙옥(叔玉) 호는 연방이다. 화담(華潭) 서경덕(徐敬德)의 문인이다.

**27** 선배를……것 : 【攷證 卷4 輕論先輩云云】살펴보건대, 이연방의 편지에 주자(朱子)가 선배를 경솔하게 논하는 것에 대해 경계한 말을 인용하여 허태휘를 통해 퇴계 선생에게 전달하게 하였다. 그 의도는 서화담의 학문을 사람들이 경솔하게 논해서는 안 된다는 것이다.

# 유언우[28] 중영 에게 답하다 【기미년(1559, 명종14, 59세) 11월 추정. 예안(禮安)】

答柳彦遇 仲郢

황(滉)은 아룁니다. 편지를 받고 겸하여 윤사(胤嗣)에게 물어보아 장례를 막 마친 뒤에 체후(體候)가 그런대로 괜찮으시다는 것을 알게 되니, 위로되는 마음을 이기지 못하겠습니다. 말씀하신 장지(葬地)의 곡절은 전에 왕래하는 사람들이 말해주어 그 개략적인 내용을 꽤 들었습니다. 이는 진실로 지극히 애통하고 매우 난처한 일이므로 그대를 위하여 염려하지 않은 적이 없습니다. 양쪽 모두 편치 못한 일은 진실로 양쪽 다 만족스러울 수 없는데 지금 이미 한 쪽으로 정해졌으니, 비록 거듭 애통해하더라도 다시 무슨 소용이 있겠습니까. 오직 정해진 곳에 마음을 다해야 할 따름입니다.

부탁하신 묘갈명(墓碣銘)은 내가 감당할 수 있는 일이 아니니 식은땀이 날 정도로 송구합니다. 나는 서툴고 글재주가 없어 본디 남을 위해 붓을 잡고서 선대의 아름다움을 서술하는 일을 감당할 수 없습니다. 종전에 잘못 알고 와서 글을 지어달라고 요청했던 것을 한사코 사양하며 부탁을 거두어 주기를 청하여 원망과 비방을 초래했던 것이 한두 번이 아닙니다. 혹 매우 어쩔 수 없어서 한번 글을 지으면 그 사람의 성에 차지도 않을뿐더러 나 자신도 그것이 쓸 만하지 않다는 것을 알았습니다.

더구나 지금은 노쇠하고 병들어 정신이 혼미한 것이 전보다 배로 심하여 오늘 바야흐로 감기로 자리에 누워 신음하고 있으니 어찌 이 일을

---

**28** 유언우 : 【譯注】 유중영(柳仲郢, 1515~1573)으로, 본관은 풍산(豐山), 자는 언우(彦遇), 호는 입암(立巖)이다.

처리할 수 있겠습니까. 행장을 돌려드리고자 하였으나, 다만 과분하게 받은 후의를 감히 경솔하게 저버리면 안 되기에 우선 여기에 두고서 봄까지 병세를 살펴보고 만약 끝내 할 수 없다면 그러한 뒤에 이유를 자세히 말씀드려 돌려드릴 생각입니다.

외람되이 부탁받으니 부끄러운 마음을 이기지 못하겠습니다. 직접 만나서 사양할 길이 없으니 더욱 안타까운 마음만 절실합니다. 바라건대 부디 억지라도 힘써서 자신을 굽혀 예를 따르십시오.[29] 불선(不宣).

---

**29** 자신을 …… 따르십시오 : 【譯注】 자신을 굽혀서 예제를 따르라는 말이다. 《예기》 〈단궁 상(檀弓上)〉에 "선왕이 제정한 예에 있어서 지나치게 높은 자는 굽혀서 나아가고, 너무 낮은 자는 발을 딛고 따라가게 한다. 그런 까닭에 군자가 어버이의 상에 거상할 때에는 물과 미음을 입에 넣지 않는 것이 사흘에 이르므로 지팡이를 잡고 겨우 일어날 정도로 쇠약해진다.〔先王之制禮也, 過之者俯而就之, 不至焉者跂而及之. 故君子之執親之喪也, 水漿不入於口者三日, 杖而后能起.〕"라고 하였다.

# 유언우에게 답하다 【경신년(1560, 명종15, 60세) 1~3월 추정. 예안(禮安)】
答柳彦遇

윤사(胤嗣)가 오는 편에 보내주신 편지를 받고서 상중에 잘 견디고 계시다는 것을 알게 되었으니, 매우 위안이 됩니다. 나는 갖은 병을 앓으며 겨우 남은 목숨을 부지하고 있으니 《삼가 바라건대 조량(照諒)해 주십시오.》

드릴 말씀은 다름이 아니라, 말씀하신 일은 잘 알았습니다. 이는 추모하는 망극한 마음에서 나온 것이니, 이것을 길이 후손들에게 보여주는 것이 어찌 마음에 매우 흡족한 일이 아니겠습니까. 나에게는 또한 사양할 수 있는 의리가 없습니다. 아마도 옛사람 중에 여기에 생각이 미친 사람이 없는 것은 아닐텐데, 어느 때에 어떤 사람이 이러한 일을 했는지 들어보지 못했습니다. 그런데 이제 와서 내가 홀로 행한다면 속세와 다른 것이 마음에 편치 않을 뿐만 아니라 또한 아마도 옛날을 본받지 않음이 두려워할 만한 일인 듯하니, 어찌하면 좋겠습니까.

또 한 가지 어려운 점이 있으니 보내주신 만장(挽章)은 모두 한 시대의 명사(名士)들이 지은 것입니다. 맹인과 다름없는 나의 몽매한 식견으로 감히 우열을 분별하여 그 사이에서 취사할 수 있겠습니까. 이는 매우 어려운 일입니다. 더구나 《건곤록(乾坤錄)》[30]은 진위를 제대로 판별할 길이 없습니다. 제가 감히 거듭 영공의 뜻을 어길 수 없어서 힘써 부응하였으나, 매우 두렵고 아쉬운 마음을 이기지 못하겠습니다. 종이를 봉해서 돌려보내 드립니다. 내 생각에 윤사가 돌아가면 상세히 말씀드릴 터

---

**30** 말씀하신……건곤록 : 【攷證 卷8 示諭事乾坤錄】 모두 미상이다.

이니 지금 다시 일일이 적지 않습니다.

《삼가 바라건대 영공께서 잘 재량(裁量)하여 처리하는 것이 어떻겠습니까? 삼가 절하고 답장을 보냅니다.》

# 유언우에게 보내다 【경신년(1560, 명종15, 60세) 1~3월 추정. 예안(禮安)】
與柳彦遇

황(滉)은 부끄럽지만 절하고 말씀드립니다. 내가 전에 외람되이 부탁받았는데, 사양하여 피하지 못한 탓에 병으로 정신이 혼몽한 와중에 억지로 힘써 지었습니다. 선대의 덕을 선양하지는 못하고 도리어 더욱 누만 끼쳤으나, 끝내 그만두는 것을 용납해주지 않으시어 이렇게 외람되이 글을 보냅니다. 부디 다른 사람에게 다시 요청하여 내 마음을 편안하게 해 주십시오.

또 윤사(胤嗣)가 전한 내용으로 인하여 글씨 쓰는 일을 다시 부탁하실 듯합니다. 내가 이미 외람되이 묘갈(墓碣)을 찬술하여 이미 매우 폐를 끼쳤는데, 어찌 감히 다시 이런 부탁을 감당할 수 있겠습니까. 더구나 지금 글씨를 잘 쓰는 사람들이 숲처럼 많은데, 묘갈을 찬술하고 정사(正寫)하는 두 가지 일을 모두 내가 하려고 한다면 어찌 비난과 조소(嘲笑)를 사양할 수 있겠습니까.

근래에 병고(病苦)가 또한 전보다 배로 심하므로 결코 부탁을 승낙할 수 없어 감히 이렇게 미리 아룁니다. 삼가 바라건대 깊이 헤아려 주십시오.

# 유언우에게 답하다 【신유년(1561, 명종16, 61세) 7월 추정. 예안(禮安)】

答柳彦遇

지난달에 김생(金生)이 가는 것을 미처 알지 못하여 한스럽게도 문안 편지를 쓰지 못했는데, 그가 돌아오는 편에 도리어 영공이 보낸 안부 편지를 받았으니 부끄러움과 감사한 마음이 교차합니다. 이어서 예에 따라 대상(大祥)을 치르시면서 기거가 안녕하시다는 것을 알게 되었으니 기쁘고 위로됨이 한량없습니다.

나는 늙고 병든 채 굴속 같은 곳에서 칩거하며 앉아서 세월을 보내고 있으니 노둔하고 졸렬함만 날로 심해질 뿐 다른 일은 없습니다. 인사(人事)를 전폐하고 있기에 만나서 이야기 나눌 길이 없으니 그리운 마음 이기지 못하겠습니다. 삼가 바라건대 부디 보중하십시오. 불선(不宣).

# 유언우에게 답하다 【신유년(1561, 명종16, 61세) 8~9월 추정. 예안(禮安)】

答柳彥遇

용수사(龍壽寺) 주지가 전해준 영공의 편지를 받고서 서울로 들어간 뒤에 기거가 더욱 좋으심을 알게 되었으니 기쁘고 위로됩니다. 다만 전날에 외람되이 방문해 주셨을 때 마침 다른 객이 찾아온 바람에 차분하게 이별하지 못하였으니 지금도 한스럽습니다.

병들어 꼼짝할 수 없어서 만날 볼 길이 없기에 지금 윤사(胤嗣)가 가는 편에 짧게 문안 편지를 쓰자니 그대를 향해 마음이 사무칩니다.

# 유언우에게 답하다 【계해년(1563, 명종18, 63세) 3~4월 추정. 예안(禮安)】

答柳彦遇

만 리 길의 사행을 다녀오시는 동안에 안부 편지를 미처 쓰지도 못했는데 보내주신 편지를 먼저 받게 되니 부끄럽고 감격스러운 한편 무사히 귀국하신 것을 축하하는 마음을 이기지 못하겠습니다.

나는 마침 일이 있어 풍산(豐山)에 갔다가 윤사(胤嗣)가 오는 편에 전해주신 편지를 받아 보았는데 잡다한 일로 인해 곧장 답장을 쓰지 못하고 차일피일 미루다 지금이 되었으니, 더욱 깊이 부끄럽고 후회스럽습니다. 알지 못하겠습니다만 언제쯤 고향으로 내려오실 수 있으십니까? 내가 병든 상황은 이전과 같고 늙은 모습은 날로 심해지는데 윤사 두 분이 외람되이 나에게 와서 수학하니, 어찌 꾸짖지 않으시고 도리어 그런 말씀을 하십니까. 영공께서도 잘못 아신 것입니다.

명향(名香)과 채색 종이는 보내주신 마음이 진중하니, 매우 감사합니다. 태호(太浩)[31] 영공께서 또 먼 지방으로 떠나시니 몹시도 안타깝습니다. 조량(照諒)해 주십시오. 불선(不宣).

---

**31** 태호 : 【譯注】유경심(柳景深, 1516~1571)으로, 본관은 풍산(豐山), 자는 태호, 호는 구촌(龜村)이다. 1563년【명종18】에 정주 목사(定州牧使)·의주 목사(義州牧使)가 되었다.

## 유언우에게 답하다 【을축년(1565, 명종29, 65세) 5~6월 추정. 예안(禮安)】

答柳彦遇

천 리 먼 곳에서 보낸 편지에 삼가 감영(監營)에서 지내시는 기거가 편안하고 복되심을 알게 되었으니 기쁘고 후련한 마음 한량없습니다. 나처럼 병든 사람도 잘 보양하여 다른 일은 없고 근래 구차한 직책도 면했으니, 분수와 바람에 매우 다행스럽습니다.

《심경(心經)》은 예전에 몇 책이 있었는데 어떤 것은 친구들에게 이리저리 빌려주었고 어떤 것은 이미 낡고 헤져서 보기 어렵습니다.

보내주신 새 책에다 새로 만든 각종 물건 및 현옥(玄玉)을 받으니 서재에 빛이 납니다. 매우 감사한 마음을 이기지 못하겠습니다. 삼가 바라건대 영공께서는 조량(照諒)해 주십시오. 만나서 얘기할 기약이 아득하니 바라건대 때에 맞게 더욱 자중자애하십시오.

# 유언우 중영 에게 답하다 병인년(1566, 명종21, 66세) 【윤10월 1~20일 추정. 예안(禮安)】

答柳彥遇 仲郢○丙寅

《(지난번 안동(安東)으로부터 보내주신 편지는 참으로 이른바 천 리 밖에 있는 사람을 마주하는 듯하다는 격이니 그리워하던 마음이 매우 위로됩니다. 풍토는 지역마다 다른 법이니 일찍이 지났던 곳도 각각 달랐을 것이나 생각건대 평소 심후(深厚)하게 몸을 잘 기르시어 우려되는 상황에 이르지는 않을 것입니다.

나는 곤경을 겪은 뒤로 여러 가지 괴로움이 번갈아 찾아와 몸을 부지하기도 어려운데 여론이 너그럽게 봐주지 않아 아직도 남은 책임이 있다고 하니 매우 염려됩니다.》

《회암서(晦菴書)》는 학자에게 진실로 긴절하게 관계되는데 지금 영공께서 간행하려고 하신다고 하니, 어찌 훌륭한 일이 아니겠습니까. 다만 내가 주제넘게 간추렸으므로 개인적으로 편리하게 보는 데 사용하는 것은 그래도 괜찮지만, 세상에 간행하게 되다면 아마도 식자들의 공론에 죄를 얻게 될 것이니 내심 항상 두려워하고 있습니다. 게다가 무릇 교정하고 주석을 다는 일을 전혀 끝내지 못했는데 성주(星州)에서 멋대로 인쇄한 것이 이미 조악하였고 황해도(黃海道)에서 재간할 때[32] 이전의 조악함을 그대로 답습하였습니다. 바야흐로 대강 더 교정하고 보충하고 있었는데 또 이미 간행하는 일이 있게 되었습니다. 비록 한 번 교정을

---

[32] 성주에서⋯⋯때 : 【攷證 卷4 徑印於星再印於海】 금계(錦溪) 황준량(黃俊良)은 성주 목사(星州牧使)를 지냈고 유중영(柳仲郢) 공은 황해도 관찰사(黃海道觀察使)를 지냈는데 모두 이 책을 간행하였다.

본 것이라도 오히려 미진한데 하물며 교정본이 이전에 간행한 것에 미치지 못하는 경우야 더 말해 무엇하겠습니까.

보내주신 편지에서 "위쪽 여백에 첨가한 것은 넣지 못하였으니 따로 매 편의 끝에 붙여서 인쇄하겠다."라고 하셨는데, 이는 바로 《주자대전(朱子大全)》 원본에서 각 편마다 〈고이(考異)〉를 둔 예를 따른 것이므로 무방할 듯합니다. 다만 앞에 판각한 것은 이렇게 하고 뒤에 판각한 것은 이렇게 하지 않아서 같은 책인데 전후가 다르게 되는 것은 온당치 못합니다.

이제 윤사(胤嗣)[33]의 편지를 보았는데 그대로 위쪽 여백에 추간(追刊)하려 한다고 하니 이 말이 합당할 듯합니다. 근년에 양산군(梁山郡)에서 새로 간행한 《주자연보(朱子年譜)》는 그 정오(正誤)를 밝힌 주해(註解) 등의 말을 모두 상단에 기재하여 간행하였으니, 실로 무방합니다. 다만 윤사가 또 "판의 위쪽에 여백이 있으면 이렇게 해도 괜찮지만 판에 여백이 없다면 간행할 방법이 없다."라고 했는데 이는 그렇지 않을 듯합니다. 양산군에서 《주자연보》를 간행한 뒤에 그 빠지고 잘못된 곳을 교감해내어서 배삼익(裵三益)[34]을 시켜서 가서 감독하여 교정하게 한다면 하나하나 잘못된 부분을 긁어내고 따로 목편(木片)을 써서 새겨서 채워 넣어 고치는 것이 안 될 것 없을 것입니다. 판 위쪽에 여백이 없더라도 목편을 채워 넣어서 간행하는 것이 어찌 안 되겠습니까.

또 〈육자수[35]에게 답한 편지〔答陸子壽書〕〉 가운데 《의례(儀禮)》 삭일

---

**33** 윤사 : 【攷證 卷4 賢胤】 생각건대, 〈유응현에게 답하는 편지〔答柳應見書〕〉에서 이 일에 대해 논하였다. 윤사는 아마도 겸암(謙庵) 유운룡(柳雲龍, 1539~1601)을 가리키는 듯하다.

**34** 배삼익 : 【譯注】 1534~1588. 본관은 흥해(興海), 자는 여우(汝友), 호는 임연재(臨淵齋)이다.

(朔日) 조목 등과 같이 주를 보충하고 글을 첨가한 곳은, 또한 윤사가 말한 대로 옛것을 긁어내어 새것으로 보충하고 작게 써서 고쳐서 간행한 다면 또한 불가할 것이 없을 것입니다. 만약 두 가지 방안이 모두 구애되 는 점이 있어서 따르기 어렵다면, 단지 〈고이(考異)〉에 의거하여 처리하 시는 것이 어떻겠습니까?

목록은 보여주신 대로 하시는 것이 매우 좋겠습니다. 다만 병으로 혼 몽함이 이와 같아 자잘한 것에는 미칠 여력이 없으니 이러한 것들은 아 마도 꼭 변석(辨釋)할 필요는 없을 듯하기에 우선 감히 응낙하지 않았 으니, 부끄럽습니다. 조만간에 완성한다면 추간하는 것이 또한 좋겠습 니다.

《윤사의 강경(講經)에 관한 일 등은 아직 듣지 못했습니다. 그저 좋은 소식이 들리길 기다립니다. 아울러 바라건대 부디 잘 보중하십시오. 삼 가 절하고 답합니다.》

---

**35** 육자수 : 【攷證 卷4 陸子壽】 이름은 구령(九齡), 호는 복재(復齋)이며, 무주(撫州) 금계(金谿) 사람이다. 송(宋)나라 건도(乾道) 연간에 진사에 급제하여 전주 교수(全州 教授)가 되었다. 직비각(直秘閣)에 증직되었고, 시호는 문달(文達)이다. 【校解】 육자 수는 형 육구소(陸九韶, ?~?), 아우 육구연(陸九淵, 1139~1193)과 함께 상산학파를 형성하였다.

# 유언우에게 답하다 【무진년(1568, 선조1, 68세) 12월 추정. 서울】

答柳彦遇

이별 후에 그리워하고 있었는데 이번에 보내주신 편지를 받음에 부임하신 이래로 고을을 다스리는 와중에 다복하시다고 하니 위로되는 마음 어찌 끝이 있겠습니까. 나는 근래 섣달 추위로 인해 문을 닫고 칩거하였는데도 오히려 병을 면치 못하였으니 두려워하고 걱정한들 어찌하겠습니까.

　말씀하신 책을 간행하는 일은, 아직 간행할 만한 책이 없기에 추후에 응당 찾아서 아뢸 것이니 기다려주시기를 바랍니다. 전에 남겨두었던 병풍에 쓸 두 수의 시 및 겸하여 이별의 감회를 서술한 글은 별지에 기록해 두었으니 웃으며 보시길 바랍니다. 아직 병풍에 쓰지 못했으니 병풍에 쓴 뒤에 한림(翰林)을 통해서 붙여 드리겠습니다. 아울러 조량(照諒)해 주십시오. 삼가 절하고 답합니다.

# 유언우에게 답하다 【무진년(1568, 선조1, 68세) 12월 추정. 서울】

答柳彦遇

재차 영공의 문안 편지를 받으니 감사하고 위로됩니다. 나는 병이 떠나지 않아 옛 병이 나으면 새로운 병에 걸립니다.

　내 시는 아직 병풍에 올리지 못하였으니 만약 봄에 돌아가게 되면 병풍에 올려서 윤사(胤嗣)에게 부쳐 드리겠습니다. 잣은 부끄럽게도 잘 받았습니다. 아울러 조량(照諒)해 주십시오. 삼가 바라건대 새해 복 많이 받으십시오. 삼가 답장합니다.

BNL0256(書-柳仲郢-10)(樊卷17:11右)

유언우에게 답하다 【무진년(1568, 선조1, 68세) 12월 추정. 서울】

答柳彦遇

# 유언우에게 답하다 무진년(1568, 선조1, 68세) 【12월 추정. 서울】

答柳彦遇 戊辰

영공의 문안 편지를 받고 기거하시는 일상이 한가하고 여유롭다는 것을 잘 알게 되었으니 기쁜 마음 비길 데 없습니다. 나는 지금까지 살아오면서 식초 석 말을 마신 듯하였습니다.[36] 근래에 관직을 벗어날 이유가 생겼으나 오히려 의심과 걱정이 많습니다.

보내주신 《동자습(童子習)》[37]은 알지 못하겠습니다만 어느 시대에 누가 지은 것이며, 어디로부터 공에게 전해진 것입니까? 그 책은 모두 효제(孝悌)·행검(行檢)·돈후(敦厚)·이륜(彝倫)의 일을 말하였으니 아이들이 익히기에 매우 유익합니다. 간행하여 널리 배포한다면 어찌 세교(世敎)에 보탬이 되기를 기대할 수 없겠습니까. 다만 또 모름지기 어디서 왔는지를 찾아서 누가 지은 것인지를 알게 된 뒤에 간행하셔야 하니, 대개 그 책은 전하면서 저자를 알지 못하거나 혹은 저자가 본받기에 부족한 사람이라면 후회가 없을 수 없기 때문입니다. 《살펴주시는 것이 어떻겠습니까? 삼가 절하고 답장합니다.》

---

**36** 식초……듯하였습니다 : 【攷證 卷4 飮醋三斗】 살펴보건대, 수(隋)나라 최홍도(崔弘度)의 성품이 엄하였는데 장안(長安) 사람들이 "차라리 식초 석 말을 마실지언정 최홍도를 만나지 않겠다."라고 하였다. 【校解】《고증》에는 '최홍도(崔弘度)'가 '최굉도(崔宏度)'로, '장안(長安)'이 '양주(襄州)'로 되어 있다. 《북사(北史)》 권32 〈최홍도열전(崔弘度列傳)〉에 근거하여 바로잡아 번역하였다.

**37** 동자습 : 【攷證 卷4 童子習】 명(明)나라 유자 주봉길(朱逢吉)의 저서이다.

# 유언우에게 답하다 기사년(1569, 선조2, 69세) 【2월 24일. 서울】

答柳彦遇 己巳

내한(內翰)[38]이 돌아오는 편에 영공의 문안 편지를 받으니 위로되는 마음을 금치 못하겠습니다. 나는 이렇게 매우 난처한 상황에 처해 있어서 돌아갈 계책을 내지 못하고 있으니 다른 것은 논할 겨를이 없습니다.

《동자습(童子習)》은 원본을 보여주셔서 어디서 왔는지 알게 되었으니 매우 다행입니다. 그 책이 이미 이와 같고 그 책의 저자도 이와 같으니, 비록《일통지(一統志)》를 살펴보지 않았으나 간행한들 무슨 의혹이 있겠습니까. 서군(徐君)[39]이 언문으로 번역한 것은 그 뜻은 매우 좋으나, 속어로 번역하는 것이 반드시 모두 딱 맞지는 않고 또 반드시 전현(前賢)의 본의를 잃지 않지는 못할 것이므로, 원서만 간행하는 것이 나을 듯합니다.

발문은 바빠서 아마도 완성하기 어려울 듯하니 다른 사람에게 부탁하여 짓는 것이 좋겠습니다.

《《봉선의(奉先儀)》는 또한 구하기 어렵지 않습니다. 노과회(盧寡悔)[40]의 병세가 이와 같으니 매우 우려스러워 놀랍고 한탄스럽기 그지없습니다. 삼가 절하고 답장합니다.》

---

**38** 내한 :【攷證 卷4 內翰】당나라 제도에 의하면, 한림원은 은대(銀臺) 문 안에 있었고 내명(內命)을 관장하였다. 서애(西厓) 유성룡(柳成龍)이 당시 예문관 검열(藝文館 檢閱)을 지내고 있었다.

**39** 서군 :【攷證 卷4 徐君】미상이다.

**40** 노과회 :【譯注】노수신(盧守愼, 1515~1590)으로, 본관은 광주(光州), 자는 과회, 호는 소재(穌齋)이다.

# 유언우에게 답하다 【기사년(1569, 선조2, 69세) 4월 16일, 예안(禮安)】

答柳彦遇

《집으로 돌아온 뒤에 삼가 능사(陵寺)에서 부친 편지를 받았으므로 하외(河隈)로 가는 인편이 있어서 대강 답장을 써서 보냈습니다. 지금 다시 보내주신 편지를 받으니 나를 생각해주심에 감사한 마음을 형언할 수 없습니다. 나는 특별히 성은(聖恩)을 입어서 무사히 고향에 돌아오게 되었으니, 지극히 기쁘고 다행스럽습니다.》

《동자습(童子習)》의 발문은 어찌 요구하신 뜻에 부응하고 싶지 않겠습니까. 다만 처음 물러난 뒤에 세상에 의론이 들끓어 언제쯤 잠잠해질지 알지 못하겠으므로 매우 두렵고 위축되는데, 어찌 감히 글을 지어 세상에 간행하여 더욱 사람들의 이목을 집중시킬 수 있겠습니까. 부디 기 대간(奇大諫)[41], 박 제학(朴提學)[42] 등에게 구했던 것처럼 서울에서 다시 구하신다면 의당 발문을 얻으실 수 있을 것입니다.

동방(東方) 선정(先正)의 사적을 찬술하는 것은 또한 매우 좋은 일입니다. 다만 그 사람들은 대부분 상고할 만한 자취도 없고 또 저술도 없으므로 경솔하게 실행해서는 안 됩니다. 그러므로 마음은 있었지만 감히 착수하지 못한 지가 오래되었습니다. 《삼가 바라건대 영공께서는 조량

---

**41** 기 대간 : 【譯注】 기대승(奇大升, 1527~1572)으로, 본관은 행주(幸州), 자는 명언(明彦), 호는 고봉(高峯)·존재, 시호는 문헌(文憲)이다. 1569년(선조2)에 대사간에 제수되었다. 《鼓山集 卷11 贈吏曹判書諡文憲公高峯奇先生神道碑銘》

**42** 박 제학 : 【譯注】 박순(朴淳, 1523~1589)으로, 본관은 충주(忠州), 자는 화숙(和叔), 호는 사암(思菴), 시호는 문충(文忠)이다. 1568년(선조1)에 대제학에 제수되었다. 《朝鮮王朝實錄 先祖 1年 8月 26日》

(照諒)해 주십시오. 불선(不宣). 삼가 절하고 답장합니다.》

# 유언우에게 답하다 【경오년(1570, 선조3, 70세) 11월 8일, 예안(禮安)】

答柳彦遇

엊그제 윤사(胤嗣)가 찾아왔고, 오늘 또 영공의 문안 편지를 받으니 그리워하는 마음에 매우 위로가 됩니다. 나는 향리(鄕里)로 돌아온 지 몇 년이 되었는데도 아직도 치사(致仕)하지 못하고 있으므로, 세 번 전문(箋文)을 올리고 네 번의 사장(辭狀)을 올렸는데 번번이 헛수고가 되었습니다. 산기슭에서 숨 죽인 채 지내며 근심한들 어찌하겠습니까.

보내주신 꽂게는 매우 감사합니다. 흉년의 탄식이 심하지 않은 곳이 없어서 나라의 근본이 흔들리려 하니, 근심한다면 어떻게 해야겠습니까? 바라건대 영공께서는 조량(照諒)해 주십시오. 불선(不宣). 삼가 절합니다.

譯註 退溪全書 6

2025년 7월 15일 초판 1쇄 펴냄

**지은이** 이황
**펴낸이** 김흥국
**펴낸곳** 보고사

**등록** 1990년 12월 13일 제6-0429호
**주소** 경기도 파주시 회동길 337-15
**전화** 031-955-9797
**팩스** 02-922-6990
**메일** bogosabooks@naver.com
http://www.bogosabooks.co.kr

ISBN 979-11-6587-877-1 94150
　　　979-11-6587-746-0 (세트)

정가 40,000원